도서출판 대장간은
쇠를 달구어 연장을 만들듯이
생각을 다듬어 기독교 가치관을
바르게 세우는 곳입니다.

대장간이란 이름에는
사라져가는 복음의 능력을 되살리고,
낡은 것을 새롭게 풀무질하며, 잘못된 것을
바로 세우겠다는 의지가 담겨져 있습니다.

www.daejanggan.org

로마서 강해
하나님과 더불어 화평을 누리는 사람들

지은이	곽면근
초판발행	2011년 7월 4일
펴낸이	배용하
책임편집	한상미
책임교정	이승은
등록	제364-2008-000013호
펴낸곳	도서출판 대장간
	www.daejanggan.org
	대전광역시 동구 삼성동 285-16
	전화 (042) 673-7424 전송 (042) 623-1424
박은곳	경원인쇄
ISBN	978-89-7071-214-7

이 책은 저작권법에 의해 보호를 받는 출판물입니다.
기록된 형태의 허락 없이는 무단 전재와 복제를 금합니다.

 값 17,000원

곽면근 목사의 누림강해 시리즈 ①

로마서강해

하나님과 더불어 화평을 누리는 사람들

곽 면 근

차 례

추천의 글 …………………………………………………13
서 문 ……………………………………………………15

1. 조건입니까, 결과입니까? 〈롬12:1-13〉 ………………19
2. 예수 그리스도의 종 〈롬1:1〉……………………………32
3. 하나님의 복음, 예수 〈롬1:1-2〉 ………………………46
4. 하나님이 미리 〈롬1:1-2〉 ………………………………59
5. 인정되셨으니 〈롬1:1-4〉 ………………………………70
6. 예수 그리스도의 것 〈롬1:1-7〉…………………………83
7. 내가 빚진 자라 〈롬1:8-15〉 ……………………………95
8. 복음에는 〈롬1:16-17〉 …………………………………108
9. 스스로 지혜 있다 하나 〈롬1:18-23〉 …………………116
10. 내어버려 두사 〈롬1:24-32〉 …………………………129
11. 행한 대로 보응하시되 〈롬2:1-16〉 …………………139
12. 스스로 믿으니 〈롬2:17-29〉 …………………………151
13. 그럴 수 없느니라 〈롬3:1-18〉 ………………………160

14. 하나님으로, 은혜로, 믿음으로 〈롬3:19-31〉·····················171
15. 의로 여겨주심 〈롬4:1-25〉 ·······································184
16. 화평을 누리자 〈롬5:1-11〉·······································196
17. 아담으로, 예수로 〈롬5:12-21〉·································207
18. 죽은 자와 산 자 〈롬6:1-11〉 ···································215
19. 의에게 드려 〈롬6:12-23〉··225
20. 육신에 속하였을 때에 〈롬7:1-12〉····························235
21. 죄로 죄 되게 하라 〈롬7:13-25〉································249
22. 그리스도 예수 안에 있는 자 〈롬8:1-17〉 ···················259
23. 현재의 고난 〈롬8:16-25〉··270
24. 장차 나타날 영광 〈롬8:18-30〉·································282
25. 누가 우리를 〈롬8:28-39〉 ·······································294
26. 하나님으로 말미암아 〈롬9:1-16〉······························305
27. 하나님의 권리 〈롬9:14-29〉·····································317
28. 우리가 무슨 말 하리요? 〈롬9:30-10:3〉·····················331
29. 아름다운 발 〈롬10:4-15〉··344

30. 자기 백성 〈롬10:16-11:6〉······································358
31. 저희의 넘어짐 〈롬11:7-12〉······································370
32. 시기하게 하여 〈롬11:13-24〉····································381
33. 깊도다 〈롬11:25-36〉··391
34. 하나님의 자비하심으로 〈롬12:1-2〉···························401
35. 산 제사, 영적 예배 〈롬12:1-2〉·································413
36. 믿음의 척도로 〈롬12:1-3〉······································425
37. 무엇을? 어떻게? 〈롬12:4-8〉···································438
38. 할 수 있거든 〈롬12:9-21〉·····································448
39. 남을 사랑하는 자 〈롬13:1-14〉································462
40. 우리가 주의 것이로다 〈롬14:1-12〉····························475
41. 하나님의 사업을 무너지게 말라 〈롬14:13-23〉···············485
42. 우리 강한 자가 〈롬15:1-13〉···································496
43. 하나님의 복음의 제사장 〈롬15:14-33〉························504
44. 나의 동역자들 〈롬16:1-27〉····································514

추천의 글

새로운 통찰력으로 해설한 『로마서 강해』

저자 곽면근 목사는 제가 섬기는 교회의 담임목사입니다. 먼저 저자의 목회자와 학자로서의 독자적인 면모 한두 가지를 언급하고자 합니다.

목회자로서의 저자는, 신자들의 자유로운 교회 생활을 최대한 보장하는 목사입니다. 교회에서는 아무것도 강요하지 않고 출석하는 신자들에게는 심혈을 기울여 준비한 말씀을 통해 주일마다 새로움을 선물하는 목회자입니다. 누림교회는 출석과 헌금, 가입과 탈퇴가 자유로운 교회이며, 심방도 요청하는 신자에게만 하는 교회입니다.

그래서 누림교회 신자들은 교회를 생각할 때 얽매임이나 부담감을 느끼지 않고 항상 가볍고 기쁜 마음을 가집니다. 이런 목회 방식은 젊은 목회자로서 시도하기 어려운 모험이라고 생각하며 이제 한국 교회도 이와 같은 자율목회의 수준에 이를 때가 되었다고 생각합니다.

다음으로, 설교자로서의 저자는 성경 한 책을 정해서 1장부터 마지막 장까지 본문 중심의 강해 설교를 합니다. 성경이 하나님의 메시지를 사람들에게 전하는 기록이라고 볼 때 그 뜻을 파악하려면 분류와 유추적 해설보다 읽기와 해석이 먼저 이루어져야 한다고 생각합니다. 저자의 설교는 청중의 수와 성격에 관계없이 생명력을 가지고 힘차게 전파되고 있습니다. 이 점이 설교자로서의 곽면근 목사의 큰 장점이라고 생각합니다.

또한, 저자는 목회자일 뿐 아니라 구약학 학자로서의 면모를 갖춘 주석가입니다. 저자는 모교인 침례신학대학교대학원에서 구약학을 연구하는 학위과정을 마치고 논문을 작성하고 있습니다.

이번에 펴내는 『로마서 강해: 하나님과 더불어 화평을 누리는 사람들』은 누림교회에서 설교를 통해 선포한 내용입니다. 예수 그리스도는 화평의 복음을 가지고 세상에 오셔서 친히 화목(희생)제물이 되신 분이며, 이 복된 소식을 믿는 이들에게 참 평화가 약속되었다는 것이 저술의 진수입니다.

대부분 주석이나 강해가 큰 제목과 작은 제목(대지와 소지)으로 구분되고 그것이 다시 세분화되어 있는데 반해 이 책은 처음부터 본문 중심으로 로마서를 한 절 한 절 해설해 나가고 있습니다. 해설의 내용은 심오하고 지금까지 어떤 주석가나 강해 설교자도 언급하지 못한 저자 곽면근 목사만의 독특한 해석과 통찰력이 면면이 나타나 있습니다. 이것이 이 책의 가장 큰 자랑일 것입니다.

『로마서 강해』에 이어 다른 강해 설교들도 출판될 것을 기대합니다.

조직신학 Ph.D., 침례신학대학교 총장
도 한 호

서 문

'기독교는 계시의 종교다' 라는 표현처럼 기독교 신앙은 인간이 내용을 창작하는 것이 아니라 하나님이 말씀하여 가르쳐주신 것을 듣고 이해하는 것입니다. 기독교는 진리를 찾는 종교가 아니라 하나님이 계시하신 진리를 이해하는 종교입니다. 로마서의 저자로 알려진 바울도 자신이 선포하는 내용이 '바울 신학'이 아니라 '하나님의 복음'이라고 강조하고 있습니다. 그러기에 바울이 부럽거나 존경스럽다기보다 궁금했습니다. 바울이 어떻게 그와 같은 삶을 살 수 있었는지가 아니라 무엇이 바울로 하여금 그와 같은 삶을 살 수 있도록 했는지를 알고 싶었습니다. 바울을 바울 되게 하신 복음의 능력을 기대하면서 로마서를 읽었습니다.

설교나 연구가 목적이 아니라 바울의 설교를 듣는 로마의 성도 중의 하나가 되어 로마서를 들었습니다. 하나님께서는 자비하셔서 복음에 대하여 야만인이고 하나님에 대하여 지혜 없는 자 같은 저에게도 마음의 정욕대로 더러움이나 부끄러운 욕심이나 상실한 마음대로 버려두지 아니하시고, 모든 믿는 자에게 미치는 차별 없는 은혜를 베푸셔서 복음을 이해하게 하시고, 받은 구원의 감격을 깨닫게 하시고, 하나님과 더불어 화평을 누릴 수 있도록 하셨습니다.

그 결과 무엇을 설교할까, 어떻게 설교할까를 고민하는 대신 차근히 로마서의 구절들을 성도들과 함께 나눌 수 있게 되었습니다. 내가 대답을 찾고 연구한 결과가 아니라 이미 하나님이 밝혀 주신 진리를 이해하고 설명해 줄 수 있게 되었습니다. 남을 설득하려고 만들어낸 설교가 아니라 내가 설득된 말씀을 선포할 수 있어서 로마서를 설교하는 내내 기쁘고 즐겁고 행복했습니다.

   로마서를 설교하면서 함께 은혜를 나누었던 누림 교회 성도님들께 감사드리며, 말로 행한 설교를 글로 된 책으로 만들어준 도서출판 대장간에 감사를 드립니다.

2011년 5월
하나님의 은혜를 누리는 누림교회에서 곽 면 근

곽면근 목사의 누림강해 시리즈 ①

로마서강해

하나님과 더불어 화평을 누리는 사람들

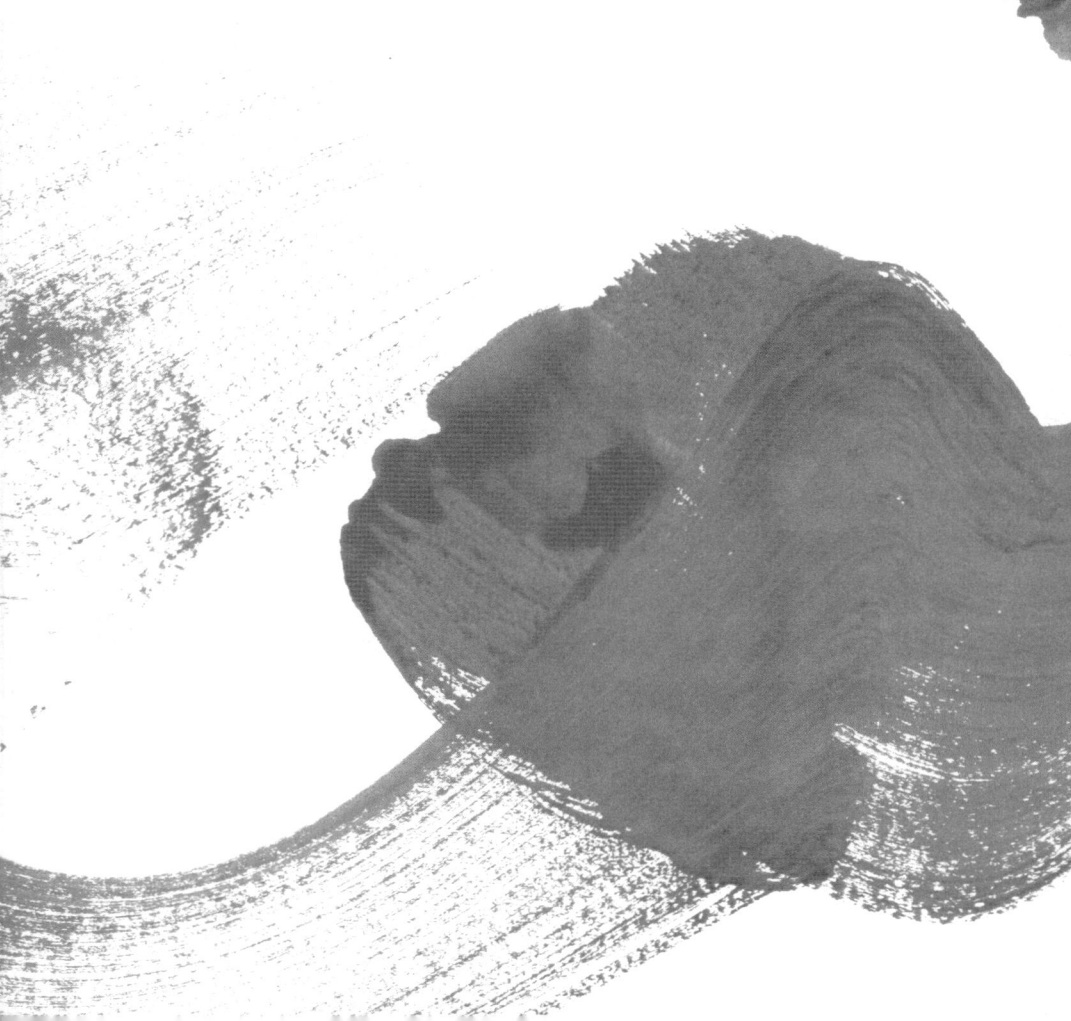

1
조건입니까, 결과입니까?

로마서 12:1-13

1 그러므로 형제들아 내가 하나님의 모든 자비하심으로 너희를 권하노니 너희 몸을 하나님이 기뻐하시는 거룩한 산 제물로 드리라 이는 너희가 드릴 영적 예배니라 2 너희는 이 세대를 본받지 말고 오직 마음을 새롭게 함으로 변화를 받아 하나님의 선하시고 기뻐하시고 온전하신 뜻이 무엇인지 분별하도록 하라 3 내게 주신 은혜로 말미암아 너희 각 사람에게 말하노니 마땅히 생각할 그 이상의 생각을 품지 말고 오직 하나님께서 각 사람에게 나누어 주신 믿음의 분량대로 지혜롭게 하라 4 우리가 한 몸에 많은 지체를 가졌으나 모든 지체가 같은 기능을 가진 것이 아니니 5 이와 같이 우리 많은 사람이 그리스도 안에서 한 몸이 되어 서로 지체가 되었느니라 6 우리에게 주신 은혜대로 받은 은사가 각각 다르니 혹 예언이면 믿음의 분수대로 7 혹 섬기는 일이면 섬기는 일로, 혹 가르치는 자면 가르치는 일로, 8 혹 위로하는 자면 위로하는 일로, 구제하는 자는 성실함으로, 다스리는 자는 부지런함으로, 긍휼을 베푸는 자는 즐거움으로 할 것이니라 9 사랑에는 거짓이 없나니 악을 미워하고 선에 속하라 10 형제를 사랑하여 서로 우애하고 존경하기를 서로 먼저 하며 11 부지런하여 게으르지 말고 열심을 품고 주를 섬기라 12 소망 중에 즐거워하며 환난 중에 참으로 기도에 항상 힘쓰며 13 성도들의 쓸 것을 공급하며 손 대접하기를 힘쓰라

로마서의 순서

로마서의 시작을 1장 1절이 아니라 12장부터 살펴보는 데는 이유가 있습니다. 성경은 하나님의 말씀을 기록한 책입니다. 그런데 사람들은 성경이 하나님의 말씀을 기록한 책이라는 사실을 인정하지 않습니다. 인정하기를 부인하는 것이 아니라 성경 자체가 하나님의 말씀이라고 인정할 수 없게 만든다고 항변합니다. 왜냐하면, 하나님의 말씀이라면 뭔

가 신기하고 놀랍고 새롭고 세상에 없는 색 다른 이야기를 기대했는데, 읽어보면 그저 사람 사는 이야기, 왕이 있고 쿠데타가 일어나는 이야기, 남녀 간에 사랑하는 이야기 등 별 다를 것이 없다는 것입니다.

하나님의 말씀이 기록된 성경에 사람들의 이야기를 기록했다고 하나님의 말씀이 아니라고 부인할 것이 아니라 한번 곰곰이 생각해 보아야 합니다. 만약 하나님이 기록하셨다는 말씀이 사람이 쓴 책과 같은 수준, 같은 차원, 같은 방식이라면 우리는 점검을 해 보아야 합니다. 높으신 하나님이 수준을 낮추신 것인가? 아니면 우리가 할 수도 없는 이야기를 과장해서 떠벌이는 것은 아닌가? 무엇이 옳은지를 확인해 보도록 하겠습니다.

로마서 12장을 먼저 읽은 이유는, 바울이 로마서를 쓰면서 진짜 하고 싶은 말은 12장부터 15장까지이기 때문입니다. 16장은 바울이 아는 사람들에게 문안 인사를 하는 것으로 마무리됩니다. 사람들이 서로 대화하다 보면, 본론을 말하기 전에 서론이 있습니다. 서론을 장황하게 설명하면 듣고 있던 사람들은 "뜸들이지 말고 본론을 얘기해"라고 말합니다. 또는 "하고 싶은 말이 뭐야? 돌려서 이야기하지 말고 본론을 말해봐!"라고 말합니다. 로마서에서 바울이 말하고 싶은 바로 그 본론, 핵심 되는 말이 바로 12장부터 15장입니다.

만약 12장부터 15장까지를 그대로 복사해서 월간지 「좋은 생각」이라든가 「샘터」같은 곳에 옮겨 놓으면, 사람들은 이 글을 성경이라고 생각하지 않을 것입니다. 즉 그 내용이 사람들이 흔히 말하는 '좋은 말'과 유사합니다. 하나님의 말씀이 사람들이 하는 좋은 말과 비슷하다면, 왜 비슷할까? 그 차원과 수준도 비슷할까? 만약 다르다면 어떤 면이 어떻게 다를까를 궁금하게 여겨야 합니다. 겉으로 드러난 표현만이 아니라 그 차원과 내용, 수준까지 비슷하다면 기독교는 한심한 종교입니다.

성경에 나오는 이야기는, 세상에서 사람들이 주고받는 좋은 이야기들과 겉으로는 비슷합니다. 그러나 그 차원과 내용과 수준은 전혀 다릅니다. 그것을 이해하면 신앙생활이 아주 재미있어집니다.

바울이 정작 하고 싶은 이야기가 12~15장에 있다면 왜 12장부터 시작하지 않고 1장부터 11장까지가 있을까요? 본론을 이야기하기 전에 서론으로 뜸을 들이는 것일까요? 그러나 이것이 옳은 순서이고, 기독교의 특징을 나타내 줍니다. 12장을 이야기하려면 반드시 1장부터 11장까지가 있어야만 합니다. 이 성경의 구조 또는 순서를 이해해야 합니다. 성경은 구약과 신약으로 되어 있습니다. 흔히 생각하기를, 구약은 예언이나 예표로서 앞으로 일어날 일들이며, 신약은 구약의 실체, 완성, 구현이어서 중요한 것은 신약이고, 신약이 결론이라고 합니다. 그러나 구약이 없으면 절대로 신약의 내용을 이해할 수 없고, 구약이 없으면 신약은 그 의미가 없습니다. 12장부터 15장까지의 말씀은 1장부터 11장까지의 하나님의 말씀이 없으면 도무지 이루어질 수 없습니다.

오늘은 12장 1~12절까지만 읽었습니다만 모두 유사한 이야기입니다. 10~12절에 보면, '형제를 사랑하여 서로 우애하고 존경하기를 서로 먼저 하며, 부지런하여 게으르지 말고 열심을 품고 주를 섬기라. 소망 중에 즐거워하며 환난 중에 참으며 기도에 항상 힘쓰며 성도들의 쓸 것을 공급하며 손 대접하기를 힘쓰라.' 마치 설날에 부모님이 하시는 말씀과 같습니다. '형제간에 우애 있게 지내고, 새해에도 부지런히 일하고, 꿈을 잃지 말고 희망을 품고, 조금 힘들다고 포기하지 말고 꾹 참고, 주변 사람들을 도우면서 살고, 특별히 손님 대접을 정성껏 해라. 그게 다 복 받는 비결이다.' 하나님의 권면과 어른들의 덕담이 거의 같습니다.

13장도 마찬가지입니다. 13장 1절, '각 사람은 위에 있는 권세들에게 굴복하라. 관원들은 선한 일에 대하여 두려움이 되지 않고 악한 일에 대하여 되나니 네가 권세를 두려워하지 아니하려느냐? 선을 행하라. 그리하면 그에게 칭찬을 받으리라.' 14장으로 가 볼까요? 14장 13절, '그런즉 우리가 다시는 서로 판단하지 말고 도리어 부딪힐 것이나 거칠 것으로 형제 앞에 두지 아니할 것을 주의하라.' 다른 표현으로 '옆의 사람을 배려할 줄 알아라.' 15장도 보면 1절에 '우리 강한 자가 마땅히 연약한 자의 약점을 담당하고 자기를 기쁘게 하지 아니할 것이라. 우리 각 사람이 이웃을 기쁘게 하되 선을 이루고 덕을 세우도록 할지니라.' 공익광고에서 많이 듣는 내용입니다. '나 혼자만 잘사는 것이 아닙니다. 어렵고 소외되고 홀로 있는 분들과 함께 사랑을 나눕시다. 사랑을 나누면 행복은 더욱더 커집니다. 공익광고 위원회' 오늘 본문에 나오는 인간을 위한 하나님의 권면이나 주변의 어르신이나 은사를 찾아뵈었을 때에 들을 수 있는 덕담과 똑같습니다.

 이러한 덕담과 하나님의 말씀에는 어떤 차이가 있을까요? 세상 사람들이 덕담을 들었을 때의 반응은 '그래, 나도 새해부터는 마음먹고 새롭게 살아봐야지, 열심히 살아봐야지' 라고 결심을 합니다. 그러나 연말에 가보면 언제나 같은 말입니다. '올해도 열심히 살지 못한 같아서 많이 아쉬워요.' 성경 말씀을 읽고도 덕담이라 여겨 같은 반응을 보입니다. '그래, 나도 새해부터는 새롭게 살아봐야지, 말씀대로 살아봐야지' 라고 다짐하고, 연말 송구영신 예배에서 한 시간씩 회개를 합니다. '주여 나의 연약함을 불쌍히 여기시고 마음은 원이로되 육신이 약한 것을 도와주옵소서.' 이것은 성경이 어떻게 다르며, 기독교가 어떻게 다르며, 하나님이 어떻게 다른가를 전혀 이해하지 못한 결과입니다. 성경의 방식, 기독교의 방식을 이해하지 못한 것입니다. 만약 그렇게 성경의 가르침을 실천에 옮겨 보려고 마음을 다지고, 결심하고, 각오하고, 작심한다면 그 결과는 세상 사람들이 행하는 실수와 똑같은 것입니다.

 성도들이 12장부터 등장하는 성경의 가르침을 실천하려면 성도는 결심과 다짐, 각오나 의지와 결단이 필요한 것이 아닙니다. 1장부터 11장까지의 하나님의 말씀을 이해하는 것이 중요합니다. 1장부터 11장까지를 이해하지 않으면, 12장은 결심으로 이룰 수 없습니다. 다짐으로 해 낼 수 없습니다. 수고와 헌신으로 결코 도달할 수 없습니다. 그러나 반대로 1장부터 11장까지 이해하면, 왜 12장부터 15장까지의 그런 하나님의 요청이 등장했는지 그 이유를 알 수 있고, 그때에는 사람마다 특별한 결단과 각오와 열심히 없어도 자연스럽게, 편안하게, 당연하게 실천할 수 있게 됩니다. 이것이 다른 것입니다.

로마서 1~11장에서는 하나님이 하신 일이 기록되어 있고, 12~15장까지는 성도가 행할 일이 기록되어 있습니다. 이렇게 말씀드리면, 사람들은 1~11장을 건너뜁니다. 왜냐하면 사람들은 내가 할 일, 내가 맡은 일, 내가 책임져야 할 일이 무엇인가에 늘 초점을 맞추고 내가 할 일을 해야 한다는 강박관념 속에 살아왔기에 1~11장이 하나님이 하신 일이라는 말을 듣고는 곧바로 인간이 행할 일이 기록되어 있는 12장으로 갑니다. 12장을 읽으면서 어떻게든 해 보려고 결단도 해 보고 금식도 해 보고 노력합니다. 그러나 그렇게 해서는 안 됩니다.

만약 1~11장과 12~15장 중 어느 한 쪽을 읽으시려고 한다면 차라리 1~11장까지의 하나님이 행하신 일을 읽으시고, 12~15장까지의 성도가 해야 할 일에 대해서는 읽지 마십시오. 사람들이 해야 할 12~15장을 읽고 실천하려는 것은 기독교의 방식이 아닙니다. 도리어 1~11장까지의 하나님이 하신 일을 읽으십시오. 하나님이 나에게 어떤 일을 하셨는가? 하나님이 나에게 무슨 일을 이루어 놓으셨는가? 하나님이 나에게 성취해 놓으신 일, 완성해 놓으신 일을 읽으십시오. 그리고 그 말씀을 깨달으십시오. 그리고 12~15장까지는 읽지 마십시오. 그러다가 어느 날 12~15장을 읽어 보시면, 성도 여러분이 이미 12~15장의 내용을 실천하고 있다는 것을 발견할 것입니다. 기독교는 내가 할 일이 아니라 하나님이 하신 일에 초점을 맞추는 것입니다.

조건입니까, 결과입니까?

세상의 방식과 기독교의 방식을 두세 가지 비교해보겠습니다. 세상의 이야기도 논리가 있습니다. 다른 사람에게 무엇인가를 행동하게 하려면 나름대로 많은 노력이 필요합니다. 작년에 베스트셀러 중의 한 권이 바로 '설득의 심리학' 이라는 책입니다. 읽어보면 아주 재미있습니다. 어떻게 사람을 동기부여해서 나와 같은 뜻이 되게 하며 무엇을 하게 할 수 있는지, 아주 그럴 듯하고 일리가 있는 내용이 많이 나옵니다. 그런데 그런 책은 백날 읽어봐야 결론이 똑같습니다. 제아무리 종류가 다르고, 사상이 다르고, 철학이 다르고, 목적이 달라도 결론은 똑같습니다. 인간이 만들어 내는 책의 결론은 한 가지입니다. '열심히 하자' 입니다. 그 '열심히 하자' 라는 결론에 동의하게 만들고자 온갖 방법이 동원됩니다.

흔히 어떤 행동을 할 수 있도록 자극하는 것을 '동기부여' 라고 합니다. 얼마나 효과적으로 동기부여를 하느냐가 리더의 자질이자 능력을 나타내는 척도가 되기도 합니다. 그래서 정작 하고 싶은 말이나 결론이 있음에도, 그 하고 싶은 말을 뒤에 두고 앞에서는 서론을 거창하게 시작합니다.

사람들이 흔히 동기부여를 할 때, 가장 많이 사용하는 방법은 '희망' 입니다. 앞으로 될 일, 장차 이루어질 일을 미리 꿈꾸어 보는 것입니다. 학생들에게 영어 공부를 하게 하려면 먼저 미국이라는 나라의 화려함을 보여주고, 영어를 사용했을 때의 편리함을 보여줍니다. 예쁜 여자가 나한테 와서 길을 물어보는데 내가 영어를 모르면 안내를 해 줄 수가 없고 그러면 결국 그 여자와 데이트 할 기회를 상실하는 것이다, 그때 내가 영어를 할 수 있었다면 얼마나 유용하겠는가를 보여줍니다. 많이 써먹었던 방법이지요? 일하기 싫어하는 백수에게 일하게 하려면 멋진 자동차를 보여주고 그 자동차를 타고 선글라스를 끼고 뻥 뚫린 길을 운전하는 모습을 연상하게 하는 것입니다. 당신도 저렇게 멋있을 수 있다, 저렇게 멋있게 인생을 살려면 돈이 필요하다, 돈을 벌려면 지금 일을 하라. 씀씀이가 헤픈 사람에게 절약하게 하려면 유비쿼터스 시스템이 완벽하게 갖추어진 아파트를 보여주는 것입니다. 당신도 조금만 절약하면 저렇게 편리하고 전망 좋고, 남들이 부러워하는 집에서 살 수 있다고 설득합니다. 다 이런 식입니다. 앞으로 될 일을 미리 설명하는 것입니다. 좋은 말로 '희망'이라고 하지요.

그리고 결론은 이렇게 납니다. '당신도 저 사람처럼 될 수 있습니다. 열심히 일하세요.' 여기에 유명한 철학자의 이야기나 영화의 명대사를 첨가하면 훨씬 설득력이 있습니다. '아무것도 없을 때에도 당신에게 남은 것이 있습니다. 그것은 바로 희망입니다.' '돈을 잃는 것은 인생의 반을 잃는 것이요, 건강을 잃는 것은 인생의 90%를 잃는 것이지만 희망을 잃는 것은 인생을 다 잃는 것입니다. 여러분 희망을 놓치지 마십시오.' 멋있지요? 희망이라는 표현이 좀 어필이 안 됩니까? 훨씬 지적이고 파워풀한 표현으로 바꾸면, 드림, 비전이라고 합니다.

그다음에 나오는 전형적인 표현이 있습니다. '열심히 일하세요.' 그런데 '이제 당신이 열심히 일하세요'라고 하면 아직도 그것은 설득력이 부족하고 동기부여의 능력이 부족합니다. 많은 사람들이 꿈을 가졌었고, 희망을 품었었는데 왜 여전히 그렇게 살고 있느냐 하면, 망설이고 있기 때문입니다. 그 망설임을 확신으로 바꾸어 주어야 행동으로 옮깁니다. 그때 망설임과 주저함을 확신으로 바꾸는 가장 좋은 방법이 있습니다. 그것은 당신보다 훨씬 못한 사람도 이렇게 했더니 되더라는 것을 보여주는 것입니다. 그래서 등장하는 것이 사례보고입니다. "지금 당신 앞에 있는 저 다이아몬드 회원님도 불과 몇 달 전에는 당신과 같았습니다. 아니, 당신과 비교도 안 될 정도로 수준이 없었습니다. 그런데 지금은 다이아몬드 회원이 되었고, 다음 달에 사파이어 프리미엄 골드 회원이 되십니다." "당신은 저 사람에 비하면 훨씬 빨리, 훨씬 높이 될 수 있습니다." 이제 결론이 등장해야지요. "자 열심히 하세요."

어떤 철학자나 교육자가 나오면, 고상하게 '희망'이라고 하고, 어떤 기업체의 중견간부가 나오면, 사실적으로 '허황된 꿈'이라고 합니다. 그러나 '희망'이라는 표현과 '허황된 꿈'이 두 가지는 같습니다. 좀 경제적 여유가 없는 사람이 미래에 대해 기대하면, 그것을 소망이나 희망이라고 합니다. 그런데 좀 여유 있는 사람이 조금 더 가지려고 하면, 그것은 욕심이라고 합니다. 희망과 욕심이 같습니다. 결국, 현재는 아무것도 된 것이 없지만, 안 된다고 생각하는 것보다는 '내일은 오늘보다 나아질 것이다'라는 희망을 품는 것이 낫지 않느냐고 설득하는 것입니다.

아직 된 것은 없지만 일단 열심히 하면 될 수도 있다는 것을 조건적이라고 합니다. 원인적이라고도 하지요. 세상의 방식은 늘 이렇게 등장합니다. "예, 아주 좋습니다. 열심히 하자는데 누가 뭐라고 하겠습니까?" 대신 한마디를 첨부해야지요. "단, 다 된다는 보장은 없습니다." 그러나 다 된 밥에 코 빠뜨릴 수는 없지요. 그래서 '다 된다는 보장은 없습니다'라고 말하지 않고 이렇게 말합니다. '이제 성공은 당신 손에 달렸습니다. 당신이 얼마나 열심히 하느냐에 따라 저 희망을 당신의 것으로 만드느냐? 그냥 희망으로 두느냐가 결정됩니다. 당신도 될 수 있습니다.'

모든 책임은 자신에게 달린 것이고 결론은 언제나 열심입니다. '남들 잘 때 나도 자고, 남들 일할 때 나도 일해서는 남을 이길 수 없다.' '남들 하는 방식으로는 도무지 남과 차별화를 얻을 수 없다.' '더 빨리, 더 멀리, 더 높이, 한 번의 전화라도 더 하자. 한 번의 문자라도 더 보내자.' 다시 한 번 결론은 '열심히 합시다.' 이것이 세상의 방식입니다. 어떤 행동을 만들어 내고자 동기를 부여하는 희망의 방식입니다.

기독교의 방식은 전혀 다릅니다. 그러나 안타까운 것은 현재 교회들의 방식이 세상의 방식과 전혀 다르지 않다는 것입니다. 다만, 용어만 교묘하게 바꾸어 놓았을 뿐입니다. 세상에서 말하는 희망을 교회에서는 '상급' 또는 '면류관', '축복' 이라고 말합니다. 세상에서 말하는 '열심'을 교회에서는 '헌신', '충성', '순종' 이라고 표현합니다. 용어만 다르지 방식이 똑같습니다.

교회에서 사용하는 오해된 방식, 왜곡된 방식을 소개해 보겠습니다. 먼저는 하나님의 축복에 대하여 이야기를 합니다. 부자가 되는 것, 건강해지는 것, 자녀가 잘되는 것, 승진하는 것 등 모든 사람이 바라고 소망하고 꿈꾸는 것을 손에 쥘 수 있듯이 이야기합니다. 세상의 희망과 같습니다. 이 모든 것이 남의 이야기가 아니라 바로 당신의 것이라고 소개합니다. 그러고 나서 세상에서 하는 것과 같이 '본보기, 사례보고'가 등장합니다. "형제들에게 미움을 받던 요셉이 강대국 이집트의 총리가 되었고, 도망 다니던 모세가 민족의 지도자가 되었고, 고아로 자라난 사무엘이 백성의 머리가 되었고, 정규 학교를 못 다니고 들판에서 막노동하던 다윗이 나라의 왕이 되었습니다. 그 사람들의 공통점이 무엇인지 아십니까? 첫째는 꿈을 가졌다는 것이요, 둘째는 포기하지 않았다는 것이요, 셋째는 그 꿈을 이루려고 헌신과 충성을 다했다는 것입니다. 자, 이제 여러분은 다윗보다 요셉보다 나을 수 있고, 모세보다 나을 수 있습니다. 축복은 여러분의 행동에 달렸습니다. 상급은 여러분이 쌓을 수 있습니다. 모든 것은 여러분이 하느냐 마느냐에 달린 것입니다. 아무나 복을 받을 수 있다면 그게 무슨 복이겠습니까? 충성은 당연하고 이제 여러분은 믿어야 합니다. 믿음이 있어야 이룰 수 있습니다. 믿는다는 증거를 보여주세요. 확실히 믿는다는 증거를 보여주세요. 그 증거로 가장 확실한 것이 돈입니다. 이제 여러분의 소망이 이루어질 것이라고 믿는 분은 먼저 감사하세요. 자 감사하세요. 감사는 여러분이 믿고 있다는 증거입니다. 말로는 누가 못 믿겠습니까? 언제까지 그렇게 살 것입니까? 먼저 믿음으로 감사하시고 이제 충성하십시오."

이와 같은 모습은 슬픈 기독교요, 안타까운 기독교요, 속상한 기독교요, 민망한 기독교요, 초라한 기독교요, 이름만 기독교입니다. 기독교의 방식은 이런 것하고는 다릅니다. 세상과는 다른 방식, 기독교의 바른 방식을 여러분은 성경을 통해 발견할 것이고, 로마서를 통해서 이해할 것입니다. 12장 이하를 실천으로 옮기려면, 세상 방식의 동기부여가 필요한 것이 아니라, 1~11장까지에 등장하는 내용을 이해하셔야 합니다. 안타깝게도 목회자들은 성도들에게 하나님 말씀을 가르치기보다는 세상의 동기부여라는 방식을 더 많이 사용합니다. 1장부터 11장까지에는 상급이나 면류관이나 축복에 대해서는 단 한 마디도 없습니다. 희망이나 꿈이나 비전이 될만한 것도 없습니다. 여러분의 각오와 결단을 끌어낼만한 요소가 단 하나도 없습니다. 기독교는 그런 종교가 아닙니다.

1장부터 11장까지는 앞으로 여러분에게 이루어질, 장차 될 일에 관한 장밋빛 꿈이 담겨 있는 것이 아니라, 이미 여러분에게 이루어진 사실, 하나님이 역사하신 사실이 기록되어 있습니다. 이미 여러분이 소유하고 계신 하나님의 축복된 내용이 담겨 있습니다. 이미 여러분에게 주어진 하나님의 은혜가 기록되어 있습니다. 그 하나님이 하신 일을 이해하면 여러분은 작심해서가 아니라 자연스럽게, 이를 악물고가 아니라 여유롭게, 사생결단의 의지가 아니라 편안하게 실천할 수 있습니다. 이것이 성경의 방식이요 기독교의 방식이요 하나님의 방식입니다. 세상은 조건을 말하고 기독교는 결과를 말합니다. 그래서 세상이 미래를 이야기할 때 기독교는 현실을 이야기하고, 세상이 꿈을 이야기할 때 교회는 구현을 이야기하고, 세상이 비전을 이야기할 때 교회는 향유를 이야기하고, 세상이 희망을 이야기할 때 교회는 누림을 이야기하는 것이 정상입니다.

세상의 교훈과 기독교의 복음이 다른 이유는 세상은 내가 하지 않으면 아무것도 되는 일이 없는 냉철한 현실이요, 기독교는 내가 하지 않았음에도 하나님이 나를 위해 수고하시고, 나의 문제를 해결해 주시는 하나님의 은혜이기 때문입니다. 세상 사람들은 희망을 품지만, 성도는 희망을 성취한 자입니다. 세상 사람들은 꿈을 꾸지만, 성도는 꿈을 이룬 자입니다. 세상 사람들은 행복을 추구하지만, 성도는 행복을 누리는 자입니다. 다음 주부터 로마서 1장에서 11장까지의 말씀, 즉 하나님이 어떻게 무슨 일을 얼마나 이루어 놓으셨는가를 하나하나 살펴보면 성도님들의 가슴 속에서부터 벅찬 아멘의 환성의 터져 나올 것입니다. 세상 사람들은 희망만 품고도 살아갈 힘이 있다고 말합니다. 그렇다면, 희망을 성취한 자는 얼마나 삶이 재미있겠습니까! 세상 사람들은 꿈을 꿀 수 있다는 사실만으로도 행복하다고 합니다. 그렇다면, 꿈을 이룬 자는 얼마나 황홀하겠습니까! 세상은 조건적이고 기독교는 결과적입니다.

아는 것과 모르는 것의 차이

조건적인 삶과 결과적인 삶은 비교할 수 없는 엄청난 차이가 있습니다. 꿈과 현실은 비교할 수 없습니다. 조건으로 살아가는 인생과 결과를 가지고 사는 인생은 다릅니다. 조건으로 사는 삶은 조마조마하고 두렵고 겁이 납니다. 열심을 내고 있으면서 성공하지 못할지도 모른다는 불안과 염려를 떨쳐낼 방법이 없습니다. 그러나 결과를 가지고 사는 삶은 여유롭고 편안하고 자유롭고 즐겁고 행복하게 누릴 수 있습니다.

조건과 결과의 삶은 비교할 수 없습니다. 알고 사는 것과 모르고 사는 것은 비교할 수 없습니다. 아는 것과 모르는 것은 전혀 살아가는 방식이 다릅니다. 노인과 젊은이를 생각해봅시다. 노인은 살아가면서 산전, 수전, 공중전, 육박전을 다 겪어봐서 인생을 압니다. 무슨 일이 일어날지, 일어난 일이 어떻게 전개될지, 결과가 어떻게 될지 다 압니다. 그래서 노인들에게는 놀라운 일이 없습니다. 다 겪어본 것과 비슷한 일들입니다. 그래서 충격을 입지 않고 당황하지 않습니다. 애를 다섯, 여섯씩 길러 봐서 손자 하나 보는 것은 일도 아닌 것과 마찬가지입니다. 그런데 갓 시집와서 자녀 하나 낳은 며느리는 전혀 경험이 없으니까 모든 일이 다 새롭습니다. 무슨 일이 일어날지, 어떻게 해야 할지 전혀 알지 못합니다. 일마다 충격이고 당황이고 난감입니다.

인생을 알고 사는 것과 모르고 사는 것, 성경을 알고 사는 것과 모르고 사는 것은 전혀 다릅니다. 성도는 인생을 아는 정도가 아니라 영생을 아는 자입니다. 영생을 알고 있으니 인생 살기가 얼마나 손바닥처럼 잘 보입니까? 잘 보이시죠? 기독교라는 것은 세상과는 다른 것이요, 성도라는 존재는 세상 사람과는 전혀 다른 존재입니다. 만약 기독교가 인간의 열심을 강조하면 이건 뭔가 2% 부족한 것입니다. 기독교가 하나님이 하신 일 말고 내가 할 일을 강조하면 이것은 20% 부족한 것입니다. 기독교가 하나님이 완성하신 일이 아니라 희망을 강조하고 꿈을 강조하고 상급을 강조하면 이것은 200% 부족한 것입니다. 기독교가 하나님을 강조하면 이것은 옳은 것입니다. 기독교가 은혜를 강조하면 이것은 제대로입니다. 기독교가 성도됨을 강조하면 이것은 정상입니다. 기독교가 누림을 강조하면 이것은 당연합니다.

권하노니

오늘 12장에서 많은 사람이 놓치는 것을 확인해 보겠습니다. 행동하게 하려면 동기부여를 합니다. 처음엔 누구나 부드럽게 시작합니다. 설득도 하고 감언이설로 꾀기도 합니다. 그렇게 친절하게 요청했는데도 말을 안 들으면 다음 단계는 협박입니다. '좋은 말로 할 때 들어야 한다' 라고 말합니다. 그러고 나서 시키는 대로 하지 않았을 때에 당할 수 있는 결과들이 등장합니다. 왜냐하면, 세상은 인간이 직접 수고하지 않으면 아무것도 이루어질 수가 없기 때문입니다.

그러나 기독교에 없는 것이 있습니다. 그것은 명령과 협박입니다. 흔히 교회가 성도들의 헌신을 이끌어내려는 최후의 보루가 '하나님의 명령' 인데, 이것은 오해입니다. 처음에는 성도들에게 권고도 하고, 설득도 하고, 부탁도 하다가 그래도 말을 안 들으면 하나님의 권위를 내세웁니다. 하나님의 명령이라고 합니다. 명령이라는 것이 힘이 있으려면 권위가 있어야 합니다. 권위가 바로 심판과 징계로 등장합니다. 이것이 가장 비기독교적입니다. 기독교에는 하나님의 힘과 권위에 의한 명령이 존재하지 않습니다.

오늘 본문에서 사람들이 놓치는 부분이 두 가지 있다고 생각합니다. 그 중의 하나가 '권하노니' 입니다. 바울이 말하기를 뭐라고 합니까? '명하노니' 가 아니라 '권하노니' 입니다. 명령을 하려면 권위와 힘이 강조되어야 합니다. '전능하신 하나님, 주관자 하나님, 심판하시는 하나님이 명하노니' 라고 나와야 합니다. 그러나 성경은 '하나님의 자비하심으로 권하노니' 라고 나옵니다. 명령은 자비하심으로 하는 것이 아니고, 권고는 권위로 하는 것이 아닙니다. 하나님은 자비하심으로 권고하십니다. 기독교 진리와 세상 가르침의 차이를 분별하시고, 세상 사람과 다른 성도됨을 분별하셔서 성도됨 속에 담겨 있는 하나님의 풍성한 은혜를 날마다 누리시기를 주님의 이름으로 축원합니다.

2
예수 그리스도의 종

로마서 1:1

1 예수 그리스도의 종 바울은 사도로 부르심을 받아 하나님의 복음을 위하여 택정함을 입었으니

함께 로마서를 상고하고 있습니다. 지난주에 로마서의 기본 구조를 설명했습니다. 16장으로 구성된 로마서에서 바울이 로마의 성도들에게 권고하고 싶은 이야기는 로마서 12장부터 15장까지입니다. 그리고 그것은 세상의 교훈과 너무나 흡사합니다. 그래서 사람들은 세상의 교훈과 기독교의 진리는 좋은 말씀이라는 측면에서 같다고 생각합니다. 그러나 전혀 같지 않습니다. 겉으로 드러난 표현은 유사하지만, 그것에 담긴 내용은 비교할 수 없는 차이가 있는데, 그 차이점이 바로 1장부터 11장까지의 내용이라고 했습니다. 하나님이 인간을 위해 무엇을 하셨고, 하나님이 인간을 어떻게 변화시키셨고, 예수 그리스도를 통하여 우리를 어떤 존재로 새롭게 창조하셨는지가 이해되면, 12장부터 15장까지는 성도의 삶 속에 저절로 실천되고 구현될 것입니다. 즉 1~11장까지에 나타나는 하나님이 하신 일의 당연한 결과로 12장이 소개되고 있습니다. 그러므로 우리는 성경이 나에게 무엇을 하라고 부탁하는지를 알아서 실천하려고 애쓰는 태도가 아니라, 그러한 실천이 어떻게 가능한지에 대해 전제로 주어지는 1장부터 11장까지의 내용을 이해하면, 신앙의 짐을 벗고,

종교 생활의 부담을 내려놓고, 즐겁고 신나고 자유롭고 행복한 신앙생활을 누릴 수 있습니다.

설교를 하면서 가장 어려운 것은 기독교적 개념을 설명하는 것입니다. 기독교의 개념은 성경에만 있습니다. 성경을 통하지 않고는 기독교의 개념을 들을 수 없습니다. 그래서 처음 기독교의 개념을 접하는 대부분의 사람들이 낯설어하고 익숙하지 않은 관계로 좀 어색해합니다. 더 어려운 점은 이 기독교적 개념이, 개념은 전혀 새로운데, 그 용어는 이미 세상에서 사용되고 있다는 점입니다. 같은 용어인데 기독교적 의미를 담고 있기에 개념을 분별하기가 쉽지 않습니다. 그래서 성경용어의 개념을 바르게 분별해 보도록 하겠습니다.

예수 그리스도의 종

종의 의미

오늘 1장 1절은 바울의 편지 서두 문안 인사입니다. '예수 그리스도의 종 바울은 사도로 부르심을 받아 하나님의 복음을 위하여 택정함을 입었으니.' 가장 먼저 살펴볼 단어는 '예수 그리스도의 종'입니다. 특별히 '종'이라는 개념입니다. 바울이 신약성경 서신서의 대부분을 기록하였는데, 거의 모든 편지의 문안 인사에서 자신을 소개할 때 자주 쓰는 표현으로 예수 그리스도의 종, 하나님의 종이라는 용어를 사용했습니다. 그래서 예수 그리스도의 종, 하나님의 종이라는 표현이 기독교의 대표적 표현이 되었습니다. 목회자들도 성도들도 하나님의 종이라는 말을 자주 사용하여 아예 기독교적 소개방식이 되어서 종이라고 표현해야만 겸손하게 느껴집니다.

그러나 종이라는 표현은 하나님이 인간을 대하실 때 사용하신 표현이 아닙니다. 하나님이 인간을 부르시고 인간을 구원하였을 때는 절대로 인간을 종으로 삼은 것이 아닙니다. 하나님은 인간을 하나님의 종으로, 하나님의 일군으로, 하나님의 머슴으로, 하나님의 일을 대신하는 존재로, 하나님이 명령하고 인간이 그 일을 실행하는 부하 개념으로 대하신 적이 없습니다. 하나님이 인간을 종으로 삼지 않으신 이유는, 인간을 종으로 삼아서 시키실 일이 없기 때문입니다. 하나님이 세상과 인간을 창조하셨을 때에도 하나님이 시작만 하신 것이 아니라 완성하셨기에 인간에게 행하라고 과업으로 시킬 일이 없었습니다. 또 인간이 죄인이 되었을 때에도 예수 그리스도의 십자가 사건을 통하여 인간을 죄에서 해방하고 완벽한 자유인이 되게 하셨기에 하나님이 인간을 종으로 삼아서 새로이 시키실 일이 없습니다. 하나님은 절대로 인간을 종으로 삼지 않으셨고, 인간도 절대 하나님의 종이 아닙니다. 그래서 기독교에는 종이라는 단어가 적절하지 않습니다.

하나님의 아들

성경에서 하나님이 구원받은 성도들을 향하여 사용하시는 용어는 '아들'입니다. 다른 표현으로 '자녀, 백성'입니다. 하나님이 인간을 향하여 아들이라는 용어를 사용하시는 것은 매우 깊고 은혜로운 의미를 담고 있는데, 성도들에게 아들이라는 의미는 살아있지 않고 실감이 나지 않습니다. 여러분은 '아들'이라는 단어를 들으면 무슨 생각이 나십니까? 말썽꾸러기, 개구쟁이입니까? 또는 어린이, 소년, 아이입니까? 아니면 '상속자, 후견인'입니까? 다 일리가 있지만 성경적 개념에는 조금 못 미칩니다.

성경적 의미의 아들은, 같다는 것, 즉 동등 수준, 동등한 성향, 동질의 것, 똑같은 본체라는 뜻입니다. 기독교가 기독교의 개념, 성경의 개념, 하나님의 개념을 충분히 이해하지 못하고 누리지 못하는 것은 정말 안타까운 현실입니다. 기독교가 말하는 아버지와 아들의 관계란, 아버지는 어른이며 크신 분이요 아들은 작은 자라는 뜻이 아닙니다. 우리의 인식에는 아버지와 아들은 넘을 수 없는 큰 벽이 있는 것처럼 느껴집니다. 아버지 앞에 앉을 때는 무릎을 꿇고 앉았고, 대화할 때는 늘 존경어를 사용해야 했고, 그 말씀에는 토를 달거나 대꾸를 해서는 절대로 안 되었고, 아버지와 동행할 때는 아버지의 그림자를 밟아서도 안 되는 등 신분의 차별화가 느껴집니다. 그러나 성경의 개념은 그렇지 않습니다. 성경이 아들이라는 용어를 사용할 때는 차별이나 구별을 강조하는 것이 아니라 동등함과 연합과 일치를 강조합니다.

세상의 표현 중에 아들의 의미에 대해 기독교적 개념을 조금이나마 나타내는 표현이 종종 있습니다. 예를 들면, '찰스 주니어', '윌리엄스 2세'라고 하는데, 찰스 주니어의 아버지는 찰스, 찰스 시니어입니다. 즉 아버지도 찰스, 아들도 찰스, 아버지와 아들이 같다는 것입니다. 동질의 존재인데 아버지는 늙었고, 아들은 젊다는 것일 뿐 둘은 찰스로서 같다는 의미입니다. 한국에도 기독교적인 적절한 표현이 있습니다. 주로 어르신들이 아이들을 보면서, '아주 제 아비를 쏙 빼다 박았네,' 또는 '누가 그 아비의 아들이 아니랄까봐 아주 하는 짓이 딱 그 아비와 똑같네'라고 합니다. 이 표현 속에는 '아들은 아버지와 같다, 아버지와 동질이다, 아버지와 일체다, 아버지와 하나다, 아버지와 연합되어 있다, 아버지와 같다'는 의미가 들어있습니다.

예수 그리스도가 이 땅에 강림하실 때에 하나님의 보내심을 받아 하나님의 아들로 오셨습니다. 예수가 하나님의 아들로 오셨다는 의미는 성부 하나님이 아들을 대신 보냈다는 의미가 아니라 하나님 자신이 오셨다는 의미입니다. 그래서 아들이신 예수에게 하나님의 뜻이 있었고, 그분은 하나님의 원리를 가졌고, 하나님의 마음을 가졌고, 하나님의 복음을 선포하셨기에, 예수가 하나님의 아들이라는 것은 예수 그분이 하나님이시라는 의미입니다. 여호와 하나님과 예수님의 관계가 아버지와 아들로서 동등, 동질, 연합, 한몸, 일체를 의미하는 것처럼 하나님이 성도를 부르실 때 아들, 자녀라고 부르시는 것은 하나님과 성도의 동등, 동질, 인격적 교제, 성품의 교제를 의미합니다. 하나님이 성도를 이렇게 존귀하게 높여주십니다. 인간은 절대로 하나님의 종이 아닙니다. 종이라는 단어로는, 하나님과 성도의 관계, 즉 아버지와 아들의 관계의 의미를 품을 수 없고, 그 가치를 표현할 수 없습니다. 성도는 하나님의 아들입니다.

바울의 의도

하나님이 성도를 아들이라고 부르셨는데 바울은 왜 편지 인사에서 자신을 아들이라는 존귀한 호칭보다 종이라는 표현을 많이 썼을까요? 바울은 과연 아들이라는 성경적 의미를 몰랐을까요? 이제 로마서를 읽어가다 보면 발견하시겠지만, 바울은 서신의 내용에서 하나님 아버지와 아들인 성도와의 친밀함, 동질, 연합, 일체, 하나 됨, 사랑 나눔 등의 개념에 대해 아주 많이 설명합니다. 그러므로 '종'이라는 표현은 바울이 일부러 선택하여 사용하는 단어입니다. 바울의 이 태도가 바로 기독교적 사고방식을 가장 잘 드러냅니다.

자신을 종이라고 표현하는 것은 자신을 낮추는 자세입니다. 종이라고 자신을 소개하면서 상대로부터 존경과 대접을 받기 원한다면 어울리지 않습니다. 1절에 '예수 그리스도의 종'이라는 인사에서 바울이 강조하는 단어가 바로 종입니다. 바울은 자신을 종으로, 섬기는 자로, 시종드는 자로, 일군으로, 수고하는 자로 소개합니다. 종은 아무리 표현을 잘 해도 종입니다. 교회가 신앙의 경륜이 쌓여갈수록 성경적 사고방식이 풍성해져서 성숙해져야 하는데 도리어 익숙해지고, 아주 교활해져서 성경적 의미를 왜곡시키는데, 그 증거 중의 하나가 이 '예수 그리스도의 종'이라는 표현에서 강조점을 바꾸어버리는 것입니다.

바울은 자신을 예수 그리스도의 종이라고 강조합니다. 그런데 오늘날 목회자들이 '예수 그리스도의 종'을 설명할 때 교묘하게 의미를 왜곡하여 바울처럼 예수 그리스도의 '종'을 강조하는 것이 아니라 '예수 그리스도의' 종이라고 강조점을 바꾸었습니다. 바울은 '종'의 개념을 강조하는데 오늘날의 목회자들은 '누구의' 종이냐에 더욱 강조를 둡니다. 종은 '누구의 종이냐?'와 상관이 없이 그냥 종입니다. 동네 중국집에서 일하는 배달원도 종이고, 서울 인터콘티넨탈 호텔 주차장에서 일하는 문지기도 그냥 종입니다. 종은 어디에서 근무하든지, 누구 밑에서 일하든지, 어떤 업종에 종사하든지 종일뿐입니다.

바울은 원래 하나님과 자신의 관계는 분명히 '아들'인데, '종'이라는 호칭을 써서 자신을 낮춥니다. 그러나 오늘날 교회와 목회자는 낮은 의미의 '종'이 아닙니다. "종도 종 나름이다. 종이라고 다 같은 종이 아니다"라고 말하면서 '종'에게 초점을 맞추는 것이 아니라 '예수 그리스도의'에 초점을 맞추어 자신들을 차별화시키려고 합니다. 성경이 종이라는 표현을 쓰고 있으니까 어쩔 수 없이 종이라는 단어를 사용하지만 절대로 종의 개념, 종의 신분, 종의 역할에는 동의하고 싶지 않습니다. 하나님의 '종'이 아니라 '하나님의' 종이라고 강조점을 변화시켜서, 인간 상호 간에도 누구의 종이냐에 따라서 종의 위치와 신분이 달라지는데 하물며 '하나님의' 종이면 대단한 것이고, '예수 그리스도의' 종이면 종이면서도 위대하다는 개념을 부각시키려고 합니다. 그래서 한국 기독교에만 있는 아주 희한한 용어를 만들어 냈는데 '종님'이라는 말도 되지 않는 표현이 있습니다. 이것은 성경이 강조하려는 뜻이 아닙니다.

바울은 불신자들을 향하여 성도는 하나님의 아들이요 하나님께 속한 자라고 차별화를 시도합니다. 불신자는 죄의 자녀이지만 성도는 하나님의 자녀요, 불신자는 죄에 소속된 자이지만 성도는 하나님께 속한 자라고 정확하게 구별합니다. 성도와 불신자는 엄연히 다른 존재이기에 그

다름을 적나라하고 신랄하게 지적합니다. 그런데 성도들에게 편지할 때는 성도들은 하나님의 자녀요 자신은 하나님의 종이라고 자신을 낮추고 머리를 조아립니다. 이것이 바른 자세입니다.

바울이 이러한 자세를 취하는 것은 바로 이러한 태도가 하나님께서 인간을 대하시는 방식이기 때문입니다. 하나님은 죄와는 전혀 다른 존재임을 철저하게 부각시키면서도 인간을 위해서는 하나님의 하나님 되심을 비우시고 친히 인간의 형체를 가져 인간과 같이 되시고 인간과 함께 계시고 인간과 일체가 되십니다. 왜냐하면, 그래야 인간과 인격적 교제를 나눌 수 있으며 인간을 사랑할 수 있기 때문입니다. 하나님의 일하심의 원리를 따라 바울은 성도들과 더욱 친밀하고 더욱 화목한 행복을 누리려고 성도들을 향해 자신을 아들이라고 소개하기보다는 기꺼이 종으로 나타내는 것입니다.

사도로 부르심을 받아

종과 사도는 대치되는가?

성경은 아주 짧막한 표현 속에도 여러 가지 심오한 표현을 비교와 대조, 강조와 구분 등 갖가지 양식을 써서 나타내고 있기에 잘 분별하셔야 합니다. 첫 인사말에서 바울은 아들이라는 신분 대신 성도들 앞에 자신을 낮추어 '종'이라고 소개했습니다. 일단 자신을 종이라고 소개했으면 계속해서 종의 자세, 종의 태도로 글을 써야 하고 말을 해야 합니다. 그런데 종이라고 자신을 소개한 바로 그다음 단어가 전혀 엉뚱한 단어입니다. 1장 1절 '예수 그리스도의 종 바울은 사도로 부르심을 받아' 입니다. 종은 자신을 낮추는 표현입니다. 그렇다면, 굳이 사도라는 신분을 강조하지 않아도 됩니다. 그러나 바울은 자신이 사도로 부르심을 받았다고 표현하고 다른 서신에서는 자신이 사도로 인정받으려고 여러 가지 수고하고 항변합니다. 종이라고 표현했으면 굳이 사도라고 표현할 이유가 있습니까? 종과 사도가 서로 상충하는 것은 아닙니까? 이 표현들이 모순되는 것은 아닙니까? 상충하지 않고 모순되지 않습니다. 종과 사도로 자신을 소개하는 바울의 의도를 살펴보도록 하겠습니다.

바울이 종이라는 용어로 자신을 낮추었다는 것이 모든 신분과 제도와 계급과 질서를 타파했다는 의미가 아닙니다. 간혹 교회, 하나님나라, 하나님 안에서의 형제 됨을 오해하는 분이 계십니다. 주 안에서 모두가 하나이기에 모든 제도, 구조, 질서, 계급, 높낮이가 없이 그냥 다 형제요 자매라고 말합니다. 이러한 인식은 기독교의 방식을 오해하는 것입니다.

처음에 우리나라에 선교사들이 복음을 전했을 때에 기성세대에게 반감을 샀던 이유는 기독교는 예의가 없고 질서가 없다는 것이었습니다. 아버지와 아들이 교회에 갔는데, 온 동네 사람이 모두 하나님을 '아버지'라고 부르는 것입니다. 아버지가 하나님을 아버지라고 부르면 아들은 할아버지라고 불러야 하는데 아버지도 아버지, 아들도 아버지라고 부르는 것이 못마땅했습니다. 촌수도 제대로 구분 못 하니 상놈의 종교이지 양반네가 다닐 종교가 못 된다는 인식이 있었습니다. 기독교가 가지는 특성과 방식을 몰라서 혼동하는 것입니다.

세상의 원리와 교회의 원리

교회에 성직 계급 때문에 문제가 많았습니다. 그래서 성직 계급을 없애자는 주장이 설득력이 있었습니다. 그러나 예수님은 당시의 종교 제도를 인정하셨고 전혀 문제 삼지 않았습니다. 종교 제도를 타파하고 새로운 제도를 도입하자고 주장하시지 않았습니다. 문제 많은 제사장일지라도 그 제사장을 인정해 주었습니다. 병자를 고치시고 제사장에게 나아가서 치유됨을 인정받으라고 권면하시기까지 했습니다. 또 교회가 돈 때문에 문제가 많았습니다. 그렇다고 교회는 아예 돈을 안 갖는 것만이 능사가 아닙니다. 또 부흥회가 많은 오류를 범했던 적도 있습니다. 그래서 부흥회를 폐지하자고 주장해서는 안 됩니다. 또 목사들이 교단 정치에 몰두해서 물의를 빚은 적이 있습니다. 그렇다고 교단을 해체할 수 없습니다.

기독교의 문제 인식과 해결 방식은 세상과 다릅니다. 기독교는 제도나 체계가 문제라고 인식하지 않기에 제도나 체계를 바꾸려는 제도개혁, 조직 혁신, 새로운 체제 도입 등을 하지 않습니다. 일견 불합리한 관습, 비효율적 형식일지라도 그대로 둡니다. 그래서 기독교가 오해받아 권력과 타협하고 기회주의적이고 상황에 안주한다는 평가를 받습니다. 세상 사람들의 기준에 의하면 기독교는 가장 반개혁적이고 비개혁적입니다. 그러나 실제로 기독교가 가장 개혁적이요 혁신적입니다. 왜냐하면, 제도나 형식은 그대로 두고 내용을 전적으로 변화시키기 때문입니다. 세상의 개혁은 매우 요란합니다. 마치 새 세상을 만드는 것 같습니다. 그 이유는 형식과 제도, 틀을 바꾸기 때문입니다. 그러나 얼마 지나고 나면 새로운 형식이 곧 기존의 형식이 되어 버립니다. 예전에 발생하던 문제들이 다른 양상으로 똑같이 발생합니다. 결국, 많은 것을 바꾸었지만, 아무것도 바뀐 것이 없습니다. 기독교는 요란하지 않고 조용합니다. 왜냐하면, 겉모양, 형식, 규제, 제도를 그대로 둔 채 내용을 변화시키기 때문입니다. 외형은 같게 유지하면서 담은 개념과 의미와 가치와 기준과 방식을 다 바꾸는 것입니다. 세상이 사용하는 방식과 기독교가 사역하는 원리의 차이점을 인식하셔야 합니다.

하나님의 나라

하나님나라는 모두가 평등한 나라, 차별이 없는 나라, 행복한 나라입니다. 하나님나라는 공평과 정의와 인자와 긍휼이 넘치는 나라입니다.

많은 사람이 이런 세상, 이런 나라를 꿈꾸었습니다. 장보고가 꿈꾸던 나라, 신돈이 꿈꾸던 나라, 전봉준이 꿈꾸던 나라, 카를 마르크스가 꿈꾸던 나라로 평등한 나라, 공의가 실천되는 나라입니다. 하지만, 자세히 살펴보면 그런 세상을 꿈꾸는 사람들은 그런 세상을 만들 수 없는 사람들입니다. 장보고는 노예출신으로 억울하게 살았기에 억울함이 없는 세상을 만들고 싶었습니다. 그러나 만들 수 없습니다. 신돈은 천민출신으로 미천하게 살았기에 신분 차별이 없고 괄시받지 않으며 왕과 백성이 친구처럼 사귀는 세상을 만들고 싶었습니다. 그러나 만들 수 없습니다. 꿈을 꾸는 사람들은 꿈을 실현할 수 없는 위치에 있는 사람들일 때가 많습니다. 있는 사람들은 현실을 살고, 없는 사람들은 미래를 삽니다. 가진 사람들은 유기농을 먹고 살고, 없는 사람들은 꿈을 먹고 삽니다. 교회에 다니는 사람 중에 공동체를 만들고 싶어 하는 사람들이 종종 있습니다. 그런 사람들의 공통점은 돈이 없다는 것입니다. 이상만 있습니다. 그 꿈을 이루려면 반드시 돈 있는 사람을 영입해야 합니다. 그래서 그런 꿈을 이룰 수 없습니다. 만들 수 없는 사람이 만들 수 없는 꿈을 꾸는 것입니다. 그러나 인간이 꿈을 꾼다고 해결될 수 있는 것이 아닙니다.

하나님나라는 하나님이 만들 수 있는 나라입니다. 만약 인간들이 만들 수 있었다면 하나님은 나서지도 않았습니다. 하나님은 제도를 바꾸고, 체제를 바꿈으로 하나님나라를 만드신 것이 아니라 그 내용과 원리에 하나님의 기준, 하나님의 가치를 부여하심으로 하나님나라를 이루십니다. 예수님께서 이 땅에 강림하셔서 십자가 위에서 돌아가시고 부활하셨습니다. 하나님이신 예수께서 이 땅에 오셨고, 돌아가셨고, 사망 권세 이기고 부활하셨습니다. 그래도 세상은 아무것도 변하지 않았습니다. 하나님이 부활하셨는데 로마도 그대로이고, 이스라엘도 그대로이고, 종교도 그대로이고, 제도도 그대로입니다. 하나도 변한 게 없고, 달라진 것이 없는데 예수님은 다 이루었다고 선포하십니다. 무엇이 바뀌었고 무엇이 이루어졌는지 분별해야 합니다.

제도가 바뀐 것이 아니라 성도들의 삶의 원리가 바뀌었고 체제가 바뀐 것이 아니라 성도들의 기준이 바뀌었고 형식이 바뀐 것이 아니라 성도들의 가치가 바뀌었고 외형이 바뀐 것이 아니라 성도들의 삶의 양식이 바뀌었습니다. 그래서 세상은 아무것도 바뀌지 않았는데 구원받은 인간이 하나님의 아들이 되었을 때에 그 성도가 존재하는 곳에 하나님이 임했고 하나님의 나라가 이루어졌고 천국이 온 것입니다. 그런데 안타까운 것은 분명히 하나님나라가 임했고 성도가 하나님의 자녀가 되었음에도 하나님나라가 우리 삶 속에 구현되지 않고 있다는 사실입니다.

사람들은 성경을 읽으면서 자꾸 바울의 위대성을 칭찬합니다. 그러나 성도가 감탄해야 하는 것은 바울의 위대성이 아니라 하나님 원리의 위대성입니다. 그 하나님의 원리는 바울만이 할 수 있는 것이 아니라 모든 성도가 할 수 있으며, 그 하나님의 원리는 바울만이 실천한 행동이 아니라 모든 성도가 실천해야 할 행동입니다. 바울은 아들이라는 존귀한 신분 대신에 종이라는 표현으로 자신을 낮추었습니다. 동시에 사도됨을 주장합니다. 종이라는 표현과 사도라는 표현이 전혀 충돌을 하지 않습니다. 이것이 가능한 이유는, 신분이 무엇이든, 호칭이 무엇이든 그것으로 군림하거나 위세 부리지 않기 때문입니다. 즉, 분명히 사도지만 사도라고 위세 부리지 않고, 분명히 종인데 종이라고 기죽지 않습니다. 이것이 기독교입니다. 기독교는 제도와 형식을 바꾸는 것이 아니라 그 내용을 전혀 새롭게 하는 것입니다.

예수는 노예 해방운동을 하지 않았습니다. 그렇다면, 예수는 노예제도를 찬성했습니까? 예수의 행동을 인식하는 차원이 달라져야 합니다. 에이브러햄 링컨이 노예를 해방해서 위대한 영웅으로 알려졌습니다. 그러나 노예 해방만이 문제의 해결책이 아닙니다. 오갈 곳이 없는 노예를 해방하는 것은 아무런 대책도 세워주지 않은 채 빈털터리로 집에서 쫓아내는 것과 마찬가지입니다. 노예를 해방하면 신분만 해방하지 말고 땅도 천 평씩 주어야 합니다. 신분만 바꾸었지 실제로 달라진 것은 별로 없습니다. 겉모양에 속으면 안 됩니다. 구약에 아브라함이 부인을 몇 명 데리고 사는 장면이 나옵니다. 이러한 본문에 근거하여 하나님이 일부다처제를 허락한다고 주장하면 안 됩니다. 오갈 곳이 없는 여인들을 모두 홀로 늙게 하면 그게 더욱 큰 사회문제입니다. 그러면 기독교는 상황에 따라 기준을 달리하는 상황윤리입니까? 절대로 그렇지 않습니다. 기독교적 방식, 하나님의 원리를 이해해야 합니다. 하나님의 원리 속에 담겨 있는 하나님의 심정, 하나님의 마음, 하나님의 성품, 하나님의 뜻을 이해해야 합니다. 기독교는 형식을 바꾸는 것이 아니라 내용, 원리, 기준, 개념, 가치, 의미를 바꿉니다.

택정함을 입었으니

다음으로, 살펴볼 것이 '택정함을 입었으니' 라는 표현으로 대표적으로 오해되고 왜곡되는 말 중의 하나입니다. 가장 큰 오해는 하나님이 어떤 사람을 부르실 때, 다 그만한 자격과 능력과 실력이 있고 하나님이 보시기에 합당하다고 판단하셨으니까 불렀다는 것입니다. 왜 이러한 생각이 오해인지를 바울의 표현을 통해 설명해 보겠습니다.

바울은 자신이 택정함을 받았다고 강조합니다. 이 택정함을 받았다는 강조의 뉘앙스는 다른 사람을 향해 '하나님이 너희는 안 불렀고 특별히 나를 불렀다' 는 의미가 아닙니다. 만약 '하나님이 너희가 아니라 나를 불렀다' 라고 한다면 그것은 이미 차별화이고, 교만이 담겨 있는 것입니다. 그런 마음을 가진 사람이라면 절대로 자신을 종이라고 낮추어 소개하지 않습니다. '택정함을 입었으니' 표현에는 두 가지 강조점이 있습니다. 첫째는, '입었다.' 입니다. 즉 바울 자신이 하나님을 택한 것이 아니라는 것입니다. 바울이 생각하고 판단하여 하나님을 택한 것이 아니라 하나님이 바울 자신을 택하셨다는 것입니다. '너희는 뭐가 중요한지도 몰라서 하나님의 사역을 택하지 않고 그저 저 먹고살자고 애쓰지만 나는 하나님을 택해서 주의 일을 하고 있어' 라는 뉘앙스를 나타내면 안 됩니다. 나의 행위 대신 하나님의 행위가 나타나야 합니다.

두 번째 강조점은, 하나님이 나를 선택하신 이유는 아무도 나를 택하지 않았기 때문이라는 것입니다. 하나님마저 나를 택하시지 않으면 나는 할 것이 없습니다. 택함 받은 자가 절대로 교만할 수 없는 이유입니다. 마태복음 20장에 가면 포도원 품꾼 비유가 등장합니다. 포도원 주인이 새벽 6시, 아침 9시, 정오에 나가서 부르고 심지어는 오후 3시에 나가서 사람을 불렀습니다. 그리고 오후 6시에 품삯을 나누어 줍니다. 오후 3시에 온 사람도 한 데나리온, 새벽 6시에 온 사람도 한 데나리온입니다. 만약 이 비유를 읽고 나서 주인의 행동을 의아해하고, 불공평하다고 생각하는 분들이 계신다면 그분들은 아주 교만하신 분들입니다. 왜냐하면, 자신이 모두 새벽 6시에 온 사람인 줄 알기 때문입니다. 저와 여러분은 포도원 품꾼 비유에 등장하는 사람 중에 오후 3시에 부름 받은 사람입니다. 오후 3시에 주인이 나가서 왜 놀고 있느냐고 물었을 때 저들의 대답이 '우리를 품꾼으로 쓰는 이가 없음이니이다' 였습니다. 즉 아무도 그 사람들을 택하지 않아서 주인 되신 하나님이 택하신 것입니다. 강조점은 택함 받은 자의 자격과 능력이 아니라 택하신 하나님의 자비와 긍휼입니다.

사도로 택정함을 입었다는 표현 속에 사도의 권위를 주장하거나 성도들과 차별성을 강조하는 의미는 전혀 없습니다. 아들임에도 불구하고 종이라고 자신을 소개함으로 자신을 낮추고 있으며, 사도라는 직분으로 자신을 소개할 때도 택정함을 입었을 뿐이라고 자신을 낮추고 있습니다. 종이라는 표현과 사도라는 표현이 전혀 상충하지 않습니다. 사람들이 행복을 누리지 못하는 이유는 하나님의 마음이 없기 때문입니다. 하나님의 마음이 없어서 낮아지지 못합니다. 낮아지면 밟힌다고 생각하기 때문이요, 자신마저 자신을 낮추면 남들은 더욱 나를 무시할 것으로 생각하기 때문입니다. 그러나 성도는 이미 행복을 가진 자요, 자신이 하나님과 동질 된 하나님의 아들이라는 신분과 정체를 바르게 아는 자요, 또한 누구도 성도의 성도됨을 훼방하거나 성도가 누릴 하나님이 나눠주신 복을 빼앗아 갈 수 없다는 것을 분명히 아는 자이기에 기꺼이 낮아질 수 있으며, 기꺼이 져 줄 수 있으며, 기꺼이 섬길 수 있는 존재입니다. 그래서 성도가 있는 곳이 바로 하나님나라입니다. 모든 성도님이 성도됨을 삶 속에 구현하셔서, 성도가 있는 곳이 바로 밝은 곳이며, 성도가 있는 곳이 바로 썩지 않는 곳이며, 성도와 함께 하는 것이 바로 행복이라는 것을 드러내는 멋진 성도됨을 누리시기를 주님의 이름으로 축원합니다.

3

하나님의 복음, 예수

로마서 1:1 ~ 2

1 예수 그리스도의 종 바울은 사도로 부르심을 받아 하나님의 복음을 위하여 택정함을 입었으니 2 이 복음은 하나님이 선지자들을 통하여 그의 아들에 관하여 성경에 미리 약속하신 것이라

존재의 확인

학교에 가야 하나 말아야 하나를 고민하는 사람은 학생이거나 선생 즉 학교와 연관이 있는 사람입니다. 학교와 관계없는 사람은 학교에 관하여 아무런 생각을 하지 않습니다. 학교에 가야만 하는 이유를 분명히 아는 사람만이 학생이 아닙니다. 어느 날 학생이 담임선생님을 찾아와서, '왜 제가 학교에 다녀야 하는지 이유를 발견하면 오겠습니다. 어떻게 하면 좋은 학생이 될 수 있는지, 공부를 잘하게 되면 학교에 오겠습니다'라고 말하면 칭찬을 듣는 것이 아니라 꾸중을 듣습니다. 학교와 학업에 대하여 고민한다는 것은 이미 학생이 된 사람의 특권입니다.

'인생이란 무엇인가?'를 궁금해 하고, 알고 싶어 하는 것은 살아있는 자들의 이야기입니다. '인생이란 무엇인가? 어디서 왔는가? 어떻게 해야 인간이 되는가?' 이런 고민을 하는 사람은 이미 인간입니다. 아직 인간이 아닌데 인간이 되려고 남자의 몸속을 출발하여 여자의 난자를 향

하여 달려가는 정자 중에 '인생이란 무엇인가? 어디서 왔는가? 어떻게 해야 인간이 되는가?' 를 깨달은 정자가 드디어 인간으로 태어나는 것이 아닙니다. 아직 '인생이 무엇인지' 를 몰라도 그 사람은 인간입니다. 이미 인간이 된 자, 인생을 사는 자들이 하는 것이 생각입니다. 인간 중에는 내가 무엇을 하여야 인간이 되는가를 논하지 않습니다. 왜냐하면, 이미 인간이기 때문입니다.

성도

기독교는 성도 된 자들의 이야기입니다. 성도가 아닌 자들은 하나님을 말하지 않고, 신앙을 생각하지 않고, 구원을 이야기하지 않습니다. '어떻게 해야 구원이 되는가? 내가 무엇을 해야 구원을 받을 수 있을까?' 이런 고민을 하는 사람은 이미 구원을 받은 성도입니다. 그런 고민을 해야 구원받고 성도가 되는 것이 아니라 구원받은 성도들이 그런 고민을 할 수 있습니다. '내가 어떻게 해서 인간이 되었는가?' 를 고민하던 사람의 결론은 내 수고로 된 것이 아니라 부모님의 은혜로 되었다는 것을 압니다. 그래서 어렸을 때는 자신의 생일을 무지하게 챙깁니다. 자신의 생일에 정작 자신은 아무것도 안 했습니다. 그날 자신을 낳아주시느라고 부모님이 수고하셨습니다. 어렸을 때는 자신의 생일에 자신이 최고인 줄 알지만, 나이가 들고 인생을 알면 생일에 자기 생일상을 차리는 것이 아니라 부모님을 찾아갑니다. 그리고 감사하다고 절을 하고 용돈을 드리고 옵니다. 그때쯤 되면 철이 들고 인생을 안다고 말하는 것입니다.

성도 중에 '내가 무엇을 해서 구원을 받았는가?' 를 고민하던 사람의 결론은 내 수고로 구원받은 것이 아니라 하나님의 은혜로 되었다는 것을 압니다. 그래서 신앙의 초보일 때는 자신이 행한 일을 자랑합니다. 사람들을 만나면 자신의 수고를 자랑하느라 쉴 새 없습니다. 일주일에 한 번도 안 빠지고 새벽기도회를 나가고, 일 년에 한 번도 안 빠지고 주일 성수를 하고, 십일조는 월급에 상여금까지 게다가 십 원 단위까지 철저하게 드리고 있고, 주일에는 새 신자 환영부터 성가대와 성미 담당에 가운 정리까지 한다고 자랑이 많습니다. 그러다가 신앙의 연륜이 깊어지면서 내 수고로 이룬 것이 아니라 하나님의 은혜로 된 것을 알게 되면 자랑의 말이 없어집니다. 그저 묵묵히 감사하며 충성스럽게 일하여 성도의 삶을 살게 됩니다.

학생이 공부하는 대신 책상머리에 앉아서 '정말 내가 인간인가?' 이런 고민을 하고 있으면 부모님이 한 대를 쥐어박으시면서 이렇게 말씀하실 것입니다. '쓸데없는 소리 말고 공부나 해.' 신앙생활 하던 중에 혹시 '정말 내가 구원을 받을까?' 라고 고민해 보신 적이 있습니까? 제가 일단 한 대 쥐어박으면서 '쓸데없는 생각하지 마시고 시간이 남으면 그 시간에 성경을 읽으십시오' 라고 대답을 드리겠습니다. 여러분은 구원받으셨습니다. 여러분은 성도입니다. 여러분은 하나님의 자녀입니다.

하나님의 복음

공짜

제가 여러분에게 '여러분은 성도이십니다' 라고 선언하면 간혹 어떤 분은 속으로 이렇게 생각합니다. '자기가 하나님인가? 자기가 뭔데 나보고 성도래. 나도 나를 모르는데 자기가 나를 알아? 남의 이야기니까 저렇게 쉽게 이야기하지!' 이런 생각이 드는 이유는 자기의 수고로 된 결과가 아니기 때문입니다. 인간은 자신만을 믿습니다. 하나님을 알고 나면 제일 못 믿을 존재가 바로 자신이라는 것을 알지만, 하나님을 모르는 인간은 자신만이 유일하게 믿을 만한 존재입니다. 자신이 보고, 자신이 듣고, 자신이 한 일만 확신할 수 있다고 생각합니다. 이것이 죄인의 한계입니다.

오늘 본문에는 '하나님의 복음'이라는 단어가 나옵니다. 복음은 말 그대로 복된 소식입니다. 오늘날은 소식이라는 말보다는 뉴스라는 말을 많이 합니다. 소식 또는 뉴스는 많은 데 좋은 소식, 복된 소식은 적습니다. 기독교를 한 마디로 소개하면 복음, 즉 복된 소식입니다. 복음은 정말 기쁜 소식입니다. 그 이유 중의 하나가 공짜라서 그렇습니다. 기독교는 공짜입니다.

공짜라는 것은 거저 얻었다는 것입니다. 일하지 않았는데 받은 것입니다. 이 말에는 또 다른 의미가 담겨 있습니다. 나는 아무 일 하지 않았지만, 내가 가진 결과를 만들어 내려고 누군가는 일했다는 것입니다. '공짜 좋아하지 마라', '공짜 좋아하면 탈난다'는 말이 있습니다. 세상에서 왜 공짜를 좋아하면 안 되냐면 공짜란 없기 때문입니다. 공짜라고 덥석 받았다간 후에 반드시 값을 치르게 되어 있습니다. 공짜란 내가 일하지 않은 결과를 취하는 것인데, 내가 일하지 않았다는 것은 누군가는 일했다는 것이고, 후에 그 일을 한 사람이 나타나서 자신의 것이라고 할 때, 내가 곤경에 처할 수 있기 때문입니다. 공짜 좋아하지 말라는 말은 결국 공짜가 없다는 뜻입니다.

그런데 기독교에는 '공짜란 없다'라는 말이 절대적으로 틀린 말입니다. 이것이 사람과 하나님의 차이입니다. 그래서 복음을 이야기할 때 그냥 복음이라고 말하지 않고 '하나님의 복음'이라고 말합니다. '하나님의 복음', 다른 말로 '하나님의 공짜'라는 말 속에는 일을 하신 분이 하나님이라는 것이 밝혀져 있습니다. 내가 받아 소유한 것에 대하여 누가 행했는지 몰랐다가 나중에 하나님이라는 것이 드러나는 것이 아니라 아예 하나님이 하셨다고 밝혀져 있습니다. 나중에 일을 행한 당사자가 나타나는 것이 아니라 이미, 미리, 먼저, 앞서, 행위자가 밝혀져 있습니다. 하나님이 행하셨다, 하나님이 이루어 놓으셨다, 하나님이 그 결과를 만드신 분이라고 밝혀 놓았습니다. 그리고 그분은 되돌려 달라고 하지 않습니다. 그래서 뒤탈이 없습니다.

은혜

내가 하지 않았는데, 하나님이 하셨습니다. 그리고 그 결과를 나에게 주시는 것, 그것을 '하나님의 복음' 다른 말로 하나님의 은혜라고 합니다. 기독교는 복음이요 기쁜 소식입니다. 만약 은혜가 아니면 절대로 복음이 아닙니다. 하나님이 일하신 결과를 주는 것이 아니면 복음이 아닙니다. 내가 수고하고 일한 결과를 취하면 그것은 복음이 아닙니다.

예를 들어보겠습니다. 한 가지 소식이 있습니다. '노은동에 80평 아파트를 새로 짓습니다. 실내장식도 매우 잘 되어 있고 모든 내장재는 이탈리아에서 수입해온 아주 좋은 재료로 사용하였다는 새 소식입니다. 돈 있는 사람은 사시기 바랍니다.' 이것은 복음이 아니고 소음입니다. 그러나 기독교는 복음입니다. 만약 은혜가 아니면, 즉 하나님이 행하신 결과가 아니라 내가 일해야 하고 내가 값을 지급해야 하면 절대로 복음이 아닙니다.

또 한 가지 소식이 있습니다. '둔산동에 좋은 학교, 영어 전문학교입니다. 전 교직원이 미국에서 영어 교육학을 전공하신 분들로 구성된 최고의 강사진을 갖춘 정말 좋은 학교입니다. 토플 550점 이상 맞으신 어린이는 아무나 오셔서 수강하실 수 있습니다.' 이것은 복음이 아니고 잡음입니다. 그러나 기독교는 복음입니다. 만약 하나님이 허락하시는 것이 아닌, 내가 수준과 자격을 갖추어서 조건을 충족시켜야 들어갈 수 있다면 절대로 복음이 아닙니다. 기독교는 하나님의 복음입니다. 하나님이 일하셨고 하나님이 아무 조건 없이 자격 없는 자들을 기꺼이 받아주시기에 하나님의 복음이라고 말하는 것입니다. 복음이 하나님의 복음인 이유는 하나님께만 있고, 하나님만이 행하실 수 있고 하나님만 주실 수 있기 때문입니다.

　세상에는 복음이 없습니다. 세상에는 아예 은혜라는 것이 없습니다. 회사 사장님이 직원들에게 "열심히 일해라! 죽도록 일해라! 그러면 돈을 벌게 될 것이다"라고 말한다면 이것은 복음이 아닙니다. 사원 중의 한 명이 월급을 받고 난 후 "내가 열심히 일했다. 그래서 돈을 벌었다"라고 말한다면 이것은 간증이 아니요, 감사가 아닙니다. 학교 선생님이 "잠자지 마라. 잠 다 자고 무슨 공부를 하느냐. 뜬 눈으로 밤을 새워 공부해라. 그러면 점수가 잘 나오리라"라고 말한다면 이것은 복음이 아닙니다. 학생 중의 한 명이 "내가 잠 안 자고 공부했다. 내가 새벽부터 밤까지 쉬지도 않았다. 그래서 성적이 잘 나왔다"라고 말한다면 이것은 간증이 아니요 감사가 아닙니다. 경제 전문가가 "투자를 해라. 콩을 심어야 콩이 나오지. 감나무 밑에서 감 떨어지기만을 기다리면 되겠느냐? 투자를 해라. 남들보다 먼저. 남들보다 많이 해라. 그래야, 많이 벌 수 있다"라고 말한다면 이것은 복음이 아닙니다. 그것은 말 그대로 투자일 뿐입니다. 투자자 중의 한 명이 "내가 투자를 했다. 그것도 아주 많이 투자를 했다. 돈이 없는데 빚 얻어서 투자했다. 그래서 많이 벌었다"라고 말한다면 이것은 간증이 아니요 감사가 아닙니다.

　세상에는 복음, 은혜가 존재하지 않습니다. 그래서 성경은 '하나님의 복음', '예수 그리스도의 복음'이라고 말합니다. 하나님께만 있고 하나님만이 베푸시고 하나님만이 하실 수 있기에 하나님의 복음입니다. 그런데 이상한 것은 요즘, 교회에도 복음이 없어지고 있다는 것입니다. 어느 목회자가 "기도해라. 구하지 않고 어떻게 복을 받을 수 있느냐? 구하는 자가 받는 것이다. 부르짖어라. 구하라, 찾으라, 두드려라. 가만히 있으면 아무것도 얻을 수 없다. 구하라. 오직 구하는 자만이 받을 수 있다"라고 말한다면 이것은 복음이 아닙니다. 성도 중의 한 명이 "제가 목사님 말씀을 듣고, 정말 새벽마다 기도했습니다. 어떨 때는 정말 나오기

싫더라고요. 그래도 복 받으려면 이 정도는 견뎌야 하고 건성건성 해서 되란 법은 없다고 생각해서 정성을 쏟고 지친 몸을 이끌고 이를 악물고 기도했어요. 그랬더니 정말로 하나님이 복을 주셨어요. 할렐루야"라고 말한다면 이것은 간증이 아니요 감사도 아닙니다.

어느 부흥사가 "충성하라. 충성하지 않고 받으려 하는 것은 도둑놈 심보이다. 일하지 않고 취하려 하는 것은 강도이다. 받고 싶으면 충성하라. 충성하지 않은 채 하나님의 은혜를 도적질하지 마라. 받고 싶으면 충성하라. 갖고 싶으면 헌신하라"라고 말한다면 이것은 복음이 아닙니다. 집회 참석자 중의 한 명이 "제가 부흥사 말씀을 듣고 깨달은 것이 있습니다. 돈은 정직하고 땀은 거짓말을 안 한다는 것이었습니다. 수고하면 반드시 결과가 있다는 것이었습니다. 그날부터 뛰었습니다. 전단 만들어서 아파트 돌아다니며 경비의 감시를 뚫어가며 일했습니다. 남들은 비 온다고 배달 안 할 때 저는 우박을 맞으면서도 배달했습니다. 그렇게 일했더니 정말로 돈이 벌리더라고요. 하나님이 돈을 주시더라고요. 할렐루야"라고 말한다면 이것은 간증이 아니요 감사가 아닙니다.

신앙 캠프에서 설교자가 "심어라. 심지 않고 어떻게 거둘 수 있느냐? 감사하라. 감사하지 않고 복을 받으려고 하는 것은 봄에 씨도 뿌리지 않고 가을에 추수할 거리를 바라는 것과 마찬가지이다. 모내기를 해야 추수를 하고, 감사를 해야 복을 받지. 많이 거두고 싶으면 많이 감사하라"라고 말한다면 이것은 복음이 아닙니다. 설교를 들은 사람 중의 한 명이 "정말 인생 살아가는 원리는 세상이나 교회나 똑같은 것 같아요. 진리는 다 같은가 봐요. 콩을 심어야 콩이 나더라고요. 감사를 해야 감사할 일이 생기더라고요. 저도 원래는 아무런 감사할 거리가 없었어요. 그런데 무조건 감사했어요. 감사하고 싶은데 돈이 없어서 친정에 가서 꿔다가라도 했어요. 정말 신기해요. 꿔다가 하니까 이자가 늘어 빚이 늘어날 줄 알았는데 얼마 지나니까 돈이 돈을 낳더라고요. 하나님이 복을 주셔서 이제는 이자놀이 하면서 살아요. 할렐루야'라고 말한다면 이것은 간증이 아니요 감사가 아닙니다.

내가 하지 않으면 아무것도 없는 것, 내가 행해야만 결과가 있는 것은 복음이 아닙니다. 내가 아무것도 하지 않았는데 나에게 결과가 있는 것이 복음이요 은혜입니다. 내가 하지 않았는데 나 대신 하나님이 하신 것, 나 대신 하나님이 예수를 통해 하게 하신 것, 그것이 복음이요 은혜입니다. 그래서 오늘 본문에 하나님의 복음이 등장하는데, 그 복음은 곧 그의 아들, 곧 예수라고 말씀하십니다.

복음은 예수다

복을 받은 사람

기독교에서 복음을 이야기할 때 반드시 예수가 등장합니다. 하나님이 없고, 예수가 하신 일이 없으면, 기독교는 말이 되지 않습니다. 내가 일하지 않은 것을 얻는 길은 누군가가 나대신 일을 해주어야 합니다. 나 대신 일을 해주신 분이 바로 예수입니다. 그래서 하나님의 복음이 예수입니다. 오늘 본문도 '이 복음은 하나님이 선지자들을 통하여 그의 아들에 관하여 성경에 미리 약속하신 것이라' 라고 예수를 강조합니다.

사람들은 기독교의 복음, 하나님의 복음을 반가워하지 않습니다. 이미 복을 받았다고 말하기 때문입니다. 만약 반대로 말한다면 사람들은 반가워합니다. 즉 미래를 이야기하고 꿈을 이야기하고 장밋빛 내일을 이야기하면서 아직 받은 복은 없지만, 앞으로 복을 받을 것이라고 말하면 사람들은 한 번 해보겠다는 도전의식을 가지고 결단과 각오를 합니다.

아마도 예수가 아직 오시지 않으셨고 예수가 아직 아무 일도 하지 않으셨는데 곧 오실 것이고 사역을 하실 것이고 여러분을 대신해서 일하실 것이라고 말한다면 기뻐할 것입니다. 왜냐하면, 내가 예수를 이용할 수 있기 때문입니다. 예수님이 오셔서 행하신 것, 하나님이 복을 주신 것을 반가워하지 않고 도리어 예수가 오실 것이요 복을 받을 것이라고 하면 기대합니다. 죄인들의 어리석음이요 미련함입니다.

  죄인들만 미련하면 그래도 다행일 것입니다. 하지만, 성도들도 미련하고 어리석어서 죄인들과 다를 바가 없이 사는 것이 더욱 안타까운 현실입니다. 예수는 이미 오셨고, 예수는 이미 모든 일을 하셨습니다. 예수의 일하심으로 저와 여러분은 구원받았습니다. 예수의 일하심으로 저와 여러분은 은혜를 받았습니다. 예수의 일하심으로 여러분은 복을 받았습니다. 그래서 성경은 내가 해야 할 일을 설명하는 것이 아니라 예수가 한 일, 하나님이 행하신 일을 선포합니다. 성도는 성경을 통하여 내가 하나님을 위하여 무엇을 해야 할 것인가를 배우는 것이 아니라 하나님이 나를 위하여 무엇을 이루어 놓으셨는가를 배워야 합니다. 저와 여러분은 복을 받았습니다. 그래서 기독교는 기복旣福 종교입니다. 한문으로 빌 기祈, 복 복福자를 써서, 복을 구하는 기복祈福종교가 아니라 이미 기旣, 복 복福자를 써서, 기복旣福 종교, 즉 이미 복을 받은 종교, 벌써 복을 받은 종교입니다.

예수가 복음이다

  기독교에서 선포하고 증거 하는 말씀이 복음이 되려면 반드시 하나님이 행하신 일, 예수가 하신 일이 등장해야 합니다. 나는 한 일이 없지만 나대신 예수가 하신 일이 반드시 선포되어야만 합니다. 말씀 선포 중에, 설교 중에, 복음 전도 중에 예수가 있느냐 없느냐 또는 하나님이 행하신 일이 증거 되느냐 증거 되지 않으냐가 복음을 분별하는 기준입니다.

  복음을 예를 들어 보겠습니다. '나는 안 믿었다. 그런데 하나님이 복을 주셨고 나는 복을 받았다. 어떻게? 나대신 예수가 믿었으니까!' 나는 충성 안 했다. 그런데 하나님이 복을 주셨고 나는 복을 받았다. 어떻게? 나대신 예수가 충성했으니까!' '나는 헌신 안 했다. 그런데 하나님이 복을 주셨고, 나는 복을 받았다. 어떻게? 나대신 예수가 헌신했으니까!' '난 하나님을 기쁘게 안 했다. 그런데 하나님이 복을 주셨고, 나는 복을 받았다. 어떻게? 나대신 예수가 하나님을 기쁘게 했으니까!' '나는 하나님을 감동시킨 적이 없다. 그런데 나는 은혜 받았다. 예수님이 하나님을 감동시키셨으니까!'

복음이 아닌 것을 예를 들어 보겠습니다. '내가 헌신했다. 그래서 하나님이 복을 주셨다.' 이것은 복음이 아닙니다. 예수는 뭐 하셨습니까? '내가 믿었다. 그래서 하나님이 은혜를 주셨다.' 이것은 복음이 아닙니다. 예수는 뭐 하셨습니까? '내가 충성했다. 그래서 하나님이 성공을 주셨다.' 이것은 복음이 아닙니다. 예수는 뭐 하셨습니까? '내가 하나님을 기쁘게 했다. 그래서 하나님이 승진시켜 주셨다.' 이것은 복음이 아닙니다. 예수는 뭐 하셨습니까? '내가 죽도록 전도했다. 그래서 하나님이 큰 교회를 주셨다.' 이것은 복음이 아닙니다. 예수는 뭐 하셨습니까? '내가 밤마다 부르짖었다. 그래서 헌금이 많이 나온다.' 이것은 복음이 아닙니다. 예수는 뭐 하셨습니까?

복음은 인간의 행위나 수고를 강조하지 않고 하나님의 일하심, 예수 그리스도의 일하심을 선언합니다. 기독교의 복음은 나의 자격을 언급하지 않고 예수를 언급하며, 기독교는 나의 수고를 언급하지 않고 예수가 한 일을 언급하며, 기독교는 앞으로 받을 복을 언급하지 않고 이미 받은 복을 선포합니다. 기독교를 복음의 종교, 은혜의 종교라고 말하는 것은 바로 인간의 자격이나 수준이나 조건을 살피지 않고, 그 인간을 대신하여 하나님의 일하심으로 인간에게 복 주셨다는 것을 선포하기 때문입니다. 그래서 기독교에서 가장 강조되어야 하는 것은 하나님의 일하심, 예수 그리스도의 일하심이요, 가장 강조하지 않아야 할 부분이 나의 자격과 조건과 능력과 재주입니다.

그래서 세상 사람들 보기에 기독교는 아주 우스워 보이고 어이가 없어 보입니다. 세상 사람들이 가장 어이없어 하는 것이 바로 목사들입니다. 자기들은 회사에서 대리, 계장, 과장, 부장 등 한 급수씩 올라가려면 얼마나 노력해야 하는데, 교회는 등록만 하면 그냥 집사가 되고 몇 년 왔다 갔다 하면 위원장이 되고, 나이가 좀 들면 안수집사나 장로가 됩니다. 또 사역자는 매우 황당합니다. 신학교에 입학만 하면 모두 전도사가 되고 졸업하고 세월 지나면 다 목사가 됩니다. 학교 다닐 때 가장 바보 같은 학생이었는데 지금 목사를 합니다. 목사가 전혀 존경이 가지 않습니다. 하지만, 그것이 기독교의 특징입니다.

기독교는 자신의 조건과 자격을 운운하는 것이 아닙니다. '저는 자격이 없어서, 저는 부족해서, 저는 잘 못해서' 등등의 말을 하는 것을 기독교는 겸손하다고 말하지 않고 교만하다고 말하는 것입니다. 기독교는 복음입니다. 복음은 나를 보는 것이 아니라 예수를 보는 것입니다. 복음은 나를 말하는 것이 아니라 예수를 말하는 것입니다. 기독교는 나의 자격을 말하지 않고 하나님의 은혜를 말합니다. 기독교는 내 수고를 말하지 않고 예수님이 하신 일을 말합니다.

당신은 복을 누리는가?

그렇다면, 기독교는 하나님의 행하심만 말하고 성도의 행위는 전혀 강조를 안 하는 것입니까? 성도는 무엇을 해야 할까요? 물론 기독교에서 성도의 행위, 수고, 일, 헌신, 충성을 강조합니다. 그런데 기독교가 강조하는 성도의 행위는 은혜 받기 위한 조건으로서의 행위가 아니라 예수로 말미암아 하나님께 은혜 받은 결과로서의 행위를 말하는 것입니다. 로마서 12장부터 15장까지에 나오는 바울이 성도들에게 권면하는 내용은 복을 받기 위한 조건이나 은혜를 받기 위한 조건이 아니라, 은혜를 받은 결과요 복을 받은 결과요 성도가 된 결과로서의 행위를 말합니다. 인생에 대해서 깨달으면 인간이 되는 것이 아니라 이미 인간이 된 자가 사람됨이 무엇인지를 알아야 인간답게 행동할 수 있는 것처럼, 성도가 무엇인지를 깨달아야 성도가 되는 것이 아니라 이미 성도 된 자가 자신의 성도됨을 깨닫고 자신이 받은 복이 무엇인지를 깨달아야 성도답게 멋있게 신나게 행복하게 행동할 수 있다는 것을 말하는 것입니다.

성도들이 죄인의 습성에 빠져 있어서 무엇인가를 이루기 위한 조건과 수단으로서 일하는 것에는 아주 익숙해져 있습니다. 그런데 은혜를 받은 자요, 복을 받은 자요, 결과를 가진 자로서 가진 것을 드러내고 나타내는 삶, 그것을 실천하는 행동들에는 익숙하지 못하고 도리어 낯설고 어색합니다. 어린 시절을 생각해 보면, 이해가 쉽게 될 것입니다. 선생님이 학교에서 공부시키면 아이들은 놀게 해달라고 합니다. 그래서 선생님이 수업을 중단하고 놀라고 말합니다. 노는 시간을 주었는데 학생들이 아무것도 안 합니다. 그리고 선생님께 계속해서 놀자고 말합니다. 왜냐하면, 놀 줄을 모르기 때문입니다. 놀이 문화를 몰라서 노는 것이란 공부 안 하는 것으로 인식된 것입니다. 가끔 선생님이 게임하자고 제안합니다. 이번에도 학생들이 안 합니다. 왜냐하면, 선생님이 하자고 했으니까. 노는 시간을 주어도 놀 줄을 모르고 선생님이 제안한 것은 선생님이 주도하는 것이라서 하기 싫은 것입니다.

오늘날 교회의 모습, 성도들의 모습이 이런 어린아이들과 같습니다. 인간은 목적을 위해 수고하고 일하는 것에는 적응이 잘 되어 있었습니다. 그동안 성도들이 복을 받으려고 열심을 내었습니다. 반면에 받을 복을 누리라고 권면하니까 어떻게 해야 할 줄을 모릅니다. 예전에 교회에서 성도들을 사역으로 아주 바쁘게 했으나, 저희 교회에서는 성도들을 쉬게 하고, 복을 받으려고 수고하는 대신 받을 복을 누리라고 권면했습니다. 그랬더니 아무것도 안 하면서 계속 목사에게 무엇을 하자고 합니다. 성도들이 무엇을 하자고 요청하기에 목사가 성경공부 반을 개설했더니 아무도 나오지 않습니다. 그러면서 하는 말, 목사가 하고 싶은 것만 한다고 합니다. 그래서 목사가 또 중단했습니다. 성도들에게 받은바 은혜를 알고, 하나님께서 주신 은사를 알아서 삶 속에 그 은혜를 구현하며 누리며 적용하고 체험하고 성도들의 삶을 통해 많은 사람이 하나님을 만날 수 있도록 살라고 권면했습니다. 결과는 여전히 아무것도 하지 않는 것입니다. 왜냐하면, 복을 받기 위한 수고를 해 보았기에 받은 복을 드러내는 방법을 모르기 때문입니다. 기독교는 은혜를 받기 위한 충성이 아니라 받은바 은혜와 복이 넘쳐나서 그 감격에서 우러나오는 열심과 헌신과 충성을 권고합니다.

    기독교의 복음은 예수 그리스도이십니다. 하나님이 예수의 일하심으로 저와 여러분에게 복을 주셨고 저와 여러분은 복을 받았습니다. 복을 받으려는 노력이 아니라 복을 받은 자로서, 성도의 성도됨을 알아 하나님의 은혜를 삶 속에 풍성히 누리시기를 주님의 이름으로 축원합니다.

하나님이 미리

로마서 1:2~4

2 이 복음은 하나님이 선지자들을 통하여 그의 아들에 관하여 성경에 미리 약속하신 것이라 3 그의 아들에 관하여 말하면 육신으로는 다윗의 혈통에서 나셨고 4 성결의 영으로는 죽은 자들 가운데서 부활하사 능력으로 하나님의 아들로 선포되었으니 곧 우리 주 예수 그리스도시니라

기독교의 본질

살아있는 종교

인간이 하는 행동 중에 가장 미련한 것이 죽은 자를 기억하고 기리는 것입니다. 그는 죽었습니다. 죽은 자는 아무것도 모릅니다. 죽은 자를 높이는 방법이 없습니다. 간혹 군인이 작전 중에 죽으면 후에 훈장을 주고 특진시켜주곤 합니다. 무슨 소용이 있지요? 나름대로 의로운 행동을 하면서 죽은 사람을 위해 기념추모집회를 합니다. 그래서 무슨 의미가 있지요? 살아있는 자들이 죽은 자 때문에 수고하는 것이 가장 미련합니다. 사실은 죽은 자를 기념하는 것이 아니라 산 자들이 자신을 위로하려는 것이요 자신의 삶의 허망함을 어떻게든 의미 있는 것으로 만들어보기 위한 몸부림입니다.

산 자를 위해서 동상을 만들고 기념관을 만들지 않습니다. 산 자를 기념하고, 산 자의 물건을 모아서 유물이라고 존귀하게 여기지 않습니다.

기독교에 없는 것이 있는데 바로 기념관이요 유물입니다. 왜냐하면, 기독교의 하나님은 영원히 살아계시기 때문입니다. 예수님은 돌아가신 것으로 끝난 것이 아니라 살아나셨고 지금도 살아계시기 때문입니다. 기독교는 죽은 자의 종교가 아니라 산 자의 종교입니다. 기독교는 산 자가 죽은 자를 위하는 종교가 아니라 영원하신 하나님, 살아있는 성도를 위한 종교입니다.

또 하나, 인간의 모습 중에 미련한 것은 미래를 위해 사는 것, 꿈을 먹고 사는 것입니다. 꿈을 꾸며 산다는 말은 멋있는 표현이지만 어리석은 내용입니다. 인간은 꿈을 먹고 사는 존재가 아니라 현실을 사는 사람들입니다. 내일을 위해 오늘을 희생하는 것이 가장 무익하고 미련합니다. 기독교는 미래지향적이거나 내세 신앙적 종교가 아닙니다. 어떤 이는 종교가 인간을 현실에 안주하게 하였고 모든 희망을 내세로 미루게 해서 개혁이나 진보와 발달을 막았다고 비판하면서 민중의 아편이라고 깎아내리기도 했습니다. 기독교는 오늘을 담보로 해서 내일을 소망하게 하는 종교가 아닙니다. 기독교는 살아있는 종교이어서, 철저하게 현세 중심적인 종교입니다. 기독교는 죽어서 받는 상급을 말하기보다는 이미 받은 상급을, 현재의 삶 속에 구현하며 누리는 종교입니다.

또 하나, 인간의 미련한 삶의 모습은 남을 위해서 사는 것입니다. 인간은 절대로 남을 위해 살 수 없습니다. 하물며 인간은 신을 위해 살 수 없습니다. 인간이 자신의 행복보다 우선시할 수 있는 것이란 아무것도 없습니다. 인간의 목표는 행복이고 자신의 행복을 위해서 사는 것이 가장 바른 것입니다. 부모들이 마치 자녀를 위해 사는 것 같지만, 사실은 모두 자신을 위한 것입니다. 남을 위해서 헌신하는 삶, 타인을 위해서 희생하는 삶은 없습니다. 자신이 현재 사는 방식이 보람이 있고, 가치 있다고 느끼기에 자신이 좋아하는 것을 할 뿐이지 남을 위해 사는 것이 아닙니다. 인간이 신을 위한다는 생각은 엄청난 불경입니다. 기독교는 하나님이 인간을 위해 주시는 종교이지 인간이 신을 위하는 종교가 아닙니다. 기독교는 살아 계신 하나님, 살아 있는 성도가 현재의 삶 속에서 인간을 위하는 가장 올바른 종교입니다.

하나님의 복음

기독교의 가장 본질적인 특징은 하나님이 계시다는 것입니다. 그러나 하나님을 인정하지 않는 세상은 인간밖에 없어서 인간을 강조하고, 인간이 일하지 않으면 아무것도 얻을 수 없기에 인간의 수고를 강조할 수밖에 없습니다. 이것이 인간의 한계입니다.

당연히 기독교는 인간의 일이 아니라 하나님의 일하심을 선포합니다. 하나님이 행하신 역사를 드러내지 않으려면 기독교가 존재할 이유가 무엇입니까? 만약 기독교가 '인간이 어떻게 하며, 인간이 무엇을 하면…'이라고 하나님 대신에 인간을 강조한다면 가장 미련하고 바보 같은 종교입니다.

세상에서는 인간이 수고하고 노력하고 땀 흘리면 노력한 만큼 성과를 거둔다고 말합니다. 그런데 종종 교회는 세상보다 더욱 바보 같은 소리를 할 때가 있습니다. 세상에서 처럼 인간이 기도해서 하나님을 감동시키고 인간이 충성해서 하나님을 기쁘시게 하라고 강조합니다. 이러한 모습은 인간이 수고하여 땀을 흘리는 정도가 아니라 신을 감동시켜야 하기에 인간을 더욱 곤고하고 피곤하게 만드는 것으로 인간적이지도 못한 어리석은 교훈입니다.

수단이 될 수 없는 종교

그동안 인간이 하나님께 헌신하고 충성하고 영광을 돌리는 것이 인간의 본분이라고 배워왔습니다. 인간이 하나님의 영광을 위해서 살아야지 하나님을 이용해서 인간의 욕심을 채우려고 하면 그것이 바로 기복新

福 종교요 샤머니즘이요 신성모독이라고 말해 왔습니다. 하나님이 의도하지 않은 것을 인간이 하나님을 이용해서 얻어내려고 하면 그것은 기복祈福 종교입니다. 그러나 기존의 주장을 하시는 분들이 크게 오해하고 착각하는 것이 있습니다. 하나님이 우리보다 지혜롭고 영리하시다는 것을 모르는 것입니다. 우리가 나의 목적을 위해 하나님을 이용하려고 할 때 하나님이 이용당하십니까? 우리가 교묘하게 하나님을 속여서 나의 욕심을 성취하려고 할 때 하나님이 속으십니까? 우리가 기도, 헌금, 충성이라는 미끼를 던져서 하나님의 신령한 복을 받아 내려고 교활한 모략을 쓸 때 하나님이 우리의 속내를 분별 못하셔서 당하십니까? 인간은 하나님을 수단으로 삼으면 안 되는 것이 아니라 아예 불가능합니다. 왜냐하면, 하나님이 인간보다 지혜롭고 현명하시기 때문입니다.

진정한 신성모독은 하나님이 인간에게 베풀어 주신 것을 인간이 거부하는 행위입니다. 하나님이 죄인 된 인간을 구원하셨습니다. 그런데 자신은 여전히 죄인이라고 우겨대면 그것이 바로 신성모독입니다. 하나님이 죄인 된 인간을 구원하셔서 하나님의 자녀 삼아 주셨는데 아직도 자신은 하나님의 자녀가 될 수준이 안 된다고 말하는 것이 신성 모독입니다. 하나님이 성도에게 하나님의 신령한 복을 다 부어주셨는데 정작 자신은 아직도 복을 받지 않았다고 생각하고 복을 받아내려고 하나님 앞에서 온갖 아양을 떨고 있다면, 그것이 바로 신성모독입니다.

복을 받은 종교

하나님이 복을 주셨다면 인간은 복을 받은 것입니다. 성경은 모든 성도가 하나님의 신령한 복을 다 받았다고 선포하고 있습니다. 성도 여러분은 복을 받으신 분입니다. 성경이 성도에게 복을 다 받았다고 선포하는 것은 여러분의 기대감을 좌절시키는 말이 아닙니다. 모든 소망에 물을 끼얹고, 희망의 싹을 자르고, 앞으로의 비전을 송두리째 뽑아버리는 말이 아닙니다. 복을 받았다는 선포를 듣고 여러분은 복 받은 자의 충족감을 느껴야 정상이고, 포만감을 느껴야 정상이고, 만족감을 느껴야 정상입니다. 복을 받았다는 사실 때문에 흥분이 일어나고, 열정이 일어나고, 이제야 살맛이 나고, 한번 살아 볼만하다는 자신감이 나타나야 합니다. '내가 복을 받았구나! 나에게 그 복이 있구나! 이제 그 복을 드러내면 되는구나! 그 복을 누려야겠다!' 라는 기대가 넘쳐나고 열정과 환호가 터져 나와야 합니다.

기독교에는 복 받는 방법이 없습니다. 하나님은 복을 이미 다 주셨다고 선포하시지 복 받는 방법을 알려 주신 적이 없습니다. 만약 교회에서 복 받는 방법을 가르쳐 주는 곳이 있다면 그것은 엉터리입니다. 성경에도 없는 것을 가르치려고 하니까 교회에서 가르치는 복 받는 방법은 어렵고 복잡하고 힘이듭니다. 기독교는 감사의 종교입니다. 하나님이 베풀어주신 은혜에 감사해서 예배하고, 하나님이 베풀어주신 복들에 감사해서 십일조를 드리고, 하나님의 도와주심이 감사해서 감사예물을 드리는 감사의 종교이지 투자의 종교나 조건의 종교나 수단의 종교가 아닙니다.

하나님이 미리

구원의 주도권

하나님이 계시다는 사실이 기독교가 모든 종교와 인간의 어떤 가르침과도 전적으로 다른 차이점을 만들어 내는 근거입니다. 세상의 어떤 가르침도 기독교의 내용과 유사할 수 없는 이유는 그들에게는 하나님이 없기 때문입니다. 기독교가 선포하는 내용이 세상의 다른 교훈과 진리와 다르지 못하면 하나님이 무용한 것이며 우리가 가장 어리석은 것입니다. 기독교의 선포를 복음, 하나님의 복음이라고 합니다. 하나님이 인간의 문제를 해결하셨다는 결론을 선포하는 복된 소식입니다. 그 복음이 바로 예수입니다. 예수가 오셔서 죄를 이기셔서 성도는 죄에서 해방된 자요, 새로운 피조물이 된 것입니다.

기독교는 '인간이 어떻게 하면 구원을 얻을 수 있는가?' 라는 인간이 해야 할 일이 아니라 '하나님이 어떻게 하셔서 구원을 인간에게 주셨는가?' 즉 하나님이 행하신 일을 선포하는 종교입니다. 구원은 인간에게 달린 문제가 아니라 하나님께 달렸습니다. 구원의 주도권과 책임은 인간에게 있지 않고 하나님께 있습니다.

본문 1장 1절, '예수 그리스도의 종 바울은 사도로 부르심을 받아 하나님의 복음을 위하여 택정함을 입었으니' 에서 강조점은 '하나님이 부르셨다, 하나님이 택하셨다' 입니다. 하나님의 주도권을 가지고, 하나님이 결정하시고, 하나님이 행하십니다. 본문 1장 2절은 '이 복음은 하나님이 선지자들로 말미암아 그의 아들에 관하여 성경에 미리 약속하신 것이라' 고 되어 있습니다. 2절에서 강조하려는 단어는 바로 '미리' 입니다. 하나님이 미리 계획하셨고, 미리 약속하셨고, 미리 선포하셨고, 하나님이 그렇게 계획하고 약속하신 대로 예수께서 오셔서 일을 행하셨고 그 결과로 당연히 성도는 구원받고 복을 받았습니다.

구원은 하나님이 행하신 것입니다. 구원은 하나님이 이루신 것입니다. 하나님이 행하시지 않으면 기독교는 아무것도 존재할 수 없습니다. 하나님이 행하시지 않으면 기독교는 아무것도 얻을 수 없습니다. 하나님이 행하시지 않았는데 '내가 믿었다' 이런 것은 없습니다. 하나님이 행하시지 않았는데 '나는 확신한다' 이런 것은 없습니다. 하나님이 행하시지 않았는데 '나는 소망 한다' 이런 것은 없습니다. 기독교는 반드시 하나님의 행하심이 먼저 나와야 합니다. 신앙은 '예수께서 나를 대신하여 십자가에 돌아가셨다. 그래서 나는 구원받았다', '하나님께서 나를 자녀 삼아 주셨다. 그래서 나는 하나님의 자녀가 되었다', '하나님께서 나에게 성령을 보내 주셨다. 그래서 나는 성령의 전이 되었다', '하나님이 다 이루셨다. 그래서 나는 구원받았다' 라고 말하는 것입니다. 기독교는 내가 먼저 하나님께 무엇을 하느냐가 아니라 하나님이 먼저 인간을 위해 무엇을 하셨는가를 알아야 합니다.

구원의 확정성

'하나님이 미리' 약속하셨다는 것은 우리 구원의 확정성, 안정성을 보장합니다. 그러나 아이러니한 현상은 성도들이 복을 받은 사실을 인정하려 들지 않고, 구원받았다는 확신이나 천국 가는 증표를 얻어내려고 애를 쓴다는 것입니다. 구원 받았음을 인정받고 싶고, 아직 받을 복이 남아 있다고 생각하고 싶은 것입니다. 성도들이 자신이 구원받은 사실에 대하여 자주 흔들리는 이유는 구원은 하나님이 행하신다는 사실을 놓치기 때문입니다. 가끔 자신의 삶이 신실하지 못하고, 교회에 충성하지 못할 때나, 하나님의 원리대로 살지 못했다고 생각될 때에 자신이 구원받지 못한 것은 아닐까 불안해합니다. 그런 생각이 드는 이유는 모두 자신의 수고로, 자신의 행위로 구원을 얻는다고 생각하기 때문입니다. 그러나 구원은 인간의 행위로 말미암지 않고 하나님이 행하셔서 인간에게 주시는 선물입니다. 성경은 우리가 죄인이었을 때에, 하나님과 원수 되었을 때에, 하나님을 몰랐을 때에 하나님이 행하셔서 구원을 선물로 주셨다고 말합니다.

우리 구원의 확정성은 내가 구원받을 만한 행위를 해서가 아니라, 하나님이 구원하셨으니 하나님이 계획하고 이루신 일을 변경하지 않으시는 하나님의 뜻과 하나님의 신실하심에 있습니다. 구원은 하나님이 행하셔서 인간에게 주시는 선물입니다. 우리가 천국에 입성하는 것이 분명한 이유는 하나님이 우리를 하나님의 자녀 삼아주셨기 때문이요, 우리가 하나님의 자녀답게 살 수 있는 것은 하나님이 우리를 하나님의 자녀답게 만들어 가시기 때문입니다. 하나님이 구원의 주도권을 가지고 계시고, 하나님이 우리의 구원을 책임지시고, 하나님이 우리의 성도됨을 도우셔야 하는 책임이 있으시기에 성령도 보내 주신 것입니다.

하나님의 인격성

하나님이 미리 계획하시고 약속하셨다는 것은 우리의 구원이 즉흥적 사건이 아니라 역사적 사건이요, 하나님의 인격성에 근거하여 규모 있게, 질서 있게, 체계 있게 이루어진 사역이라는 뜻입니다. 또한, 하나님은 은밀하게, 미스테리하게 일하시지 않습니다. 하나님은 하나님의 뜻을 미리 인간에게 말씀하시고, 알게 하시고, 밝히 드러내어 계시하십니다. 본문 1장 2절에서도 '이 복음은 하나님이 선지자들을 통하여 그의 아들에 관하여 성경에 미리 약속하신 것'이라고 하나님의 알리심을 강조하고 있으며 히브리서 1장 1절에도 '옛적에 선지자들을 통하여 여러 부분과 여러 모양으로 우리 조상에게 말씀하신 하나님'이라고 하나님의 알게 하심, 드러내심, 계시하심을 강조합니다. 하나님의 구원하심은 모든 것이 베일에 감추어져 있어서 앞으로도 어떻게 변화될지 모르는 미궁의 사건이 아니라 하나님의 인격적인 사역입니다.

기독교의 구별성

구약의 독특성

하나님이 미리 성경에 약속하셨다는 것에 관하여 이번에는 다른 종교와의 구별성을 점검해 보도록 하겠습니다. 대부분의 종교는 어떤 인물이 있고, 그 인물의 위대한 삶이나 교훈에 근거하여 시작됩니다. 당연히 처음에는 아무도 그가 그런 삶을 살게 될 줄을 몰랐고, 그런 가르침을 만들 줄도 몰랐고, 그 사람이 죽은 후에 종교로 발전할지도 몰랐습니다. 그러나 기독교는 다릅니다. 기독교는 다 압니다. 왜냐하면, 하나님이 미리 말씀하셨고 약속하셨고 알리셨기에 다 알려졌고 드러나 있고 밝혀져 있습니다. 예수가 오실 줄 알았습니다. 예수가 이 땅에서 어떻게 사시고, 어떻게 죽으시며 부활할 것인지, 부활하시고 난 후에 성령이 오실 것 등이 다 기록되어 있다는 것이 기독교의 탁월성이요 구별성입니다.

오늘날 성도들이 성경에 기록된 대로 성경을 배우면 신앙이 풍성하게 성숙할 수 있습니다. 구약부터 차분히 이해하면 성경은 매우 쉽습니다. 마치 설계도를 살펴보고 건물의 진척상황을 이해하는 모습과 같습니다. 하나님이 미리 다 약속하신 것이기에 무슨 일이 일어날 것이며, 어떻게 일어날 것이며, 어디서 일어날 것이며, 어떻게 전개될지를 다 알 수 있습니다. 종종 종교 연구가들이 불교의 창시자는 부처요, 이슬람의 창시자는 마호메트요 기독교의 창시자는 예수라고 말합니다. 또는 예수가 죽은 후에 소수 제자가 모여 예수의 가르침을 모아서 복음서라는 경전을 만들었고 그때부터 기독교가 시작되었다고 말합니다. 이렇게 주장하는 것은 세상의 모든 종교가 그렇게 시작되었다는 연구에 근거합니다. 그러나 그들은 기독교의 구별성을 인식하지 못합니다. 기독교에는 하나님이 계시다는 것을 모르고, 그 하나님은 이미 예수가 오실 것을 미리 약속하셨다는 사실을 모릅니다.

진리이신 예수

하나님이 미리 약속하신 내용이 구약에 다 알려졌습니다. 그리고 약속하신 그대로 신약에서 예수에 의해 성취되었습니다. 이것이 다른 종교와 전혀 다른 차원입니다. 예를 들어 불교에서 부처님은 원래 왕궁에서 태어나 왕자로 살면서 백성의 삶을 몰랐습니다. 어느 날 왕궁 밖의 삶을 보면서 자신의 삶의 형편과는 너무 다른 것에 놀라서 왕궁을 벗어나 백성과 살면서 백성의 삶의 문제를 고민합니다. 오랜 세월동안 깨달음을 얻으려고 많은 노력을 합니다. 처음에는 다른 사람들의 수행방법을 따라 하기도 하고 수년간 극도의 고행도 해 보지만 깨달음을 얻지 못합니다. 최종적으로 보리수나무 아래 앉아서 깨달음을 얻기 이전에는 일어나지 않겠다고 작정을 하고 구도求道한 결과 큰 깨달음을 얻어 부처 곧 깨달은 사람이 됩니다. 이슬람을 살펴보면 마호메트는 깨달음을 얻으려고 노력하는 것이 없습니다. 대신 신들리는 사건이 있습니다. 신에게 부름을 받아 신이 말하는 것을 받아 적습니다. 자신의 생각이 아니고, 자신의 깨달음도 아니요 일방적으로 받아 적어서 전달합니다. 부처는 깨달은 자이고 마호메트는 전달자입니다.

기독교와 타 종교의 근본적 차이점을 이해해야 합니다. 기독교에는 구도의 모습, 진리를 찾는 모습, 깨닫기 위한 수행 등이 원천적으로 없습니다. 실제로 복음서에 나오는 예수의 모습에서 진리를 깨닫고자 수행하고, 고행하고, 명상하고, 도를 닦는 장면이 전혀 없고, 예수가 누구의 제자가 되고, 가르침을 받는 내용이 전혀 없고, 연구하고 탐구하는 모습이 없습니다. 예수가 복음을 선포할 때에 자신이 새롭게 개발하였다거나 창시하였다고 말한 적도 없습니다. 왜냐하면, 예수는 진리를 깨달은 것이 아니라 예수가 진리이시기 때문입니다. 예수는 진리를 알아내거나, 진리를 발견한 자가 아니라 예수 자신이 하나님입니다. 그래서 예수는 진리를 다 알고 계신 분이었습니다. 예수는 구도자가 아니고, 전달자가 아니고, 예수는 진리요, 하나님이십니다.

성도의 사명

성도는 구원받은 자요, 복을 받은 자요, 은혜 받은 자요, 진리를 가진 자요, 하나님의 사람입니다. 안타까운 것은 불신자들은 하나님을 믿지 않고, 성도들은 하나님의 말씀을 믿지 않는다는 것입니다. 더욱 안타까운 것은 불신자들은 노력해서 복을 받으려 하고, 성도들은 하나님을 감동시켜 복을 받으려 한다는 것입니다. 어리석기는 매한가지입니다. 가장 안타까운 것은 복을 받으려고 갖은 노력을 다하면서 정작 받은 복이 무엇인지 알려는 노력은 소홀히 하는 것입니다. '복 받는 방법을 알려준다' 라고 하면 귀를 기울이고, '받은 복을 알려준다' 라고 하면 들으려 하지 않습니다. '이렇게 하면 복을 받는다' 고 하면 충성을 하면서도 '이렇게 하면 받은 복을 누린다' 고 하면 전혀 움직이려 하지 않습니다. 기독교의 기독교다움, 기독교의 구별성을 인식하지 못하는 모습입니다.

하나님은 미리 약속하셨고, 약속하신 대로 다 이루어졌습니다. 하나님이 약속을 지키신 결과 저와 여러분은 구원받았고, 하나님의 모든 신령한 복을 받으셨습니다. 성경을 배우시고, 복음을 바로 이해하셔서 하나님께 받은 은혜와 복락을 삶 가운데 풍성히 누리며 사시기를 주님의 이름으로 축원합니다.

5
선포되셨으니

로마서 1:1~4

1 예수 그리스도의 종 바울은 사도로 부르심을 받아 하나님의 복음을 위하여 택정함을 입었으니 2 이 복음은 하나님이 선지자들을 통하여 그의 아들에 관하여 성경에 미리 약속하신 것이라 3 그의 아들에 관하여 말하면 육신으로는 다윗의 혈통에서 나셨고 4 성결의 영으로는 죽은 자들 가운데서 부활하사 능력으로 하나님의 아들로 선포되셨으니 곧 우리 주 예수 그리스도시니라

하나님의 사역

세상의 종교나 학문은 진리를 추구합니다. 진리를 찾고 진리를 만나고 진리를 정의합니다. 그러나 기독교는 진리를 선포합니다. 왜냐하면, 하나님이 진리이시기 때문입니다. 진리이신 하나님이 자신을 스스로 드러내시고 나타내시고 증거 하시기에 기독교는 하나님의 말씀을 듣는 종교입니다. 기독교는 하나님으로부터 진리를 듣고 배우는 종교요 진리 되신 하나님을 알아가는 종교입니다.

성도들이 나누는 대화의 관점은 하나님 중심적으로, 하나님의 주도권을 인정하는 표현이어야 옳습니다. 우리가 자주 사용하는 신앙고백의 표현에도 관점의 차이를 분별해야 합니다. 우리는 전도할 때 '예수 믿으십니까?' 라고 묻습니다. 그리고 '예수 믿으세요!' 라고 권고합니다. 흔히들 '예수 믿으세요?' 하는 질문을 받고 '예수 믿으세요!' 라고 권면을 받기에 대답할 때 '나 예수 믿어요' 라는 표현을 자주 씁니다. '나, 내가

예수를 믿는다고 말을 합니다. 그러면 상대방도 같이 믿는 사람을 만났다는 표정으로 '어머 그래요. 잘하셨네요!' 라고 말을 합니다. 서로 '나도 믿었고, 당신도 믿었고, 우리는 잘했어!' 라고 자랑스러운 표정을 짓습니다. 그러나 이것은 정확한 의미가 아닙니다.

하나님 관점으로 질문하면 '예수 믿으십니까?' 라고 묻는 것이 아니라 '구원받으셨습니까?' 라고 물어야 합니다. 그에 대한 대답도 '내가 예수 믿었다' 가 아니라 '나 구원받았습니다.' 더 복음적으로 표현하면, '하나님이 나를 구원하셨다' 라고 하는 것이 훨씬 바른 표현입니다. 하나님이 나를 구원하셨고 나는 구원을 받았다고 구원의 주체자가 하나님이심을 강조해야 합니다. 굳이 '나' 라는 의미가 포함되기를 원하면 '나 구원받았다' 입니다. 그러면 그때 '어머, 잘하셨네요!' 가 아니라 '어머 잘되셨네요' 라고 말하는 것이 바른 표현입니다.

이 아들로 말하면

오늘 설교의 주제는 '선포되셨으니' 입니다. 개역 성경에는 '인정되셨으니' 로 나옵니다. 누가 누구를 인정하고 누가 누구에게 인정을 받느냐가 오늘의 핵심입니다. 인정을 하고, 인정을 받는 것은 어떤 일이 있고 난 후에 발생하는 사건입니다. 분명히 존재했었고, 그런 사건이 있었음에도, 당시에는 아직 알려지지 않았었다가 후에 그것이 관심의 초점이 되었을 때에 과연 그러했는가를 확인하는 작업이 인정입니다. 인정받는다는 것은 새로운 사실을 드러내는 것이 아니라 있었던 것을 검증하는 것입니다.

인정의 의미가, 있었던 것의 진위를 검증하는 차원을 뜻한다면 기독교에는 인정받는 작업이란 있을 수 없습니다. 왜냐하면, 인정받는 행위란, 드러나지 않고 밝혀지지 않은 사실을 드러내고 밝히는 일인데, 기독교는 이미 하나님께서 먼저 말씀하시고 나타내시고 보여주시고 증거 하시고 말씀하신 그대로 행동하시기에 감추어진 것이 없고 드러나지 않은 것이 없어서 새로이 확인하고 점검하고 인정받아야 하는 내용이 없습니다. 즉 이미 모든 것이 다 밝혀져 있습니다.

예수에 대하여 전혀 알려지지 않았었는데 후에 죽을 때 보니까 너무 삶이 탁월하고 훌륭해서 이분의 출생지가 어디고 어디서 배웠고 무엇을 했는가의 행적을 추적해 보는 것이 아닙니다. 여러 가지로 조사한 결과 예수의 가르침이 창조적이고 독창적이라고 지적재산권을 인정해 드려야 하는 것이 아닙니다. 하나님은 일단 일을 벌인 후에 인정받는 것이 아니라 미리 다 밝히고 알리고 드러내고 보여주고 선포하고 말씀하신 대로 행하십니다. 예수가 올 것이라는 것을 다 알려주었습니다. 예수가 어디에서 태어날 것이라는 것, 어떻게 날 것인지, 무슨 일을 할 것인지, 어떻게 죽을 것인지, 죽은 후에 어떻게 될 것이라는 것을 이미 다 알려주었습니다. 그리고 말씀하신 대로 했습니다. 그래서 기독교에는 검증, 확인, 인정이 필요 없는 종교입니다.

본문 3절, '그의 아들에 관하여 말하자면', 그의 아들에 대해 말하는 것은 지금부터 새롭게 말하는 것이 아니라 원래 다 알려진 것입니다. 2절 후반부 '그의 아들에 관하여 성경에 미리 약속하신 것이라.' 결국 3절 이하는 전혀 새로운 말이 아니라 이미 2절에 나타난 대로 성경에 미리 약속하신 내용을 다시 한 번 요약해서 설명합니다. '그의 아들에 관하여 말하면 육신으로는 다윗의 혈통에서 나셨고' 다윗의 혈통에서 나신다는 말이 이미 성경에 기록되어 있습니다. 바울은 예수에 대한 새로운 말이 아니라 이미, 미리, 벌써, 진작, 왕년에 다 말해져 있는 그대로를 다시 말하는 것뿐입니다. 성경은 절대로 감추어진 책이거나 비밀의 책이거나 암호화 또는 코드화되어 있는 책이 아니라 명명백백히 역사 속에 선지자들을 통하여 하나님의 일하심이 드러나고 밝혀져 있는 책입니다.

육신으로는

육신으로 오신 예수

성경에 예수가 육신으로 오셨다고 말합니다. 사람들은 하나님이면 하나님답게 하나님으로 오시지 왜 육신으로 오셔서 인간들을 혼동되게 하시냐고 질문합니다. 과연 예수님이 육신으로 오시지 않고 누가 보아도 하나님처럼 보이게 하나님으로 오셨다면 예수를 하나님이라고 했을까요? 어떤 이들의 요청대로 예수님이 아예 전혀 다른 모습, 즉 산신령처럼 나타나든가, 딱 보기에도 인간과 다르다는 것이 확연히 구별되게 오셨으면 예수를 하나님으로 인정했을까요? 만약 하나님이 인간의 모습과 다르게, 예를 들어 흔히 등장하는 E.T.처럼 오셔서 인간의 고통을 짊어지겠다, 인간의 죄를 대신 감당하겠다고 말하면 여러분이 인정할까요?

'아무도 내 입장이 되어보지 않은 사람은 내 심정을 모른다'라는 말이 있습니다. 예를 들어, '눈물에 젖은 빵을 먹어 보지 않은 사람은…', 또는 '자식을 먼저 묻어보지 않은 사람은 이 찢어지는 마음을 모르고…', '어느 날 갑자기 졸지에 모든 것을 날려버린 경험이 없는 사람은 이 허망한 마음을 모르고…' 라고 다른 사람의 처지를 이해하지 못한다는 사실을 강조합니다. 인간끼리도 자신의 처지가 아니면 그 심정을 모른다고 말하는데 하물며 하나님이 인간의 모습으로 오지 않고 하나님의 모습으로 나타나서 '내가 너의 심정을 안다. 내가 너를 대신한다'라고 하면 사람들이 믿을까요? 절대로 하나님을 인정하지 않습니다. 하나님은 하나님일 뿐 인간의 가난을 모르고, 이별을 모르고, 배신을 모르고, 질병을 모르고, 외로움을 모른다고 생각하기에 하나님이 나를 이해하고 대신해 주신다는 말씀을 인정하지 않습니다. 하나님은 '내가 너의 심정을 안다, 아픔을 안다, 인간 문제의 본질을 안다'라는 것을 알게 하시려고, 육신을 입고 인간의 몸으로 오셔서 인간과 동일화하셔야 했습니다.

예수님께서 이 땅에 오셔서 죄인들을 찾아가시고 용서하시고 가난한 자들을 불쌍히 여기시고 병든 자를 고쳐주시고 또 자기를 속이는 자를 일흔 번씩 일곱이라도 용서하라고 말씀하셨습니다. 제자들의 발을 친히 씻어 주시면서 너희도 이처럼 행하라고 하셨습니다. 그럴 때 만약 예수님이 하나님으로 오셔서 그렇게 행하셨으면 사람들이 '그렇게 행하는 것이 옳은 것 같습니다. 저희도 그렇게 하겠습니다' 라고 순종할까요? 절대로 하지 않습니다. "그런 것은 하나님이나 가능하지 인간이 어떻게 가능하냐?"라고 항변합니다. 하나님이 인간으로 오셔서 인간이 할 수 있는 일들을 친히 보이시고 인간이 할 수 있는 일이라고 확증하여 주신 후에 권면해야 순종할 마음이라도 가져보게 됩니다.

성도님들이 교회 와서 시험들 때가 있습니다. 그때 권면하기를 '교회를 사람보고 다니지 말고 하나님만 보고 다녀야 한다' 라고 합니다. 그러나 그러기가 쉽지 않습니다. 새 신자는 처음에 사람보고 다닙니다. 예수님은 너무 높고, 목사님은 너무 신령해서 단지 자기를 인도한 그 사람 정도는 따라 할 수 있다고 생각할 뿐입니다. 그런데 하나님이 인간으로 오시지 않고, 아예 하나님으로 오셔서 하나님처럼 행동하라고 하면 따라 할 것 같습니까? 절대로 안 합니다. 그래서 예수님은 인간으로 오셔야 합니다. 예수님이 하시는 모든 말씀은 우리가 모두 할 수 있는 일이라는 것을 보여주시는 것입니다. 할 수 없는 일을 하라는 것이 아니고 할 수 있는 일을 하라고 권면하신다는 것을 알게 하시려고 육신으로 오신 것입니다.

다윗의 혈통으로

예수님은 '다윗의 혈통으로' 오셨습니다. '다윗' 이라는 이름을 들으면 어떤 분은 왕을 떠올리고, 어떤 분은 밧세바가 생각나기도 할 것입니다. 사람들이 가진 다윗에 대한 이미지는 이스라엘을 가장 번성케 했던 왕입니다. 지금도 많은 유대인이 다윗을 기억할 때마다 떠올리는 모습은 성군 다윗 왕입니다. 그러나 정작 성경이 강조하는 다윗의 이미지는 왕이 아니라 '목동' 입니다. 목동은 도무지 왕이 될 수 없는 존재입니다. 다윗은 사람들에게 인정받지 못하는 존재라는 것이 성경이 강조한 의미입니다. 그래서 '다윗' 그러면 제일 먼저 떠올려야 하는 생각이 '하나님' 이어야 합니다.

하나의 예를 들어 보겠습니다. 우리나라 역사 인물 중에 온달 장군이 있습니다. 그냥 온달이라고 말하지 않고 꼭 바보 온달이라고 합니다. 이 바보 온달을 거명하면 반드시 뒤따라 나와야 하는 존재가 있는데 바로 평강공주입니다. 만약 평강공주가 없으면 온달은 여전히 바보입니다. 그런데 바보 온달이 평강공주를 만나서 온달 장군이 된 것입니다. 사람들은 바보 온달의 이름을 들을 때에 바보였던 자를 장군으로 만든 평강공주를 연상할 수 있는데, 다윗을 말하면 하나님을 연상할 수 없습니다.

다윗이라는 인물을 생각하면 당연히 떠올라야 하는 것은 골리앗을 무찌른 사건이 아니고, 사울을 피해 도망 다니는 사건이 아니고, 성전을 건축하기 위한 열심이 아니고 '하나님' 이 떠올라야 합니다. 왜냐하면, 하나님이 아니었다면 다윗은 절대로 골리앗을 무찌를 수 없었고, 하나님이 아니었다면 다윗은 사울을 피해 살 수가 없었고, 하나님이 아니었다면 다윗은 왕으로 등극할 수 없었고, 하나님이 아니었다면 다윗은 나라의 번성을 이룩할 수 없었고, 하나님이 아니었다면 다윗은 성전을 건축할 경비를 마련할 수 없었고, 하나님이 아니었다면 다윗은 우리의 기억 속에 존재할 수 없으며, 하나님이 아니었다면 다윗은 지금 이 시간도 이름조차 언급될 필요가 없었습니다. 다윗을 생각하면 다윗의 업적이 아니라 다윗을 만드신 하나님이 떠올라야 합니다.

예수는 다윗의 혈통으로 오셨습니다. 다윗의 혈통이라는 표현은 혈연적으로 다윗의 가문이라는 의미가 아닙니다. 어차피 예수는 인간 혈통을 잇는 방식으로 출생하지 않았습니다. 아버지 요셉을 통한 출생이 아니고 성령으로 잉태한 것이기에 다윗의 혈연적 계보가 의미가 없습니다. 또 예수가 다윗의 혈통으로 오셨다는 말은 직분적으로 왕의 신분의 뒤를 잇는다는 의미가 아닙니다. 다윗 왕조는 완전히 단절되었고, 예수도 이 땅에서 단 한 번도 왕 노릇을 하신 적이 없습니다. 사람들은 예수가 왕이라는 측면, 즉 통치자, 지배자, 권세자라는 왕의 신분을 강조하고 싶어 합니다. 그러나 왕이 지배자이어서 존귀하고 좋다는 생각은 인간들만의 생각입니다. 통치하고 권세를 부리는 것이 좋다는 생각은 죄인들만의 생각입니다. 하나님이 인간과 맺으시는 관계는 지배와 통치가 아니라 사랑과 인격적 교제입니다. 하나님과 인간 사이에는 왕과 신하, 지배자와 피지배자라는 관계가 형성되는 것이 아닙니다. 그것을 훨씬 넘어서는 사랑의 대상, 사귐의 대상, 인격적 교제를 이루는 자가 됩니다.

예수님이 다윗의 혈통으로 오셨다는 것은 혈연적 가문이나 왕권적 신분을 의미하는 것이 아니라 하나님이 다윗을 대하셨던 것처럼, 하나님이 다윗과 관계를 맺으셨던 것처럼 오셨다는 것입니다. 하나님이 다윗을 도우셨던 것처럼, 하나님이 다윗에게 약속하신 대로 그 약속에 따라, 인간을 돕겠다는 그 의도에 따라오셨다는 의미입니다. 이 말은 다르게 표현하면, 사람들의 기대하는 방식, 지배하고 통치하고 다스리는 방식이 아니라 하나님의 방식으로 오셨다는 것입니다. 하나님의 방식과 인간의 방식은 다릅니다. 인간의 방식, 죄인의 방식은 근본적으로 인간을 살 수 없게 만듭니다. 하나님의 방식이어야 인간이 삽니다. 인간의 방식은 앞으로 보면 맞는데 뒤로 보면 틀리고, 당장에는 맞는데 후에는 틀리고, 내 입장에서 보면 맞는데, 상대방의 처지에서 보면 틀립니다. 그래서 하나님의 방식이어야 인간이 삽니다.

성결의 영으로는

하나님이 인정을 받으심

4절에 예수 그리스도께서 '하나님의 아들로 선포인정되셨으니' 라는 표현을 상고해 보겠습니다. 하나님이 우리에게 인정을 받으셔야 합니까? 하나님이 우리에게 드러내신 것이 적고, 밝히신 내용이 없어서 인정을 못 받으십니까? 지금도 하나님이 하나님 되심을 인정받으셔야 합니까? 하나님은 인간의 인정을 받아야만 하나님 되심이 확인되는 분이 아니십니다. 그런데 하나님은 인간의 인정을 받기를 원하십니다. 하나님이 인간에게 인정을 받으시려고 친히 시험대에 오르시고, 친히 여러 가지로 인간에게 기적을 베푸시고 역사를 이루십니다. 하나님이 인간에게 인정받으시려고 애쓰시고 노력하십니다. 왜냐하면, 사람이 하나님을 인정한다는 것은 하나님을 안다는 것이요, 하나님을 안다는 것은 하나님의 뜻을 따른다는 것이기 때문입니다. 결국, 하나님은 인간이 하나님을 알고 하나님의 뜻을 따라 행동하기를 원하십니다.

하나님이 사람에게 인정을 받으시면 하나님이 좋은 것이 아니라 하나님을 인정하는 사람이 좋습니다. 인간이 하나님을 알아야 행복을 누릴 수 있기 때문입니다. 하나님이 인간에게 하나님 되심을 인정받아 영광을 받고 찬양을 받고 경배를 받고자 함이 아니라 도리어 인간이 하나님을 앎으로 하나님의 모든 것이 인간을 위한 것임을 알아 인간이 하나님의 은혜와 복락을 누리며 즐겁고 행복하고 신나고 자유롭게 살기를 바라십니다. 인간이 하나님을 인정한다고 해서 하나님에게 유익이 되는 것은 없습니다. 반대로 인간이 하나님을 인정할 때 인간에게 유익이 됩니다.

왜냐하면, 하나님을 인정한 사람이 하나님의 말씀을 따를 것이고, 하나님의 말씀을 따라야 그 사람이 하나님의 은혜를 누릴 수 있기 때문입니다. 즉 인간의 행복을 위하여 하나님이 인간에게 인정받기를 갈망하신다는 것입니다.

오늘날 교회에서 성도들의 가장 미련한 일 중의 하나가 바로 하나님께 인정받으려는 것입니다. 내가 하나님께 인정받아야 하나님이 나에게 복을 주시고 은혜를 주실 것으로 생각합니다. 이것은 인간의 사고방식이요 죄의 사고방식입니다. 성도는 이미 하나님께 인정받은 자들입니다. 성도는 하나님 앞에서 의롭다고 인정을 받고, 하나님의 자녀라고 인정을 받고, 하나님의 모든 기업을 이을 후사라고 인정을 받은 하나님의 자녀입니다. 하나님은 이미 인간을 인정해 주셨고, 이제 하나님이 인간에게 인정받기를 원하십니다. 하나님은 하나님을 인정하는 사람들에게 복을 주시는 것이 아니라, 하나님을 인정함으로 하나님이 이미 주신 복을 하나님의 방식을 따라 누리라는 것입니다.

하나님은 하나님이십니다. 우리가 인정한다고 하나님이 되시고, 우리가 인정 안 한다고 하나님이 안 되시는 것이 아닙니다. 우리가 인정한다고 해서 하나님의 영광이 높아지고, 우리가 인정 안 한다고 해서 그분의 존귀가 축소되는 것이 절대로 아닙니다. 우리의 인정 여부는 하나님께는 아무런 상관이 없습니다. 다만, 하나님을 인정하느냐에 따라 우리의 삶의 모양이 달라지는 것입니다.

죽은 자들 가운데서 부활하여

4절의 '성결의 영으로는 죽은 자들 가운데서 부활하사 능력으로 하나님의 아들로 선포인정 되셨으니' 라는 구절은 조금 애매하게 표현되어 있습니다. 얼핏 보기에는 예수님이 죽은 자들 가운데서 부활하심으로 말미암아 하나님의 아들로 인정되셨다는 말처럼 보입니다. 예수의 부활 여부가 하나님의 아들로 인정받음의 결정적 증거로 제시되는 것처럼 여겨집니다. 그러나 본문은 그런 의미가 아닙니다. 실제로 예수가 십자가를 지셨고 돌아가셨다가 부활하셨습니다. 분명히 예수가 부활하셨기에 사람들이 예수를 하나님의 아들이라고 인정 합니까?

본문은 예수가 어떻게 하나님의 아들로 인정을 받으셨느냐는 방법론 문제가 아닙니다. 예수가 언제 하나님의 아들로 인정을 받으셨느냐는 시기의 문제가 아닙니다. 성령으로 잉태했을 때에는 하나님의 아들로 인정받지 못했습니까? 침례 받으시고 올라오실 때 성령이 강림하시고 하나님께서 '이는 내 사랑하는 아들이라' 라고 말씀하실 때는 하나님의 아들이 아니었습니까? 산에 올라 변화되었을 때에도 하나님의 음성이 있었고 '이는 내 사랑하는 아들이라' 라고 말씀하실 때는 하나님의 아들이 아니었습니까? 4절의 내용은 예수가 언제, 어떻게 하나님의 아들로 인정받았느냐가 초점이 아닙니다.

예수가 죽은 자들 가운데서 부활하셔서 인정받은 것이 아닙니다. 만약 부활하시지 못하였다면 인정받지 못합니까? 다른 말로, 아니 부활하시지 못할 수도 있었다는 말입니까? 절대로 그렇지 않습니다. 예수에 관한 것은 이미 다 약속돼 있었고, 하나님이 하시는 일은 아무도 방해할 수 없습니다. 하나님은 자신이 약속하신 일을 취소하거나 없었던 일로 여기는 것이 없는 분이어서 예수의 부활은 전혀 문제될 것이 없고, 예수의 부활 여부가 인정받는 수단이 될 수 없습니다. 예수가 하나님의 아들 되신 것은 그가 어떤 일을 행함으로 인정되는 것이 아닙니다. 아무도 인정하지 않을지라도 예수님은 분명히 하나님의 아들이십니다. 인간의 관점은 그 사람의 행위에 근거하여 그의 본분을 이해합니다. 성경의 관점은 정반대로 그분은 하나님의 아들이시기에 죽음도 예수를 가두어 둘 수 없어서 당연히 살아나신다고 선언합니다.

오늘 본문의 핵심은 예수가 어떻게, 언제 하나님의 아들로 확정되었는가를 말하려는 것이 아닙니다. 본문에서 강조하려는 것은 '누가 예수를 하나님의 아들로 인정하는가?' 입니다. 예수가 죽음을 이기시고 부활하신 것은 당연하고, 예수가 죽음을 이기시고 부활하신 하나님의 아들이시라는 것을 인정하는 사람이 누구냐는 것입니다. 예수가 죽은 자들 가운데서 부활하셨습니다. 그렇다고 사람들이 전부 예수를 하나님의 아들이라고 인정합니까? 그렇지 않습니다.

누가 예수를 하나님의 아들이라고 인정합니까? 그렇게 인정함으로 말미암아 하나님이 이미 주신 복락들을 삶 속에 구현하며 체험하며 누리며 사는 자가 누구이냐가 핵심입니다. 예수를 하나님의 아들이라고 인정하시는 것이 하나님이 아니십니다. 하나님은 예수가 죽은 자들 가운데서 부활하실 때에야 예수를 인정한 것이 아니라 원래부터 인정하셨습니다. 예수는 원래 하나님이셨고, 하나님이 인간의 구원을 위해 세상에 보내실 계획을 세우실 때에 예수님도 이미 동의하셨습니다. 예수님이 하나님이시라는 것은 성부 하나님과 성자 하나님이 이미 서로 간에 다 인정하셨습니다.

그럼 예수가 하나님의 아들이시라는 것을 인정하는 자는 누구입니까? 예수를 하나님의 아들로 인정하는 사람은 '죽은 자들 가운데서 부활한 사람들이다' 라는 것입니다. 본문 4절을 다시 읽어보겠습니다. 얼핏 보면 '성결의 영으로는 죽은 자들 가운데서 부활하사 능력으로 하나님의 아들로 선포되셨으니, 인정되셨으니' 즉 예수가 살아나서 드디어 인정을 받았다고 느껴지실 것입니다. 그러나 본문이 의미하는 바는 '성결의 영으로는 죽은 자들 가운데서 부활한 사람들에 의해 능력으로 하나님의 아들로 인정되셨으니' 입니다. 예수는 당연히 죽은 가운데서 부활하셨습니다. 그 예수를 누가 하나님의 아들로 인정하느냐 하면 '죽은 자들 가운데서 부활한 사람들' 이라는 것입니다. '죽은 자들 가운데서 부활한 사람들' 이 누구입니까? 바로 저와 여러분, 성도들이 죽은 자들 가운데서 부활한 사람들입니다. 그래서 죽은 자들 가운데서 부활한 저와 여러분이 예수가 하나님의 아들이라고 인정하는 것입니다. 죽은 자 가운데서 부활하신 예수는 죽은 자 가운데서 구원받은 성도들에 의하여 하나님의 아들로 인정받으시는 것입니다.

육신으로는, 성결의 영으로는

4절에 '육신으로는' 이라는 표현은 육신적 혈통이나 혈연을 의미하는 것이 아니라 '사람으로는' 즉 '인간의 차원으로는' 이라는 의미이고, '성결의 영으로는' 이라는 표현은 '하나님의 차원으로는, 신앙의 차원으로는' 이라는 의미입니다. 인간적 차원에서 이야기하면 예수는 다윗과 같이 그리스도 즉 하나님의 일군으로 오셨다는 의미이고, 신앙적 차원에서는 죽은 자들 가운데서 부활하여 구원받은 성도가 아니고는 아무도 예수를 하나님의 아들로 인정하지 않는다는 것을 강조합니다.

우리 주 예수 그리스도시니라

기독교는 하나님이 공개적, 객관적으로 인정받는 것이 아닙니다. 4절 후반부에 '곧 우리 주 예수 그리스도시니라' 는 구절 속에 예수를 하나님의 아들이라고 인정하는 자는 성도들이요, 성도들은 예수를 하나님의 아들로 인정하여 우리 주 예수 그리스도로 모시는 자들임을 강조합니다. 물론 예수는 만왕의 왕이시오 만유의 주이십니다. 그 말은 맞지만, 그 말을 인정하는 자는 성도뿐입니다.

하나님은 창조주라고 모든 인류에게 공증받기 원하시는 분이 아닙니다. 그래서 기독교는 온 인류를 하나님 앞에 무릎 꿇게 하려고 하나님 되심을 확증하려고 하는 것이 아닙니다. 객관적 진리로서 모든 지식인과 과학자들에게서 시인을 받아내려고 노력하는 것이 아닙니다. 세상은 아무도 예수를 하나님의 아들이라고 인정하지 않을 것이며 예수가 주라고 고백하지 않을 것입니다. 하나님은 인간에게 인정받기를 원하십니다. 왜냐하면, 하나님을 인정하는 사람들이 하나님의 은혜를 누리기 원하시기 때문입니다. 그런데 누가 예수님을 하나님의 아들로 인정합니까? 아침마다 새로운 공기를 마시며 '야 시원하다' 라고 말하는 사람인가요? 아닙니다. 가뭄이 오래되어 '비가 와야 할 텐데, 만약 하나님이 살아 계신다면 비를 내려 주세요' 라고 요청했더니 정말 비가 와서 응답받은 사람인가요? 아닙니다. 가족 중에 누군가 아플 때, '하나님, 이 아들만 살려주신다면 평생을 하나님을 믿으며 살겠습니다' 라고 서원해서 고침 받은 아들의 어머니인가요? 아닙니다.

예수 그리스도를 하나님의 아들이라고 인정할 수 있는 사람은 오직 '죽은 자들 가운데서 부활한' 저와 여러분 즉 성도들뿐입니다. 하나님이 저와 여러분을 구원하시고, 저와 여러분에게서 인정을 받으시는 것입니다. 그래서 바울의 고백 '우리 주 예수 그리스도시니라' 가 등장하는 것입니다. 기독교는 내가 예수를 인정한 것으로, 하나님의 은혜를 누리는 것으로 예수의 부활을 증거 하는 것입니다.

6
예수 그리스도의 것

로마서 1:1~7

1 예수 그리스도의 종 바울은 사도로 부르심을 받아 하나님의 복음을 위하여 택정함을 입었으니 2 이 복음은 하나님이 선지자들을 통하여 그의 아들에 관하여 성경에 미리 약속하신 것이라 3 그의 아들에 관하여 말하면 육신으로는 다윗의 혈통에서 나셨고 4 성결의 영으로는 죽은 자들 가운데서 부활하사 능력으로 하나님의 아들로 선포되셨으니 곧 우리 주 예수 그리스도시니라 5 그로 말미암아 우리가 은혜와 사도의 직분을 받아 그의 이름을 위하여 모든 이방인 중에서 믿어 순종하게 하나니 6 너희도 그들 중에서 예수 그리스도의 것으로 부르심을 받은 자니라 7 로마에서 하나님의 사랑하심을 받고 성도로 부르심을 받은 모든 자에게 하나님 우리 아버지와 주 예수 그리스도로부터 은혜와 평강이 있기를 원하노라.

기독교의 기독교 됨

수고와 보람

　기독교인이라면 누구나 믿음의 성장을 위해 애를 씁니다. 대부분의 사역자가 성도들의 행복을 위해 또 교회의 부흥을 위해 쏟아 놓은 헌신은 가히 상상을 초월합니다. 사람들이 인생을 살아갈 때 가장 많이 사용하는 단어는 '열심' 입니다. 열심 그 자체가 미덕으로 존중받고 있습니다. 그러나 기독교가 열심만을 강조한다면 세상과 다르지 않습니다. 기독교에는 세상에 없는 것이 있습니다. 세상의 그 무엇을 주고 바꿀 수도, 그 어떤 일을 행하고 얻을 수도, 그 누구도 누릴 수 없는 오직 기독교만이 가진 위대함이 있습니다. 기독교의 위대함은 모두 잃어버리고 세상과 똑같이 열심만 강조하고, 심지어 세상이 추구하는 목적과 가치를 향해 기독교가 한 술 더 뜨는 모습을 보여주어서는 안 됩니다.

열심을 내는 것은 아름답지만, 반드시 지혜를 수반해야 합니다. 지혜가 없이 열심만 내는 것은 자신을 힘들게 하고 주변 사람을 아주 괴롭게 만듭니다. 열심을 내는 사람들은 자기가 행하는 일에 대한 정당한 대가를 원합니다. 물질이든 명예든 어떤 모양으로든 다른 사람이 자신에게 그 대가를 주기 바랍니다. 만약 대가가 없다면, 스스로 '보람'이라는 대가를 부여합니다. 보람이 없다면 인생은 너무나 힘들고, 모든 일이 지치고 어려울 것입니다. 자신이 수고한 일이 아름다운 열매를 맺을 때 느끼는 그 희열, 감격과 보람이 아마도 사람으로 하여금 일하게 하고, 수고하게 하는 원동력일 것입니다.

그런데 인간은 보람이라는 감정에 가장 잘 속습니다. 인간의 모든 행동은 필연적으로 결과를 가져옵니다. 어떤 일을 했을 때 이루어진 결과에 대하여 한번은 보람을 느끼고, 다른 한번은 보람 대신 아쉬움을 느끼고, 어떤 때에는 도리어 속상함을 느끼고 심지어는 하지 않은 것이 좋을 뻔했다고 땅을 치며 후회를 하기도 합니다. 이렇게 결과에 대한 자신의 반응이 비교되기 때문에 보람이 아주 소중한 것으로 여겨지는데 이것은 어리석은 모습입니다.

모든 행동은 결과를 수반하고 그 결과는 철저하게 자신의 행동에 따른 것입니다. 사람은 일정한 결과를 예상하며 행동하기에 행동을 시작할 때에 어떤 결과가 나올지 이미 다 알고 있습니다. 자신의 행동이 어떤 결과를 이루어 낼지를 이미 알고 있기에 인간은 행동하는 모든 순간에 즐거움, 행복과 보람을 느끼며 누릴 수 있어야 합니다.

은혜를 누림

세상은 자신의 수고를 즐거워합니다. 자신의 수고가 헛되지 않고 적절한 결과를 이루었다고 기뻐합니다. 수고하지 않으면 얻을 수 없습니다. 그래서 행하지 않은 자는 얻지도 누리지도 못하는 것이 세상의 원리입니다.

그러나 저와 여러분은 세상에 살 뿐만 아니라 하나님을 믿습니다. 세상은 자신이 행한 수고의 결과를 누리지만 우리 믿는 사람은 하나님이 행하신 것을 누립니다. 하나님은 인간을 위해서 일하시는 분입니다. 그러므로 그리스도인은 자신이 한 일에 대하여 보람을 느끼는 정도가 아니라 자신이 행하지도 않은 일 때문에 가슴 벅차고, 감격하고, 신나고, 즐겁고 행복합니다. 이것이 바로 믿는 자의 모습입니다.

세상에는 비전이 제시되고 꿈이 소개되고 희망을 이야기합니다. 비전이나 꿈을 현실로 만들려고, 자신의 한계를 뛰어넘으려고 인간은 부단히 노력합니다. 아무리 좋은 비전이라도 땀 흘리지 않고, 수고스러운 고통이 없으면 아무것도 얻을 수 없다고 세상은 말합니다. 그리고 그 땀의 대가를 칭찬하고 즐거워하지만, 그리스도인에게는 하나님께서 흘리신 피의 대가와 그 은혜에 대해 감사하며, 그 안에서 안식하며 행복을 누립니다.

세상 사람들은 자신의 수고를 누릴 뿐 하나님의 은혜를 알지 못하고 누리지도 못합니다. 좀 더 즐거워지기 위해 행사를 계획하고 많은 시간과 물질과 노력을 들입니다. 그러나 그 수고의 결과들이 사라질 때 허탈감을 느낍니다. 그리고 다시 계획을 짜고, 연습을 하고, 기뻐하고, 허탈해하고 다시 시작하고 허탈하고를 반복합니다. 세상 사람들은 자신이 수고하지 않은 일에 대하여 기대하지 않습니다. 수고하지 않으면 아무것도 얻을 수 없기 때문입니다. 간혹 성도님들도 하나님께 무언가를 해드려야만, 하나님께 기대할 수 있다고 생각합니다. 이것은 하나님을 모독하는 행위입니다. 그리스도인의 기쁨은 자신이 행한 일 때문에 생기는 것이 아니라, 하나님이 나를 위하여 행하신 일 때문에 생기는 것입니다.

교육

기독교라는 말을 들으면 가장 먼저 무엇이 연상되십니까? 예배, 찬양, 기도, 믿음, 성경, 헌신, 충성, 열매, 봉사, 십자가, 전도 등이 떠오릅니다. 이와 더불어 기독교의 핵심 중의 하나는 교육입니다. 기독교에서 말하는 교육은 세상에서 말하는 교육과는 전혀 다른 의미가 있습니다. 세상의 교육은 인간이 해야 할 일을 소개하는 것이요, 인간이 행복해지는 방법에 대한 가르침입니다. 세상의 모든 교육은 결과를 주는 것이 아니라 수단을 주는 것입니다. 그러나 기독교의 교육은 결과를 선포하는 것입니다. 더 적절하게 표현한다면 기독교의 교육은 소식입니다. 그리고 그 내용은 방법을 가르치고 배우는 것이 아니라 전달하고 받아 누리는 것입니다. 기독교의 핵심이 교육인 이유는 하나님이 행하신 일을 인간이 듣지 않으면 알 수 없기 때문입니다.

기독교의 교육은 공부하고, 연구하고, 분석하고, 탐구하는 것이 아닙니다. 하나님이 하신 일, 즉 하나님이 인간의 문제를 해결하셨다는 소식을 전하여 주고, 인간은 행복해졌다는 소식을 듣는 것입니다. 세상의 교육은 결과를 주는 것이 아니라 무엇인가를 시작할 수 있도록 도와주는 것입니다. 교육을 받아 이제 한 번 도전해 볼 수 있고, 시도해 볼 준비가 된 것에 불과합니다. 정작 가르침을 받는 순간부터가 시작입니다. 그러나 기독교는 다 된 것입니다. 배운 것으로 무엇인가를 시작하는 것이 아니라 완성되었다는 것, 다 성취되었다는 소식을 듣고 그것을 누리는 것입니다. 세상 공부는 끝이 없는 공부이고, 기독교의 공부는 시작이 없는 공부입니다.

하나님이 하신 일

　기독교에서는 인간의 일이 아니라 하나님이 행하신 일을 강조합니다. 성경에 하나님이 일하시는 모습이 등장합니다. 그러면 인간은 하나님이 행하신 일의 결과를 누리면 됩니다. 성경은 처음부터 끝까지 하나님의 행하신 일을 기록하고 있습니다. 성경의 시작이 하나님의 일, 즉 태초에 하나님이 천지를 창조하셨다는 선언입니다. 구약 전체가 하나님이 인간을 축복하시고 도우신 행적을 기록하고 있고, 인간이 자신의 본분과 문제의 본질을 알지 못할 때, 하나님께서 어떻게 말씀하시는지, 또 인간이 자신의 문제를 해결하지 못할 때, 하나님께서 어떻게 해결하시는지에 대한 내용으로 가득 차 있습니다.

　신약의 복음서를 보면 예수님이 이 땅에 오셔서 인간이 행할 일을 조목조목 제시하는 것이 아니라 예수 자신이 행하실 일들을 말씀하십니다. 예수님의 사역을 대표적으로 표현한 곳이 마태복음 4장 23절입니다. '예수께서 온 갈릴리에 두루 다니사 저희 회당에서 가르치시며 천국 복음을 전파하시며 백성 중에 모든 병과 모든 약한 것을 고치시니' 라고 말씀하십니다. 여기서 강조하는 것은 가르치며 전파하는 것, 하나님의 복된 소식을 인간에게 들려주고 알게 해 주신 것, 다른 표현으로 교육입니다. 예수님은 제자들을 모아 예배에 집중하신 것이 아닙니다. 제자들에게 '예배에 성공하는 자가 모든 것에 성공하는 것이다', '가는 곳마다 단을 쌓아야 하나님께 복을 받는다', '하나님께 붙들린 예배자가 되자' 라고 말씀하지 않았습니다. 대신에 하나님은 '너희가 하나님과 원수 되었다. 하나님을 찾지도 아니하고 예배하지도 아니하였었다. 그러나 내가 와서 너희를 위하여 십자가에 죽을 것이고 무덤에서 일어나 너희를 구원할 것이요 너희를 새로운 피조물로 만들고 너희가 하나님을 예배할 수 있는 새로운 존재, 성도로 만들어 내리라' 라고 말씀하십니다. 예수는 하나님이 행하실 일, 그래서 나에게 일어날 일을 말씀하십니다.

또 예수님은 제자들을 모아놓고 새벽으로, 밤으로 기도회를 하시지 않았습니다. 예수님은 제자들에게 '기도는 만사를 변화시킨다', '기도할 수 있는데 왜 걱정하십니까? 라고 말씀하지 않았습니다. 대신에 예수님은 '너희가 하나님을 몰랐기에 하나님을 찾지도 구하지도 바라지도 않았다. 그러나 내가 너희의 죄를 씻을 것이며 너희로 하나님의 자녀가 되게 하겠다' 라고 말씀하십니다. 하나님이 행하셔서 변화될 우리의 모습을 말씀하시는 것입니다.

또 예수님은 제자들을 모아놓고 성가대를 조직하여 날마다 찬송을 드린 것이 아닙니다. 예수님은 제자들에게 '찬송을 불러서 심령을 열게 해야 사람들이 말씀을 잘 받아들인다, 찬송에는 능력이 있다, 찬송은 역사하는 힘이 있다' 라고 말씀하지 않았습니다. 대신에 예수님은 '너희는 피리를 불어도 울지 않는 자였고, 하나님에 대하여 아무런 반응을 나타내지 않는 자였다. 그래서 내가 왔고 너희를 구원하고 성령을 보내어 너희의 입술로 하나님을 찬양할 수 있는 존재로 만들어 줄 것이다' 라고 말씀하셨습니다. 하나님이 하실 일, 하나님이 일하셔서 변화될 우리들의 모습을 말씀하시고 가르치신 것입니다.

예수님은 천국 복음을 가르치셨습니다. 물론 예수님은 이적도 보이셨습니다. 왜냐하면, 인간으로 하여금 하나님이 누구신지를 알게 하며 그 하나님 백성의 삶이 무엇인지를 알도록 가르치기 위해서입니다. 예수님은 병자도 고치셨습니다. 왜냐하면, 하나님이 병도 다스리고 계심을 가르치기 위해서입니다. 예수님은 귀신도 쫓으셨습니다. 왜냐하면, 귀신도 하나님의 말씀을 따를 수밖에 없다는 것을 가르치기 위해서입니다. 예수님은 바다도 잔잔하게 하셨습니다. 왜냐하면, 하나님이 자연도 주관하고 계심을 가르치기 위해서입니다. 기독교의 핵심은 교육, 즉 천국 복음을 가르치는 것입니다. 기독교가 하는 모든 일이 결국 하나님을 알게 하고, 복음을 알게 하고, 구원을 알게 하는 것으로 나타나지 않으면 무익한 것이요, 무용한 일입니다.

일이 아닌 것

기독교는 내가 일을 해서 결과를 얻어내는 종교가 아닙니다. 일은 노력하고 수고하고 행동해서 결과를 만들어 내는 것을 의미합니다. 기독교에는 내가 일을 하여 하나님의 것을 받아내고 이루어내는 것이란 원래 존재하지 않습니다. 하나님이 하신 일 말고, 자신이 무엇인가를 해서 얻어낼 수 있는 것이 기독교에는 전혀 없습니다. 왜냐하면, 이미 하나님이 은혜로 먼저 완전히 주셨기 때문입니다. 기독교에는 은혜를 받기 위한 수단과 방법으로서의 일은 없습니다. 기독교에서 목회자가 목회의 일에 지쳐서 탈진하면 그것은 정말 어이없는 일입니다. 교회에서 성도가 교회 일에 지쳐 시험에 들면 그것은 정말 어리석은 행동입니다.

기독교에는 결과를 만들어내는 수단으로의 일이란 없습니다. 오직 누리는 것만이 있습니다. 교회에서 성경공부는 일이 아닙니다. 성경공부를 통해 무엇인가를 새롭게 만들어 내는 것이 아니기 때문입니다. 성경공부를 통해서 구원을 만들어 내거나 하나님의 복을 받아내는 것이 아니라 하나님이 주신 은혜와 복과 구원을 아는 것이기 때문입니다. 이미 하나님이 이루어 놓으신 것을 알아가는 것이기에 성경공부는 일이 아니라 은혜를 누리는 것입니다. 또한, 기도는 일이 아닙니다. 기도를 통하여 안 되는 것을 되게 하는 것이 아닙니다. 교회가 기도를 통해서 하나님이 안 된다고 하는 것을 기어코 되게 하려 한다면 그것은 하나님을 이기려는 시도요, 하나님을 모욕하는 것입니다. 기도는 일이 아니라 하나님의 은혜를 누리는 것입니다. 찬양도 일이 아닙니다. 찬양을 통해 감사와 기쁨을 만들어 내는 것이 아니라 이미 하나님이 나에게 주신 기쁨과 행복을 찬양을 통해 드러내고 표현하는 것이기에 찬양은 일이 아니라 하나님의 은혜를 누리는 것입니다. 기독교에는 일이 없습니다. 기독교의 핵심은 하나님이 일하신 것을 알고 그 결과를 누리는 것입니다. 만약 교회에서 성도가 무엇인가를 만들어 내려고 일을 한다면 그것은 무익합니다. 왜냐하면, 이미 하나님이 하신 일이기 때문입니다. 만약 성도가 무엇인가를 얻어내려고 기도나 예배나 찬양을 한다면 그것은 쓸모없는 일입니다. 왜냐하면, 이미 다 있기 때문입니다. 결과를 만들어 내려고 일하지 마시고 하나님의 일하신 결과를 풍성히 누리시기를 바랍니다.

예수 그리스도의 것

하나님께 인정받은 우리

인정하고 인정받는 것에 관하여도 기독교는 전혀 다른 차원을 가지고 있습니다. 세상은 죄의 기준을 사용하고 기독교는 하나님의 기준을 사용하기에 기독교의 용어가 비록 세상과 같은 용어일지라도 내용상, 의미상으로는 전혀 다릅니다. 사람들은 인정하고 인정받는 것을 좋아합니다. 누군가를 인정해 줄 수 있는 자신의 위치를 자랑스러워하고, 누군가에게 인정받았다는 사실을 대견해 합니다.

누군가를 인정할 때는 그 인정에 대한 책임을 진다는 것을 의미합니다. 대체로 인정은 높은 사람이 낮은 사람에게 주는 것입니다. 예를 들어, 제가 저희 사역자 중 한 사람에게 설교를 의뢰한다면, 그것은 제가 그 사역자를 인정하기 때문입니다. 그를 인정한다는 말 속에는 그가 어떤 설교를 하든 그 결과를 책임지겠다는 의미이기도 합니다. 그래서 사람은 다른 사람을 잘 모르면 잘 인정하지 않습니다. 안다 해도 신중에 신중을 기하는 것입니다. 이것은 세상의 이야기입니다.

기독교는 이것보다 훨씬 심오합니다. 하나님과 인간의 관계에서는 하나님이 높으시고 인간이 낮은 자입니다. 그런데 하나님과 인간의 관계에서는 하나님이 인간에게 인정을 받으십니다. 로마서 1장 4절에 '성결의 영으로는 죽은 자들의 부활로 인하여 능력으로 하나님의 아들로 인정되셨다'라고 했습니다. 우리가 예수 그리스도를 하나님의 아들로 인정하였습니다. 예수님은 우리에게서 하나님의 아들로 인정받으셨습니다. 누군가를 인정하는 자는 그 사람을 위하여 은혜를 베풀고 책임을 져 주겠다는 의지를 보여줍니다. 그러나 예수께서 우리에게 하나님의 아들로 인정되심을 통하여 얻으시는 것은 아무것도 없습니다. 그런데도 하나님은 인간이 예수님을 하나님의 아들로 인정하게 해주셨습니다.

로마서 1장 6절에 보면, 이제 하나님과 인간의 관계에 대한 올바른 입장, 즉 하나님이 우리를 인정하시는 것이 소개됩니다. '너희도 그들 중에 있어 예수 그리스도의 것으로 부르심을 입은 자니라.' 하나님이 우리를 인정하셨습니다. 하나님이 우리를 예수 그리스도의 것이라고 선언하십니다. 하나님이 우리를 예수 그리스도의 것으로 인정하셨다면, 하나님은 우리의 주인이 되시고, 또한 우리를 책임지고, 돌보시고, 지켜주시겠다는 뜻입니다. 인정은 책임질 수 있는 자가 하는 행위입니다. 그렇다면, 원칙적으로 우리는 하나님을 인정할 수 없고, 하나님이 우리의 인정을 받으신다는 것은 있을 수 없는 일입니다. 그런데 하나님은 우리로부터 아무런 책임은 바라지 않은 채 인정을 받으시는 것이요, 하나님은 우리를 향해 모든 것을 책임지시며 인정을 하시는 것입니다. 하나님이 인간을 얼마나 존귀하게 여기시는지 실감할 수 있는 하나님의 원리입니다.

예수 그리스도의 것

성경에서 가르치는 복음의 결론은 '저와 여러분이 예수 그리스도의 것, 하나님의 자녀이다'라는 것입니다. '우리는 예수 그리스도의 것'을 다르게 표현하면 '예수는 우리의 주, 주인'입니다. '주인'이라는 말에서 소유자, 지배, 통치, 명령과 다스림과 같은 의미가 연상된다면 지극히 죄 된 관심입니다. 성경에서 말하는 주인의 의미는 책임, 돌봄과 관리입니다. 하나님이 우리를 예수 그리스도의 것으로 부르셨다는 것은 이제 하나님이 우리의 책임자가 되시며, 우리를 돌보시며, 우리를 관리해 주신다는 의미입니다.

잃어버린 것을 찾는 주인의 열심

성경에서 주인의 모습을 가장 잘 나타내는 장면이 바로 누가복음 15장입니다. 그곳에는 주인의 심정, 주인의 성품, 주인의 역할, 주인의 수고가 잘 나타나있습니다.

첫 번째는 잃어버린 양을 찾는 목자 비유입니다. 이 비유의 핵심은 양이 아니라 주인입니다. 양은 주인의 부주의로 잃어버린 것이 아니고, 주인의 인도를 따르지 않고 제멋대로 행하여 길을 잃고 주인을 떠났습니다. 어차피 주인은 다른 양도 많이 있습니다. 그런데 주인은 양을 찾으러 갑니다. 왜냐하면, 주인이니까요! 그 양을 책임져야 하니까요. 수고하는 자, 일하는 자는 주인입니다. 자신의 것을 찾고 기뻐하는 주인의 모습이 핵심입니다.

두 번째는 잃어버린 드라크마를 찾은 여인의 비유입니다. 이 비유의 핵심도 드라크마가 아니라 주인입니다. 잃어버렸으면 버려도 되고 다시 사도 됩니다. 그런데 기어코 찾아내고야 맙니다. 왜냐하면, 주인이니까요! 수고하는 자, 일하는 자는 주인입니다. 자신의 것을 찾고 기뻐하는 여인의 모습이 핵심입니다.

세 번째는 잃어버린 아들을 찾은 아버지 비유입니다. 이 비유의 주인공도 절대로 탕자가 아닙니다. 아버지가 쫓아낸 것이 아니라 아들이 스스로 집을 나갔습니다. 나가서 자기가 하고 싶은 대로 다 하고 더는 어찌할 수 없을 때 돌아옵니다. 여기서 강조하는 것 또한 주인 즉 아버지의 역할입니다. 자신의 재산을 탕진한 아들일지라도 자신의 아들이기에 돌아오는 아들을 맞아주고, 기뻐하는 잔치를 베풀어주는 아버지의 모습이 핵심입니다. 이것이 성경이 보여주는 주인의 모습입니다. 이런 주인의 소유된 자는 얼마나 안식이 되겠습니까? 하나님이 바로 이런 주인이시고, 저와 여러분이 하나님의 것입니다.

하나님의 것

하나님이 우리의 주인이시고 우리는 하나님의 소유된 존재입니다. 성경에서 여러분에게 요청하고 기대하는 소유된 자의 모습은 어떤 것일까요? 바로 하나님 앞에서 저와 여러분이 어린아이와 같아야 한다고 말씀하십니다. 어리광을 피우라는 것이 아니요, 애교를 부리라는 것이 아닙니다. 어린아이들은 누구나 부모의 돌봄이 필요합니다. 우리가 하나님 앞에 어린아이와 같아야 한다는 말씀의 의미는 하나님이 우리에게 부모가 되어 주신다는 것입니다. 하나님이 부모가 되시기에 우리는 어린아이와 같이 그의 책임지심 안에, 그의 돌보심 안에, 그의 공급하심 안에 부족함 없이 살고 있으라는 말입니다.

우리를 하나님의 소유된 존재의 모습으로 비유하는 또 다른 장면이 바로 포도원 품꾼 비유입니다. 일군이라고 말하면 우리는 전문가, 장인, 기술자를 먼저 떠올립니다. 그런데 하나님이 우리를 품꾼이라고 말할 때는 일 잘하는 프로 근성이 있는 일군이라는 의미가 아닙니다. 마태복음 20장에 나오는 품꾼들 중에 우리의 모습은 오후 3시입니다. 오후 3시에 주인이 나가보니 사람들이 놀고 있었습니다. 왜 놀고 있느냐고 물으니까 대답이 '우리를 품꾼으로 쓰는 이가 없음이니이다' 라고 대답합니다. 아무에게도 쓰임 받지 못하는 사람을 데려다 쓰는 주인은 바보 같은 경영자처럼 보입니다. 그런데 하나님은 그런 우리를 불러주시고, 사용하여 주시고, 엄청난 사례를 베풀어 주시는 분이십니다. 우리에게 기대되는 모습도 정작 우리의 할 일이 아니라 주인이 하신 일의 결과를 누리는 존재로서의 모습입니다.

성도의 삶

사람들이 신앙에 대해, 믿음 생활에 대해 부담을 느끼고 짐이라고 여겨지는 것은 성경을 오해하기 때문입니다. 하나님이 하실 일을 자신의 할 일이라고 생각하기 때문입니다. 하나님의 일을 자신이 해 보겠다고 나서면 절대로 안 되고, 반대로 나의 일을 하나님께 해 달라고 떠맡겨도 안 됩니다. 구원은 하나님의 일입니다. 십자가 지는 것은 예수님의 일입니다. 사람 낚는 어부 되게 하는 것도 예수님의 일입니다. 성령님을 보내시는 것도 예수님의 일입니다. 땅끝까지 이르러 증인이 되게 하는 것도 예수님의 일입니다. 성도로 승리하게 하는 것도 성령님의 일입니다. 행복을 누리는 것은 성도의 일입니다. 자유를 만끽하는 것은 성도의 일입니다. 안식하는 것은 성도의 일입니다. 하나님이 나의 주인이라고 할 때, 주인을 위해 내가 할 일을 생각하는 것이 아니라 그분의 주인 됨으로 말미암아 내가 누릴 행복, 내가 가지는 평안함을 누리는 것입니다. 저와 여러분은 하나님의 것입니다.

내가 빚진 자라

로마서 1:8-15

8 먼저 내가 예수 그리스도로 말미암아 너희 모든 사람에 관하여 내 하나님께 감사함은 너희 믿음이 온 세상에 전파됨이로다 9 내가 그의 아들의 복음 안에서 내 심령으로 섬기는 하나님이 나의 증인이 되시거니와 항상 내 기도에 쉬지 않고 너희를 말하며 10 어떻게 하든지 이제 하나님의 뜻 안에서 너희에게로 나아갈 좋은 길 얻기를 구하노라 11 내가 너희 보기를 간절히 원하는 것은 어떤 신령한 은사를 너희에게 나누어 주어 너희를 견고하게 하려 함이니 12 이는 곧 내가 너희 가운데서 너희와 나의 믿음으로 말미암아 피차 안위함을 얻으려 함이라 13 형제들아 내가 여러 번 너희에게 가고자 한 것을 너희가 모르기를 원하지 아니하노니 이는 너희 중에서도 다른 이방인 중에서와 같이 열매를 맺게 하려 함이로되 지금까지 길이 막혔도다. 14 헬라인이나 야만인이나 지혜 있는 자나 어리석은 자에게 다 내가 빚진 자라 15 그러므로 나는 할 수 있는 대로 로마에 있는 너희에게도 복음 전하기를 원하노라.

내가 빚진 자라

바울의 빚

  기독교의 내용을 복음이라고 하고, 복음은 기쁜 소식, 즐거운 소식, 반가운 소식, 행복한 소식, 신나는 소식입니다. 복음을 듣는 순간, 기쁨과 즐거움이 있어야 정상이지 부담스럽고 두려워진다면 복음이 왜곡된 것입니다. 기쁜 소식을 전해도 부담되는 소식으로 듣고, 즐거운 소식으로 전해도 피하고 싶은 소식으로 듣는다면, 성경이 의도하는 바를 모르고, 오해하기 때문입니다. 성경 말씀 또한 그 의도가 정확하게 파악되지 않으면 기쁜 소식이기보다는 매우 부담이 되는 내용입니다. 1장 14절에 '헬라인이나 야만인이나 지혜 있는 자나 어리석은 자에게 다 내가 빚진 자라'는 표현이 나옵니다. 바울은 자신을 소개할 때 '빚진 자'라고 표현합니다.

바울이 스스로 자신에게 사용한 표현을 다른 사람에게 적용하면 안 됩니다. 간혹 우리는 너무 쉽게 성경을 오용하곤 합니다. 예를 들면 '여러분, 바울은 자신이 모든 사람에게 빚진 자라고 했습니다. 바울 같은 사람이 빚진 자라고 말한다면 우리는 얼마나 더 큰 빚을 진 사람이겠습니까? 저와 여러분은 모두 빚진 자입니다. 빚을 진 사람의 의무는 무엇입니까? 빚을 갚는 것입니다'라고 말합니다. 본문의 의도는 이것이 아닙니다. 성경은 듣는 사람에게 기쁨이 되는 복음을 전하는데, 우리는 잘못 전달해서 듣는 사람을 빚쟁이로 만들어 버리곤 합니다. 그 사람에게 빚을 갚기 위한 어떤 수고와 노력을 해야겠다는 부담을 지우게 됩니다. 이것은 성경의 의도가 아닙니다.

바울은 자신이 빚진 자라고 스스로 고백하고 있을 뿐 누구에게도 '당신도 빚진 자'라고 강요하지 않습니다. 심지어 우리를 구원하신 예수님마저도 '내가 너희를 대신하여 죽었으니 너희는 내게 빚진 자들이다. 이제 그 빚을 갚도록 십자가를 져라'라고 말씀하지 않습니다. 성경 어디에도 우리에게 '너희는 빚진 자다'라고 선포하는 곳이 없습니다.

왜 빚진 자일까?

그러면 바울은 왜 이런 소리를 할까요? 바울은 무슨 빚을 졌습니까? 바울은 한두 사람도 아니고 '헬라인이나 야만인이나 지혜 있는 자나 어리석은 자에게' 빚을 졌다고 합니다. 이것은 모든 사람에게 빚을 졌다는 뜻입니다. 도대체 바울은 무슨 빚을 졌나요? 실제로는 바울은 아무것도 빚진 것이 없습니다. 바울은 그 사람들에게서 받은 것이 없습니다. 만약 바울이 빚진 것이 있다면, 예수님께 빚을 졌다고 말할 수 있을 것입니다. 자신이 예수 믿는 자들을 핍박하였음에도 불구하고, 예수님이 자신을 구원하여 주셨으니 예수님께 빚졌다고 말할 수 있습니다. 그런데 바울은 예수님께 빚을 졌다고 말하지 않고 모든 사람에게 빚을 졌다고 표현합니다. 왜 이렇게 말할까요?

혹시 좀 겸손하신 분들은 이런 생각을 합니다. '인간은 혼자 살 수 있는 것이 아니다. 알든 모르든 사람은 서로 돕고 사는 것이다. 그러기에 인간은 서로 간에 빚을 지고 사는 것이다' 라고 말합니다. 바울도 일반적 의미에서, 사회적 관계에서 빚을 졌다고 말을 하는 것일까요? 그런 의미에서 인간은 빚진 자이기도 하지만 도리어 은혜를 준 자이기도 합니다. 내가 남의 도움을 받기도 하지만 도움을 주기도 하기 때문입니다. 본문에서 바울이 말하고자 하는 핵심은 이런 일반적 인간관계와는 전혀 다른 측면입니다.

상식적으로 생각해 볼 때, 바울은 당시의 사람들에게 빚을 지기보다는 도움이 될 수 있는 위치에 있었습니다. 바울의 신분과 경력, 위치, 권세로 보아서 바울은 누군가에게 혜택을 받기보다는 혜택을 베풀어 주는 사람이었을 것입니다. 바울의 이야기 어디에도 바울이 누군가에게 무슨 빚을 졌는지 구체적으로 말하고 있지 않습니다. 물론 바울은 사도행전 후반부에서 전도여행을 할 때에 상황적으로 곤고함에 빠져든 적이 있습니다. 그래서 여러 교회와 성도들의 후원을 받은 적이 있습니다. 그것이 마음속에 빚이 되었다고 한다면, 바울은 헬라인이나 야만인에게가 아니라 성도들에게 빚진 자라고 말해야 합니다. 그런데 바울은 예수님이나 교회나 성도에게가 아니라 다른 일반 사람들 헬라인이나 야만인이나 지혜 있는 자나 어리석은 자에게 빚진 자라고 고백하고 있습니다.

바울은 도대체 왜 자신을 빚진 자라고 했을까요? 바울은 자신이 실제로 빚을 지는 행위를 해서가 아니라 자신이 행복하기 때문입니다. 자신은 이토록 벅찬 행복을 누리며 살고 있는데, 많은 사람이 그 행복을 누리지 못하는 모습을 보았습니다. 다른 사람은 나처럼 행복하지 않은데 나는 너무나 신나고 즐겁고 행복하고 평안한 삶을 누리고 있다는 생각에 자신의 행복한 삶이 아직 자신과 같이 행복을 누리지 못하는 사람들에게 송구하고 죄송하게 느껴지는 것입니다. 저 사람들이 못 누리는 것을 이렇게 내가 풍성하게 누리고 있다니 얼마나 민망하고, 저 사람들이 알지 못하는 것을 내가 알고 있으니 얼마나 송구한가라는 심정입니다.

기독교는 매우 인격적이며 다른 사람을 배려할 줄 아는 종교입니다. 기독교는 다른 사람을 아프게 하고 상처 나게 하고 시험 들게 하고 가슴 아프게 하지 않습니다. 하나님이 일하시는 방식, 예수님이 일하시는 원리는 인간을 배려하고 높여주고 존경하는 방식입니다. 바울이 빚진 자라고 표현하는 것도 이러한 하나님의 원리에 입각한 표현방식입니다. 상대방이 나에게 베풀어 준 것이 없는데도, 상대방의 불행을 보면서 상대방에게 빚졌다고 생각하는 그 마음을 표현한 것입니다. 기독교의 특성을 드러낸다는 의미로 나 자신이 얼마나 기쁘고 즐겁고 행복한가를 자랑할 때 상대방이 박탈감과 좌절감을 느끼게 한다면 그것은 복음을 표현하는 방식으로 적절하지 않습니다. 나의 행복 때문에 상대방에게 빚진 마음을 가지면서 상대 앞에서 나를 낮추고 겸손한 마음을 갖는 것이 성경의 자세, 기독교의 자세입니다. 바울은 세상 사람들이 가지지 않은 복음을 자신이 갖고 있고, 세상 사람들이 모르는 하나님나라에서 누리는 삶의 기쁨과 감격을, 상대방의 입장을 고려하여 '내가 빚진 자다' 라고 고백하고 있습니다. 바울에게 이러한 삶의 만족과 기쁨과 행복이 없었다면 절대로 말할 수 없었을 것입니다. 바울은 도대체 얼마나 행복하기에 자신을 모든 사람에게 빚진 자라고 했을까요?

성도는 빚진 자인가?

바울은 자신의 심정을 고백할 뿐이지 로마의 성도들을 향해 '여러분도 빚진 자입니다' 라고 말하지 않습니다. 정작 자신이 타인에게 아무런 빚을 진 적이 없고 전혀 송구하거나 민망할 이유가 없음에도 심히 빚진 자라는 심정을 갖는 것은 타인에게 가르친다고 되는 것이 아닙니다. 바울이 말했다고 우리 모두도 바울의 심정을 가져야 한다고 강요할 수 없습니다. 복음을 통해 내가 바울과 같은 벅찬 감동과 환희를 느낀다면 바울의 고백을 나도 할 수 있습니다. 바울처럼 그렇게 행복한 삶을 살아야 그 심정을 이해할 수 있습니다. 바울은 스스로 '빚진 자'라고 고백하며 성도들도 자기와 같기를 바랍니다.

나의 감사

너희의 그리스도인 됨

1장 8절을 봅시다. '먼저 내가 예수 그리스도로 말미암아 너희 모든 사람에 관하여 내 하나님께 감사함은 너희 믿음이 온 세상에 전파됨이로다.' 1절부터 7절까지의 편지 서문이 끝나고 실제 내용이 시작될 때 바울이 맨 먼저 행한 것은 감사입니다. 감사는 은혜를 입은 사람이 은혜를 주신 분에게 나타내는 표현입니다. 바울이 다른 사람에게 빚진 것이 없기에 다른 사람에게는 감사할 일이 없습니다. 당연히 바울은 하나님께 감사하고 있습니다. 대부분 그리스도인들은 자신이 하나님께 받은 사실을 감사합니다. 나를 구원해 주시고, 사도로 불러 주시고, 나의 삶을 도와주셔서 감사하다고 고백합니다. 그런데 바울이 감사하는 내용은 자신과는 무관한 것입니다. 하나님이 자신에게 베풀어 주신 은혜에 대하여 감사하는 것이 아니라, 로마에 있는 성도들 때문에 감사하고 있습니다. 감사의 원인이 자신에게 있는 것이 아니라 다른 사람에게 있습니다. 만약 로마에 있는 성도들이 하나님께 은혜를 입었다면 로마에 있는 성도들이 감사해야 할 일입니다. 그런데 바울이 감사하고 있습니다. 왜 그럴까요?

바울은 자신의 삶이 너무 행복하다고 고백합니다. 바울이 얼마나 행복한 삶을 살았는지를 확인할 본문이 있습니다. 사도행전 26장 29절에 보면 '바울이 이르되 말이 적으나 많으나 당신뿐만 아니라 오늘 내 말을 듣는 모든 사람도 다 이렇게 결박된 것 외에는 나와 같이 되기를 하나님께 원하나이다 하니라' 라고 되어 있습니다. 바울은 모든 사람이 자신과 같아지기를 소망하고 있습니다. 다른 사람도 나처럼 행복하고, 신나고, 즐겁고, 자유롭고, 평안하기를 바라는 것입니다. 그런 바울이 감사하게 생각하는 것이 무엇이겠습니까? 다른 사람도 나와 같아진 것입니다. 바울이 하나님께 감사하는 이유는 로마에 있는 성도들이 자신과 같은 존재가 되었다는 사실입니다.

동일화

바울은 다른 사람이 자신과 같아진 것이 너무나 고마운 것입니다. 바울은 로마서 처음부터 오늘의 본문까지만 해도 여러 차례 자신과 다른 사람이 같은 차원, 신분, 존재와 가치를 가진 사람이라고 말하고 있습니다. 1장 1절에 자신이 하나님께 부르심을 받았다고 말하며 동시에 1장 6절에 너희도 부르심을 받았다고 말합니다. 1장 1절에 자신이 사도가 되었다고 말하며 1장 6절에 너희도 예수 그리스도의 것이 되었다고 말합니다. 바울은 자신이 성도가 되어 너무 행복한 삶을 사는데 저들도 성도가 되었다는 사실에 너무 기뻐하고 감사합니다. 1장 7절에 보면 '로마에서 하나님의 사랑하심을 받고 성도로 부르심을 입은 모든 자' 라고 말하며 1장 8절을 다시 보면 '너희 모든 사람에 관하여 내가 하나님께 감사함은 너희 믿음이 온 세상에 전파됨이로다' 라고 말합니다. 저들이 믿음 있는 자가 되어 있다는 사실, 성도가 되었다는 사실, 자신과 같이 하나님께 속하여 행복한 사람이 되었다는 사실에 감사하는 것입니다.

세상 사람들은 자주 자신과 다른 사람 사이에 차별화를 만들어 내려고 합니다. 그러나 성도는 다른 사람이 나처럼 되는 것이 가장 기쁘고 신이 납니다. 왜냐하면, 성도는 이미 모든 것을 다 아는 자요, 가진 자요, 이룬 자이기에 남들과 차별화를 통해 더 얻을 것이 없기 때문입니다. 그래서 도리어 다른 사람이 나처럼 되는 것을 기뻐하고 즐거워합니다. 남들보다 더욱 행복한 것 때문에 마음에 빚진 심정이었는데 다른 사람도 나처럼 되었다는 사실 때문에 내가 하나님께 감사가 쏟아져 나오는 사람입니다.

이미 감사

어떤 사람이 감사한다는 것은 이미 결과가 있다는 의미입니다. 기독교에서는 시작과 완성이 같습니다. 세상은 '시작이 반이다' 라고 말하지만, 기독교는 '시작은 완성이다' 라고 해야 합니다. 왜냐하면, 기독교의 시작은 언제나 하나님이 하시는 것이기에 하나님이 시작하시면 절대로 중단되거나 실패가 없습니다. 또 하나님이 시작하신 일은 언제나 결과를 내포하고 열매를 담고 있기 때문입니다. 기독교는 최종 시점에 가 보아야 결국을 확인하는 것이 아니라 시작할 때 이미 완성된 것이나 마찬가지입니다. 기독교는 단지 시작이 아니라 이미 완성이기에 감사가 나올 수 있습니다. 바울은 자신이 구원받은 사실에 감격해 하고, 로마에 있는 형제들도 성도 된 사실에 대하여 감사합니다. 기독교의 감사는 다른 사람이 나와 같아진 것에 대한 감사, 나에 대한 모든 일이 이미 하나님 안에서 완성된 사실에 대한 감사, 그 완성된 것이 나의 실제 삶 속에 하나씩 체험되고 구현되는 사실에 대한 감사입니다.

어떤 신령한 은사

신령한 은사

1장 10절에 '어떻게 하든지 이제 하나님의 뜻 안에서 너희에게로 나아갈 좋은 길 얻기를 구하노라'는 소망이 나옵니다. 로마의 성도들은 이미 바울이 감사했던 것처럼 바울과 같은 신분, 존재, 그리고 바울과 같은 행복한 자가 되었습니다. 그런데도 바울이 굳이 로마 성도들을 만나고 싶어 하고 그들에게로 나아가기를 바라는 까닭이 무엇일까요?

기독교의 내용은 복음, 즉 복된 소식이기에 소식은 전해져야 합니다. 전하는 사람이 없으면 알 수 없습니다. 복된 소식은 아직 이루어지지 않은 일을 한번 시도해 보라고 권면하는 소식이 아니라 다 이루어지고 완성되고 성취된 결과를 전하는 소식입니다. 복된 소식은 이제 어떤 일을 해야 한다는 부담과 짐을 주는 소식이 아니라, 완성되었다는 소식이요 성취되었다는 소식이어서 이제 그것을 자신의 삶 속에 누리라는 소식입니다. 바울은 지금 그런 의미로 로마로 가고 싶어 합니다.

그러한 자신의 마음을 로마서 1장 11절에 이렇게 표현합니다. '내가 너희 보기를 간절히 원하는 것은 어떤 신령한 은사를 너희에게 나누어 주어 너희를 견고하게 하려 함이니.' 여기서 말하는 '어떤 신령한 은사'는 무엇인가 실체가 드러나지 않은, 설명될 수 없는 신비한 무엇이라는 생각을 가지면 안 됩니다. 기독교는 언제나 분명하고 명확하게 밝히 드러난 사실임을 기억해야 합니다. 본문이 말하려는 신령한 은사는 복음이요, 우리가 구원받았다는 사실이요, 1장 9절에 기록된 대로 그의 아들의 복음입니다. 로마서 5장 15절에서 이것을 설명하고 있습니다. '그러나 이 은사는 그 범죄와 같지 아니하니 곧 한 사람의 범죄를 인하여 많은 사람이 죽었은즉 더욱 하나님의 은혜와 또한 한 사람 예수 그리스도의 은혜로 말미암은 선물이 많은 사람에게 넘쳤느니라'고 말하고 있습니다.

인간 문제의 본질은 죄입니다. 그리고 인간의 가장 복된 상태는 죄에서 구원받아 하나님과 함께 있는 것입니다. 그래서 구원받았다는 사실보다 더 나은 것은 없습니다. 내가 성도, 그리스도인이 되었다는 사실보다 더 좋은 것은 없습니다. 교회에서 복음을 전하고, 복음을 가르치는 것보다 더 새로운 것, 더 큰 것은 없습니다. 교회에서 복음의 내용이 담긴 성경을 가르치고 배우는 것보다 더 소중한 것은 없습니다. 바울이 로마에 가기를 원하는 것은 바로 이 복음을 알게 하려는 것입니다.

나눠주어

바울이 로마에 가서 성도들에게 복음을 전하고 가르치는 것을 본문은 '나눠주어' 라고 표현합니다. 하나님이 이루신 일을 전하고 나누는 것입니다. 하나님이 완성하신 일을 서로 가지고 있음을 확인하는 것입니다. 하나님이 완성하여 주신 것을 나누라, 하나님이 하신 것을 드러내라 합니다. 가진 것을 주라, 줄 수 있는 것을 주라고 하십니다.

바울이 나누어 준다고 말하는 것에는 하나님이 완성하신 일에 바울 자신이 추가할 일이 전혀 없다는 것을 의미합니다. 하나님이 하신 일을 전하는 것조차 내가 하지 않으면 하나님은 다른 사람을 통하여서라도 할 것이기에 내가 하느냐 하지 않느냐로 권세를 부릴 수 없습니다. 도리어 내가 전달하는 것이 하나님의 영광의 사역에 동참하는 은혜를 누리는 것입니다. 그래서 바울은 자신이 복음을 전하는 일에 대하여 전혀 권위적인 자세나 지배하려는 자세나 오만한 태도가 아니라, 감사하다고 표현한 것입니다.

간혹 지도자의 위치에 있는 사람들은 타인들을 자신의 영향력 아래 두고자 자신을 의지하게 하고 자신의 영역을 넓히려고 합니다. 그러나 성경적 기준에 의하면 그런 의도와 행동은 옳지 않습니다. 내 것이 아니기에 나의 영향력이 커질 수 없습니다. 내가 아니면 할 수 없는 일이 아니기에 나의 입지를 키우는 것이 아닙니다. 복음을 나누어 주려는 목적이 '너희를 견고하게 하려고 한다' 고 합니다. 상대방이 견고하게 독립할 수 있고 스스로 설 수 있게 하려면 내 영역을 축소해야 합니다. 나의 영향력이 커지게 하려는 것은 상대방을 견고하게 하는 것이 아니라 나를 견고하게 하려는 것일 뿐입니다. 최근에 교회에서 목회자를 리더, CEO라고 표현하면서 그 역할을 강조한 것도 사람이 무엇인가를 할 수 있다고 생각하는 것이며, 하나님이 행하신 일이 무엇인가 부족하다고 생각하는 발상입니다.

전하는 자는 작아져야 합니다. 그 영향력이 축소되고, 역할이 없어져야 합니다. 그리고 결국에는 언제나 하나님만 남는 것입니다. 바울은 절대로 자신의 역할을 강조하지 않습니다. 자신만이 할 수 있는 일을 내세우지 않습니다. 그래서 기독교의 교육, 가르침, 전도는 '나눔'이라고 표현하는 것입니다. 성도는 내가 무엇인가를 하고 있다는 것을 내세우는 존재가 아니라, 하나님의 일에 동참하고 있다는 사실을 감사하는 사람들입니다.

나눔의 결과

견고하게

신령한 은사, 예수 그리스도의 복음을 나누는 목적과 그 결과를 표현하는 구절이 바로 1장 11~12절입니다. '내가 너희 보기를 간절히 원하는 것은 어떤 신령한 은사를 너희에게 나누어 주어 너희를 견고하게 하려 함이니 이는 곧 내가 너희 가운데서 너희와 나의 믿음으로 말미암아 피차 안위함을 얻으려 함이라.' 13절 후반부는 '이는 너희 중에서도 다른 이방인 중에서와같이 열매를 맺게 하려 함이로되' 입니다.

복음을 함께 나누고, 구원의 내용을 함께 확인하고, 성경의 진리를 가르치고 배운 결과는 견고해지는 것입니다. 성도들의 신앙이 흔들리고 고민하는 이유는 바로 알지 못하기 때문입니다. 믿음을 견고하게 하려고 새로운 무엇이 필요한 것이 아닙니다. 내가 받은 구원, 성도 됨, 하나님의 자녀 됨이 무엇인지 정확하고 풍성하게 아는 것이 필요합니다. 우리는 확실히 아는 일에 대해서는 타협하지 않고 흔들리지 않습니다. 그러나 잘 모르는 일에 대해서는 여지없이 흔들립니다. 바울은 로마에 있는 성도들에게 새로운 것을 제공하려는 것이 아니라 저들의 구원됨, 하나님의 자녀 됨, 복 받음이 무엇인지를 알립니다. 그것을 알면 견고해 질 수 있기 때문입니다. 신앙은 신앙의 내용을 바르게 앎으로 견고해 질 수 있습니다. 사람들은 앎을 강조하지 않고 행위를 강조할 때가 있습니다. 그러나 알지 못하고 행동하는 것이 가장 위험합니다. 알지 못한 채 행하는 것은 모두 헛된 열심이요 곧 변질하고 말 것입니다. 신앙의 행동은 복음을 바로 안 결과로서 나와야 합니다. 복음을 바로 앎이 가장 중요합니다.

서로 안위를 얻게

복음을 함께 나누고, 구원의 내용을 함께 확인하고, 성경의 진리를 가르치고 배운 결과 서로 안위를 얻게 됩니다. 하나님은 창조주이시고, 인간은 피조물입니다. 그럼에도, 하나님은 직접 하나님의 형상을 담아 인간을 창조하셨고 인간과 하나 되고 연합되고 일체되기를 원하신다고 말씀하십니다. 예수님 또한 우리를 구원하시고 그리스도인들과 한몸이라고 선언하십니다. 이렇듯 하나님은 인간과 사귐의 관계 안에 있기를 원하십니다. 하나님이 인간을 얼마나 존귀하게 여기고 소중히 여기시는지 알 수 있습니다. 요한일서 1장 6~7절에 보면 '만일 우리가 하나님과 사귐이 있다 하고 어두운 가운데 행하면 거짓말을 하고 진리를 행치 아니함이거니와 저가 빛 가운데 계신 것 같이 우리도 빛 가운데 행하면 우리가 서로 사귐이 있고 그 아들 예수의 피로 우리가 모든 죄에서 깨끗하게 하실 것이요' 라고 설명합니다. 인간을 하나님의 자녀라 인 쳐 주시고,

하나님의 백성으로 여겨주시고, 하나님의 기업을 이을 후사로 삼아주시는 하나님의 사랑을 이해해야 합니다. 이러한 하나님의 사랑 때문에 하나님의 복음을 전하고 나눌 때에도 일방적으로 주고받는 것이 아니라 서로 안위를 받게 됩니다.

기독교는 인간의 것을 나누는 것이 아니라 하나님의 것을 나누는 것이기에 인간 상호 간에 차별이나 갈등이나 우열이 생길 수 없습니다. 만약 인간의 것을 나눈다면 주는 자의 교만이 존재하고 받는 자의 비굴함이 존재할 것입니다. 복음은 하나님의 나라 안에서 모든 인간의 삶, 사람과 사람 사이의 관계에 관한 것입니다. 복음은 내가 구원받았다는 사실에 혼자 감격하고 즐거워하는 것이 아닙니다. 복음은 믿는 자들이 서로 안위를 얻게 합니다.

열매를 맺게

복음을 함께 나누는 것, 구원의 내용을 함께 확인하는 것, 성경의 진리를 가르치고 배우는 것의 결과는 열매를 맺게 됩니다. 하나님의 은혜를 체험하고, 구현하며 누리는 것입니다. 복음의 결과를 세 가지로 표현했지만 모두 같은 것입니다. 견고해지는 것, 서로 안위를 얻는 것, 열매를 맺는 것은 모두 하나님이 이루신 일들을 삶 속에서 풍성하게 누리는 것입니다. 열매는 인간이 만들어 내는 것이 아닙니다. 열매는 열심이 만들어 내는 것이 아닙니다. 특별한 일을 해서 만들어내는 것이 아니요, 어느 순간에만 만들어지는 것이 아닙니다. 열매는 생명이 있는 자에게 자연스럽게 나는 것이요, 모든 순간에 나타나는 것입니다. 신앙은 가장 자연스러운 것입니다. 말씀을 알아가면서, 자신의 성도됨을 분별하면서, 하나님의 말씀의 분량을 채워 가면 자연스럽고 편안하게 모든 순간에 그 열매가 드러나게 되어 있습니다. 하나님을 믿으며 하나님의 말씀의 분량을 채워가는 것이 가장 소중한 일입니다.

하나님이 하신다

바울은 서로 견고하게 하고, 서로 안위를 얻으며, 열매를 맺으려는 목적으로 로마에 가기를 원하는데 13절 후반부에 보면 지금까지 길이 막혔다고 합니다. 혹자들은 이렇게 아름답고 선한 의도가 있으면 하나님께서 길을 열어 주셔야 할 텐데 길이 막혔다는 사실에 의아해합니다. 하나님은 하나님의 때에, 하나님의 사람으로, 하나님의 방법으로, 하나님의 힘으로 일하십니다. 하나님을 믿으면 절대로 조급한 마음이 없습니다. 하나님을 믿으면 절박한 마음, 답답한 마음이 없습니다. 왜냐하면, 하나님은 성도의 어느 것도 헛되게 하지 않으실 것을, 모든 일을 선용하실 것을, 모든 것을 합력하여 선을 이루어주실 것을 알고 있기 때문입니다.

하나님의 사역을 할 때, 나보다 더 절박하신 분이 하나님이십니다. 로마 성도들이 복음을 깨닫기를 원하는 마음은 나보다 하나님이 더 크십니다. 나보다 로마 성도들을 더 사랑하시는 분도 하나님입니다. 나보다 로마 성도들을 더 잘 돌보는 분이 하나님이십니다. 바울은 로마에 가기를 여러 번 원하였으나 그 길이 막혔다고 합니다. 지금까지 그 길이 막혔다는 것, 지금도 그 길이 막혀 있는 상황이 끝이 아닙니다. 우리의 때에 맞추려 하나님을 강요하지 맙시다. 우리의 방식에 맞추려 하나님을 윽박지르지 맙시다. 우리의 능력에 근거하여 하나님을 조종하려고 하지 맙시다. 하나님의 일하심에 순응하는 것이 가장 아름다운 것입니다. 하나님의 구원, 우리의 성도됨, 성도에게 주신 하나님의 신령한 복이 무엇인지 바르게 아셔서 삶 가운데 하나님의 은혜를 풍성히 누리시기를 주님의 이름으로 축원합니다.

복음에는

로마서 1:16~17

16 내가 복음을 부끄러워하지 아니하노니 이 복음은 모든 믿는 자에게 구원을 주시는 하나님의 능력이 됨이라. 먼저는 유대인에게요 그리고 헬라인에게로다 17 복음에는 하나님의 의가 나타나서 믿음으로 믿음에 이르게 하나니 기록된바 오직 의인은 믿음으로 말미암아 살리라 함과 같으니라.

복음을 부끄러워하지 아니하노니

복음이야기

바울은 로마 성도들을 향하여 서신을 쓰면서, 모든 사람에게 자신이 빚진 자라고 고백했습니다. 일반적으로 사람들은 다른 사람에 대하여 빚진 자의 심정을 가지지 않습니다. 가진 것을 나누며 서로 안위를 주고받을 수 있다고 생각하지 않습니다. 로마서 16장에서 바울은 여러 사람을 언급하면서 안부를 묻습니다. 그곳에 등장하는 각 사람은 그동안 복음을 전하는 바울의 사역을 후원하고 도와주고 격려하고 실제로 바울이 빚진 사람들입니다. 바울은 자신이 도움받았음을 부끄럽지 않게 드러내고 감사합니다. 자신이 도움을 준 사실만이 아니라 자신이 도움을 받았다는 사실을 고백함으로 서로 안위를 주고받았습니다.

오늘 본문에서 바울은 '복음을 부끄러워하지 않는다' 고 합니다. 다르게 표현하면 '복음을 자랑스러워한다' 는 것입니다. '복음을 자랑스러워한다' 와 '복음을 부끄러워하지 아니하노라' 는 의미는 같지만, 표현상의 차이점은 있습니다. 가끔 우리는 내가 가진 것이 좋은 것이고 상대방에게 유익한 것이라고 상대방을 위한다는 행동이 상대방을 괴롭힐 때가 있습니다. 지금 바울은 자신의 행복을 고백하고, 남도 자신처럼 행복하기를 소망하면서도 그 표현이 절대로 자랑하는 것이 되지 않도록 합니다. 자신을 자랑하면 상대방이 상처를 받게 됩니다. 그래서 '나는 누구보다도 행복하다' 라는 자랑대신 '나는 빚진 자다' 라고 자신 낮추어 표현합니다. 이것이 기독교의 성숙한 표현방식입니다. 기독교는 배타적인 종교가 아니라 배려하는 종교입니다.

오늘날 사람들은 이런 기독교적, 성경적 표현방법을 좋아하지 않습니다. 요즘에는 적극적으로 알리고, 공격적이고 진취적으로 행동해야 한다고 생각합니다. 정작 자신이 그렇게 행동하는 것은 용기 있는 것으로 생각하면서, 남이 자신에게 그렇게 행동하는 것에 대하여는 무례하고 건방지고 교만하다고 말합니다. 죄의 교활한 심리입니다.

복음의 능력

바울이 복음을 부끄러워하지 않는 이유가 있습니다. '복음은 모든 믿는 자에게 구원을 주시는 하나님의 능력' 입니다. 바울이 이야기하는 복음은 바울의 능력이 아니라 하나님의 능력입니다. 그래서 확실하고, 전혀 실수가 없고, 절대로 취소되거나 소멸하는 것이 없고, 기꺼이 부끄러워하지 아니하고 자랑스러워 할 수 있습니다.

바울은 자신의 것이 아니기에 더욱 담대한 것입니다. 그래서 주저하고 두려워할 이유가 없습니다. 하나님의 것이고, 하나님의 약속이고, 하나님이 일하신 결과입니다. 또 하나님이 어떤 분이신지, 하나님의 실력과 성품, 하나님의 인간에 대한 사랑과 간절함을 알고 있기 때문에 전혀 부끄러워하지 않을 수 있습니다. 이것이 하나님을 아는 자의 태도입니다.

　사람들은 정반대의 길을 갑니다. 사람들은 자신의 것이라면 담대합니다. 자신이 할 수 있는 만큼 자신감을 갖습니다. 내 손에 쥔 것이라면 떵떵거리며 말할 수 있지만, 내 것이 아니고 내가 할 수 있는 것이 아니라면 말하기를 주저합니다. 내가 말한 것이 자기 말대로 안 되면, 자기가 책임지겠다고 합니다. 안타까운 것은 성도들도 하나님을 말하지 않는다는 것입니다. 자신이 하나님의 복음을 말했을 때, 만약 하나님이 일하시지 않으신다면, 자신이 책임질 수 없다고 생각하기 때문입니다. 하나님을 믿는다고 말하고, 교회를 다니면서도, 자신이 가장 신뢰하는 것은 하나님이 아니라 바로 자신 스스로입니다. 아직 신앙이 연약한 것이고 미성숙한 것입니다.

　복음은 하나님의 능력입니다. 능력은 바로 복음 안에 있습니다. 목사나 유력한 인사, 사람에게 있지 않습니다. 유능한 사람이 오면 교회가 부흥하고, 능력 있고 은사 많은 사역자가 오면 교회가 훨씬 성장할 것이라고 기대하면 안 됩니다. 능력은 목사나 성도를 막론하고 사람에게 있는 것이 아니고 하나님의 복음 안에 있습니다. 또한, 복음은 하나님께로부터 오는 하나님의 능력입니다. 인간의 열심이 구원을 줄 수 없습니다. 인간의 수고가 행복을 줄 수 없습니다. 돈과 권력도 구원을 줄 수 없고 행복도 줄 수 없습니다. 하나님을 알고, 하나님의 능력을 알고, 하나님의 능력으로 이루어진 복음을 더욱 풍성히 알아가야 합니다.

유대인에게, 헬라인에게

복음의 대상

　로마서 1장 16절에 '복음은 모든 믿는 자들에게 구원을 주시는 하나님의 능력'이라고 했습니다. 하나님의 관심은 모든 사람입니다. 특정 지역이나 특정 인물에게만 관련된 것이 아닙니다. 하나님의 구원의 능력의 대상 또한 1장 16절에 나오는 대로 '먼저는 유대인에게요 그리고 헬라인에게로' 라고 했습니다.

시대에 따라 민족에 따라 인간을 구분하는 기준이 서로 달랐었습니다. 헬라인은 인간을 구분할 때, 자신은 지혜 있는 자라고 했고 다른 모든 사람은 야만인이라고 했습니다. 유대인은 자신은 하나님께 선택받은 백성이고 다른 모든 사람은 이방인이라고 했습니다. 로마인은 자신은 대 제국 로마의 시민이고 다른 모든 사람은 노예라고 했습니다. 바울이 복음의 대상으로 유대인과 헬라인을 언급한 것은, 인류 중에 유대인과 헬라인, 두 민족만을 언급하는 것이 아니라 당시의 사고방식에 근거할 때 모든 인류를 강조하는 표현입니다.

복음이 모든 믿는 자에게 구원을 주시는 하나님의 능력이라는 바울의 선포를 당시 사람들은 싫어했습니다. 로마인은 하나님의 복음이 시민과 시민 아닌 자에게 공통으로 나누어 준다는 것을 의아해했고, 유대인은 하나님의 은혜가 유대인과 이방인에게 동일하게 임한다는 것을 의심했고, 헬라인은 지혜자와 야만인에게 하나님의 복음이 똑같이 주어진다는 사실을 인정하고 싶지 않았습니다. 그러나 하나님의 복음, 하나님의 관심은 모든 사람에게 있습니다.

기독교의 특성

복음의 대상은 모든 사람입니다. 이것이 기독교의 보편성입니다. 그러나 사람의 방법은 그렇지 않습니다. 미국에서 성공한 사업경영전략이 한국에서는 통하지 않을 때가 있습니다. 제조업에서 성공한 경영전략이 서비스업에서는 작용하지 않기도 합니다. 시대가 조금만 달라도, 지역이 조금만 달라도 같은 원리가 적용되지 않는 때가 잦습니다. 사람, 문화와 기질이 다르기 때문이요 인간의 원리가 보편적이 못한다는 증거요, 인간의 지혜와 방법의 한계입니다.

헬라인이 지혜를 강조할 때 지혜의 대상은 오직 헬라인뿐이고, 로마인이 법을 발달시켰을 때 법의 대상은 오직 로마 시민뿐이고, 유대인이 신앙을 강조할 때 그 대상은 오직 유대인뿐이었습니다. 결단코 모든 인간을 대상으로 하지 않았고, 보편성이 존재하지 않았습니다. 그러나 복음은 하나님의 원리요 하나님의 방법이고 모든 인간이 죄인이 되었다는 보편적인 사실에 기인하고, 모든 죄인을 구원하시겠다는 하나님의 의지이기에 모든 인간이 대상이 됩니다. 하나님은 모든 인간의 문제를 해결하시고 복음의 원리는 모두에게 통용됩니다.

하나님의 복음은 방법의 제시가 아니라 결과의 선포입니다. 하나님은 이미 이루었다고 선포하시지, '한 번 해보자'고 제안하고 권면하는 것이 아닙니다. 로마서 전체를 통해 살펴보겠지만 우리는 하나님으로부터 단 하나의 조건이나 이런 방법을 해보는 것도 좋겠다는 의견제시를 만나지 못합니다. 대신 우리는 하나님께서 복음의 능력으로 선포하시는 것을 만나게 될 것입니다.

하나님의 복음은 하나님이 인간에게 주시는 복된 소식입니다. 그러므로 기독교는 배려하는 종교이지 배타적이지 않습니다. 배타성이라는 것은 비교를 전제로 하는 것입니다. 하나님은 비교의 대상이 없습니다. 기독교는 이것이나 저것으로는 안 된다고 선언하며 어떤 시도도 하지 못하도록 원천적으로 봉쇄하는 종교가 아닙니다. 하나님은 인간들이 시도하는 모든 방법을 다 해보도록 두십니다. 인간이 할 수 있다고 생각하고, 될 것 같은 방법이 있다고 생각하거든 해 보라고 허용하십니다. 동시에 유유히 하나님의 일을 해나가십니다. 결국, 하나님께 돌아올 수밖에 없으며, 그때에는 복음의 참 의미를 알 것이라고 말씀하시면서 기다리십니다.

하나님의 복음은 인간에게 자유를 주시고 인간을 존중해 주십니다.

절대로 인간을 속박하지 않습니다. 은혜를 미끼로 인간을 제한하지 않습니다. 행복을 미끼로 충성을 유도하지 않습니다. 열매를 미끼로 종자를 심으라고 말하지 않습니다. 그래서 기독교에는 걸림돌이 없습니다. 복음에는 기꺼이 하나님 앞에 나아올 수 있도록 어떠한 장애물도 세우지 않는, 하나님의 사랑이 담겨 있습니다.

하나님의 의가 나타나서

하나님의 의

1장 17절에 '복음에는 하나님의 의가 나타나서 믿음으로 믿음에 이르게 하나니 기록된바 오직 의인은 믿음으로 말미암아 살리라 함과 같으니라'고 기록되어 있습니다. 복음은 하나님이 일하신 결과요, 하나님의 능력입니다. 그래서 본문에 '복음에는 하나님의 의가 나타나서'라고 말합니다. 사람들은 이 구절을 좋아하지 않습니다. 왜냐하면, 인간의 의, 나 자신의 의가 나타나는 것이 아니라 하나님의 의가 나타난다고 선포하기 때문입니다. 죄의 대표적인 속성이 바로 인간 자신이 드러나고 높아지는 것입니다. 인간이 존귀해지는 것 자체가 문제가 되는 것이 아닙니다. 마치 기독교가 하나님만 영광과 존귀를 받아야 하고 인간은 낮고 천해지도록 인간을 멸시한다고 이해한다면 큰 오해입니다. 하나님은 인간을 사랑하시고, 인간을 존귀하게 여기시고, 인간의 가치를 높여주십니다. 하나님은 인간의 자아를 세워주고, 인간을 높여주고, 인간을 부각시켜 주십니다. 자신의 존재가치가 높아지는 것, 정말 중요합니다. 그런데 문제는 기준입니다. 하나님이 인간을 높여주시는 방식과 죄에 잡힌 인간이 스스로 자신을 높이는 죄의 방식의 차이는 전혀 다른 결과를 만들어 냅니다.

하나님이 하시는 말씀과 사단이 하는 말의 차이를 분별해야 합니다.

첫째, 하나님은 인간의 가치를 높여주시고, 사단은 인간의 가치를 높이라고 말합니다. 즉 하나님은 직접 인간의 가치를 높여주십니다. 그러나 사단은 아무것도 해 주지 않은 채 인간에게 자신의 가치를 높이라고 말할 뿐입니다. 둘째, 하나님이 인간의 가치를 높여주셨습니다. 인간이 죄로 상실된 가치를 하나님이 다시, 직접 원래의 가치로, 그것보다 더 존귀한 하나님의 자녀로 만들어 주셨습니다. 그러나 사단은 다른 사람과 비교해서 가치를 높이라고 합니다. 다른 사람과 경쟁력이 있어야 하고 남보다 나아야 한다는 것입니다. 결국, 하나님의 인간 존귀는 모든 인간을 서로 화목하게 하고 평안하게 합니다. 그런데 사단의 방법은 자신이 수고해야 하며, 한순간도 긴장과 경쟁의 갈등을 놓을 수가 없습니다.

사람들이 복음을 자랑스러워하지 않는 이유는 바로 자신의 의가 나타나지 않기 때문입니다. 복음에 하나님의 의가 나타나는 이유는 하나님이 인간을 도우시기 때문입니다. 인간의 의를 무시해서가 아니라 인간의 의가 없기 때문입니다. 하나님이 인간과 경쟁해서, '하나님의 의를 드러낼까' '인간의 의를 드러낼까' 하고 다투시는 것이 아닙니다. 경쟁 가운데 인간을 꺾으시고, 누르시고, 무시하고, 자존심을 밟으시고, 하나님을 높이고, 하나님을 나타내는 것이 아닙니다. 하나님은 인간을 위하시는 분이십니다. 하나님의 목적은 인간을 높이는 것입니다. 인간을 높이려고 하는데 인간이 높아질 아무것도 없으니까 하나님의 의를 주신 것입니다. 그렇게 나타나는 것이 십자가요, 하나님의 희생입니다. 인간을 존귀하게 하기 위한 하나님의 배려입니다. 하나님이 그렇게 일하시는 것처럼 하나님의 교회나 하나님의 백성인 성도의 사역 방식도 사랑과 배려이어야 합니다. 교회는 여러 가지 사역을 한 성도를 칭찬해주는 방식이 아니라 한 가지 사역도 하지 못한 사람이 부끄럽지 않게 해 주는 방식이어야 합니다. 세상은 이런 방식을 적용할 수 없고 오직 교회만이 사람을 부끄럽지 않고, 초라하지 않도록 품어줄 수 있습니다. 그래야,

인간이 평안하고 화목하고 함께 견고하여지고 안위를 받을 수 있게 됩니다.

믿음으로 믿음에 이르게 하나니

17절에 '복음에는 하나님의 의가 나타나서 믿음으로 믿음에 이르게 하나니' 라는 표현이 나옵니다. 복음은 하나님의 역사이기 때문에 인간의 수고, 노력, 헌신과 충성이라는 말이 없고 '믿음' 이 등장합니다. 믿음은 인간의 신뢰나 의지하는 태도를 표현한 것이 아니라, '하나님이 행하신다' 라는 의미를 지닌 표현입니다. '복음은 하나님으로 말미암아 된 것이다' 라는 내용을 '복음은 믿음으로 된 것이다' 라고 표현할 수 있습니다. 또한, 복음은 한 번 받은 후에, 또다시 새로운 복을 받아내려고 수고, 노력, 헌신과 충성을 요청하는 것이 아닙니다. 하나님의 복음은 완성이기에 그렇게 완성된 결과를 하나님의 원리, 방법, 능력과 마음으로 누리는 것입니다. 그러므로 '믿음으로' 는 '하나님으로' 산다는 것입니다. 인간을 존귀하게 만들어 주시려고 하나님이 하나님의 의를 제공하셔서 이루어 놓으셨다는 복된 소식의 의미를 바로 알고, 하나님의 원리로 하나님 자녀의 삶을 날마다 풍성히 누리시기를 축원합니다.

9

스스로 지혜 있다 하나

로마서 1:18~23

18 하나님의 진노가 불의로 진리를 막는 사람들의 모든 경건하지 않음과 불의에 대하여 하늘로부터 나타나나니 19 이는 하나님을 알 만한 것이 그들 속에 보임이라 하나님께서 이를 그들에게 보이셨느니라 20 창세로부터 그의 보이지 아니하는 것들 곧 그의 영원하신 능력과 신성이 그가 만드신 만물에 분명히 보여 알려졌나니 그러므로 그들이 핑계하지 못할지니라 21 하나님을 알되 하나님을 영화롭게도 아니하며 감사하지도 아니하고 오히려 그 생각이 허망하여지며 미련한 마음이 어두워졌나니 22 스스로 지혜 있다 하나 어리석게 되어 23 썩어지지 아니하는 하나님의 영광을 썩어질 사람과 새와 짐승과 기어 다니는 동물 모양의 우상으로 바꾸었느니라.

종교 개혁

기독교의 개혁

중세 시대의 종말을 재촉한 사건 중의 하나가 종교개혁입니다. 종교개혁은 말 그대로 종교개혁입니다. 세상을 개혁한 것도 아니고, 정치 질서를 개혁한 것도 아니고, 경제방식을 개혁한 것도 아닙니다. 단지 종교를 개혁한 것인데 이것이 인간의 삶의 원리, 삶의 행복에 관계된 것이기에 아주 중요한 것으로 인정됩니다. 마르틴 루터에 의해 종교개혁이 시작되었는데 그 출발점이 살펴본 로마서 1장 16~17절입니다.

성경에서 가장 강조하는 구원의 방법이 있을까요? 있습니다. 그것은 인간의 방법이 아니라 하나님의 방법입니다. 즉 '인간이 어떻게 하여야 구원을 받을까?' 가 아니라 '하나님이 어떻게 인간을 구원하셨는가?' 입니다. 성경에 축복을 받는 방법이 있을까요? 있습니다. 그것은 '인간이 무엇을 하여야 축복을 받을까?' 가 아니라 '하나님이 어떻게 얼마만큼 인간에게 축복을 주셨는가?' 입니다. 하나님이 먼저 행하시고 인간이 그 결과를 누린다는 기독교의 독특성이 중세에는 완전히 뒤바뀌어 있었습니다. 하나님은 언제나 지켜보고 기다리시는 분이 되었습니다. 대신 인간이 먼저 일하고 수고하는 종교가 되었습니다. 인간이 공덕을 쌓아야 하고, 인간이 수고해야 하고, 인간이 자신의 의를 하나님께 나타내야 하고, 인간이 고행과 명상을 해야 하고, 인간이 자신의 죄를 고해해야 하고, 인간이 종교적 제도들에 순종해야 하고, 늘 인간이 먼저 행하는 종교로 바뀌었습니다.

이때 일어난 것이 바로 종교개혁입니다. 하나님이 먼저 인간을 축복하시는 것이 하나님의 원리인데, 인간이 먼저 충성을 하여 복을 받아내자고 변질하였기에 그 순서를 바로잡은 것이 종교개혁이었습니다. 로마서 1장 17절이 아주 중요한 계기가 됩니다. '복음에는 하나님의 의가 나타나서 믿음으로 믿음에 이르게 하나니 기록된바 오직 의인은 믿음으로 말미암아 살리라 함과 같으니라' 입니다. 복음에는 하나님의 의가 나타났다고 했습니다. 하나님의 의 말고 다른 것을 찾으면 안 됩니다. 복음에서 인간의 의를 찾으려고 하면 안 됩니다. 구원을 위하여 인간의 거룩과 성결과 헌신을 요구하면 복음이 아닙니다. 복음에는 하나님의 의만 나타나는 것입니다. 그래서 종교개혁의 표어는 아주 간단합니다. 복음에는 하나님의 의만 나타나기에 '오직 하나님의 은혜로', 다른 말로 '오직 믿음으로' 입니다. 이런 성경 말씀에 대한 강조에 대하여 당시 사람들은 인간이 수고하고 노력해야지 어떻게 하나님만을 말하느냐고 반항했습니다. 그래서 강조한 것이 '오직 성경으로' 입니다. 죄인의 사고방식에는 없고, 죄인의 인식구조에는 없는, 오직 하나님이 말씀하여 주신 성경에, 하나님이 먼저 일하시고 하나님이 먼저 은혜주시고 하나님이 먼저 복주시고 하나님이 먼저 인간을 사랑하신다고 선포한 사실을 강조하며, '오직 성경으로'를 외쳤습니다. 오직 은혜, 오직 성경이 종교개혁의 핵심이었습니다.

불행하게도 오늘날 또다시 기독교가 변질되고 있다는 우려들이 있습니다. 하나님이 은혜를 주셨다, 하나님이 일하셔서 완성된 복을 주셨다는 말은 선포되지 않고, 모두가 하나님께 은혜를 받으려고 충성을 다하자고 선동하고 있습니다. 루터가 묘지에서 뛰어나올 말입니다.

기독교는 세상을 바꾸지 않습니다. 그래서 어떤 사람들은 기독교가 보수적이며 온건파이고 체제 옹호적이라고 생각하기도 합니다. 전혀 그렇지 않습니다. 기독교는 매우 혁신적입니다. 단 무엇을 개혁하느냐는 초점이 전혀 다른 것입니다. 예수님 당시에는 로마가 통치하고 있었습니다. 예수님은 단 한 번도 정치 개혁, 사회 개혁, 경제 개혁을 외친 적이 없습니다. 그런데 당시 사회 판도에 가장 위협적인 인물이었습니다. 왜냐하면, 인간의 원리를 바꾸고, 삶의 가치를 바꾸는 분이셨기 때문입니다. 오늘날 교회가 사회 개혁운동, 정치 정화운동, 도덕 재무장 운동, 사회 복지 운동 등 이런 것을 하는 것은 큰일을 하는 것이 아니라 가장 초라한 일, 가장 비본질적인 일, 교회의 핵심을 비켜가는 일에 불과합니다.

하나님이 먼저 은혜를 주시고 인간이 하나님의 은혜를 누리는 원리 대신, 인간이 먼저 하나님을 감동시켜서 복을 받아내자는 주장이 판을 치는 한 종교개혁은 언제나 계속됩니다. 복음에는 인간의 충성이 나타나는 것이 아니라 인간을 구원하시는 하나님의 능력이 나타나고, 인간의 의와 선행이 나타나는 것이 아니라 하나님의 의가 나타납니다.

로마에의 권면

바울은 지금 로마에 있는 성도들에게 편지를 쓰고 있습니다. 아마 이 편지가 로마 안기부나 국정원의 검열에 걸렸다면 문제가 되었을까요? 전혀 문제가 되지 않습니다. 왜냐하면, 로마서 전체의 내용이 표면적으로 로마 사회 질서 유지에 아무런 해악을 끼치지 않고 위협이 되지 않기 때문입니다. 후반부에 가면 도리어 아주 체제 친화적인 발언도 나옵니다. 특별히 13장에는 위에 있는 질서에 순종할 것을 강조하고 있기도 합니다. 그러나 그 의미를 살펴보면 매우 혁신적인 것이며 이 편지가 단지 로마인만을 위한 것이 아니라 모든 인간을 위한 것이고, 단순히 사회 질서에 관련된 것이 아니라 인간 삶의 원리에 관련된 것임을 알 수 있습니다.

기독교는 오직 종교적 분야로 국한되지 않습니다. 기독교는 인간 삶의 본질을 다룹니다. 안타깝게도 요즘은 기독교의 범위가 너무 축소되어 있습니다. 기독교의 기본 공간적 범위는 우주적입니다. 기독교의 기본 시간적 범위는 영입니다. 기독교의 기본 인종적 범위는 보편 인류적인 것입니다. 기독교는 진리에 관하여 철학을 넘어섭니다. 기독교는 인간에 관한 심리학을 넘어섭니다. 기독교는 삶에 관한 역사학, 사회학, 교육학을 넘어섭니다.

바울은 로마에 편지를 써서 신령한 은사를 나누어 주고 함께 견고하게 되고, 함께 안위를 받자고 합니다. 구원받았다는 것이 끝이 아니기 때문입니다. 이제 천국을 보장받았다는 것으로 내세에 대한 준비를 마쳤다는 것이 아니라, 구원받았으니, 하나님의 자녀가 되었으니, 새로운 피조물이 되었으니, 이제 한번 멋지게 살아보자고 지금 하나님의 은혜를 누리며 살아보자고 하는 것입니다. 기독교는 현실적이고, 삶에 관한 이야기입니다. 제대로 한번 살아보자고, 멋지게 인생을 누리면서 살아보자고 권면하는 내용이 오늘부터 8장까지입니다.

인간의 원형

역사의 이해

　기독교가 역사인식도 없고 그저 복을 받느냐 못 받느냐만 운운하고, 이생은 다 버린 채 내세 또는 천국만 운운하는 것처럼 인식되는 것을 볼 때, 매우 안타깝습니다. 기독교는 역사인식이 있습니다. 기독교의 역사인식을 바로 알아야 세상을 바로 볼 수 있습니다. 세상은 기독교의 역사인식이 없고, 기독교는 기독교의 역사인식이 있기에 다르게 살 수 있으며, 다른 원리를 선포할 수 있습니다. 바울이 로마 성도들에게 구원받았으니 멋지게 살아보라고 쓰는 편지는 엄청난 역사인식을 전제로 하고 있습니다. 우리가 구원받았다는 이야기, 복을 받았다는 말은 단순한 말이 아닙니다. 세상을 보는 새로운 관점, 역사를 보는 새로운 인식, 인간을 보는 새로운 가치를 지닌 것입니다.

　기독교는 역사를 인간사人間史 즉 인간이 변해가는 역사라고 선언합니다. 세상이 변하고, 정치가 변하고, 국제 정세가 변하고, 경제 제도가 변하는 등 인간 삶의 정황이 바뀌는 것을 언급하지 않습니다. 기독교는 인간이 변화되었다고 말합니다. 인간의 본성, 인간의 본질, 인간의 기본 원리가 바뀌었다고 하고, 이것을 다시 회복하는 과정을 역사라고 하며, 이 역사의 주체는 하나님이시라고 선언합니다. 성경을 읽을 때 인간이 변화되고 있다는 것을 알고 읽어야 합니다. 물론 모르고 읽다가 저절로 알게 되기도 합니다. 성경이 이러한 인간의 변화를 전제하기 때문에, 성경을 읽을 때 '지금 이 본문이 말하는 인간은 어떤 인간인가? 어느 시점의 인간인가? 처음의 인간인가? 변화된 인간인가?'를 잘 구분해야 합니다. 이것을 구분하지 못하면 전혀 엉뚱한 이야기가 되어버립니다.

　이런 말씀을 드리는 이유는, 오늘 본문 1장 18~23절을 이해하기 위해서입니다. 1장 19~20절을 한 번 읽어보겠습니다. '이는 하나님을 알

만한 것이 그들 속에 보임이라. 하나님께서 이를 그들에게 보이셨느니라. 창세로부터 그의 보이지 아니하는 것들 곧 그의 영원하신 능력과 신성이 그가 만드신 만물에 분명히 보여 알려졌나니 그러므로 그들이 핑계치 못할지니라' 라고 되어 있습니다. 1장 19~20절은 어느 때를 말하는 것입니까? 이 구절을 오늘날 세상 사람들을 향해 사용하면 안 됩니다. 오늘 날 예수 믿지 않는 사람들에게, 그들이 믿지 않는 사실을 정죄하는 의미로 '보아라, 지금도 세상 만물에 하나님의 신성이 보이지 않느냐? 그런데도 너희가 하나님을 믿지 않는 것은 죄이다. 그러니까 너희에게는 하나님의 진노가 나타난다' 라고 말하면 안 됩니다. 1장 19~20절 말씀은 지금 불신자에게 하는 말이 아니라, 창세기 1장과 2장을 말합니다.

인간의 원형

오늘부터 바울의 본격적인 주제가 펼쳐지는데, 로마서 1장 18절부터 9장까지가 인간이 변화되는 이야기입니다. 그중에 로마서 1장 18~20절이 창세기 1, 2장에 해당되고, 로마서 1장 21절부터는 창세기 3장에 해당되고, 로마서 2장과 3장은 구약성경에 해당되고, 로마서 4장은 예수님의 복음서시대가 됩니다. 로마서 5장부터 구원받은 성도의 삶에 관한 이야기입니다. 이 복음은 인간의 실제적인 일상사와 무관한 것이 아니라 가장 현실적인 이야기입니다. 무엇을 먹고 무엇을 입고 무엇을 마실까라는 것은 이상적이고 추상적인 이야기가 아니라, 어떻게 행복하고, 어떻게 사랑하고, 어떻게 자유하고 어떻게 평안할까라는 지극히 실제적인 이야기입니다. 속 썩이는 남편, 철없는 아내, 멋대로인 아이들 이야기같이 일상생활사가 쏙 빠진 꿈같은, 동화 같은 이야기가 아니라, 부부의 실제적인 사랑, 자녀와의 바른 관계, 이웃과의 삶의 공유 등 아주 구체적이고 적나라한 삶의 이야기입니다.

성경은 그 시작이 '태초에 하나님이 천지를 창조하시니라' 입니다. 이것이 원형입니다. 예수를 믿으려면 예수의 사역을 알아야 하고, 예수의 사역을 알려면 인간의 문제를 알아야 하고, 인간의 문제를 알려면 인간의 원형을 알아야 합니다. 로마서의 시작도 인간의 원형에서 시작합니다. 그래서 오늘 본문이 등장하는 것입니다. 로마서 1장 18~19절은 창세기 1장과 2장입니다. 하나님이 천지를 창조하셨습니다. 하나님에 의하여 창조된 모든 것에는 하나님의 능력과 하나님의 신성이 나타나 있습니다. 창조된 세상을 보시고 하나님이 보시기에 좋았다고 말씀하셨으니 모든 것은 하나님의 원리대로 운행되고 있습니다. 하나님의 창조를 통해 하나님의 속성 또는 성품을 이해할 수 있습니다.

첫째로, 하나님은 밝히 보여주시는 분입니다. 어떤 사람들은 하나님을 감추어진 분, 알 수 없는 분, 베일에 가린 분이라고 생각합니다. 그것은 인간이 죄인이 된 후에, 하나님에 대한 오해입니다. 하나님은 인간에게 하나님의 성품, 모양, 속성, 가치와 하나님의 것을 다 부여하셔서 인간을 만드셨습니다. 그래서 인간이 하나님을 알았습니다. 그런데 죄를 지어 하나님과 단절되어 하나님을 알 수 없게 되자, 하나님을 볼 줄 아는 눈이 감긴 것은 모르고 도리어 하나님은 숨어계신 분이라고 억지를 부립니다. 하나님은 만물을 드러내시며 만물 속에 하나님 자신을 계시하시고 말씀하시는 분인데, 내가 눈이 어두워 보지 못하고, 귀가 어두워 듣지 못하고, 마음이 완악하여 이해하지 못하는 모습을 인정하지 못합니다. 대신 하나님이 변했다고 반항합니다. 하나님은 변하신 적이 없습니다. 인간이 타락하고 변화되었습니다. 하나님은 밝히 보여주시는 분입니다. 1장 19절, '이는 하나님을 알 만한 것이 그들 속에 보임이라. 하나님께서 이를 그들에게 보이셨느니라.' 1장 20절, '창세로부터 그의 보이지 아니하는 것들 곧 그의 영원하신 능력과 신성이 그가 만드신 만물에 분명히 보여 알려졌나니.' 그래서 1장 21절에 '하나님을 알되'라고 되어 있습니다. 처음에 하나님이 세상을 창조하시고 인간을 창조하셨을 때는, 하나님이 밝히 보이셨고 인간도 모든 것을 알았습니다. 하나님도 알았고 하나님의 신성도 알았고 하나님의 영광도 알았고 하나님의 능력도 알았습니다.

두 번째, 하나님의 창조는 완성되었다는 것입니다. 하나님의 세상에서 인간은 행복했고, 평안했고, 자유로웠고, 인간은 서로 사랑했습니다. 그것이 하나님이 만드신 인간과 세상의 원형입니다. 절대로 인생은 그 자체가 고통과 불행이 아닙니다. 오르막이 있으면 내리막이 있고, 행복할 때가 있으면 어려울 때가 있는 것이 아니었습니다. 하나님은 인간의 삶을 그렇게 창조하지 않으셨습니다. 지금 세상 사람들이 보는 인간과 세상에 대한 판단과 평가는 모두 잘못된 것입니다. 흔히 세상에서 살아가기 위한 처세술이라고 하는데, 그것은 모두 틀린 것입니다. 그런 주장은 하나님이 창조하신 세상의 원형과 본질은 전혀 모른 채 당장의 현실에 그저 맞추어가는 즉흥적 방식에 불과합니다. 세상의 방법은 시대에 따라, 상황에 따라, 사람에 따라 다 달라집니다. 그런 방식으로는 인간이 행복을 누릴 수 없습니다.

세 번째, 하나님은 인간에게 아무것도 요구하지 않았습니다. 본문 1장 21절로 가봅니다. '하나님을 알되', '하나님으로 영화롭게도 아니하며', 하나님을 영화롭게 아니하였다고 합니다. 현 본문의 시점까지는 괜찮습니다. 하나님은 인간에게 하나님을 영화롭게 하라고 요구하지 않으셨고, 영화롭게 하지 않았다고 진노하신 적이 없습니다. 하나님은 인간을 영화롭게 하시는 분이지 절대로 인간 위에 군림하시는 분이 아닙니다. 또 본문에 '감사치도 아니하고', 하나님께 감사하지 아니하였다고 합니다. 현 본문의 시점까지는 괜찮습니다. 하나님은 인간에게 하나님께 감사하라고 요구하지 않으셨고, 하나님께 감사하지 않았다고 진노하신 적이 없습니다. 하나님은 인간을 행복하게 하시는 분이지, 충성을 요구하는 분이 아닙니다.

하나님은 직접 천지와 인간을 창조하셨고, 완성하셨고, 모든 것을 분명하게 밝히 드러내셨고, 인간에게 아무것도 요구하신 적이 없습니다. 인간은 하나님을 알았고 하나님이 복주신 모든 것을 풍성하게 누리며 살았습니다. 이것이 원형입니다. 어디에서도 하나님의 요구와 명령이 없고, 책망과 꾸중과 진노가 없습니다. 로마서 1장 19~20절은 창조 때의 이야기요, 인류 역사에서 인간의 최초의 모습에 관한 내용이요, 인간이 죄인이 되기 전의 이야기입니다. 이 구절을 오늘 날 세상 사람들에게 적용하면 안 됩니다. 왜냐하면, 오늘 날의 인간은 로마서 1장 19~20절의 인간이 아니라 타락한 인간이요, 죄인 된 인간이기 때문입니다. 창조 때의 인간은 하나님을 알았습니다. 구원받은 바울과 로마의 성도들은 하나님을 알지만, 죄인들은 하나님을 알지 못합니다. 창조 때의 인간과 구원받은 성도들은 만물을 통해 하나님의 능력과 신성을 보지만 죄인들은 아무것도 볼 줄 모릅니다. 죄인들은 이미 하나님에 대하여 죽은 자입니다. 죄인들은 자연을 보고 하나님을 알 수 없고 만물 속에 담긴 하나님의 능력과 신성을 볼 줄 모릅니다. 왜 이렇게 되었는지에 대한 설명이 다음 절에 나옵니다.

스스로 지혜 있다 하나

스스로 지혜 있다 하나

로마서 1장 22절에 '스스로 지혜 있다 하나' 이 구절은 인간의 대표적인 행동을 보여줍니다. 하나님은 인간을 무시하신 적이 없습니다. 하나님은 인간을 낮춘 적이 없고, 인간을 무지하게 만드신 적이 없습니다. 하나님에게는 우민정책愚民政策이라는 것이 없습니다. 하나님은 인간을 창조하실 때 하나님의 형상, 하나님의 성품, 하나님의 가치, 하나님의 존귀를 부여하셨습니다. 하나님 차원, 하나님의 수준으로 만드셨습니다. 그래서 인간은 하나님을 알았고, 하나님이 만드신 세상에서 하나님과 동행하며 하나님의 것을 누리면서 살 수 있었습니다. 하나님은 처음부터 지금까지 그리고 영원토록 절대적으로 인간을 위한 분이셨고, 인간을 위한 분이십니다.

하나님은 인간을 지혜롭게 창조하셨습니다. 절대로 무식하다고 깔본 적이 없습니다. '인간아 네까짓 게 아는 것이 뭐 있냐?'고 조롱하신 적이 없습니다. '인간, 너는 그냥 시키는 대로 하라'고 억누르신 적도 없습니다. 하나님은 인간에게 인격을 주셨고, 지혜를 주셨고, 자유를 주셨습니다. 그런 인간의 타락이 창세기 3장에 나옵니다. 창세기 3장에 보면, 사단이 등장해서 인간을 미혹했습니다. 사단은 하나님이 밝히 말씀하신 것과는 다른 이야기를 합니다. 이때 인간은 하나님이 주신 지혜를 바르게 사용했어야 하고, 하나님이 인간에게 부여하신 축복이 얼마나 귀한 것인가를 잊지 않았어야 하고, 하나님의 말씀과 사단의 말 중에 어느 것이 옳은 가를 분별했어야 합니다. 그런데 인간은 그렇지 못했습니다.

인간의 행동을 성경은 '스스로 지혜 있다 하나'라고 표현합니다. 하나님은 인간을 지혜롭게 해주셨습니다. 하나님이 주신 지혜는 부족한 것이 아니고, 제한된 것이 아니고, 무가치한 것이 아닙니다. 하나님은 하나님의 지혜를 인간에게 주셨습니다. 그런데 인간은 하나님이 지혜롭다 해주신 것에 머물지 않고 스스로 지혜 있다고 했습니다. 이것이 사단의 속임수였고, 인간이 그 미혹에 속은 것입니다.

스스로 지혜로운 생각

하나님이 주신 지혜가 아닌, 스스로 지혜 있다고 생각하는 것, 그것을 기독교에서는 타락이라고 말합니다. 인간이 자기를 존귀하게 여기고 자기의 주장을 내세우며, 자기의 지혜와 명철과 총명을 자랑하는 모습이 바로 죄입니다. 왜냐하면, 하나님이 인간을 최상으로 만드셨기 때문입니다. 하나님은 인간을 어느 정도의 수준으로 만드신 것이 아니라 하나님 수준으로 만드셨습니다. 스스로 지혜 있다 생각하여 더 나아질 것이 없을 정도로 완벽하게 최고로 만드셨습니다. 이것에 대해 우리는 놀라고 감탄하고 감격해야 합니다. 이것이 기독교가 말하는 인간의 위치, 인간의 가치입니다.

그래서 성경은 '스스로 지혜 있다'는 인간의 생각을 미련하다고 합니다. 인간을 무시하고 정죄하는 발언이 아니라, 하나님이 부여하신 인간의 가치를 감탄하는 말입니다. 인간이 '스스로 지혜 있다'고 생각하는 것은 하나님이 제공하신 최상의 자리를 박차고 나오는 것이며, 하나님이 부여하신 최고의 가치를 거부하는 것이며, 하나님 안에 있는 최상의 안전과 안식을 내어 버리는 것이며 가장 미련하고 어리석은 행동입니다.

이것을 기독교는 타락, 죄라고 말합니다. 그리고 그렇게 스스로 지혜 있다 하여 하나님을 떠난 상태를 '죄인이 되었다'고 말합니다. 성경 본문 21절에, '하나님을 알되 하나님을 영화롭게도 아니하며 감사하지도 아니하고 오히려 그 생각이 허망하여지며 미련한 마음이 어두워졌나니 스스로 지혜 있다 하나 어리석게 되어'라고 합니다. 인간은 스스로 지혜 있다고 생각했지만 하나님의 보시기에는 우준하고, 현명하다고 생각했지만 하나님의 보시기에는 미련하고, 주체적이라고 생각했지만 죄의 종이 되어 버렸고, 스스로 새로운 야망으로 진보되었다고 생각했지만 사실은 허망한 생각일 뿐입니다.

죄인의 생각

이것이 죄인 된 인간의 모습입니다. 1장 19, 20절에서 그토록 하나님이 존귀하게 창조하셨는데, 인간 스스로 지혜있다 생각하여 22절처럼 인간의 본성과 가치와 기준과 개념이 변질되었습니다. 하나님이 창조하신 최고의 상태에서 죄의 종이 되었습니다. 이제 죄의 종이 되어서 생각하는 것도 죄요, 꿈꾸는 것도 죄요, 소망하는 것도 죄가 됩니다.

오늘날 하나님을 모르는 세상 사람의 사고방식과 그들의 가치체계와 삶의 원리에는 전혀 하나님이 존재하지 않습니다. 하나님의 원리, 하나님의 마음, 하나님의 능력이란 없습니다. 오직 인간의 방법, 능력, 수고, 땀과 열심만이 있습니다. 이것이 죄인의 모습입니다. '생각이 허망하여지며' '미련한 마음이 어두워졌나니' '스스로 지혜 있다 하나 어리석게 되어' 진 것입니다. 하나님은 인간에게 자유를 주셨건만, 세상은 하나님께 속박당한다고 우깁니다. 하나님은 인간에게 무한한 축복을 주시건만, 세상은 하나님이 인간의 것을 바치기를 요구하는 탐욕스러운 분이라고 생각합니다. 하나님은 이미 인간에게 안식을 주셨건만, 세상은 인생의 최고 목적을 안식을 얻는 것이라고 말합니다. 하나님은 인간에게 아무 형상도 만들지 말라고 하셨는데, 세상은 신의 형상을 만들려고 안달이고 신의 집을 지어드리려고 열심을 냅니다. 하나님은 인간에게 행복하게 살라고 말씀하셨는데, 세상은 신을 위해 고통을 감수하고 고행을 하겠다고 아우성입니다. 모든 것이 바뀌었습니다. 하나님의 원래 뜻과 달라졌습니다. 스스로 지혜 있다고 생각하는 자들의 가장 미련한 행동입니다. 스스로 지혜 있다고 생각한 결론이 가장 미련해진 것입니다.

바꾸어진 생각

성경은 인간이 어리석게 되었다고 선언하는데, 정작 죄인들은 자신이 어리석게 되었다고 생각하지 않습니다. 인간의 지혜가 엄청나고, 인간의 능력이 엄청나고, 인간의 과학이 엄청나다고 자랑합니다. 한편으로는 옳습니다. 기독교는 그 모든 인간의 능력을 인정합니다. 기독교는 인간을 비하하지 않습니다. 인간을 멸시하지 않습니다. 인간을 부정하지 않습니다. 기독교는 인간을 존귀하게 여깁니다. 인간의 능력을 인정합니다. 그러나 결정적인 한 가지가 부족합니다.

그 한 가지가 바로 죄인이 된 세상 사람은 하나님을 모른다는 것입니다. 하나님의 마음도 없고 하나님의 원리로 행동할 줄도 모릅니다. 하나님의 행복을 누리지 못합니다. 우주선을 타고 달나라를 갔다 올 줄은 아는데 서로 사랑할 줄은 모릅니다. 사람의 몸에서 세포를 빼낼 줄은 아는데 미운 마음을 빼낼 줄은 모릅니다. 인체의 신경세포구조는 알아내는데, 서로의 마음을 합칠 줄은 모릅니다. 세상은 신의 존재를 부인하면서도 신의 은총을 누릴 줄은 모릅니다.

기독교는 바로 그 인간이 누려야 함에도 누리지 못하는 행복을 말합니다. 행복하기 위해서 사랑해야 하고, 이해해야 하고, 일치해야 하고, 연합해야 하고, 용서해야 하고, 하나가 되어야 하고, 배려해야 한다는 것을 말합니다. 이러한 행복한 삶을 누리도록 하나님께서 인간을 죄에서 구원하시고 성도 삼으셔서 새로운 피조물이라 선포하시는 것입니다. 성경에 인간을 존귀하여 여기시는 하나님의 원리가 담겨있습니다. 그러므로 하나님의 말씀을 배우는 것은 무식함을 드러내는 행동이 아니라 가장 지혜로운 것이며, 자신의 연약함을 드러내는 것이 아니라 강함을 나타내는 것이고, 이 세상의 희망을 포기하고 내세를 준비하는 것이 아니라 현실을 잘 살아내고자 하는 의지를 나타내는 것입니다. 하나님의 말씀을 배워나갈 때 성도들은 멋지고, 행복하고, 신나고, 정말 자유로운 삶을 향유할 수 있습니다.

10
내버려 두사

로마서 1:24~32

24 그러므로 하나님께서 그들을 마음의 정욕대로 더러움에 내버려 두사 그들의 몸을 서로 욕되게 하게 하셨으니 25 이는 그들이 하나님의 진리를 거짓 것으로 바꾸어 피조물을 조물주보다 더 경배하고 섬김이라 주는 곧 영원히 찬송할 이시로다 아멘 26 이 때문에 하나님께서 그들을 부끄러운 욕심에 내버려 두셨으니 곧 그들의 여자들도 순리대로 쓸 것을 바꾸어 역리로 쓰며 27 그와 같이 남자들도 순리대로 여자 쓰기를 버리고 서로 향하여 음욕이 불 일 듯 하매 남자가 남자와 더불어 부끄러운 일을 행하여 그들의 그릇됨에 상당한 보응을 그들 자신이 받았느니라 28 또한 그들이 마음에 하나님 두기를 싫어하매 하나님께서 그들을 그 상실한 마음대로 내버려 두사 합당하지 못한 일을 하게 하셨으니 29 곧 모든 불의, 추악, 탐욕, 악의가 가득한 자요 시기, 살인, 분쟁, 사기, 악독이 가득한 자요 수군수군 하는 자요 30 비방하는 자요 하나님께서 미워하시는 자요 능욕하는 자요 교만한 자요 자랑하는 자요 악을 도모하는 자요 부모를 거역하는 자요 31 우매한 자요 배약하는 자요 무정한 자요 무자비한 자라 32 그들이 이 같은 일을 행하는 자는 사형에 해당한다고 하나님께서 정하심을 알고도 자기들만 행할 뿐 아니라 또한 그런 일을 행하는 자들을 옳다 하느니라

은혜의 종교

때때로 사람들은 말이 되지 않는 말을 합니다. 예를 들어, '물고기가 익사했다'는 말이나 '새가 추락사했다'는 말은 없습니다. 왜냐하면, 근본적으로 논리가 성립되지 않기 때문입니다. 그 말은 내용상 틀린 말입니다. 그런데 교회 안에서도 그와 비슷한 말이 있습니다. '그렇게 해서

은혜 받겠어?' '그렇게 신앙생활해서 복 받겠어?' 와 같은 표현입니다. 은혜는 말 그대로 은혜입니다. 어떻게 행동하느냐와 아무런 상관이 없습니다. 아니, 아예 아무것도 하지 않았는데도 받을 수 있는 것이 은혜입니다. 그래서 '그렇게 해서 은혜 받겠어?' 라는 표현은 물고기가 익사했다는 것보다, 새가 추락사했다는 말보다 더 어이가 없는 말입니다. '어떤 사람이 하나님께 충성을 다해서 큰 은혜를 받았다' 라는 말은 '어떤 사람이 공짜로 주는 물건을 100만원을 주고 샀다' 라는 말보다 더 어이없는 말입니다. 기독교의 은혜와 복의 개념을 잘못 이해하고 있기 때문에 생기는 표현입니다.

　기독교는 창조의 종교입니다. 하나님이 천지를 창조하셨다는 선언으로 성경이 시작됩니다. 당연히 기준이 있다는 것이요, 원형이 있다는 의미입니다. 하나님이 인간을 위하여 세상을 창조하시고, 인간을 최상의 상태로 만드셔서 인간에게 행복을 부여하셨다고 선언하십니다. 세상이 변해도 인간이 변해도 학문이 변해도 사상이 변해도 하나님은 변함없이 기준을 잡고 계십니다. 언제나 진리와 선으로 계십니다. 인간이 배우는 학문은 기껏해야 30년 유용하지만, 하나님의 진리는 유효기간이 영원입니다. 지금 당장에 유행하는 학문에 비해 성경공부가 한심한 것 같아도 그 모든 유행이 지나가도 여전히 유효한 것은 오직 진리인 성경뿐입니다. 하나님이 창조자이시고 기준이기 때문입니다.

　기준이 있다는 것은 아주 좋은 것인데, 잘못 사용하면 기준이 있는 것이 가장 무서울 때가 있습니다. 기준에 맞지 않는 것은 모두 틀렸다고 말하기 때문입니다. 기독교의 기준은 남을 판단하고 심판하는 작용을 하지 않습니다. 기독교는 심판의 종교가 아니라 은혜의 종교입니다. 왜냐하면 기준이 조건으로 작동하지 않기 때문입니다. 세상의 기준은 언제나 조건이 됩니다. 기준을 설정해 놓고 기준에 합당하느냐 합당하지 않느냐에 따라서 상과 벌을 줍니다. 그러나 하나님은 요구하시는 것 없이 은혜를 주십니다. 인간에게 아무것도 요구하지 않으십니다.

하나님이 인간에게 은혜를 주셨다는 사실에 대해 사람들은 별로 감격하지 않습니다. 왜냐하면, 대부분 기독교는 천국을 이야기하는데, 천국은 죽은 다음에 가는 것으로 이해하고 있기 때문입니다. 그래서 은혜를 준다고 하면 도리어 거부합니다. 지금 은혜를 받으면, 살아가는데 거추장스러울까봐 나중에 받겠다고 합니다. 이 땅을 살만큼 살고 어느 날 이 땅의 소망이 바닥이 날 때, 은혜도 받고 교회도 다니고 천국도 가겠다고 합니다. 그러나 기독교는 죽은 다음을 보기 이전에 현재를 봅니다. 이 세상도 하나님이 창조하시고 운행하시는 하나님의 나라입니다. 하나님의 은혜는 죄와 치열하게 살아가는 우리의 삶의 현장에 요긴한 것입니다. 하나님의 원리, 기준과 원형은 모든 것이 혼동되고 변질되어 있는 현재에 가장 필요합니다. 은혜를 누리는 것은 이 땅에서 가장 유익한 일입니다. 하나님과 동거하는 기쁨, 건전한 삶의 보람, 진리와 생명으로 인생의 의미 있는 모든 것을 누려야 합니다. 하나님의 의, 거룩, 자유, 평안, 행복과 희락은 오늘 이곳에서 누릴 수 있는 것입니다. 기독교는 미래와 내세를 위해 보험을 들어 놓거나 연금을 들어 놓는 것이 아니라 바로 오늘 행복한 삶을 살도록 안내합니다. 오늘 본문도 옛날이야기가 아니라 오늘의 이야기요, 앞으로 될 이야기가 아니라 이미 된 이야기입니다.

해결의 종교

죄를 심판

기독교가 오해를 받고 있는 것 중의 하나가 바로 심판입니다. 로마서 1장 18절에 '하나님의 진노가 불의로 진리를 막는 사람들의 모든 경건하지 않음과 불의에 대하여 하늘로부터 나타나나니' 라고 되어 있습니다.

그래서 기독교 하면 하나님의 진노와 하나님의 심판을 먼저 떠올리는 분들이 많습니다. 그러나 기독교는 심판의 종교가 아닙니다. 물론 성경에 심판이라는 용어가 있습니다. 그러나 심판의 의미를 바르게 이해해야 합니다.

하나님이 진노하시고 심판하신다고 할 때 누구를 심판하는지 오해하고 있습니다. 세상은 하나님의 존재와 사단의 존재를 인정하지 않습니다. 그들의 사고에는 하나님과 사단을 인정하지 않으니까 인간만 존재합니다. 그럼으로 인간의 행동에 대한 책임은 전적으로 인간이 져야 한다고 생각합니다. 누군가 죄를 지으면, 그 사람이 다 죄의 결과를 책임져야 합니다. 그래서 그 사람이 곧 심판의 대상이 됩니다.

성경에는 인간을 창조하신 하나님이 계시고, 하나님을 배반하고 하나님께 도전하고 인간을 유혹한 사단이란 존재가 있습니다. 인간이 평화로이 살고 있을 때, 사단이 인간에게 접근해서 인간을 미혹했고, 인간을 속였습니다. 하나님께서 보실 때, 하나님을 거부한 인간을 죄인으로 보시기 이전에 인간을 속인 사단이 나쁜 놈인 것입니다. 사단은 악한 존재이고, 사단에게 속은 인간은 어리석은 자입니다. 사단은 죄의 원인이고 인간은 죄에게 속은 자입니다. 그래서 하나님의 심판의 대상은 원천적으로 사단입니다. 하나님의 진노의 대상, 하나님의 저주의 대상, 하나님의 형벌의 대상은 사단이요 죄입니다. 예수님이 이 땅에 오신 이유도 죄인 된 인간에게 형벌을 주러 온 것이 아니라 죄인 된 인간을 구원하러 오셨습니다. 대신 죄를 멸하러 오신 것입니다. 예수님이 이 땅에서 사역하실 때, 죄인을 쫓아내신 것이 아니라 인간을 사로잡고 있는 죄의 세력과 귀신을 쫓아내셨고, 예수님이 재림하셔서 하실 가장 큰 일은 죄를 영원토록 멸하시는 일입니다.

기독교는 심판의 종교입니다. 이때 심판의 대상은 사단이요 죄입니다. 다른 한편으로 기독교는 심판의 종교가 아닙니다. 왜냐하면, 하나님은 인간을 심판하지 않으시고 구원하시기 때문입니다. 기독교에서 심판을 언급할 때 그 대상이 죄라는 사실을 기억해야 합니다. 하나님께서 보시기에 심판의 대상은 죄이고 인간은 구원의 대상입니다. 인간이 사단에게 미혹되어 죄인이 되었을 때에, 하나님은 인간을 죄를 지은 괘씸하고 패역하고 악한 놈이라고 여기시지 않고, 죄에게 속은 불쌍하고 어리석은 사람으로 여기시고 민망해 하십니다. 그래서 하나님은 인간을 찾아오셔서 긍휼히 여기시고 은혜를 주시고 복을 주십니다. 또한, 하나님이 직접 인간이 되시고 십자가를 지심으로 인간을 죄의 속박으로부터 해방시켜 주시고 인간의 행복과 자유와 평안을 회복시키십니다. 그리고 재림하실 때에 인간을 영원한 하나님의 나라에 불러 영광과 존귀를 누리게 하십니다.

기독교의 기준

기독교에서 말하는 심판의 기준은 무엇이며, 그 내용은 무엇일까요? 인간이 죄를 지었습니다. 죄 지은 인간에게 하나님께서는 아무것도 안 하셨습니다. 책망도 꾸중도 진노도 하지 않으셨습니다. 그것을 '심판하셨다' 고 합니다. 기독교는 상당히 적극적인 관점을 가지고 있습니다. 죄를 지은 인간을 보실 때, 하나님께서는 타락한 인간을 빨리 회복시키고 치유하시기를 원하십니다. 그러기에 죄인에 대하여 징계하지 않고 형벌하지 않은 상태를 하나님이 심판하셨다고 말하고, 실제로 하나님이 치유하고 회복하고 고치시는 사역을 용서하셨다 또는 은혜를 주셨다고 말합니다. 죄 된 세상의 판단기준으로는 징계 받지 않은 것을 용서받았다고 하지만, 그것뿐 하나님의 은혜나 하나님의 상은 상상도 하지 못합니다. 그래서 세상은 징계 받지 않은 것이 용서를 받았다는 의미이고, 곧 은혜를 받은 것이라고 말합니다.

하나님이 죄인에게 진노하지 않는다고, 죄인에게 회복이 일어나는 것은 아닙니다. 하나님이 형벌을 내리지 않는 것이 죄 가운데 있는 사람에게 다른 유익이 있는 것도 아닙니다. 하나님이 저주하지 않는다고 해서 죄인에게 치유가 일어나지는 않습니다. 기독교에서는 소극적인 의미로 하나님이 내버려 두시는 것을 심판하셨다고 하고, 적극적인 의미로 하나님이 치유하고 회복하시는 사역을 용서하셨다, 은혜 주셨다고 표현합니다. 죄를 지은 죄인의 입장에서는, 죄의 결과를 감당해야 하는데, 혼나지 않은 것만도 어디냐고 말합니다. 그러나 하나님이 보시기에, 죄 가운데에 있는 사람들에게 하나님이 개입하여 은혜를 주지 않으면 나아질 것이 없습니다. 징계와 형벌을 받지 않았다는 것이 중요한 것이 아니라, 죄로부터 벗어나지 않으면 치유와 회복은 일어날 수 없습니다.

내버려 두사

본문에서 확인해 보도록 하겠습니다. 원래 하나님은 인간을 최상, 최고의 존재로 창조하셨습니다. 더 이상 부족함이 없고 더 나아질 것이 없는 상태로 창조하셨습니다. 그런데 인간이 하나님을 거부하고 죄를 지어 '스스로 지혜 있다 하나 어리석게' 되었습니다. 하나님께서는 그 인간에 대하여 진노와 형벌과 심판을 하지 않습니다. 성경에 '하나님의 진노가 불로 진리를 막는 사람들의 모든 경건하지 않음과 불의에 대하여 하늘로부터 나타나나니' 라는 표현이 있습니다. '하나님의 진노' 라는 표현의 의미를 이해해야 합니다. 하나님의 심판은 '그냥 두는 것' 입니다. 즉 '개입하지 않으시는 것, 고치지 않으시는 것, 치유하지 않으시는 것' 이 심판입니다. 성경에 나오는 표현대로 하면 로마서 1장 24절 '그러므로 하나님께서 그들을 마음의 정욕대로 더러움에 내버려 두사', 1장 26절 '이 때문에 하나님께서 그들을 부끄러운 욕심에 내버려 두셨으니', 1장 28절 '또한 그들이 마음에 하나님 두기를 싫어하매 하나님께서 그들을 그 상실한 마음대로 내버려 두사' 입니다. 인간을 죄에 빠진 그대로 두는 것, 하나님이 직접적으로 아무것도 행하지 않은 것이 바로 하나님의 진노요 심판입니다.

하나님은 인간을 타락시키거나, 인간의 마음을 더럽게 만들거나, 마음을 상실하게 만들거나, 욕심에 끌리게 하신 적이 없습니다. 인간 스스로 그렇게 되었습니다. 하나님이 만드신 인간의 원형이 상실되었다고 해서, 하나님께서 심판하고 저주하고, 분노하시지 않습니다. 인간이 행한 대로 내버려 두신 것이 진노요, 심판입니다. 일반적으로 생각하는 징계와 심판은 없습니다. 그러나 인간이 죄를 지어도 하나님이 심판하시지 않는다는 사실로 안도감을 느낄 것이 아니라, 죄를 지으면 하나님의 은혜를 누리지 못하는 사실에 대하여 안타까워해야 합니다. 기독교는 심판이라는 채찍으로 인간을 통제하는 곳이 아닙니다. 도리어 은혜와 축복으로 인간을 안내하는 곳입니다. 하나님을 알지 못하면 자신이 손해라는 것을 알아야 합니다.

인간의 상태

사람들은 자신에 대해서 잘 모릅니다. 인간이 얼마나 극악한 행동을 할 수 있는 죄인이라는 사실을 그래서 인간의 악한 행동에 대하여 놀라고 의아해 합니다. 인간의 행동에 대하여 '어떻게 저럴 수 있는가?' '인간의 탈을 쓰고 도무지 행할 수 없는 일'이라는 반응을 보이는 것은 인간의 죄인 됨에 대하여 모르기 때문입니다. 또 그 반대로 어떤 사람이 선행을 하면 칭찬을 합니다. 왜냐하면 사람이 그럴 수 없다고 생각하기 때문입니다.

본문에 인간의 상태가 나옵니다. 성경은 인간의 상태를 윤리와 도덕과 선행을 기준 삼아 구분 짓지 않습니다. 기독교의 기준은 하나님이십니다. 즉 성경에서 인간을 구분하는 기준은, '인간이 하나님이 창조하신 그 원형의 모습으로 있느냐, 아니면 하나님을 떠나 죄에 잡혀 죄인이 되었느냐 입니다. 기독교는 인간의 행위에 근거하여 구분 짓는 것이 아니라 인간의 본성, 인간의 소속을 기준으로 삼습니다. 세상은 이 기준을 놓치고 자꾸 사람의 행위를 보고 판단합니다. 그러나 하나님이 보시기에 사람이 선행을 했건, 죄악 된 행동을 했건 다 같습니다. 저들이 모두 죄 가운데 있기 때문입니다. 이러한 죄인의 본성과 본질에 대해 본문에서는 세 가지로 나타납니다.

마음의 정욕대로 더러움

로마서 1장 24~25절 '그러므로 하나님께서 그들을 마음의 정욕대로 더러움에 내버려 두사 그들의 몸을 서로 욕되게 하셨으니 이는 그들이 하나님의 진리를 거짓 것으로 바꾸어 피조물을 조물주보다 더 경배하고 섬김이라.' 마음이 정욕대로 더러움에 처해있는 것이 죄인의 상태요, 죄인의 본성이요, 죄인의 행동원리입니다. 원래 존귀하게 여겨야 하는 것을 존귀하게 여기지 않고, 엉뚱한 것을 존귀하게 여기며, 서로 자기의 몸을 더럽게 하며, 인간의 가치를 무시하고 비하시키는 것이 죄인의 행동입니다. 기독교는 절대로 인간에 대해 비판적인 자세를 가지고 있지 않습니다. 기독교는 진리의 종교로서 인간에 대해 바르게 말하면서 정확하게 알라고 가르칩니다. 죄인들은 이미 죄에 마음이 잡혀 있기에 바른말 해주는 것을 싫어합니다. 왜냐하면, 누군가 바른 말을 해 주면, 나 자신이 틀리고 잘못되었다는 것이 드러나지만, 사실을 드러낼 뿐 치유나 회복을 시켜주지는 않기 때문입니다. 그러나 기독교가 바른 말을 하는 것은 세상의 방식과 다릅니다. 하나님께서는 인간을 구원하신 이후에 인간에게 '죄인이 되었다'고 가르치십니다. 죄인을 구원하셔서 새로운 피조물로 변화시키시고, 죄인을 하나님의 자녀로 삼으신 후에 말씀하십니다. 이미 구원받은 성도에게 '원래는 죄인이었지만 지금은 은혜를 받은 상태'라고 선언하십니다.

부끄러운 욕심

로마서 1장 26~27절 '이 때문에 하나님께서 그들을 부끄러운 욕심에 내버려 두셨으니 곧 그들의 여자들도 순리대로 쓸 것을 바꾸어 역리로 쓰며 그와 같이 남자들도 순리대로 여자 쓰기를 버리고 서로 향하여 음욕이 불 일듯 하매 남자가 남자로 더불어 부끄러운 일을 행하여 그들의 그릇됨에 상당한 보응을 그들 자신이 받았느니라.' 이것이 죄인들의 상태요 죄인들의 행동입니다. 인류 역사이래 가장 뿌리 깊고 심각한 범죄가 성범죄입니다. 성에 관한 문제는 취향의 문제가 아닙니다. 이러한 문제를 개인의 취향이나 성향으로 삼는 이유는 바른 기준이 없기 때문이요 하나님의 창조의 원형을 모르기 때문입니다. 하나님은 인간에게 가장 좋은 질서를 주셨습니다. 그 질서에 적합하지 않은 것은 하나님의 기준에서 벗어난 것이요 죄입니다.

상실한 마음

로마서 1장 28~31절 '또한 그들이 마음에 하나님 두기를 싫어하매 하나님께서 그들을 그 상실한 마음대로 내버려 두사 합당하지 못한 일을 하게 하셨으니 곧 모든 불의, 추악, 탐욕, 악의가 가득한 자요 시기, 살인, 분쟁, 사기, 악독이 가득한 자요, 수군수군하는 자요, 비방하는 자요 하나님께서 미워하시는 자요 능욕하는 자요 교만한 자요 자랑하는 자요 악을 도모하는 자요 부모를 거역하는 자요 우매한 자요 배약하는 자요 무정한 자요 무자비한 자라.' 이것이 죄인의 모습입니다. 인간은 상실한 마음이 되었습니다. 하나님의 자유, 평안, 의, 거룩, 성결과 안식 등 하나님이 원래 허락하셨던 하나님의 복락들을 다 상실했습니다. 상실된 마음을 하나님으로 채우지 않으면 도무지 채워지지 않습니다. 하나님 대신 다른 어떤 것으로 채워보려는 모든 수고가 결국은 헛된 열심이요 죄에 죄를 더하는 모습일 뿐입니다.

　인간은 자신의 죄인 된 본성과 정체를 모릅니다. 하나님이 말씀하여 가르쳐주심을 통해서만 바르게 알 수 있습니다. 하나님의 말씀을 부여잡지 않으면, 하나님의 기준을 의지하지 않으면, 하나님의 가치를 기초 삼지 않으면 인간은 바른 삶을 살 수 없습니다. 성경에서 말하는 인간의 상태, 하나님이 가르쳐 주시는 인간의 본성을 이해하여 바른 성도의 삶을 살아가시기를 축원합니다.

행한 대로 보응하시되

로마서 2:1~16

1 그러므로 남을 판단하는 사람아, 누구를 막론하고 네가 핑계하지 못할 것은 남을 판단하는 것으로 네가 너를 정죄함이니 판단하는 네가 같은 일을 행함이니라 2 이런 일을 행하는 자에게 하나님의 심판이 진리대로 되는 줄 우리가 아노라 3 이런 일을 행하는 자를 판단하고도 같은 일을 행하는 사람아 네가 하나님의 심판을 피할 줄로 생각하느냐 4 혹 네가 하나님의 인자하심이 너를 인도하여 회개하게 하심을 알지 못하여 그의 인자하심과 용납하심과 길이 참으심이 풍성함을 멸시하느냐 5 다만 네 고집과 회개하지 아니한 마음을 따라 진노의 날 곧 하나님의 의로우신 심판이 나타나는 그 날에 임할 진노를 네게 쌓는도다 6 하나님께서 각 사람에게 그 행한 대로 보응하시되 7 참고 선을 행하여 영광과 존귀와 썩지 아니함을 구하는 자에게는 영생으로 하시고 8 오직 당을 지어 진리를 따르지 아니하고 불의를 따르는 자에게는 진노와 분노로 하시리라 9 악을 행하는 각 사람의 영에는 환난과 곤고가 있으리니 먼저는 유대인에게요 그리고 헬라인에게며 10 선을 행하는 각 사람에게는 영광과 존귀와 평강이 있으리니 먼저는 유대인에게요 그리고 헬라인에게라 11 이는 하나님께서 외모로 사람을 취하지 아니하심이라 12 무릇 율법 없이 범죄한 자는 또한 율법 없이 망하고 무릇 율법이 있고 범죄한 자는 율법으로 말미암아 심판을 받으리라 13 하나님 앞에서는 율법을 듣는 자가 의인이 아니요 오직 율법을 행하는 자라야 의롭다 하심을 얻으리니 14 (율법 없는 이방인이 본성으로 율법의 일을 행할 때에는 이 사람은 율법이 없어도 자기가 자기에게 율법이 되나니 15 이런 이들은 그 양심이 증거가 되어 그 생각들이 서로 혹은 고발하며 혹은 변명하여 그 마음에 새긴 율법의 행위를 나타내느니라) 16 곧 나의 복음에 이른 바와 같이 하나님이 예수 그리스도로 말미암아 사람들의 은밀한 것을 심판하시는 그 날이라

강한 기독교인가, 약한 기독교인가

아무도 듣지 않는 말

교회에 다니는 성도들이 자주 사용하는 용어는 강함, 능력, 파워, 권세, 위엄, 카리스마, 영광, 승리 등입니다. 그래서 세상 사람이 교회를 생각할 때 절대 진리, 배타적 유일성, 강직함, 순교 등을 떠올립니다. 그런데 정작 그런 말을 사용하는 교회의 성도들은 실제로 매우 허약하기 짝이 없습니다. 성도들이 체험하는 기독교는 외강내약外剛內柔인 것 같습니다. 요란하고 강한 것 같지만 정작은 너무 허약하고, 사랑이라고 외치지만 시기와 경쟁이 넘치고, 연합과 일치를 말하지만 내부적으로는 갈등과 분열이 그치질 않습니다. 그렇다면 기독교는 약한 기독교입니까? 중요한 것은 대상입니다. 기독교는 죄에게 강한 것이지 세상 권력에 강한 것이 아닙니다. 기독교는 죄를 이기는 것에 능력이 있지 세상에서 성공하는 능력은 없습니다. 기독교의 진리는 다른 모든 것을 거짓되다고 정죄하고 배타적으로 몰아세우는 진리가 아니라 끌어안으며 참아내며 인내하는 진리입니다. 겉으로 드러나는 기독교는 매우 바보 같고 어리석고 연약합니다. 겉으로는 소망이 보이지 않습니다. 또 비굴해 보입니다. 기독교 진리는 남을 이기기 위한 진리가 아니라 남을 섬기는 진리입니다. 다른 사람의 잘못을 지적하고 망신을 준 후에 도와주겠다고 손을 내밀면 아무도 받으려하지 않을 것입니다. 때문에 도와주면서도 애걸복걸을 해야 하고, 진리이면서 빌어야 하고, 사실이면서 믿어달라고 간청을 해야 합니다. 상대방이 도움을 거절하더라도 과감히 돌아서는 것이 아니라, 제발 받아달라고 매달리는 것이 기독교의 모습입니다.

이러한 외형과 달리 오직 성도의 삶에서 기독교는 강합니다. 기독교가 강하고 능력이 있다는 것을 세상에서 확인받으려고 하면 안 됩니다. 다만 성도 스스로 하나님의 원리대로 살아 삶 속에 하나님의 평화와 안식을 맛볼 때에만 기독교의 능력과 하나님의 능력을 체험하고 인정하고 고백할 수 있습니다. 기독교가 진리라는 것을 객관적으로 과학적으로 증명 받으려고 하면 안 됩니다. 다만 성도가 하나님의 은혜를 날마다 삶 속에 구현하며 누릴 때 알고 고백할 수 있습니다.

예나 지금이나 같은 말

로마서는 성경이기 이전에 바울이라는 사람이 로마에 있는 성도들에게 쓴 편지입니다. 로마에 있는 성도들도 오늘날 우리와 똑같은 상황에서 살고 있었습니다. 그들도 하루하루의 삶을 걱정했고, 남편 때문에 자녀 때문에 고민했습니다. 그들도 노년에 대한 준비를 어떻게 해야 하는가를 염려했으며, 매일 매일을 행복하게 살아야겠다는 결심을 하고, 오늘보다는 내일이 더 나아지길 바라는 소망과 기대로 살았습니다. 어떤 사람은 시민으로서, 어떤 사람은 노예로서, 신분의 차이, 직업의 차이, 귀천의 차이, 피부색의 차이에 대한 차별을 직접 몸으로 체험하며 살았습니다. 게다가 기독교인이라는 이유로 종교적 갈등과 핍박까지 받으며 살고 있었습니다. 2000년 전에 로마에 살고 있던 성도들이 느끼던 삶의 치열함과 절박함은 오늘날 저와 여러분에게 있는 처절함과 같습니다. 자신만이 가장 힘들게 살고 있다는 생각은 오만입니다. 지금부터 2000년 전에 우리와 똑같은 본성으로, 우리와 비슷한 상황을 살아가는 바로 그런 사람들에게 이 글이 주어졌습니다. 성경이 비현실적일까요? 그렇지 않습니다. 성경이 삶의 현실을 무시하고 천국을 이야기하고 내세를 이야기하고 그저 하나님과 하나님나라만을 운운할까요? 그렇지 않습니다. 2000년 전의 글이기에 옛날이야기고 고전이라고요? 그렇지 않습니다. 인간의 본성과 본질이 변하지 않은 이상, 그들이 가졌던 문제와 우리가 가진 문제가 같고, 그들에게 전해준 하나님의 대답과 오늘 우리에게 주시는 하나님의 대답이 같습니다.

성경과 세상

　로마서는 인간의 실체를 적나라하게 보여주고 있습니다. 로마서 1장부터 성경은 하나님은 원래 인간을 가장 온전하게 그리고 가장 행복하게 만드셨다고 하셨습니다. 더 이상 스스로 더 나아지려는 생각이 죄가 될 정도로 풍성하게 만드셨다고 합니다. 하나님이 얼마나 인간을 사랑하시는지 우리는 알아야 합니다. 그러나 이제 사람은 완전히 변질되었습니다. 죄의 생각, 죄의 가치, 죄의 개념으로 바뀌어 버렸습니다. 로마서의 표현대로 1장 14절에 '마음의 정욕대로 더러움에 빠졌다', 1장 26절에 '부끄러운 욕심에 빠졌다', 1장28절에 '상실한 마음에 빠졌다.' 또 다른 표현으로 1장 21절에 '그 생각이 허망하여지고 마음이 어두워졌다, 어리석게 되었다'고 말합니다. 이것이 성경이 알려주는 인간의 실상입니다. 성경에는 이미 2000년 전에 인간의 상태, 인간의 심리, 인간의 마음에 대해 이렇게 선언하고 있습니다. 그런데 사람들은 기독교의 진리, 하나님의 말씀에 귀를 기울이지 않습니다.

　오늘날 왜 상담학이 사람들의 주목을 끌고, 심리학이 새로운 주장을 내세우고, 사회학, 교육학이 새 세상을 만드는 주도적 해법을 찾으려고 노력하는지 아십니까? 왜 과학이 발달하면 할수록 세상은 살기 쉬워지는 것이 아니고 도리어 복잡해지는 줄 아십니까? 성경이 말하는 대로, 하나님이 말씀하시는 대로 생각하지 않기 때문입니다. 인간이 죄인이라는 것을 기억해야 하고, 성도도 죄인이었다는 사실을 기억해야 합니다. 인간이 죄인이라는 사실을 기억하지 못하고 자꾸 잊습니다. 그래서 오해의 연속이 일어납니다. 기독교는 심판의 종교가 아니라 구원의 종교입니다. 기독교는 인간에 대하여 징계, 처벌, 진노, 저주를 언급하지 않고 도리어 자비, 긍휼, 은혜를 말합니다. 이 두 가지 대립되는 개념은 양립할 수 없습니다. 기독교에 징계가 있는데 은혜가 있고, 처벌이 있는데 용서가 있고, 저주가 있는데 축복이 있다는 것은 틀린 말입니다. 우리는 하나님께서 인간을 어떻게 보시는지, 죄를 어떻게 보시는지 그 차이점을 바르게 인식해야 하고, 인간에 대한 세상의 관점과 하나님의 관점도 어떻게 다른지 바르게 인식해야 합니다.

행한 대로 보응하시되

진리로 오해하는 말

사람들이 흔히 오해하는 성경 구절을 하나 확인해보겠습니다. 앞에만 읽고 마치 그것이 진리인양 왜곡하는 구절입니다. 로마서 2장 6절 "하나님께서 각 사람에게 그 행한 대로 보응하시되"입니다. 하나님께서 각 사람에게 그 행한 대로 보응하십니까? 세상은 행한 대로 갚아줍니다. 그래서 세상이 힘든 것이고, 사람이 살기 어렵습니다. 행한 대로 갚아주면 잘하는 사람은 살고, 못하는 사람은 죽습니다. 행한 대로 갚는 세상에서는 지혜로운 사람은 더 교활해지고, 무지한 사람은 아예 어쩔 도리가 없습니다. 로마서 2장 6절뿐만 아니라 그 이하 7~10절에도 같은 말씀이 나와서 사람들이 쉽게 오해합니다. 로마서 2장 6~10절을 보겠습니다. '하나님께서 각 사람에게 그 행한 대로 보응하시되 참고 선을 행하여 영광과 존귀와 썩지 아니함을 구하는 자에게는 영생으로 하시고 오직 당을 지어 진리를 따르지 아니하고 불의를 따르는 자에게는 진노와 분노로 하시리라. 악을 행하시는 각 사람의 영에는 환난과 곤고가 있으리니 먼저는 유대인에게요 그리고 헬라인에게며 선을 행하는 각 사람에게는 영광과 존귀가 평강이 있으리니 먼저는 유대인에게요 그리고 헬라인에게라. 이는 하나님께서 외모로 사람을 취하지 아니하심이니라.' 만약 하나님께서 인간에게 행한 대로 갚으신다면 하나님과 세상은 다를 것이 없습니다. 세상에 공짜가 없듯이 하나님께도 공짜가 없다고 생각하면 안 됩니다. 세상에서 자기가 행한 만큼 결과가 주어지듯 하나님께도 자기가 행한 만큼 복을 받는다고 생각하면 안 됩니다. 만약 하나님이 행한 대로 갚으시는 분이라면 '은혜'나 '복음'이란 말과는 거리가 먼 분이십니다. 그러나 하나님은 행한 대로 갚으시는 분이 아닙니다.

행한 대로 갚지 않는다 – 징계

분명히 성경에 행한 대로 갚는다는 말이 있습니다. 하지만 성경 본문의 의미를 바르게 이해하려면 본문의 맥락을 파악해야 합니다. 로마서 2장 6절~10절 전반부에는 인간의 일상적인 인식을 소개하고, 후반부에는 하나님의 차별성을 강조하는 구조로 짜여 있습니다. 로마서 1장에서부터 3장까지의 구조를 모두 고려해야 합니다.

'행한 대로 갚는다'는 사고방식에는 아주 심각한 문제가 하나 있습니다. 하나님이 인간에게 행한 대로 갚으신다면, 인간은 선을 행할 수도 있고, 악을 행할 수도 있어야 합니다. 선을 행할 능력이 있는데도 선을 행하지 않고 악을 행하면 징계를 받아도 됩니다. 그런데 성경은 로마서 1장에서 인간이 죄인이 되었다고 선포합니다. 정욕으로 더러워진 마음, 부끄러운 욕심, 상실한 마음에 잡혀있습니다. 이러한 마음의 상태에서 참고 선을 행하는 것이 가능할까요? 영광과 존귀와 썩지 아니하는 것을 구하는 자가 있을까요? 실제로는 단 한 사람도 없습니다. 죄인 중에는 아무도 선을 행하는 자가 없습니다. 죄인 된 인간은 오직 죄만을 행합니다. 만약 하나님이 인간이 행한 대로 갚으신다면, 아무도 살 수 없을 것입니다. 1장 11절에 '이는 하나님께서 외모로 사람을 취하지 아니하심이라'라고 합니다. 유대인에게나 헬라인에게나, 누구에게나 행한 대로 갚으신다면, 다 죽습니다. 배운 자나 못 배운 자나, 있는 자나 없는 자나 다 죽습니다. 모든 인간이 다 죄만 짓기 때문입니다.

이제 3장 9절 이하에 실체가 나옵니다. "그러면 어떠하냐 우리는 나으냐 결코 아니라 유대인이나 헬라인이나 다 죄 아래에 있다고 우리가 이미 선언하였느니라. 기록한바 의인은 없나니 하나도 없으며 깨닫는 자도 없고 하나님을 찾는 자도 없고 다 치우쳐 함께 무익하게 되고 선을 행하는 자는 없나니 하나도 없도다." 이것이 성경이 선언하는 인간의 본질이요, 죄인의 실상입니다. 인간은 다 죄인이기에 하나님이 인간에게 행한 대로 갚으면, 살아남을 자가 아무도 없습니다. 2장 12~16절도 반복되는 내용입니다. '무릇 율법 없이 범죄한 자는 또한 율법 없이 망하고 무릇 율법이 있고 범죄한 자는 율법으로 말미암아 심판을 받으리라. 하나님 앞에서는 율법을 듣는 자가 의인이 아니요 오직 율법을 행하는 자라야 의롭다 하심을 얻으리니.' 본문의 의미는 인간은 모두가 죄인이라는 것입니다. 율법이 있는 유대인이나 율법이 없는 이방인이나 똑같이 죄를 짓고, 똑같이 악을 행하더라는 것입니다. 만약 하나님이 인간이 행한 대로 갚으신다면, 유대인이나 헬라인이나 다를 것이 없이 모두가 죽게 된다는 뜻입니다.

율법이 없는 사람들, 아직 복음을 듣지 않아서 하나님의 진리를 모르는 사람들에 관한 내용이 2장 14~15절입니다. '율법 없는 이방인이 본성으로 율법의 일을 행할 때에는 이 사람은 율법이 없어도 자기가 자기에게 율법이 되나니 이런 이들은 그 양심이 증거가 되어 그 생각들이 서로 혹은 고발하며 혹은 변명하여 그 마음에 새긴 율법의 행위를 나타내느니라.' 이 구절을 많은 사람이 오해했습니다. 율법을 알지 못하는 이방인이나 안 믿는 사람들이 복음을 듣지 못하고 죽었을 때, 그 사람들은 지옥 가느냐는 질문에 기독교 단체들은 어떻게 대답합니까? 그 사람에게 양심의 법을 적용해서 하나님이 판단하신다고 대답합니다. 양심적으로 선하게 살았으면 하나님이 선하게 갚으시고 양심적으로 악하게 살았으면 하나님이 악으로 갚으셔서 결국 행한 대로 갚으신다고 생각하는데, 본문은 결코 그런 의미가 아닙니다. 율법을 기준으로 삼든 양심을 기준으로 삼든 인간은 죄인이어서 어느 누구도 선을 행하거나 의를 행할 수 없다는 것입니다. 의인은 없나니 한 사람도 없이 다 죄인이고 행한 대로 갚으면 다 죽는다는 것입니다. 그래서 하나님은 인간에게 행한 대로 갚지 않으십니다.

행한 대로 갚지 않는다 – 복

하나님은 인간이 죄를 지어도 징계하지 않습니다. 도리어 죄를 지으면 은혜를 주십니다. 왜냐하면, 죄인은 죄를 지을 수밖에 없고, 죄인에게 은혜가 있어야 죄를 짓지 않고 치유와 회복이 있을 수 있기 때문입니다. 이 말씀을 듣고 혹시 '그럼 은혜를 받으려면 죄를 지어야겠다' 고 생각하시는 분이 계실 것입니다. 그런 생각은 2000년 전의 사람들도 했었고, 성경에는 그에 대한 대답도 나와 있습니다. 로마서 6장 1절에, '그런즉 우리가 무슨 말 하리요? 은혜를 더하게 하려고 죄에 거하겠느냐?' 그 대답은 6장에 가서 하겠습니다.

인간이 죄를 지었다고 하나님은 행한 대로 갚지 않으십니다. 이 말은 동시에 인간이 착한 일을 했을 때도 행한 대로 갚지 않으신다는 뜻입니다. 인간이 죄를 지을 때에 벌을 주시지 않으시듯, 선행을 하였다고 복을 주시지는 않습니다. 하나님은 인간에게 행한 대로 갚지 않으시고, 하나님의 속성에 근거하여 은혜로 복을 주십니다. 그래서 기독교는 축복의 종교입니다. 기독교는 복을 미끼로 인간의 충성을 요구하는 교활한 종교가 아닙니다. 기독교는 은혜를 수단으로 인간의 입을 막고, 순종을 요구하는 사악한 종교가 아닙니다. 기독교는 천국을 미끼로 세상에서 희생과 헌신을 요구하는 간교한 종교가 아닙니다. 기독교는 행한 대로 갚는 종교가 아닙니다. 하나님은 행한 대로 갚지 않고, 우리의 행위와 상관없이 영생을 주시며, 은혜와 축복을 주시는 분이십니다.

하나님의 판단

죄인의 문제

하나님이 행한 대로 갚지 않으신다면, 어떻게 세상 질서가 유지되며, 선하게 살 사람은 누구인가라는 의문이 생길 것입니다. 또 세상은 당장 아수라장이 되고, 무질서하게 되고, 도덕이고 선이고 다 없어질 것이라고 근심하는 분도 계실 것입니다. 이전에 철학자 칸트도 그렇게 생각했습니다. 칸트는 신을 믿지는 않았지만, 신이 있어야 한다고 주장했습니다. 악한 자가 끝까지 형통하고, 선한 자가 끝까지 영광을 얻지 못하면, 공평하지 않다고 생각했습니다. 만약 악한 자가 형통하면 신이 심판을 내리고, 선한 자가 고난을 받으면 신이 복을 주기를 기대했습니다. 도덕적 필요에 의해서라도 신이 있어야한다고 항변한 것입니다.

죄인의 사고방식은 언제나 이기적입니다. 나의 죄 된 행동에 대해서는 하나님의 용서를 구하면서, 타인이 악한 행위에 대해서는 하나님이 기필코 행한 대로 갚으셔야 한다고 외칩니다. 죄인의 요구는 언제나 심판과 정죄와 파멸로 갑니다. 죄인은 모든 사람이 살만한 세상을 만들고 싶어 하지 않습니다. 정의로운 사회를 구현하고 싶어 하지 않습니다. 평등과 질서 있는 세상을 원하지도 않습니다. 그리고 죄인은 하나님의 개입을 원하지 않습니다. 그러나 하나님의 뜻은 악한 자를 형통하지 못하게 하고 망하게 하시는 것이 아니라, 모든 사람을 평화롭고 행복하게 만드시는 것입니다. 죄의 원리에 의하면 모든 사람은 죽을 수밖에 없지만, 하나님의 원리로 인간은 살 수 있습니다.

진리대로 되는 판단

그렇다면, 하나님께서 인간을 판단하시는 근거는 무엇일까요? 하나님의 판단은 인간의 행위에 기초하지 않고, 하나님의 속성, 하나님의 성품에 기초해서 이루어집니다. 로마서 2장 2~5절에 설명되어 있습니다. '이런 일을 행하는 자에게 하나님의 심판이 진리대로 되는 줄 우리가 아노라. 이런 일을 행하는 자를 판단하고도 같은 일을 행하는 사람아, 네가 하나님의 심판을 피할 줄로 생각하느냐? 혹 네가 하나님의 인자하심과 용납하심과 길이 참으심이 풍성함을 멸시하느냐? 다만 네 고집과 회개하지 아니한 마음을 따라 진노의 날 곧 하나님의 의로우신 심판이 나타나는 그 날에 임할 진노를 네게 쌓는도다.'

하나님께서는 '진리대로' 판단하십니다. 2절 '진리'라고 하면, 사실, 참말, 옳은 것 정도만 생각하는데, 기독교의 진리는 '거짓의 반대'라는 차원을 넘어서서 훨씬 역동적인 의미를 담고 있습니다. '진리대로 판단하신다'는 뜻은 옳고 그른 것을 판단한다는 차원이 아닙니다. 왜냐하면, 하나님은 이미 진리이시기에 거짓과 비교해서 진리가 밝혀지는 것이 아닙니다. 그래서 하나님이 죄인에 대하여 진리로 판단하신다는 말은, 죄인들의 거짓을 밝힌다는 차원이 아니라, 진리로서 죄인 된 자를 치유하고, 회복하고, 고친다는 것을 의미합니다.

또한, 하나님은 '의로우신 판단'을 하십니다. 5절 '의로 판단하신다'는 뜻은 하나님이 우리의 의를 찾으신다는 의미가 아닙니다. 죄인 된 인간에게는 의가 없습니다. 인간이 의로운가 또는 불의한가를 따지는 것은 아예 성립이 되지 않습니다. 의와 불의를 분별하거나, 악한 자를 징계하고 선한 자를 상주는 정도는 죄인도 할 줄 압니다. 의로 판단하시는 하나님, 하나님의 의로우신 판단은 매우 적극적이며, 역동적입니다. 죄를 지을 수밖에 없는 죄인의 한계를 아시고, 죄인이 다시는 죄를 짓지 않도록 도우시고 고치시고 치유하시고 회복하시는 것이 하나님의 의로우신 판단입니다.

하나님의 판단은 '피할 수 없는 판단'입니다. 3절 하나님의 판단은 죄인을 치유하는 진리의 판단, 하나님의 의를 나타내는 판단입니다. 사람들은 하나님이 심판하고 징계하신다고 생각해서 하나님 앞에 서기를 두려워하고 싫어합니다. 그러나 우리는 하나님 앞에 서야 합니다. 하나님은 인간을 위하여 적극적으로, 역동적으로, 진리대로 판단하시고, 의로우신 판단을 하시기에, 하나님 앞에 서야만 인간이 살 수 있습니다. 하나님이 보실까 두려워하는 것이 아니라, 하나님 앞에 서기를 간구해야 합니다. 우리는 하나님 앞에서 피할 길이 없습니다.

사람은 판단할 때 냉정함이나 사리분별 같은 원칙을 강조합니다. 그러나 하나님은 그렇지 않습니다. 하나님의 심판의 특징을 설명하는 표현이 4절에 나옵니다. '네가 하나님의 인자하심이 너를 인도하여 회개하게 하심을 알지 못하여 그의 인자하심과 용납하심과 길이 참으심이 풍성함을 멸시하느냐.' 하나님의 심판은 정죄, 징계, 형벌, 저주, 진노가 아니라 인자하심, 용납하심, 길이 참으심입니다. 하나님의 의로우신 판단, 진리의 판단이 없으면, 인간은 진노를 쌓아갈 뿐이요, 죄의 결과 속에 파묻혀 살 뿐입니다. 5절에 나오는 대로 '다만 네 고집과 회개하지 아니한 마음'에 여전히 잡혀 있는 것입니다. '고집과 회개하지 않는 마음' 자체가 불행이요, 그 마음으로 사는 것 자체가 죄악 가운데 사는 것이요, 이미 심판을 받은 것이요, 이미 진노를 받은 것입니다. 이제 죄인에게는 진노 대신 은혜가 필요합니다.

성도의 인식

우리는 자신이 죄인이었다는 사실을 꼭 기억해야 합니다. 그래야 인간은 교만하지 않고, 불평하지 않을 수 있습니다. 동시에 내가 죄인인 것처럼 다른 사람도 죄인임을 알아야 다른 사람에 대해서도 실망하지 않고, 시험 들지 않을 수 있습니다. 인간이 죄인이라는 사실을 알고, 죄인에게 기대할 수 없는 것을 기대하지 않아야 합니다.

다른 한편으로는 하나님을 알아야 합니다. 하나님의 존재를 기억하면 사람은 실망하지 않고 낙심하지 않고 두려워하지 않을 수 있습니다. 도리어 우리들의 어리석은 행동조차도 합력하여 선을 만들어 내실 하나님 때문에 기대가 생기고 소망할 수 있습니다. 죄인을 알고 하나님을 아는 저와 여러분의 신앙생활에 하나님의 심정, 하나님의 마음, 하나님의 원리를 적용해서 하나님의 평화와 안식과 자유와 기쁨과 행복을 날마다 누리기를 주님의 이름으로 축원합니다.

스스로 믿으니

로마서 2:17~29

17 유대인이라 불리는 네가 율법을 의지하며 하나님을 자랑하며 율법의 교훈을 받아 하나님의 뜻을 알고 지극히 선한 것을 분간하며 18 맹인의 길을 인도하는 자요 어둠에 있는 자의 빛이요 20 율법에 있는 지식과 진리의 모본을 가진 자로서 어리석은 자의 교사요 어린 아이의 선생이라고 스스로 믿으니 21 그러면 다른 사람을 가르치는 네가 네 자신은 가르치지 아니하느냐 도둑질 하지 말라 선포하는 네가 도둑질 하느냐 22 간음하지 말라 말하는 네가 간음하느냐 우상을 가증히 여기는 네가 신전 물건을 도둑질하느냐 23 율법을 자랑하는 네가 율법을 범함으로 하나님을 욕되게 하느냐 24 기록된 바와 같이 하나님의 이름이 너희 때문에 이방인 중에서 모독을 받는도다 25 네가 율법을 행하면 할례가 유익하나 만일 율법을 범하면 네 할례는 무할례가 되느니라 26 그런즉 무할례자가 율법의 규례를 지키면 그 무할례를 할례와 같이 여길 것이 아니냐 27 또한 본래 무할례자가 율법을 온전히 지키면 율법 조문과 할례를 가지고 율법을 범하는 너를 정죄하지 아니하겠느냐 28 무릇 표면적 유대인이 유대인이 아니요 표면적 육신의 할례가 할례가 아니니라 29 오직 이면적 유대인이 유대인이며 할례는 마음에 할지니 영에 있고 조문에 있지 아니한 것이라 칭찬이 사람에게서가 아니요 다만 하나님에게서니라

율법은 받은 것

자업자득

'자업자득' 이란 말이 있습니다. 자신이 일한 결과를 자신이 받는다는 개념으로 옳은 말입니다. 행한 대로 받지 않으면, 불공평하고 불의한 세상이 될 것입니다. 또 '콩 심은데 콩 나고 팥 심은데 팥 난다' 는 속담도,

심은 대로 거둔다는 뜻으로 옳은 말입니다. 하나님도 없고, 은혜도 없는 세상에서 이런 말은 맞는 말입니다.

그러나 하나님과 인간의 관계에는 자업자득이라는 말이 없습니다. 하나님의 기준에 맞게 행할 수 있는 사람은 아무도 없기 때문입니다. 자업자득 같은 말을 하나님의 일하심에 적용하면 안 됩니다. 하나님께 은혜 받으려면 은혜 받을 만한 일을 해야 하고, 복을 받으려면 복 받을 만한 수고를 해야 한다고 적용하면 모두 틀린 말입니다. 은혜는 하나님께서 죄인인 나를 위해 무조건 베풀어주시는 것입니다. 지난 본문에서 하나님은 행한 대로 갚지 않는다고 말씀드렸습니다. 유대인이든 헬라인이든, 율법이 있든 없든, 양심이 기준이든 아니든, 모두가 죄인이기에 하나님께서 인간에게 행한 대로 갚으신다면, 살 인간이 없습니다.

사람의 구분

하나님 앞에 모든 사람은 같습니다. 하나님 앞에 특별한 사람이란 없습니다. 하나님 앞에 은혜 받을 만한, 복 받을 만한 사람은 없습니다. 하나님은 절대로 인간을 차별하지 않습니다. 이러한 하나님의 성품을 오해한 사람들이 유대인들입니다. 물론 인간을 택해서 따로 구별하신 분이 하나님이십니다. 인간이 죄인이었을 때에 모든 인간을 동시에 택하신 것이 아니라 한 사람 아브람을 부르셨습니다. 다른 모든 죄인들과 아브람을 구별하셨습니다. 성경을 읽을 때, 우리는 하나님의 의도와 목적을 정확하게 분별해야 합니다. 하나님이 아브람을 부르신 것은 아브람을 차별화하시려는 것이 아니라 아브람부터 시작해서 모든 사람을 아브람과 똑같이 되게 하시려는 것입니다. 하나님은 분열을 조장하신 것이 아니라 새로운 연합과 일치를 만들려는 시도를 아브람과 시작하십니다. 결국 만민이 예수 그리스도 안에서 하나 되게 하시려고 아브람부터 부르셨습니다.

사람들은 자꾸 남과 다른 사람이 되려고 애를 쓰고, 차별과 구별을 만들어 냅니다. 물론 인간이 은사가 다르고 능력이 다르고 취향이 다르고 기호가 다를 수 있습니다. 그러나 외형적 다양성 말고 인간이라는 본질적 존재의 위치와 신분은 같습니다. 하나님의 의도를 가장 완벽하게 왜곡한 것이 이스라엘 사람들의 선민의식입니다. 유대인의 이방인에 대한 선민의식은 아주 지독한 차별입니다. 왜냐하면, 이 구분은 개선의 여지가 없기 때문입니다. 헬라인은 자신을 지혜자로, 타인을 야만인으로 구별하였습니다. 이러한 구분은 개선의 여지가 있습니다. 야만인도 학문을 연구하여 지혜로운 자의 무리에 들 수 있습니다. 로마인은 자신은 시민이요, 타인은 노예로 구별하였습니다. 이것도 개선의 여지가 있습니다. 노예가 전쟁에 나아가 큰 공로를 세우면 시민이 될 수 있습니다. 그러나 유대인이 이방인과의 사이에 만든 구별은 개선의 여지가 없습니다. 유대인은 하나님께 선택받은 아브람의 자손이지만, 이방인은 아브람의 자손의 될 방법이 없습니다.

이방인을 차별한 유대인은 구별된 존재로 유대인이라는 깃발 아래 모였습니다. 사람을 차별하는 죄악 된 마음은 이 정도에 머무는 것이 아닙니다. 죄인의 마음은 절대로 연합과 일치를 원하지 않습니다. 유대인의 사회 안에서는 평범한 유대인과 최고의 유대인인 바리새인이라는 차별이 있습니다. 이방인과 유대인 중 누가 구원을 받느냐 할 때, 그들은 유대인이 받는다고 생각하고, 유대인 중에는 바리새인이 구원 받는다고 생각합니다.

불행하게도 오늘 날 교회 안에서도 그와 같은 현상이 반복되고 있습니다. 불신자 사이에서 성도를 구별합니다. 거룩하게 구별되어 교회 안에 들어온 성도 사이에도 구별이 생깁니다. 목회자와 평신도의 구별입니다. 더 나아가 목회자들만 모이는 모임에서도 또 나뉘어져서 담임 목사와 부목사의 구별이 존재합니다. 성경이 말하고자 하는 원칙은 하나님 앞에 모든 인간이 똑같다는 것입니다. 지구상에 유일하게 모든 인간이 서로를 인정하며 서로를 존중하며 서로를 구별하지 않고 사는 곳이 바로 교회입니다. 교회 안에 하나님의 기준과 하나님의 방식이 있을 때, 인간의 하나 됨이 인정되고 연합과 일치가 가능한 것입니다.

율법은 받은 것

유대인은 자신이 아브라함의 후손이라고 또 율법을 가졌다고 자랑했습니다. 사람이 자랑을 하려면, 뭔가 잘 한 것이 있어야 합니다. 만약 유대인이 되기 위한 어떤 수고와 노력이 있었다면 자랑거리가 될 만합니다. 하지만 유대인에게는 그런 행위가 없었습니다. 또 율법이 자랑거리가 되려면, 유대 장로들과 지혜자들이 모여 연구하고 토론하여 율법을 제정한 수고가 있어야 합니다. 하지만 유대인들에게는 그런 수고가 없었습니다. 유대인이 율법을 제정한 것이 아니라 단지 하나님께 받았을 뿐입니다. 받은 것을 가지고는 자랑할 수 없고, 다른 사람에 대하여 우월의식을 가질 수도 없습니다. 하나님이 제정하시고 하나님이 제공하신 것으로 인간의 자랑거리를 삼으면 안 됩니다. 율법을 받은 사람은 자랑이 아니라 율법을 주신 하나님께 감사해야 합니다. 하나님이 율법을 주셨습니다. 왜냐하면, 율법이 없이는 못살기 때문이요, 율법을 받아야만 살 수 있기 때문입니다. 절대로 자격이 되거나 수준이 되어서 혹은 능력을 갖추고 있어서가 아닙니다. 당연히 자랑할 수 없습니다.

하나님이 어떤 사람에게 은혜를 주셨습니다. 하나님이 그 사람에게 은혜를 주신 이유는 은혜 없이는 못살기 때문이요 은혜를 받아야만 살 수 있기 때문입니다. 자격이 있거나 수준이 되어 받은 것이 아니기에 자랑할 수 없습니다. 하나님이 어떤 사람에게 복을 주셨습니다. 하나님이 복을 주신 이유는 복 없이는 못살기 때문이요, 복을 받아야만 살 수 있기 때문입니다. 은혜를 받은 자, 복을 받은 자는 자랑이 아니라 감사해야 합니다. 은혜를 주신 분과 복을 주신 분이 드러나야 합니다. 안타깝게도 예전이나 오늘날이나 하나님의 뜻과 의도가 다 뒤바뀌었습니다. 복과 은혜를 주신 하나님은 어디에도 없고, 받은 사람만 남아있습니다.

유대인의 실수

정체성

유대인의 자랑, 유대인의 오해를 설명한 것이 로마서 2장 17~20절입니다. '유대인이라 불리는 네가 율법을 의지하며 하나님을 자랑하며 율법의 교훈을 받아 하나님의 뜻을 알고 지극히 선한 것을 분간하며 맹인의 길을 인도하는 자요 어둠에 있는 자의 빛이요 율법에 있는 지식과 진리의 모본을 가진 자로서 어리석은 자의 교사요 어린 아이의 선생이라고 스스로 믿으니.' 성경을 읽을 때 띄어 읽기를 잘 해야 합니다. 본문은 유대인의 착각을 지적한 내용이지 유대인을 칭찬하거나 높여주는 표현이 아닙니다. 유대인이 스스로 믿고 있는 것이 착각이요, 오해라고 지적한 것입니다. 유이것은 하나님의 의도와 목적을 잘못 이해했기 때문입니다.

본문을 직접 점검해 보겠습니다. 17절에 '네가 율법을 의지하며 하나님을 자랑하며' 라고 나옵니다. 실제로 유대인이 율법을 의지했습니까? 구약 성경을 읽어보면 이스라엘이 율법을 의지한 흔적이 거의 없습니다. 유대인이 하나님을 자랑했습니까? 구약 성경 내내 이스라엘은 하나님을 부인하고 계속하여 우상을 숭배했습니다. 바알과 아세라와 말콤과 그모스를 섬기는 일에 앞장섰습니다. 유대인의 실제 행동에 대하여 본문이 지적하는 내용이 2장 21~23절입니다. '그러면 다른 사람을 가르치는 네가 네 자신은 가르치지 아니하느냐? 도둑질하지 말라 선포하는 네가 도둑질하느냐? 간음하지 말라 말하는 네가 간음하느냐? 우상을 가

중히 여기는 네가 신전 물건을 도둑질하느냐? 율법을 자랑하는 네가 율법을 범함으로 하나님을 욕되게 하느냐?' 율법을 가르치고, 율법을 자랑했던 유대인의 실제 삶은 도리어 도둑질이나 간음이나 신전 물건을 도둑질하는 등 오히려 율법을 지키지 않고 하나님을 욕되게 했습니다. 그들은 '맹인의 길을 인도하는 자요 어둠에 있는 자의 빛이요 율법에 있는 지식과 진리의 모본을 가진 자로서 어리석은 자의 교사요 어린 아이의 선생' 이었던 것입니다.

끝이냐 시작이냐

유대인이 가졌던 가장 큰 오해는 자신이 택함 받았다는 것입니다. 택함 받은 사실은 맞습니다. 그러나 택함 받은 사실로 모든 것이 끝났다고 생각했습니다. 일반적으로 사람들은 택함 받으려고 노력합니다. 노력 끝에 일단 택함 받으면 이제 모든 것이 끝났다고 생각합니다. 목적을 다 이루었다고 여깁니다. 그래서 택함 받는 순간부터 그동안 택함 받으려고 했던 모든 노력을 끝냅니다. 이제 끝났다는 것입니다. 그러나 선택은 끝이 아니라 시작입니다. 택함을 받으려는 노력보다, 택함 받은 순간부터 택함 받은 자의 복락을 누리고자 더 열심히 살아야 합니다.

하나님이 이스라엘을 택하시고 오늘날 성도를 택하신 것은, 이제 제대로 살아보라고, 멋지게 살아보라고, 성도답게 살아보라고 하신 일입니다. 나는 유대인이다, 나는 율법을 가졌다고 자랑하라는 것이 아니라, 이제 율법을 가진 자로서 멋지게 살라는 것입니다. 만약 율법이 있는데 율법대로 살지 않으면 아무 의미가 없습니다. 물론 율법대로 살지 않는다고 하나님이 도로 율법을 가져가시지는 않습니다. 유대인답게 살지 않는다고 하나님이 이스라엘의 선택을 취소하시지는 않습니다. 성도답지 않다고 해서 성도됨을 무효화하는 일은 없습니다. 그러나 율법이 있는데도, 하나님의 자녀인데도, 구원받은 성도인데도 하나님의 원리대로 살지 않으면, 하나님이 주신 은혜를 누리고 살지 않으면, 아무 소용이 없습니다. 이러한 내용이 2장 25절 이하에 나옵니다. '네가 율법을 행하면 할례가 유익하나 만일 율법을 범하면 네 할례가 무할례가 되느니라. 그런즉 무할례자가 율법의 규례를 지키면 그 무할례를 할례와 같이 여길 것이 아니냐? 또한 본래 무할례자가 법을 온전히 지키면 율법 조문과 할례를 가지고 율법을 범하는 너를 정죄하지 아니하겠느냐? 무릇 표면적 유대인이 유대인이 아니요 표면적 육신의 할례가 할례가 아니니라. 오직 이면적 유대인이 유대인이며 할례는 마음에 할지니 영에 있고 율법 조문에 있지 아니한 것이라. 그 칭찬이 사람에게서가 아니요 다만 하나님에게서니라.' 선택 받았다는 것은 중요합니다. 그러나 더욱 중요한 것이 선택받은 것을 삶 속에 누리는 것입니다.

선택 받았다는 사실에만 머물러 있는 것은 아무런 소용이 없습니다. 말씀을 많이 배우고 행동하지 않으면, 성경공부 많이 하는 교회에 다니는 것이 아무 소용이 없습니다. 훌륭한 성가대가 아름다운 찬송을 한다고 해도, 자신이 찬양을 하지 않는다면 아무 소용이 없습니다. 목사님이 새벽마다 성도를 위해 기도한다 해도 자신이 기도하지 않으면 아무 소용이 없습니다. 성도가 예수의 부활을 자신의 삶에 체험하며 살지 못하면, 부활절 새벽 연합회와 부활절 계란은 아무 소용이 없습니다.

스스로

인간을 존중하시는 하나님

하나님은 인간을 사랑하시고, 인간을 존중하시고, 인간을 높여주십니다. 이스라엘 백성은 하나님이 자신을 부르신 내용은 망각한 채 부름 받았다는 사실에만 가치를 부여하고 있었습니다. 하나님의 말씀에 순종한다는 것은, 하나님의 권위에 인간이 굴복한다는 의미가 아니라, 인간이 제대로 사는 것입니다. 하나님의 말씀을 따른다는 것은 인간의 자유의지를 포기한다는 것이 아니라 인간이 자유를 누린다는 것을 의미합니다. 하나님의 말씀을 배운다는 것은 인간이 자기의 지혜를 버리는 것이 아니라 지혜를 가장 선하게 사용하는 것입니다. 하나님께 의지하는 것은 인간의 독립성을 포기한 채 연약함을 드러내는 것이 아니라, 가장 안전하고 강건해지는 것입니다. 하나님은 인간을 무시하지 않고, 멸시하지 않고, 낮추지 않고, 압제하지 않습니다.

그러므로 인간이 하나님 없이 스스로 행하는 것이 가장 미련한 행동입니다. 인간의 범죄는 1장 22절에서처럼 '스스로 지혜 있다'고 생각하는 것이었습니다. 또 인간의 범죄는 2장 20절에서처럼 '스스로 믿는 것'입니다. 하나님이 부르시고 세우시고 맡겨주신 목적과 다르게 스스로 믿고 있는 것이 가장 미련한 것입니다. 스스로 했다고 생각하기에 교만한 것입니다.

하나님의 칭찬

상대방을 칭찬하는 것은 그 사람의 수고를 인정한다는 의미가 담겨 있습니다. 엄밀하게 말해서 칭찬은 나와는 다른 위치, 신분, 위엄이 있는 자가 하는 행동입니다. 세상에는 칭찬이 있습니다. 왜냐하면, 인간이 서로 다르다고 생각하기 때문입니다. 사장은 높고 종업원은 낮다는 생각 때문에 칭찬이 있을 수 있습니다. 칭찬이 존재하는 것은 인간 상호간의 차별과 우열이 존재한다는 의미입니다.

그런데 교회는 조금 다른 곳입니다. 교회는 내가 다른 사람에게 칭찬받을 것을 기대하는 곳이 아닙니다. 교회는 내가 다른 사람에게 인정받는 것을 좋아하는 곳이 아닙니다. 동시에 교회는 누군가 다른 사람을 칭찬할 수 있는 곳이 아닙니다. 왜냐하면, 교회는 하나님 이외의 모든 사람이 동등하다고 말하기 때문입니다. 교회에서는 인간 상호간의 칭찬이 존재하는 곳이 아니라 감격이 있는 곳입니다. 교회는 원래 할 수 없는 존재이었다가 이제 할 수 있게 되었다는 사실에 감격해 하는 곳입니다. '내가 봉사를 하는구나! 내가 기도를 하는구나! 내가 성경공부를 나오는구나! 내가 용서를 하는구나!' 자신이 그렇게 감격하고 있습니다. 누가 칭찬하면 과분한 마음이 들고, 민망하고, 쑥스럽고 쥐구멍을 찾게 됩니다. 이곳이 교회입니다. 그럴 때, 바로 하나님에게서 칭찬이 옵니다. 로마서 2장 29절 후반부에 보면, '그 칭찬이 사람에게서가 아니요 다만 하나님에게서니라' 라고 했습니다. 사람이 다른 사람의 칭찬을 바라는 이유는 하나님의 칭찬을 듣지 못하기 때문입니다. 하나님을 오해하여 스스로 잘못 믿는 어리석음을 반복하지 말고, 사람에게 칭찬 받으려는 어리석은 기대를 버리고, 하나님의 부르심의 의미를 바로 알아서 하나님께 칭찬받는 성도되시기를 주님의 이름으로 축원합니다.

그럴 수 없느니라

로마서 3:1~18

1 그런즉 유대인의 나음이 무엇이며 할례의 유익이 무엇이냐 2 범사에 많으니 우선은 그들이 하나님의 말씀을 맡았음이니라 3 어떤 자들이 믿지 아니하였으면 어찌하리요 그 믿지 아니함이 하나님의 미쁘심을 폐하겠느냐 4 그럴 수 없느니라 사람은 다 거짓되되 오직 하나님은 참되시다 할지어다 기록된 바 주께서 주의 말씀에 의롭다 함을 얻으시고 판단하실 때에 이기려 하심이라 함과 같으니라 5 그러나 우리 불의가 하나님의 의를 드러나게 하면 무슨 말 하리요 [내가 사람의 말하는 대로 말하노니] 진노를 내리시는 하나님이 불의하시냐 6 결코 그렇지 아니하니라 만일 그러하면 하나님께서 어찌 세상을 심판하시리요 7 그러나 나의 거짓말로 하나님의 참되심이 더 풍성하여 그의 영광이 되었다면 어찌 내가 죄인처럼 심판을 받으리요 8 또는 그러면 선을 이루기 위하여 악을 행하지 하지 않겠느냐 어떤 이들이 이렇게 비방하여 우리가 이런 말을 한다고 하니 그들은 정죄 받는 것이 마땅하니라 9 그러면 어떠하냐 우리는 나으냐 결코 아니라 유대인이나 헬라인이나 다 죄 아래에 있다고 우리가 이미 선언하였느니라 10 기록된 바 의인은 없나니 하나도 없으며 11 깨닫는 자도 없고 하나님을 찾는 자도 없고 12 다 치우쳐 함께 무익하게 되고 선을 행하는 자는 없나니 하나도 없도다 13 그들의 목구멍은 열린 무덤이요 그 혀로는 속임을 일삼으며 그 입술에는 독사의 독이 있고 14 그 입에는 저주와 악독이 가득하고 15 그 발은 피 흘리는 데 빠른지라 16 파멸과 고생이 그 길에 있어 17 평강의 길을 알지 못하였고 18 그들의 눈 앞에 하나님을 두려워함이 없느니라 함과 같으니라

유대인의 유익

기독교의 선언

사람은 존경받기, 대접받기를 좋아합니다. 긍정적으로 보아주기를

원하고 좋은 말을 해 주기를 바랍니다. 말만이 아니라 실제로 잘 대우해 주기를 바랍니다. 죄인은 절대로 남을 존경하고 높여주지 않습니다. 정말로 사람을 존귀하게 대하시는 분은 오직 하나님이십니다. 하나님은 사람에게 말로 위로하시는 것이 아니라 직접 죄에서 구원하여 새로운 삶을 주십니다. 직접 사단을 꺾어 사람에게 새로운 삶을 주십니다.

모든 사람은 죄인입니다. 이것은 부정적인 태도가 아니라 바른 태도이고 비관적인 인식이 아니라 정확한 인식입니다. 사람들은 이 사실을 알지 못하기에 사실을 말하지 않고 헛된 낙관론만 펼칩니다. 죄인에게 죄를 짓지 못하도록 할 수 있는 것이 없습니다. 율법을 주어도 소용이 없고, 할례를 주어도 소용이 없습니다. 정말 지독한 죄인이었습니다. 이것이 구원받기 이전의 인간의 실체요, 본질입니다.

세상은 '죄인'이라고 부르는 것을 싫어합니다. 교회가 사람을 멸시하고 천대하고 무능하고 무가치하게 만들고 죄인으로 몰아 부친다고 항변합니다. 사람을 죄인 취급하여 기독교의 필요성을 인정하게 하고, 인간을 정죄하여 하나님을 믿게 하고, 인간의 연약함을 부각시켜 하나님을 의지하게 하고, 인간의 미련함을 드러내어 하나님의 말씀을 듣게 하는 종교적 모략으로 치부합니다. 그래서 어떤 사람은 기독교를 민중의 아편이라고 말하고, 다른 이는 기독교를 고등 사기라고 주장하기도 했습니다. 그러나 엄밀하게 분석해보면, 인간을 죄인으로 선언한다고 해서 하나님께서 얻으시는 것은 없습니다. 인간이 하나님을 믿는다고 하나님께서 무엇을 얻으시겠습니까? 인간 때문에 하나님이 하나라도 나아지시거나 좋아지시는 것은 전혀 없습니다. 우리가 하나님을 위할 수 있는 것은 없습니다.

손해가 없는 기독교

어떤 사람들은 여전히 하나님을 위해 무엇을 한다고 생각합니다. 자신이 하나님을 믿어 준다고 생각하고, 하나님을 도와드린다고 생각하고, 자신이 하나님 때문에 손해를 감수한다고 생각하는 사람이 있습니다. 사람이 하나님 때문에 손해를 보았다는 것은 도무지 있을 수 없습니다. 인간이 하나님 때문에 억울하다는 것은 도무지 불가능한 일입니다. 그런 생각은 원천적으로 불가능합니다. 믿는 자에겐 손해라는 것이 없습니다. 밑져야 본전이 아니라 아예 밑지는 것이란 없다는 뜻입니다.

예를 들어보겠습니다. 성도들이 보통 처음 교회 나올 때는 어떤 상황에 있을 때입니까? 형통할 때였습니까? 아니면 나름대로 고민과 어려움이 있을 때였습니까? 자녀들이 아주 말을 잘 듣고 공부도 잘하고 어디 내놓아도 손색이 없을 때였습니까? 아니면 애들만 생각하면 잠이 안 올 때였습니까? 물질이 풍성해서 어디 기부할 곳이 없나 찾으면서 나오셨습니까? 아니면 물질적 어려움 때문에 도움을 청하러 나오셨습니까? 마음이 너무 편해서 나오셨습니까? 두렵고 떨려서 어떻게든 위로를 받고 평안을 얻고 싶어서 나오셨습니까? 아무런 일이 없는데 그저 인류의 평화를 위해서 나오셨습니까? 아니면 이렇게 안 하면 아내가 불편해하고 자신도 불편할까봐 가정의 평화라지만 자신의 평화 때문에 나오셨습니까? 살펴보면, 다 자신이 필요할 때, 어려울 때, 자신이 어쩔 수 없을 때 하나님께 나왔습니다. 자신은 필요하지 않은데 하나님을 위해 교회에 나온 사람은 없습니다. 그러니까 기독교는 절대로 손해 보는 종교가 아닙니다. 그러면, 성경을 통해서 하나님이 사람을 부르시는 장면을 확인해 보고, 기독교에는 손해라는 것이 원천적으로 존재할 수 없다는 사실이 어떻게 증명되는지 살펴보겠습니다.

모세라는 이스라엘의 지도자가 있었습니다. 하나님이 모세를 언제 부르십니까? 애굽의 왕자로서 왕위를 이어받을 순서를 기다리고 있는 순간 하나님이 부르십니까? 그래서 모세가 그 화려함과 명성과 부를 다 포기하고 오직 주를 위해 자신을 버리고 나옵니까? 하나님은 모세가 애굽에서 형통할 때 부르지 않았습니다. 어느 날 모세가 살인을 저지릅니다. 그리고 광야로 도망갑니다. 혹시 상황이 나아져 왕궁으로 귀환할 수 있을까 기대를 해 봅니다만 광야에서 40년을 보내어 왕궁의 기억은 희미해지고 그저 다 늙어빠진 양치기 할아버지에 불과합니다. 아무도 써주는 사람이 없고 어디에도 이력서를 낼 수도 없습니다. 살인자요, 도시를 떠나 광야에서 살던 낯선 노인을 쓸 사람이 없습니다. 바로 그 때 하나님은 모세를 부르십니다. 하나님은 사람이 어느 누구에게도 쓰임 받지 못할 때 부르십니다. 왜냐하면, 아무도 불러주는 사람이 없으니까 하나님마저도 불러주지 않으면 그 인간이 살 수 없기 때문입니다. 그런데 죄인 된 인간은 겸손하지 못하고 늘 교만합니다. 아무도 불러주지 않아 외로워하다가도 누군가 불러주면, 갑자기 전혀 외롭지 않았던 것처럼 가식하고, 달려가고 싶은 심정이 가득하면서도 상대방이 원한다면 기꺼이 가주겠다는 듯한 오만한 태도를 보입니다. 이렇게 가식적이고 오만한 모습은 누구도 좋아할 수 없습니다. 하지만 하나님은 다르십니다. 하나님마저 돌아서버리면 그 사람이 살 수 없다는 것을 알고 계셔서 하나님이 빌고 부탁을 하십니다.

하나님이 모세에게 모든 은혜를 베풀어 주십니다. 모세와 동행하시겠다고 약속하시고, 능력을 주시겠다고 말씀하시고, 기적도 베풀어주시고, 모세가 손을 들면 응답해 주시고, 말 못한다고 핑계를 대면 말 잘하는 사람도 붙여 주십니다. 이것이 하나님께서 일하시는 방법입니다. 모세가 하나님의 부름을 받아서 손해 본 것은 단 하나도 없습니다.

이스라엘이라는 나라가 있습니다. 하나님이 애굽에서 이끌어 내시고 광야를 거쳐 가나안에 들어가게 하셨습니다. 이스라엘이 어떤 상황에 처해 있을 때 하나님이 부르셨습니까? 애굽에서 형통하고 번성할 때인가요? 요셉이 애굽의 총리가 되고 야곱의 모든 가족들이 고센 땅에서 말을 키우며 여유를 부리면서 평안한 삶을 살고 있을 때인가요? 이스라엘 백성이 애굽에서 고센지역을 할당받아 애굽 내 이스라엘 자치정부를 수립하여 자신들만의 삶을 향유하고 있을 때인가요? 절대로 그렇지 않습니다. 요셉이 총리가 되어 총리의 가족과 민족이 형통할 때가 아니었습니다. 어느 날, 애굽에서 이스라엘의 처지가 바뀌었습니다. 요셉을 모르는 왕이 등장하고, 이제 이스라엘은 노예의 신분으로 전락하였습니다. 노역으로 말미암아 힘들어 죽겠다고 탄식하고, 이렇게 사느니 차라리 죽는 편이 낫다고 아우성을 치고, 단 하루라도 이 막노동에서 벗어나 맘 편히 살아봤으면 좋겠다고 간절히 부르짖던 바로 그 때, 하나님이 이스라엘을 부르십니다. 그래야, 이스라엘이 하나님의 부르심에 억울해 하지 않고, 하나님 때문에 손해 봤다고도 하지 않고, 하나님을 원망하지 않을 것이기 때문입니다.

다윗이라는 한 청년이 있었습니다. 다윗은 꿈나무가 아니었습니다. 이스라엘을 재건할 유망주도 아니었고, 가족을 새롭게 일으켜 세울 기대주도 아니었습니다. 시대를 앞서나갈 될성부른 떡잎도 아니었습니다. 그 집안의 유일한 희망도 아니었습니다. 그런데 하나님께서 다윗을 부르셨습니다. 다윗은 하나님께 부름 받아서 손해 본 것이 없고, 억울한 것이 없습니다. 성경의 인물만이 아니라 모든 성도도 하나님의 부르심을 받아 은혜를 받은 것이지, 손해를 받은 것이 아닙니다.

억압과 과업이 없는 기독교

또한, 기독교에는 억압이 없습니다. 어떤 공동체에 동기부여의 명분으로 '상과 벌'이 있다는 것은, 이미 그 공동체의 구성원이 행복을 상실한 것입니다. 죄인 된 인간은 연약합니다. 자신이 조금이라도 남에게 도움을 주는 양이면 도움 받는 사람을 얼마나 멸시하고 천시합니까. 그런데 하나님은 그렇지 않습니다. 도와준다고 해서 위세도 자랑도 없고, 조정하려고도 지배하려고도 하시지 않습니다. 하나님만이 인간을 소중하고 존귀하게 대해 주십니다.

　기독교에는 억압이 없고, 강요가 없습니다. 하나님이 모세를 부르셨을 때 처음에는 모세가 거부했습니다. 모세의 반응에 하나님께서 모세를 협박하시거나 강요하신 적이 없습니다. 기독교에 억압과 강요가 없는 이유가 무엇인가요? 기독교에는 해야 할 일, 이룰 과업이 없기 때문입니다. 하나님이 인간을 도와주시려는 것 외에는 하나님이 인간을 찾으실 이유도, 부르실 이유도, 만나실 이유도 없습니다. 오직 하나님은 인간을 돕기를 원하셔서 인간을 부르시는 분입니다. 인간이 하나님을 위해 할 일은 없고, 할 수도 없습니다. 그래서 하나님이 인간을 치실 이유도, 때리실 이유도, 징계하실 이유도 전혀 없습니다. 하나님께서 인간에게 기대하시는 것이 딱 한 가지 있을 뿐입니다. 하나님의 기대는 인간이 행복하게 사는 것, 인간이 평안하게 사는 것, 인간이 자유롭게 사는 것, 인간이 신나게 사는 것입니다.

유대인의 유익

　이스라엘은 하나님의 부르심을 받았지만, 제대로 살지 못했습니다. 로마서 3장 1절에서 바울은 '그런즉 유대인의 나음이 무엇이며 할례의 유익이 무엇이뇨?'라고 항변합니다. 하나님의 백성이 되어서 유익을 얻은 것이 무엇인지, 율법을 받아서 얻은 것이 무엇인지, 할례를 받아서 얻은 것이 무엇이냐고 묻습니다.

　이러한 항변에 하나님은 반론을 펴실 수 있습니다. '너희가 유대인이 되었고, 할례를 받고, 율법을 받아서 손해 본 것이 있느냐?' 유대인들은 손해 본 것이 없고, 억울한 것이 없다고 대답해야 합니다. 그렇다면 이스라엘은 하나님의 백성이 되어서 유익을 얻은 것은 없을까요? 3장 1절의 '그런즉 유대인의 나음이 무엇이며 할례의 유익이 무엇이냐?'라는 질문에 '범사에 많으니 첫째는 저희가 하나님의 말씀을 맡았음이니라'

롬3:2라고 대답합니다. 비록 율법을 지키지 못해서 행한 대로 하면 받을 것이 없다 하더라도 이스라엘은 손해 본 것이 아니라 유익을 본 것입니다. 유익이 한두 가지가 아닙니다. '범사에 많으니', 그 중 특별히 강조한 것이 하나님의 말씀을 맡은 것입니다. 그 외에 유대인이 받은 유익을 살펴보면, 먼저는 애굽의 종살이에서 벗어나 자유를 얻었습니다. 또 출애굽을 하면서 10번이나 기적을 체험했습니다. 바다가 갈라지는 것도 보았습니다. 바위가 깨져서 나오는 천연 암반수를 먹어봤습니다. 40년 동안이나 만나를 먹으며 생활했습니다. 아말렉과의 전쟁에서 승리했습니다. 게다가 지금까지 율법을 이어오는 역할을 했습니다. 만약 "유대인의 나음이 무엇이뇨?"라고 묻는다면 그 대답은 '범사에 많다' 입니다.

하나님의 미쁘심

불순종도 막을 수 없는 은혜

로마서 3장 3절을 보면 "어떤 자들이 믿지 아니하였으면 어찌 하리요? 그 믿지 아니함이 하나님의 미쁘심을 폐하겠느냐? 그럴 수 없느니라"라고 합니다. 하나님은 행한 대로 갚지 않으시는 분입니다. 하나님이 은혜를 주시려고 준비 하셨는데 어떤 사람이 믿지 않습니다. 그러면 하나님이 준비하신 은혜를 안 주십니까? 준비가 안 되었다고 하나님의 계획을 취소하십니까? 은혜 주시기로 하셨던 하나님의 미쁘신 성품을 스스로 폐하십니까? 정답은 '그럴 수 없다' 입니다. 인간의 불순종이 하나님의 은혜를 막을 수 없습니다. 인간의 악행이 복 주고자 하시는 하나님의 마음을 막을 수 없습니다. 왜냐하면, 은혜는 말 그대로 은혜이기 때문입니다. 더 나아가 불순종하는 사람에게 가장 필요한 것이 바로 은혜이기 때문입니다. 은혜가 있어야 그 사람이 죄를 짓지 않을 수 있고, 은혜가 있어야 그 사람이 순종할 수 있으니까 은혜를 주시는 것입니다. 믿지 않는다고 해서, 불순종한다고 해서 하나님의 미쁘심을 폐할 수 없습니다. 이것이 하나님의 마음이요, 성품입니다.

하나님은 이미 그 사람이 죄인이라는 것을 알고 계셨고, 불순종할 것을 알고 계셨습니다. 불순종하는 인간이기에 은혜를 주시려고 오셨습니다. 은혜 받으려면 순종하고 복 받으려면 순종하라고 권고한다면, 그것은 은혜가 아니요, 하나님의 원리가 아닙니다. 하나님은 정 반대로 말씀하십니다. 은혜 받고 복 받았으면 순종하라. 이것이 하나님의 원리입니다. 행한 대로 갚아서는 인간이 살 수 없습니다. 잘하는 자는 더 잘되고, 못하는 자는 더 못되면, 인간이 살 수 없습니다. 잘하는 자에게는 특별히 무엇을 더 배려하지 않아도 됩니다. 이미 잘하고 있기 때문입니다. 못하는 자에게는 도움이 필요합니다. 못해도 받는 것이 은혜요, 못 하는 자에게 은혜를 베풀어 주시는 것이 하나님의 원리입니다.

불의도 막을 수 없는 하나님의 사랑

로마서 3장 5절 '그러나 우리 불의가 하나님의 의를 드러나게 하면 무슨 말 하리요?' 우리는 불의했습니다. 행한 대로 갚는 원리라면 불의의 값으로 진노와 형벌을 받아야 할 것입니다. 사랑을 베푸시길 원하는 하나님께서 우리의 불의 때문에 사랑을 베푸실 수 없을까요? 우리의 불의가 하나님의 사랑을 막을 수 있을까요? 막을 수 없습니다. 우리가 불의할지라도 하나님이 진노를 내리지 않습니다. 도리어 우리가 불의하면 하나님은 하나님의 의를 나타내 주십니다. 우리에게 의로움이 없는 것을 아시고, 하나님의 의를 나타내시고, 하나님의 의에 근거하여 우리에게 사랑과 자비와 긍휼과 은혜를 더하여 주십니다. 이것이 하나님의 미쁘심입니다. 그렇지 않으면 인간은 살 수 없습니다. 하나님은 인간이 행한 대로 갚지 않으시고, 자비로, 은혜로, 긍휼로 갚으십니다. 우리의 불의조차 하나님의 자비를 막지 못합니다. 도리어 하나님의 의를 드러나게 합니다. 우리의 불의가 하나님의 의를 불러내는 능력이 있는 것이 아니라, 하나님의 미쁘심 때문에 우리에게 하나님의 의를 주시는 것입니다.

사람들의 어리석은 말

안타깝게도 사람은 사람의 원리에 근거하여 하나님의 일하심을 설명하려고 합니다. 사람은 너무나 쉽게 하나님이 진노하신다고 말합니다. 그러면서 하나님도 인간과 다를 바가 없다고 항변합니다. 하나님의 원리와 인간의 원리를 구분할 줄 모르는 것입니다. 로마서 3장 5절 중반부에 「내가 사람의 말하는 대로 말하노니」 즉 하나님의 원리가 아니라 사람들이 말하는 방식으로 말해 보겠다는 것입니다. 만약 어떤 사람이 불의해서 하나님이 그 사람에게 진노하셨다면 그것이 불의한 것입니까? 하나님이 이렇게 하셔도 불의한 것이 아닙니다. 불의한 사람에게 진노하시는 것은 합당하기 때문입니다. 그러나 그렇게 합당한 것조차 하나님은 하지 않으십니다. 왜냐하면, 불의한 자에게 진노를 내리시면 그 사람이 살 방법이 없기 때문입니다. 불의한 자에게 하나님은 공정한 대가를 지불하는 대신, 그것을 뛰어넘는 은혜를 주십니다. 어떻게 보면 그것은 불공정해 보이지만, 사실은 공정함을 넘어서는 것입니다.

로마서 3장 7절에 '나의 거짓말로 하나님의 참되심이 더 풍성하여 그의 영광이 되었다면 어찌 내가 죄인처럼 심판을 받으리요?' 라는 구절이 나옵니다. 분명히 나는 거짓말을 했습니다. 그런데 하나님께서 나의 거짓말을 덮어주시고, 하나님의 선하심에 근거하여 나에게 은혜와 긍휼을 베푸신다면, 나의 행동이 결과적으로 하나님의 참되심을 더 풍성하게 하고 하나님의 영광을 드러나게 한 것입니다. 이렇게 나의 행동이 하나님을 높여드린 결과를 만들었다면, 나의 행동이 죄인처럼 심판 받을 수 없다는 것입니다. 인간의 악한 행동을 칭찬하고 격려하는 표현이 아니라, 악한 인간을 대하시는 하나님의 선하심과 미쁘심을 강조하는 표현입니다. 이러한 하나님의 선하심으로 인간은 살 수 있습니다.

인간의 행동을 선용하시는 하나님의 미쁘심을 오해하면 엉뚱한 주장이 생깁니다. 그 예가 로마서 3장 8절, '그러면 선을 이루기 위하여 악을 행하자 하지 않겠느냐?' 입니다. '어떤 자들의 믿지 아니함이 하나님의 미쁘심을 폐하지 아니하고, 우리 불의가 하나님의 의를 드러나게 하고, 나의 거짓말로 하나님의 참되심이 더 풍성하고 영광이 되었다면, 더더욱 믿지 아니하고 더더욱 불의하고 더더욱 거짓말을 하고 더더욱 악을 행하면 되겠다' 고 오해하고 착각합니다. 죄인을 불쌍히 여기셔서 은혜를 베푸시는 하나님의 선하심을 강조하는 표현을 마치 인간에게 악을 선동하고 불의를 충동질하는 것으로 오해한 것입니다. 로마서 3장 8절 후반부에 보면 바울 역시 이러한 비방을 받았다고 했습니다. 그리고 '비방하는 사람들은 정죄 받는 것이 마땅하다' 고 덧붙입니다.

복음을 바르게 전하면, 엉뚱한 소리가 나오게 되어있습니다. 왜냐하면, 인간의 상식, 죄인의 원리로는 하나님의 원리가 이해가 되지 않기 때문입니다. 불행하게도 오늘날에는 복음이 전파되어도 로마서 3장 8절과 같은 엉뚱한 반응이 나오지 않습니다. 왜냐하면, 하나님의 원리가 전파되지 않고 죄인들의 원리, 죄의 원리가 선포되고 있기 때문입니다. 교회는 당근과 채찍이 아닌 은혜를 준 후에, 은혜를 누리는 멋진 성도의 삶을 보여주고, 세상이 줄 수 없는 하나님의 평화, 세상의 부귀영화를 다 주어도 절대로 바꾸지 않을 하나님의 행복과 자유와 안식이 있다는 것을 보여주는 곳입니다.

우리는 나으냐

하나님의 미쁘심을 인간의 공로로 오해하고, 하나님의 선한 원리를 인간이 악을 행할 근거로 악용하는 등, 이러한 오해와 왜곡은 유대인만의 실수가 아니라 모든 인간이 했던 오해요, 왜곡입니다. 성경에 나오는 유대인의 모습은 우리 모두의 자화상입니다. 그래서 인간은 어느 누구도 다른 사람을 정죄하고 모욕하고 멸시하고 심판할 수 없으며, 반대로 자기를 자랑하거나 드러내거나 교만해서는 안 됩니다. 우리는 다 죄인이었고, 지금 이 순간, 하나님 앞에 성도가 된 것은 절대적인 하나님의 은혜로 이루어진 결과입니다. 구원받기 전 우리의 모습을 로마서 3장 9~18절을 통해 확인해볼 수 있습니다. '그러면 어떠하냐? 우리는 나으냐? 결코 아니라. 유대인이나 헬라인이나 다 죄 아래에 있다고 우리가 이미 선언하였느니라. 기록된 바, 의인은 없나니 하나도 없으며 깨닫는 자도 없고 하나님을 찾는 자도 없고 다 치우쳐 함께 무익하게 되고 선을 행하는 자도 없나니 하나도 없도다. 그들의 목구멍은 열린 무덤이요 그 혀로는 속임을 일삼으며 그 입술에는 독사의 독이 있고 그 입에는 저주와 악독이 가득하고 그 발은 피 흘리는 데 빠른지라. 파멸과 고생이 그 길에 있어 평강의 길을 알지 못하였고 그들의 눈앞에 하나님을 두려워함이 없느니라 함과 같으니라.'

    우리의 불의와 불순종에도 하나님께서는 미쁘셔서 우리에게 자비를 베푸시고, 그 은혜와 축복으로 구원받아 우리는 성도가 되었습니다. 나의 공로가 아니라 하나님의 은혜입니다. 나의 나됨에 대하여 오직 하나님의 은혜임을 고백하는 것이 성도요 기독교인의 자세입니다.

하나님으로, 은혜로, 믿음으로

로마서 3:19~31

19 우리가 알거니와 무릇 율법이 말하는 바는 율법 아래에 있는 자들에게 말하는 것이니 이는 모든 입을 막고 온 세상으로 하나님의 심판 아래에 있게 하려 함이라 20 그러므로 율법의 행위로 그의 앞에 의롭다 하심을 얻을 육체가 없나니 율법으로는 죄를 깨달음이니라 21 이제는 율법 외에 하나님의 한 의가 나타났으니 율법과 선지자들에게 증거를 받은 것이라 22 곧 예수 그리스도를 믿음으로 말미암아 모든 믿는 자에게 미치는 하나님의 의니 차별이 없느니라 23 모든 사람이 죄를 범하였으매 하나님의 영광에 이르지 못하더니 24 그리스도 예수 안에 있는 속량으로 말미암아 하나님의 은혜로 값없이 의롭다 하심을 얻은 자 되었느니라 25 이 예수를 하나님이 그의 피로써 믿음으로 말미암는 화목제물로 세우셨으니 이는 하나님께서 길이 참으시는 중에 전에 지은 죄를 간과하심으로 자기의 의로우심을 나타내려 하심이니 26 곧 이 때에 자기의 의로우심을 나타내사 자기도 의로우시며 또한 예수 믿는 자를 의롭다 하려 하심이라 27 그런즉 자랑할 데가 어디냐 있을 수가 없느니라 무슨 법으로냐 행위로냐 아니라 오직 믿음의 법으로니라 28 그러므로 사람이 의롭다 하심을 얻는 것은 율법의 행위에 있지 않고 믿음으로 되는 줄 우리가 인정하노라 29 하나님은 다만 유대인의 하나님이시냐 또한 이방인의 하나님은 아니시냐 진실로 이방인의 하나님도 되시느니라 30 할례자도 믿음으로 말미암아 또한 무할례자도 믿음으로 말미암아 의롭다 하실 하나님은 한 분이시니라 31 그런즉 우리가 믿음으로 말미암아 율법을 파기하느냐 그럴 수 없느니라 도리어 율법을 굳게 세우느니라

우리가 아는 것

죄인의 특징

죄인은 '하나님'을 모릅니다. '죄'도 모르고 '자신이 죄인'이라는 사

실도, '죄의 종'이라는 사실도, '죄의 뜻과 원리대로 살고 있다'는 사실도 모릅니다. 로마서 1장 21~22절 말씀대로 생각이 허망하여지며 미련한 마음이 어두워져서 스스로 지혜있다 하나 어리석게 되었습니다. 그래서 죄인이 안다고 말하는 것은 모두 교만입니다. 죄인이 세상을 행복하게 만드는 제안을 쏟아놓고 있습니다. 죄인이 인간을 인간답게 만들 수 있다는 많은 프로그램을 소개하고 있습니다. 이것은 모두 어불성설입니다. 죄인은 실상 어떤 것도 장담하지 못하면서, 아무것도 확정된 것이 없으면서, 아무도 책임질 수 없으면서 가만히 있을 수만은 없기에 일단은 시도를 하고 도전을 하고 인간의 모든 수고를 쏟아 넣습니다. 그 수고의 효과를 확신할 수 없기에 '도전하는 것만으로도 아름답다'고 말합니다. 이것이 죄인의 한계입니다.

아노라

목사와 성도간의 대화를 들어보면 모른다는 말을 많이 합니다. "하나님의 뜻이 어디 있는지 모르겠지만…." "어떻게 하는 것이 하나님을 더욱 기쁘게 하는 것인지 알 수는 없지만…." "하나님이 우리를 통해 무엇을 하실지 우리는 아무도 모릅니다." "하나님은 신묘막측하신 분이라, 우리는 하나님의 일하시는 방식을 이해하지 못합니다." 다 모른답니다. 하나님의 뜻도 모르고, 무엇을 해야 하는지도 모르고, 어떻게 하는지도 모르고, 결과도 모르고 아무것도 아는 것이 없다고 말합니다. 이것은 믿는 자가 취해야할 태도가 아닙니다.

믿는 자는 압니다. 하나님이 창조하셨다는 것을 알고, 하나님의 정하심을 알고, 하나님의 방식을 알고, 하나님의 내용을 알고, 하나님의 목적을 다 압니다. 로마서 2장 2절에 '이런 일을 행하는 자에게 하나님의 판단이 진리대로 되는 줄 우리가 아노라'라고 표현하고 있고, 3장 19절에, '우리가 알거니와', 5장 4절에 '인내는 연단을, 연단은 소망을 이루는 줄 앎이니라' 라고 기록된 것처럼 성도는 압니다. 성도는 하나님을 알고, 하나님의 뜻을 알고, 하나님의 계획을 알고, 하나님의 마음을 알고, 하나님의 원리와 하나님의 방법을 압니다. 성도는 하나님과 인간과 세상을 아는 자들입니다.

그렇다면 아는 것을 어떻게 해야 합니까? 선포해야 합니다. 선포 또는 선언은 이미 이루어진 결과를 알리는 것입니다. 이루어졌다는 것은 두고 보아야 하는 것이 아니라 이미 완성되었다는 것입니다. 변화되지 않을, 확정된 결과를 분명하고 정확하게 알고 있는 것입니다. 하나님께서는 복음을 선포하십니다. '여러분은 구원받으셨습니다. 여러분은 하나님나라 백성이 되셨습니다. 여러분은 은혜 받으셨습니다. 여러분은 복 받으셨습니다. 하나님은 여러분과 영원토록 동행하실 것입니다. 죄와 사단이 절대로 여러분을 해하지 못할 것입니다. 세상의 기근이나 적신이나 칼이나 그 어떤 것이라고 하나님의 사랑에서 우리를 끊을 수 없습니다.' 기독교는 가능성을 말하거나, 그랬으면 좋겠다는 기대를 말하지 않습니다. 기독교는 꼭 이루어지기를 바라는 소원을 말하지 않습니다. 기독교는 이루어진 일, 아는 것을 말합니다. 본문의 19절 이하도 '우리가 알거니와' 즉 아는 것을 정확하게 풀어 설명한 것입니다.

하나님의 심판아래

심판아래 있게 하려 함이니

기독교는 인간을 위한 종교, 구원의 종교입니다. 기독교는 심판과 저주와 진노의 종교가 아닙니다. 성경에는 여러 차례 인간이 죄인이라고 선언하고 하나님이 죄인을 심판하셨다는 표현이 등장합니다. 이러한 구절은 앞 뒤 문맥을 연결하면서 이해해야 합니다. 로마서 2장에서 하나님께서는 행한 대로 갚지 않으신다고 선언하셨습니다. 대신에 하나님은 인간에게 은혜를 베풀어 주신다는 것이, 오늘 본문의 내용입니다. 로마서 1장 24절부터 3장 18절까지 계속해서 인간이 죄인이라는 사실을 강조했습니다. 모든 인간이 죄인입니다. 율법이 있는 자나 없는 자나, 할례가 있는 자나 없는 자나, 유대인이나 헬라인이나 모두가 죄인입니다. 이렇게 모든 인간을 죄인이라고 강조하는 이유는, 19절에 '우리가 알거니와 무릇 율법이 말하는 바는 율법 아래에 있는 자들에게 말하는 것이니 이는 모든 입을 막고 온 세상으로 하나님의 심판 아래에 있게 하려 함이라.' 대부분의 성도는 이 구절을 보고 하나님이 인간을 심판하신다고 생각합니다. 하나님이 벌주신다고 생각해서 하나님을 두려워합니다. 그러나 그것은 오해입니다. 하나님은 인간을 위하시는 분입니다. 기독교는 하나님이 인간을 사랑하시고, 하나님이 인간을 도와주시고, 하나님이 인간을 위하신다는 사실을 선포하는 종교입니다. 성경은 인간을 위로하고, 인간이 자유롭고, 평화롭고 안식하며 살 수 있도록 하나님의 역사를 기록한 것이지, 인간을 협박하고 두렵게 하고 떨게 하는 말씀이 아닙니다.

'모든 인간을 하나님의 심판 아래에 있게 하려 함이라'에서 '심판'의 의미는 '형벌'이라는 의미 이전에, '심리하여 판단한다'는 의미입니다. 사실을 '정확하게 분별하여 선언하는 것'입니다. 하나님이 심판하신다는 말은 하나님이 인간의 상태, 인간의 위치, 인간의 상황을 정확하게 진단하시고 사실대로 말씀하시는 것을 의미합니다. 그래서 하나님이 인간을 '죄인'이라고 심판, 즉 정확하게 판정을 내리시는 것입니다. 인간의 상태에 대하여 정확한 판단을 내리신 후에, 다음 단계로 상을 줄 것인지 벌을 줄 것인지 결정하십니다. 하나님이 인간을 심판하여 말씀하시는 것이 '너희는 죄인이다'라는 선언입니다. 의를 행한 자에게는 상을 주고 죄를 지은 자에게는 벌을 주려고 심판을 했더니 모든 인간이 죄인이라는 판단이 나왔습니다. 하나님이 보시기에 상을 받을 자는 하나도 없고 모두 형벌을 받아야 하는 죄인으로 판명되었기에 벌을 주려고 하셨습니다. 그런데 벌을 준다고 해결될 일이 아니요, 개선의 여지가 전혀 없다는 것을 알고 계셨습니다. 원래 죄인이기에 벌을 내릴지라도 고쳐지거나 변화될 수 없고, 벌을 내려도 아무 소용이 없다는 것이 하나님의 판단이십니다. 상은 줄 대상이 없고 벌은 주어도 소용이 없는 인간에게 정작 필요한 것은 죄를 짓지 않을 수 있고 변화할 수 있도록 돕는 은혜가 필요하다는 결정을 내리신 것입니다. 그 결과가 은혜입니다.

이 과정에서 제일 먼저 취하시는 단계가 바로 '죄인'이라는 심판입니다. 죄인이라고 판정을 내려주셔야 인간이 헛된 노력을 하지 않습니다. 하나님께서 인간은 죄인이라고 정확한 판정을 내리시자, 인간의 죄가 밝혀집니다. 그렇게 밝혀져야 행위대로 갚으실 것이라는 어리석은 기대감이나 착한 일을 해서 상과 복을 받겠다는 헛된 열심과 무익한 수고가 사라집니다. 기독교를 제외한 대부분 종교의 핵심 단어는 '정성', '지성,' '공덕'입니다. 당연합니다. 하나님의 존재를 인정하지 않으니, 인간은 자신의 노력밖에는 의지할 것이 없습니다. 상대적으로 기독교의 핵심 단어는 '은혜' 즉 하나님의 사랑입니다.

의롭다 하심을 얻을 육체가 없다

하나님께서 인간을 심판하셔서 죄인이라고 선언하셨습니다. 로마서 3장 20절, '그러므로 율법의 행위로 그의 앞에 의롭다 하심을 얻을 육체가 없나니 율법으로는 죄를 깨달음이니라.' 착한 일을 하면 의인으로 선언하고 악한 일을 하면 죄인으로 선언하시는데, 착한 일을 할 수 있는 자가 하나도 없더라는 것입니다. 이러한 죄인에게 구약에서 율법이 등장했던 이유는 죄를 깨닫게 하기 위해서였습니다. 이 말은 율법이 없었으면 죄인이 아니었는데 율법이 있어서 죄인이 되었다는 의미가 아닙니다. 만약 율법 때문에 죄인이 된다면 율법을 없애버리면 됩니다. 하지만 율법은 하나님이 주신 것입니다. 하나님이 주신 것이 인간을 해롭게 하고, 인간을 고통스럽게 하고, 인간을 불편하게 할 리가 없습니다. 인간은 하나님께 죄를 지어 죄인이 되었습니다. 나만 죄를 지은 것이 아니라 모든 사람이 죄를 지었고, 나만 죄인이 된 것이 아니라 모든 사람이 죄인이 되었습니다. 그러나 자신의 상태를 아무도 모릅니다. 모두가 자신이 죄인인 것을 모르기에 자신들이 행위를 죄라고 하지 않고, '상식'이라고 합니다. 죄가 있는데 그것이 죄라는 것을 아무도 알지 못하고, 죄라고 생각하지 않습니다. 죄를 죄로 인식할 수 있는 비교 대상이 존재하지 않는 상태에서는 죄를 죄로 인식할 수 없습니다.

로마서 5장 13절의 '죄가 율법 있기 전에도 세상에 있었으나 율법이 없을 때에는 죄를 죄로 여기지 아니하느니라.' 이 말씀처럼, 서로 틀렸는데 아무도 사실을 모르니까 틀린 줄을 모릅니다. 바로 그 때에 하나님의 기준이 되는 율법이 등장하자 드디어 사실이 드러난 것입니다. 하나님의 율법에 비추어보니까 인간이 죄인이었다는 사실이 드러났습니다. 이것을 '율법으로는 죄를 깨달음이니라' 라고 표현한 것입니다.

하나님의 의

죄인인 인간은, 죄인인줄 모르다가 하나님의 기준이 등장하여 죄인이라는 사실을 알았습니다. 그런데 자신이 죄인이라는 사실을 알아차려도 아무 소용이 없습니다. 왜냐하면, 죄에서 벗어날 능력과 방법이 없기 때문입니다. 하나님께서는 인간을 죄인이라고 선언만 하시는 분이 아닙니다. 하나님께서는 인간의 문제를 해결까지 하시는 분이요, 해결하시려고 오셨습니다. 로마서 3장 21절, '이제는 율법 외에 하나님의 한 의가 나타났으니 율법과 선지자들에게 증거를 받은 것이라.' 율법을 통해 죄인임을 깨달은 후에 인간은 아무리 애쓰고 노력하여도 의로워질 수 없습니다. 하나님께서는 의가 없는 인간을 버려두시지 않고, 대신 '하나님의 의'를 주십니다. 그래서 인간에게 하나님의 의가 있으면, 그것을 보시고 의롭다고 여기시고 복을 주십니다. 인간에게 없는 것을 아시고, 하나님의 것을 대신 주셔서, 하나님의 것을 근거로 인간에게 은혜와 복을 주시는 것이 하나님의 방법이요, 하나님의 원리요, 하나님의 마음입니다. 하나님이 주시는 은혜는 인간의 행동 여하에 따라 정해지는 것이 아닙니다. 3장 22절, '곧 예수 그리스도를 믿음으로 말미암아 모든 믿는 자에게 미치는 하나님의 의니 차별이 없으니라.' 모든 인간이 똑같이 죄인이 되었고, 의롭게 살 수 있는 인간이란 없으니 하나님의 인간차별이란 있을 수 없습니다. 성경이 강조하는 사실은, 인간의 행위로 복을 받을 수 없고, 인간의 행위로 구원을 받을 수 없다는 것입니다. 3장 23절, '모든 사람이 죄를 범하였으매 하나님의 영광에 이르지 못하더니.'

믿음으로

하나님의 은혜로

죄인 된 인간의 행위로는 구원받을 방법이 없습니다. 결국, 인간에게는 어떤 방법도 없습니다. 그래서 하나님이 일 하셔야 했고, 하나님이 역사하셔야 했습니다. 하나님의 일하신 모습이 1장 17절에, '복음에는 하나님의 의가 나타나서', 3장 21절에, '이제는 율법 외에 하나님의 한 의가 나타났으니' 라고 표현하고 있습니다. 24절에서는 '그리스도 예수 안에 있는 속량으로 말미암아 하나님의 은혜로 값없이 의롭다 하심을 얻은 자 되었느니라' 라고 좀 더 자세히 설명합니다.

여기서 갑자기 예수 그리스도가 등장합니다. 인간의 구원에 관하여 서술하던 중, 인간의 행위에 관한 주제가 예수에 대한 주제로 전환됩니다. 왜냐하면, 인간 가운데는 의로운 자가 아무도 없기 때문입니다. 이제 인간의 행위는 언급되지 않습니다. 어떤 사람의 믿음, 어떤 사람의 충성, 어떤 사람의 헌신, 어떤 사람의 예물 드림, 어떤 사람의 희생에 관한 강조가 없습니다. 그렇게 할 수 있는 사람이 없기 때문입니다. 인간에게는 방법이 없기에 하나님께서 예수 그리스도를 보내주셨고, 그 예수 그리스도의 속량으로 값없이 의롭다 하심을 받았다고 선언합니다. 기독교는 예수 그리스도의 사역을 빼면 아무것도 없습니다. 예수를 뺀 채, 열심을 내자, 충성을 하자, 기도를 하자, 정성을 드리자, 감사를 하자는 제안은 다 소용없습니다. 인간의 정성, 지성, 공덕이 아니라 예수 그리스도가 은혜와 축복의 근거입니다.

인간의 행위가 아닌 예수 그리스도의 사역이 근거가 된 것을 성경적 표현으로 하나님의 은혜라고 합니다. 당연한 논리적 연결입니다. 인간의 행위, 공로, 인간의 업적의 반대는 하나님의 은혜입니다. 만약 인간의 공로가 있었다면 하나님의 은혜는 없었을 것입니다. 그런데 인간의 행위가 없기에, 인간의 공로가 없기에 강조되는 것이 바로 은혜입니다. 은혜는 자격 없는 자에게 주시는 혜택입니다.

안타까운 것은 오늘날 기독교가 값없이 주어졌다는 의미를 변질시키고, 은혜라는 개념을 왜곡시키고 있습니다. 은혜를 받기 전에 미리 충성을 하고, 헌금을 드리고, 열심을 내라고 합니다. 그래서 그 결과로 은혜를 받으면 그것은 은혜가 아닙니다. 인간이 헌금하고 충성하고 열심을 드린 후에 얻은 것이라면, 그것은 은혜가 아니라 선불입니다. 먼저 대가를 지불하고 후에 결과를 받았으니 은혜가 아니라 선불입니다.

또 어떤 강단에서는 은혜를 받았으니 은혜를 갚자고 합니다. 거저 받았다고 공짜로 은혜를 받았다고 좋아했는데, 은혜를 갚으라고 하면 그것은 절대로 은혜가 아닙니다. 일단 먼저 받고 나중에 그 값을 지불하는 것을 후불이라고 합니다. 우리는 은혜를 값없이 받았습니다.

또 다른 한편에서는 하나님의 복을 받았으니 더욱 충성하여 더 큰 복을 받자고 합니다. 일단 샘플을 받고나서 값을 지불하여 더 큰 복을 받는 것은 은혜라고 하지 않습니다. 그런 것은 할부라고 합니다. 은혜는 인간의 어떤 행위 없이 오직 하나님이 값없이 주시는 것입니다. 받을 자격이 없는데도 받는 것이요, 받은 후에도 갚지 않아도 되는 것이 값없이 주시는 은혜입니다.

본문의 마지막 표현이 의롭다 하심을 얻은 자 되었다는 것입니다. 인간은 '의롭다 하심을 얻은 자'가 되었습니다. 24절 전체가 인간의 행위와 대조하여 하나님의 일하심을 강조합니다. 하나님이, 값없이, 은혜로 주신 것이요 인간은 얻었다는 것입니다. 받은 사람의 자격과 수준을 강조하는 것이 아니라 주시는 하나님의 은혜와 사랑을 강조합니다. 24절 한 문장에 1장부터 3장까지의 내용이 요약되어 있습니다. 인간이 얼마나 불가능하며 왜 하나님이 등장하셔야 하며 그 하나님의 일하시는 모습이 어떤 것인지를 가장 정확하게 설명합니다.

믿음으로

행위가 아니라 은혜로 됩니다. 인간으로가 아니라 하나님으로 됩니다. 인간의 어떤 행동, 어떤 방식이 아니라 '믿음으로' 됩니다. 믿음으로 된다는 표현은 인간이 믿어서 된다는 의미가 아닙니다. 인간의 방법이 아니라 하나님으로, 인간의 행위가 아니라 하나님의 은혜로 된다는 의미입니다. 하나님으로, 은혜로, 믿음으로는 인간의 방법이 아니라는 것을 강조하는 같은 표현입니다.

'믿음으로'라는 말은 가장 오해되고 있는 말 중의 하나입니다. 다른 사람은 안 믿었는데 나는 믿었다는 말이 아닙니다. '내가 믿어서, 나에게 믿음이 있어서'라는 말이 아닙니다. '믿음으로'를 강조하다 보면, 결국 인간을 강조하게 되는데, 성경에서 말하는 '믿음으로'는 하나님을 강조하는 말입니다. 인간에게는 행위든 믿음이든 신념이든 어떠한 방법도 없었는데, 하나님이, 은혜로, 값없이 베풀어 주셨다는 표현을 다른 말로 믿음으로 이루어 주셨다고 표현합니다. 그래서 '믿음으로' 라는 말은 '하나님으로' 라는 말과 같습니다.

로마서 3장 27절에 '그런즉 자랑할 데가 어디냐? 있을 수 없으니라. 무슨 법으로냐? 행위로냐? 아니라. 오직 믿음의 법으로니라' 라고 나옵니다. 인간이 믿은 것이 아닙니다. 하나님이 하셨습니다. 기독교에는 인간의 자기 자랑이 있을 수 없습니다. 인간은 의로운 행동을 하지도 않았고 믿지도 않았기 때문입니다. 인간을 드러낼 만한 행위도 믿음도 없었기에 인간은 자랑할 근거가 없습니다. 오직 하나님이 하셨기에 하나님께 감사할 수 있을 뿐입니다. 혹시 아브라함의 믿음이나 다윗의 충성 등에 관하여 궁금해 하신다면, 로마서 4장에서 설명을 들으실 수 있습니다. 하나님의 일하심이 3장 28절에 다시 한 번 나옵니다. '그러므로 사람이 의롭다 하심을 얻는 것은 율법의 행위에 있지 않고 믿음으로 되는 줄을 우리가 인정하노라.' 이때에도 '믿음으로' 라는 표현은 '하나님으로' 라는 의미입니다. 바꾸어 읽어보면 '그러므로 사람이 의롭다 하심을 얻는 것은 율법의 행위에 있지 않고 하나님으로 되는 줄을 우리가 인정하노라' 입니다. 3장 30절에 또 나옵니다. '할례자도 믿음으로 말미암아 또한 무할례자도 믿음으로 말미암아 의롭다 하실 하나님은 한분이시니라.' 이때에도 믿음으로라는 표현은 은혜로, 또는 하나님으로와 같은 표현입니다. 바꾸어 읽어보면 '할례자도 하나님으로 말미암아 또한 무할례자도 하나님으로 말미암아 의롭다 하실 하나님은 한 분이시니라' 입니다. 모든 것을 하나님이 하셨다는 강조의 표현이 3장 27절에 나옵니다. '그런즉 자랑할 데가 어디냐? 있을 수가 없으니라. 무슨 법으로냐? 행위로냐? 오직 믿음의 법으로니라.' 바꾸어 읽어보면 '그런즉 자랑할 데가 어디냐? 있을 수가 없느니라. 무슨 법으로냐? 행위로냐? 오직 하나님으로니라.' 또 바꾸어 읽으면 '그런즉 자랑할 데가 어디냐? 있을 수가 없으니라. 무슨 법으로냐? 행위로냐? 오직 은혜의 법으로니라.'

율법을 세우느니라

율법을 파기하느냐

　3장 31절에, '그런즉 우리가 믿음으로 말미암아 율법을 파기하느냐? 그럴 수 없느니라. 도리어 율법을 굳게 세우느니라' 가 나옵니다. 율법에 대한 논쟁은 율법에 대한 오해에서 시작됩니다. 예수님 당시 유대인들은 율법을 오해하였습니다. 율법을 지키면 구원을 얻는 것으로 잘못 이해했습니다. 오늘 날의 성도도 율법을 오해하여 마치 율법과 하나님의 은혜가 대치되는 것으로 생각합니다. 율법을 지으신 분, 율법을 인간에게 주신 분이 하나님이십니다. 그런데 하나님이 주신 율법과 하나님이 주신 은혜가 서로 상충된다는 것은 말이 안 됩니다. 마치 하나님이 실수하실 수 있다는 듯, 마치 하나님이 실패하실 수 있다는 듯 생각하시면 큰 오산입니다. 율법과 하나님의 은혜는 서로 상치되는 것이 아니라 정확하게 일치합니다.

　유대인들은 구원을 받으려면 율법을 지켜야 한다고 생각했습니다. 그런데 성경은 하나님의 은혜로 구원을 받았다고 선언합니다. 하나님의 선언을 듣고, 율법을 지켜서 구원을 받으려 했던 사람들이 율법을 지킬 이유가 없다고 항변할 수 있습니다. 구원을 받기 위해서, 은혜를 받기 위해서라면 율법을 지킬 이유가 없습니다. 왜냐하면, 율법은 원래부터 구원받는 조건으로 제시된 적이 없기 때문입니다. 율법을 받기 위한 조건과 자격을 갖추기 위한 목적으로는 율법을 지키지 않아도 됩니다. 이 말은 율법 자체를 파기하는 의미가 아니라 율법의 의도와 목적을 바로 알아야 한다는 뜻입니다. 하나님은 구원 받는 자격을 갖추기 위해 율법을 지키려 하지 말고, 도리어 이제 구원을 받았으니 율법을 지키라고 말씀하시는 것입니다. 구원 받으려고 율법을 지키지 말고, 구원 받았으니 율법을 지키라고 하십니다. 구원 받고, 은혜를 받고, 하나님의 자녀가 되었으니, 하나님의 심정을 가졌으니, 하나님의 뜻을 이해했으니까, 이제 하나님의 율법을 지키라고 권고하십니다. '믿음으로 말미암아 율법을 파기하느냐? 그럴 수 없느니라.'

많은 분들이 복을 받으려고 열심을 냅니다. 그러나 그것은 헛된 열심입니다. 인간의 행위로 복을 받을 수 없기 때문입니다. 정 반대로 복을 받으셨으면 열심을 내시기 바랍니다. 이미 받은 복을 자신의 삶 속에 구현하며 누리면서 살고자 애쓰고 수고하여 열심을 내어야 하는 것이 정상입니다. 성도는 구원받으려고 율법을 지키는 자가 아닙니다. 은혜로, 믿음으로, 하나님으로 구원 받았기에 이제부터 더욱 율법을 지키고, 하나님의 구원을 누리는 차원에서 충성하는 것입니다.

예수 그리스도

성경은 또한 예수 그리스도를 강조합니다. 예수님을 강조하는 이유는 예수로 말미암아 변화된 인간을 강조하는 것입니다. 로마서 3장 22절, '곧 예수 그리스도를 믿음으로 말미암아 모든 믿는 자에게 미치는 하나님의 의니 차별이 없느니라.' 3장 24절, '그리스도 예수 안에 있는 속량으로 말미암아 하나님의 은혜로 값없이 의롭다 하심을 얻은 자 되었느니라.' 3장 25절, '이 예수를 하나님이 그의 피로써 믿음으로 말미암는 화목 제물로 세우셨으니 이는 하나님께서 길이 참으시는 중에 전에 지은 죄를 간과하심으로 자기의 의로우심을 나타내려 하심이니.' 그리고 그 모든 일의 결론은 26절입니다. '곧 이 때에 자기의 의로우심을 나타내사 자기도 의로우시며 또한 예수 믿는 자를 의롭다 하려 하심이라.' 하나님의 목적은 하나님의 존귀, 하나님의 영광, 하나님의 높아짐이 아니라 죄인이었던 인간을 의롭게 만드시는 것입니다. 인간을 의롭게 하시려고 은혜를 베푸시고, 하나님의 의를 나타내십니다. 인간이 아무것도 할 수 없기에 예수님을 보내셔서 죄인이었던 저와 여러분을 의롭게 하십니다. 예수의 사역은 5장에서 다시 자세하게 나눌 것입니다.

아무쪼록 복음의 진리를 정확하게 아셔서, 복을 받기위해 애쓰고 충성하는 등의 헛된 열심을 버리시길 바랍니다. 또한 받은바 은혜가 무엇인지를 몰라 버려두거나, 받았다는 사실만으로 안심하고, 나태와 방종을 행하는 어리석음을 버리시기 바랍니다. 하나님의 은혜와 믿음으로 받은 구원을 기뻐하고, 나를 구원하시고자 역사를 이루신 하나님과 예수님과 성령님께 감사하고, 이미 내 속에 이루어진 풍성한 하나님의 복과 은혜를 누리도록 말씀을 묵상하여, 깨달은 하나님의 원리대로 사는 일에 성실하시기를 주님의 이름으로 축원합니다.

15
의로 여겨주심

로마서 4:1~25

1 그런즉 육신으로 우리 조상인 아브라함이 무엇을 얻었다 하리요 2 만일 아브라함이 행위로써 의롭다 하심을 받았으면 자랑할 것이 있으려니와 하나님 앞에서는 없느니라 3 성경이 무엇을 말하느냐 아브라함이 하나님을 믿으매 그것이 그에게 의로 여겨진 바 되었느니라 4 일하는 자에게는 그 삯이 은혜로 여겨지지 아니하고 보수로 여겨지거니와 5 일을 아니할지라도 경건하지 아니한 자를 의롭다 하시는 이를 믿는 자에게는 그의 믿음을 의로 여기시나니 6 일한 것이 없이 하나님께 의로 여기심을 받는 사람의 복에 대하여 다윗이 말한 바 7 불법이 사함을 받고 죄가 가리어짐을 받는 사람들은 복이 있고 8 주께서 그 죄를 인정하지 아니하실 사람은 복이 있다 함과 같으니라 9 그런즉 이 복이 할례자에게냐 혹은 무할례자에게도냐 무릇 우리가 말하기를 아브라함에게는 그 믿음이 의로 여겨졌다 하노라 10 그런즉 그것이 어떻게 여겨졌느냐 할례시냐 무할례시냐 할례시가 아니라 무할례시니라 11 그가 할례의 표를 받은 것은 무할례시에 믿음으로 된 의를 인친 것이니 이는 무할례자로서 믿는 모든 자의 조상이 되어 그들도 의로 여기심을 얻게 하려 하심이라 12 또한 할례자의 조상이 되었나니 곧 할례 받을 자에게뿐 아니라 우리 조상 아브라함이 무할례시에 가졌던 믿음의 자취를 따르는 자들에게도 그러하니라 13 아브라함이나 그 후손에게 세상의 상속자가 되리라고 하신 언약은 율법으로 말미암은 것이 아니요 오직 믿음의 의로 말미암은 것이니라 14 만일 율법에 속한 자들이 상속자이면 믿음은 헛것이 되고 약속은 파기되었느니라 15 율법은 진노를 이루게 하나니 율법이 없는 곳에는 범법도 없으니라 16 그러므로 상속자가 되는 그것이 은혜에 속하기 위하여 믿음으로 되나니 이는 그 약속을 그 모든 후손에게 굳게 하려 하심이라 율법에 속한 자에게뿐만 아니라 아브라함의 믿음에 속한 자에게도 그러하니 아브라함은 우리 모든 사람의 조상이라 17 기록된 바 내가 너를 많은 민족의 조상으로 세웠다 하심과 같으니 그가 믿은 바 하나님은 죽은 자를 살리시며 없는 것을 있는 것으로 부르시는 이시니라 18 아브라함이 바랄 수 없는 중에 바라고 믿었으니 이는 네 후손이 이같으리라 하신 말씀대로 많은 민족의 조상이 되게 하려 하심이라 19 그가 백 세나 되어 자기 몸이 죽은 것 같고 사라의 태가 죽은 것 같음을 알고도 믿음이 약하여지지 아니하고 20 믿음이 없어 하나님의 약속을 의심하지 않고 믿음으

로 견고하여져서 하나님께 영광을 돌리며 21 약속하신 그것을 또한 능히 이루실 줄을 확신하였으니 22 그러므로 그것이 그에게 의로 여겨졌느니라 23 그에게 의로 여겨졌다 기록된 것은 아브라함만 위한 것이 아니요 24 의로 여기심을 받을 우리도 위함이니 곧 예수 우리 주를 죽은 자 가운데서 살리신 이를 믿는 자니라 25 예수는 우리가 범죄한 것 때문에 내줌이 되고 또한 우리를 의롭다 하시기 위하여 살아나셨느니라

기독교의 개념

로마서의 구조

글을 읽을 때에 전체적 맥락을 파악해야 하는 것처럼 로마서를 읽을 때에도 로마서의 전체적 내용 전개를 파악하면서 각 장을 이해해야 합니다. 롬 1장부터 3장까지를 살펴보았는데 단 한 번도 바울이 성도들에게 하나님의 명령이나 과업 또는 하나님을 위한 일을 제시하지 않았습니다. 이렇게 행하라, 저렇게 실천하라는 권면도 하지 않았습니다. 믿음에 대한 책망도 꾸중도 없었습니다. 로마서는 로마에 있는 성도에게, 이미 복음을 듣고 복음을 알고 복음을 믿는 사람들에게 쓴 편지입니다. 그런데 제일 먼저 1장에서 복음을 다시 한 번 설명합니다. 그 다음에 2장과 3장에서는 인간의 상태 즉 모두가 죄인이었다는 사실이 선포되었습니다. 로마 성도들은 당시 교회에 대한 압박과 핍박에도 하나님을 믿었던 사람들입니다. 바로 그 사람들에게 다시 한 번 예전에 죄인이었다는 사실을 강력하게 수차에 걸쳐 강조합니다. 그리고 그들이 받은 구원이 철저하게 하나님의 은혜로 되었다는 사실을 말합니다. 자신들의 성도됨에 대하여 정확하고 바르게 이해하지 않으면, 잠시 후에 혼란이 오고 갈등이 오고 문제가 발생하기 때문입니다.

죄인

어떤 일을 열심히 하는 것 이전에 상황에 대하여 정확히 아는 것이 필

요합니다. 신앙생활을 바르게 누리기 위해서는 성경 용어의 의미를 정확하게 이해해야 합니다. 오늘날 기독교가 세상으로부터 받는 오해는 모두 교회가 스스로 만들어낸 자업자득인 때가 많습니다. 즉 기독교의 개념을 정확하게 사용하지 않아서 세상의 개념과 혼동되어 결국, 기독교가 오해를 받고 복음이 왜곡되게 전달되곤 합니다. 세상이 기독교 개념을 바르게 이해하지 못하는 것은 당연합니다. 성도들이 기독교의 개념을 바르게 이해하고, 바르게 사용하여 세상 사람들에게 구별된 기독교 개념을 소개할 수 있어야 합니다. 성도들이 제대로 이해하지 못하고 있는 대표적인 개념이 바로 '죄'와 '은혜'입니다.

구원받기 이전의 사람들은 모두 죄인이었습니다. 믿는 자들은 구원받은 새로운 피조물이지만, 죄의 원리와 습관은 여전히 남아있습니다. 세상 사람과 어울릴 때, 우리는 상대방이 죄인인 줄을 알아야 합니다. 인간이 죄인인 줄 알아야 세상을 현명하게 살 수 있습니다. 인간이 죄인인 줄 알면 인생을 살기가 무지하게 편해지고 대부분의 문제가 해결됩니다. 인간이 죄인이라는 사실을 알면, 인간의 행동에 대해 분노하고 실망하지 않을 수 있습니다. 인간이 죄인이라는 사실을 알면, 감사와 즐거움이 넘쳐나고 감격이 느껴집니다. 인간이 죄인이라는 사실을 몰라서, 불필요한 많은 문제들이 발생하고, 다른 사람이 나와 같지 않음에 답답해하고 화가 나는 것입니다. 인간이 죄인이라는 사실을 알면, 다른 사람이 나와 같기를 애당초 기대하지 않습니다. 그러나 불행하게도 사람들은 이러한 사실을 뒤늦게야 깨닫습니다. 더 이상 당할 것이 없을 만큼 당한 후에야 알아차립니다. 살면서 배우면 늦습니다. 미리 정확하게 알고 살아가야 합니다.

'젊어 고생은 사서도 한다'라는 말이 있습니다. 이 속담은 젊어서 고생을 해봐야 소중한 것을 알 수 있다는 뜻입니다. 그러나 고생을 해 본 후에야 소중한 것의 가치를 알게 된다면 어리석은 방법입니다. 고생하기 전에 미리 알아야 지혜로운 것입니다. 또 '믿을 놈 하나 없다' 라는 말도 있습니다. 인생을 살다보면, 세상에 믿을 놈 하는 없다는 사실을 깨닫게 된다고 합니다. 세상을 살아 본 후에 그 사실을 알면, 늦습니다. 성경을 통해 미리 인간의 실체를 알았어야 합니다. 사람은 죄인이요, 죄인은 믿을 존재가 못 된다는 것을 살아보기 전에 미리 알아야 합니다. 세상의 교훈과 덕담은 사람들이 오랜 세월을 살아 본 결과에서 나온 산 경험의 축적으로 매우 정말 소중합니다. 그러나 아무리 오랜 경험의 소산이라고 할지라도 여전히 죄인들의 발상에 불과합니다. 죄인의 원리이기에 성경 원리에 비추어 볼 때 모두 어리석은 것이요, 미련한 것입니다.

어떤 사람은 성경의 가르침이 일상생활과는 무관한 종교적 영역, 내세적 영역에만 관계된 것이라고 착각합니다. 세상에서 배울 것도 많고, 할 일이 많아서 교회 나올 시간이 없고, 성경 배울 시간이 없다고 생각합니다. 그렇지 않습니다. 실상은 정반대입니다. 교회에는 하나님이 계십니다. 하나님은 세상을 창조하신 분이요, 세상을 주관하시는 분이요, 섭리하시는 분이십니다. 그 하나님의 원리가 바로 성경입니다. 세상 지혜로는 성경을 알 수 없습니다. 그러나 성경의 지혜로는 세상을 알 수 있습니다. 인간의 지혜로는 하나님을 알 수 없습니다. 그러나 하나님의 지혜로는 인간을 알 수 있고, 세상을 알 수 있고, 정치, 경제, 가정, 사회의 원리를 알 수 있습니다. 왜냐하면, 성경은 인간을 지으시고 섭리하시는 하나님의 지혜이기 때문입니다.

은혜

인간이 죄인이라는 사실을 분명하게 인식해야만 은혜를 이해할 수 있습니다. '은혜' 는 절대로 내가 받아낼 수 있는 것도 아니며, 갚을 수 있는 것도 아닙니다. 은혜는 말 그대로 황공하게 받는 것입니다. 그리고 잘 쓰면 됩니다. 은혜 받았다고 자랑할 수 없고, 오직 기쁨과 감격만이 넘칩니다. 로마서 1장부터 3장 18절까지, 인간이 죄인이라는 사실을 강력하게 선포했습니다. 그리고 더욱 강력하게 하나님의 은혜를 선포했습니다. 하나님은 인간이 죄인이라는 것을 아십니다. 그래서 인간이 하나님을 부인해도 화내시지 않습니다. 인간이 하나님을 저주해도 징계하시지 않습니다. 인간이 하나님과 원수 되어도 책망하시지 않습니다. 인간이 죄를 지어도 하나님은 형벌을 내리시지 않습니다. 왜냐하면, 하나님은 인간이 죄인이라는 것을 알고 계시며, 징계와 심판으로 죄인을 고칠 수 없다는 것을 알고 계시기 때문입니다.

하나님은 죄인에게 가장 필요한 것이 은혜라는 것을 알고 계시기에 은혜를 주십니다. 죄인에게 은혜를 주시는 것이 하나님의 공의입니다. 세상의 공의와 하나님의 공의는 기준이 전혀 다릅니다. 세상은 잘한 자에게 상주고 못한 자에게 벌주는 것을 공정하다고 합니다. 그래서 세상의 기준을 따르면 부익부 빈익빈 계속되고, 악순환이 반복됩니다. 그러나 하나님은 못하는 자에게 은혜와 복이 필요한 줄을 아시고, 필요한 자에게 필요한 것을 주십니다. 이것이 하나님의 공의입니다.

성경의 증거

무엇을 얻었다 하리요?

로마서 4장에 아브라함이 등장합니다. 성경에 아브라함이 등장하는 이유를 이해해야 합니다. 일반적으로 사람들은 성경에 어떤 인물이 등장하면 그 인물을 탐구합니다. 그 사람의 장점, 특기, 다른 사람과의 구별되는 점 등을 연구합니다. 그리고 결론 내리기를 그 사람이 성경에 등장할만한 특징과 자격이 있고, 그 사람의 장점과 능력 때문에 하나님이 사용하신다고 생각합니다. 이러한 사고방식은 성경이 말하고자 하는 것이 아닙니다. 성경은 사람의 특성에 집중하지 않습니다.

로마서 1장부터 3장까지에서 모든 인간이 죄인이라고 했습니다. 유대인이나 헬라인이나 차별이 없이 똑같은 죄인이라고 했습니다. 어느 한 사람도 다르지 않다고 했습니다. 그러면 이제 아브라함도 죄인이라고 선언한 것을 기억해야 합니다. 아브라함도 다른 사람과 다르지 않습니다. 아브라함도 죄인이요, 아브라함도 은혜가 필요한 존재였습니다. 그러므로 지금 아브라함을 통해 성경이 말하는 내용은 아브라함을 대하시는 하나님에 대한 이야기입니다.

로마서 4장 1절의 시작은 '그런즉 육신으로 우리 조상인 아브라함이 무엇을 얻었다 하리요?' 입니다. 핵심은 '무엇을 얻었다 하리요?' 즉 '얻었다' 입니다. 만약 아브라함이나 아브라함의 행위를 강조하려면 '무엇을 하였다 하리요?' 가 등장해야 합니다. 아브라함의 행위를 강조하려면 아브라함이 단을 쌓은 이야기, 아브라함이 기도한 이야기, 아브라함이 충성한 이야기, 아브라함이 아들을 바친 이야기, 아브라함이 십일조를 한 이야기, 아브라함의 인내, 충성, 헌신 등이 나와야 합니다. 아브라함이 그렇게 하나님께 충성해서 하나님께서도 복을 주셨다는 내용이 나와야 합니다. 만약 그렇다면, 아브라함이 그렇게 해서 복을 받은 것처럼, 우리도 아브라함처럼 충성하여 복을 받자고 말할 수 있을 것입니다. 그러나 본문의 전개는 전혀 그렇지 않습니다.

로마서 4장의 본문은 아브라함이 한 일이 아니라, 아브라함이 얻은 것을 말합니다. 안타깝게도 아브라함이 복을 받았다고 하면 사람들의 관심은 아브라함에게 모아집니다. 그리고 아브라함이 무엇을 얼마나 어떻게 해서 복을 받았는지 궁금해 합니다. 성경의 대답은 아브라함이 은혜로 복을 받았다고 합니다. 2절에, '만일 아브라함이 행위로서 의롭다 하심을 받았으면 자랑할 것이 있으려니와 하나님 앞에서는 없느니라.' 성경에서 선언하기를 아브라함이 행위로 얻지 않았다는 것입니다. 아브라함의 어떤 행위를 보고 하나님이 은혜를 주신 것이 아닙니다. 그래서 아브라함은 자랑할 것이 없다고 선언합니다. 아브라함에겐 자랑할 만한 행위가 없고, 인간이 아브라함에게서 배울 것 또한 없습니다. 오늘날 성도들이 따라야 할 모범이 없습니다. 신앙의 영웅으로 추대하고 본받을 만한, 귀감으로 삼을 인물도 아닙니다. 기독교에는 인간의 행위에 따라 복을 주는 내용이 없습니다. 로마서 4장은 아브라함이 아니라 하나님을 말하고 있습니다. 아브라함은 죄인이고 복 받을 만한 어떤 행위도 하지 않았지만, 하나님은 아브라함에게 은혜를 주셨습니다. 하나님은 아무것도 하지 않은 죄인에게 은혜와 복을 주셨습니다.

아브라함이 받은 것이 오직 은혜로 되었음을 강조하는 구절이 4절입니다. '일하는 자에게는 그 삯이 은혜로 여겨지지 아니하고 보수로 여겨지거니와' 맞는 표현입니다. 일하고 대가를 받으면 그것은 정당한 보수이지, 은혜로 여기지 않는다는 말은 맞습니다. 로마서 4장에 그와 같이 기록되어 있습니다. 일하는 자에게는 그 삯이 은혜로 여겨지지 않고 보수로 여겨집니다. 인간이 하나님을 위하여 희생하고 헌신하고 충성해서 은혜를 받으면, 그것은 은혜가 아니라 정당한 대가요 보수일 뿐입니다. 하나님께 은혜 받으려면 충성하자, 복 받으려면 열심을 내자, 은혜 받을 짓을 하자, 심는 자가 받는다는 등의 모든 말은 은혜가 아니요 복음이 아닙니다. 하나님의 진리를 왜곡하는 것이요 성경의 가르침을 변질시키는 말입니다.

성도들이 교회생활 하다가 지칠 때가 있습니다. 사람들이 지치는 이유는 자신이 일한 만큼 결과가 없기 때문입니다. 자신이 일한 만큼 결과가 없으면 지치고, 일한 만큼 결과가 생기면 그 하던 일을 견디고, 자신이 일한 것보다 더 많은 결과가 생기면 감격해 합니다. 신앙생활 하다가 지치는 이유는, 하나님을 위해 많이 수고하고, 교회를 위해 충성을 했는데 하나님이 적게 주신다고 생각하기 때문입니다. 하나님의 은혜는 일에 대한 값으로 주어지는 것이 아닙니다. 하나님이 인간에게 주시는 것은 온전히 은혜입니다. 복을 기대하고 은혜를 기대하고 신앙생활하면 다 지칩니다. 그러나 자신이 받은 은혜를 알고, 자신이 얻은 복을 알고 신앙생활을 하면, 지치지 않고 늘 감사하며 감격할 수 있습니다.

일을 아니할지라도

하나님의 은혜가 온전히 은혜임을 강조하는 구절이 계속 이어집니다. 로마서 4장 5절, '일을 아니할지라도', 4장 6절 '일한 것이 없다.' 성경은 지금 아브라함은 아무것도 한 것이 없다고 말합니다. 대신 하나님이 하셨습니다. 로마서 4장 5절, '경건하지 아니한 자를 의롭다 하시는 이' 이분이 하나님이십니다. 아브라함이 받은 것은 일한 것에 대한 정당한 보수가 아니라 일한 것이 없음에도 받았기에 은혜를 받은 것입니다. 4장 6절에 '일한 것이 없이 하나님께 의로 여기심을 받은 사람의 복'이라고 말합니다. 일한 것이 없이 받았기에 은혜요 복입니다.

인간의 행위로 복을 받을 수 없습니다. 복을 받기 위한 모든 노력은 다 헛됩니다. 은혜 받는 방법, 복 받는 방법이란 있을 수 없습니다. 아브라함은 무엇을 한 것이 아니라 받은 것입니다. 일한 것이 없는데도 의로 여기심을 받았습니다. 은혜를 받았습니다. 그 설명이 로마서 4장 7~8절입니다. '불법이 사함을 받고 죄가 가리어짐을 받는 사람들은 복이 있고 주께서 그 죄를 인정하지 아니하실 사람은 복이 있도다.' 참으로 복 있는 사람은 죄를 지었는데도 사함 받은 사람입니다.

성경을 바르게 이해하면, 성경에서 부러워할만한 사람은 없다는 것을 알게 됩니다. 아브라함도, 총리가 된 요셉도, 왕이 된 다윗도, 총명한 다니엘도 부러워할 필요가 없습니다. 왜냐하면, 우리가 그 사람들보다 훨씬 더 나아진 성도가 된 사실을 알기 때문입니다. 구약 성경의 인물도 지금의 우리처럼 되기를 소망했었습니다. 로마서 4장에 아브라함의 행위에 대해서는 한 마디도 안 나옵니다. 아브라함이 받은 은혜와 복만 나옵니다. 로마서를 기록한 바울의 경우를 예로 들어도 마찬가지입니다. 바울은 자신이 복을 받은 사람이라고 말합니다. 왜냐하면, 바울이 사도가 되기 위해 아무것도 한 일이 없기 때문입니다. 하나님이 행한 대로 갚으셨으면, 바울은 예수 믿는 사람들을 핍박했으니까 처형 받았어야 합니다. 그래서 자신이 사도가 될 수 있었던 길이 무엇이냐고 묻는 자들에게, 한 마디로 '은혜'라고 대답할 수 있었습니다.

조건이 없을 지라도

아브라함은 행위로 복을 받지 않았습니다. 뿐만 아니라, 아브라함의 자격과 조건과 소속과 신분 등에 의하여 복을 받은 것도 아닙니다. 인간의 행위가 없고 자격이 없는데도 하나님이 일하셨다는 사실을 성경에서는 '의로 여기셨다'고 표현합니다. 로마서 4장 3절, '그것이 그에게 의로 여겨진바 되었느니라.' 4장 5절, '그의 믿음을 의로 여기시나니', 4장 6절, '하나님께 의로 여기심을 받는 사람의 복', 4장 9절, '의로 여겼다 하노라.' 인간은 행한 것이 없었는데 하나님이 의로 여기셨습니다. 10절, '그런즉 그것이 어떻게 여겨졌느냐? 할례시냐 무할례시냐? 할례시가 아니요 무할례시니라.' 할례라는 자격, 율법을 가졌다는 자격, 선택받은 민족이라는 자격이 있는 자를 의롭다고 하신 것이 아니라, 무할례시 즉 아무 자격도 구별도 없을 때 은혜를 주셨다는 것입니다. 물론 아브라함은 할례를 받았습니다. 중요한 것은 아브라함이 할례를 받은 후에 하나님의 은혜를 받은 것이 아니라, 하나님께 부름 받은 후에, 하나님께 의로 여기심을 받은 후에, 하나님께 복을 받은 후에, 하나님께 은혜를 받은 후에 아브라함은 할례를 받았습니다. 아브라함은 행위를 통하여 복 받은 사람의 대표가 아니라, 일을 아니할지라도, 행한 것이 없을지라도 복 받은 사람의 대표입니다. 그리고 그 아브라함의 후손이 로마의 성도요, 또 오늘날의 성도입니다. 아브라함처럼 성도들도 아무 일도 안 했는데 은혜를 받아 하나님의 자녀가 되었습니다. 그것이 로마서 4장 11절부터 16절입니다. 4장 11절, '이는 무할례자로서 믿는 모든 자의 조상이 되어', 4장 12절, '또한 할례자의 조상이 되어' 4장 16절, '율법에 속한 자에게뿐만 아니라 아브라함의 믿음에 속한 자에게도 그러하니 아브라함은 우리 모든 사람의 조상이라.'

예수가 등장하는 이유

인간이 아무 일도 안했다는 것이 세상에 아무 일도 없었다는 의미가 아닙니다. 인간이 아무 일도 안했을 뿐, 누군가 일을 했습니다. 그 일을 하신 분이 바로 하나님이십니다. 인간이 일을 안 하고 인간이 수고를 안 했을 뿐이지, 하나님은 수고하시고 하나님은 일하시고 하나님은 역사하셨습니다. 아브라함이 한 일이 없다는 것으로 끝나서는 안 됩니다. 하나님의 일하심으로 즐거워하고 행복해야 합니다. 하나님은 살아계시고, 일하시는 분이요, 역사하시는 분이십니다. 하나님께서는 인간을 구원하실 계획을 세우시고, 인간을 구원하시려고 예수 그리스도를 보내어 십자가에 죽게 하시고, 죽은 예수를 살려 내셔서, 그 대속의 사역을 성도들에게 적용하사 하나님의 자녀가 되도록 하십니다. 지금도 죄가 성도를 해하지 못하도록, 죄가 성도를 이기지 못하도록 지켜주시고 섭리하시고 보호하시고 인도하시고 책임지고 계십니다. 그래서 로마서 4장에 아브라함의 행함이 없음과 하나님의 일하심을 설명하면서 마지막에 예수가 등장하는 것입니다. 로마서 4장 25절, '예수는 우리가 범죄한 것 때문에 내줌이 되고 또한 우리를 의롭다 하시기 위하여 살아나셨느니라.' 예수를 보내신 분은 하나님이십니다. 우리 죄를 해결하시려고 예수님이 죽으셨을 때 그 예수를 살리신 분도 하나님이십니다. 인간을 위해 죽으실 만큼 인간을 향한 하나님의 사랑이 얼마나 큰지를 보여주십니다. 성도는 바로 이러한 하나님의 일하심으로 하나님의 자녀가 되었고 하나님의 성품인 자유와 평화와 안식과 행복을 누릴 수 있게 되었습니다.

은혜 받은 자들

기독교에는 자기 자랑이 없고 성도는 자기의 행위를 자랑하지 않습니다. 자랑하지 않는 것이 아니라 자랑거리가 없어서 아예 자랑이란 있을 수가 없습니다. 그래서 겸손도 없습니다. 자랑할 것이 있는데 자랑하지 아니하면 겸손이지만, 원래 자랑할 것이 없어서 자랑하지 않는 것은 겸손이 아닙니다. 자랑할 것이 없다고 고백하는 사람은 상대방이 자신을 알아주지 않아도 당연히 여깁니다. 나 자신을 정말 아는 것입니다.

그러면 하나님이 아브라함을 왜 부르시고, 왜 의로 여기셨을까요? 로마서에는 나오지 않지만, 창세기에 보면 하나님이 아브라함을 부르신 목적이 나옵니다. 창세기 18장 19절에 '내가 그로 그 자식과 권속에게 명하여 여호와의 도를 지켜 공의와 정의를 행하게 하려고 그를 택하였나니'라고 말씀하십니다. 하나님이 아브라함을 공의와 정의를 행하게 하려고 부르셨다고 하십니다. 하나님의 마음, 하나님의 기준, 하나님의 원리, 하나님의 개념, 하나님의 가치로 살게 하시고자 부르셨습니다. 그래야, 인간이 행복하기 때문입니다.

무엇을 하든지, 할 수 있는 대로 다 하시되, 하나님의 마음으로 하시기 바랍니다. 하나님의 원리로 사는 것이 신앙생활을 가장 잘하는 것입니다. 미가서 6장 8절에 '사람아 주께서 선한 것이 무엇임을 네게 보이셨나니 여호와께서 네게 구하시는 것은 오직 정의를 행하며 인자를 사랑하며 겸손하게 네 하나님과 함께 행하는 것이 아니냐'고 선언합니다. 아모스 5장 24절에도 예언자가 성도에게 요구하는 것이 '오직 정의를 물 같이, 공의를 마르지 않는 강같이 흐르게 할지어다'라고 말씀하십니다. 우리는 하나님을 믿습니다. 하나님의 일하심을 믿습니다. 우리가 죄인 되었을 때에 하나님께서 우리를 위해 하신 일을 알고, 그 결과로 내가 성도된 것을 깨달아서, 삶 가운데 성도의 행복을 풍성히 누리시기를 주님의 이름으로 축원합니다.

16
화평을 누리자

로마서 5:1~11

1 그러므로 우리가 믿음으로 의롭다 하심을 받았으니 우리 주 예수 그리스도로 말미암아 하나님과 화평을 누리자 2 또한 그로 말미암아 우리가 믿음으로 서 있는 이 은혜에 들어감을 얻었으며 하나님의 영광을 바라고 즐거워하느니라 3 다만 이뿐 아니라 우리가 환난 중에도 즐거워하나니 이는 환난은 인내를 4 인내는 연단을 연단은 소망을 이루는 줄 앎이로다 5 소망이 우리를 부끄럽게 하지 아니함은 우리에게 주신 성령으로 말미암아 하나님의 사랑이 우리 마음에 부은 바 됨이니 6 우리가 아직 연약할 때에 기약대로 그리스도께서 경건하지 않은 자를 위하여 죽으셨도다 7 의인을 위하여 죽는 자가 쉽지 않고 선인을 위하여 용감히 죽는 자가 혹 있거니와 8 우리가 아직 죄인 되었을 때에 그리스도께서 우리를 위하여 죽으심으로 하나님께서 우리에 대한 자기의 사랑을 확증하셨느니라 9 그러면 이제 우리가 그의 피로 말미암아 의롭다 하심을 받았으니 더욱 그로 말미암아 진노하심에서 구원을 받을 것이니 10 곧 우리가 원수 되었을 때에 그의 아들의 죽으심으로 말미암아 하나님과 화목하게 되었은즉 화목하게 된 자로서는 더욱 그의 살아나심으로 말미암아 구원을 받을 것이니라 11 그뿐 아니라 이제 우리로 화목하게 하신 우리 주 예수 그리스도로 말미암아 하나님 안에서 또한 즐거워하느니라

의롭다 하심을 받았으니

이루어진 일

우리는 누구나 미래에 많은 관심이 있습니다. 하나님이 앞으로 나를 어떻게 쓰실지, 나를 얼마나 성공시키실 것인지, 나를 어디로 보내실 것인지, 장래에 이루어질 일에 관심이 많습니다. 그러나 기독교는 하나님

이 이미 이루어 놓으셨고, 역사하셨고, 완성해 놓으신 일에 근거하기에 의심하지 않고 흔들리지 않고 요동하지 않을 수 있습니다. 그 하나님의 역사에 기초하여 하나님 안에서 기뻐하고 즐거워하는 것이 신앙생활입니다.

물론 기독교는 미래지향적입니다. 기독교에서 말하는 미래는 미지의 세계나 불확실의 세계나 직접 닥쳐봐야 하는 세계가 아닙니다. 믿는 자에게 미래는 이미 다 알려져 있고, 밝혀져 있고, 현재 상태의 연장선상에 있습니다. 기독교에서는 이미 이루어진 일을 아는 것이 훨씬 더 중요합니다. 간혹 사람들은 알아야 하는 것과 몰라도 되는 것을 자주 혼동합니다. 기독교에 대하여 정확히 모르시는 분이 이단종파에 대해서 알고 싶다고 말합니다. 성경에 나타난 하나님의 말씀을 잘 모르시는 분이 타종교의 경전도 읽어보아야 한다고 합니다. 현재를 누리지 못하는 분이 미래를 꿈꾸고 삽니다. 지혜롭지 못한 것입니다. 기독교는 하나님이 계시고, 하나님이 이미 역사를 이루셨다는 사실에 근거하여 하나님 안에서 현재를 누리며 사는 종교입니다.

문제가 해결 되었다

하나님은 인간의 문제를 죄라고 지적하십니다. 인간이 행복을 누리지 못하는 이유는 상황이나 처지 때문이 아니라 죄의 마음 때문입니다. 인간관계가 힘든 것은 저 사람 때문이 아니라 죄 때문입니다. 열 길 물속은 알아도 한 길 사람 속은 알기 어려운 것은 죄 때문입니다. 사람을 알아서는 사람의 문제를 해결하지 못합니다. 인간을 사로잡고 있는 죄를 알고, 죄의 원리를 알아야 인간관계를 풀어갈 수 있습니다. 어제까지 친구이다가 오해 하나 때문에 오늘부터 원수가 됩니다. 그러다가 또 무슨 일이 있으면 어제까지 원수이다가 오늘 동지가 됩니다. 사람은 양심에 따라 행동하지도 않고, 상식대로 행동하지도 않고, 의지로 행동하지도 않습니다. 결국, 사람은 죄의 소원대로 움직입니다. 그래서 죄를 알지 못하면 사람을 알지 못합니다. 하나님은 죄가 문제라고 말씀하시고, 죄의 문제를 극복하도록 하나님의 원리를 가르치십니다. 반면에 세상은 하나님의 가르침을 알 수 없어서 인간관계의 새로운 방법을 제시하지만 해결이 되지 않습니다. 철학은 너 자신을 알라고 합니다. 경영은 상대를 알라고 합니다. 그러나 신학은 하나님을 알라고 합니다. 그래야, 인간의 삶을 바르게 알고 제대로 살 수 있습니다.

인간이 죄인이 되어 하나님의 원리를 떠나 죄의 원리대로 살 때에 하나님이 인간을 구원하셨습니다. 하나님이 인간을 구원하셔서 인간이 구원을 받았고, 죄에서 해방되었습니다. 본문을 살펴보면, 5장 1절에 '그러므로 우리가 믿음으로 의롭다 하심을 받았으니' 라는 말씀대로 과거형입니다. 2절에 '또한 그로 말미암아 우리가 믿음으로 서 있는 이 은혜에 들어감을 얻었으며', 10절에 '그 아들의 죽으심으로 말미암아 하나님으로 더불어 화목하게 되었은즉.' 성도는 의롭다 하심을 받았고, 하나님과 화목 되었고, 죄의 문제가 해결되었습니다. 이제 죄의 원리가 아닌 하나님의 원리로 살 수 있게 되었습니다. 성도는 행복을 소망하는 자가 아니라 행복을 소유한 자입니다.

예수 그리스도가 죽었고 부활하였다

사람들은 행한 대로 받는다는 법칙에 너무 사로잡혀 있습니다. 그래서 하나님의 행하심으로 이루어진 복음을 선포하면 자신이 아무것도 안 했는데 도대체 무엇이 이루어졌고 무엇이 완성되었는가 하고 의아해합니다. 세상 어느 종교에도, 세상 어느 가르침에도 이미 문제가 해결되었다고, 소망이 완성되었다고 선언하는 곳은 단 한 군데도 없습니다. 왜냐하면, 그들에게는 예수 그리스도의 사역과 같은 것이 없기 때문입니다. 세상의 다른 모든 종교의 주장은 '잘 해보자, 열심히 해보자' 는 것입니다. 왜냐하면, 아직 아무것도 된 것이 없기 때문입니다. 세상의 모든 것은 인간이 어떻게 행하느냐에 달려있습니다.

그러나 기독교에는 예수의 사역이 있습니다. 내가 아무것도 안했다고 아무 결과가 없을까요? 내가 하지 않았을 때에 예수님이 행하셨습니다. 죄의 결과로 내가 죽어야 할 때, 예수님이 죽으셨고, 부활하셨습니다. 예수는 이제 무덤에 계시지 않습니다. 예수가 부활할지 아닐지 지켜보아야 하는 것이 아닙니다. 예수는 이미 부활하셨고 예수 그리스도의 사역의 결과로 인간의 문제도 해결되었습니다.

하나님과 더불어 화평을 누리자

하나님의 영광을 바라고 즐거워하느니라

본문은 하나님과 더불어 화평을 누리자고 말하고 있습니다. 하나님과 더불어 죽도록 충성하자도 아니고, 하나님과 더불어 세상을 바꾸어 보자도 아닙니다. 하나님과 더불어 새 역사를 만들어 보자도 아니고, '하나님과 더불어 화평을 누리자' 라고 말합니다. 하나님을 생각했을 때, 괜스레 짐이 되고 부담이 되고 마음이 조마조마 하고 두려움이 생기고 불편한 마음이 들면 안 됩니다. 하나님을 생각하면, 마음이 즐거워지고 평안해지고 자유로워지고 담대해지고 신이 나야, 하나님과 바른 관계가 유지되고 있는 것입니다.

로마서 5장 2절을 보면, '또한 그로 말미암아 우리가 믿음으로 서 있는 이 은혜에 들어감을 얻었으며 하나님의 영광을 바라고 즐거워하느니라' 라고 합니다. 일반적으로 성도들은 하나님께 영광을 돌린다는 생각만 있지, 이제 자신이 믿음으로 의롭게 되어 하나님의 영광을 받는다는 생각을 안 합니다. 기독교는 인간이 하나님을 높이는 종교가 아니라 하나님이 인간을 높이시는 종교입니다. 기독교는 하나님이 인간을 통해 영광을 받으시는 것이 아니라 인간이 하나님에 의해 영광을 덧입는 종교입니다. 왜냐하면, 하나님이 인간보다 더 높기 때문입니다. 하나님만이 그렇게 행하실 수 있는 능력이 있으시기 때문입니다. 인간이 하나님을 영화롭게 하고, 하나님을 존귀하게 하고, 하나님을 찬양하는 것이 아니라, 죄인이었던 인간을 하나님이 존귀하게 하시고, 원수 되었던 인간을 하나님이 거룩하게 하시고, 죄에 사로잡혀 아무것도 할 수 없는 인간을 하나님이 성도되게 하셨습니다. 인간 때문에 하나님이 높아지는 것이 아니라 하나님 때문에 인간이 치유되고 회복됩니다. 그래서 기독교는 인간을 통해서 하나님이 기뻐하시는 것이 아니라 하나님을 통해서 인간이 기뻐합니다.

성도는 하나님을 위해서 무엇을 할까, 내가 하나님께 어떻게 쓰임 받을까를 고민하지 않습니다. 인간이 하나님을 위해 고민할 수 없습니다. 인간이 하나님을 위해 고민하는 것이 아니라, 하나님이 인간을 생각하시고 고민하시고 염려하셔서 하나님이 일하시고 인간에게 은혜를 주십니다. 기독교는 하나님이 하신 일이 무엇인지 알아서 그것을 누리며 즐거워하며 평안하게 사는 것입니다. 우리가 알아야 하는 것은 과거와 현재와 미래에 관한 것입니다.

알고 살아야 한다

로마서 5장 3절~4절에, '다만 이뿐 아니라 우리가 환난 중에도 즐거워하나니 이는 환난은 인내를 인내는 연단을 연단은 소망을 이루는 줄 앎이로다' 라고 말합니다. 세상은 알고 살아야 합니다. 알고 살아야 행복하고 즐겁고 누리며 살 수 있지, 알지 못하면 절대로 누릴 수 없습니다.

예를 들어, 노인들은 잘 놀래지 않습니다. 왜냐하면, 해 아래 새 일이 없다는 것을 다 알고 있기 때문입니다. 갓 결혼한 새댁이 첫 아이를 낳아서 기를 때 아이가 아프면 초보 엄마는 무척 놀래며 걱정합니다. 그러나 할머니는 놀래지 않습니다. 애들은 아프고 나면 큰 다는 것을 알고 있습니다. 또 아이가 자라면서 계속 부모 속을 썩이면 부모는 못살겠다고 하며 아예 호적에서 파고 싶다는 말을 하기도 합니다. 그러나 주변의 어른들은 웃으며 젊은 부모에게 조금만 견디라고 합니다. 왜냐하면, 자라면서 부모의 속을 썩이던 자녀들이 나중에 누구보다도 더 효도하게 된다는 것을 알기 때문입니다. 안타깝게도 대부분의 사람들은 알고 살아야 한다는 것을 알면서도 당하면서 알게 됩니다. 이것이 죄인의 한계입니다. 직접 당하고 난 후에야 제대로 알았다, 이제 이론이 아니라 실제로 알았다고 하지만, 이미 일을 당한 후이므로 소용이 없습니다. 죄인은 남의 일에서 교훈을 얻지 못합니다. 죄인은 책을 통해 배우지 못하고, 죄인은 역사를 통해 배우지 못합니다. 자신의 생생한 경험에 근거하여 옆 사람에게 경고해 주고 충고해 주려고 하지만, 그것도 소용이 없습니다. 왜냐하면, 이전에 어떤 사람이 나에게 충고해 줄때 내가 듣지 않았던 것처럼, 지금 내가 충고해 줄 때 그 사람이 그 충고를 귀담아 듣지 않을 것이기 때문입니다. 죄인은 절대로 배우지 않고 언제나 당해봐야 압니다.

인간이 다른 사람을 변화시키려고 하는 것, 다른 사람을 가르치려고 하는 것처럼 어리석은 짓이 없습니다. 남편이든, 아내이든, 자녀이든 남을 변화시키려고 하는 것은 하나님의 영역에 대한 도전입니다. 어느 누구도 인간은 다른 사람을 변화시키거나 가르칠 수 없습니다. 죄인은 불가능합니다. 그래서 하나님이 인간을 변화시키기 위해 예수를 보내셨고, 예수의 십자가 사역이 있었던 것입니다. 성도는 이제 죄인이 아닙니다. 이제 죄의 원리가 아닌 하나님의 원리로 사는 자들입니다. 성도는 이미 행복을 소유한 자요, 문제가 해결된 자라는 사실을 압니다. 이미 이루어진 일이 무엇인지 알고, 그 이루어진 일과 함께 앞으로의 삶에 대한 하나님의 약속을 압니다.

앎이로다

성도에게도 환난이 올 때가 있습니다. 환난이 오면 사람들은 걱정을 합니다. 만약 이 환난이 잘 끝나서 지금보다 더 나은 결과로 마무리 될 것이라는 보장만 있으면 걱정하지 않고 때를 기다릴 수 있습니다. 하지만 그 결말을 알지 못하면 이 환난으로 자신이 더 큰 어려움에 처하지는 않을지, 결국에는 패망하지는 않을지, 염려와 걱정을 하지 않을 수 없습니다. 지금 이 순간 이후 아무도 그 다음을 알지 못하기에 불안해하고 두려워하는 것입니다. 그러나 성도들은 현재 당하는 일의 과정과 결말을 알고 있습니다. 성도의 삶에 환난이 오면, 환란이 인내를 만들고, 인내는 연단을 만들고, 연단을 소망을 이루는 줄을 압니다. 이 사실을 모르면, 아무도 행복할 수 없고 자유할 수 없고 평안할 수 없습니다. 반대로 이 사실을 알면, 불안할 필요가 없고 염려할 필요가 없습니다. 성도에게 일어나는 모든 일을 무익한 것이 없습니다. 헛된 것이 없습니다. 하나님께서는 성도에게 일어나는 모든 일을 결국 선하게 만드십니다. 환난은 인내를, 인내는 연단을, 연단은 소망을 이루는 줄을 아는 자는 환난이 왔을 때 인내하며 연단을 받지만, 연단을 받은 후에 소망이 이루어질 것을 기대합니다.

하나님의 보장

우리가 아직 연약할 때에

신앙은 막연히 어떤 결과가 이루어지기를 기대하고 소망하는 것이 아닙니다. 우리가 알고 있는 것이 단순한 바람인가 아니면 구체적이고 분명한 사실인가를 확인할 수 있는 구절이 로마서 5장 5절부터 10절입니다. 5절을 보시면, '소망이 우리를 부끄럽게 하지 아니함은 우리에게 주신 성령으로 말미암아 하나님의 사랑이 우리 마음에 부은바 됨이니'

라고 했습니다. 성경이 말하는 소망은 기대하고 바라고 꿈꾸는 것을 의미하지 않습니다. 만약 성도가 하나님의 약속에 근거하지 않은 채 막연히 소망한다면, 세상 사람들의 기대와 다를 바가 없습니다. 성도에게 있는 소망은 단순한 인간의 기대가 아니라 하나님이 성령을 성도에게 주어, 성도의 마음속에 부어주신 하나님의 마음이요, 하나님의 보증이요, 약속이요, 증거입니다. 로마서 5장의 본문이 바로 그것입니다. 성도의 소망이 얼마나 확실한가를 묻는 것이 아니라, 성도가 확신할 수 있도록 성경이 확증시켜 주려고 노력하고 있습니다. 성도들의 소망이 흔들리지 않는 믿음에 달린 것이 아니라, 성도를 사랑하시는 하나님께 달려있다고 선언하십니다. 인간은 흔들려도 하나님은 흔들리지 않으니, 성도는 흔들릴 필요가 없다는 사실을 거듭 선언하십니다. 믿음을 부여잡으려는 성도들의 노력과 비교도 안 될 정도로 하나님께서는 성도들의 믿음을 견고하게 하시려고 더욱 애쓰십니다. 하나님은 자기 백성을 영원토록 자녀 삼으십니다. 영원토록 책임지고 돌보십니다. 이러한 하나님의 약속과 하나님의 성품이 믿음의 근거가 되는 것입니다. 바울은 그것을 세 번에 걸쳐서 강조하고 있습니다.

   5장 6절을 보면, '우리가 아직 연약할 때에 기약대로 그리스도께서 경건하지 않은 자를 위하여 죽으셨도다' 라고 선언합니다. 하나님은 행한 대로 갚지 않으십니다. 만약 하나님이 인간이 행한 대로 갚으시면 인간은 상보다는 벌을 더 많이 받을 것입니다. 하나님께서는 이전에도 행한 대로 갚지 않으셨고, 지금도 행한 대로 갚지 않으시고, 앞으로도 행한 대로 갚지 않으십니다. 예수 그리스도께서 우리를 위해 죽으셨습니다. 중요한 것은 인간의 상태가 어떠할 때, 예수가 죽으셨냐는 것입니다. 예수님이 죽으셔도 될 만큼 인간이 사랑스러운 존재였습니까? 하나님이 보시기에, 차라리 예수를 죽이고, 인간을 아들 삼을 만큼 인간이 가치가 있었습니까? 예수를 죽여도 아깝지 않을 만큼 인간이 하나님께 충성과 헌신을 다했습니까? 인간은 절대로 그렇지 않았습니다. 하나님이 인간을 사랑하신다는 증거는 인간이 연약할 때에 하나님이 예수를 보내 주셨다는 것입니다. 6절 말씀대로, '그리스도께서 경건하지 않은 자를 위하여 죽으셨도다.' 예수는 충성하는 자, 거룩한 자, 신실한 자를 위하여 죽으신 것이 아니라 경건하지 않은 자를 위하여 죽으셨습니다. 그렇게 자격 없는 인간을 위하여 예수를 보내주신 하나님이시기에 지금의 불경건한 모습이 하나님의 일하심을 취소하거나 소멸시키거나 하나님의 사랑을 중단시킬 수 없습니다.

우리가 아직 죄인 되었을 때에

7절을 보면, '의인을 위하여 죽는 자가 쉽지 않고 선인을 위하여 용감히 죽는 자가 혹 있거니와'라고 했습니다. 다른 사람을 위해 무엇을 한다는 것은 정말 어려운 것입니다. 간혹 그런 어려운 일을 하시는 분들이 계십니다. 정말로 혹 있을까 말까 합니다. 그러나 죄인을 위해, 명백한 죄인을 위해, 개선의 여지가 없는 죄인을 위해 죽는 사람은 없습니다. 그런데 하나님께서 그렇게 하셨습니다. 8절, '우리가 아직 죄인 되었을 때에 그리스도께서 우리를 위하여 죽으심으로 하나님께서 우리에 대한 자기의 사랑을 확증하셨느니라.' 예수는 의로운 자를 위해 죽으신 것이 아닙니다. 예수는 신실하고 거룩한 자를 위해 죽으신 것이 아닙니다. 예수는 믿음이 견고한 자를 위해 죽으신 것이 아닙니다. 예수는 죽어도 좋을 만큼 하나님께 충성한 사람들을 위해 죽으신 것이 아닙니다. 예수는 인간이 죄인이었을 때에 죽으셨습니다. 만약 하나님이 인간이 행한 대로 갚으시는 분이라면 인간이 죄인 되었을 때에 그냥 죽게 두셨어야 합니다. 그러나 인간이 죄인일 때, 가장 은혜와 복이 필요할 때 은혜를 주셨습니다. 인간이 죄인이었을 때에 은혜를 주신 분이라면 이제 성도된 자에게는 더욱 큰 은혜를 주시는 분입니다. 만약 성도의 신앙이 흔들리고, 성도의 믿음이 요동칠 때, 하나님은 성도를 징계하시는 것이 아니라 성도를 도우시고 붙잡아 주실 것입니다. 우리는 믿음으로 자신을 지키는 것이 아니라, 하나님의 사랑이 우리를 지켜주십니다.

우리가 원수 되었을 때에

10절에서 한 번 더 강조합니다. '곧 우리가 원수 되었을 때에 그의 아들의 죽으심으로 말미암아 하나님과 화목하게 되었은즉 화목하게 된 자로서는 더욱 그의 살아나심으로 말미암아 구원을 받을 것이니라.' 인간이 하나님과 원수 되었을 때, 하나님과 화목하게 되었다고 강조합니다. 인간이 스스로 잘못을 깨닫고 하나님께 나아가 사죄하고 용서를 구하고, 충성과 헌신을 다짐할 때가 아닙니다. 성경은 인간이 하나님과 원수 되었을 때에, 하나님의 아들이 죽으심으로 말미암아 하나님과 화목하게 되었다고 말합니다. 인간은 하나님과 원수였습니다. 바로 그때 하나님이 예수 그리스도를 보내셨고, 예수 그리스도로 십자가 사역을 감당하게 하셨고, 하나님이 인간과 화목을 이루신 것입니다. 여러분이 여러분의 믿음을 견고하게 하려고 갖은 노력을 행하는 것은 모두 무익합니다. 대신에 하나님이 누구이고, 하나님이 내게 이루어 놓으신 일이 무엇인지, 나를 위한 약속이 무엇인지, 내가 하나님의 자녀가 되었다는 것이 얼마나 확실하고 풍성한 것인지를 아시기 바랍니다.

더욱 그의 살아나심으로

성도는 하나님 앞에 의롭게 되었습니다. 하나님과 더불어 화목하게 되었습니다. 예수의 죽으심으로 화목하게 되었습니다. 그러면, 이제 무엇을 해야 하는 것이 아니라, 하나님과 더불어 화평을 누리자고 말합니다. 5장 1절에도 '우리 주 예수 그리스도로 말미암아 하나님과 더불어 화평을 누리자'고 권면하고 10절 이하에서도 '곧 우리가 원수 되었을 때에 그 아들의 죽으심으로 말미암아 하나님으로 더불어 화목하게 되었은즉 화목하게 된 자로서는 더욱 그의 살아나심으로 말미암아 구원을 받을 것이니라. 그뿐 아니라 이제 우리로 화목하게 하신 우리 주 예수 그리스도로 말미암아 하나님 안에서 또한 즐거워하느니라'고 선언합니다.

인간이 연약하였을 때에도, 죄인 되었을 때에도, 원수 되었을 때에도 구원을 받았는데 이제 하나님과 화목하게 되었으니 하나님이 얼마나 더 사랑하시고, 축복하시고, 은혜 주시고, 더 책임지시고, 더 돌보시고, 더 보호하시겠습니까. 이제 죄에서 구원받았으니 더더욱 하나님과 화목을 누리고 하나님과 동행하며 하나님의 풍성한 복락을 누리며 사시기를 축원합니다.

17
아담으로, 예수로

로마서 5:12~21

12 그러므로 한 사람으로 말미암아 죄가 세상에 들어오고 죄로 말미암아 사망이 들어왔나니 이와 같이 모든 사람이 죄를 지었으므로 사망이 모든 사람에게 이르렀느니라 13 죄가 율법 있기 전에도 세상에 있었으나 율법이 없었을 때에는 죄를 죄로 여기지 아니하였느니라 14 그러나 아담으로부터 모세까지 아담의 범죄와 같은 죄를 짓지 아니한 자들까지도 사망이 왕 노릇 하였나니 아담은 오실 자의 모형이라 15 그러나 이 은사는 그 범죄와 같지 아니하니 곧 한 사람의 범죄를 인하여 많은 사람이 죽었은즉 더욱 하나님의 은혜와 또한 한 사람 예수 그리스도의 은혜로 말미암은 선물은 많은 사람에게 넘쳤느니라 16 또 이 선물은 범죄한 한 사람으로 말미암은 것과 같지 아니하니 심판은 한 사람으로 말미암아 정죄에 이르렀으나 은사는 많은 범죄로 말미암아 의롭다 하심에 이름이니라 17 한 사람의 범죄로 말미암아 사망이 그 한 사람을 통하여 왕 노릇 하였은즉 더욱 은혜와 의의 선물을 넘치게 받는 자들은 한 분 예수 그리스도를 통하여 생명 안에서 왕 노릇 하리로다 18 그런즉 한 범죄로 많은 사람이 정죄에 이른 것 같이 한 의로운 행위로 말미암아 많은 사람이 의롭다 하심을 받아 생명에 이르렀느니라 19 한 사람이 순종하지 아니함으로 많은 사람이 죄인이 된 것 같이 한 사람이 순종하심으로 많은 사람이 의인이 되리라 20 율법이 들어온 것은 범죄를 더하게 하려 함이라 그러나 죄가 더한 곳에 은혜가 더욱 넘쳤나니 21 이는 죄가 사망 안에서 왕 노릇 한 것 같이 은혜도 또한 의로 말미암아 왕 노릇하여 우리 주 예수 그리스도로 말미암아 영생에 이르게 하려 함이라

선포의 종교

"성불하세요" 하고 인사하는 종교가 있습니다. 아직 완성된 것이 아니라는 의미요, 완성되도록 이제부터라도 더더욱 노력하자는 의미입니다.

평생 살면서 공덕을 쌓아서 성불해야 합니다. 평생 공덕을 쌓아도 쉽게 이룰 수 있는 것이 아닙니다. 그래서 사후에 살아남은 자들이 죽은 자들을 위해서 또 제를 올려야 합니다. 쉽게 끝이 나지 않고 아마도 영원한 미래형일 것입니다. 기독교 소식은 복음으로 "당신은 구원 받았습니다"입니다. 기독교는 이루어지고 성취되고 완성된 일, 즉 결과를 선포하는 종교입니다. 이제부터 무엇을 하자고 선동하는 종교가 아니고, 이제부터 어떻게 행하느냐에 따라 달라진다고 채근하는 종교가 아닙니다. 성도들은 기독교의 개념을 바르게 알고 기독교의 표현을 바르게 사용해야 합니다.

간혹 성도들이 하는 말 중에 적절하지 않은 표현들이 있습니다. 예를 들어 '신앙이 흔들린다'고 말합니다. 그러나 정확하게 말하면, 신앙은 흔들리는 것이 아닙니다. 왜냐하면, 기독교에서는 인간이 신앙을 세우고 유지하는 것이 아니기 때문입니다. 신앙은 하나님께서 세우시고 하나님께서 보장하여 주시는 것이어서 하나님이 흔들리지 않는 이상, 신앙은 흔들리는 것이 아닙니다. 바르게 표현하자면, '내가 아직 정확히 모르고 있어'라고 말해야 합니다. 신앙은 견고하고 분명한 것인데, 내가 신앙의 내용을 정확히 모르고 있다는 의미입니다. 그러면 다음에 해야 할 과정이 무엇인지 밝히 드러납니다. 신앙의 내용을 성경을 통해 정확히 알면 다 해결됩니다.

죄인이 된 인간

율법의 가르침

본문에서는 기독교가 주장하는 대표적인 선언 두 가지가 등장합니다. 이 두 가지는 하나로 연결되었고, 같은 원리를 가졌기에 동시에 같은 패턴으로 선언됩니다. 기독교에서 이것을 선포할 때에는 이 두 가지를 모두 말하든가 아니면 이 두 가지를 모두 말하지 않든가 해야 합니다. 하나는 말하고, 하나는 말하지 않으면 그것은 말이 되지 않습니다.

기독교가 선포하는 것 두 가지 중의 첫째는 '인간이 죄인이 되었다'는 것입니다. 하나님은 인간을 하나님의 형상과 모양대로 최상 최고로, 하나님과 함께 하는 존귀한 존재로 만드셨습니다. 모든 인간은 원래 하나님의 형상으로 지음 받아 자유롭고, 행복한 삶을 살았습니다. 그러한 인간이 죄를 지어 모두 똑같이 죄인이 되었다고 선언합니다. 로마서 5장 12절에 '이러므로 한 사람으로 말미암아 죄가 세상에 들어오고 죄로 말미암아 사망이 들어왔나니 이와 같이 모든 사람이 죄를 지었으므로 사망이 모든 사람에게 이르렀느니라' 라고 합니다. 여기서 말하는 '한 사람'은 바로 아담입니다. 분명히 아담 한 사람이 죄를 지었습니다. 그런데 모든 인간이 죄인이 되었다고 말합니다. 아담은 개인이지만 동시에 모든 인류의 대표입니다. 모든 인간은 하나님이 만드신 그대로의 아담과 같은 성향을 지녔습니다. 우리들 중 어느 누구나 아담의 자리에 있었다면, 아담과 같은 행동을 했을 것입니다. 물론 인간은 각자 취미가 다르고 기질이 다릅니다. 그러나 아담이나 다른 인류가 가진 인간성은 같기 때문에 각각의 인간은 동시에 모든 인간이 되고, 아담은 모든 인류의 대표가 되고, 아담의 범죄는 곧 모든 인류의 범죄가 됩니다. 그래서 기독교는 모든 인간을 죄인으로 선언하는 것입니다.

이것은, 기독교가 인간을 비하하고 폄하하여 의로운 사람을 죄인으로 몰아가는 것이 아닙니다. 세상에서는 나름대로 바르게 살아가는데 교회에서는 인간을 정죄한다고 불편해 하시면 안 됩니다. 로마서 5장 13절에 '죄가 율법 있기 전에도 세상에 있었으나 율법이 없었을 때에는 죄를 죄로 여기지 아니하였느니라' 라고 했습니다. 이 구절은 괜히 율법이 생겨서 멀쩡한 사람을 죄인 취급한다는 의미가 아닙니다. 아담이 범죄한 후에 모든 사람이 죄인이 되었습니다. 모든 사람이 다 죄인이기에 자신을 비롯하여 모두 죄인인줄 몰랐습니다. 그러다 율법이 등장하여 바르게 알려주었다는 말입니다.

간혹 어떤 사람들은 모두가 죄인인줄 모르고 살았으면 서로 문제가 되지 않고 도리어 속이 편했을 것이라고 말을 하곤 합니다. 만약 죄로 인한 고통과 어려움과 수고와 고난이 없다면 죄를 모르는 것이 좋다고 말할 수 있습니다. 그러나 날마다 죄의 결과와 현상을 직면하고 있어서, 삶이 곤고하고 힘들고 어려운데, 당하고 있는 현실의 원인도 모르고 해결책도 모르고 있다면, 편한 것이 아니라 불행하고 답답한 것입니다. 5장 14절을 보면 '그러나 아담으로부터 모세까지 아담의 범죄와 같은 죄를 짓지 아니한 자들까지도 사망이 왕 노릇 하였나니 아담은 오실 자의 모형이라' 고 합니다. 죄를 모르고 있었다고 해도 그들에게 사망이 왕 노릇했습니다. 죄로 인해 고통스런 삶을 살면서 왜 이런 현상이 오고, 어디에 문제가 있으며, 어떻게 해결해야 하는 줄을 몰랐던 것입니다. 그때 하나님이 율법을 등장시켜서 인간이 죄인임을 천명하고, 문제의 원인이 죄라는 것을 가르쳐 주셨습니다. 기독교는 인간을 죄인으로 몰아붙이는 것이 아니라 인간이 죄인이라는 사실을 바르게 알려주었습니다. 기독교 때문에 죄인이 되는 것이 아니라 기독교 때문에 문제를 정확히 파악하게 되었습니다.

인간의 자구책

사람들은 죄가 문제의 원인이라는 사실을 모른 채 당면한 문제를 해결하고자 많은 노력을 하였습니다. 인간의 문제를 해결해보고 고난과 역경을 벗어나고자 노력한 방법으로서 종교가 발달하고 학문이 깊어지고 과학이 진보하였습니다. 이러한 방법을 통하여 인간 문제가 해결되고 행복한 삶을 살기를 기대합니다. 종교의 발달, 학문의 발달, 문명의 발달 등 진보나 개선이라는 긍정적 표현을 사용하지만 실상은 어떻게 해서든지 행복해지고자 하는 죄인들의 아우성이요 몸부림입니다. 행복을 누리지 못하니까 어떻게든 행복을 누려 보려는 갖은 노력들이 발달이라는 이름으로 등장합니다. 그런데 아이러니한 것은 아무리 과학과 기술이 발달해도 행복과는 무관합니다. 생활 방식이 개선되긴 했지만, 정작 인간의 마음은 평안해지지 않았습니다. 주방기구가 발달했음에도, 부인들의 노동량이 줄어들지 않았습니다. 사무기기가 발달했다고 해서 직장인들의 업무량이 줄어들지는 않았습니다. 학문이 발달했다고 학생들이 습득해야할 지식이 줄어든 것이 아닙니다. 경제적으로 번영했다고 노인들이 편안한 노년을 보내진 않습니다. 발달은 발달대로 하고, 행복의 문제는 여전히 남아있습니다. 이것이 인간의 행복이 과학의 발달에 달려있지 않다는 증거입니다.

진실을 몰라 헤매는 사람들에게 아담의 범죄로 모든 사람이 죄인이 되었다고 말하는 것은 정죄가 아니라 바른 가르침입니다. 하나님은 문제를 알려줄 뿐만 아니라 해결도 해주시는 분이십니다. 로마서 1장 24절부터 3장 18절까지 인간이 죄인임을 강조하고 있고, 로마서 3장 19절부터 4장 25절까지 하나님께서는 예수 그리스도의 사역을 통해서 인간의 문제를 해결하십니다. 이러한 하나님의 원리이어야 인간이 살 수 있습니다. 그 하나님의 일하심, 하나님의 은혜를 이야기합니다. 그리고 5장 1절로 11절까지에서 하나님의 일하심의 결과로, 우리가 하나님과 화목 되었으니 당연히 하나님과 더불어 화목을 누리자고 권면합니다.

성도가 된 인간

예수 이야기

기독교의 두 번째 선언은 하나님이 인간을 구원하셨다는 것입니다. 인간의 죄인 됨과 죄인의 성도됨, 이 두 가지를 서로 대조하여 어떻게 같은 패턴인가를 보여주는 것이 본문 5장 12절부터 19절입니다. 전반부는 인간이 죄인이 된 부분이고12절~14절, 후반부가 죄인이 성도가 된 부분입니다15절~19절. 그리고 그 중앙에 예수 그리스도의 사역에 관한 내용이 담겨있습니다.

사람들은 모이면, 자기 이야기를 합니다. 자기가 잘난 것, 자기가 잘한 것, 자기가 얼마나 열심히 했나, 얼마나 멋지게 했나, 얼마나 수고를 했나. 전부 자기 이야기입니다. 그러나 기독교는 자기 이야기가 아니라 예수 이야기를 합니다. 로마서의 저자, 바울이 1장부터 5장까지 편지를 쓰는 동안에 바울 자신이 무엇을 했는지는 단 한마디도 나오지 않습니다. 바울도 한 일이 무척 많고, 하고 싶은 말도 많을 테지만, 자신의 수고나 업적은 말하지 않고 오직 하나님의 일하심을 말합니다. 로마서 마지막 16장까지 살펴보아도 바울은 계속하여 하나님의 이야기, 예수의 이야기를 할 뿐입니다. 기독교는 인간의 행위로 무엇을 이루는 것이 아니라 하나님의 일하심, 예수의 일하심으로 그 결과가 인간에게 주어지는 정말 멋있는 종교입니다.

예수 이야기

기독교는 예수께서 하신 일을 이야기합니다. 그리고 우리는 예수님이 하신 일의 결과를 인간이 누리는 것입니다. 어떤 이는 '예수 이야기를 하자'고 했더니, "오직 예수만을 위해서 살자, 예수를 위해 죽자, 나는 없어도 예수는 있다, 내 한 목숨 바쳐 예수의 영광이 드러나면 그것으로 나는 영광스럽다'는 말을 합니다. 기독교가 선포하는 것은, 인간이 예수를 위해 해야 할 일이 아닙니다. 예수가 인간을 위하여 하신 일, 예수님이 십자가를 지신 사건을 통해 인간이 받은 은혜를 선포합니다. 로마서 5장 15절부터 17절까지 여러 번 반복되는 용어가 무엇이냐면 15절에 은사, 은혜, 은혜, 선물, 16절에, 선물, 은사, 17절에 나오는 은혜, 선물입니다. 15절부터 17절까지에서 강조하여 반복된 은사, 은혜, 선물이라는 용어가 의미하는 것은, 인간이 행하지 않은 것을 받았다는 뜻입니다. 인간이 주로 쓰는 말은 수고, 충성, 헌신, 보상, 대가, 상급, 면류관, 연봉, 야근, 수당, 보너스 등입니다. 왜냐하면, 일을 해야만 결과가 있기 때문입니다. 그런데 기독교에서는 예수님이 일하셨고 인간은 받았기에 은혜, 은사, 선물이라는 표현이 많습니다. 왜냐하면, 기독교에는 하나님이 계시고, 하나님의 일하심이 있고, 하나님이 일하신 결과가 있기 때문입니다.

기독교에서는 인간이 죄인이 되었다고 선포하는 것처럼 죄인이 성도가 되었다고 선포합니다. 먼저 15절에서 두 선언을 대조합니다. '그러나 이 은사는 그 범죄와 같지 아니하니 곧 한 사람의 범죄를 인하여 많은 사람이 죽었은즉 더욱 하나님의 은혜와 또는 한 사람 예수 그리스도의 은혜로 말미암은 선물이 많은 사람에게 넘쳤으리라.' 정확하게 대조하고 있는 본문이 18절입니다. '그런즉 한 범죄로 많은 사람이 정죄에 이른 것 같이 의의 한 행동으로 말미암아 많은 사람이 의롭다 하심을 받아 생명에 이르렀느니라.' 다시 한 번 강조하는 것이 19절, '한 사람이 순종하지 아니함으로 많은 사람이 죄인 된 것 같이 한 사람의 순종하심으로 많은 사람이 의인이 되리라.' 예수가 일을 하셨으니까 결과가 있어야 하는 것이 당연하고 그 결과가 바로 죄인이 성도가 되었다는 것입니다.

기독교는 인간이 죄인이 되었다고 강조하는 만큼 죄인이 성도가 되었다고 강조합니다. 죄인이라고 선언하는 만큼 이제는 성도라고 선언합니다. 죄인으로서 죄에서 도무지 벗어날 수 없었지만, 이제는 성도가 되어 하나님의 은혜에서 취소되거나 소멸될 수 없습니다. 죄인으로서 죄의 결과를 당했던 것처럼, 이제 성도는 하나님의 은혜를 누리며 구현하며 사는 것이 당연하다고 선언해야 합니다. 이 두 가지 선언이 기독교의 한 쌍입니다. 두 가지 모두가 선언되면 기독교의 복음이요, 두 가지 모두가 선언되지 않는다면 기독교가 아니요, 둘 중의 하나만 선언되면 아직 복음에 대해 잘 모르고 있는 것입니다.

성도의 역할

하나님은 왜 은혜를 주셨고, 죄인을 구원하여 성도되게 하시고, 하나님의 자녀가 되게 하셨을까요? 5장 21절에 '이는 죄가 사망 안에서 왕 노릇 한 것 같이 은혜도 또한 의로 말미암아 왕 노릇 하여 우리 주 예수 그리스도로 말미암아 영생에 이르게 하려 함이라'고 말씀하십니다. 인간이 죄인이었을 때 인간이 주인이 되어 죄를 다스린 것이 아니라, 죄가 주인이 되고 죄가 왕 노릇하고 인간은 죄의 종이 되어 죄의 모든 결과를 당하며 살았습니다. 그런 인간의 삶을 하나님이 안타까워하시고 긍휼히 여기시고 구원하셔서 새로운 존재로 만드셨습니다. 이제 하나님의 의와 하나님의 은혜가 주인이 되어 그 은혜를 누리며, 영원한 생명 안에서 은혜가 왕 노릇 하는 멋진 삶을 살라고 하십니다.

18
죽은 자와 산 자

로마서 6:1-11

1 그런즉 우리가 무슨 말을 하리요 은혜를 더하게 하려고 죄에 거하겠느냐 2 그럴 수 없느니라 죄에 대하여 죽은 우리가 어찌 그 가운데 더 살리요 3 무릇 그리스도 예수와 합하여 침례를 받은 우리는 그의 죽으심과 합하여 침례를 받은 줄을 알지 못하느냐 4 그러므로 우리가 그의 죽으심과 합하여 침례를 받음으로 그와 함께 장사되었나니 이는 아버지의 영광으로 말미암아 그리스도를 죽은 자 가운데서 살리심과 같이 우리로 또한 새 생명 가운데서 행하게 하려 함이라 5 만일 우리가 그의 죽으심과 같은 모양으로 연합한 자가 되었으면 또한 그의 부활과 같은 모양으로 연합한 자도 되리라 6 우리가 알거니와 우리의 옛 사람이 예수와 함께 십자가에 못 박힌 것은 죄의 몸이 죽어 다시는 우리가 죄에게 종 노릇 하지 아니하려 함이니 7 이는 죽은 자가 죄에서 벗어나 의롭다 하심을 얻었음이라 8 만일 우리가 그리스도와 함께 죽었으면 또한 그와 함께 살줄을 믿노니 9 이는 그리스도께서 죽은 자 가운데서 살아나셨으매 다시 죽지 아니하시고 사망이 다시 그를 주장하지 못할 줄을 앎이로라 10 그가 죽으심은 죄에 대하여 단번에 죽으심이요 그가 살아계심은 하나님께 대하여 살아계심이니 11 이와 같이 너희도 너희 자신을 죄에 대하여는 죽은 자요 그리스도 예수 안에서 하나님께 대하여는 살아 있는 자로 여길지어다

계시 종교

기도와 성경

우리에게 성경이 있다는 것은 하나님의 크신 은혜입니다. 하나님은 이미 모든 것을 말씀하셨고 하나님의 뜻을 알려주셨습니다. 하나님의 원리, 하나님의 방법, 하나님이 원하시는 것, 하나님이 좋아하시는 것,

하나님이 기뻐하시는 것 등을 모두 다 정확하게, 분명하게, 확실하게 말씀하셨습니다. 성도는 성경을 통하여 하나님에 관한 것을 모두 알 수 있습니다. 그런데 가끔 '하나님의 뜻이 무엇인지 알고 싶다, 하나님이 바라시는 것이 무엇인지 알고 싶고, 하나님의 음성을 듣고 싶다' 고 기도하시는 분들이 있습니다. 참으로 안타까운 현상입니다. 물론 기도는 대단한 특권입니다. 기도를 통하여 하나님과 교통하며 응답을 받을 수 있는 것은 성도의 특권입니다. 기도가 매우 소중한 것만큼 성경도 매우 소중합니다.

　기도를 바르게 활용해야 하는 것만큼 성경도 바르게 활용해야 하고, 기도해야 할 때에는 기도를 해야 하고 성경을 읽어야 할 때에는 성경을 읽어야 합니다. 기도해야 할 때 성경을 읽거나, 성경을 읽어야 할 때 기도를 하면 적절하지 않습니다. 하나님의 뜻을 알고 싶다고 기도하는 분들에게는 성경을 읽으라고 권면해야 합니다. 성경을 읽는 것이 하나님의 뜻을 아는 지름길이요 성경을 읽는 시간이 바로 기도시간이 되는 것입니다. 성경을 읽는 것이 바로 하나님의 음성을 듣는 것입니다. 성도에게 기도의 특권을 누리고 있는 것만큼이나 성경을 통해 말씀에 대한 감격이 있어야 합니다. 기독교는 묻고, 찾고, 명상하는 종교가 아닙니다. 기독교는 진리를 찾는 것이 아닙니다. 왜냐하면, 이미 진리가 계시되어 있고 알려져 있기 때문입니다. 성경을 읽으면 하나님의 모든 것을 알 수 있는데, 정작 성경은 읽지 않고 기도 하면서 계속하여 질문하는 것은 성경을 활용할 줄 모르는 모습입니다.

　학생의 예를 들어 보겠습니다. 어느 학생이 고등학교에 다닙니다. 새벽밥을 먹고 도시락을 두 개 싸서 저녁 늦게까지 학교에 가서 공부합니다. 공휴일에도 학교를 가는 등 정말로 학교에 열심히 다닙니다. 그런데 교과서는 보지 않고, 선생님이 수업을 하실 때에는 눈을 꼭 감고 교과서의 내용이 무엇일까 깊이 묵상을 한다면 정상이 아닙니다. 이 학생은 학교에 열심히 출석은 하지만, 제대로 된 학생이라고 할 수 없습니다. 성도도 이 학생과 같은 실수를 할 때가 있습니다. 하나님이 계시하여 주신 성경을 읽지 않고 계속하여 묵상과 기도만 한다면, 교회에 열심히 출석한다고 바른 교회생활이라고 하기는 어렵습니다.

열심과 복음

성경에 보면 하나님은 이미 인간에게 복을 주셨고 은혜를 주셨다고 말씀하십니다. 은혜와 복을 주셔서 죄인들을 구원하시어 하나님의 자녀가 되게 하셨습니다. 이제부터 인간이 열심내고 충성하여 새롭게 더 받을 은혜와 복이 없을 정도로 다 주셨다고 선언합니다. 더 이상 받을 복이 남이 있지 않을 정도로 다, 온전히, 풍성히, 충만히 주셨습니다. 저와 여러분은 다 받으셨습니다. 이렇게 말하면 대부분의 사람들은 "그럼 무엇 하러 충성을 합니까?"라고 묻습니다. 힘들고 어려워도, 열심과 충성을 다하면 복을 받을 수 있으리라, 오늘보다 내일이 나아질 수 있으리라고 기대했었기 때문입니다. 이것이 신앙생활을 가장 심각하게 왜곡하는 것입니다. 복을 받기 위한 충성만 알고 있을 뿐, 이미 복을 받은 후에 드리는 충성을 이해하지 못하고 있습니다. 보장되지 않은 미래를 위하여 열심을 내는 것보다 이미 받은 것을 삶 속에 누리고자 열심을 내는 모습이 더욱 아름답고 선합니다. 성경에서는 은혜와 복 받는 조건으로 충성하라고 하지 않았습니다. 충성은 성령의 열매로 소개하고 있다는 것을 기억해야 합니다. 내가 하나님의 자녀가 되었다는 사실, 내가 구원받았다는 사실, 내가 성도가 되었다는 사실, 내가 하나님의 복을 받았다는 사실이 얼마나 감격스럽고 귀하고 복된 일인지 기억하여, 내 삶 속에 적용하고, 누리고, 실천하고, 체험하며 더욱 열심히 사는 것이 신앙생활의 참모습입니다.

은혜를 은혜 되게

　복음을 전할 때, 가장 어려운 점은 복음이 하나님의 은혜요, 하나님의 선물임을 설명하는 것입니다. 하나님의 복이 인간의 수고와 열심 때문이 아니라 거저 주시는 사랑의 선물이라는 것을 이해시키기가 가장 힘듭니다. 복음을 왜곡하고 변질시키기 가장 쉬운 방법은 하나님께 충성한 사람에게 복을 준다고 말하며 하나님께 열심을 낸 자가 은혜를 받는다고 말하는 것입니다. 늘 죄의 원리대로 살아왔던 자들에게 하나님의 원리와 방식을 소개하면 알아듣지 못합니다. 죄인들에게 하나님의 마음을 설명하면 자신들이 늘 해오던 방식이 아니어서 잘 이해하지 못합니다. 도리어 낯설고 어색하고 도무지 말이 되지 않는다고 항변합니다.
　예를 들어 '열심히 행한 자에게 복을 준다, 게으른 놈에게는 국물도 없다'고 하면, 듣는 사람들이 아주 잘 이해하고, 열심히 하겠다고 다짐과 각오도 합니다. 그래서 하나님도 당연히 그래야 한다고 생각합니다. '새벽기도 나온 사람하고 안 나온 사람이 어떻게 같을 수 있나. 새벽 기도 나온 사람에게 복을 주고, 헌금을 많이 낸 사람에게 은혜를 주고, 주일에 빠지지 않고 예배를 잘 드린 사람에게 형통함을 주셔야 한다'고 생각합니다. 그러나 하나님은 열심히 행한 자에게 복을 주시는 것이 아니라, 필요한 자에게 주십니다. 충성한 자에게 은혜를 주시지 않으시고, 은혜가 필요한 자에게 주십니다. 열심이나 충성이나 부지런함이나 수고와 관계없이 은혜가 필요한 자, 복이 필요한 자, 하나님의 도우심이 요청되는 자에게 주십니다. 기독교는 인간 상호간에 비교하는 것이 없고 경쟁하는 것이 없습니다. 남보다 나아야 한다는 것이 없습니다. 하나님은 사람 간에 경쟁을 붙여서 더 열심히 하는 자, 하나님을 더욱 사랑하는 자에게 은혜를 주시는 것이 아니라 은혜가 필요한 자에게, 복이 필요한 자에게 주십니다. 기독교가 인간을 죄인이라고 선언하는 이유, 로마서가 반복적으로 인간의 죄인 됨을 선언하는 이유는, 바로 죄인에게 하나님의 은혜가 필요하다는 사실을 알려주려는 것이었습니다.

죄와 은혜

필요를 채워주시는 분

하나님은 인간의 필요를 채워주시는 분이십니다. 인간의 필요가 무엇인지 이미 알고 계십니다. 인간이 하나님께 알려드리면 그때서야 알게 되시는 것이 아니라, 이미 알고 계십니다. 더 나아가, 하나님은 인간의 필요를 알고만 계신 것이 아니라 이미 채워주셨고, 인간의 문제를 알고만 계신 것이 아니라 해결까지 해 놓으셨습니다. 성도는 지금 필요한 것이 채워지지 않아서, 문제가 해결되지 않아서 행복하지 않은 것이 아닙니다. 성도는 이미 필요한 것이 채워진 자요, 문제가 해결된 자요, 완성된 자요, 성취된 자입니다. 성도는 이미 행복과 자유와 평안과 안식이 있는 분들입니다. 그래서 기독교는 무엇인가를 얻어내고 채우고 해결하는 데 열심을 내는 것이 아니라, 성도에게 어떤 문제가 해결되었는지, 어떤 복을 받았는지를 알아가는 일에 열심을 내야 합니다.

하나님은 인간의 필요를 채워주시지만 인간의 원함이나 욕망을 채워주지는 않습니다. 인간이 필요한 것은 이미 은혜로 다 주셨습니다. 인간의 생존을 위한 것은 창조 때부터 이미 주셨고 지금까지 단 한 번도 부족해본 적이 없습니다. 인간이 죄인이 되어 하나님의 행복을 상실하였을 때, 하나님은 죄를 이길 수 있도록 예수 그리스도를 보내시고, 십자가 사역을 행하심으로 인간의 문제를 해결해 주셨습니다. 하나님께서는 인간이 죄인이어서 행복을 누릴 줄 모른다고 하시면서, 죄를 이길 수 있도록 하나님을 아는 지혜를 주셨습니다. 죄의 종이 되는 것이 문제라고 지적하시면서 하나님의 자녀가 되도록 구원해 주셨습니다. 그래서 성도에게는 문제가 해결되었고, 필요는 채워졌습니다. 기독교는 문제가 해결된 종교, 완성된 종교, 이루어진 것을 선포하는 종교입니다. 로마서 6장 2절, '죄에 대하여 죽은 우리가 어찌 그 가운데 더 살리요.' 6장 7절, '죽은 자가 죄에서 벗어나 의롭다 하심을 얻었음이니라.' 우리는 죄에 대해서 죽었고, 이제 죄에서 벗어나 의롭게 되었습니다.

구원받기 전, 구원받은 후

로마서 6장 1절로 가면 당연한 질문이 나옵니다. '그런즉 우리가 무슨 말을 하리요, 은혜를 더하게 하려고 죄에 거하겠느냐?' 성경을 읽을 때, 선포나 질문이 나오는 시점을 살펴야 합니다. 로마서 2장과 3장에서는 '우리가 무슨 죄인이냐?'고 항변하는 사람들에게 모두가 죄인이라고 말했던 바울입니다. 모두가 죄인이라고, 한 사람도 죄인 아닌 사람이 없다고 했습니다. 어느 정도가 아니라 아예 아무런 가능성도 없는 상죄인이요, 중죄인이요, 대책 없는 죄인이라고 했었습니다. 이렇게 죄인으로 몰아세운 것으로 끝난 것이 아니라 2, 3장에서 인간을 죄인으로 선포했기에 4, 5장이 등장합니다. 4장에서 하나님이 예수 그리스도를 보내셔서 은혜로, 값없이 너희를 구원하였고 그 결과 5장에서 하나님과 화목되었고, 화목 된 자로서 더더욱 하나님과 더불어 화평을 누리자고 선언하였습니다. 6장 1절의 질문은, 우리가 하나님과 화목 되었다는 선언을 한 뒤에 나옵니다. 다 받은 자가 더 받고자 하는 목적으로 죄에 거할 수 없다는 말입니다. 이제는 죄에 거할 수 없다는 것입니다. 이제는 죄인이 아니기 때문입니다. 기독교는 이렇게 분명합니다. 죄인이었다, 은혜가 필요한 죄인이었다, 이제는 은혜를 받았다, 다 가졌다, 그러니까 이제는 죄인처럼 살면 안 된다고 선언합니다. 구원받기 전에는 죄가 많은 곳에 은혜가 넘쳤습니다. 구원받은 사람에게는 그렇지 않습니다. 6장 2절에서 분명하고 단호하게 선언합니다. '그럴 수 없느니라. 죄에 대하여는 죽은 우리가 어찌 그 가운데 더 살리요.' 이제는 죄에 대하여 죽었습니다. 이제는 죄인이 아닙니다. 이미 그런 은혜를 받았습니다. 죄에 대하여 죽었다는 말은, 더 이상 받을 은혜가 없다는 말입니다. 그럼으로 은혜를 더하게 하려고 죄에 거할 수 없는 것입니다.

성도의 삶

예수와 합하여

사람들이 성경을 읽지 않는 이유는, 성경이 내 삶의 직접적인 문제와 연관이 없다고 생각하기 때문입니다. 본문만 해도 부자 되는 이야기, 자식 대학가는 이야기, 인생 성공하는 이야기는 한마디도 등장하지 않습니다. 인간이 직면하는 절박한 문제는 언급하지 않은 채, 로마서 1장부터 3장에서는 죄인에 관한 이야기, 4장부터 6장에서는 예수 이야기만 나옵니다. 예수의 이야기는 인간과 무관하지 않습니다. 겉으로 드러난 문제는 아니지만, 본질적으로 해결해야만 하는 인간의 문제와 관련 있습니다. 기독교는 사람의 열심, 사람의 충성, 사람의 수고에 대한 이야기가 아니라, 하나님의 이야기, 예수 이야기입니다. 예수가 나와 함께 있고, 예수가 나를 위해 죽었고, 예수의 하신 일로 인하여 인간이 새 사람이 되었고, 예수의 이야기는 곧 인간의 이야기인 것입니다.

로마서 6장 3절에 '무릇 그리스도 예수와 합하여 침례를 받은 우리는 그의 죽으심과 합하여 침례 받은 줄을 알지 못하느뇨?' 라고 묻고 있습니다. 이런 질문이 나오면 '압니다' 라고 대답해야 합니다. 이런 질문에 대하여 정확한 대답을 모르니까 계속하여 문제가 발생합니다. 6장 4절 '그러므로 우리가 그의 죽으심과 합하여 침례를 받음으로 그와 함께 장사되었나니 이는 아버지의 영광으로 말미암아 그리스도를 죽은 자 가운데서 살리심과 같이 우리로 또한 새 생명 가운데서 행하게 하려 함이니라' 고 말합니다. 예수 이야기는 인간과 무관한 어떤 특별한 성인의 이야기가 아니라, 예수는 나와 연합되고 하나 되고 나를 대신하는 자요, 나를 위하는 자이기에 바로 나의 이야기입니다. 본문에서 죄에 대하여는 죽었고 하나님에 대하여는 살았고, 그리스도와 함께 죽었고 그리스도와 함께 살았다고 말합니다. 이런 표현 속에서는 '죽었다'는 의미와 '살았다'는 의미를 바르게 이해해야 합니다.

성경이 인간의 문제를 죄라고 지적할 때, 인간은 죄의 사고, 죄의 가치, 죄의 기준에 사로잡혀 있음을 말해줍니다. 모든 것을 죄의 원리로만 생각할 뿐 하나님의 원리로 생각하지 않습니다. 하나님은 인간의 문제가 죄라고 지적하시지만, 죄인들은 죄가 문제가 아니라, 가난 때문에, 무지 때문에, 상황 때문에, 돈 때문이라고 다 다른 이유를 댑니다. 왜냐하면, 죄인들이 하나님의 원리를 이해할 수 없기 때문입니다.

또한, 하나님은 하나님의 방식으로, 즉 원수를 위해 축복하고 기도하라고 하십니다. 그러나 사람들은 원수를 저주합니다. 원수를 저주하니까 본인이 화가 나고 울분이 나서 잠이 안 오고 결국 화병이 납니다. 하나님은 신앙생활도 하나님이 가르쳐준 방식대로 즉 하나님을 위해 무엇을 하려고 하지 말라고 합니다. 왜냐하면, 하나님은 충분하시고 넉넉하시기 때문입니다. 그러나 인간은 모두 하나님을 위해 수고한다고 열심을 내고 난리입니다. 그러면서 신앙생활이 너무 힘들다고 불평합니다. 죄인들이 하나님의 마음과 원리를 몰라서 겪는 모습입니다. 성도가 예수와 합하여 십자가에서 죽었다는 것은, 이제 죄의 사고방식을 버린다는 뜻입니다. 성도가 예수와 합하여 새 생명 가운데서 사는 것은, 이제 하나님의 원리로 사는 것입니다. 하나님의 가치, 하나님의 기준, 하나님의 마음으로 사는 것입니다.

앎이로라

로마서 6장 8~9절에 '만일 우리가 그리스도와 함께 죽었으면 또한 그와 함께 살줄을 믿노니 이는 그리스도께서 죽은 자 가운데서 살아나셨으매 다시 죽지 아니하시고 사망이 다시 그를 주장하지 못할 줄을 앎이로라' 고 말합니다. 5장 3, 4절에서도 '우리가 환난 중에도 즐거워하나니 이는 환난은 인내를, 인내는 연단을, 연단은 소망을 이루는 줄 앎이로라' 라고 아는 것을 강조했습니다. 기독교를 믿음의 종교라고 합니다. 믿는다는 것은 하나님이 하신 일을 안다는 것입니다. 하나님에 관하여 알지 못하고 단지 그럴 줄로 믿는 것을 미신이라고 합니다. 사람들은 성경이 온통 '하나님을 믿으라' 는 말로 되어있는 줄로 생각합니다. 창세기 1장부터 믿으라는 명령이 계속 등장한다고 생각하지만 실상은 그렇지 않습니다. 로마서를 살펴보아도 1장부터 5장까지 '믿으라' 는 거의 등장하지 않습니다. 대신에 '알아라' 는 권면이 자주 나옵니다. 하나님이 일하신 역사는 모른 채 자신이 믿는 것만을 강조한다면 성경은 왜 필요할까요? 만약 기독교가 인간의 열심에 따라 결과가 결정된다면, 하나님이 필요하지 않을 것입니다. 만약 기독교가 장래에 받을 복을 위한 것이라면, 십자가에서 죽은 예수는 아무 소용이 없습니다. 만약 기독교가 세상과 똑같은 주장을 반복하는 것이라면, 교회도, 예배도, 설교도 아무 의미가 없습니다. 기독교에는 하나님이 계시고, 십자가에 죽었다가 부활하신 예수가 있고, 성경이 있습니다. 기독교는 성경을 읽어야 하는 종교요, 성경을 읽고 성경에 기록된 예수의 사역, 하나님의 일하심에 대하여 알아야 하는 종교입니다. 그래서 기독교는 가르치는 곳이요, 성도는 배워서 아는 자입니다. 기독교는 죄인, 죄의 사고방식에 젖어있는 자에게 하나님의 원리, 하나님의 가치, 하나님의 기준, 하나님의 뜻을 알려주는 곳입니다.

죄에 대하여 죽은 자, 하나님께 대하여 산자

오늘 본문에 예수가 죄에 대하여 죽으셨고, 하나님에 대하여 살아 계심과 같이 성도도 죄에 대하여 죽었고 하나님이 대하여 살았다고 합니다. 성도는 죄에 대하여 죽은 자입니다. 이제 죄가 성도를 어찌하지 못하며, 성도가 죄 때문에 조마조마하고, 죄 때문에 염려하고 고민하고 불안해할 필요가 없습니다. 반대로 성도는 하나님께 대하여는 살아 있는 자요, 하나님과 연합된 자요, 하나님과 하나 된 자요, 하나님과 화목 된 자들입니다. 죄에 대하여 걱정할 것이 없고 하나님과 더불어 즐거워하는 자들입니다. 성도는 죄에 대하여는 죽었기에 죄의 가치와 죄의 사고방식을 버리고, 하나님에 대하여는 살았기에 하나님의 가치와 하나님의 사고방식으로 살아가는 자들입니다.

의에게 드려

로마서 6:12~23

12 그러므로 너희는 죄가 너희 죽은 몸을 지배하지 못하게 하여 몸의 사욕에 순종하지 말고 13 또한 너희 지체를 불의의 무기로 죄에게 내주지 말고 오직 너희 자신을 죽은 자 가운데서 다시 살아난 자 같이 하나님께 드리며 너희 지체를 의의 무기로 하나님께 드리라 14 죄가 너희를 주장하지 못하리니 이는 너희가 법 아래에 있지 아니하고 은혜 아래에 있음이라 15 그런즉 어찌하리요 우리가 법 아래에 있지 아니하고 은혜 아래에 있으니 죄를 지으리요 그럴 수 없느니라 16 너희 자신을 종으로 내주어 누구에게 순종하든지 그 순종함을 받는 자의 종이 되는 줄을 너희가 알지 못하느냐 혹은 죄의 종으로 사망에 이르고 혹은 순종의 종으로 의에 이르느니라 17 하나님께 감사하리로다 너희가 본래 죄의 종이더니 너희에게 전하여 준 바 교훈의 본을 마음으로 순종하여 18 죄로부터 해방되어 의에게 종이 되었느니라 19 너희 육신이 연약하므로 내가 사람의 예대로 말하노니 전에 너희가 너희 지체를 부정과 불법에 내주어 불법에 이른 것 같이 이제는 너희 지체를 의에게 종으로 내 주어 거룩함에 이르라 20 너희가 죄의 종이 되었을 때에는 의에 대하여 자유로웠느니라 21 너희가 그 때에 무슨 열매를 얻었느냐 이제는 너희가 그 일을 부끄러워하나니 이는 그 마지막이 사망임이라 22 그러나 이제는 너희가 죄로부터 해방되고 하나님께 종이 되어 거룩함에 이르는 열매를 맺었으니 그 마지막은 영생이라 23 죄의 삯은 사망이요 하나님의 은사는 그리스도 예수 우리 주 안에 있는 영생이니라

하나님의 마음

하나님은 인간에게 아무것도 요구하신 적이 없습니다. 하나님은 인간에게 아무것도 제한하지 않으셨습니다. 만약 성도가 하나님 때문에 두려움을 느끼고, 하나님에게 감시당한다고 느끼고, 하나님이 심판하실

까봐 겁이 나고, 하나님 눈치를 살피고 계시다면 그것은 대단한 오해입니다. 인간이 하나님을 오해한 것뿐이지 하나님은 인간을 속박하거나 제한하지 않으십니다. 불행스럽게도 역사상에 신앙의 이름으로, 종교의 이름으로, 믿음의 명분으로 허다한 전쟁과 살육과 갈등이 있었습니다. 그것은 하나님이 잘못해서 발생한 일이 아니었고, 신이 아닌 평범한 인간 예수를 신성화해서도 아닙니다. 인간이 무지하였고, 인간이 하나님의 뜻과 의도를 오해해서 발생한 일입니다. 인간의 잘못이지 하나님의 잘못이 아닙니다. 오늘날도 기독교에 반대하는 사람들이 많습니다. 그런데 기독교에 반대하는 사람들의 이야기는 하나님에 대한 반대라기보다는 대부분 예수 믿는 사람들에 관한 이야기입니다. 예수 믿는 사람들이 말과 행동이 다르고, 이기적이고, 배타적이고, 자신만을 위한다고 비난합니다. 하나님이나 예수님의 잘못이 아니라 예수 믿는 사람들의 잘못입니다. 하나님에게 불만이 있는 사람들도 많습니다. 하나님이 하시는 일을 수긍하지 못합니다. 하나님이 이스라엘만 도와준다, 아무리 악하게 살아도 교회만 나가면 복을 준다, 성경에 보니까 가나안 사람들, 즉 오늘날 팔레스타인 사람들을 전멸하라고 했는데 신이 그렇게 살벌하게 인간을 죽일 수 있는가, 자신을 부인하고 오직 하나님을 위해서 살라니 인간 멸시가 아닌가. 이런 불평을 늘어놓습니다. 하지만 하나님은 그렇게 행동하신 적이 없습니다.

　기독교가 비난 받는 것은 하나님 잘못이 아닙니다. 인간의 무지요, 인간의 오해입니다. 하나님 때문에 인간이 손해 보면 안 됩니다. 하나님이 인간을 짓밟고 올라서서 영광을 받으시거나, 인간을 누르고 찬양을 받으시면 안 됩니다. 하나님은 그렇게 하신 적이 없습니다. 사람들이 신앙에 대해 오해하고, 하나님을 잘못 알고, 교회를 오해하고 있는 이유는 성경을 읽지 않기 때문이요, 성경을 읽어도 바르게 이해하지 못했기 때문입니다. 성경을 읽어보면, 하나님이 인간을 위해 죽으셨지 인간이 하나님을 위해 죽은 사람은 단 한 사람도 없습니다. 성경 속의 위대한 인물들은 하나님으로 말미암아 자신의 소망보다 더 놀랍고 큰일을 감당한 사람들이지, 하나님 때문에 자신의 꿈을 포기하고 비전과 인생을 포기한 사람은 한 사람도 없습니다. 우리는 성경을 많이 읽고, 바르게 이해해서, 기독교와 하나님과 교회에 대한 오해를 풀어야 합니다.

은혜 아래 있으니

성경의 표현

성도는 구원받은 자들이요, 구원받았다는 말은 죄에게서 해방되어 하나님께 속하였다는 말입니다. 또 이 말은 죄의 원리를 벗어나 하나님의 마음과 방식으로 살아간다는 의미입니다. 그것에 대해 성경은, 성도는 죄에 대하여는 죽은 자요, 하나님께 대하여는 산 자라고 표현합니다. 성경을 읽어보면, 하나님은 참으로 인간을 사랑하는 마음으로 많은 배려를 하시는 것을 알 수 있습니다. 하나님은 한 번만, 한 가지 표현으로만 말씀하시는 것이 아니라, 같은 내용을 여러 가지 표현으로 풍성하게 말씀하십니다. 하나님의 원리는 성경 전체에 담겨 있지만 아주 단순하고 간결합니다. 성경의 내용, 인간이 알아야 하는 내용은 많은 분량이 아닙니다. 단순하고 간결한 내용을 획일적으로 표현하지 않으시고 다양한 장르와 표현 양식을 통해 가르치십니다. 왜냐하면, 한 가지만으로 표현하면 이해하지 못하거나 오해를 할까봐서입니다. 본인의 상황과 처지와 배경이 다르면 인식하지 못할까봐 같은 내용을 다양한 양식으로 설명하십니다. 각 사람이 이해할 수 있는 다양한 양식을 사용하는 것은 하나님의 배려이십니다. 그런데 인간은 하나님의 배려를 인식하지 못하고 도리어 하나님이 다양하게 표현하여 인간을 혼동시킨다고 불평합니다.

또한 하나님은 곧으신 분입니다. 성품이 곧으시다는 것이 하나님께서 경직되시거나 강경하다는 의미는 아닙니다. 하나님은, 성품은 곧으시지만 인간에게는 온유하고 다정하십니다. 하나님은 독선적이거나 일방적이지 않으십니다. 하나님을 떠난 자에게 찾아오셔서 은혜를 주시기도 하십니다. 하나님의 마음을 모르는 사람은 하나님이 이랬다저랬다 하신다고 불평합니다. 하나님이 일관되지 않으신 것이 아니라 인간을 복주시기 위한 배려인 것입니다. 또한 하나님의 뜻은 분명하고 견고합니다. 하나님의 뜻이 정확하고 견고할지라도 강제적이거나 강압적이지 않고, 매우 설득력 있게 권고하심으로 뜻을 표현하십니다. 하나님의 마음을 모르는 사람들은 하나님이 권위가 없다고 불평합니다. 권위가 없는 것이 아니라 인간을 끌어안아 주시려는 하나님의 사랑입니다. 성경이 여러 가지 표현으로 같은 내용을 다양하게 설명해 주는 것은 참으로 고마운 일입니다. 성도, 구원받은 자, 죄에서 해방된 자, 죄에 대하여 죽고 하나님에 대하여 산 자, 하나님께 속한 자, 하나님의 성품이 있는 자, 하나님의 자녀 등 다양한 표현이 등장하지만 모두 같은 내용인 것을 알아야 합니다.

  성도들은 하나님의 뜻과 원리와 하나님의 마음을 배워야 합니다. 그리고 동시에 하나님의 일하시는 방식을 배워야 합니다. 하나님의 원리를 아는 것처럼 하나님의 원리를 적용하는 방식도 알아야 합니다. 이 두 가지가 같이 가야 합니다. 원리만 알고 방식을 모르면, 하나님의 원하시는 삶을 구현해 낼 수 없습니다. 하나님은 사랑이시기에, 인간에게 사랑으로 일하십니다. 그런데 성도들은 하나님은 사랑이라고 외치면서 사랑 때문에 싸웁니다. 왜냐하면, 하나님의 사랑을 나타내는 하나님의 방식을 모르기 때문입니다. 하나님은 평화이시기에 하나님의 뜻과 어긋나는 자에게 찾아 오셔서 화목을 이루십니다. 그런데 성도들은 하나님은 화평이라고 선포하면서 화평 때문에 갈등과 분열이 생깁니다. 하나님은 정의롭고 진리이시기에 거짓을 감당하시고 틀린 자를 감싸주십니다. 그런데 성도들은 하나님이 진리라고 주장하면서 진리 때문에 정죄와 심판이 있습니다. 왜냐하면, 하나님의 원칙만 따르고 있을 뿐 하나님의 일하시는 방법을 모를 때가 많기 때문입니다. 하나님의 원리를 가졌으면 하나님이 일하셨던 모습으로 일을 해야 합니다. 하나님의 원리를 가지고 하나님의 방식으로 일하면 모든 것이 아름답게 됩니다. 그러나 안타깝게도 대부분 하나님의 명분은 가졌는데 하나님의 방식으로 하지 않기에 하나님의 이름으로 많은 갈등과 싸움이 발생하는 모습을 봅니다. 하나님의 뜻을 알고 하나님의 방식대로 행하면 모든 인간이 하나님의 복락을 누릴 수 있습니다.

은혜 아래 있으니

성도는 죄에 대하여 죽은 자요 하나님에 대하여 산자입니다. 이것을 다른 말로, 은혜 아래 있다고 합니다. 로마서 6장 14절을 보면 '죄가 너희를 주관하지 못하리니 이는 너희가 법 아래에 있지 아니하고 은혜 아래에 있음이니라'고 합니다. 6장 15절, '그런즉 어찌하리요 우리가 법 아래에 있지 아니하고 은혜 아래에 있으니 죄를 지으리요 그럴 수 없느니라'고 말합니다. 은혜 아래 있다는 것은, 인간이 죄에서 구원받아 하나님께 속하게 되었다는 것입니다. 성도가 구원받아 하나님의 자녀가 된 것이 은혜 받은 것이요, 복 받은 것이요, 그 결과 하나님의 성도로 존재하고 있는 상태를 은혜 아래에 있다고 말합니다. 성도는 늘 은혜 아래에 거하고 있습니다. 간혹 성도들 중에는 개인적인 일들이 잘 풀리면 은혜생활 잘 한다고 말하고, 일이 조금 잘 안 풀리면 요즘 은혜가 떨어졌다고 말하곤 합니다. 그런 표현은 적절하지 않습니다. 성도는 구원받은 순간부터 하나님 안에 존재하기에 영원토록 은혜 아래에 거하고 있습니다.

죄의 종, 의의 종

성도가 은혜 안에 있는 상태를 죄에 대하여 죽었다고 말합니다. 죄에 대하여 죽었다는 말은 엄청나게 감격스러운 표현입니다. 아직 구원받지 못한 사람들은 죄가 주인입니다. 죄가 인간을 다스리지, 인간이 죄를 주관하지 않습니다. 죄가 인간을 지배하고 다스리기에 성경적 표현으로 죄의 종이라고 합니다. 죄가 주인이고 인간이 종입니다. 죄가 주인이기에 주인 마음대로 합니다. 죄가 인간을 다스리고 있어서, 죄를 짓지 않을 수가 없고, 죄 말고는 다른 생각을 할 수 없습니다. 죄의 종은 내가 죄를 짓는 것이 아니라, 처음부터 끝까지 죄를 지을 수밖에 없는 죄인의 삶이란 뜻입니다. 성도는 죄에서 구원받아 죄의 종의 상태에서 벗어났습니다. 죄를 지을 수밖에 없는 상태가 아니라, 죄를 안 지을 수 있게 되었습니다. 의를 행할 수 없는 상태가 아니라, 의를 행할 수 있게 되었습니다. 죄를 안 지을 수 있고 의를 행할 수 있는 자가 된 것이 은혜 아래 있는 자의 모습입니다.

의에게 드려

좋은 대로 행하라

하나님은 인간에게 은혜를 주셨습니다. 하나님은 인간에게 주신 그 은혜를 미끼로 인간을 제한하지 않으시고 인간에게 요구하고 명령하는 것이 없습니다. 하나님은 처음부터 끝까지 온전히 인간을 위하시는 분입니다. 그래서 성경에는 강제적인 조항이 하나도 없습니다. 아무리 좋은 것일지라도 강제적으로 시키거나 억지로 하도록 명령하지 않습니다. 사람들은 상대방을 위한다는 명분으로 조금은 강압을 써도 된다고 생각합니다. 그러나 하나님은 그렇지 않습니다. 하나님이 인간을 위하신다는 명분으로 강제하거나 억압하지 않으십니다. 하나님이 인간을 가장 소중하게 여기십니다. 그래서 인간이 어느 한 순간이라도 천한 대접을 받거나 모욕이나 멸시를 받지 않게 하십니다. 하나님은 인간을 배려하기 위하여 필요한 모든 수고와 노력을 하실지언정 인간을 강압하지 않으십니다. 차라리 하나님이 더 수고하고 더 애쓰고 더 희생할지라도 하나님이 사역을 대신할지라도 인간을 불편하게 하거나 힘들게 하지 않으십니다. 성경에 하나님의 말씀, 하나님의 명령, 하나님의 규례, 하나님의 법도가 나옵니다. 그 모든 말씀은 당연히 해야 되는, 규정된 명령이나 협박이 아니라, 하나님의 뜻이 얼마나 좋은지, 하나님의 방식이 얼마나 좋은지, 하나님의 의도가 얼마나 좋은지를 설명해 주고 인간에게 좋은 것을 하라고 권면하고 있습니다.

교회에 싸움이 없는 이유

사람이 모이는 곳에 자주 갈등과 불만과 싸움이 일어나는 모습을 봅니다. 갈등이 일어나는 이유에는 여러 가지가 있습니다. 첫째로는 억지로 하기 때문입니다. 강요로 혹은 억지로 하게 될 때, 갈등과 분열이 생깁니다. 진심으로 원하지 않은 일을 할 때에는 불만과 불평이 생기기 마련입니다. 두 번째는 남에게 보이려고 하기 때문입니다. 자신의 행위를 남이 제대로 봐주지 않으면 화가 나고 불만이 생깁니다. 세 번째는 남을 위해서 한다고 생각하기 때문입니다. 남을 위해 한다는 것은 엄청난 명분을 가지게 만듭니다. 남을 위해 희생하고, 수고하고, 손해 본다는 마음속에는 교만이 깔려 있습니다.

그러나 하나님 안에는 불만이 없고, 신앙에는 갈등이 없고, 교회에는 싸움이 없습니다. 왜냐하면, 자신이 좋아하는 것을 하기 때문입니다. 하나님의 말씀을 통해서 자기에게 가장 좋은 것이 무엇인지를 알고, 인정하고, 또 행동하기에 삶이 기쁘고 즐겁고 신나고 행복합니다. 하나님이 인간에게 억지로 시키신 것이 없고, 남에게 보이도록 요구하신 것도 없고, 남을 위해 행하도록 지시하신 것도 없습니다.

의에게 종으로 드려

신앙은 인간의 행복에 관한 것입니다. 행복은 죄의 마음을 가지느냐, 하나님의 마음을 가지느냐에 달려 있습니다. 성도는 하나님에 의하여 구원받았고, 하나님의 원리와 하나님의 말씀을 배우고 있는 자들입니다. 하나님의 원리가 좋다는 것을 인정하면 하나님의 원리대로 사는 것이 바른 신앙생활입니다. 오늘 본문을 보면, 하나님이 인간에게 요구하는 것이 나타나지 않습니다. 성경이 말하기를, '너희가 이전에는 죄의 종이었다. 그래서 너희 몸을 죄의 병기로 드려 죄의 열매를 맺었다. 그러나 이제는 구원받아 하나님의 자녀가 되었다. 너희 몸을 의의 병기로 드려 의의 열매를 맺으라.' 너희 인생을 하나님께 바치라, 너희 삶을 하나님께 희생하라, 너희 제물을 하나님께 다 내놓으라는 말씀은 성경 어디에도 없습니다. 성경이 우리에게 권면하는 것은, 우리 몸을 의에게 드리라, 의의 종이 되라는 것입니다. 그러면 우리가 거룩하여진다는 것입니다. 신앙을 초점을 잘 맞추어야 합니다. 하나님을 위하여 인간이 희생할 것도 없고, 죄에서 이겨 하나님의 원리로 행복을 누리는 것 외에 하나님의 능력이나 재주를 동원할 필요도 없습니다. 죄에 대하여 죽은 자요 하나님에 대하여 산 자들에게 기대하는 것은, 의의 종이 되어 의의 열매를 맺는 것입니다. 너희 몸과 마음과 생각과 삶을 의에게 드려, 의로운 방식으로, 하나님의 원리로, 하나님의 뜻대로 사는 것입니다.

영생이니라

하나님이 하시는 일은 베일에 가려있는 것이 아니요, 종말에 가봐야 아는 것이 아닙니다. 이미 결과가 다 드러나 있습니다. 죄의 원리를 따르면 당연히 죄의 결과가 나타납니다. 죄를 지으면 반드시 죄의 결과가 옵니다. 하나님의 원리, 의의 원리를 따르면 당연히 의의 결과가 나타납니다. 의의 길을 따르면서 한편으로는 의의 열매가 없어 헛고생이 되지는 않을까 하는 걱정이나 의심을 가질 이유가 없습니다. 하나님의 원리대로 살면, 하나님의 복과 은혜를 날마다 누릴 수 있습니다. 로마서 6장 22절에 '그러나 이제는 너희가 죄로부터 해방되고 하나님께 종이 되어 거룩함에 이르는 열매를 맺었으니 그 마지막은 영생이라. 죄의 삯은 사망이요 하나님의 은사는 그리스도 예수 우리 주 안에 있는 영생이니라'고 선언하고 있습니다.

죄의 원리를 따르면 죄의 결과가 있고, 하나님의 원리를 따르면 하나님의 열매를 맺습니다. 이것은 성경이 분명히 밝히는 명명백백한 진리입니다. 그리고 성도가 하나님의 원리를 따를 때, 하나님의 결과가 임하는 것을 알고 있고 때를 기다리고 있는 것을 기대요, 소망이라고 합니다. 세상이 말하는 꿈, 비전, 희망과 성경에서 말하는 소망은 전혀 다른 차원입니다. 성경은 행동에 수반되는 당연한 결과를 약속하고 있는데, 세상은 막연한 희망에 기대고 있습니다. 죄의 원리를 행한 후에 의의 열매를 바라는 것은, 기대가 아니라 욕심이요 망상입니다. 세상의 기대는 허망한 꿈이지만, 성경이 보장하는 것은 열매요 결실입니다. 성경이 보장하는 결과는 인간을 평화롭고 자유롭게 해 줍니다. 왜냐하면, 분명하고 정확하고 확실하기 때문입니다. 우리는 확실하신 하나님으로 말미암아 당연한 결과를 예상하고 성취합니다. 당연해서 기쁘지 않은 것이 아닙니다. 내가 알고 있는 그대로가 진행되고 있을 때, 우리는 안전함을 느낍니다. 이러한 사실은 삶을 바르게 살 수 있도록 해 주는 원동력이기도 합니다. 이것이 하나님의 원리가 주는 힘입니다.

하나님은 분명하십니다. 하나님께서 하나님의 원리를 성도에게 알려 주셔서 성도가 바르고 평안하게 살 수 있도록 해 주셨습니다. 이미 은혜를 받았고, 이미 보장을 받았습니다. 다 아는 것입니다. 그래서 놀라지도 않고 실망하지도 않고 두려워하지 않고, 기쁨과 소망가운데 살 수 있습니다. 이것이 은혜 아래 거하는 것입니다.

20 육신에 있을 때에는

로마서 7:1~12

1 형제들아 내가 법 아는 자들에게 말하노니 너희는 그 법이 사람이 살 동안만 그를 주관하는 줄 알지 못하느냐 2 남편 있는 여인이 그 남편 생전에는 법으로 그에게 매인 바 되나 만일 그 남편이 죽으면 남편의 법에서 벗어나느니라 3 그러므로 만일 그 남편 생전에 다른 남자에게 가면 음녀라 그러나 만일 남편이 죽으면 그 법에서 자유롭게 되나니 다른 남자에게 갈지라도 음녀가 되지 아니하느니라 4 그러므로 내 형제들아 너희도 그리스도의 몸으로 말미암아 율법에 대하여 죽임을 당하였으니 이는 다른 이 곧 죽은 자 가운에서 살아나신 이에게 가서 우리가 하나님을 위하여 열매를 맺게 하려함이라 5 우리가 육신에 있을 때에는 율법으로 말미암는 죄의 정욕이 우리 지체 중에 역사하여 우리로 사망을 위하여 열매를 맺게 하였더니 6 이제는 우리가 얽매였던 것에 대하여 죽었으므로 율법에서 벗어났으니 이러므로 우리가 영의 새로운 것으로 섬길 것이요 율법 조문의 묵은 것으로 아니할지니라 7 그런즉 우리가 무슨 말을 하리요 율법이 죄냐 그럴 수 없느니라 율법으로 말미암지 않고는 내가 죄를 알지 못하였으니 곧 율법이 탐내지 말라 하지 아니하였더라면 내가 탐심을 알지 못하였으리라 8 그러나 죄가 기회를 타서 계명으로 말미암아 내 속에서 온갖 탐심을 이루었나니 이는 율법이 없으면 죄가 죽은 것임이니라 9 전에 율법을 깨닫지 못했을 때에는 내가 살았더니 계명이 이르매 죄는 살아나고 나는 죽었도다 10 생명에 이르게 할 그 계명이 내게 대하여 도리어 사람에 이르게 하는 것이 되었도다 11 죄가 기회를 타서 계명으로 말미암아 나를 속이고 그것으로 나를 죽였는지라 12 이로 보건대 율법은 거룩하고 계명도 거룩하고 의로우며 선하도다

성경 바로 보기

성경의 이해

　성경을 이해하는 방식에는 크게 두 가지가 있습니다. 하나는 하나님의 계시로 이해하는 것입니다. 하나님이 역사를 통해 계시적 사건을 행하셨고, 사람을 통해 계시적 기록을 남기셨고, 성도는 이 성경 말씀을 읽고 성령님의 도우심으로 그 내용을 깨달아 알게 되는 것입니다. 그 성경에 기록되어 있는 내용이 하나님이 인간이 창조하셨고, 인간이 죄인이 되었고, 예수님께서 죄인들을 위하여 십자가를 지심으로 구원하셨고, 그 결과로 성도는 새로운 피조물이 되어 하나님의 은혜를 누리며 행복한 삶을 산다는 것입니다. 성경을 이해하는 또 다른 방식은 성경을 단지 인간의 기록물로 간주하는 것입니다. 예전에 이스라엘이라는 나라, 히브리 민족이 삶의 역경과 고난 가운데 있을 때, 지도층에 있던 사람들이 백성들의 마음을 위로하고 격려하며 새로운 민족적 소망을 고취시키려고 마치 민족 신화를 만들듯이 성경을 기록하였다는 것입니다. 그리고 그 내용은 하나님의 역사가 아니라 대부분 인간들의 가르침과 유사하다는 생각입니다.

　위의 두 가지 방식 중에 사람들이 성경을 어떻게 이해하든지 하나님은 다 허용하여 주십니다. 인간이 생각하고 싶은 대로 생각하게 두십니다. 한편으로 하나님이 없다고 말하는 자들은, 하나님이 어떤 역사도 행하시지 않으시고, 당연히 하나님의 어떤 역사도 체험하지 못하고, 하나님의 은혜도 누리지 못합니다. 다른 한편으로 하나님이 있다고 아는 자들은, 하나님의 역사를 알고, 하나님과 동행하며, 하나님의 마음을 가지며, 하나님의 원리대로 살아 하나님의 은혜를 누리고 삽니다. 성경은 내가 어떻게 생각하느냐에 달려있는 것이 아니라 얼마나 바르게 아느냐에 달려 있습니다. 모르면 못 누리고 알면 누리는 것입니다.

문제와 해결

세상이 문제로 여기는 것과 성경이 문제 삼는 것은 전혀 차원이 다릅니다. 문제 해결 방식 또한 차원이 다릅니다. 예를 들면 극장가에 푸른 제복에 빨간 반바지의 위대한 사나이 슈퍼맨이 돌아왔습니다. 슈퍼맨이 해결하는 것은 모두 외적인 문제입니다. 슈퍼맨이 자랑하는 것은 모두 외적인 능력입니다. 고장 난 비행기를 안착시키고, 빌딩에서 떨어지는 사람을 받아 살리고, 정말 대단합니다. 인간이 만들어내는 모든 영웅은 힘이 세고 재주가 많습니다. 슈퍼맨, 원더우먼, 스파이더맨, 배트 맨 등 대부분의 영웅들의 유형이 비슷합니다. 꼭 판타지 영웅이 아니어도 람보, 코만도 등 전쟁이나 역경에서 불굴의 능력을 보여주는 모습은 모두 외적인 능력입니다.

그러나 정작 대부분 사람들이 힘들어하는 이유는 외적인 상황보다는 마음이 평안하지 않기 때문입니다. 예를 들어 남의 집 아이가 공부를 잘 합니다. 그러면 괜히 그 아이가 미워집니다. 그 아이 때문에 내 아이가 공부 못하는 것이 아닌데도, 옆집 아이가 꼴 보기 싫어집니다. 그 학생의 집이 우리 집 근처라는 것도 기분 나빠서 차라리 이사 가고 싶기도 합니다. 그러면 엉뚱한 발상이 이어집니다. 그 집의 아이가 공부 잘 할지는 모르지만, 남편은 무능하다고 비꼬는 마음이 한쪽 귀퉁이에서 생깁니다. 그렇게 유치한 생각을 하는 자신이 어이없어서 밤에 잠이 잘 안 오기도 합니다. 이런 내적인 불편함에 대해 슈퍼맨이나 원더우먼은 아무런 도움도 되지 못합니다.

성경의 이야기는 외적인 문제나 외적인 능력을 말하지 않고, 언제나 인간의 본질적인 내용을 말합니다. 대부분 사람들은 자신이 무엇인가를 할 수 있을 때까지는 노력해 보다가, 더 이상 어찌할 수 없을 때 하나님을 찾습니다. 교회에 젊은이보다 상대적으로 어르신들이 많은 이유에 대한 설명이 될 수도 있을 것입니다. 간혹 그러다가 너무 늦을 수도 있습니다. 가능한 빨리 하나님의 은혜를 깨닫고 하나님께 나아오는 것이 하나님께 받은 은혜와 복락을 더 많이 누릴 수 있습니다.

우선순위

사람들은 자신의 능력을 과대평가할 때가 많습니다. 예를 들어, 학생들은 마음만 먹으면 공부를 잘 할 줄로 생각합니다. 노총각과 노처녀는 자신이 결혼하려고만 하면 곧 다음 달에 결혼을 할 수 있을 줄로 압니다. 아줌마들은 하려고만 하면 자식을 마음대로 할 수 있을 줄로 압니다. 남편들은 자신들이 하려고만 하면 아내를 꼼짝 못하게 만들 수 있을 줄로 압니다. 노인들은 다시 한 번 젊어지면, 자신이 살아온 것과는 다르게 살 수 있다고 생각합니다. 신학생들은 자기가 읽으려고만 하면 방학 중에라도 성경을 10독 할 줄로 압니다. 이것보다 더 어리석은 생각은, 죄인들이 하려고만 하면 죄를 안 지을 수 있다는 생각입니다.

나의 생각과 실제는 전혀 다른 문제입니다. 할 수 있다고 믿는다고 해서 정말 할 수 있는 것은 아닙니다. 정말 할 수 없을 것 같았는데, 성공해서 놀라기도 하고, 할 수 있다고 자신했는데, 실패해서 당황하기도 합니다. 감정과 사실의 문제는 사람들에게 혼돈을 주곤 합니다. 흔히 사람들은 감정과 사실 중에 감정 쪽으로 기울어지는 경향이 있습니다. 그래서 느낌이 좋아야 한다, 첫 눈에 필이 꽂혔다, 뭔가 잘 될 것 같은 감이 온다, 희망을 가지자 등 감정을 중요시하는 표현이 매우 많습니다. '감정'은 자신이 조절할 수 있는 반면에 '사실'은 조절할 수 없습니다. 사실은 이미 존재하고 있는 것이고, 이미 이루어진 상황은 내가 어떻게 해 볼 수 없는 것이어서, 내가 어떻게 해 볼 수 있는 여지가 남아있는 감정 쪽에 기울어지게 됩니다.

신앙적 주제에 관하여도, 하나님이 나를 구원하셨다는 사실과 내가 구원받았다고 느끼는 감정 중에 어느 것이 중요하냐는 것이 종종 논쟁

거리가 되곤 합니다. 감정과 사실에 있어서 중요한 것은, 감정이냐 사실이냐는 선택의 문제가 아니라, 순서의 문제입니다. 감정과 사실은 구분해서 하나만 골라야 하는 선택의 문제가 아닙니다. 두 가지가 다 있어야 하는데, 무엇이 먼저냐는 우선순위의 문제입니다. 이때 순서를 정하는 것은 인간이 아니라, 성경이 우리에게 가르쳐 주는 대로 배워야 합니다. 물론 성경에는 감정이 먼저라거나 사실이 먼저라고 꼭 찍어서 표현되어 있는 곳은 없습니다. 그러나 우리는 확인할 수 있습니다. 성경은 절대 사람의 감정과 느낌에 호소하지 않는다는 것입니다. 성경은 언제나 하나님이 하신 일, 하나님이 이루어 놓으신 사실을 선포하고 드러내고 알리고 밝힙니다. 하나님이 행하신 일에 대하여 선포할 때 인간의 느낌과 감정을 묻는 적이 없습니다. 대신에 감정은 사실에 입각하여 당연히 따라오는 것으로 간주합니다.

간혹 성도들 중에 자신이 구원받았다는 사실, 예수님이 자신의 죄 짐을 대신 짊어지고 죽으셔서 죄에서 해방되었다는 사실을 구체적으로 설명할 수는 없으면서도 그저 교회 오면 마음이 편해지고 목사님 설교 말씀을 들으면 모든 시름이 다 사라지는 느낌이 든다는 사람이 있습니다. 그러나 성경은 인간의 마음 상태가 어떠하냐를 묻는 것이 아니라 하나님이 구원을 하셨다는 것을 강조합니다. 인간의 느낌과 감정을 표현하는 미사여구가 없고, 시적 표현이 없습니다. 도리어 대부분 법적이며 논리적이며 사실적이며 서술적입니다. 본문에서도 성경이 구원의 사실에 대하여 설명할 때, 법적인 차원을 사용하는 것을 확인할 수 있습니다.

대조적인 이야기

성경은 앞뒤가 연결되어 있습니다. 절대로 어느 한 부분만을 잘라내어서 설명하면 안 됩니다. 로마서 7장은 8장과 대조되어 있습니다. 7장은 인간이 죄 아래에서 있었던 상태에 대해서 설명하고, 8장은 구원받아 생명의 성령의 법 아래에 있는 상태에 대해서 대조하여 설명하고 있습니다. 로마서 7장 1절 이하에는 부부에 관한 이야기가 나옵니다. 주제가 부부생활이라는 것이 아니라 부부의 관계로 예를 들어 죄와 인간의 관계 또는 하나님과 인간의 관계를 설명하려는 것입니다. 성경이 말하고자 하는 바를 단 한 가지의 방법으로가 아니라 다양한 표현을 사용해서 말씀하시는 것을 볼 때, 하나님께서 인간을 매우 배려하시는 것을 체감할 수 있습니다. 하나님과 인간의 관계를 비유적으로 설명하는 것도 매우 다양합니다. 목자와 양, 포도나무와 가지, 신랑과 신부, 아버지와 아들, 책임지는 주인과 보호함 받는 종으로 표현되기도 합니다. 이것은 곧, 하나님을 바르게 이해하면, 인간 삶의 다양한 관계와 상황에 모두 적용할 수 있다는 뜻입니다. 본문은 그 중에 남편과 아내의 관계를 통해서 설명합니다.

소속의 문제

소속된 관계

성경에서 남편과 아내의 관계, 소속의 관계를 등장시키는 이유는 죄와 인간의 관계를 설명하기 위해서입니다. 남편은 아내에게 소속되어 있고 아내는 남편에게 소속되어 있습니다. 서로가 서로에게 소속되어 있어서, 서로에게 좋은 의미로 매어 있습니다. 서로를 벗어날 수 없습니다. 그와 같이 인간이 구원받기 전에는 죄에게 소속되어 있었습니다. 죄인들은 하나님을 모르고 죄를 모릅니다. 오직 자신만 압니다. 인간만 압니다. 만약 어떤 일이 잘 되면 자신이 열심히 해서 됐다고 말합니다. 자신만 알기 때문입니다. 만약 어떤 일이 잘못 되면 자신이 실수했고, 잘못했다고 자기 탓만 합니다. 왜냐하면, 인간은 인간만 알기 때문입니다.

그러나 성경은 인간뿐만 아니라 인간을 넘어서 하나님을 말하고 죄를 이야기합니다. 만약 인간에게 어떤 일이 잘 되면, 인간이 수고했다고 하지 않고, 하나님이 그 인간을 어떻게 도와 주셨고 복을 주셨는지를 말합니다. 인간이 곤고함이나 역경에 처해 있을 때 인간의 잘못을 추궁하는 것이 아니라 죄가 인간을 어떻게 방해했으며 죄가 인간을 얼마나 속였는가를 지적합니다. 인간은 인간이야기만 하지만 성경은 인간과 하나님, 인간과 죄, 즉 인간 이상을 말합니다.

세상의 법정에서도 용의자를 다룰 때, 단순히 범인의 행동만을 따지지 않습니다. 범인의 행동을 이해하려면, 범인의 주변 상황을 살펴야 합니다. 용의자의 행동 원인을 분석하고, 정황 증거를 찾습니다. 세상에도 정상참작이라는 것이 있습니다. 즉 그가 어떤 환경에서 자랐으며, 어떤 가치관과 세계관을 가지고 살았는지를 분석하여 행동을 판단하는 자료로 사용합니다. 인간보다 더 세밀하신 하나님은 인간을 보실 때, 단지 인간만 보시는 것이 아니라 인간의 정황도 고려하십니다. 단지 인간이 악해서 죄를 지었다고 단정하는 것이 아니라 죄악 된 상황 속에 거한 것은 아니었는지, 죄에게 사로잡힌 상태는 아니었는지, 죄인으로 몰아세워 심판과 형벌로만 다룰 것인지, 아니면 죄의 종이요 죄인이었다는 정상참작이 되어야 하는가를 고려하십니다.

소속의 결과

로마서 7장 1절로 3절을 보면, 서로에게 소속되어 있는 부부 관계에 대해 이야기합니다. 남편과 아내는 서로의 울타리 안에 존재합니다. 그래서 남편이 있는데 아내가 다른 남자에게 가면 안 되고, 아내가 있는데 남편이 다른 여자에게 가면 안 됩니다. 그러나 남편이 죽으면, 이제 아내는 남편 소속이 아니고, 아내가 죽으면 이제 남편은 아내 소속이 아닙니다. 그래서 자신이 갈 수 있는 곳으로 자유롭게 가도 됩니다. 본문은 남편과 아내의 관계에서 남편이 다른 여자에게 갔는지의 여부나 아내가 다른 남편에게 갔는가의 행동 자체를 문제 삼는 것이 아니라, 그 행동을 행한 시점이 언제였느냐가 중요하다고 말합니다. 정확하게 말하면, 어느 소속일 때 그런 행동을 했느냐는 것입니다. 만약 남편이 살아 있을 때, 아내가 다른 남자에게 갔으면 불의이지만, 남편이 죽은 다음에 갔으면 잘못이 아니라는 것입니다. 같은 행동일지라도 남편과 아내의 생사 여부, 즉 남편과 아내의 소속 관계의 설정 여부에 따라 죄가 될 수 있고, 죄가 되지 않을 수 있습니다.

하나님이 인간의 죄를 보실 때 인간의 행동만 보시는 것이 아니라, 인간의 소속을 보십니다. 인간이 죄를 지을 때, 하나님께서 무조건적으로 정죄하고 심판하시는 것이 아닙니다. 인간이 죄에 속해있었다는 것을 하나님은 아십니다. 인간은 죄에게 소속되어 있고, 죄에게 매여 있고, 죄와 관련되어 있어서 인간이 아는 것이 죄뿐이었고, 죄를 당연한 것으로 인식하였고, 죄가 진리였다고 생각하고 있었습니다. 이렇게 죄에 소속되어 있는 사람은 자신을 아무리 신중하게 살펴보아도 소용이 없고 자신의 행동을 아무리 고쳐보아도 소용이 없습니다. 왜냐하면, 이미 죄에 소속되어 있고, 죄 안에 거하고 있어서 도무지 죄를 벗어날 수 없기 때문입니다. 하나님은 이러한 인간의 상태를 불쌍히 여기시고, 징계하지 않으십니다. 죄 안에 있는 이상, 죄인은 어쩔 수 없다는 것을 아시기 때문입니다.

죄에게 소속된 사람의 삶은 반드시 죄의 결과가 뒤따릅니다. 제 아무리 훌륭한 비전을 가져도, 장밋빛 꿈이 아니라 황금빛 소망을 가져도 그 결과는 달라지지 않습니다. 죄인이 다른 결과가 나올 것을 확실히 믿고, 벽에다 휘호를 쓰고, 두건을 이마에 두르고, 손가락을 깨물어 혈서를 써도 아무 소용이 없습니다. 죄에게 소속된 이상, 그에게는 오직 죄의 결과만 올 뿐입니다. 로마서 7장 5절에 '우리가 육신에 있을 때에는 율법으로 말미암는 죄의 정욕이 우리 지체 중에 역사하여 우리로 사망을 위하여 열매를 맺게 하였더니' 라고 말합니다. 죄에 속하여 죄악 된 행동을 하니, 죄의 열매는 바로 사망인 것입니다.

새로운 소속

세상 사람들은 자신의 행동을 바꾸면 인간이 달라질 수 있다고 생각합니다. 행동을 변화시키기 위해서는 습관을 바꾸어야 하고, 습관을 바꾸기 위해서는 생각을 바꾸어야 한다고 말합니다. 생각이 바뀌면 습관이 바뀌고, 습관이 바뀌면 행동이 바뀌고, 행동이 바뀌면 인간의 삶이 달라질 수 있다고 크게 착각하고 있습니다. 그러나 하나님께서는 그런 식으로 문제를 해결하지 않으셨습니다. 죄에 소속되어 있는 인간이 제 아무리 생각을 바꾸어도 여전히 죄인이라는 것입니다.

인간이 변하려면, 오직 소속이 바뀌어야 한다고 하나님께서는 말씀하십니다. 죄에 속했던 자가 하나님께 속해야 하고, 불법에 속했던 자가 의에 속해야 하고, 거짓에 속했던 자가 진리에 속해야 하고, 헛된 것에 속했던 자가 영원한 것에 속해야 하고, 사단에게 속했던 자가 하나님께 속해야 합니다. 소속이 바뀌어야 인간이 변화될 수 있습니다. 우리 주변의 사람들 중에서 어떤 계기로 변화된 모습을 보이다가 다시 예전의 모습으로 돌아가는 것을 자주 봅니다. 이런 모습이 반복되는 이유는 소속이 변하지 않고, 단지 행동만 변하기 때문입니다. 제 아무리 행동을 바꾸어도 소속이 바뀌지 않으면, 곧 제자리로 돌아갑니다. 중요한 것, 본질적인 것은 소속이 바뀌어야 한다는 것입니다.

예수 그리스도의 사역은 본질적으로 우리를 죄에 대하여 죽은 자요, 하나님에 대하여 산 자로 변화시켜 주십니다. 다른 표현으로, 죄에 속했던 자에서 하나님께 속한 자로 옮겨주십니다. 죄의 종이었던 우리를 하나님의 자녀를 바꾸어 주십니다. 7장 4절에서, '그러므로 형제들아 너희도 그리스도의 몸으로 말미암아 율법에 대하여 죽임을 당하였으니 이는 다른 이 곧 죽은 자 가운데서 살아나신 이에게 가서 우리가 하나님을 위하여 열매를 맺게 하려 함이라' 라고 선언합니다. 율법에 대하여 죽었고, 죄에 대하여 죽었고, 하나님에 대하여 살았고, 의에 대하여 살았다고 성도의 소속과 위치와 신분의 변화를 강조합니다. 그러므로 7장 6절, '이제는 우리가 얽매였던 것에 대하여 죽었으므로 율법에서 벗어났으니 이러므로 우리가 영의 새로운 것으로 섬길 것이요 율법 조문의 묵은 것으로 아니할지니라' 고 말합니다.

성경은 인간의 느낌이나 감정에 상관없이 하나님이 행하신 사실을 선포합니다. 인간이 이전에는 죄에 속하여 죄의 관리, 죄의 통제, 죄의 조종을 받았으나, 이제 성도는 죄에 대하여 죽었고 더 이상 죄의 소속이 아니고 죄에게서 풀려났다고 선포합니다. 실감을 하든, 안 하든, 성도는 죄의 소속에서 벗어나 하나님께 속한 자들입니다. 당장 안 느껴지고 사실 같아 보이지 않아도, 성도가 하나님께 속한 이상, 하나님의 열매가 맺어지게 될 것입니다. 인간의 감정에 따라 하나님이 행하신 사실이 달라지는 것이 아니라, 하나님이 행하신 사실에 따라 인간의 감정이 달라집니다. 기독교는 감정의 변화나 상황의 변화가 아니라 소속의 변화, 관계의 변화를 강조합니다.

율법이냐 아니면 죄냐?

율법의 역할

죄는 아주 교활합니다. 죄가 가장 잘하는 것 중의 하나는 자신의 정체를 감추고 모든 책임을 다른 것에게 뒤집어씌우기입니다. 신중하지 않으면 이런 죄의 교활함에 모두 당하여 숨어있는 죄의 실체를 보지 못하고 겉으로 드러나는 현상에 모두 속게 됩니다. 하나 예를 들어보겠습니다. 학생들이 제일 싫어하는 것이 시험일 것입니다. 만약 어떤 학생이 성적이 안 좋으면 시험 때문에 성적이 안 좋은 것이 아니라 본인이 공부를 안 해서 성적이 안 나오는 것입니다. 시험을 안 본다고, 실력이 좋아지는 것이 아닙니다. 단지 실력이 드러나지 않을 뿐입니다. 그런데 대부분의 학생들은 공부할 생각은 하지 않고 시험이 없어지기만을 바랍니다. 공부를 하지 않은 자신의 상태는 생각하지 않고, 단지 시험만 보지 않으면 괜찮다고 생각합니다. 공부하지 않는 다는 문제의 본질은 감추어지고, 오직 시험이라는 제도가 문제라는 오해와 착각에 빠지게 됩니다.

율법도 이와 같은 오해를 받습니다. 율법 때문에 인간이 죄인이 된 것이 아니라 인간은 이미 죄인이었습니다. 원래 의롭고 선하던 인간이 율법이 생김으로, 율법 조항 때문에 죄인이 되어 사망에 이르는 것이 아닙니다. 죄인들은 죄인이면서도 자신이 죄인인 것을 모르고 있었습니다. 문제의 본질을 오해하고 어리석은 판단에 빠져있는 인간을 깨우치기 위해서 율법이 등장한 것입니다.

로마서 7장 7절에, '그런즉 우리가 무슨 말 하리요? 율법이 죄냐? 그럴 수 없느니라. 율법으로 말미암지 않고는 내가 죄를 알지 못하였으니 곧 율법이 탐내지 말라 하지 아니하였더라면 내가 탐심을 알지 못하였으리라.' 얼핏 읽으면 율법이 아니었으면 내가 아예 탐심을 갖지 않았을 것인데, 율법 때문에 탐심을 가진 것이라고 생각하기 쉽습니다. 그러나 정확한 의미는, 죄인들은 이미 탐심이 있었습니다. 율법이 없었다면 자신의 마음이 탐심이라는 것을 알지 못하고 도리어 소박한 꿈이라고 생각했을 것입니다. 자신의 마음에 이미 음란한 마음에 있으면서도 율법이 없으면 음란한 마음을 인간의 본능이라고 간주했을 것입니다. 율법 때문에 탐심과 음란의 마음이 발생한 것이 아니라, 이미 마음속에 있던 탐심과 음란이 잘못된 것임을 알지 못하다가, 율법이라는 기준이 제공되었을 때, 그것이 죄가 되는 것을 깨닫게 되었습니다. 율법이 아니어도 이미 문제요, 이미 악이요, 이미 죄였습니다. 단지 알지 못했을 뿐입니다. 그런데 율법이 등장해서 본질을 분별하게 해 주었고, 알게 해주었습니다. 그래서 율법은 내 모습을 깨닫게 하는 좋은 것이요, 선한 것이요, 의로운 것이라고 선언합니다.

살았도다, 죽었도다

기독교는 인간의 문제를 죄라고 말합니다. 죄란, 인간의 죄악 된 행동을 말하는 것이 아니라 죄라는 존재를 말합니다. 가장 심각하게 문제가 되는 것은, 인간의 죄짓는 행동이 아니라, 죄라는 존재, 즉 사단입니다. 인류의 악의 축은 아담이 아니라 죄입니다. 인류의 최대 피해자, 희생자가 바로 인간입니다. 인간의 문제를 해결하기 위해서는 인간의 죄악 된 행동을 고치는 것으로 해결이 안 됩니다. 죄라는 존재, 사단의 문제를 해결해야 합니다. 하나님은 죄를 짓는 인간의 행동을 정죄하고, 죄를 짓는 인간을 몰아세우시지 않습니다. 도리어 죄인을 불쌍히 여기시고 긍휼이 여기십니다. 인간이 죄라는 존재에 사로잡혀 있고, 죄에게 소속되어 있고 죄의 종이 되어 있기 때문입니다. 인간의 죄악 된 행동은 죄와 사단의 활동에 의한 결과인 것입니다.

성경은 인간을 죄인이라고 말하지만, 죄인을 꾸짖고 벌주고, 혼내고, 책임지라고 문책하고, 추궁하지 않습니다. 괘씸한 놈은 죄이고, 죄에 잡힌 인간은 불쌍한 것입니다. 그래서 하나님은 예수 그리스도를 이 땅에 보내셔서 죄를 멸하시고, 죄인을 구원하십니다. 또 예수님 재림하시는 날에 죄를 영원한 무저갱에 집어넣으시고, 성도는 영원한 하나님의 영광의 나라로 인도하십니다. 율법과 죄의 관계를 설명하는 것이 7장 8절, '그러나 죄가 기회를 타서 계명으로 말미암아 내 속에서 온갖 탐심을 이루었나니 이는 율법이 없으면 죄가 죽은 것임이라' 라고 합니다. 인간이 죄를 짓는 것은 인간이 죄에게 속해 있을 때에, 죄가 죄인을 충동질하고, 죄가 죄인을 미혹해서 죄를 짓게 합니다. 당연히 죄를 짓게 한 사단을 찾고 사단을 추궁해야 합니다. 그런데 어리석게도 사람들은 사단은 인식하지 못하고 죄악 된 행동을 한 사람만 책망합니다. 인간의 죄악 된 행동과 인간으로 죄를 짓게 하는 사단의 관계를 이해하지 못하면 사람들은 오직 자신의 행동만 인식할 뿐입니다. 그래서 정작 죄를 짓게 하는 사단에겐 아무런 반응을 나타내지 않고 자신에 대한 죄책감과 자괴감에 사로잡혀 있게 됩니다.

로마서 7장 9절, '전에 법을 깨닫지 못할 때에는 내가 살았더니 계명이 이르매 죄는 살아나고 나는 죽었도다.' 이 본문에서 '살았다, 죽었다'는 표현은 죄와의 관계를 설명하는 말입니다. 전에 율법을 깨닫지 못할 때에는 내가 살았더니, 즉 행동에 대하여 모든 책임을 인간이 뒤집어쓰고 있었습니다. 죄는 있었으나 알지 못합니다. 그런데 계명이 등장하니까, 이제 죄의 실체가 드러나고 죄의 정체가 밝혀지게 되어 죄의 책임이라는 사실이 알려집니다. 이것을 죄가 살아났다고 표현하고, 이제 죄의 피해자였던 인간은 책임을 질 필요가 없기에 죽었다고 표현하는 것입니다. 본문에서 '나는 살았다, 나는 죽었다, 죄가 죽었다, 죄가 살았다'라는 표현은, 말 그대로 인간이 살고 죽느냐의 이야기가 아니라, 문제의 원인으로 내가 지목되느냐, 죄가 지목되느냐에 관한 것입니다. 죄가 감추어져 있고 죄가 언급되지 않는 것을 죄가 죽었다고 말하고, 내가 드러나고 내가 언급되는 것을 내가 살았다고 말하는 것이며, 반대로 죄가 드러나고 죄가 언급되는 것을 죄가 살았다고 말하고, 내가 언급되지 않는 것을 내가 죽었다고 말하는 것입니다.

율법은 선한 것

로마서 7장 10절에 '생명에 이르게 할 그 계명' 입니다. 하나님의 계명은 인간을 살리고 생명에 이르게 하는 것입니다. 그런데 인간은 모두 죄의 교활한 속임수에 빠져서 오해하고 있습니다. 율법 때문에 인간이 누명을 벗었습니다. 감격해야 할 사실입니다. 그런데 '생명이 이르게 할 그 계명이 내게 대하여 도리어 사망에 이르게 하는 것이 되었도다' 고 오해합니다. 율법 때문에 산 것이 아니라, 율법 때문에 정죄와 심판이 생기고, 율법 때문에 사망의 형벌이 온다고 오해했습니다. 이런 생각이 죄의 술수요 죄의 교활한 속임수입니다. 그래서 11절, '죄가 기회를 타서 계명으로 말미암아 나를 속이고 그것으로 나를 죽였는지라' 라고 했습니다. 율법 때문에 인간이 죄인이 되는 것이 아니라, 율법 때문에 인간이 누명을 벗고, 죄의 정체가 밝혀지는 것입니다. 율법 때문에 죄가 주동자이고 인간이 희생자라는 것이 드러났습니다. 율법 때문에 죄가 문제라는 사실이 밝혀졌습니다. 인간이 피해자라는 것이 드러난 것입니다. 율법 때문에, 나쁜 놈은 죄이고 인간은 불쌍한 존재라는 것이 드러난 것입니다. 그래서 12절이 등장합니다. '이로 보건대 율법은 거룩하고 계명도 거룩하고 의로우며 선하도다' 라는 선언이 등장합니다. 성도가 바로 이 거룩하고 의로우며 선한 율법에 속한 자, 하나님께 속한 자가 되었습니다.

　세상의 원리로는 인간이 행복을 누리며 살 수 없습니다. 왜냐하면, 문제가 생기면 사람 탓을 합니다. 해결책으로 사람을 바꾸고 제도를 바꿉니다. 그러는 동안에 또 다른 문제가 발생하고, 그 문제를 해결하기 위한 작업이 반복됩니다. 그러나 교회는 인간의 문제가 죄라는 것을 압니다. 그래서 문제가 발생했을 때에 인간을 탓하지 않고, 인간을 미워하지 않고, 인간을 갈아치우려고 하지 않습니다. 도리어 인간의 연약함을 인정하고 서로를 불쌍히 여기며 이해하고 저도 나와 같고 나도 저와 같은 것을 알아서 기다려 줍니다. 그래서 성도의 삶이 멋진 것입니다. 날마다 멋진 성도의 삶을 누리시기를 주님의 이름으로 축원합니다.

죄로 죄 되게 하라

로마서 7:13~25

13 그런즉 선한 것이 내게 사망이 되었느냐 그럴 수 없느니라 오직 죄가 죄로 드러나기 위하여 선한 그것으로 말미암아 나를 죽게 만들었으니 이는 계명으로 말미암아 죄로 심히 죄 되게 하려 함이라 14 우리가 율법은 신령한 줄 알거니와 나는 육신에 속하여 죄 아래에 팔렸도다 15 내가 행하는 것을 내가 알지 못하노니 곧 내가 원하는 것은 행하지 아니하고 도리어 미워하는 것을 행함이라 16 만일 내가 원하지 아니하는 그것을 행하면 내가 이로써 율법이 선한 것을 시인하노니 17 이제는 그것을 행하는 자가 내가 아니요 내 속에 거하는 죄니라 18 내 속 곧 내 육신에 선한 것이 거하지 아니하는 줄을 아노니 원함은 내게 있으나 선을 행하는 것은 없노라 19 내가 원하는 바 선은 행하지 아니하고 도리어 원하지 아니하는 바 악을 행하는도다 20 만일 내가 원하지 아니하는 그것을 하면 이를 행하는 자는 내가 아니요 내 속에 거하는 죄니라 21 그러므로 내가 한 법을 깨달았노니 곧 선을 행하기 원하는 나에게 악이 함께 있는 것이로다 22 내 속사람으로는 하나님의 법을 즐거워하되 23 내 지체 속에서 한 다른 법이 내 마음의 법과 싸워 내 지체 속에 있는 죄의 법으로 나를 사로잡는 것을 보는도다 24 오호라 나는 곤고한 사람이로다 이 사망의 몸에서 누가 나를 건져내랴 25 우리 주 예수 그리스도로 말미암아 하나님께 감사하리로다 그런즉 내 자신이 마음으로는 하나님의 법을 육신으로는 죄의 법을 섬기노라

선한 것

하나님이 기준

로마서 7장 12절에서 율법은 거룩하고, 계명도 거룩하고 의로우며 선하다고 선언하였습니다. 율법은 선한 것입니다. 그리고 하나님은 선하신 분이십니다. '하나님은 선하다' 라는 말을 잘 생각해 보면, 하나님이

계시지 않으면 선이란 존재하지 않습니다. 하나님을 모르면 선을 알 수 없습니다. 하나님이 알려주셔야만 알 수 있습니다. 마찬가지로 하나님은 사랑이시라고 말하지만 하나님을 모르면 사랑을 모릅니다. 하나님은 공의로우시다고 고백하지만 하나님을 모르면 공의를 모릅니다. 하나님이 기준이요, 하나님이 개념 그 차체입니다. 성도는 기준 되시는 하나님, 가치의 진정한 의미와 개념이 되시는 하나님을 알고 있기에 하나님의 기준으로 세상을 봐야지 세상의 기준으로 하나님을 평가해서는 안 됩니다. 구원받은 성도와 아직 구원받지 않은 세상 사람과의 차이는 바로 이 하나님의 기준이 있느냐, 그 원리로 행동하느냐 입니다.

교회도 마찬가지입니다. 성도들의 모임인 교회와 세상의 조직과는 그 근본 원리와 목적과 내용이 전혀 다릅니다. 교회는 하나님의 기준, 하나님의 원리, 하나님의 가치가 있는 곳입니다. 교회의 기준으로 세상을 분별해야지, 세상의 기준으로 교회를 판단해서는 안 됩니다. 세상 사람들은 하나님을 모르니까 교회가 세상의 기준이 되어야 하고, 세상 사람들에게 진정한 공동체의 모습을 가르쳐 주어야 합니다. 좋은 모임, 좋은 조직, 좋은 공동체란 무엇이냐고 질문할 때에, 교회 같은 곳이 좋은 공동체라는 대답이 있어야 합니다. 교회가 세상 조직의 기준이 되고, 세상 조직을 평가해 주어야 합니다. 하나님의 원리, 공동체의 원리, 인간의 원리를 잘 알고 있는 교회 목사와 전도사가 세상 조직과 회사를 진단해 주어야 합니다. 그래서 세상의 조직이나 공동체가 교회를 찾아와서 배워야 하고 교회를 벤처마킹 하겠다고 나와야 합니다. 하나님의 공동체인 교회는 세상 방식을 무시하는 것이 아니라 세상 방식의 한계를 넘어섭니다.

고린도전서에 보면 교회 안에 문제가 있거든, 차라리 손해를 볼지언정 세상 법정에 가지 말라고 했습니다. 왜냐하면, 교회의 원리가 세상의 원리를 훨씬 넘어서기 때문입니다. 세상 법정은 시시비비를 가리는 곳이지만, 교회는 누가 옳고 그른가를 넘어서 이미 죄인을 용서하자는 곳입니다. 누가 잘못 했는지를 밝히는 데 목적이 있지 않고, 실제로 잘못한 사람이 밝혀질지라도 그 사람을 용서하자고 이미 결정을 내린 곳입니다. 하나님이 기준이시고, 기독교가 기준이고, 교회가 기준이라는 것을 분명히 알아야 합니다.

선악과도 선하고, 율법도 선하다

하나님은 선하신 분이십니다. 그러기에 하나님이 생각하시는 것, 하나님이 행동하시는 것, 하나님이 가르치시는 것, 하나님이 부탁하시는 것 등 모두 선합니다. 하나님의 것은 부작용도 없고 뒤탈도 없고, 하나님의 일하심은 차별도 갈등도 없습니다. 간혹 하나님께서 선악과를 왜 만드셨는지 불평하는 사람들이 있습니다. 하나님께서 인간이 죄 짓게 하려고 선악과를 만드셨다고 생각합니다. 옳지 않은 생각입니다. 선악과를 만드신 분은 하나님이십니다. 하나님이 만드신 것은 다 좋고 옳고 선한 것입니다. 만약 하나님이 선악과를 만들지 않으셨다면, 아마도 인간 대신 로봇으로 만드셨을 것입니다. 간혹 성도들도 신앙이 힘들고 어렵다고 불평하면서, 율법 때문에 가고 싶은 데도 못 가고, 하고 싶은 것도 못 하고, 먹고 싶은 것도 못 먹는다고 원망하고 투정합니다. 혹시 하나님이 뭔가를 잘못하셨다면, 제가 대신 사과를 드리겠습니다. 혹시 하나님 때문에 속박 당하신 것이 있다면, 제가 그 속박을 다 풀어드리겠습니다. 하나님 때문에 손해보고, 하나님이 인간에게 짐 지우는 것은 없습니다. 하나님은 선하신 분이고, 하나님의 것은 모두 선하고, 하나님이 주시는 것도 모두 선하며, 하나님이 행하시는 것도 모두 선한 것입니다.

예수도 선하다

하나님이 예수 그리스도를 주셨습니다. 그리고 예수를 믿어라, 오직 예수만이 살 길이라고 말씀해 주십니다. 오직 예수만이 살길이라고 하자 많은 사람들이 오해를 합니다. '오직 예수'라고 할 때, 하나님이 배타적이라고 생각합니다. 인간이 선택할 수 있는 다른 길도 많은데 하나님이 다 막아놓고 마치 통행세를 받는 것처럼 사람들을 제한시키고 있다고 합니다. 절대로 그렇지 않습니다. 예수 말고 길이 있으면 다 가시고, 예수 말고 방법이 있으면 다 해 보시기 바랍니다. 하나님은 다른 길을 제한한 것이 아니라 아예 방법이 없는 자에게 예수를 보내 주시어 길을 열어 주셨습니다. 오직 예수라는 말은 배타적인 말이 아니라, 예수를 보내주시겠다는 배려하는 말입니다. 배가 침몰하는데, 구명보트도 없고 구명조끼도 없어서 더 이상 탈출할 방법이 없을 때, 어떤 사람이 커다랗고 두꺼운 합판을 들고 "이거라도 필요하시다면 가져가세요"라고 말할 때처럼 구사일생의 돌파구로 "예수라도"입니다. 하나님은 선하시고 옳으신 분입니다. 하나님이 행하시는 일은 다 옳습니다. 성경을 읽으면서 하나님이 선하시고 옳다는 것을 발견해야 합니다.

죄로 죄가 되게 하라

율법

로마서 7장 1절로 12절에서는 율법의 등장과 역할을 설명하고 있습니다. 인간이 잘 살고 있는데 하나님이 인간을 통제하시려고 하나님의 법, 율법이 등장한 것이 아닙니다. 사람들이 이미 죄를 짓고 있는데도 자신들의 죄를 인식하고 있지 못할 때, 그것이 죄라는 것을 지적하고 가르쳐주시려고 분별할 수 있는 것을 주셨는데, 그것이 율법이었습니다. 율법이 없었을 때에는 아무도 죄를 몰랐습니다. 인간의 죄악 된 행동을 보면, 불평하고, 그들을 심판하고, 비판할 뿐, 근본 원인이 죄라고 아무도 생각하지 않았습니다. 그래서 악과 불의에 대하여 죄는 연관 짓지 않고 다 그 사람만 나쁘다고 했습니다. 인간의 문제에 대하여 죄는 알지 못하고, 인간만 인식되는 상태, 죄는 잊혀져있고 인간이 모든 책임을 지고 있는 상태, 마치 죄는 없는 것 같고 인간이 문제가 된 상태를 로마서에서는 '죄는 죽었고, 나는 살았도다' 라고 표현했습니다. 즉 죄는 잘못이 없고, 나는 문제의 당사자로 지목되었다는 뜻입니다.

 그러나 율법이 등장하자, 실체가 밝혀집니다. 죄의 실체가 드러나서 문제의 근본은 바로 죄였고, 인간이 죄에게 잡혀있다는 안타까운 사실이 밝혀집니다. 이것을 로마서에서 '죄가 살아나고 나는 죽었도다' 라고 표현했습니다. 하나님이 율법을 주시지 않았다면, 지금도 모두 인간 탓만을 하고 있었을 것입니다. 하나님의 율법이 없이, 인간의 법만 있다면, 죄인만 드러납니다. 세상은 법이 발달하면 할수록 죄의 종류와 범법자가 늘어납니다. 또 율법이 없다면, 죄의 실체를 모르기에, 죄를 물리치거나 죄를 해결하려고 하지 않고 오히려 사람을 개조하려고 할 것입니다. 인류 역사가 그것을 증명합니다. 인간을 개조하면 될 줄로 압니다. 그래서 공부 잘하는 남자와 여자만 골라서 결혼시키고, 자녀를 낳게 하고, 세포를 조작하고, 유전자를 조작하기도 합니다. 심지어 악한 민족이라고 민족 말살 정책을 쓰기도 했던 것입니다. 하나님의 율법은 인간이 인식하지 못하고 있는 죄의 실체를 밝혀줍니다. 로마서 7장 13절, '그런즉 선한 것이 내게 사망이 되었느뇨? 그럴 수 없느니라. 오직 죄가 죄로 드러나기 위하여 선한 그것으로 말미암아 나를 죽게 만들었으니 이는 계명으로 말미암아 죄로 심히 죄 되게 하려 함이니라'

율법의 사용

 오늘날도 가장 쉽게 왜곡된 부분이 하나님의 율법입니다. 율법은 죄로 죄 되게 하고자 주신 것인데, 인간을 죄인 만들면 안 됩니다. 율법으로는 죄를 죄 되게 만들고, 죄에 잡힌 인간을 해방시켜 주어야 합니다. 그런데 안타깝게도 원래 율법의 의도와는 다르게 오늘날 율법이 정반대로 활용되고 있습니다. 늘 율법을 근거로 해서 정죄하고, 율법을 근거로 해서 심판하고, 율법을 근거로 해서 형벌을 줍니다. 이것은 율법을 잘못 사용하는 모습입니다. 예를 들어 율법이 잘못 사용되면, 주일날 많은 사람을 죄인으로 만듭니다. "주일은 주님께 온전히 드려야 하는 날인데, 주일 날 안 온 사람들은 다 주님을 부인하고, 불순종하는 나쁜 사람들, 은혜를 모르는 배은망덕한 사람들이다…" 이때 판단의 기준으로 작용하는 것이 율법입니다. 이것은 잘못 사용하는 것입니다. 율법을 바르게 사용하면 이렇게 됩니다. "오늘은 많은 분이 예배에 참석하지 못하셨군요. 오늘도 죄가 그 성도의 마음을 흔들어 놓았군요. 죄가 교회가고 싶어 하는 성도의 신앙을 미혹시켰군요. 그 성도님은 정말 오고 싶었는데 그놈의 죄가 또 발목을 잡았군요. 정말 죄란 나쁜 놈입니다. 이 자리 참석하신 분들이 복음을 잘 배우셔서 오늘 못 나오신 분들께 알려주셔서 다음 주에는 죄를 이길 수 있도록 도와주시기 바랍니다." 이렇게 이야기가 되어야 합니다.

기독교는 세상이 알지 못하는 죄의 실체를 알고 있습니다. 그래서 어떤 상황을 분석할 때 세상과는 전혀 다른 분석이 나오는 것이요, 어떤 상황을 판단할 때 전혀 다른 판단, 세상과는 전혀 다른 처방이 나옵니다. 세상은 죄를 모릅니다. 그래서 잘되면 그 사람이 잘했다, 못되면 그 사람이 못했다고 말할 뿐입니다. 그러나 교회는 다른 곳입니다. 잘되면 하나님이 은혜를 주신 것을 감사하고, 못되면 죄가 또 간교를 부렸다고 죄를 책망합니다. 그래서 교회는 사람을 미워하거나 사람 간에 정죄하거나 사람 간에 싸움이 일어나지 않는 곳입니다. 율법은 죄로 죄 되게 하고 인간을 정죄하지 않고 도리어 인간에게는 자유와 해방을 줍니다. 문제는 죄이지 절대로 인간이 아닙니다.

죄에게 팔렸다

로마서 7장 14절을 보겠습니다. '우리가 율법은 신령한 줄 알거니와 나는 육신에 속하여 죄 아래에 팔렸도다.' 성도는 죄를 알고 있습니다. 죄에 팔렸다는 말도 세상은 이해못하지만, 성도는 이해합니다. 자신도 죄에게 팔렸었고, 다른 사람도 죄에게 팔렸었습니다. 즉 죄에게 사로잡혀 있었습니다. 그래서 자신이 왜 이렇게 행동하고 다른 사람이 왜 저렇게 행동하는지를 알고 있습니다. 7장 15절, '내가 행하는 것을 내가 알지 못하노니 곧 내가 원하는 것은 행하지 아니하고 도리어 미워하는 것을 행함이라. 만일 내가 원치 아니하는 그것을 하면 내가 이로써 율법의 선한 것을 시인하노니 이제는 이것을 행하는 자가 내가 아니요 내속에 거하는 죄니라.' 이것은 로마서를 기록한 바울의 이야기요, 로마서를 받는 로마 성도의 이야기요, 오늘날 로마서를 읽는 성도들의 이야기입니다.

율법 즉 하나님의 가르침이 등장해서 인간의 문제를 정확하게 분별할 수 있게 해주고, 인간끼리 행복하게 살 수 있는 삶의 원리를 가르쳐 줍니다. 율법을 통하여 죄가 드러나고 죄를 분별하여 성도가 죄를 이기고 행복을 누리고 나눌 수 있습니다. 다시 한 번 반복하여 강조하는 것이 18절에서 20절까지입니다. '내 속 곧 내 육신에 선한 것이 거하지 아니하는 줄을 내가 아노니 원함은 내게 있으나 선을 행하는 것은 없노라. 내가 원하는 바 선은 하지 아니하고 도리어 원치 아니하는바 악을 행하는 도다. 만일 내가 원하지 아니하는 그것을 하면 이를 행하는 자는 내가 아니요 내 속에 거하는 죄니라.'

내가 한 법을 깨달았으니

내 문제를 이해하라

　로마서 7장 21절을 보시면, '내가 한 법을 깨달았으니 곧 선을 행하기 원하는 나에게 악이 함께 있음이라'고 말합니다. 기독교는 하나님의 계시의 종교요 성경은 하나님의 가르침입니다. 기독교에 하나님의 계시의 말씀인 성경이 있다는 사실을 간과하면 안 됩니다. 만약 신앙이 단지 인간이 믿는 것뿐이라면, 성경이 있을 필요가 없습니다. 만약 신앙이 단지 자신이 열심히 행하여 행한 대로 복을 받는 것이라면, 하나님도 은혜도 필요 없습니다. 만약 신앙이 단지 미래와 내세에 대한 소망이라면, 예수의 십자가의 죽음은 무가치한 것이며 예수 믿을 필요가 없습니다. 그러나 하나님이 계시고, 예수님이 계시고, 성경이 있습니다. 성경을 알아야 합니다. 하나님의 가르침을 알아야 합니다. 하나님의 가르침을 알지 못하면 세상 사람과 똑 같습니다.

　본문에서 바울은 한 가지 법을 깨달았다고 고백하는데 다른 사람의 문제를 깨달은 것이 아니라 자신의 문제를 깨달았습니다. 사람들의 가장 큰 문제는 다른 사람을 문제 삼는 것입니다. 그래서 대부분 다른 사람을 가르치려 하고, 다른 사람을 변화시키려 하고, 다른 사람을 새사람으로 만들고자 노력합니다. 개혁하자는 사람은 언제나 많은데, 자신이 개혁이 되어야 한다는 사람은 하나도 없습니다. 내가 사라지는 그곳이 바로 새 세상이라고 생각하는 사람은 하나도 없습니다. 가끔 어르신들 중에 '내가 죽어야지, 내가 너무 오래 살았어'라고 말씀하시는 분들이 계십니다. 그분들의 생각은, '내가 죽으면 그게 새 세상이다'가 아니라, '이 세상은 어차피 새로워지지 않는데 내가 죽으면 그 꼴을 안 볼 수 있다'는 것뿐입니다. 늘 남을 문제 삼고, 남을 고쳐야 한다고 생각합니다. 그러나 바울은 다른 사람의 문제를 깨달은 것이 아니라 자신의 문제점을 깨달았습니다. 이것을 깨달으면 늘 다른 사람을 문제 삼지 않고 자신을 문제 삼습니다. 그래서 상대방을 따지지 않고 논쟁하지 않고 분열이 생기지 않습니다.

물론 남을 문제 삼기보다는 자신이 문제임을 알아야 한다는 말은 세상의 조직에서도 통용됩니다. 그러나 기독교는 한 발 더 내딛어 자신을 문제 삼는 정도가 아니라 자신을 조종하는 죄를 문제 삼는 것까지 나아가는 것입니다. 이것이 로마서 7장 22~23절의 선언입니다. '내 속 사람으로는 하나님의 법을 즐거워하되 내 지체 속에서 한 다른 법이 내 마음의 법과 싸워 내 지체 속에 있는 죄의 법으로 나를 사로잡는 것을 보는도다.' 죄가 문제라는 것을 모르면 다른 사람을 비판하게 됩니다. 또 다른 사람을 문제 삼는 대신 자신을 문제 삼으면 자책하게 됩니다. 다른 사람을 문제 삼으면 정죄하게 되고, 자신을 문제 삼으면 죄책감에 사로잡힙니다. 다른 사람을 문제 삼으면 그 사람을 제거해야 하고, 자신을 문제 삼으면 자신에 대한 무기력감에 빠집니다. 다른 사람을 문제 삼으면 다른 사람을 변화시키려고 애쓰게 되고, 자신을 문제 삼으면 자신을 변화시키려고 몸부림칩니다. 다른 사람을 문제 삼으면 살인하게 되고, 자신을 문제 삼으면 자살하게 됩니다. 그래서 하나님을 알아야 하고, 문제의 본질이 죄라는 사실을 알아야 합니다. 그래야, 다른 사람도 이해할 수 있고 자기 자신도 위로 받을 수 있습니다. 죄를 알아야 하나님을 찾고 하나님을 의지할 수 있는 것입니다.

자기 고백

로마서 7장 24절, '오호라. 나는 곤고한 사람이로다. 이 사망의 몸에서 누가 나를 건져내랴?'는 자기 탄식이 아니라 자기 발견입니다. 넋두리가 아니라 자신의 실체를 발견한 것으로 대단한 발견이요 위대한 발견입니다. 정확하게 표현하면, '오호라. 나는 어찌할 수 없는 사람이로다. 죄에게 사로잡힌 상태에서 죄를 벗어날 수 있는 방법이 없구나. 누군가 나를 도와주어야 하는데!'라는 의미입니다. 이 사람은 죄를 아는 것이요, 이 사람은 이제 왜 예수 그리스도가 와야 하는가를 아는 것이요, 이 사람은 하나님께 무엇을 기도해야 하는지, 무엇을 감사해야 하는지를 압니다. 그 다음에 따라 나오는 것은 당연히 자기 고백입니다. 7장 25절, '우리 주 예수 그리스도로 말미암아 하나님께 감사하리로다.' 자신이 죄인이었었는데 하나님이 예수 그리스도를 보내셔서 새 사람으로 변화시켜 주셨다는 것을 알고 감사합니다. 이전에는 죄에 사로잡혀서 자신을 어찌할 수 없는 상태로 죄에 끌려가는 삶을 살았는데, 이제는 하나님을 알고, 하나님을 의지해야 함을 알고, 성도 삼아주신 하나님께 감사하는 것입니다.

그리스도 예수 안에 있는 자

로마서 8:1~17

1 그러므로 이제 그리스도 예수 안에 있는 자에게는 결코 정죄함이 없나니 2 이는 그리스도 예수 안에 있는 생명의 성령의 법이 죄와 사망의 법에서 너를 해방하였음이라 3 율법이 육신으로 말미암아 연약하여 할 수 없는 그것을 하나님은 하시나니 곧 죄로 말미암아 자기 아들을 죄 있는 육신의 모양으로 보내어 죄를 정하사 4 육신을 따르지 않고 그 영을 따라 행하는 우리에게 율법의 요구가 이루어지게 하려 하심이니라 5 육신을 따르는 자는 육신의 일을, 영을 따르는 자는 영의 일을 생각하나니 6 육신의 생각은 사망이요 영의 생각은 생명과 평안이니라 7 육신의 생각은 하나님과 원수가 되나니 이는 하나님의 법에 굴복하지 아니할 뿐 아니라 할 수도 없음이라 8 육신에 있는 자들은 하나님을 기쁘시게 할 수 없느니라 9 만일 너희 속에 하나님의 영이 거하시면 너희가 육신에 있지 아니하고 영에 있나니 누구든지 그리스도의 영이 없으면 그리스도의 사람이 아니라 10 또 그리스도께서 너희 안에 계시면 몸은 죄로 말미암아 죽은 것이나 영은 의로 말미암아 살아 있는 것이니라 11 예수를 죽은 자 가운데서 살리신 이의 영이 너희 안에 거하시면 그리스도 예수를 죽은 자 가운데서 살리신 이가 너희 안에 거하시는 그의 영으로 말미암아 너희 죽을 몸도 살리시리라 12 그러므로 형제들아 우리가 빚진 자로되 육신에게 져서 육신대로 살 것이 아니니라 13 너희가 육신대로 살면 반드시 죽을 것이로되 영으로써 몸의 행실을 죽이면 살리니 14 무릇 하나님의 영으로 인도함을 받는 사람은 곧 하나님의 아들이라 15 너희는 다시 무서워하는 종의 영을 받지 아니하고 양자의 영을 받았으므로 우리가 아빠 아버지라고 부르짖느니라 16 성령이 친히 우리의 영과 더불어 우리가 하나님의 자녀인 것을 증언하시나니 17 자녀이면 또한 상속자 곧 하나님의 상속자요 그리스도와 함께 한 상속자니 우리가 그와 함께 영광을 받기 위하여 고난도 함께 받아야 할 것이니라

하나님의 일, 인간의 일

인간의 일

살아가다 보면, 어떤 일을 계획하여 목적을 세우고 수고하고 애써서 결과를 얻어낸 경우도 있지만, 가끔 본인은 아무런 계획이나 목적이 없었는데도, 아무런 수고나 노력도 하지 않았는데도, 어떤 결과가 주어져 스스로 놀라는 때도 있습니다. 어떤 자가 꿈을 꾸었다고 합시다. 정말 멋있는 꿈, 신기한 꿈을 꾸어서 옆 사람에게 꿈 이야기를 합니다. 그 사람이 얼마나 엄청난 꿈을 꾸었든지 듣는 사람이 그 사람에 대해서 놀랄 이유가 없습니다. 왜냐하면, 그 사람이 꾸고 싶어서 꾼 꿈이 아니기 때문입니다. 그 사람에게 '어떻게 하면 그런 꿈을 꿀 수 있나?' 라고 묻는 사람은 없습니다. 가끔 병원에서 어떤 사람이 의식불명으로 있다 깨어나서 화제의 주인공이 되곤 합니다. 그러나 그 사람을 만나서 들을만한 내용은 없습니다. 그 사람이 일부러 의식을 잃었다가 깨어나려고 한 것도 아니고, 자신이 의식을 잃었는지도 잘 모르기 때문입니다. 옆에 있는 사람이 '당신은 의식을 잃었다가 기적적으로 깨어난 거야!' 라고 말해주어서 알 뿐입니다.

내가 아무것도 안 했는데, 아무것도 모르는데, 어떤 결과가 내게 주어졌다면, 그것은 우연히 일어난 일이 아니며, 까닭 없이 발생한 일이 아닙니다. 정작 본인은 아무것도 하지 않았지만, 다른 누군가가 대신 수고를 해서 얻어진 결과입니다. 자신이 그 내막을 모를 뿐이지 다른 사람들은 다 알고 있을 수도 있습니다. 당사자도 처음엔 몰랐다가 점차 그 내막을 알게 되기도 합니다. 왜냐하면, 까닭 없는 일이란 없기 때문입니다. 누군가의 수고가 있어야만 결과가 생겨나는 것이기 때문입니다.

하나님의 일

하나님의 일은 늘 드러나기 보다는 감추어져 있어서 사람이 잘 인식을 못합니다. 내가 아무 일도 하지 않았고, 주변을 아무리 돌아보아도 나를 대신하여 일해 준 사람이 없는 것처럼 보인다고 해서 그것으로 끝난 것이 아닙니다. 정말로 사람이 알아야 할 것은, 하나님이 인간을 위해 대신 수고하시고 일하셨다는 사실입니다. 나도 모르고 다른 사람도 모르고, 아무도 일하지 않았는데, 오직 하나님이 나의 사정을 아시고, 하나님이 나를 위해 일하셨다는 사실을 알아야 합니다. 성도가 되기까지, 그것은 인간이 수고한 결과가 아니라 하나님께서 일하신 결과입니다.

그리스도 예수 안에 있는 자

성경의 표현방식

성경은 하나님의 말씀이요, 하나님은 다양한 표현 방식을 통해 말씀하십니다. 또한 성경은 하나님의 말씀이 기록된 책으로서 다양한 문학적, 수사학적 기법이 사용되어 있습니다. 간혹 사람들은 하나님이 직설적 화법으로만 말씀하신 줄로 생각합니다. 그러나 하나님은 때로는 직설적 화법으로, 때로는 유머와 조크로, 때로는 우회나 과장으로, 때로는 풍조와 해학으로, 때로는 역설과 복선으로 말씀하시기도 합니다. 그러므로 성경을 읽을 때 하나님의 의도와 문맥의 흐름과 문학 양식 등을 골고루 살펴보아야 합니다. 결과적으로 성경의 표현방식은 정말 멋있는 표현방식이요 적절한 표현양식이라는 것을 알 수 있습니다. 로마서 8장 1절을 보면 '그러므로 이제 그리스도 예수 안에 있는 자에게는 결코 정죄함이 없나니'라고 기록되어 있습니다. 성도는 예수 안에 있는 자요, 예수 안에 있는 자에게는 정죄함이 없다고 선언합니다. 그러나 다음 구절에서는 다른 표현이 등장합니다. 로마서 8장 9절, '만일 너희 속에 하나님의 영이 거하시면', 8장 10절, '또 그리스도께서 너희 안에 계시면',

8장 11절, '예수를 죽은 자 가운데서 살리신 이의 영이 너희 안에 계시면' 이라고 기록되어 있습니다. 8장 1절에서는 '성도는 예수 그리스도 안에 있는 자' 라고 이미 이루어진 사실로 선포하였습니다. 그런데 8장 9, 10, 11절에서는 마치 조건처럼, 가정처럼, 소망처럼 '만일 너희 속에 하나님의 영이 거하시면' '또 그리스도께서 너희 안에 계시면' '예수를 죽은 자 가운데서 살리신 이의 영이 너희 안에 계시면' 하고 질문형식으로 기록되었습니다. 이것은 표현양식상으로 볼 때, 1절과 대조되어 있고, 내용상으로 상반되고 대치되고 충돌하는 듯합니다. 서로 다른 표현양식으로 문맥이 이어지고 있습니다.

1절에서 '성도는 그리스도 예수 안에 있는 자' 라고 소개합니다. 질문이 아니라 선포입니다. 사람들은 '자신이 예수를 모시고 있는가? 내 안에 예수가 있는가? 라고 자신이 주체가 되는 표현방식에는 익숙하지만 '예수 그리스도 안에 성도가 있다' 는 예수를 주체로 하는 방식에는 익숙하지 못합니다. 인간은 하나님의 일하심과 역사하심을 설명하는 성경적 표현방식에는 익숙하지 않아서 잘 이해 못합니다. 그러나 내가 무엇을 했는지, 어떻게 느꼈는지 등 나와 관련된 것에는 익숙합니다. 그래서 1절의 표현, 즉 '그리스도 예수 안에 있는 자' 는 어색하지만, 상대적으로 9, 10, 11절의 표현방식은 아주 익숙합니다. 익숙한 방식으로 9절을 풀어보면 '여러분 속에 하나님의 영이 거하십니까?' 10절은 '그리스도께서 여러분 안에 계십니까?' 11절은 '예수를 죽은 자 가운데서 살리신 이의 영이 여러분 안에 계십니까?' 입니다.

성경은 지금 성도에게 질문을 하고 있는 것이 아닙니다. 여러분에게 곰곰이 자신의 속을 살펴보라고 요청하는 것이 아닙니다. 차분하게 묵상하면서 자신을 성찰해보라는 것이 아닙니다. 성경은 질문이 아니라 선포입니다. 인간의 생각이나 행동 여하에 따라 인간의 신분과 위치와 존재가 달라지는 것이 아닙니다. 성경은 하나님이 행하신 일, 하나님이 인간에게 이루어 놓으신 결과를 인간에게 선포하는 책입니다. 그래서 성도는 성경을 읽으면서 고민이나 갈등, 두려움이 생기거나 시험이 들면 안 됩니다. 도리어 성경을 읽고 고민이 해결되고, 갈등이 풀어지고, 두려움이 떠나가고 행복과 기쁨이 느껴져야 합니다. 왜냐하면, 성경의 모든 이야기는 인간을 위한 것이요, 복음이요, 기쁜 소식이기에 성경을 읽을 때마다 반가운 이야기, 말 그대로 복된 이야기, 기쁜 소식을 깨달아가는 것이 정상적인 반응입니다.

그리스도 예수 안에 있는 자

8장은 7장과 연결되어 있습니다. 바울은 7장 16~23절까지에서 자신의 상태를 고백했습니다. 분명히 마음속에 선을 행하고자, 하나님의 뜻을 따르고 싶은 바람과 결심이 있었지만, 정작 행한 것은 악뿐이라고 고백했습니다. 도무지 선을 행할 수 없음을 깨닫고 외친 함성이 바로 24절이었습니다. '오호라, 나는 곤고한 사람이로다. 이 사망의 몸에서 누가 나를 건져 내랴!' 자기 스스로 할 수 없다는 것을 고백했습니다. 성경이 지적한 인간의 문제는, 인간이 죄인이 되어 죄에게 속해있다는 것입니다. 성경의 표현대로 죄에게 팔렸다는 것으로 이제 죄에게 소속 되어서 죄라는 울타리에 갇혔습니다. 죄에게 소속되었기에 아무리 선을 원해도 죄의 영역을 벗어날 수 없고, 선을 행할 수 없습니다. 이것이 죄인의 가장 큰 한계입니다.

사람들이 흔히 기독교인을 행위로 판단하려고 합니다. 열매로서 그 나무를 알지라는 구절에 근거해서 어떤 사람이 구원받았는지의 여부를 그 사람의 행위를 통해 판단하려는 것입니다. 주일날 결석하면 구원의 확신이 없는 것이요, 십일조를 내지 않으면 아직 거듭나지 못한 것이요, 성질내고 제 고집대로 하면 아직 성령을 받지 못했다는 등 그 사람의 행위로 구원여부를 판단하려고 합니다. 그러나 엄밀히 말하면, 기독교는 소속으로 분별합니다. 그 사람의 행동을 묻기 이전에 소속을 묻습니다. 어떤 행동을 하느냐 이전에 죄에 속했는가, 하나님께 속했는가를 따집니다. 죄에 소속되어 있다면, 비록 당장 선해 보이고 아름다워 보일지라도 그 내면에는 죄의 원리가 있어서, 언젠가는 죄의 결과가 나타나고야 말 것입니다. 그 사람이 하나님께 소속되어 있다면, 비록 당장은 성도답지 않고, 죄인과 다를 바 없어 보여도 그는 성도요 결국에는 하나님의 거룩한 열매들이 맺혀질 것입니다. 당장의 행위보다 중요한 것이 현재의 소속입니다. 그래서 지금 바울이 성도의 새로운 존재, 성도의 새로운 신분, 성도의 새로운 소속을 언급하는 것입니다. 성도가 어떤 행위를 하는가를 묻기 이전에, 성도가 죄에서 벗어나려고 얼마나 몸부림쳤는가를 묻기 이전에, 성도가 어떤 열매를 맺고 있는가를 묻기 이전에, 성도가 이전에는 죄의 소속이었는데 이제는 하나님께 속한 자로 어떻게 신분과 위치와 소속이 바뀌었는가, 즉 하나님이 죄인의 소속과 신분을 어떻게 바꾸어 놓으셨는가를 선언합니다.

'그리스도 예수 안에 있는 자' 라는 뜻은 인간이 예수 그리스도를 모시고 있다고 표현하는 것이 아니라 성도가 그리스도 안에 거한다는 사실을 강조하는 것입니다. 하나님의 일하심의 결과로 성도에게 새로운 존재, 새로운 신분, 새로운 소속이 있다는 뜻입니다. 이미 정답은 나와 있습니다. 7장 25절을 보면, '우리 주 예수 그리스도로 말미암아 하나님께 감사하리로다' 라고 했습니다. 7장 24절에서 자신이 어찌할 수 없음을 외치다가 갑자기 25절에서 하나님께 대한 감사가 나옵니다. 왜냐하면, 자신이 할 수 없는 것을 하나님이 해 주셨다는 것을 알았기 때문입니다. 하나님의 일하심으로 자신이 새로워졌음을 발견하고 하나님의 일하심에 대하여 감격해 하며 외치는 감사의 함성입니다. 그것을 다시 한 번 말하는 것이, 2절 '이는 그리스도 예수 안에 있는 생명의 성령의 법이 죄와 사망의 법에서 너를 해방하였음이라' 입니다. 성경은 언제나 하나님이 하셨다고 선언합니다. 우리가 예수 안으로 뚫고 들어간 것이 아닙니다. 그리스도 예수 안에 있는 생명의 성령의 법, 즉 하나님께서 우리가 죄와 사망의 법에 잡혀있을 때에 그곳에서 우리를 해방하셨고, 하나님 안으로 옮겨놓으셨습니다. 하나님이 역사하셨다는 것이요, 하나님이 우리를 그리스도 예수 안에 두셨습니다.

하나님은 하시나니

기이한 것

성경은 먼저 정답을 선포하고 이어서 정답을 설명해주는 구조로 되어있습니다. 로마서 8장 1절과 2절에 성도는 죄에서 해방되어 하나님 안에 속한 자, 그리스도 예수 안에 거하는 자, 더 이상 정죄함을 받지 않는 자라고 결론을 선포하고, 3절과 4절에 하나님의 구체적 사역을 설명해 줍니다. 학생들 문제집과 답안지를 보면 먼저 정답이 나옵니다. 그리고 해설이 나옵니다. 왜 이런 답이 나왔는지를 설명해 주어야 합니다. 성경도 정답만 선포하고 외우라고 하지 않고 자초지종을 설명해 줍니다. 3절부터 자초지종이 등장합니다. 3절, '율법이 육신으로 말미암아 연약하여 할 수 없는 그것을 하나님은 하시나니 곧 죄로 말미암아 자기 아들을 죄 있는 육신의 모양으로 보내어 육신에 죄를 정하사 육신을 따르지 않고 그 영을 따라 행하는 우리에게 율법의 요구가 이루어지게 하려 하심이니라.' 인간이 죄에 잡혀 아무것도 할 수 없을 때에 하나님이 예수 그리스도를 보내셨고, 예수께서 인간의 죄의 결과를 모두 감당하셔서 성도는 율법의 요구를 온전히 이루었고 새 사람이 되었습니다. 이것이 하나님이 하신 일입니다. 기독교는 언제나 인간이 행한 일이 아니라 하나님이 행하신 일을 선포합니다. 그래서 기독교는 인간에게 당황스럽고 기이하게 여겨집니다. 내가 마음먹지 않았고, 행동하지 않았는데 나에게 결과가 주어졌기에 놀라는 것입니다.

마가복음 12장 10~11절에는 이런 말씀이 있습니다. '너희가 성경에 건축자들의 버린 돌이 모퉁이의 머릿돌이 되었나니 이것은 주로 말미암아 된 것이요 우리 눈에 기이 하도다 함을 읽어 보지도 못하였느냐 하시니라.' 건축자들이 쓸모없다고 버린 돌이 건물의 머릿돌이 되었습니다. 이 일은 '주로 말미암아' 되었다고 설명합니다. 그리고 그것은 곧 '우리 눈에 기이한 일' 입니다.

하나님이 행하신 것

하나님의 일하심을 자세히 설명하는 것이 5절 이하에 이어집니다. 성경을 읽을 때 꼭 주의해야 사항은 성경의 용어와 세상의 용어가 비록 같은 용어지만 내용상으로는 매우 다르다는 것을 분별해야 합니다. 로마서 8장에 나오는 용어도 그 의미를 성경적 의미로 이해해야 합니다. 3절부터 8절에 특별히 '육신' 이라는 용어와 '영' 이라는 용어가 계속 반복하여 나옵니다. 본문에서 사용되는 '육신' 은 절대로 몸, 신체를 의미하지 않습니다. '영' 도 정신, 혼을 의미하는 것이 아닙니다. 성경은 인간을 몸과 정신으로 나누지 않습니다. 물론 구성적으로는 구분할 수 있지만 실제적으로는 구분될 수 있는 것이 아닙니다. 예를 들어 손과 발은 다른 것입니다. 그렇다고 손과 발이 전혀 별개의 존재로 분리될 수 있는 것이 아닙니다. 기능상으로는 손의 역할과 발의 역할이 다르지만 손과 발은 인간에게 붙어있는 것으로 분리될 수 없습니다. 육신과 몸은 인간의 구성적 측면에서 각자의 기능이 있지만, 인간과 분리되어 존재할 수 없습니다. 본문에 나오는 육신이나 영은 인간의 구성요소를 말하는 것이 아니라 인간의 상태, 인간의 위치를 표현하는 용어입니다. 즉 '육신' 은 몸, 신체를 의미하는 것이 아니라, 인간이 죄에 잡혀있는 상태, 죄의 종이 된 신분, 죄인이라는 정체성을 의미합니다. 인간의 여러 부분 중에 몸이 아니라 통전적 인간으로서 총체적 인간으로서 그 인간의 상태를 설명하는 것입니다. 또한 '영'은 인간 구성 요소 중 사고와 이해, 감정을 나타내는 기능적 부분이 아니라 통전적 인간으로서 총체적 인간으로서 하나님께 속한 상태를 의미합니다. 가장 단순하게 말하면, 육신은 죄를 나타내는 말이요, 영은 하나님을 나타내는 말입니다. 물론 말 그대로 몸을 말할 때도 있습니다. 그래서 구분을 잘해야 합니다.

육체를 죄로, 영을 하나님으로 이해하여 성경을 읽어보면, 5절로 9절까지입니다. '죄를 따르는 자는 죄의 일을, 하나님을 따르는 자는 하나님의 일을 생각하나니 죄의 생각은 사망이요 하나님의 생각은 생명과 평안이니라. 죄의 생각은 하나님과 원수가 되나니 이는 하나님의 법에 굴복하지 아니할 뿐 아니라 할 수도 없음이라. 죄에 있는 자들은 하나님을 기쁘시게 할 수 없느니라. 만일 너희 속에 하나님의 영이 거하시면 너희가 죄에 있지 아니하고 영에 있나니 누구든지 그리스도의 영이 없으면 그리스도의 사람이 아니라.'

로마서 7장에서 바울이 심각하게 느꼈던 것이 죄였습니다. 자신이 죄에 팔렸고, 죄에게 사로잡혀 있다는 것이었습니다. 율법은 죄인들에게 죄를 깨닫게 하려고 등장했습니다. 자신의 행동이 죄인 줄 모르는 죄인에게 죄를 인식하게 하고, 죄를 짓지 않고, 선을 하도록 깨우치기 위하여 율법이 등장했습니다. 그런데 그 일에 실패합니다. 율법이 부족해서가 아니라 죄인이 죄만 알지 율법을 이해하지 못하기 때문입니다. 죄인이 할 수 없으니까 하나님이 하십니다. 그것이 바로 예수 그리스도를 보내주신 일입니다. 죄인 된 인간을 위하여 자기 아들, 즉 예수 그리스도를 죄 있는 육신의 모양, 이 땅에 강림하신 인간 예수의 모습으로 보내시어 죄 없는 예수에게 죄를 정하시는 것입니다. 죄의 대가를, 죄 지은 죄인이 받는다면, 당연히 우리가 죽어야 하는데, 죄 없으신 예수가 우리를 대신하여 죄의 대가를 받으셨기에, 이제 우리는 죄의 결과를 벗어날 수 있게 되었고, 하나님의 말씀을 좇아 살 수 있게 되었습니다. 예수가 왔고, 예수가 죄의 결과를 감당했고, 예수가 죄를 이기었기에 모든 것이 다 이루어졌습니다. 이제 인간의 문제가 해결되었습니다.

　이제 로마서 8장 5~11절은 그 결과를 설명하고 선포하고 있습니다. 성도가 된 신분과 위치와 상태를 설명하고 있어서 이런 선언을 읽을 때마다 성도는 당연하다는 확신의 반응이 있어야 합니다. 9, 10, 11절도 조건문이나 의문문이 아니라 확신을 선포하는 표현입니다. 9절 '만일 너희 속에 하나님의 영이 거하시면 너희가 육신에 있지 아니하고 영에 있나니 누구든지 그리스도의 영이 없으면 그리스도의 사람이 아니라'는 말씀을 풀어서 설명하면 '만일 너희 속에 하나님의 영이 거하시면 너희가 육신에 거하지 아니하고 영에 있는 것인데, 너희는 너희 속에 그리스도가 계시는 정도가 아니라 너희 자체가 아예 그리스도 안에 존재하는 자들이다. 그러므로 너희는 육신에 있지 아니하고 영에 있다. 만일 어떤 사람이 너희와는 다르게 그리스도의 영이 없다면 그 사람은 그리스도의 사람이 아니다'는 뜻입니다. 10절, '또 그리스도께서 너희 안에 계시면 몸은 죄로 인하여 죽은 것이나 영은 의를 인하여 산 것이니라'는 말씀을 풀어서 설명을 하면 '너희는 그리스도 안에 있다. 그래서 너희는 죄에 대하여는 죽은 것이다. 그리고 하나님에 대하여 산 것이다'입니다. 11절, '예수를 죽은 자 가운데서 살리신 이의 영이 너의 안에 거하시면 그리스도 예수를 죽은 자 가운데서 살리신 이가 너희 안에 거하시는 그의 영으로 말미암아 너희 죽을 몸도 살리시리라'는 말씀을 풀어서 설명하면 '예수를 죽은 자 가운데서 살리신 이의 영이 너희 안에 계시기 때문에 그리스도 예수를 죽은 자 가운데서 살리신 이가 너희 안에 거하시는 그의 영으로 말미암아 너희 죽을 몸도 살리신다'는 선언이 됩니다.

하나님의 증거

　기독교는 하나님이 행하시고, 하나님이 선포하시고, 하나님이 인증하십니다. 우리의 믿음의 근거, 우리의 신앙의 근거는 우리의 느낌에 있지 않고 하나님의 증거에 있습니다. 8장 16절에 '성령이 친히 우리의 영과 더불어 우리가 하나님의 자녀인 것을 증언하시나니' 라고 합니다. 16절은 성경이 가지고 있는 독특한 표현방식으로 세상에는 이 구절과 같은 표현방식이 없습니다. 세상에서는 본인이 증거 하는 것이 가장 정확합니다. 주변에서 아무리 증명해도 본인이 확신이 들지 않으면 불안함을 극복할 수 없습니다. 성경은 성도에게 어떻게 느끼고 생각하고 있는가를 묻지 않고, 하나님께서 선포하시고, 성령이 친히 증언하십니다.

　인간을 위한 계획을 하나님이 세우셨습니다. 그 계획을 하나님이 진행하셨습니다. 그 결과를 하나님이 만들어 내셨습니다. 그 결과가 되었다고 선포도 하나님이 하셨습니다. 그 결과가 분명하다고 증언도 하나님이 하십니다. 하나님이 행하시고, 하나님이 선포하시고, 하나님이 인증하십니다. 인간은 구원해달라고 하나님께 요청하지도 않았습니다. 하나님께서 방법을 알려 주시면 노력하겠다고 다짐하지도 않았습니다. 계획하시고 사역하시고 인 치시는 모든 과정을 하나님이 하셨습니다. 기독교는 하나님의 일하심으로 결과, 이룸, 완성에 도착해 있습니다. 성도가 해야 하는 일은, 하나님이 나를 구원하셨다는 것을 알고, 내가 새로운 사람이 되었다는 것을 알고, 내가 그리스도 안에 있게 되었다는 사실을 알고 그 상태를 삶 속에 누리며 사는 것입니다.

현재의 고난

로마서 8:16~25

16 성령이 친히 우리의 영과 더불어 우리가 하나님의 자녀인 것을 증언하시나니 17 자녀이면 또한 상속자 곧 하나님의 상속자요 그리스도와 함께 한 상속자니 우리가 그와 함께 영광을 받기 위하여 고난도 함께 받아야 할 것이니라 18 생각하건대 현재의 고난은 장차 우리에게 나타날 영광과 비교할 수 없도다 19 피조물이 고대하는 바는 하나님의 아들들이 나타나는 것이니 20 피조물이 허무한 데 굴복하는 것은 자기 뜻이 아니요 오직 굴복하게 하시는 이로 말미암음이라 21 그 바라는 것은 피조물도 썩어짐의 종노릇 한 데서 해방되어 하나님의 자녀들의 영광의 자유에 이르는 것이니라 22 피조물이 다 이제까지 함께 탄식하며 함께 고통을 겪고 있는 것을 우리가 아느니라 23 그뿐 아니라 또한 우리 곧 성령의 처음 익은 열매를 받은 우리까지도 속으로 탄식하여 양자 될 것 곧 우리 몸의 속량을 기다리느니라 24 우리가 소망으로 구원을 얻었으매 보이는 소망이 소망이 아니니 보는 것을 누가 바라리요 25 만일 우리가 보지 못하는 것을 바라면 참음으로 기다릴지니라

성령의 인증

체험의 종교

여름방학이 되어서 아이들이 체험학습을 떠나기도 합니다. 체험학습은 자신이 직접 실행해볼 수 있습니다. 다른 사람이 만들어 놓은 것을 보고 관찰하는 것이 아니라 자신이 어떤 결과를 만들어 내고자 수고와 노력을 합니다. 기독교를 체험의 종교라고 합니다. 기독교에서 말하는 체험과 세상에서 말하는 체험은 전혀 의미가 다릅니다. 인간이 수고하거나 노력해서 새롭게 만들어낼 수 있는 것은 없습니다. 이미 하나님이

모두 완성하셨습니다. 그래서 기독교가 말하는 체험은 결과를 만들어내기 위한 수고로서의 체험이 아니라 이미 이루어진 결과를 자신의 삶속에 구현해 보는 것, 자신의 생활에서 직접 누려보는 것을 의미합니다.

예를 들어 도자기 체험을 생각해 봅시다. 세상에서 말하는 도자기 체험은 자신이 직접 도자기를 만들어 보는 것입니다. 직접 흙을 이겨보고, 자신이 모양을 그리고, 가마에 넣어서 구워내는 것입니다. 그렇게 자신이 직접 만들어 보고, 자신이 만든 찻잔을 갖는 것입니다. 흔히들 자신이 수고해 만든 것이기에 어떤 찻잔보다 귀하다고 말합니다. 그러나 정확하게 말하면 그것은 쓰지도 못하는 것입니다. 며칠 지나면 그 물건을 쓰레기통에 버리고 맙니다. 본인이 수고한 것만 생각하면 귀한 것 같지만 정작 사용하기엔 적당하지 않습니다. 도자기 체험으로 만든 도자기는 자신이 만들었다는 사실 이외에는 별 의미가 없습니다.

기독교에서 말하는 체험은 이런 것이 아닙니다. 기독교의 체험은 하나님이 찻잔을 만드십니다. 하나님이 디자인하고, 하나님이 직접 제작을 하시고, 하나님이 구워내십니다. 그래서 정말 멋있는 찻잔이 우리 앞에 있습니다. 만약 세상에 정말로 하나님이 만드신 찻잔이 있다면 사람들은 그것을 사용하지 않고 잘 모셔둘 것입니다. 유리관에 넣어놓고 구경만 할 것입니다. 그때 기독교는 그 잔을 꺼내서 그 잔에다 차를 타서 마시는 것입니다. 단지 외형적 아름다운 만이 아니라 그 잔에 생기가 어떻게 작용하는지, 그 잔에서 차가 어떻게 향내를 우려내는지를 직접 맛을 봅니다. 그러고 나서 '아 이 찻잔은 정말로 귀한 것이다' 라고 계속 그 잔에서 차를 타서 마시는 것입니다. 이것이 기독교가 말하는 체험입니다.

그 찻잔은 귀합니다. 하나님이 만드셨기 때문이 아니라, 차가 정말로 맛있기 때문입니다. 하나님께는 전시행정이 없습니다. 누구에게 보여주려고, 자랑하려고, 하나님이 능력이 있다는 것을 과시하려고 하시는 일은 없습니다. 하나님이 하시는 모든 일은 그 결과를 인간이 직접 누릴 수 있도록 하십니다. 기독교에서는 수고와 역사는 하나님이 하실 일이고, 인간의 사명은 하나님의 것을 마음껏 누리는 일입니다.

구원의 확신

구원의 확신이라는 표현도 잘 구분해야 합니다. '구원의 확신' 이란, 말 그대로 구원의 확신입니다. 즉 내가 확신을 했을 때에 구원이 이루어지는 것이 아니라 '내가 구원받았다' 는 사실을 확실히 아는 것입니다. 내가 확신을 안 한다고 해서 구원이 아니거나, 내가 확신하다고 해서 그제야 구원이 되는 것이 아닙니다. 구원은 전적인 하나님의 역사입니다. 하나님이 계획하시고, 하나님이 실행하시고, 하나님이 완성하셨습니다. 이제 우리의 수고로 더 나아지거나, 우리의 게으름으로 더 나빠지는 것이란 없습니다. 구원은 하나님이 이루셨습니다. 그래서 저와 여러분은 구원받았습니다. 우리가 구원받은 사실을 인정하시는 분은 하나님이십니다. 성령님이 구원을 인증하십니다. 로마서 8장 16절에 '성령이 친히 우리의 영과 더불어 우리가 하나님의 자녀인 것을 증언하시나니' 라고 강조합니다. 우리의 구원의 확신여부에 따라 구원이 흔들리는 것이 아니라, 우리가 구원받았다고 하나님이 확증하십니다. 우리가 의심한다고 해서 성령님의 인증이 취소되지 않습니다.

이제 성도에게 필요한 것은 구원이 아니라 구원의 확신입니다. 자신이 구원받았다는 사실을 아는 것입니다. 왜냐하면, 하나님이 나를 구원하셨다는 사실을 알아야 구원을 누릴 수 있기 때문입니다. 알아야 요동하거나 흔들리지 않기 때문입니다. 성도들은 자꾸 구원의 확신을 자신의 행위에 근거해서 확인하려고 합니다. 내가 이렇게 살아도 성도인가? 나 같은 것이 구원받을 수 있을까? 자꾸 자신을 근거로 구원을 확인하려고 하니 자신 있게 자신의 구원을 확신할 수 없는 것입니다. 구원은 나의 행위로 얻는 것이 아니라 하나님의 행하심으로, 하나님의 역사하심으로, 우리는 은혜로, 선물로 구원을 받은 것입니다. 자신을 근거로 하지 않고 하나님을 근거로 합니다. 자신의 행위를 돌아보고 구원받았다고 스스로 선언할만한 사람이란 존재하지 않습니다. 그러나 우리는 하나님이 우리를 구원하셨기에 감히 구원받았다고 선언할 수 있습니다.

하나님의 일, 인간의 일

하나님이 하시는 일과 인간이 하는 일을 혼동하면 안 됩니다. 하나님의 일과 인간의 일의 관계 중 가장 좋은 것은 하나님의 일은 하나님이 하시고, 인간의 일도 하나님이 하시는 것입니다. 그 다음에 좋은 것은 하나님의 일은 하나님이 하시고, 인간의 일은 인간이 하는 것입니다. 나쁜 것은 하나님의 일을 인간이 하고 인간의 일을 인간이 하는 것입니다. 가장 나쁜 것은 하나님의 일도 인간이 하고 인간의 일도 인간이 하는 것입니다.

하나님은 인간을 위하시는 분으로 인간을 위해 가장 좋은 방법으로 행하십니다. 그래서 인간이 해야 하는데 할 수 없는 일을 하나님이 하셨습니다. 십자가도 하나님이 지셨고 인간의 구원도 하나님이 하셨습니다. 그리고 하나님이 행하셔서 베풀어주신 은혜를 인간에게 누리라고 말씀하십니다. 구원하시는 일은 하나님이 하셨고 구원을 누리는 일은 인간에게 부탁하셨습니다. 이때 은혜를 누리는 일은 인간의 일이나 수고가 아니라 기쁨이요 즐거움이요 행복입니다. 그것마저 하나님이 하시라고 할 수는 없습니다. 은혜 베푸시는 일은 하나님의 일이고 은혜 누리는 일은 인간의 일입니다. 이것이 기독교가 말하는 구원에 관한 하나님의 일과 인간의 일의 관계입니다.

일상의 일에 관하여는 하나님의 일은 하나님이 하시고, 인간의 일은 인간이 하는 것입니다. 제발 인간의 일과 하나님의 일을 바꾸어 하려고 하지 마십시오. 인간이 하나님의 일을 하면, 하나님이 인간의 일을 해준다고 말합니다. 그러면 제일 힘든 건 인간입니다. 하나님은 인간의 일을 하시는 것이 매우 쉽습니다. 그분은 하나님이시기 때문입니다. 그러나 인간이 하나님의 일을 하는 것은 정말 어렵습니다.

구원! 하나님의 일입니다. 그래서 하나님이 하셨습니다. 아주 잘 하셨습니다. 누림! 인간의 일입니다. 많이, 풍성히, 충만히 누리시기 바랍니다. 말씀하시는 것! 하나님의 일입니다. 그래서 하나님이 이미 완벽하게 말씀하셨습니다. 하나님의 뜻이 무엇인지, 당신을 향한 하나님의 목적이 무엇인지, 내가 어떻게 살기를 원하시는 지 하나님이 다 말씀하셨습니다. 말씀을 깨닫는 것! 인간의 일입니다. 제발 성경을 읽으시고, 성경을 깨달으시기 바랍니다. 이미 다 말씀하신 하나님께 제발 말씀해 달라고 쓸데없이 애원하지 마시기 바랍니다. 이미 말씀하신 것은 전혀 읽지 않으면서, 왜 계속 새로운 말씀을 해달라고 아우성입니까. 하나님이 말씀하셨고, 성경에 있는 것과 다른 것은 한마디도 안하십니다. 고난! 하나님의 일입니다. 그래서 하나님이 하셨습니다. 하나님이 인간의 몸을 입으셨고, 하나님이 십자가를 지셨고, 하나님이 죽으셨고 부활하셨습니다. 하나님이 아주 잘 하셨습니다. 예수님이 당하신 고난에 동참하지 마십시오. 그것은 예수님의 고난이요 인간은 할 수도 없습니다. 평안! 인간의 일입니다. 평안하시기 바랍니다. 교회 때문에 근심하지 마십시오. 행사 때문에 염려하지 마십시오. 목사 때문에 눈치 보지 마십시오. 성도 때문에 시험 들지 마십시오. 행복하십시오. 자유로우십시오. 평안하십시오. 성경을 바르게 깨달으면 인간이 하나님으로 말미암아 자유와 평안을 누리지만, 성경을 오해하거나 왜곡하면, 인간이 하나님 때문에 두렵고 떨리고 힘든 삶을 삽니다. 성경은 인간이 행복하게 살기를 바랍니다.

고난

영광과 고난

로마서 8장 17, 18절은 '자녀이면 또한 후사 곧 하나님의 후사요 그리스도와 함께한 후사니 우리가 그와 함께 영광을 받기 위하여 고난도 함께 받아야 할 것이니라. 생각건대 현재의 고난은 장차 우리에게 나타날 영광과 족히 비교할 수 없도다' 라고 기록되어 있습니다. 아마 자주 들어 보신 말씀일 것입니다. 다만, 성경이 의도한 대로 인간을 위한 복된 의미로서의 해석을 듣기 보다는, 아마 조금 왜곡된 설명을 많이 들으셨을 것입니다. 여러분이 들었을 설명을 한번 제가 예를 들어보겠습니다.

첫 번째 왜곡된 예는 다음과 같습니다. "영광을 받기 위해서는 고난을 먼저 받아야 합니다. 'No Cross, No Crown' 십자가 없이 면류관 없다을 기억하십시오. 고난 없이는 영광이 없고, 수고 없이는 열매가 없고, 땀 흘려 수고한 자에게만 상급이 있습니다. 고난이 있은 후에 영광이 있는 것이 하나님의 순서입니다. 창조 때에도, 저녁이 되고 아침이 되니 이는 첫째 날이라고 했으니 어둠과 흑암과 고난과 역경이 있고 그 다음에 찬란한 아침이 있는 것이 하나님의 법칙입니다. 영광을 얻고 싶으신 분은 지금 수고와 헌신을 하시고 고난을 받으시기 바랍니다. 면류관을 받고 싶으신 분은 하나님께 충성하여 고난을 받으십시오. 그런 분에게 상급이 있을 것입니다." 안타깝게도 성경의 의미와는 전혀 다릅니다.

두 번째 왜곡된 예는 다음과 같습니다. "동물의 대표는 사자입니다. 사자가 그냥 동물의 대장이 되는 것이 아닙니다. 사자는 새끼를 낳으면 언덕에 올라가 새끼를 언덕 아래로 떨어뜨립니다. 언덕 아래로 떨어진 새끼 사자가 언덕 위로 기어오르면서 찢기고 넘어지고 미끄러지고 다시 기어오르는 역경을 거쳐서 언덕위로 기어 올라오면 받아주고, 만약 올라오지 못하고 죽으면 그냥 죽게 둡니다. 사자는 그냥 동물의 왕이 되는 것이 아니라 그만큼 어려운 고난과 연단을 거쳐서 왕다운 왕이 되는 것입니다. 하나님께서도 우리 신앙인들을 약하고 무기력한 존재로 두지 않으시고 시험과 역경과 고난을 통해 강인한 성도로 자라나게 하시고, 그런 고난을 많이 겪어야 천국에서 영광의 면류관도 크게 받을 수 있습니다." 안타깝게도 성경의 의미와는 전혀 다릅니다.

세 번째 왜곡된 예는 다음과 같습니다. "우리가 하나님의 자녀, 하나님의 후사가 되었습니다. 우리는 하나님의 가족이 되었고, 예수와 한몸이 되었습니다. 예수와 한몸이 되었다는 것은 동고동락한다는 것을 의미합니다. 예수가 고난을 받으면 나도 고난 받으며, 예수가 영광을 받으면 나도 영광을 받는 것입니다. 예수의 고난에는 동참하지 않고 영광에만 동참하는 것은 얄미운 것이며, 한몸 되지 않는 것입니다. 영광을 받고 싶으신 분은 먼저 고난에 동참하시기 바랍니다." 안타깝게도 성경의 의미와는 전혀 다릅니다. 이런 설명은 교훈이 될 수는 있습니다. 그러나 성경이 선포하는 내용하고는 아무런 상관이 없습니다.

예수의 고난, 우리의 영광

예수의 고난에 동참하고 예수의 영광에 동참한다는 말은 맞습니다. 예수가 십자가에 죽으셨습니다. 내가 십자가에 달려야할 것을 대신하셨습니다. 고난에 동참한다는 것은 예수의 고난을 나의 고난으로 생각하는 것입니다. 만약 예수가 고난을 받고 있을 때에, 나도 직접 고난을 받아서 예수가 아플 때 나도 아프다면 예수는 나를 위해 해 준 것이 하나도 없습니다. 내가 고난을 받아야 할 때 나 대신 예수가 고난을 받고, 예수의 고난 때문에 내가 고난을 받은 것으로 인정된 것입니다. 그런데 만약 예수와 내가 동시에 각각 고난을 받는다면, 예수가 십자가에 달릴 이유는 없습니다. 예수가 십자가에 달리신 것 때문에 나는 십자가를 지지 않았어도 십자가를 진 효과가 납니다. 만약 내가 정말로 고난을 받으면,

예수는 괜히 고난을 받은 것입니다. 예수가 고난을 받으니 나는 고난을 받지도 않았으면서 받은 것으로 인정되어서 예수가 고마운 것이지, 예수가 고난을 받을 때 나도 진짜 고난을 받으면 예수는 나를 위해 해 준 것이 하나도 없는 것이며, 나는 예수에게 감사할 이유가 없는 것입니다. 고맙고 감사하게도 예수가 고난을 받음으로 나는 고난을 받지 않아도 되었고, 예수가 죽으심으로 나는 살아난 것입니다. 그 이후로 예수님은 고난을 받으시는 적이 없습니다. 우리가 그의 고난에 동참해야 할 필요는 없습니다. 그래서 감사한 것입니다. 예수는 십자가에서 부활하셨습니다. 그리고 이제 영광과 존귀로 옷 입으셨습니다. 너무나 감격스럽게도 이때에는 우리도 영광과 존귀에 동참하는 것입니다. 'No Cross, No Crown' 십자가 없이 면류관 없다의 주어를 정확히 아셔야 합니다. 'My Cross, My Crown' 나의 십자가와 나의 면류관이 아닙니다. 'His Cross, His Crown' 그의 십자가와 그의 면류관이 아닙니다. 'His Cross, My Crown' 그의 십자가와 나의 면류관이 바른 의미입니다.

　기독교는 인간을 위한 종교입니다. 기독교의 중심은 하나님이신데 그 하나님은 온통 인간을 위하시는 분입니다. 인간을 위하여 세상을 창조하셨고, 인간을 위해 만물을 만드셨고, 인간에게 하나님의 성품을 수여하셨습니다. 인간이 죄지은 후에도 하나님이 인간 구원의 계획을 세우셨고, 하나님이 인간의 몸을 입으셨고, 하나님이 십자가를 지셨습니다. 하나님이 죽으셨고, 하나님이 부활하셔서 인간을 구원하고 새 생명을 허락하셨습니다. 이제 새 생명을 얻은 성도가 하나님과 더불어 즐겁고 신나고 행복하게 사는 것이 하나님의 기쁨이요, 하나님의 행복이요, 하나님의 영광입니다. 기독교는 기쁨의 종교요, 행복의 종교요, 영광의 종교입니다.

현재의 고난

문맥의 이해

다시 17절을 읽어보겠습니다. '자녀이면 또한 상속자 하나님의 상속자요 그리스도와 함께 한 상속자니 우리가 그와 함께 영광을 받기 위하여 고난도 함께 받아야 할 것이니라.' 17절을 보면, 마치 고난이 영광의 조건처럼 되어있다고 느껴지실 것입니다. 그런데 바울이 로마서를 써오는 흐름을 보면 고난을 영광의 조건으로 이해하는 것은 전혀 맞지 않습니다. 바울은 로마서 1, 2장에서 인간이 죄인이라고 하였고, 3장에서 죄인은 스스로 죄를 이길 수 없고, 스스로 구원받을 가능성도 방법도 없다는 사실을 설명했습니다. 그래서 4장에서 하나님이 은혜로 구원하셨다고 선언하였고, 그 결과 5장에서 이제 구원받았으니 하나님과 더불어 화평을 누리자고 말합니다. 그 구원의 상태, 하나님과 화목한 상태, 하나님과 더불어 화평을 누리는 상태를 설명하는 것이 6, 7, 8장입니다. 하나님과 더불어 구원을 누리자, 이전에는 죄에 속하였으나 이제는 하나님께 속하여 다시는 정죄함이 없다. 이것을 하나님이 성령으로 인증하신다고 선언해놓고 끝에 와서는 갑자기 그 영광은 고난이 없으면 안 된다고 말하면 말이 안 됩니다. 만약 이제 와서 고난이 영광의 조건이라고 설명한다면 이것은 전형적인 사기범들의 수법입니다. 마치 다 해줄 것처럼 하다가 마지막에는 돈을 내야한다고 입장을 바꾸는 것은 하나님의 방법이 아닙니다.

조건형이 아니라 현재 진행형

'영광을 받으려면 고난을 받아야한다' 는 조건형이 아닙니다. 고난이라는 단어가 17절과 함께 18절에도 있습니다. 17절과 18절은 얼핏 읽으면 전혀 상황이 다릅니다. 자세히 살펴보면, 17절은 마치 고난이 영광의 조건처럼 되어있습니다. 그런데 18절을 보면, 이미 성도들이 고난을 받고 있는 것으로 봅니다. 그래서 18절에는 '현재의 고난은' 이라고 나옵니다. '대부분 평범하게 사는데 그 중에 특별히 큰 고난을 받는 사람이 있는데 그들은 큰 영광을 받을 것이고, 대충 고난을 비켜가는 사람은 영광도 대충 그 사람을 비켜나갈 것이다, 그러니 영광을 받고 싶은 사람은 알아서 큰 고난을 받아라' 라는 의미가 아닙니다. 본문은 지금 성도들의 삶, 특정 일부만이 아닌 모든 성도들의 삶을 고난을 받고 있는 상태로 보는 것입니다.

구원받은 현재 성도의 삶을 고난이라고 인식한다면 지금까지 설명해 온 내용과 다른 것 같다고 생각하셔야 합니다. 인간이 죄인이었다가 구원을 받아서 이제 새로운 피조물이 되었고 하나님이 은혜와 복을 다 주셔서 그 복을 누리고 사는 멋있고 신나고 즐거운 삶이 신앙이라고 설명드렸는데 지금 성경은 성도의 현재 삶이 고난이라고 합니다. 영광을 받기 위해 따로 또 고난을 받아야 한다는 말이 아니라 이미 성도의 삶이 고난이라고 설명하는 것입니다. 지금 고난 받는 자가 있어 나중에 영광 받을 자가 있고, 지금 고난 대신 평안한 삶을 살고 있어 나중에 받을 영광이 별로 없는 사람이 있는 것이 아니라, 지금 모든 성도가 이미 고난을 받고 있다고 말을 하는 것입니다. 만약 고난이 영광의 조건이라면 성도는 모두 영광을 받을 것입니다. 왜냐하면, 성경이 성도의 삶을 이미 고난의 삶을 살고 있다고 말하기 때문입니다. 왜 이런 말을 할까요?

하나님의 심정

현재 성도의 삶을 고난이라고 표현한 것은 성도가 살다가 지치고 힘들어서 한탄하는 말이 아니라, 하나님이 하시는 말씀입니다. 그러면 왜 하나님은 성도의 삶을 고난이라고 하셨을까요? 하나님의 뜻은 인간의 자유와 평화와 행복과 안식이며, 인간에게 행복한 삶을 주시기 위해서 십자가의 고난을 짊어지셨으면서 왜 이렇게 말씀하실까요? 성경을 읽을 때 하나님의 심정을 가지고 읽으셔야 합니다.

한번 예를 들어보겠습니다. 부사역자 시절에 어느 성도님 가정이 식사대접을 해 주셨습니다. 집사님 댁에 초청받아 갔는데, 생전 들어도, 보지도 못한 요리들이 몇 번이나 상을 바꿔가면서 코스로 나오는 것입니다. 정말 맛있게 먹었습니다. 그런데 그 집사님이 하시는 말씀이 '목사님 차린 것이 별로 없어서 죄송합니다. 사실은 더 맛있게 준비하려고 했는데 어제 갑자기 집안에 일이 있어서 시장을 잘 못 봐서 간단히만 준비했습니다. 정말 죄송합니다' 라고 하십니다. 저는 잘 먹었는데 그분은 무지하게 죄송하게 생각을 했습니다. 왜냐하면, 그분이 차리고 싶은 상이 있었고, 해주고 싶은 게 있었는데 못해줬다는 것입니다. 그분은 전문 출장 요리사이셨습니다. 제가 감사한 마음인데도, 그분이 죄송해하는 것은, 전문 출장 요리사이신 그 성도님의 식사에 대한 기준이 저와 다르기 때문입니다.

마찬가지입니다. 성도는 하나님의 자녀요 하나님의 후사입니다. 그러면 하나님의 영광과 존귀와 거룩과 행복에 푹 빠져들어야 합니다. 하나님이 우리를 그런 하나님의 나라에, 하나님의 잔치에 부르셨습니다. 그런데 그 모든 것이 다 완성되었지만 지금 우리는 아직 완벽한 하나님의 보좌 앞에 가 있는 것이 아니라 세상에 살고 있고, 온전하게 누리지 못하고 있습니다. 그런 우리의 모습을 보시고 하나님이 하시는 말씀이 바로 이것입니다. '성도야, 미안하다. 성도야, 많이 불편하지. 성도야, 네가 고난을 받고 있구나' 라고 말씀하시는 것입니다.

성도의 현재 삶을 고난 받고 있다고 말씀하십니다. 왜냐하면, 하나님께서 우리에게 약속하신 삶은 더 멋있고, 더 신나고, 더 평안하고, 더 자유롭고, 더 행복한 것이기 때문입니다. 이제 예수가 재림하셔서 우리 몸이 구속함을 받고, 하나님의 나라에 들어가 하나님의 영광과 존귀와 거룩에 함께 동참하여 어린양의 혼인잔치에 참여할 때는, 정말 하나님과 더불어 비교할 수 없이 멋진 영원한 삶이 지속될 것입니다. 그런 하나님의 기준에서 바라볼 때, 지금 성도의 삶을 고난이라고 표현하시는 것입니다. 나의 구원뿐만 아니라 더 많은 하나님의 자녀들을 구원하시려고 지금 당장 재림하시지 않고, 우리가 재림을 기다리고 있는 이 삶을 고난 받고 있다고 말씀하십니다. 그리고 예수님이 재림하실 때 우리가 받을 영광이 있다는 것을 보장하시는 표현이 바로 '그와 함께 영광을 받기 위하여 고난도 함께 받아야 할 것이니라' 입니다. 이러한 하나님의 심정은 온데간데없고, 영광을 받기 위해서는 고난을 받아야 한다고 말한다면 그것은 하나님의 의도를 왜곡하는 정도가 아니라 정말 참람한 행동입니다. 하나님이 주시는 은혜의 삶을 마치 인간이 고난이라는 대가를 지불하여 얻어내는 것으로 소개하는 것은 하나님의 은혜를 은혜 되지 못하게 하는 것입니다.

하나님은 성도를 향해 미안해하시고, 성도는 하나님에 대하여 감격해 하는 것이 하나님과 인간의 관계입니다. 하나님은 다 해주셔놓고도 인간의 삶을 고난이라고 여기시고, 인간은 지금의 것으로 과분하고 황송해하는 마음입니다. 하나님이 인간을 향해 느끼시는 마음처럼, 성도가 다른 사람에게 아무것도 손해 보게 하거나 피해를 준 일이 없는데도, 그들을 볼 때마다 미안해하고 안타까워하는 심정을 빚진 자의 심정이라고 하는 것입니다. 하나님이 성도에게 말씀하시기를 성도를 향해 준비한 복락이 더 많은데 아직 그 때가 온전히 이루어지지 않은 것에 대하여 '너희가 고난을 받고 있구나!' 라고 하시는 것입니다.

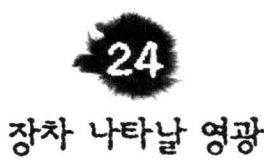

장차 나타날 영광

로마서 8:19~30

19 피조물이 고대하는 바는 하나님의 아들들이 나타나는 것이니 20 피조물이 허무한 데 굴복하는 것은 자기 뜻이 아니요 오직 굴복하게 하시는 이로 말미암음이라 21 그 바라는 것은 피조물도 썩어짐의 종노릇 한 데서 해방되어 하나님의 자녀들의 영광의 자유에 이르는 것이니라 22 피조물이 다 이제까지 함께 탄식하며 함께 고통을 겪고 있는 것을 우리가 아느니라 23 그뿐 아니라 또한 우리 곧 성령의 처음 익은 열매를 받은 우리까지도 속으로 탄식하여 양자 될 것 곧 우리 몸의 속량을 기다리느니라 24 우리가 소망으로 구원을 얻었으매 보이는 소망이 소망이 아니니 보는 것을 누가 바리요 25 만일 우리가 보지 못하는 것을 바라면 참음으로 기다릴지니라 26 이와 같이 성령도 우리의 연약함을 도우시나니 우리는 마땅히 기도할 바를 알지 못하나 오직 성령이 말할 수 없는 탄식으로 우리를 위하여 친히 간구하시느니라 27 마음을 살피시는 이가 성령의 생각을 아시나니 이는 성령이 하나님의 뜻대로 성도를 위하여 간구하심이니라 28 우리가 알거니와 하나님을 사랑하는 자 곧 그의 뜻대로 부르심을 입은 자들에게는 모든 것이 합력하여 선을 이루느니라 29 하나님이 미리 아신 자들을 또한 그 아들의 형상을 본받게 하기 위하여 미리 정하셨으니 이는 그로 많은 형제 중에서 맏아들이 되게 하려 하심이니라 30 또 미리 정하신 그들을 또한 부르시고 부르신 그들을 또한 의롭다 하시고 의롭다 하신 그들을 또한 영화롭게 하셨느니라

장차 나타날 영광

완성의 종교

흔히들 스포츠 경기는 이길 것인가 질 것인가의 긴장감을 가지고 보는 것이 재미있다고들 말합니다. 텔레비전에서도 드라마나 오락프로그램은 재방송을 자주 하지만 스포츠는 여간 중요한 것이 아니고는 재방

송을 잘 하지 않습니다. 저녁에 스포츠 하이라이트를 보여줄 때에도 어느 편이 이겼는지 미리 보여주지 않습니다. 결과를 알면 재미가 없다고 생각하기 때문입니다. 경기를 관람하는 사람에게는 일리가 있습니다. 간혹 운동경기 재방송을 자주 보는 사람이 있습니다. 아예 비디오로 녹화해놓고 자주 자주 보는 사람들이 있습니다. 그들은 선수들입니다. 선수들은 이미 경기는 끝났지만, 자신의 실력을 향상시키려고 자꾸 봅니다. 또는 운동을 즐기는 사람들도 운동 기술을 익히려고 운동 경기 비디오테이프를 자주 봅니다.

기독교는 하나님이 일하시는 종교입니다. 하나님이 이미 다 일하셨습니다. 하나님이 다 하셔서 결과가 완전히 다 이루어진 종교입니다. 결과가 이루어졌고, 성도의 삶이 어떻게 될지 다 알려졌다고 해서 재미없거나 지루하거나 숙명론이 되어 버리는 것이 아닙니다. 이제 성도는 수고와 노력을 해서 새로운 결과를 만들어 내는 것이 아니라 이미 완성된 결과를 나의 삶에 구현하며 체감하는 재미가 아주 쏠쏠한 것입니다. 죄를 이겼다는 결과가 직접 나에게 적용되고, 사건 하나하나마다, 나의 일상의 일거수일투족에 적용될 때 정말 내가 구원받았다는 사실을 실감하게 되어 정말 신나고 재미있는 것이 성도의 신앙생활입니다.

현재의 고난

신앙은 이미 결과가 나와 있습니다. 신앙은 목표를 향해 경쟁하며 나아가는 것이 아닙니다. 세상 사람들과 경쟁은 아예 목적 자체가 달라서 경쟁이 되지 않습니다. 교회 안에 있는 우리는 같은 편입니다. 같은 편끼리는 경쟁을 하는 것이 아닙니다. 죄하고 싸우려하니 이미 이긴 싸움이라 싸움이 되지 않습니다. 성도는 경쟁할 이유가 없고, 싸울 대상이 없습니다. 죄와의 싸움도 이미 끝났습니다. 예수 그리스도로 말미암아 우리의 승리로 판결이 났습니다. 그래서 성도의 삶은 목표를 지향하는 삶이 아니라 결과를 누리는 삶입니다. 다만 하나님께서 이루신 완성이 우리 가운데 완벽하게 구현되지 않고 있는 것을 우리의 관점이 아니라 하나님의 관점에서 현재의 고난이라고 표현하고 있다고 했습니다.

엄격하게 말해서 기독교에는 고난이 없습니다. 예수 그리스도께서 십자가에 달리신 것도 우리의 생각에 고난이지, 예수님은 기쁨이셨습니다. 예수님은 성육신하실 때 이미 십자가를 알고 오셨고, 그 십자가 사건을 통하여 하나님의 백성들을 찾고 죄인을 의인으로 만들 것을 알고 계셨고, 예수님의 그 사역으로 하나님의 백성이 구원받을 것을 알고 계시기에 기꺼이 자원하여 감수하신 기쁨의 사역이었습니다. 현재 우리의 신앙의 모습도 즐겁고 신나고 행복한 것입니다. 성도는 신앙이라는 고난의 길을 감수하면서 역경과 시련을 겨우겨우 견디는 것이 아니라, 하나님의 은혜를 아는 가운데 즐겁고 신나게 향유해 가는 것입니다.

장차 나타날 영광

18절은 '생각하건대 현재의 고난은 장차 우리에게 나타날 영광과 비교할 수 없도다' 라고 말합니다. 장차 우리에게 나타날 영광은 우리가 만들어 가는 것이 아닙니다. 장차 나타날 영광은 표현 그대로 장차 나타날 것입니다. 인간이 만들어 내는 것이 아니라 나타나는 것입니다. 우리가 할 일은 없습니다. 장차 그 영광이 나타나면 그냥 맞이하면 되는 것입니다. 우리가 장차 나타날 영광을 만들고 예비하고 준비하는 것이 아니라 하나님이 예비하셔서 우리에게 주시면 맞이하면 되는 것입니다. 성경에서 내세를 조건으로 현재에 어떤 희생과 고난을 요구하는 것은 없습니다.

간혹 천국에 다녀왔다고 간증하시는 분들이 있습니다. 천국에 다녀온 이야기는 아마 그 사람에게는 교훈이 되겠지만, 비성경적인 내용이 많습니다. 대체로 천국에 갔다 와서 황홀했다는 사람을 본 적이 적습니다. 천국에 갔는데 너무 좋아서 다시 온 것이 안타깝고 속상하다고 고백하는 것을 못 들어 봤습니다. 어떤 사람이 천국 갔더니 자신이 살 집이 너무 초라해서 그 이유를 물어봤더니 헌금을 조금해서 그랬다는 것입니다. 또 어떤 사람은 천국에 갔더니 다른 사람은 면류관을 썼는데 자기는 개털 모자를 썼답니다. 그 이유 또한 헌금을 조금해서 그랬다고 합니다. 어떤 사람은 천국을 올라가는데 사다리를 타고 올라갔답니다. 그런데 중간 중간에 계단이 비어서 아주 힘들게 겨우 올라갔답니다. 나중에 하나님께 여쭈어보니 그 계단이 주일이었답니다. 주일날 빼먹으면 천국 올라가는 계단이 빠지는 것이랍니다. 이러한 간증의 대부분은 우리가 우리의 장래를 만들어야 한다는 것입니다. 장차 영광을 받고 싶으면 지금 헌신하고 충성하고 헌금 많이 하라는 것입니다. 그것은 장차 나타날 영광이 아니라 내가 만드는 영광입니다. 만약 천국이 그런 것이라면 저는 감사하지도 않고 기뻐하지도 않고 기대 되지도 않습니다.

그렇다면 하나님이 이루어 놓으신 영광, 장차 우리에게 나타날 영광이 무엇인지를 본문을 통해 확인해 보겠습니다.

피조물의 바람

피조물의 고대하는 바

성경은 17절만 있는 것이 아닙니다. 17절이 있으면 다음에 18절이 있고 18절이 있으면 19절이 있습니다. 그 문맥의 흐름을 이해해야 합니다. 성도가 구원받은 사실을 성령께서 친히 우리의 영과 더불어 확증하신다고 말씀하셨고, 성도의 삶을 고난의 삶으로 보시는 하나님의 심정도 알게 되었습니다.

성도는 즐겁고 신나고 하나님의 은혜에 과분해하며 신앙생활 하고 있는데, 이런 삶을 고난이라면, 더 나은 삶은 도대체 무엇일까요? 성경은 우리에게 장차 나타날 하나님의 영광, 성도에게 임할 영광을 소개합니다. 그 설명이 바로 19절부터 등장합니다. '피조물의 고대하는 바는 하나님의 아들들의 나타나는 것이니', 21절 '그 바라는 것은 피조물도 썩어짐의 종노릇 한 데서 해방되어 하나님의 자녀들의 영광의 자유에 이르는 것이니라.' 성경이 설명하는 대로 피조물이 고대하는 바가 있고, 피조물들이 바라는 바가 있다는 것입니다. 피조물이 무엇인가를 고대하고 있고 바라고 있다면 왜 그럴까요? 그 이유는 지금이 최상이 아니기 때문입니다.

사람들은 피조물, 즉 자연을 매우 멋있게 표현합니다. 자연을 인간의 고향이라고, 자연을 만물의 근원이라고, 자연을 인간의 어머니라고 표현합니다. 자연 앞에 놀라고, 자연을 찬양하고, 자연을 경배합니다. 인간은 자연을 경이롭게 여기는데, 성경에서는 정작 피조물은 고대하는 바가 있다고 말합니다. 왜냐하면, 달라지고 싶기 때문입니다. 지금이 정상이 아니기에 달라지고 싶습니다. 20절을 보면, '피조물이 허무한 데 굴복하는 것은 자기 뜻이 아니요 오직 굴복케 하시는 이로 말미암음이라' 고 합니다. 피조물은 지금 최상의 상태가 아니라 허무한 데에 굴복하고 있다고 표현하고 있습니다. 지금 피조물은 허무한 곳에 굴복하고 있는 상태, 억눌린 상태, 썩어짐의 종노릇 하는 상태라는 것입니다. 우리가 지금 그런 세상에 살고 있습니다. 그래서 하나님이 그런 세상에 우리를 두신 것을 안타까워하시면서, 우리의 삶을 고난이라고 말씀하셨습니다.

피조물의 굴복

피조물은 왜 허무한 데 굴복하고 있을까요? 그것은 피조물의 뜻이 아니라 오직 굴복케 하시는 이로 말미암았다고 합니다. 굴복케 하시는 이는 하나님이십니다. 이것은 창세기 3장으로 가야 합니다. 창세기 3장에서 인간이 죄지은 후 하나님이 아담을 찾아오셔서 하시는 말씀 중에 인간에게 저주를 내리지 않고 17절에 '땅은 너로 인하여 저주를 받고' 라고 하십니다. 즉 현재의 피조물은 인간을 대신하여 저주 받은 상태라는 것입니다. 우리는 에덴동산이 얼마나 멋있었는지 모릅니다. 하나님이 창조하신 피조물의 아름다움은 현재 우리가 놀라워하는 자연과는 비교되지 않을 정도로 아름다운 것입니다. 저주를 받은 정도, 허무한 데에 눌려있는 정도가 이정도입니다. 즉 인간이 받을 저주를 피조물이 대신 받아 지금 피조물이 저주 아래에 있으니 피조물도 빨리 그 저주가 풀려서 자신들의 원래의 모습을 바라고 있다는 것입니다. 그래서 21절, '그 바라는 것은 피조물도 썩어짐의 종노릇한 데서 해방되어 하나님의 자녀들의 영광의 자유에 이르는 것이니라' 라고 했습니다.

피조물의 구속

피조물이 허무한 데 굴복하는 것을 벗고, 썩어짐의 종노릇한 데서 해방된다는 것이 의미하는 바는 요한계시록에 나옵니다. 요한계시록 20장 11절에 보면 '또 내가 크고 흰 보좌와 그 위에 앉으신 자를 보니 땅과 하늘이 그 앞에서 피하여 간데없더라.' 21장 1절에 보면 '또 내가 새 하늘과 새 땅을 보니 처음 하늘과 처음 땅이 없어졌고 바다도 다시 있지 않더라' 라고 기록되어 있습니다. 하나님이 창조하신 원래의 피조물은 지금과 비교할 수 없습니다. 마찬가지로 앞으로 우리가 도달할 하나님나라는 지금의 피조물과는 비교할 수 없을 것입니다. 그래서 원래의 피조물과 같지 않고, 앞으로의 새 하늘과 새 땅과 같지 않은, 현재의 피조물 가운데 사는 성도의 삶을 하나님의 관점에서 고난이라고 하셨습니다. 우리가 살게 될 새 하늘과 새 땅이 장차 우리에게 나타날 영광의 하나인 것입니다.

사람들이 생각하는 종말은 모든 것이 끝장나는 것입니다. 세상이 망하고, 인류가 망하고, 결국 모든 것이 없어지는 것이라고 생각합니다. 그러나 성경이 말하는 종말은 정 반대입니다. 성경이 말하는 종말은 세상이 새로워지고, 인간이 새로워지는 것입니다. 하나님의 나라가 온전하여진다고 선언합니다. 성경이 말하는 종말은 죄가 끝이 나는 것입니다. 죄가 종말을 고한다는 뜻입니다. 죄는 끝장나고 성도와 세상은 새로워집니다. 현재의 피조물이 새 하늘과 새 땅으로 변화되어 영광스러운 모습으로 장차 우리 앞에 나타날 것입니다.

인간만 몰랐다

하나님을 믿고, 성경을 배우고, 교회에 다닌다는 것은 대단한 일입니다. 세상과는 전혀 다른 차원에 살고 있는 것입니다. 세상은 인간 이외에는 말하지 않습니다. 그러나 저와 여러분은 인간뿐만 아니라 하나님을 말합니다. 세상은 진리를 믿지 않습니다. 그저 처세술만이 있을 뿐입니다. 그러나 저와 여러분은 진리를 말합니다. 세상은 현재의 피조물밖에 모릅니다. 그러나 저와 여러분은 이전의 피조물을 알고 새 하늘과 새 땅의 새로운 피조물을 말합니다. 만약 여러분이 교회 다니지 않는 사람에게 22절을 말씀해 보십시오. '피조물이 다 이제까지 함께 탄식하며 함께 고통을 겪고 있는 것을 우리가 안다' 라고 말하면, 아마도 여러분을 이상하게 볼 것입니다. 사람들은 모릅니다. 그러나 우리는 압니다. 우리가 이상한 것이 아니라 우리가 바르게 아는 것입니다. 기독교를 믿는 것, 교회에 다니고 신앙 생활하는 것을 광신적으로 보거나 이상하게 보는 사람이 있습니다. 그러나 이것이 바르게 사는 삶입니다. 저와 여러분이 세상 사람들에게 바르게 사는 모습을 보여주고 있습니다. 장차 우리에게 나타날 영광은 피조물에 관한 것만이 아닙니다. 또 있습니다.

우리 몸의 구속

우리 몸의 구속

　현재 우리의 삶은 고난이지만, 장차 피조물이 새 하늘과 새 땅으로 변화될 것입니다. 뿐만 아니라, 우리 몸이 새롭게 될 것입니다. 세상에서는 이미 인간을 온전한 상태로 보고, 인간이 얼마나 멋있는지, 얼마나 가치가 있는지, 얼마나 존귀한지를 강조합니다. 그러나 성경은 인간이 죄인이었다고 선언합니다. 인간이 죄인인 상태에서 구원받아 죄인에서 의인이 되었고, 죄의 소속에서 하나님나라에 속하게 되었고, 죄의 종에서 하나님의 자녀가 되었다고 선언합니다. 그러나 대부분 성도님이 실감하지 못합니다.

　성경은 장차 나타날 영광의 모습으로 우리의 모습이 더 멋있고 더 신령하고 더 거룩한 몸의 구속이 올 것이라고 선언합니다. 피조물만 새 하늘과 새 땅으로 바뀌는 것이 아니라 장차 영광이 나타날 때, 우리도 이 몸을 벗고 새로운 몸으로, 부활의 신령한 거룩한 몸으로 변화될 것입니다. 그것이 하나님의 정하신 때에 이루어집니다. 하나님이 하시는 일에는 실수가 없습니다. 다 하나님의 때와 순서가 있습니다. 하나님이 정하신 때가 가장 적절한 때입니다. 창조하실 때에도 하나님의 순서가 가장 좋습니다. 만약 인간을 사랑하신다고 인간을 첫날에 만드시면 큰일 납니다. 머물 곳이 없기 때문입니다. 3일 째에 땅을 만드시고 4일 째에 인간을 만드시면 큰 일 납니다. 왜냐하면, 먹을 것이 없기 때문입니다. 첫째 날부터 여섯째 날까지 인간이 살 수 있는 최상, 최고의 공간과 상황을 마련하시고 모든 것이 준비된 여섯째 날에 인간을 창조하신 것이 가장 적절한 것이었습니다. 하나님의 원리에는 선착순이 없습니다. 먼저 만들어졌다고 형님이 되는 것은 아닙니다. 만약 선착순이라면 우리는 태양을 숭배해야 하고, 곰을 숭배해야 합니다.

지금 피조물은 허무한데 굴복하고 있고 썩어짐의 종노릇하고 있는 상태입니다. 그 피조물 안에 살면서 구원받은 성도만 새로운 몸으로 변화되면 맞지 않습니다. 순서상으로 먼저 새 하늘과 새 땅이 나올 것입니다. 그 새 하늘과 새 땅에 살게 하시려고 우리의 몸도 구속함을 받아 새로운 몸, 부활의 몸, 신령한 몸으로 변화될 것입니다. 피조물도 새로워지고, 우리 몸도 새로워 질 것입니다. 그것이 23절입니다. '이뿐 아니라 우리 곧 성령의 처음 익은 열매를 받은 우리까지도 속으로 탄식하여 양자 될 것 곧 우리 몸의 구속을 기다리느니라.'

참된 소망

24절, '우리가 소망으로 구원을 얻었으매' 입니다. 이 표현은 소망을 위하여, 소망을 가지고 구원을 얻었다는 뜻입니다. 이미 하나님과의 관계에서는 죄의 소속에서 하나님의 소속으로 변화되었고, 이제 우리 몸마저도 구속받아 신령한 몸으로 변화될 것이라는 소망으로, 또 그 소망을 위하여 구원을 받았다는 것입니다. 성도가 바라는 소망은 이런 차원입니다. 그래서 24절 후반부, '보이는 소망이 소망이 아니니 보이는 것을 누가 바라리요? 만일 우리가 보지 못하는 것을 바라면 참음으로 기다릴지니라' 라고 했습니다. 성경이 제시하는 우리의 소망은, 우리 몸의 구속입니다. 25절 '만일 우리가 보지 못하는 것을 바라면 참음으로 기다릴지니라.' 우리가 하는 일은 기다리는 것입니다. 여기서도 하나님의 표현 방법이 '참음으로' 입니다. 여러분이 어느 식당 앞에서 줄을 서서 기다리실 때 참음으로 기다리십니까? 기대감으로 기다리십니까? 그것은 고통을 참는 것이 아니라 더 큰 기쁨을 기대하는 것입니다. 성도의 소망과 기대는 인내가 아니라 사모함입니다.

합력하여 선을 이룸

성령의 탄식, 간구

저와 여러분의 소망은 바로 새 하늘과 새 땅에서 새 몸으로 하나님과 더불어 영원히 하나님의 영광과 존귀와 거룩을 누리며 신나고 즐겁고 행복한 삶을 사는 것입니다. 이것을 기대하고 소망해야 합니다. 인간을 사랑하시는 하나님이 보시기에 인간의 삶이 얼마나 안타깝겠습니까? 장차 나타날 영광이 있으면, 사람들이 무엇을 구해야 합니까? 어떻게든 그 영광이 가능하면 빨리 오기를 바라고 기대해야 합니다. 그런데 우리 중에 아무도 그 장차 올 영광을 알지도 못하고, 빨리 오라고 바라지도 않습니다. 전부 엉뚱한 것만을 구합니다.

그래서 성경의 표현대로 하면, 8장 16절에, '성령이 친히 우리 영으로 더불어 우리가 하나님의 자녀인 것을 증거하시나니'라고 했습니다. 게다가 우리가 구할 것을 구하지 않으면 또 하나님이 하십니다. 26절 '이와 같이 성령도 우리 연약함을 도우시나니 우리가 마땅히 빌 바를 알지 못하나 오직 성령이 말할 수 없는 탄식으로 우리를 위하여 친히 간구하시느니라. 마음을 감찰하시는 이가 성령의 생각을 아시나니 이는 성령이 하나님의 뜻대로 성도를 위하여 간구하심이니라.' 우리의 연약함은 근본적으로 알 것을 알지 못하고, 구할 것을 구하지 못하는 우리의 무지입니다.

합력하여 선을 이룸

28절은 '우리가 알거니와 하나님을 사랑하는 자 곧 그의 뜻대로 부르심을 입은 자들에게는 모든 것이 합력하여 선을 이루느니라'라고 말합니다. 본문은 느닷없이, 갑자기, 돌발적으로 나오는 본문이 아니라 자연스럽게 앞뒤가 연결되는 본문입니다. 28절에 모든 것이 합력하여 선을 이룬다고 말할 때, '모든 것' 이 무엇인지는 이미 본문에 나와 있습니다. 먼저는 피조물의 고대하는바 즉 피조물이 나왔습니다. 또 우리 몸의 구속 즉 성도가 나왔습니다. 또 우리를 위해 대신 간구해주시는 성령님이 나왔습니다. 그러면 본문에서 말하는 '모든 것' 은 '피조물, 인간, 성령 즉 하나님' 입니다. 하나님께서 피조물을 새 하늘과 새 땅으로 만드시고, 인간을 새로운 몸으로 구속하시고, 새 하늘과 새 땅에 인간이 하나님과 더불어 하나님의 영광과 거룩과 존귀의 모습으로 행복하게 영원토록 하는 것, 하나님과 인간과 세상이 함께 하는 것이 모든 것이 합력하여 선을 이루는 것입니다. 세상이 변하고, 인간이 변하고, 세상과 인간과 하나님이 함께 하는 것이 선입니다.

'선을 이룬다' 는 말이 '좋은 일, 아름다운 일을 만들어 주신다' 는 뜻이 아닙니다. 왜냐하면, 이미 그것은 만들어 주셨기 때문입니다. 저와 여러분은 성도가 되어 하나님의 마음을 가졌습니다. 그래서 하나님의 원리로, 하나님의 방법으로 살면, 늘 언제나 당연하게 즐겁고 행복한 삶을 누릴 수 있게 되어있습니다. 만약 여러분이 행복한 삶을 누리지 못한다면, 그것은 하나님이 선을 이루어주시지 않아서가 아니라, 저와 여러분이 아직 하나님의 원리를 적용하지 않고 있어서입니다.

하나님이 궁극적으로 우리에게 이루어주시는 선한 일, 장차 나타날 영광, 합력하여 선을 이루시는 목적이, 29절 '하나님이 미리 아신 자들로 또한 그 아들의 형상을 본받게 하기 위하여' 입니다. 하나님이 우리와 더불어 이루실 선한 일이란 바로 '우리가 하나님의 아들 예수 그리스도의 형상을 본받는 것' 입니다. 그러면 그 아들의 형상이 무엇입니까? 여러분이 닮고 싶은 그리스도의 형상이 무엇입니까? 바다 위를 걷는 것입니까? 어쩌면 물을 포도주로 만드는 것입니까? 말구유에 누워있는 것입니까? 목수일 하는 것입니까? 십자가에 죽는 것입니까? 예수 그리스도의 가장 아름다운 모습이 무엇입니까? 그것은 바로 부활입니다. 예수 그리스도가 부활하여 신령한 몸으로 변화하시고, 하나님의 영광과 거룩의 보좌 앞에 계시는 것입니다. 바로 하나님이 우리에게 주실 장차 나타날 영광, 우리가 고대하고 있는 우리 몸의 구속, 성령이 우리를 대신하여 간구하여 주시는 것, 합력하여 이루어질 선한 일이 바로 우리의 신령한 변화요, 하나님의 영광과 존귀와 거룩의 보좌 앞에 서는 것입니다.

누가 우리를

로마서 8:28~39

28 우리가 알거니와 하나님을 사랑하는 자 곧 그의 뜻대로 부르심을 입은 자들에게는 모든 것이 합력하여 선을 이루느니라 29 하나님이 미리 아신 자들을 또한 그 아들의 형상을 본받게 하기 위하여 미리 정하셨으니 이는 그로 많은 형제 중에서 맏아들이 되게 하려 하심이니라 30 또 미리 정하신 그들을 또한 부르시고 부르신 그들을 또한 의롭다 하시고 의롭다 하신 그들을 또한 영화롭게 하셨느니라 31 그런즉 이 일에 대하여 우리가 무슨 말 하리요 만일 하나님이 우리를 위하시면 누가 우리를 대적하리요 32 자기 아들을 아끼지 아니하시고 우리 모든 사람을 위하여 내주신 이가 어찌 그 아들과 함께 모든 것을 우리에게 주시지 아니하겠느냐 33 누가 능히 하나님께서 택하신 자들을 고발하리요 의롭다 하신 이는 하나님이시니 34 누가 정죄하리요 죽으실 뿐 아니라 다시 살아나신 이는 그리스도 예수시니 그는 하나님 우편에 계신 자요 우리를 위하여 간구하시는 자 시니라 35 누가 우리를 그리스도의 사랑에서 끊으리요 환난이나 곤고나 박해나 기근이나 적신이나 위험이나 칼이랴 36 기록된바 우리가 종일 주를 위하여 죽임을 당하게 되며 도살당할 양같이 여김을 받았나이다 함과 같으니라 37 그러나 이 모든 일에 우리는 사랑하시는 이로 말미암아 우리가 넉넉히 이기느니라 38 내가 확신하노니 사망이나 생명이나 천사들이나 권세자들이나 현재 일이나 장래 일이나 능력이나 높음이나 깊음이나 다른 어떤 피조물이라도 우리를 우리 주 그리스도 예수 안에 있는 하나님의 사랑에서 끊을 수 없으리라

장차 나타날 영광

피조물의 구속

이사야 11장에 보면, 새 세상에서의 피조물과 인간의 관계를 묘사한 표현이 등장합니다. 11장 6절 '그 때에 이리가 어린 양과 함께 거하며 표

범이 어린 염소와 함께 누우며 송아지와 어린 사자와 살진 짐승이 함께 있어 어린아이에게 끌리며 젖 먹는 아이가 독사의 구멍에서 장난하며 젖 뗀 어린아이가 독사의 굴에 손을 넣을 것이라. 나의 거룩한 산 모든 곳에서 해됨도 없고 상함도 없을 것이니 이는 물이 바다 덮음같이 여호와를 아는 지식이 세상에 충만할 것임이니라.' 새 세상에서는 젖 먹는 아이가 독사의 구멍에서 장난을 한답니다. 그래도 독사가 물지 않습니다. 피조물들과 인간이 변화되어 서로 해함도 없고, 상함도 없이 하나님의 축복을 누리며 살게 된다고 선언합니다. 비유적으로 생각해보면, 성도를 젖 먹는 아이에 비유를 해야 합니까? 독사에 비유해야 합니까? 대부분 성도님은 다 자신을 젖 먹는 아이로 비유합니다. 성도는 젖 먹는 아이가 아니라 독사에 비유해야 맞습니다. 독사와 젖 먹는 아이가 함께 장난치려면 독사가 순해져야 합니다. 아이는 멋모르고 독사의 굴에 손을 넣습니다. 그때 독사가 물지 않아야 독사와 아이가 장난을 칠 수 있습니다. 세상에서 살 때 저와 여러분이 독사입니다. 그런데 물지 않는 독사입니다. 그래야 멋모르는 세상 사람들이 살 수가 있습니다. 믿지 않는 사람들이 함부로 덤비고 시비걸 때, 성도가 세상 사람을 물지 않고 받아 주며 이해해 주며 수용해 주어야 함께 어우러질 수 있습니다. 그런데 만약 성도가 젖 먹는 어린아이와 같아서 누군가가 나를 물지 않고 해하지 않고 상하지 않기를 바라는 상태라면, 좋은 세상은 이루어지지 않습니다.

성도는 누군가가 나를 위해 선을 베풀어주기를 기다리는 자가 아니라, 바로 선을 베풀 수 있는 사람입니다. 대부분 사람들이 다 천사가 나타나기를 바라고, 어려움에 처해있을 때는 까마귀가 나타나서 나를 공궤해주기를 바랍니다. 성도는 까마귀를 기다리는 사람이 아니라, 까마귀를 보내달라고 기도하는 사람이 아니라, 까마귀 역할을 하는 자입니다. 누군가 어려움에 처해있을 때 격려의 말과 실제적 도움으로 새 힘을 돋을 수 있도록 후원해 주는 까마귀가 바로 성도입니다. 성도가 까마귀를 보내달라고 기도하면 도대체 누가 옵니까? 안 믿는 사람이 옵니까? 타 종교인이 옵니까? 세상 사람이 옵니까? 누군가가 도움을 청할 때 달려가 줄 수 있는 자, 도움을 줄 수 있는 자가 성도입니다. 왜냐하면, 성도는 이미 완성된 자요, 부요한 자요, 성취한 자인 것입니다. 세상은 바로 성도들 때문에 살맛나는 것입니다.

우리 몸의 구속

우리 몸의 구속 즉 육체의 부활에 관하여도 성경은 다양하게 설명해 주고 있습니다. 고린도전서 15장 50절 이하에 이렇게 나옵니다. '형제들아 내가 이것을 말하노니 혈과 육은 하나님나라를 유업으로 받을 수 없고 또한 썩은 것은 썩지 아니한 것을 유업으로 받지 못하느니라. 보라! 내가 너희에게 비밀을 말하노니 우리가 다 잠잘 것이 아니요 마지막 나팔에 순식간에 홀연히 다 변화하리니 나팔 소리가 나매 죽은 자들이 썩지 아니할 것으로 다시 살고 우리도 변화하리라. 이 썩을 것이 불가불 썩지 아니할 것을 입겠고 이 죽을 것이 죽지 아니함을 입을 때에는 사망이 이김의 삼킨바 되리라고 기록된 말씀이 응하리라.'

성도의 몸이 신령할 몸으로 구속될 것을 선포하고 있습니다. 바로 그 때, 우리가 죽음을 두려워하며 죽음에 떨던 존재가 아니라 이제 부활의 신령한 몸으로 구속함을 받아 하나님 앞에 영원히 살게 될 그 때, 성도들은 사망을 향하여 이렇게 외칠 수 있다고 말합니다. 사망을 조롱하며, 사망을 비웃으며, 사망을 한껏 놀려 줄 수 있는 말이 고린도전서 15장 55절입니다. "사망아 너의 이기는 것이 어디 있느냐? 사망아 너의 쏘는 것이 어디 있느냐?" "우리는 신령한 몸으로 변화 받아 하나님의 어린양의 혼인 잔치에 나아가는데 너는 무저갱으로 가는구나!!!!" 이러한 모습들이 성도에게 장차 나타날 영광입니다.

선한 것

인간 문제의 본질을 아시는 하나님이 예수 그리스도를 이 땅에 보내셔서 인간이 감당해야할 죄의 짐을 다 감당하시고 인간을 죄에서 해방시키셨고 인간 문제를 해결하셨습니다. 예수는 죽으셨고 살아나셨습니다. 그 결과 성도는 문제가 해결되었습니다. 하나님은 이제야 이것저것을 합력하여 선을 만들어 내시는 것이 아닙니다. 하나님이 이미 선한 일을 다 이루셨고 성도를 온전케 하셨습니다. 인간의 행복을 방해하는 죄의 문제를 해결하셨고, 인간이 행복할 수 있는 하나님의 마음을 성도들 심령 안에 새겨 주셨습니다. 그래서 이미 성도는 선을 이룬 자요, 선을 가진 자들입니다. 그리고 예수 재림 때에, 이제 피조물을 새롭게 하고 우리 몸을 새롭게 하여 온전한 하나님의 영광 앞에 우리를 거하게 하실 것이며, 하나님 앞에서 영원히 살게 하실 것입니다.

하나님이 이루신 일

하나님의 사역

기독교는 하나님의 사역입니다. 하나님이 먼저 계셔서, 하나님이 먼저 계획 하셔서, 하나님이 먼저 역사하시는, 하나님의 사역입니다. 로마서 8장 29절~30절을 보면 '하나님이 미리 아신 자들을 또한 그 아들의 형상을 본받게 하기 위하여 미리 정하셨으니 이는 그로 많은 형제 중에서 맏아들이 되게 하려 하심이니라. 또 미리 정하신 그들을 또한 부르시고 부르신 그들을 또한 의롭다 하시고 의롭다 하신 그들을 또한 영화롭게 하셨느니라' 라고 말합니다. 하나님이 하셨습니다. 하나님이 정하셨습니다. 하나님이 부르셨습니다. 하나님이 의롭다 하셨습니다. 하나님이 영화롭게 하셨습니다. 인간 스스로 하나님 앞에 달려 나오지 않았습니다. 죄인 스스로 정결케 하지 않았습니다. 인간이 행한 것은 불순종이요, 배반함이요, 패역함뿐입니다. 그런 죄인의 행위를 개의치 않으시고 하나님이 하셨습니다. 그래서 성도는 그러한 하나님의 일하심을 하나님의 은혜라고 합니다.

시작은 완성

하나님의 하시는 일은 모두가 완성입니다. '시작이 반이다'는 말이 있는데, 이것은 말도 안 되는 소리입니다. 하나님은 '시작은 끝이다' 입니다. 기독교에는 하나님의 사역이기에 인간의 과업이 없습니다. 기독교에는 하나님이 완성하셨기에 인간이 감당해야 하는 짐이 없습니다. 성도가 해야 하는 일은 언제나 한 가지입니다. 하나님을 알고, 하나님이 행하신 일을 알고 하나님의 원리를 알아 하나님의 은혜를 누리며 사는 것입니다.

성도의 삶

성도의 삶과 불신자의 삶은 근본적으로, 원천적으로, 본질적으로 다릅니다. 로마서가 제시하는 성도의 삶은 이미 완성된 자의 삶, 복 받은 자의 삶, 은혜를 누리는 삶입니다. 물론 장차 나타날 온전한 영광의 모습이 또 있습니다. 피조물이 새로워지고 우리 몸이 새로워지는, 선한 것이 이루어지는 날이 올 것입니다. 그것은 하나님의 일이기에 하나님께서 하실 것을 믿으면 됩니다. 대신 우리는 하나님께서 말씀하시는 성도의 삶에 대하여 바르게 알아야 합니다.

흔히들 기독교를 내세적 종교, 미래적 종교, 소망의 종교라고 합니다. 앞으로 예수의 재림이 남아있고, 또 더욱 영광스런 새로운 삶이 남아있기에 소망의 종교나 미래의 종교라고 한 것은 옳습니다. 그러나 기독교에서 말하는 꿈이나 소망, 미래, 비전, 장차 나타날 영광은 내일을 위한 것만이 아닙니다. 기독교는 또한 현재적입니다. 꿈이나 소망, 장차 나타날 영광은 모두 오늘을 위한 것, 현재를 위한 것, 지금을 위한 것입니다.

세상의 소망

세상에서도 소망을 이야기하고 기독교에서도 소망을 이야기합니다. 세상의 소망과 기독교의 소망이 얼마나, 어떻게 다른가를 분별해보도록 하겠습니다. 사람들은 미래, 소망, 꿈을 좋아합니다. 세상이 말하는 소망은 약속되어진 것이 아니라 가능성입니다. 말 그대로 꿈입니다. 자신의 바람이요, 기대입니다. 결코 확정되어진 것이 아니요, 약속된 것도 아닙니다. 미래는 말 그대로 미래, 미지의 세계입니다. 현재 어떻게 사느냐에 따라 그 소망이 실현되느냐 마느냐가 결정됩니다. 세상의 소망은 시간이 지나면 저절로 나의 것이 아니라 나와는 전혀 무관한 것이 될 수도 있습니다. 어떨 때는 그 소망을 이루려는 아무 노력을 안 해서 실현되지 않기도 하지만, 소망을 이루려고 정말 열심히 노력했음에도 좌절하기도 합니다. 소망은 결정된 약속이 아니라 개연성이 있고 가능성이 있는 기대일 뿐입니다.

세상의 소망도 현재의 인간의 삶을 바꿀 수 있습니다. 꿈을 갖고, 비전을 갖고, 소망을 갖는 것을 흔히 하는 말로 동기부여라고 합니다. 더 좋은 미래, 오늘보다 살기 좋은 날이 올 것이라는 기대는 오늘의 수고와 애씀을 견딜 수 있게 해 주는 동기부여의 역할을 합니다. 꿈이 없는 사람은 막무가내로 살지만 꿈이 있는 사람은 규모와 질서가 있다고 합니다. 꿈이 없는 사람은 무작정 가는 것이요, 꿈이 있는 사람은 목적이 있고 방향이 있는 삶이라고 합니다. 그래서 꿈을 가져야 하고, 희망을 가져야 한다고 합니다. 그러나 이렇게 꿈과 소망에 의해 동기부여가 된 삶은 절대로 평안하고 자유롭지 않습니다. 도리어 꿈과 비전과 소망으로 동기부여를 받은 자의 삶은 경쟁적이며, 이기적이며, 배타적일 때가 많습니다. 왜냐하면, 현재에 따라 미래가 달라지기 때문이다.

기독교의 소망

기독교도 소망을 이야기합니다. 그러나 기독교의 소망은 전혀 차원이 다릅니다. 안타깝기는 기독교도 미래를 이야기하고, 소망을 이야기할 때 꼭 세상에서 말하는 동기부여의 차원을 넘어서지 못할 때는 정말 속이 상합니다. 로마서 8장 17절을 보겠습니다. '자녀이면 상속자 곧 하나님의 상속자요 그리스도와 함께 한 상속자니 우리가 그와 함께 영광을 받으려고 고난도 함께 받아야 할 것이니라.' 이 구절을 적용할 때, 흔히 어떤 사람들은 미래에 하나님께 받을 면류관과 상급으로 동기부여해서 현재 성도들이 충성과 열심, 인내와 수고로 살아가게 합니다. 그러나 이렇게 되면 세상과 기독교는 다를 것이 하나도 없습니다. 세상의 방식과 기독교의 방식이 같다면, 예수님이 하신 일은 아무것도 없는 것이 되어버립니다.

기독교도 소망을 이야기합니다. 장차 나타날 영광을 이야기 합니다. 그런데 기독교의 소망은 가능성 있는 것으로 제시되는 것이 아니라, 하나님의 약속으로 주십니다. 현재 우리가 어떻게 사느냐에 따라 달라지는 미래가 아니라 이미 확정되어 있습니다. 받을 수도 있고 못 받을 수도 있는 것이 아니라 다 받게 되어 있습니다. 인간의 수고에 따라 결과가 달라지는 것이 아니라, 하나님의 계획이요, 하나님의 약속이요, 하나님의 사역이기에 반드시 되고, 분명히 되고, 확실히 됩니다. 인간의 행동 여하에 따라 달라지는 것이 아니라 하나님의 신실하심에 의해 이미 완성되고, 확정되어진 것입니다.

그래서 기독교의 소망은 현재를 사는 성도의 삶을 바꾸어 줍니다. 동기부여라는 명분으로, 상급을 받기 위한 현재의 수단으로 인간의 삶을 바꾸는 것이 아니라, 완성을 아는 자로, 결과를 확증 받은 자로서 삶에 변화를 줍니다. 목표를 지향하는 삶이 아니라 목표를 이룬 자의 삶으로 바꾸어 줍니다. 세상의 동기부여는 열심과 동시에 경쟁을 만들어 냅니다. 그러나 기독교의 확정된 소망, 하나님의 약속된 소망에 근거한 성도의 현재의 삶은 절대적으로 평안하고 자유롭고 배려적인 모습으로 변화시켜 줍니다. 왜냐하면, 이미 결과를 가지고 있기 때문입니다. 기독교의 소망은 동기를 부여하는 소망이 아닙니다. 기독교인은 조급하지 않습니다. 왜냐하면, 결과를 알고 있기 때문입니다. 기독교인은 경쟁하지 않습니다. 왜냐하면, 이미 결과를 성취했기 때문입니다. 기독교인은 배타적이지 않습니다. 왜냐하면, 함께 하면 더욱 좋기 때문입니다. 기독교인은 불안해하지 않습니다. 왜냐하면, 하나님의 약속이라는 것을 알기 때문입니다. 세상의 소망과 기독교의 소망이 어떻게 다른지를 분별해야 합니다.

기독교는 면류관을 미끼로 현재의 수고를 요구하지 않습니다. 상급을 미끼로 현재의 고난을 요구하지 않습니다. 내세의 영광을 미끼로 현재의 헌신을 요구하지 않습니다. 장차 받을 복을 미끼로 현재의 희생을 요구하지 않습니다. 정 반대입니다. 기독교는 면류관을 약속으로 현재의 평안을 제공합니다. 상급을 약속으로 현재의 신실함을 수여합니다. 내세의 영광을 약속으로 현재의 자유로움을 허락합니다. 장차 받을 복을 약속으로 현재의 배려를 가능하게 합니다. 기독교는 하나님을 신뢰함으로 인간이 자유와 평화와 안식과 행복을 누리게 하는 것입니다. 예수님이 오셔서 인간을 죄의 마음이 아닌 하나님의 마음으로 바꾸어 주셨습니다. 이 하나님의 마음이 있을 때, 하나님의 약속이 인간의 방종함으로 나타나지 않고 신실함이 될 수 있습니다. 그래서 하나님이 죄인에서 의인으로 변화시켜 주시고, 죄의 마음에서 하나님의 마음으로 변화시켜 주시고, 하나님의 마음에 하나님의 약속을 부여하신 후에, 그 하나님의 약속이 오늘날 성도의 삶 가운데 이해와 배려, 수용과 용납의 삶을 살게 하십니다. 성경이 약속하는 삶은 오직 성도만이 구현할 수 있고, 오직 성도만이 누릴 수 있는 삶입니다.

누가 우리를

누가 우리를 대적하리요

이렇게 하나님의 일하심의 결과를 가지고 있기에, 하나님의 약속에 근거한 소망이 있기에, 오늘 평안과 자유와 안식의 삶을 살 수 있기에, 성도의 삶은 담대합니다. 31절부터 39절까지 보겠습니다. 31~32절, '그런즉 이 일에 대하여 우리가 무슨 말 하리요 만일 하나님이 우리를 위하시면 누가 우리를 대적하리요 자기 아들을 아끼지 아니 하시고 우리 모든 사람을 위하여 내어 주신 이가 어찌 그 아들과 함께 모든 것을 우리에게 은사로 주지 아니하시겠느냐?' 하나님이 성도를 부르시고, 하나님이 세우시고, 하나님이 의롭다 하시고, 하나님이 영화롭게 하시고, 하나님이 장차 영광스럽게 새롭게 하시겠다고 말씀하시는데 누가 감히 조건을 내세우며, 충성에 따라 상급이 달라진다고 할 수 있느냐는 것입니다. 이미 아들을 주셨고 더 이상의 것도 다 주시겠다는데 어떤 동기부여나 조건이 제시될 수 있느냐는 것입니다. 본문에서 하나님이 자기 아들을 주셨고, 모든 것을 은사로, 은혜로, 선물로 주신다고 말하십니다. 하나님이 인간을 위해 베푸시는 은혜를 말합니다. 절대로 그 큰 하나님의 사랑을 어떻게 갚아야할까를 묻지 않습니다.

누가 우리를 정죄하리요

33~34절 '누가 능히 하나님의 택하신 자들을 고발하리요 의롭다 하신 이는 하나님이시니 누가 정죄하리요 죽으실 뿐 아니라 다시 살아나

신 이는 그리스도 예수시니 그는 하나님 우편에 계신 자요 우리를 위하여 간구하시는 자시니라.' 하나님이 성도를 의롭다고 하셨기에 아무도 성도를 정죄할 수 없습니다. 하나님이 의롭다고 선언하셨기에 아무도 성도에 대하여 논할 수 있는 자가 없습니다. 기독교는 죄를 묻지 않습니다. 왜냐하면, 죄가 있다고 밝혀져도 용서하기로 이미 작정했기 때문입니다. 우리는 이미 그 사람이 죄인이라는 것을 알고 있었고, 죄 지을 것이라는 것을 알고 있었습니다. 그래서 그 사람이 어떤 죄를 지어도 용서하기로 작정하고 있는 것입니다. 만약 누군가 성도를 고발하고 정죄하면 예수님이 우리를 위하여 간구하여 주실 것입니다. 성도가 서로 죄인이었음을 알면, 서로 간에 정죄하지 않고 이해하며 용서하며 배려하며 수용하며, 하나님께서 의롭다고 선언하신 사실을 인정하여 함께 붙잡아 줄 수 있습니다.

누가 우리를 그리스도의 사랑에서 끊으리요

35절, '누가 우리를 그리스도의 사랑에서 끊으리요 환난이나 곤고나 박해나 기근이나 적신이나 위험이나 칼이랴' 로마서 8장의 본문에는 인간의 결심과 각오, 의지에 대해서는 한마디도 묻지 않습니다. 본문은 인간의 능력이나 재주를 묻지 않고 하나님의 사랑을 말하고 있습니다. 성도에게 환난이나 곤고, 핍박, 기근, 적신, 위험, 칼이 오면 신앙을 지킬 수 있냐고 묻지 않습니다. 본문은 성도의 확실함과 분명함, 의지력을 묻지 않고 어떤 세력이 성도를 사로잡으려 할지라도 하나님이 성도를 놓지 않으며, 어떤 세력도 성도를 향한 하나님의 사랑을 끊을 수 없으니 성도는 아무런 걱정도 하지 말라고 선언하십니다. 본문은 하나님의 약속을 다시 한 번 확증시켜 주는 말입니다.

구약성경에서 다윗은 자신의 처지를 매우 곤고하다고 고백했습니다. 36절에서 '우리가 종일 주를 위하여 죽임을 당하게 되며 도살당할 양 같이 여김을 받았나이다' 라고 말했습니다. 사울 왕에게 쫓겨 다니고, 후에는 자신의 아들에게 쫓겨 다니고, 신하들에게 쫓겨 다닐 때 자신의 처지가 하도 곤고해서 이렇게 고백했습니다. 세상에 살 때 성도도 다윗과 같은 심정을 느낄 때가 있습니다. 세상의 죄인들 가운데, 죄악의 원리가 횡횡하는 세상에 살 때, 다윗의 고백과 같은 심정일 수 있습니다. 그러나 성도는 구약을 넘어서 신약에 와있는 자들입니다. 그래서 성도는 8장 38, 39절처럼 담대하게 선포할 수 있습니다. '내가 확신하노니 사망이나 생명이나 천사들이나 권세자들이나 현재 일이나 장래 일이나 능력이나 높음이나 다른 어떤 피조물이라도 우리를 우리 주 그리스도 예수 안에 있는 하나님의 사랑에서 끊을 수 없으리라.' 성도는 자기 믿음의 확실성을 믿는 것이 아니라 하나님의 사랑의 확실성을 알고 있는 자들입니다.

26 하나님으로 말미암아

로마서 9:1~16

1-2 내가 그리스도 안에서 참말을 하고 거짓말을 아니하노라 나에게 큰 근심이 있는 것과 마음에 그치지 않는 고통이 있는 것을 내 양심이 성령 안에서 나와 더불어 증언하노니 3 나의 형제 곧 골육의 친척을 위하여 내 자신이 저주를 받아 그리스도에게서 끊어질지라도 원하는 바로라 4 그들은 이스라엘 사람이라 그들에게는 양자됨과 영광과 언약들과 율법을 세우신 것과 예배와 약속들이 있고 5 조상들도 그들의 것이요 육신으로 하면 그리스도가 그들에게서 나셨으니 그는 만물 위에 계셔서 세세에 찬양을 받으실 하나님이시니라 아멘 6 그러나 하나님의 말씀이 폐하여진 것 같지 않도다 이스라엘에게서 난 그들이 다 이스라엘이 아니요 7 또한 아브라함의 씨가 다 그의 자녀가 아니라 오직 이삭으로부터 난 자라야 네 씨라 불리리라 하셨으니 8 곧 육신의 자녀가 하나님의 자녀가 아니요 오직 약속의 자녀가 씨로 여기심을 받느니라 9 약속의 말씀은 이것이니 명년 이때에 내가 이르리니 사라에게 아들이 있으리라 하심이라 10 그뿐 아니라 또한 리브가가 우리 조상 이삭 한 사람으로 말미암아 임신하였는데 11 그 자식들이 아직 나지도 아니하고 무슨 선이나 악을 행하지 아니한 때에 택하심을 따라 되는 하나님의 뜻이 행위로 말미암지 않고 오직 부르시는 이로 말미암아 서게 하려 하사 12 리브가에게 이르시되 큰 자가 어린 자를 섬기리라 하셨나니 13 기록된 바 내가 야곱은 사랑하고 에서는 미워하였다 하심과 같으니라 14 그런즉 우리가 무슨 말을 하리요 하나님께 불의가 있느냐 그럴 수 없느니라 15 모세에게 이르시되 내가 긍휼히 여길 자를 긍휼히 여기고 불쌍히 여길 자를 불쌍히 여기리라 하셨으니 16 그런즉 원하는 자로 말미암음도 아니요 달음박질하는 자로 말미암음도 아니요 오직 긍휼히 여기시는 하나님으로 말미암음이니라

성도의 마음

성도의 존재

로마서를 두 부분으로 나누면 1~11장까지는 우리를 위해 하나님이 행하신 일 즉 우리의 성도됨, 구원에 관한 내용을 설명하고 있고, 12~16장까지는 구원받은 성도의 살아가는 원리를 권고하는 부분입니다. 1장부터 9장까지 하나님의 구원사역이 설명되었고 9~11장까지는 하나님의 일하심에 대하여 구약에 나타난 하나님과 이스라엘의 관계를 예를 들어 다시 한 번 확인하여 보충 설명하는 내용입니다.

1장부터 8장을 아주 간략하게 요약해 보겠습니다. 로마서 전체가 이해가 되어야 오늘 본문의 심정을 느낄 수 있습니다.

원래 인간은 하나님의 형상으로 아름답게 창조되었습니다. 그런데 인간이 하나님께 범죄하여 죄인이 되었습니다. 유대인이든 이방인이든, 율법이 있는 자이든 없는 자이든, 할례를 받은 자이든 아니든 모든 인간이 죄인이 되었습니다. 죄인 아닌 사람은 아무도 없습니다. 죄에 사로잡혀 죄의 종이 된 인간에게는 죄에게서 해방되고, 자유롭게 풀려날 아무런 방법도, 힘도 없었습니다. 방법이 없는 죄인에게 하나님이 은혜로 구원을 선물하셨습니다. 받는 우리로서는 은혜요, 선물이지만, 하나님은 은혜와 선물을 주시려고 예수 그리스도의 십자가라는 역사를 이루셨습니다. 그 결과 성도는 하나님과 화목 되었고 하나님과 더불어 화평을 누릴 수 있게 되었습니다. 이제 은혜 아래 있으니 죄의 종노릇하지 않는다고 했습니다. 이전을 생각해보면 자신이 하고 싶지 않았는데도 어느 새 보면 벌써 죄를 짓고 있는 자신을 발견하곤 했는데 그것이 바로 죄인의 모습이었습니다. 이제는 생명의 성령의 법아래 있습니다. 나의 나됨을 성령께서 친히 증거 하십니다. 게다가 현재 은혜를 받은 것뿐만 아니라 장차 나타날 영광마저도 하나님의 약속에 의해 분명하게 확정되어 있다고 선포합니다. 이 모든 것을 하나님이 택하시고, 부르시고, 의롭게 하시고, 영화롭게 하셨으니 '누가 나를 대적하리요? 누가 나를 정죄하리요? 누가 나를 그리스도의 사랑에서 끊을 수 있으리요?' 라고 외칠 수 있습니다.

성도의 근심

성도는 행복자요, 자유자요, 신나게 은혜를 누리며 사는 자라고 했습니다. 그런데 정작 바울은 자기에게 큰 근심이 있고 큰 고통이 있다고 고백합니다. 9장 1절 '내가 그리스도 안에서 참말을 하고 거짓말을 아니하노라. 내게 큰 근심이 있는 것과 마음에 그치지 않는 고통이 있는 것을 내 양심이 성령 안에서 나로 더불어 증거 하노니.' 바울은 정말로 성령이 증거가 될 정도로 분명한 근심과 고통이 있었습니다. 그것은 '나의 형제 곧 골육의 친척을 위하여 내 자신이 저주를 받아 그리스도에게서 끊어질지라도 원하는 바로라' 3절하고 말합니다. 바울의 근심과 고통은 자신에게 관계된 것이 아니라 타인 즉 이스라엘에 관계된 것이었습니다. 자기 문제가 아니라 남 걱정을 하고 있습니다. 그 걱정의 정도가 '내가 저주를 받아 그리스도에게서 끊어질 지라도' 입니다. 이러한 바울의 심정은 이미 로마서 1장 14절에서 다른 사람들에 대하여 자신의 처지를 '빚진 자' 라고 고백하는 것에서도 나타났었습니다.

성도

바울은 예수를 전한다고 자신을 죽이려고 하고, 자신이 가는 곳마다 사역을 훼방하며 자기를 핍박했던, 자기 동족을 위해서 근심과 고통을 당하고 있습니다. 자신이 저주를 받아도 기꺼이 감수할 만큼 이스라엘 사람들에 대한 간절한 바람이 있었습니다. 바울만 그런 것이 아니라, 하나님을 믿는 성도들이라면, 아직 믿지 않는 사람들을 위해서 이 정도의 마음이 있습니다. 성도는 자신만이 아니라 타인에 대해서 대신 저주를 받아 줄 정도의 소망이 있는 사람들입니다.

왜 그런지 아십니까? 성도는 모든 것을 받았기 때문입니다. 성도는 모든 것을 가졌기 때문입니다. 성도는 모든 것이 확증되어있기 때문입니다. 다른 말로 해서, 성도는 더 이상 바랄 것이 없기 때문입니다. 성도는 이미 은혜를 받았고, 장래까지 확증 받았기에 자신을 위해 더 이상 근심하며 고통 받을 것이 없습니다. 성도는 자신의 삶을 포기하는 자가 아닙니다. 자신을 희생하는 자가 아닙니다. 자신의 삶을 완성하였기에 이제는 자신을 넘어 타인까지 돌아볼 줄 아는 하나님의 마음을 가진 사람이 되었습니다. 성도는 하나님의 기준과 원리와 가치와 개념을 가진 사람입니다. 인생을 바라보는 근본 관점이 다릅니다. 행복을 누리는 원리가 다릅니다. 성도는 세상을 향해, 믿지 않는 자를 향해, 빚진 자의 심정으로 사는 것입니다.

이스라엘은 누구인가?

이스라엘

바울이 걱정하는 이스라엘은, 바울 개인적으로는 자신들의 동족이요, 조상들입니다. 그러나 지금 바울은 한 사람 히브리인으로 자신의 동족을 상대하고 있는 것이 아닙니다. 지금 바울은 로마에 있는 교우들, 그 중에는 이스라엘 사람도 있지만 이방 사람이 더 많이 있습니다. 그들에게 유독 자신의 동족에 관해서 말한다면 지독한 민족주의자나 국수주의자처럼 들릴 것이며, 로마서 1장부터 지금까지 모든 인간을 대상으로 했던 내용이 갑자기 그 대상을 축소해버릴 수 있습니다.

구약에 이스라엘이라는 집단, 공동체가 등장합니다. 이들을 지칭하는 명칭도 여러 가지입니다. 이스라엘이라는 말만 해도 참으로 다양하게 사용됩니다. 야곱이 하나님에 의해서 개명된 이름이 이스라엘이고, 가나안에 정착한 집단을 부르는 명칭이 이스라엘이고, 나라가 통일되었을 때에 국가명이 이스라엘이고, 나라가 분열되었을 때에 북쪽만을 지칭하는 국가명이 이스라엘입니다. 흔히 구약에 하나님과 관계를 맺은 사람들을 이스라엘, 히브리인, 유대인이라고 부릅니다. 이스라엘은 국가적 개념을 나타내고, 히브리인이라고 하면 민족적 개념이 나타나고, 유대인이라고 하면 종교적 개념을 나타낸다고 볼 수 있습니다. 그러나 이런 호칭은 성경에서 말하고자 하는 개념과는 전혀 무관합니다. 성경의 하나님은 인류의 하나님이십니다. 인류를 창조하신 분이요, 인류를 주관하시는 분이십니다. 그래서 하나님의 대상은 언제나 인류전체입니다. 하나님이 인류 중에 특별히 어느 민족만을 사랑하거나, 어느 나라만을 축복하시면 하나님 스스로 인류의 하나님이심을 포기하는 것입니다. 인간 부모도 자기 자식을 낳으면 편애를 하지 않는데, 하물며 하나님이 인간을 편 가르기 하시고 편애하신다면 하나님이 인간만도 못해지는 꼴이 됩니다.

구약에서 이스라엘이 등장하는 것은 하나님이 아브람이라는 한 사람을 부르시는 것에서부터 시작합니다. 이 아브람을 통해서 한 공동체가 시작되는데, 그것이 나중에 이스라엘이라고 불리게 됩니다. 그럼 하나님이 아브람이라는 사람을 부른 이유와 그를 통하여 만들고자 하신 공동체의 특성이 무엇입니까? 모든 인류에게 인간의 문제의 본질이 죄라는 것을 가르치고, 죄를 이기고 행복을 누릴 수 있는 방법이 하나님을 아는 것이라는 사실을 가르치려고 하나님이 샘플을 만드셨는데, 그것이 바로 이스라엘입니다. 9장 4절에 보면, 바울이 이스라엘에 대하여 다음과 같이 소개합니다. '저희에게는 양자됨과 영광과 언약들과 율법을 세우신 것과 예배와 약속들이 있고 조상들도 저희 것이요.' 양자됨, 영광, 언약, 율법, 예배, 약속 등은 하나님을 제외하면 아무런 의미가 없습니다.

하나님은 이스라엘에게 부국강병의 원리를 가르치지 않으셨습니다. 경제번영의 원칙을 가르치지 않으셨습니다. 사회주의나 민주주의를 국가체제로 가르치지 않고, 대통령제나 의원내각제의 정치방법을 가르치지 않으셨습니다. 외교와 동맹에 관한 수단을 가르치지 않으셨습니다. 오직 죄의 간교함을 알리고 하나님의 원리를 가르치셨습니다. 자신이 죄인이라는 것을 모르고, 죄의 속성을 모르고, 어떻게 살아야 하는지를 모를 때, 이스라엘이라는 샘플을 통하여 문제의 본질, 문제의 해결 방법, 삶의 원리를 배우는 것입니다.

이스라엘은 나다

구약의 이스라엘은 보편적 인류의 한 샘플입니다. 절대로 특정한 어떤 나라, 어떤 민족의 이야기가 아니라 그냥 내 이야기입니다. 내 심리, 내 속셈, 내 마음과 같은 것입니다. 그래서 나와 같은 죄인의 행동과 나와 같은 죄인을 변화시키시는 하나님의 마음을 배우는 것입니다. 특별히 8장에서 성도의 완전성과 하나님의 약속의 확정성을 말할 때에 혹시 사람들이 구약의 이스라엘 때문에 의문을 가질 것 같아서 여기에 설명을 하고 있는 것입니다. 그렇게 확실하다면서 왜 구약의 이스라엘은 결국 망하게 되었고, 하나님께 버림받게 되었는가? 성경의 대답은 하나님의 말씀이 폐하여지지 않았다고 말하고 있습니다. 이스라엘이 버림받았다, 하나님께 심판을 받아 형벌과 진노를 받아 나라가 패망하였다, 이스라엘이 하도 불순종하니까 하나님이 약속을 폐하시고 이스라엘을 포기하셨다는 등의 생각은 모두 우리의 잘못된 생각입니다. 하나님은 약속을 폐하지 아니하고 이스라엘을 버리지 아니하고 포기하지 않으시고 방치하지 않으십니다. 그와 같이 하나님은 성도와의 약속도 절대로 폐하지 않으시고, 성도를 절대로 버리지 않으실 것이라는 확증을 구약의 예를 들어서 성도에게 보여주려고 9장의 본문이 등장하는 것입니다.

누가, 어떻게

하나님의 사람

구약의 이스라엘은 모든 인간의 대표이며, 그냥 샘플입니다. 하나님이 인간과 어떻게 관계를 맺으며, 어떻게 유지되며, 그 결과가 무엇인가를 보여주려고, 모든 인간 중에 샘플로 선택하신 것입니다. 누가 이스라엘이 되는가와 어떻게 이스라엘이 되는가를 살펴보면 오늘날 누가 하나님의 자녀가 되었고, 어떻게 하나님의 자녀가 되었는가를 이해할 수 있고, 동시에 앞으로 누가 구원을 받을 것인가와 어떻게 구원을 받을 것인가를 다 이해할 수 있습니다.

이스라엘을 아브라함의 자손이라고 말하는 것은 성경의 진술과 조금 다릅니다. 복음서에 보면 유대인들이 자신이 아브라함의 후손이라는 것에 대단한 자부심을 가졌습니다. 그러나 그것은 유대인의 오해일 뿐 하나님의 생각이 아닙니다. 왜냐하면, 아브라함의 자녀인데도 이스라엘이 되지 않거나, 아브라함의 자녀가 아닌데도 이스라엘에 속하거나 한 예가 많이 있기 때문입니다. 9장 6절과 7절을 보면 '이스라엘에게서 난 그들이 다 이스라엘이 아니요 또한 아브라함의 씨가 다 그 자녀가 아니라 오직 이삭으로부터 난 자라야 네 씨라 칭하리라 하셨으니 곧 육신의 자녀가 하나님의 자녀가 아니요 오직 약속의 자녀가 씨로 여김을 받으니라.' 성경이 강조하는 것은 아브라함이 아니라 하나님의 약속입니다. 아브라함은 하나님이 약속의 자녀를 주기 전에 이미 자녀를 낳았습니다. 아브라함이 하나님께 약속을 먼저 제안하고 맺은 것이 아닙니다. 하나님과 아브라함과의 언약에서 중요한 것은 아브라함이 아니라 하나님입니다. 하나님이 아브라함을 부르셨고, 하나님이 약속을 하셨습니다. 아브라함은 그저 대상이요, 수동적 존재일 뿐입니다.

로마서 9장 9절을 보면 '약속의 말씀은 이것이라. 명년 이 때에 내가 이르리니 사라에게 아들이 있으리라 하시니라' 라고 했습니다. 성경적 의미로는 이삭은 아브라함이 낳은 자가 아닙니다. 아브라함이 99세 되고 사라가 89세 되었을 때에 하나님이 두 사람에게 나타나 명년에 아들이 있으리라고 말씀하실 때에 두 사람은 모두 웃었습니다. 아브라함과 사라 두 사람 모두 이미 자녀를 낳을 수 없다고 스스로 고백을 하였습니다. 그때 하나님이 명년에 때가 이르면 아들을 낳을 것이라고 말씀하십니다. 이삭은 아브라함이 낳은 아들이 아니라 하나님이 주신 아들입니다. 여기에서 강조되는 것은 아브라함이 아니라 하나님입니다. 혈연적으로 아브라함의 후손을 강조하신 것이 아니라, 하나님의 약속으로 주셨다는 것을 강조하고 있습니다. 하나님이 주시지 않았으면 이삭은 없습니다. 그래서 이삭은 아브라함의 능력으로 낳은 것이 아니라 하나님이 주신 것입니다. 이스라엘, 즉 하나님의 사람이 되는 것은 사람의 혈연에 있지 않고 하나님께 있습니다. 하나님이 부르고, 하나님이 세우십니다. 성도가 되는 사람은 하나님이 부르시고, 하나님이 세우시고, 하나님이 의롭다 하시고, 하나님이 영화롭게 하시는 사람들입니다. 누가 성도가 되느냐는 사람에게 달려있는 것이 아니라 하나님이 하십니다. 이처럼 하나님이 부르셨기에 하나님이 책임지시고, 하나님의 약속은 온전히 이루어집니다.

야곱

로마서 9장 10절로 가봅니다. '그뿐 아니라 또한 리브가가 우리 조상 이삭 한 사람으로 말미암아 임신하였는데 그 자식들이 아직 나지도 아니하고 무슨 선이나 악을 행하지 아니한 때에 택하심을 따라 되는 하나님의 뜻이 행위로 말미암지 않고 오직 부르시는 이에게로 말미암아 서게 하려 하사 리브가에게 이르시되 큰 자가 어린 자를 섬기리라 하셨나니 기록된바 내가 야곱은 사랑하고 에서는 미워하였다 하심과 같으니라.'

이삭이 아들을 낳았는데 쌍둥이입니다. 에서와 야곱 중에 누가 이삭의 후계자가 되고 누가 하나님의 자손이 될까요? 여기에서도 중요한 것은 '누가 먼저 태어났느냐? 누가 장자권이 있느냐? 누가 선한 행동을 하였느냐? 누가 합당하느냐?' 에 따라서 달라지지 않는다는 것입니다. 성경에 하나님의 의도가 분명하게 나타납니다. 하나님의 뜻이 하나님의 선택으로 말미암아 하나님으로 되는 것이지 인간의 성품과 행위에 따라 결정되는 것이 아닙니다. '택하심을 따라 되는 하나님의 뜻이 행위로 말미암지 않고 오직 부르시는 이에게로 말미암아 서게 하사' 입니다. 리브가가 낳은 아들이 에서와 야곱입니다. 결국 야곱이 장자권을 이어받습니다. 하나님이 그렇게 정하셨습니다. '하나님으로 말미암아' 입니다. 야곱이 태어나기도 전에, 어떤 행동을 보이기도 전에, 어떤 성향을 나타내기도 전에, 사람에 대해서는 전혀 고려해 볼만한 아무 내용도 존재하기 전에 하나님이 결정하셨습니다. 본문의 강조는 하나님의 뜻으로, 하나님이 하신다는 것입니다.

오늘날도 마찬가지입니다. 누가 하나님의 사람이 되고 누가 성도가 되고 누가 구원받느냐의 결정은 사람에게 달려있지 않고 오직 하나님께 달려있습니다. 간혹 사람들은 에서와 야곱을 비교하면서 에서를 경거망동한 자라고 판단합니다. 원래 장자는 에서였고, 당연히 축복을 받고 하나님의 후손으로 이어질 사람이 에서였는데, 에서가 팥죽 한 그릇에 장자권을 팔아서 야곱이 대신 축복을 받아 대를 이었다고 생각하시면 그것은 성경의 사고방식과는 전혀 다른 것입니다. 이삭이나 야곱, 모두 강조하는 것은 오직 하나님으로 말미암았다는 것입니다. 이스마엘과 이삭 중에 인간적 차이는 하나도 없습니다. 에서와 야곱 중에 야곱이 선택된 이유가 없습니다. 절대로 이스마엘과 이삭을 비교하면 안 되고, 에서와 야곱을 비교해서는 안 됩니다. 두 사람을 비교하고 두 사람 중에 선택받은 사람의, 선택받을 만한 특징을 구별해서는 안 됩니다. 하나님 때문에 인간이 달라질 수는 있어도, 인간 때문에 하나님이 달라지시는 경우는 없습니다. 하나님의 자녀가 되는 것, 하나님으로 말미암아 입니다. 하나님께 은혜 받는 것, 하나님으로 말미암아 입니다. 하나님께 복 받는 것, 하나님으로 말미암아 입니다. 하나님께 쓰임 받는 것, 하나님으로 말미암아 입니다. 신앙은 전적으로 하나님으로 말미암아 되는, 하나님의 은혜입니다. 9장 16절 말씀대로 '그런즉 원하는 자로 말미암음도 아니요 달음박질하는 자로 말미암음도 아니요 오직 긍휼히 여기시는 하나님으로 말미암음이니라' 입니다.

하나님으로 말미암음이라

인간적 방법론

기독교에는 인간이 사용할 방법, 인간이 제안해서 대안으로 내세울 수 있는 방법이 없습니다. 기독교는 전적인 하나님의 역사요, 인간은 오직 하나님께 은혜를 받습니다. 기독교는 하나님이 역사하신 은혜와 축복을 선포하는 종교이지, 인간에게 무엇을 해서 복을 받자고 제안하고 선동하는 종교가 아닙니다. 기독교의 메시지는 선포이지 결코 선동이 아닙니다.

9장 15절을 보면, '내가 긍휼히 여길 자를 긍휼히 여기고 불쌍히 여길 자를 불쌍히 여기리라 하셨으니' 가 나옵니다. 이 말씀에 기초하여 간혹 사람들이 다음과 같은 왜곡된 말을 하곤 합니다. '하나님께 긍휼히 여길 자를 긍휼히 여기신다. 하나님이 그 사람을 긍휼히 여기는 까닭은 그 사람이 긍휼히 여김을 받을 만한 일을 했기 때문이다. 그 사람이 불쌍히 여김을 받는 것도 그 사람이 불쌍히 여김을 받을 만한 행동을 했기 때문이다'라고 합니다. 이런 말은 모두 왜곡입니다. 그럴만한 행동을 해서 긍휼히 여기시는 것이 아니라 오직 하나님으로 말미암았다고 선언합니다.

하나의 사실을 왜곡하면 나머지 모든 말은 다 왜곡됩니다. 가장 본질적인 사실을 틀리게 되면 그 이후의 모든 것은 다 틀린 것입니다. 수학을 예를 들어 보겠습니다. 곱하기, 인수분해를 하려면 구구단이 기본입니다. 그런데 구구단을 다음과 같이 외웠다고 상상해 봅시다. $2\times1=3$, $2\times2=5$, $2\times3=7$, $2\times4=9$, $2\times5=11$, $2\times6=13$, $2\times7=15$, $2\times8=17$, $2\times9=19$. 막힘이 없이 아주 유창하게 외웁니다. 이 학생이 인수 분해를 합니다. 어렵고 복잡한 수학 공식도 아주 잘 외웁니다. $ab\times ac=a(b+c)$. 계산도 아주 잘합니다. 열 문제를 다 풀었습니다. 비록 열 문제를 다 풀었을지라도 한 문제도 맞추지 못했습니다. 인수분해 공식도 다 외우고 곱셈을 아무리 잘해도 정답을 쓰지 못했습니다. 왜냐하면, 기본이 되는 구구단이 틀렸기 때문입니다.

성경은 '그런즉 원하는 자로 말미암음도 아니요 달음박질하는 자로 말미암음도 아니요 오직 긍휼히 여기시는 하나님으로 말미암음이니라'고 강조합니다. 기독교는 하나님 말고는 방법이 없습니다. 오직 하나님이 행하십니다. 하나님이 하셨다는 선언 이외의 말은 모두 쓸데없는 말이요, 무익한 말이요, 어리석은 말입니다. 기독교의 가르침과 세상의 가르침에는 본질적 차이가 있습니다. 세상에는 하나님이 계시지 않기에 은혜라는 개념이 있을 수 없고, 당연히 인간이 수고하고 애쓰고 일해야만 그 결과가 나온다는 행위법칙만이 있습니다. 기독교에는 하나님이 계시기에 은혜가 선포됩니다.

성도에게 어떻게 성도가 되었고, 어떻게 복된 자리에 올 수 있었느냐고 묻는다면, 오직 한마디 즉 '은혜'라고만 설명이 가능합니다. 본문의 표현대로 하면, 하나님으로 말미암아 된 것입니다. 이스라엘이 된 것은 아브라함의 씨가 아니라 약속의 자손 즉 하나님으로 말미암은 것입니다. 에서와 야곱 중 야곱이 장자권을 이은 것도 하나님으로 말미암아 된 것입니다. 원하는 자로 말미암음도 아니요, 달음박질하는 자로 말미암음도 아니요, 오직 긍휼히 여기시는 하나님으로 말미암습니다. 그래서 기독교에는 성도들 간에 교만이 없고, 자랑이 없고, 비교가 없고, 경쟁이 없습니다. 나의 수고와 노력과 헌신으로 된 것이 아니라 오직 하나님의 은혜로 되었기 때문입니다.

 인간이 자기의 수고와 애씀이 있다면 자랑하지 않을 수 없습니다. 인간이 수고한 것을 감추라고 하는 것은 불가능한 일입니다. 인간에게 겸손하라고 하는 것은 죽으라는 말보다 더 힘든 것입니다. 기독교는 겸손하라고 하지 않고 자랑할 것이 없다는 것을 밝혀주고 있습니다. 하나님은 준비된 자를 쓰신다는 말은 옳은 말이 아닙니다. 왜냐하면, 하나님 앞에 준비된 사람이란 원래 하나도 없기 때문입니다. 하나님이 크게 쓰신다는 말도 옳은 말이 아닙니다. 왜냐하면, 하나님께는 크고 작은 것이 없기 때문입니다. 하나님을 믿는다는 것은 하나님의 기준과 원리와 개념을 갖는다는 것이며, 다른 말로 하나님나라에 산다는 것입니다. 하나님나라는 하나님이 이루어주시는 것을 은혜로 받은 것이기에 행복과 자유와 평안과 기쁨과 안식입니다. 하나님이 창조하신 세상에, 하나님이 공급하신 모든 것과 하나님의 성품 그 자체를, 하나님의 마음으로, 하나님의 사람들과 함께 즐겁게 누리며 사는 것입니다.

 하나님께서 사람을 부르실 때, 어떤 사람의 행동을 보고 부르시지 않습니다. 그 전에 먼저 부르십니다. 하나님이 부르셨다면 이제 멋있게 변화될 것입니다. 하나님이 부르셨다면 장차 하나님의 영광을 받을 것을 기대할 수 있습니다. 성도는 사람을 보고 실망하고 판단하고 정죄하지 않습니다. 사람을 부르시는 하나님을 보고 기대하며 소망합니다.

하나님의 권리

로마서 9:14~29

14 그런즉 우리가 무슨 말을 하리요 하나님께 불의가 있느냐 그럴 수 없느니라 15 모세에게 이르시되 내가 긍휼히 여길 자를 긍휼히 여기고 불쌍히 여길 자를 불쌍히 여기리라 하셨으니 16 그런즉 원하는 자로 말미암음도 아니요 달음박질하는 자로 말미암음도 아니요 오직 긍휼히 여기시는 하나님으로 말미암음이니라 17 성경이 바로에게 이르시되 내가 이 일을 위하여 너를 세웠으니 곧 너로 말미암아 내 능력을 보이고 내 이름이 온 땅에 전파되게 하려 함이라 하셨으니 18 그런즉 하나님께서 하고자 하시는 자를 긍휼히 여기시고 하고자 하시는 자를 완악하게 하시느니라 19 혹 네가 내게 말하기를 그러면 하나님이 어찌하여 허물하시느냐 누가 그 뜻을 대적하느냐 하리니 20 이 사람아 네가 누구이기에 감히 하나님께 반문하느냐 지음을 받은 물건이 지은 자에게 어찌 나를 이같이 만들었느냐 말하겠느냐 21 토기장이가 진흙 한 덩이로 하나는 귀히 쓸 그릇을, 하나는 천히 쓸 그릇을 만들 권한이 없느냐 22 만일 하나님이 그의 진노를 보이시고 그의 능력을 알게 하고자 하사 멸하기로 준비된 진노의 그릇을 오래 참으심으로 관용하시고 23 또한 영광 받기로 예비하신바 긍휼의 그릇에 대하여 그 영광의 풍성함을 알게 하고자 하셨을지라도 무슨 말을 하리요 24 이 그릇은 우리니 곧 유대인 중에서 뿐 아니라 이방인 중에서도 부르신 자니라 25 호세아의 글에도 이르기를 내가 내 백성 아닌 자를 내 백성이라, 사랑하지 아니한 자를 사랑한 자라 부르리라 26 너희는 내 백성이 아니라 한 그 곳에서 그들이 살아 계신 하나님의 아들이라 일컬음을 받으리라 함과 같으니라 27 또 이사야가 이스라엘에 관하여 외치되 이스라엘 자손들의 수가 비록 바다의 모래 같을지라도 남은 자만 구원을 받으리니 28 주께서 땅 위에서 그 말씀을 이루고 속히 시행하시리라 하셨느니라 29 또한 이사야가 미리 말한바 만일 만군의 주께서 우리에게 씨를 남겨 두지 아니하셨더라면 우리가 소돔과 같이 되고 고모라와 같았으리로다 함과 같으니라

신앙의 분량

바울이 지금까지 설명한 것의 가장 대표적인 강조점은, 믿음은 인간의 수고와 노력의 결과가 아니라 하나님이 은혜로 주신 선물이라는 것입니다. 내가 만들어낸 것이 아니라 하나님이 베풀어 주신 것입니다. 그래서 인간 간에는 자랑이 없고 비교가 없고 경쟁이 없고 교만이 있을 수 없습니다. 믿음의 근거, 신앙의 기원은 나의 선택, 나의 열정이 아니라 오직 하나님의 선택, 하나님의 열심, 하나님의 자비입니다. 이 말은 믿음과 신앙의 시작만 그렇다는 것이 아니라 믿음과 신앙의 유지 또한 나의 수고로 되는 것이 아니라 하나님으로 된다는 것을 의미합니다. 사람들은 자신들이 신앙을 간직하고 자신들이 믿음을 붙잡으려고 애씁니다. 자신들이 하나님을 믿어 드리고 하나님을 기쁘게 해드리고, 하나님을 위해서 무엇인가를 하고 있다고 생각하곤 합니다. 신앙은 정반대입니다. 내가 신앙을 붙들고 있는 것이 아니라 신앙이 나를 붙들고 있습니다. 내가 진리를 지켜드리고 진리를 사수하고 있는 것이 아니라 진리가 나를 지키고 진리가 나를 보호하고 있습니다.

평안하고 형통할 때에는 나에게 믿음이 있는 것인지 믿음이 나를 보호하고 있는 것인지 분별이 잘 안 됩니다. 내가 진리를 지키고 있는 것인지 진리가 나를 지키고 있는 것인지 잘 구분이 가지 않습니다. 구분이 가지 않을 때는 늘 자신이 무엇을 하고 있다고 생각하고 있을 때입니다. 그러다가 언제 구분이 되냐면 내 생활이 형통치 않을 때, 어려움이 생길 때, 신앙적으로 약해질 때, 다른 말로 시험이 들 때에 극명하게 나타납니다. 형통할 때는 특별히 하나님의 은혜, 진리, 신앙의 역할이 별로 없어 보입니다. 그래서 진리, 복음, 믿음 이런 것들이 중요하게 생각되지 않습니다. 그리고 정확하고 분명하게 따져가면서 이해해야 한다고 생각하지 않습니다. 자신에게 믿음이 있고, 자신이 신앙이 있고, 진리를 보호하고 있다고 생각합니다. 그런데 물질적이건, 금전적이건, 육체적이건 곤경에 처하거나 시험에 들면 믿음과 신앙과 진리가 갑자기 가장 무익하고, 가장 쓸모없는 것이 되어버립니다. 하나님의 사랑, 하나님의 은혜, 하나님의 약속 이런 거 다 허울 좋은 말뿐 아무 역할도 해주지 못하는 것으로 여겨집니다. 그동안 믿어지던 말씀, 설교 때 했던 아멘이 아무 소용이 없다고 생각됩니다. 이런 시험에 한번 빠지면 극복하기 힘듭니다.

성경을 보면, 사람들이 질문도 하지 않는데, 성경이 스스로 질문하고, 대답하고, 분석하는 구절을 보게 됩니다. 왜 그럴까요? 우리는 그 이유를 알아야 합니다. '그런즉 유대인의 나음이 무엇이며 할례의 유익이 무엇이뇨?' 롬3:1 '그런즉 우리가 무슨 말 하리요 은혜를 더하게 하려고 죄에 거하겠느뇨?' 롬6:1 '그런즉 어찌 하리요 우리가 법아래 있지 아니하고 은혜 아래 있으니 죄를 지으리요?' 롬6:15 '그런즉 율법이 죄냐?' 롬7:7 '그런즉 선한 것이 내게 사망이 되었느뇨?' 롬7:13 '그런즉 우리가 무슨 말 하리요 하나님께 불의가 있느뇨?' 롬9:14 '혹 네가 말하기를 그러면 하나님이 어찌하여 허물하시느뇨? 누가 그 뜻을 대적하느뇨?' 롬9:19 등등 성경 스스로 질문하고 우리에게 대답을 해 줍니다. 모든 사람이 믿는다고 아멘 할 때, 다 신앙 좋은 척 할 때, 다 진리를 아는 것처럼 행동하고 있을 때, 왜 성경이 한 이야기 또 하고, 똑같은 내용을 이런 저런 표현으로 바꾸어서 반복하는 이유를 알아야 합니다.

그 이유는 바로 여러분이 시험 들었을 때, 여러분이 믿어지지 않을 때, 신앙이 아무 소용없다고 느껴질 때, 하나님도 쓸모없다는 생각이 들 때, 바로 그때 여러분이 하나님을 떠나고 싶을 때 여러분 속에서 불신을 극복하여 신앙이 유지되게 하고, 좌절을 견뎌내고 소망이 있도록 성경이 스스로 몸부림을 치며 여러분 속에 분량을 쌓아주고 있는 것입니다. 성경이 분석적으로, 반복적으로 말씀을 자세하게 풀어 설명하였기에 여러분 스스로가 믿음을 버리고 싶을 때에도 그 말씀의 정교함이 여러분으로 하여금 믿음의 확실성 의지할 수 있도록 만들어 줍니다. 대충 알아 놓으면 정작 의심이 들 때 견뎌낼 힘이 없습니다. 저와 여러분이 믿음을 지키는 것이 아니라 믿음이 저와 여러분을 지키고 있다는 것을 알아야 합니다. 저와 여러분이 하나님을 위하는 것이 아니라 하나님이 저와 여러분을 위하신다는 것을 알아야 합니다. 신앙은 내가 얼마나 열심히 하느냐가 중요한 것이 아니라 말씀을 바르게 아는 것이 중요합니다. 성경공부는 평상시에는 재미가 없습니다. 그런데 평상시에 성경공부를 해놓아야 내가 연약할 때 일어설 수 있습니다. 교제, 행사, 프로그램은 평상시에는 아주 재미있고 좋은 것입니다. 그런데 신앙적으로 시험이 들 때 가장 무익하고 아무런 영향을 주지 못합니다.

하나님의 주권

하나님의 권리

성경을 배운다는 것은 조금은 거북한 것입니다. 왜냐하면, 성경은 기존의 인간의 사고방식과 배치되는 것이 많기 때문입니다. 내가 알고 있는 것을 틀린 것이라고 말하기 일쑤고, 내가 좋아하는 방식을 죄의 방식이라고 선언해버리고, 내 마음을 죄의 마음이라고 지적하곤 해서 성경공부는 불쾌감을 견뎌야 하고, 속내를 들켜야 하고, 내 생각을 바꾸어야 하는, 아주 인간이 하기 싫어하는 일 중의 하나입니다. 성경을 바르게 배우지 않은 사람들의 오해와 하나님에 대한 잘못된 개념 하나 하나를 바로 잡아야 합니다.

본문의 주제는 하나님의 권리입니다. 흔히들 하나님의 주권이라고 합니다. 하나님의 권리, 하나님의 주권, 하나님의 권세라고 하면, 가장 먼저 떠오르는 생각이 '하나님 마음대로' 혹은 '하나님 뜻대로' 입니다.

하나님이 창조자이시고, 하나님이 가장 크시고, 강하신 분이니까 모든 것을 하나님이 하고 싶은 대로 하신다고 생각합니다. 하나님은 뜻대로 하시고 피조물 된 우리는 오직 순종할 뿐이고 그저 처분만 기다리는 것이라고 생각합니다.

하나님은 인간의 창조주이십니다. 이 말은 하나님이 인간의 주인이란 뜻입니다. 죄인들은 주인이란 말의 의미를 종, 일군과 대비되게 생각을 합니다. 그래서 상전과 하인, 상사와 종의 방식으로만 생각합니다. 주인은 명령하는 자, 종은 수발드는 자라는 개념이 있습니다. 그러나 성경이 말하는 주인의 의미는 책임자입니다. 하나님이 주인이다, 하나님이 주권자이시다, 하나님이 통치하신다는 말의 성경적 의미는 하나님이 책임지신다, 하나님이 관리하신다, 하나님이 보호하신다는 뜻입니다. 하나님은 인간을 창조하신 분으로서 인간을 책임지시고 보호하시고 돌보시고 위하시는 분입니다.

하나님의 자유

하나님에겐 권리가 있어서 하나님 마음대로 하신다, '이것을 하실지, 저것을 하실지, 하시든지 안하시든지는 모두 하나님의 자유다' 라고 생각합니다. 9장 18절 '그런즉 하나님께서 하고자 하시는 자를 긍휼히 여기시고 하고자 하시는 자를 완악하게 하시느니라' 고 말씀하고 있습니다. 하나님이 하고자 하시는 것을 하시고, 말고자 하시는 것을 만다고 생각할 때, 그 기준이 무엇이며, 그 방향이 무엇이냐를 분명하게 점검해야 합니다.

성경에 '정의', '공의' 라는 말이 나옵니다. 이 단어는 세상에서나 교회에서나 자주 사용하는 단어입니다. 그런데 세상에서 사용할 때의 '정의' 라는 개념과 하나님이 사용할 때의 '정의' 라는 개념의 기준이 다릅니다. 성도 중에도 하나님은 공의로운 분이시라고 주장하는 분들이 많습니다. 표현상으로 옳지만, 개념을 정확하게 분별해야 합니다. '하나님의 공의'를 말할 때 잘한 자는 상주고, 못한 자는 벌주신다고 설명하는 것은 하나님의 공의가 아니라 인간의 공의일 뿐입니다. 인간의 공의는 잘한 사람 상주고, 못한 사람 벌주는 것입니다. 그래서 모든 인간이 행복할 수 없습니다. 잘하는 자는 더 잘하게 되어있고, 못하는 사람은 죽게 되어 있습니다.

하나님의 공의가 인간의 공의와 같은 방식이면 안 됩니다. 하나님도 잘한 자는 상주어서 더 잘되게 하고, 못한 자는 벌주어서 회복조차 못하게 하시면 인간을 위한 하나님의 사랑이라고 말할 수 없습니다. 하나님의 공의는 잘하는 자는 두시고, 못하는 자에게는 은혜와 복을 주어 도와주십니다. 그래야, 모두가 행복할 수 있기 때문입니다. 이렇게 말하면, 하나님 앞에 잘하는 사람이 있고 못하는 사람이 있다고 오해합니다. 실상은 모든 인간이 죄인이라 하나님 앞에 잘하는 인간이란 없습니다. 그래서 하나님은 인간을 공의롭게 대할 수가 없습니다. 만약 하나님이 인간을 공의로 대하시면 인간은 살 수가 없습니다. 하나님은 오직 은혜로 인간을 대해 주십니다.

하나님이 자유로 권위를 마음껏 사용하신다는 표현은 사실상 말이 되지 않습니다. 다른 관점에서 표현하면 하나님은 자유가 없다고 말할 수도 있습니다. 왜냐하면, 하나님의 자유는 사실적으로 선택권이 없기 때문입니다. 자유는 어떻게든 본인이 하고 싶은 대로 할 수 있는 선택권이 있어야 합니다. 그리고 선택권이란 선택할 수 있는 두 가지 이상의 기회가 있을 때에 사용되는 말입니다. 그런데 하나님 앞에 있는 인간은 두 종류가 아니라 한 종류입니다. 두 종류라는 말은 한 편으로는 하나님께 헌신하고 충성하는 사랑 받을만한 자와 다른 한편으로는 하나님을 배신하며 부인하는 저주 받을만한 자가 있어야 합니다. 이 두 종류의 인간 중에 선택할만한 상황이 되면 하나님에게 선택권이 있다고 말할 수 있습니다. 그런데 하나님 앞에 인간은 한 종류로 모두가 죄인이요, 모두가 사랑받을 수 없는 자들뿐입니다. 누구를 고를 것인가에 대한 선택권이 없고 아예 선택의 기회가 없기에 선택의 자유가 없습니다.

9장 15절에 '내가 긍휼히 여길 자를 긍휼히 여기고 불쌍히 여길 자를 불쌍히 여기리라'는 말씀은 인간 중에 긍휼히 여김을 받을 만한 존재가 있어서 정당하게 긍휼히 여긴다는 의미가 아니라, '하나님이 하신다'는 의미입니다. 16절 '그런즉 원하는 자로 말미암음도 아니요 달음박질하는 자로 말미암음도 아니요 오직 긍휼히 여기시는 하나님으로 말미암음이니라'는 말씀도 죄인 중에 구원받기를 간절히 원했던 사람이 있었다는 것이 아니고, 죄인 중에 하나님의 백성이 되려고 하나님께로 막 달려 나온 사람이 있었다는 의미가 아닙니다. 그런 사람은 하나도 없었습니다. 아무도 없어서 '하나님으로 말미암았다' 즉 '하나님이 하셨다'는 것입니다.

18절을 보면, '그런즉 하나님께서 하고자 하시는 자를 긍휼히 여기시고 하고자 하시는 자를 완악하게 하시느니라'고 말씀합니다. 이 구절에 대하여 마치 하나님이 바로의 마음을 조종하여 바로로 완악한 마음과 강퍅한 마음을 가지게 만든 것으로 오해하기도 합니다. 성경에서 말하는 하나님의 자유는 인간을 살리고 죽이는 자유가 아닙니다. 하나님의 권세는 인간의 생명여탈을 쥐고 흔드는 권세를 의미하지 않습니다. 왜냐하면, 죄인은 이미 죄의 결과를 당하고 있고 하나님 앞에 죽어있기 때문입니다. 그래서 하나님의 선택은 살리느냐 죽이느냐의 결정이 아니라 이미 죽어있는 자를 죽어있는 상태로 두느냐 살려내느냐의 결정입니다. 이미 죄의 결과를 당하고 있는 자들을 로마서 1장의 표현대로 그 상태 그대로 내어버려둘 것이냐 아니면 은혜를 주시고 긍휼히 여겨주실 것이냐의 선택입니다.

하나님은 사람을 완악하게 만들지 않으십니다. 하나님이 어떤 사람을 긍휼이 여기신다는 것은 그 사람을 긍휼히 여길만한 상태로 이끌어 들인 후에 긍휼하게 여기신다는 의미가 아닙니다. 그 사람은 이미 긍휼히 여김을 받을만한 상태에 있습니다. 이때 하나님은 그 사람을 긍휼히 여겨야 하시는 의무가 있는 것이 아닙니다. 그럼에도 그 사람을 향한 하나님의 마음이 긍휼히 여기신다는 것입니다. 하고자 하시는 자를 완악하게 하신다는 의미도 하나님의 의도적으로 그 사람의 마음을 완악하게 만들어 버리는 것이 아닙니다. 이미 사람의 마음이 완악하고 강퍅합니다. 이러한 사람의 마음을 하나님이 간섭하시면 온유하고 부드럽게 될 수 있는데, 만약 하나님이 아무런 역사를 하지 않으시면 그 사람의 마음은 원래의 완악한 상태로 있는 것입니다. 하나님이 어떤 사람을 불쌍한 상태로 만들든지 혹은 완악하게 만드는 것이 아니라, 이미 어떤 상태에 처한 인간을 하나님이 불쌍하게 여기시든지 아니면 그냥 내버려 두신다는 뜻입니다.

누가 아브라함의 자손이 되고, 누가 이스라엘의 후손이 되고는 절대로 인간으로 되지 않습니다. 혈연으로 되는 것이 아니고 민족으로 되는 것이 아닙니다. 오직 하나님이 부르시고, 하나님이 세우시고, 하나님이 하셔야 되는 것입니다. 하나님 앞에는 억울한 사람이 없습니다. 하나님 앞에는 오직 은혜 받은 사람만 있습니다. 하나님 앞에는 불평이 있을 수 없습니다. 오직 하나님 앞에는 감사만이 있는 것입니다.

토기장이의 비유

우리는 흙이다

19절 이하의 토기장이 비유를 봅시다. 토기장이의 비유에는 토기장이, 흙, 그릇이 등장합니다. 물론 토기장이는 하나님이시고 우리는 흙입니다. 이런 비유에서는 비유하려고 하는 강조점 이외의 것을 강조하면 안 됩니다.

토기장이 비유가 왜곡되는 예를 들어보겠습니다. "여러분, 토기장이가 좋은 토기를 만들기 위해서 가장 먼저 하는 일은 바로 좋은 흙을 고르는 것입니다. 도자기는 아무 흙이나 골라서 만드는 것이 아닙니다. 흙 중에서도 찰지고 윤기 나고, 살아 숨 쉬는 흙을 골라야 좋은 도자기를 만들 수 있습니다. 여러분, 하나님이 위대한 역사를 이루시기 위해서 가장 먼저 하시는 일도 좋은 일군을 고르시는 것입니다. 준비된 일군, 헌신된 일군, 충성된 일군을 고르시는 것입니다. 토기장이가 흙을 선반위에 올려놓고 빚고 싶은 대로 빚을 때 흙이 말을 잘 들어야 합니다. 떼어내려고 하는데 떨어지지 않거나 곡선으로 하려고 하는데 자기 고집이 있어서 휘어지지 않으면 좋은 도자기가 안 됩니다. 사람도 마찬가지 입니다. 하나님이 사람을 사용하실 때 우리는 그저 하나님이 하시는 대로 따르는 순종적인 사람이 되어야 합니다. 하나님이 마음껏 사용하실 수 있는 좋은 흙처럼 좋은 사람이 되어야 합니다."

본문이 강조하는 것은 하나님의 자유, 하나님의 권리가 어떻게 사용되느냐를 설명하려고 합니다. 만약 하나님이 마음대로 행동하시면 19절처럼 '혹 네가 내게 말하기를 그러면 하나님이 어찌하여 허물하시느냐? 누가 그 뜻을 대적하느냐? 라는 항변이 나오게 됩니다. 하나님이 마음대로 하셨으면서 왜 누군가에게 책임을 물으시냐는 질문입니다. 바울은 사람들이 따질법한 19절 같은 항변에 대하여 바른 대답을 주려는 것입니다.

토기장이 비유에서 하나님은 토기장이이고 인간은 흙입니다. 이때 흙은 여러 종류가 있는 것이 아니라 그냥 흙입니다. 정작 중요한 것은 흙은 반드시 토기로 빚어져야 하는 것이 아니라는 것이다. 토기장이가 흙을 토기로 빚지 않아도 흙은 아무런 소리를 못하게 되어 있다는 것입니다. 흙은 그냥 흙일뿐입니다. 흙이 만약 토기가 된다면 흙은 이미 엄청난 특혜를 받은 것입니다. 흙의 입장에서는 자신이 어떤 토기가 되느냐는 것은 전혀 논할 것이 되지 못합니다. 흙이 귀히 쓸 그릇이 되었는가와 천히 쓸 그릇이 되었는가를 논하기 전에 흙으로서 토기가 되었다는 사실 자체가 이미 은혜와 영광을 받은 것입니다. 흙으로서는 감지덕지, 감탄, 황공무지, 성은이 망극한 것입니다. 이 비유에서 가장 중요한 것은 토기장이가 흙을 사용하여 새로운 것을 만든다는 것입니다.

토기비유를 인간에게 적용해 보겠습니다. 인간이 중립의 상태에 머물러 있을 때에 하나님의 자유, 선택, 권리, 결정에 따라 어떤 사람은 나아지고, 어떤 사람은 나빠진 것이 아닙니다. 인간은 하나님에 대하여 죽어있는 자요, 죄악 중에 있는 자요, 죄의 결과를 당하고 있는 자요, 이미 최악의 상태에 있었습니다. 그런 상태에 있는 인간을 하나님이 그대로 내어버려두지 않으시고 하나님의 자유를 동원하고, 하나님의 선택을 끌어들여 살려내시고 건져내시고 은혜 주시고 구원해 주시고 복을 주셨습니다. 그래서 하나님의 선택, 하나님의 주권은 인간에게 무조건 좋은 쪽으로만 영향을 줍니다. 하나님의 그러한 자유, 하나님의 그러한 권리를 시비 걸겠습니까?

20절, '이 사람아 네가 누구이기에 감히 하나님을 반문하느뇨? 지음을 받은 물건이 지은 자에게 어찌 나를 이같이 만들었느냐 말하겠느냐? 토기장이가 진흙 한 덩이로 하나는 귀히 쓸 그릇을 하나는 천히 쓸 그릇을 만드는 권한이 없느냐?' 입니다. 19절의 질문을 하는 사람과 20절의 대답을 하는 사람 간에는 인간에 대한 인식에 큰 차이가 있습니다. 19절의 질문을 하는 사람은 사람 중에 쓸 만한 사람이 있다고 생각합니다. 그래서 자신은 귀히 쓰임 받는 그릇이 될 만한 자격이 있다고 생각했는데 자기 기대와는 다르게 천히 쓰는 그릇이 되었다고 생각합니다. 20절의 대답하는 사람은 '너는 진흙이다. 진흙은 아예 그릇이 되지도 않는다. 그나마 주인이 만들어 주었으면 그것은 이미 은혜를 받은 것이다' 라고 말합니다.

포도원 품꾼 비유

이와 똑같은 비유를 예수님도 하신 적이 있습니다. 마태복음 20장에 가면 포도원 품꾼의 비유가 등장합니다. 포도원 주인이 새벽 6시에 인력시장에 나가서 사람을 데려오고, 오전 9시, 오전 12시에 각각 나가서 사람을 데려옵니다. 오후 3시에 나가보니 길에서 사람들이 놀고 있습니다. 왜 놀고 있느냐고 물었더니 아무도 자신을 쓰는 사람이 없다고 대답합니다. 아무도 그 사람들을 쓰지 않는다는 것은 그 사람들이 자격이 없고 가치가 없고 능력이 없고 준비가 안 되었다는 뜻입니다. 아무도 쓰지 않는 그 사람들을 포도원 주인이 데려다 씁니다. 아무도 쓰지 않는 사람을 불러다 쓰고, 불과 두 세 시간 일하게 하고 하루 품삯을 줍니다. 이때 3시에 온 일군들이 왜 나를 3시에 불렀냐고 따지거나 왜 아침부터 부르지 않았냐고 불만을 토로할 수 없습니다. 그들은 주인의 마음에 드는 자가 아니었습니다. 자격을 갖춘 자가 아니었습니다. 실력 있는 자가 아니었습니다. 준비된, 예비 된 사람이 아니었습니다. 아무도 쓰지 않는 자들이었습니다. 버려두고 방치하여도 할 말이 없는 사람들입니다. 그런데 그런 사람일지라도 사용하시겠다고 하나님이 자유와 권리를 동원하셔서 그들을 고용하셨습니다. 그렇게 선택받은 자는 이미 은혜를 받은 자입니다.

하나님에게는 자격이 없는 자를 부를 수 있는 권리가 있습니다. 능력이 없는 자를 세울 수 있는 권리, 죄인인 자를 의롭게 하는 권리가 있으십니다. 제가 여러분에게 여쭤보겠습니다. 자격 없는 자를 부르시고, 능력 없는 자를 세우시고, 죄인인 자를 구원하시는 하나님의 권리를 여러분은 불공평하다, 하나님 멋 대로다, 하나님이 자기 좋은 대로 행하신다고 반문하시겠습니까? 자격 없는 자를 부르셨으니 은혜이고, 능력 없는 자를 세워주셨으니 은혜이고, 죄인인 자를 구원하셨으니 은혜입니다. 하나님께 부름 받은 우리는 은혜를 받았다고 말하지만, 하나님은 은혜를 주셨다고 말씀하지 않으십니다. 왜냐하면, 하나님은 은혜가 필요한 자에게 은혜를 주시는 것이 하나님의 성품이기에 하나님은 그냥 하나님이 하실 일을 하셨다고 말씀하십니다. 은혜가 필요한 자에게 은혜를 주시고, 긍휼이 필요한 자에게 긍휼을 베푸시는 것이 하나님의 공의요, 하나님의 기준이요, 하나님의 성품입니다.

하나님의 자유

다시 한 번 이 하나님의 자유의 성향, 자유의 내용을 설명하는 것이 로마서 9장 22절과 23절입니다. 만일 하나님이 그의 진노를 보이시고 그의 능력을 알게 하고자 하사 멸하기로 준비된 진노의 그릇을 오래 참으심으로 관용하시고 또한 영광 받기로 예비하신바 긍휼의 그릇에 그 영광의 풍성함을 알게 하고자 하셨을지라도 무슨 말을 하리요? 하나님의 권리는 인간의 축복과 저주를 하나님 멋대로 남용하시는 그런 권리가 아닙니다. 하나님의 자유는 인간의 생사여탈권을 쥐고 흔드시는 자유가 아닙니다. 하나님의 뜻은 인간을 무시하고, 오직 하나님 하고 싶은 대로만 하시는 이기적, 배타적, 독선적 뜻이 절대로 아닙니다. 하나님의 자유는 인간을 살려내는 자유요, 하나님의 권리는 인간을 축복하는 권리요, 하나님의 뜻은 인간을 소중히 여기는 것입니다.

인간은 죄를 지어 하나님의 진노를 받아야 했습니다. 진노의 그릇이 준비되어 있습니다. 인간이 공의를 주장하면 그 진노의 그릇을 죄인들에게 부어버려야 합니다. 그런데 하나님의 공의는 그렇지 않습니다. 이 때 하나님은 하나님의 권리를 주장하셔서 죄인에게 진노하지 않아도 되는 하나님의 자유를 선택하십니다. 그래서 진노 받아야 하는 인간을 향하여 준비된 진노의 그릇을 부어버리지 않고 오래 참음으로 관용하시로 하나님의 권리와 자유를 사용하십니다. 이러한 하나님의 자유가 싫으십니까? 이러한 하나님의 권리가 불만이십니까? 도리어 하나님은 인간을 불쌍히 여기셔서 영광 받을 만한 긍휼의 그릇을 준비하셨습니다. 그 긍휼의 그릇에 영광을 풍성하게 담으시고 그것을 인간에게 알게 하시기로 하셨습니다. 이러한 하나님의 자유가 싫으십니까? 이러한 하나님의 권리가 불만이십니까?

하나님의 권리, 하나님의 자유는 철저하게 인간을 위한 것입니다. 인간을 도우시는 것이요, 인간을 축복하시는 것입니다. 똑같은 내용이 로마서 2장 4절에도 나옵니다. '혹 네가 하나님의 인자하심이 너를 인도하여 회개하게 하심을 알지 못하여 그의 인자하심과 용납하심과 길이 참으심이 풍성함을 멸시하느냐?' 하나님은 죄인을 처벌하시는 것이 아니라 인도하여 회개하게 하시고 오래 참아주십니다. 하나님의 참으심이 불만이십니까? 하나님이 인자로 결정하시는 자유가 싫으십니까? 우리 인간은 모두 하나님의 진노의 그릇을 받아야 하는데 하나님의 자유로, 하나님의 권리로, 도리어 긍휼의 그릇을 받았습니다. 그래서 24절 '이 그릇은 우리니 곧 유대인 중에서 뿐 아니라 이방인 중에서도 부르신 자니라' 라고 했습니다.

창조 때부터 하나님은 언제나 인간을 도우시는 쪽으로 하나님의 자유와 권리를 사용하셨습니다. 호세아서에도 이러한 사실이 나옵니다. 그래서 로마서 9장 25절과 26절이 등장합니다. '호세아의 글에도 이르기를 내가 내 백성 아닌 자를 내 백성이라, 사랑하지 아니한 자를 사랑한 자라 부르리라. 너희는 내 백성이 아니라 한 그 곳에서 그들이 살아계신 하나님의 아들이라 일컬음을 받으리라.' 저와 여러분은 하나님의 백성이 아니었고, 하나님을 부인하고, 배반하고 저주한 사람들입니다. 그래서 저주와 심판과 형벌을 받아야 마땅한 사람들이었습니다. 그런데 하나님이 자유로, 하나님의 권리로 우리를 형벌하는 대신 하나님의 아들이라, 하나님의 사랑하는 자라고 불러주셨습니다. 누구 마음대로? 하나님 마음대로요! 누구의 뜻대로? 하나님의 뜻대로요! 하나님의 자유, 하나님의 권리, 하나님의 뜻은 절대적으로 인간을 위한 것입니다.

이사야에도 똑같은 내용이 생생하게 표현되어 있습니다. 로마서 9장 27절부터 29절입니다. '또 이사야가 이스라엘에 관하여 외치되 이스라엘 자손들의 수가 비록 바다의 모래 같을지라도 남은 자만 구원을 받으리니 주께서 땅 위에서 그 말씀을 이루고 속히 시행하시리라 하셨느니라. 또한 이사야가 미리 말한바 만일 만군의 주께서 우리에게 씨를 남겨두지 아니하셨더라면 우리가 소돔과 같이 되고 고모라와 같았으리로다.' 모든 인간이 죄인이 되었습니다. 그래서 모든 죄인은 소돔과 고모라에 살던 사람들처럼 되는 것이 정상이었습니다. 그런데 하나님이 하나님의 자유로, 하나님의 권리로, 하나님의 뜻으로, 하나님 멋대로 남겨주셨습니다. 하나님의 자유에 불만 있으십니까? 하나님의 권리에 불평 있으십니까? 하나님의 뜻이 싫으십니까?

28
우리가 무슨 말 하리요

로마서 9:30~10:3

30 그런즉 우리가 무슨 말을 하리요 의를 따르지 아니한 이방인들이 의를 얻었으니 곧 믿음에서 난 의요 31 의의 법을 따라간 이스라엘은 율법에 이르지 못하였으니 32 어찌 그러하냐 이는 그들이 믿음을 의지하지 않고 행위를 의지함이라 부딪칠 돌에 부딪쳤느니라 33 기록된 바 보라 내가 걸림돌과 거치는 바위를 시온에 두노니 그를 믿는 자는 부끄러움을 당하지 아니하리라 함과 같으니라 1 형제들아 내 마음에 원하는 바와 하나님께 구하는 바는 이스라엘을 위함이니 곧 그들로 구원을 받게 함이라 2 내가 증언하노니 그들이 하나님께 열심히 있으나 올바른 지식을 따른 것이 아니니라 3 하나님의 의를 모르고 자기 의를 세우려고 힘써 하나님의 의에 복종하지 아니하였느니라

인간의 행복 추구

　인간의 본질적인 관심은 행복을 누리는 데 있습니다. 인간은 자신의 행복을 위해서 삽니다. 절대로 남을 위해서 살지 못합니다. 더군다나 하나님을 위해서 살 수 없습니다. 자식이 부모를 위해 줄 수 없고, 부하가 상사를 위해 줄 수 없습니다. 인간끼리도 대체로 아랫사람은 윗사람을 도울 수 없습니다. 윗사람들의 바람은 언제나 도움을 바라는 것이 아니라 문제만 일으키지 말아 달라는 것입니다. 인간끼리도 이런데 하물며 하나님과 인간의 관계에서 인간이 하나님을 위한다는 말을 할 수 없습니다. 인간은 하나님을 위해 살 수도 없고, 살 필요도 없습니다. 하나님을 위해 자신을 희생한다는 사고방식은 기독교에는 아주 없는 방식입니

다. 하나님이 인간을 위하시는 것이지 인간이 하나님을 위해 살 수 없습니다.

행복을 누리기위해서 인간은 많은 선택의 기회가 있거나 다양한 방법이 있는 줄로 압니다. 그러나 정작 선택의 여지는 몇 가지 없습니다. 다양한 방법이라고 하지만 결론에 도달해보면 언제나 '내가 죽도록 수고하는 방법' 이외에는 아무것도 없습니다. 무슨 생각을 가졌든지, 무슨 꿈을 꾸었든지, 무슨 신선한 아이템을 가졌든지 그것을 통해 행복을 누릴 수 있는 방법은 오직 하나 '최선을 다해 죽도록 노력하는 것' 입니다. 그런데 아이러니 한 것은 그렇게 열심히 일하면 열심히 일하느라고 정작 행복을 누릴 시간이 없다는 것입니다. 어느 가장이 아내와 아이들을 위해서 불철주야 부지런히 일을 하면 정작 아이들하고 놀아줄 시간이 없습니다. 조금 성공하고 나서 아이들하고 시간을 지내려고 하면 이젠 아이들이 놀아주지를 않습니다. 성공을 위해 정말 열심히 공부하면 나중에 할 일이란 공부하는 일 밖에는 남지 않습니다. 인간은 정말 행복을 누릴 줄을 모릅니다.

인간은 죄인입니다. 생각하는 것이 죄요, 할 줄 아는 것이 죄입니다. 죄인이 열심을 내어 무엇인가를 행하면 행할수록 죄가 많아지는 것이요, 죄의 악순환이 반복됩니다. 그런 죄인을 불쌍히 여기셔서 하나님이 인간을 도와주십니다.

하나님의 은혜

하나님의 자유는 은혜다

사람들은 하나님의 자유, 하나님의 권리에 대해서 심각하게 오해를 하고 있습니다. 마치 하나님이 인간을 좋게도 나쁘게도 할 수 있다고 생각합니다. 이미 인간은 죄인이 되었다고 생각하지 않습니다. 마치 자신들의 문제가 하나님 때문에 발생한 것처럼 하나님께 불평을 합니다. 마치 자신들의 불행이 하나님이 치셔서 그런 것처럼 하나님께 불만을 토로합니다. 그리고 지금도 하나님께 매달립니다. 하나님께 간절히 기도합니다. 하나님이 마음 한번만 고쳐먹고 자신을 밀어주시면 자신이 큰 성공을 할 수 있다고 생각합니다. 하나님이 눈 한번 딱 감고 기적을 베풀어주시면 자신의 인생이 확 풀릴 것이라는 기대로 어떻게든 하나님의 마음을 바꾸어 보려고 정말로 간절히 노력합니다. 안타깝고 어리석은 죄인들의 노력입니다.

하나님의 자유와 권리는 절대로 그런 방식이 아닙니다. 하나님 때문에 불행해진 사람은 아무도 없습니다. 하나님 때문에 일이 꼬인 사람은 아무도 없습니다. 잘나가던 사람을 하나님이 치신 적은 한 번도 없습니다. 승승장구하던 사람의 콧대를 꺾은 적도 한 번도 없습니다. 하나님을 위해서 인간의 꿈을 포기시킨 적은 한 번도 없습니다. 하나님의 일을 시키려고 인간의 진로를 바꾸신 적도 한 번도 없습니다. 하나님은 전능하신 하나님이십니다. 하나님은 인간의 도움이나 후원이 필요하지 않습니다. 하나님의 자유는 인간과 충돌하지 않으며 하나님의 권리는 인간과 경쟁하지 않습니다. 하나님은 절대적으로 인간을 위하시는 분이십니다.

하나님의 자유는 이렇게 죄의 결과를 당하는 인간을 건져내는 자유입니다. 하나님의 권리는 인간을 진노의 그릇에서 보호하시는 권리입니다. 하나님의 뜻은 인간에게 하나님이 얼마나 긍휼하신지 알리는 것입니다.

하나님의 선택은 은혜다

하나님의 표현에는 다양한 의미가 담겨 있습니다. 성경에 나타난 어떤 표현이 있을 때 그 문맥에서 그 표현이 강조하는 것을 파악해야 합니다. 하나님이 인간을 선택하셨다는 것은 엄청난 은혜입니다. 어떤 사실을 바르게 알았는가를 확인하는 방법 중의 하나가 그 반대 표현을 이해하는 것입니다. 성경에서 '하나님이 선택하셨다'의 반대말은 '하나님이 선택 안 하셨다'가 아닙니다. '인간이 선택했다'입니다. 하나님이 인간을 선택하시는 이유는 인간이 하나님을 선택하지 않기 때문입니다. 인간이 살기 위해서는 하나님의 원리, 하나님의 마음, 하나님의 가치, 하나님의 개념, 하나님의 방법을 따라야 합니다. 그런데 인간이 하나님을 선택하지 않습니다. 인간이 하나님의 뜻을 따르지 않습니다. 그래서 대신 하나님이 인간을 선택하셔서 은혜를 주시고, 계시를 주시고, 예수를 주시고, 성령을 주시고, 복을 주시고, 약속을 주셨다는 것입니다.

선택은 결과다

하나님의 선택은 단지 시작만을 의미하지 않습니다. 하나님의 선택은 결과입니다. 세상에서 사용하는 선택의 의미와 하나님이 사용하시는 선택의 의미는 전혀 다릅니다. 세상에서 인간들의 선택은 일단 시작할 수 있는 기회를 주는 것에 불과합니다. 선택되었으니 이제부터 최선을 다 해서 좋은 결과를 얻어 보라고 권면하는 정도입니다. 그러나 하나님의 선택은 전혀 다릅니다. 하나님의 선택은 절대로 일단 주어지는 기회가 아닙니다. 하나님도 인간처럼 일단 인간을 부르시면서, "이제 내가 너를 쓰기로 작정했다. 너를 어느 모양, 어느 정도 쓸지는 너의 충성, 너의 준비, 너의 헌신에 달려있다. 죽어라고 충성하면 큰 상을 내릴 것이고, 적당히 충성하면 적당히 쓸 것이다. 다 너 하기 나름이다"라고 말씀하지 않으십니다. 그것은 사람의 방식이요, 은혜가 아닙니다. 만약 그 사람이 큰 상을 받으면 그것은 은혜가 아니라 단지 자신의 수고의 결과일 뿐입니다. 하나님은 인간을 선택하시고 이렇게 말씀하십니다. "내가 너를 선택했다. 이제 다 되었다. 모든 것이 완성되었고, 모든 것이 보장되었다. 하나님이 책임질 것이다. 그 어느 것도 너를 방해하지 못할 것이다. 아무 걱정 하지 말고 이제 너의 삶 속에 누리면서 살아라."

인간의 탄성

인간이 하나님을 찾지도 바라지도 구하지도 않았을 때에 하나님이 나를 찾으셔서 하나님이 나를 선택하시고 은혜를 주셨습니다. 그때 저와 여러분이 할 수 있는 말이 무엇입니까? 그것이 바로 9장 30절입니다. '그런즉 우리가 무슨 말 하리요!' 입니다. 할 말이 없습니다. 그저 감사하다는 말 밖에는 할 말이 없습니다. 이런 탄성의 말은, 뜻밖의 결과를 가졌을 때, 좋아졌을 때, 완성되었을 때 하는 것입니다. 만약 인간이 자기가 수고한 만큼보다 적게 받은 것 같아 억울한 생각이 들면 할 말이 많아집니다. 그런데 은혜를 받으면 할 말이 없습니다. 도리어 조용해집니다. 행여 내가 은혜를 받을만한 자격이 안 된다는 것이 드러날까 봐, 받은바 은혜를 빼앗길지도 모른다는 생각에 아주 조용합니다. 누군가가 묻습니다. "아니 당신 같은 사람이 어떻게 해서 그렇게 복을 받았습니까?" 할 말이 없습니다. 그저 대답할 말은 "하나님이 주셨어요."입니다. 아마도 인간은 은혜에 감사하면서 한편으로는 걱정되기도 할 것입니다. 하나님의 선택이 내가 원하지 않는 쪽으로 향할까봐 걱정될 수도 있습니다. 하나님의 선택이 시작이 아니라 이미 결과라고 하여 인간의 자유를 제한하는 것이라고 생각하시면 안 됩니다. 물론 하나님의 선택은 결정적입니다. 왜냐하면, 인간이 하나님의 선택을 취소하거나 무효화할 수 없기 때문입니다. 그러나 하나님은 철저하게 인간 중심적입니다. 하나님은 인간의 삶을 방해하시는 분이 아니십니다. 인간의 삶을 혼자 독단적으로 결정해 버리는 분이 아니십니다. 인간의 자유를 말살해 버리는 분도 아니십니다. 하나님은 먼저 인간을 선택하시고, 그 인간도 하나님을 선택하여 스스로 하나님을 좋아하고, 하나님의 뜻을 순종할 수 있도록 기다리시면서 가르치십니다.

어찌 그러하냐

어찌 그러하냐

성도는 하나님께 은혜를 받은 사람들이요, 또 은혜를 받았다는 사실에 대하여 놀라는 사람들입니다. 은혜를 받을만한 자격이 없다는 것을 알기 때문입니다. 저와 여러분이 하나님께 선택을 받고, 하나님의 자녀가 되고, 구원을 받은 것은 정말 기적 중의 기적이요, 더 이상 할 말이 없는 신기한 일입니다. 로마서 9장 30~31절에 이렇게 기록되어 있습니다. '그런즉 우리가 무슨 말 하리요? 의를 따르지 아니한 이방인들이 의를 얻었으니 곧 믿음에서 난 의요, 의의 법을 따라간 이스라엘은 율법에 이르지 못하였으니.'

내가 은혜를 받았지만 너무 놀라서, 아무리 생각해봐도 이치가 맞지 않는 것 같아서, 인간의 방식으로는 도무지 이해가 되지 않아서 하는 말이 32절의 '어찌 그러하냐?' 입니다. 왜냐하면, '의를 따르지 아니한 우리들이 의를 얻었으니 곧 믿음에서 난 의요, 의를 따라간 이스라엘은 율법에 이르지 못하였다'고 말하기 때문입니다. 인간의 방식으로는 의를 따라간 자들이 의를 얻어야 하고 의를 따르지 아니한 자들은 의를 얻지 못해야 합니다. 의를 따라간 사람들이 의를 얻는 것이 정상인데 정작 의를 따른 사람은 의를 얻지 못하고, 아예 의를 따라가지 아니한 사람이 의를 얻었다니 이 무슨 말입니까? 의를 따라가지도 않았는데 의를 얻었으면 이것은 우리의 행위의 결과가 아닌 것이 분명합니다. 우리는 하나님을 몰랐고 하나님을 찾지도 부르지도 않았는데 어떻게 의를 얻을 수 있었을까요? 그래서 나온 결론이 '곧 믿음에서 난 의요' 라는 선언입니다.

행위의 법칙, 은혜의 법칙

'행위의 법칙'은 아주 합리적이고 정당한 방식입니다. 행한 만큼 받고, 행한 자가 얻고, 행하지 않는 자는 얻지 못합니다. 다만 한 가지 전제 조건이 있습니다. 할 수 있다는 능력이 있을 때에만 가능한 말입니다. 할 수 있는 사람에게 네가 행한 만큼 받을 수 있다고 말하는 것은 옳지만, 할 수 없는 사람에게 행한 만큼 준다는 말은 성립할 수 없습니다. 할 수 없는 존재에게는 행위의 법칙이란 존재할 수 없습니다. 그러므로 하나님과 인간의 관계에서는 '행위의 법칙'이 존재할 수 없습니다. 죄인인 인간이 하나님의 뜻을 알 수도 없고, 죄인인 인간이 하나님 차원의 일을 행할 수도 없기 때문입니다.

하나님이 인간에게 주시는 것, 그래서 인간이 얻는 것을 한 마디로 은혜라고 합니다. 은혜는 말 그대로 은혜입니다. 은혜를 받기 위한 조건이 있어도 안 되고, 우선 은혜를 받은 후에 은혜를 갚기 위한 노력이 있어도 안 됩니다. 은혜는 졸지에 까닭도 없이 받는 것이어서 당사자가 놀라는 것이요 자기도 영문을 모르는 것입니다. 하나님이 우리에게 주시는 것을 표현할 때 '은혜로 주신다'고 표현합니다. 동시에 내 수고의 결과가 아니라 오직 하나님이 주시니까 그저 받는 것을 '믿음으로 받는다'라고 표현합니다. 믿음이라는 말은 내가 믿었다가 아니라, 나의 행위, 내 수고의 결과가 아니라, 하나님이 하셨다는 표현입니다.

그 이유

성경은 아주 자상한 책입니다. 성경은 친절하고 온유한 책입니다. 성경 스스로 질문도 하고, 대답도 해줍니다. 32절에 질문이 있습니다. 어찌 그러하냐? 의를 따랐으면 의를 얻고, 의를 따르지 않았으면 의를 얻지 못했어야 하는데, 결과는 정반대가 되었습니다. 어찌 이런 일이 있을 수 있었습니까? 그 대답이 32절입니다. '이는 그들이 믿음을 의지하지 않고 행위를 의지함이라. 부딪칠 돌에 부딪쳤느니라.' 본문에서 믿음은 하나님을 의미하고, 행위는 인간의 행위를 의미합니다. 이스라엘은 하나님을 의지하지 않고 자신들의 수고와 노력을 의지했습니다. 하나님의 은혜와 복을 의지하지 않고 자신들이 할 수 있다고 생각하고, 자신들의 열심과 애씀에 의지했습니다.

사람이 다른 것을 의지하지 않고 자신을 의지하여 자신이 할 수 있는 만큼 최선을 다하는 모습은 아름다운 것이요, 칭찬을 받을 만한 일입니다. 할 수 있는 일에는 최선을 다해야 합니다. 그러나 할 수 없는 일에 최선을 다하는 것은 미련하고 어리석고 무익한 것입니다. 할 수 없는 일을 하려고 발버둥치는 것은 아무리 최선을 다 한들 아름답게 보이지 않습니다. 남자가 애를 낳으려고 최선을 다하는 것은 바보 같은 일입니다. 할 수 없는 일을 열심내서 하는 것은 시간과 노력을 낭비하는 것입니다.

33절을 봅시다. '기록된 바, 보라 내가 걸림돌과 거치는 바위를 시온에 두노니 그를 믿는 자는 부끄러움을 당하지 아니하리라함과 같으니라.' 이 말씀은 하나님이 사람 앞에 걸림돌과 거치는 바위를 두셨다는 의미가 아닙니다. 만약 말 그대로 하나님이 사람들 가는 길에 걸림돌과 거치는 바위를 두셨다면 사람이 부끄러움을 당하지 않는 것이 아니라 걸려 넘어져서 부끄러움을 당할 것입니다. 그런데 그것을 믿으면 부끄러움을 당하지 않는다고 했으니, 그것은 걸림돌이 아닙니다.

원래 이 말씀은 이사야 28장 16절에 나옵니다. '그러므로 주 여호와께서 이같이 이르시되 보라 내가 한 돌을 시온에 두어 기초를 삼았노니 곧 시험한 돌이요 귀하고 견고한 기촛돌이라 그것을 믿는 이는 다급하게 되지 아니하리로다.' 새번역 성경에는 이렇게 나옵니다. '내가 시온에 주춧돌을 놓는다. 얼마나 견고한지 시험하여 본 돌이다. 이 귀한 돌을 모퉁이에 놓아서 기초를 튼튼히 세울 것이니, 이것을 의지하는 사람은 불안하지 않을 것이다.' 이스라엘 국가가 망할 즈음, 왕과 백성들이 의지하던 모든 것들이 다 무기력해졌습니다. 군사력이 약해졌고, 외교 정책들은 무익하여 동맹국이 침략국이 되어버려 아무것도 의지할 것이 없어졌습니다. 아무도 도와줄 수 없을 때에 하나님이 시온, 예루살렘에 견고하고 튼튼한 돌을 세워주실 것이니 다른 어떤 것을 의지하지 말고 하나님을 의지하면 다급해지지 않을 것이고, 불안하지 않을 것이고, 부끄러움을 당하지 아니할 것이라는 말입니다. 참으로 고마운 말씀입니다. 인간에게 방법이 없자 하나님이 대책을 세워주십니다. 둘 중에 하나를 고르라는 것이 아닙니다. 인간에겐 방법도 대안도 아무런 기력도 없습니다. 그때 하나님이 일방적으로, 은혜로, 선물로, 복을 주십니다. 이때 살길은 오직 하나님의 은혜를 의지하는 것입니다. 하나님이 주실까 말까 고민하는 것이 아닙니다. 인간이 의지하면 은혜를 주고, 의지하지 않으면 은혜를 주지 않겠다는 것이 아닙니다. 하나님은 복을 주셨습니다. 우리가 받으면 주시고, 안 받으면 철회하시는 것이 아닙니다. 하나님의 뜻에 따라 하나님은 이미 복과 은혜를 주셨습니다. 복과 은혜를 받았다는 것을 알고 그것을 쓰면 되는 것입니다. 그런데 받아놓고도 전혀 사용하지 않으면 누리지 못하는 것입니다.

죄인의 사고방식

구약을 간단히 살펴보면, 아주 우스운 죄인의 현상을 발견합니다. 바로 청개구리 같은 마음입니다. 인간이 죄인이 되어 평안과 행복을 누릴 방법이 없자, 하나님께서는 아브라함에게 약속과 성취라는 과정을 통해 인간의 문제가 죄이고 하나님이 해결이심을 알려주셨고, 출애굽하여 가나안에서 살게 하셨습니다. 이제 하나님의 백성으로서 죄의 원리대신 하나님의 원리대로, 하나님의 마음으로, 하나님의 방법으로 살라고 율법을 주셨습니다. 그런데 우리가 구약에서 살펴본 대로 이스라엘은 지독하게도 말을 안 듣습니다. 가장 쉬운 하나님의 방법대신 가장 어려운 우상숭배의 방법을 택합니다. 가장 쉬운 하나님의 마음대신 가장 불편한 죄의 마음으로 삽니다. 가장 자유로운 하나님의 방법이 아닌 가장 복잡한 죄의 원리로 삽니다. 정말 말을 안 듣습니다. 그 결과 계속해서 죄의 결과를 당하고 삽니다. 보다 못해서 하나님이 예수 그리스도를 보내주십니다. 너희가 지독하게도 율법을 따르지 않으니 아예 예수를 보내셔서 율법의 내용을 너희 마음 밭에 심어주고, 아예 구원해 주시겠다고 하십니다. 그래서 구원하셨고, 율법이 완성되었습니다. 그랬더니 그제야 이스라엘은 율법을 지키겠다고 난리입니다. 다 됐다고 하니까 그제야 하겠다고 야단입니다. 구약시대에는 제발 말씀을 이마에 붙이고 문지방에 붙여서 기억하라고 해도 해도 안 듣더니 정작 구원받은 이제야 이마에 붙이고 문지방에 붙이고 머리에 모자를 쓰고 난리입니다.

하나님은 언제나 인간의 삶에 디딤돌이 되어 주십니다. 하나님의 심정을 이해하지 못하면 하나님의 모든 것이 거침돌처럼 여겨집니다. 죄인의 생각으로는 하나님의 차원을 이해하지 못하기에 하나님이 하시는 일이 마치 방해하는 것처럼 느껴집니다.

하나님의 의, 자기의 의

열심과 지식

10장 2~3절로 가봅니다. '내가 증언하노니 그들이 하나님께 열심이 있으나 올바른 지식을 따른 것이 아니니라. 하나님의 의를 모르고 자기 의를 세우려고 힘써 하나님의 의에 복종하지 아니하였느니라.' 지금 이 구절은 구약시대 이스라엘에게 해당하는 말입니다. 그런데 지금 신약시대에도 이런 구절이 너무나도 실감나게 와 닿습니다. 아직도 구약의 이스라엘처럼 신앙생활 하시는 분들이 너무나 많습니다. 사람들은 자신의 열심을 자랑합니다. 얼마나 수고하는지, 얼마나 애를 쓰는지, 얼마나 헌신하는지, 얼마나 충성하는지 전부다 인간 자랑입니다. 하나님에 대한 이야기가 없습니다. 하나님이 하신 일에 대한 언급이 없습니다.

어떤 분이 저에게 성도 한 분을 소개하는데, "이분이요, 열심이 대단해요. 기도도 정말 열심히 하고요, 전도도 무지 많이 하고요, 교회일은 도맡아서 해요"라고 합니다. 당사자도 이렇게 말합니다. "아무것도 몰라요. 성경도 잘 모르고요. 그저 열심히 할 뿐입니다. 열심히 하면 하나님이 복 주시겠지요." 성경에 대하여 아는 것은 없는데 신앙적 열심이 있다고 합니다. 바른 신앙일 수 없습니다. 하나님의 뜻에 대한 지식은 없는데 종교적 열심은 많다고 합니다. 바른 믿음일 수 없습니다. 신앙생활, 믿음생활을 할 때 가장 먼저 해야 할 것은, 하나님의 말씀을 배우는 것입니다. 우선 하나님의 말씀, 하나님의 뜻, 하나님의 은혜, 하나님의 복음, 하나님의 마음, 하나님의 원리, 하나님의 심정에 대해서 배워야 합니다. 열심과 지식은 어느 하나만 있어서는 안 됩니다. 둘 다 있어야 합니다. 다만 순서가 있습니다. 지식이 있고, 지식에 따른 열심이어야 합니다. 성경을 읽을 때, 너무너무 안타까운 것이 바로 2절과 3절입니다. '그들이 하나님께 열심이 있으나 올바른 지식을 따른 것이 아니니라. 하나님의 의를 모르고 자기 의를 세우려고 힘써 하나님의 의에 복종하지 아니하였느니라.'

하나님의 의

'하나님의 의'와 '자기 의'는 비교대상이나 경쟁대상이 아닙니다. 둘 중에 하나를 고르는 것이 아닙니다. 자기 의와 하나님의 의가 등장하는 것은 '자기의 의'를 포기하라는 말이 아닙니다. '자기의 의'로는 하나님의 복을 받을 수 있는 기준에 도달하지 못한다는 것을 강조하는 말입니다. 만약 인간이 자기의 의로 하나님의 기준에 도달하지 못한다면 그것으로 끝입니다. 더 이상의 방법이 없고 기회가 없습니다. 바로 그들에게 전혀 새로운 기회, 아니 기회 정도가 아니라 아예 합격이라는 증서를 주는 것입니다. 그것이 '하나님의 의' 입니다.

마태복음 6장에도 같은 내용이 나옵니다. 마태복음 6장 1절, '사람에게 보이려고 그들 앞에서 너희 의를 행치 않도록 주의하라. 그렇지 아니하면 하늘에 계신 너희 아버지께 상을 얻지 못하느니라.' 너희의 의의 기준으로 하나님의 상을 받지 못한다는 것입니다. 하나님의 기준은 오리를 가자고 하는 사람에게 십리를 가주어야 하고, 겉옷을 달라하는 사람에게 속옷까지 벗어주는 것입니다. 왼뺨을 맞으면 오른뺨도 대주는 것입니다. 인간의 의지와 능력으로는 할 수 없습니다. 인간의 행위로 의를 만들 수 없으면 끝입니다. 그래서 하나님이 전혀 새로운 것을 주십니다. '하나님의 의' 입니다. 그것이 마태복음 6장 33절입니다. '너희는 먼저 그의 나라와 그의 의를 구하라.' 이것은 너희 의는 당연한 것이고, 게다가 하나님의 의마저 구하라는 이중적 부담이 아닙니다. 너희의 방법 대신 하나님의 방법을 가지라는 말입니다.

똑같은 표현을 예수님은 '자기 십자가를 지라' 고 표현하십니다. 만약 자기 십자가를 자기가 지고가면 예수를 믿을 이유가 없습니다. 예수는 예수의 십자가를 지고, 나는 내 십자가 지고, 각자가 각자의 십자가를 진다면 예수를 믿을 이유가 없습니다. 자기가 자기 십자가를 지는 것이라면 예수가 나를 위해 해준 것이 없습니다. 자기 십자가를 지라는 의미는 전혀 다른 차원입니다. 우리는 우리 십자가를 못 집니다. 죄인들은 죄의 짐을 질 수 없습니다. 죄인들이 죄의 짐을 감당하면 사망으로 끝나버립니다. 그래서 예수가 우리의 십자가를 대신 져주신 것입니다. 우리는 예수가 지신 십자가를 나의 십자가로 생각하라는 것입니다. 예수께서 내 십자가를 져 주셔서 우리가 살게 되었습니다. 우리가 죄의 짐을 감당할 수 없기에, 예수가 내 십자가를 져 주셨습니다. 예수가 십자가에 달려 죽었을 때 내가 죽었다고 생각하고, 예수가 부활하셨을 때 내가 살았다고 여기라는 것입니다. 하나님이 우리를 그렇게 여겨주십니다. 그래서 하나님의 인간을 향한 마음, 하나님의 일하심을 은혜라고 합니다. 하나님의 지식을 알아야 합니다. 그 지식은 무엇인가 해야 하는 방법이 아니라 이미 이루어진 결과라는 것을 알아야 합니다. 우리는 그 결과를 누리면 되는 것입니다.

아름다운 발

로마서 10:4~15

4 그리스도는 모든 믿는 자에게 의를 이루기 위하여 율법의 마침이 되시니라 5 모세가 기록하되 율법으로 말미암는 의를 행하는 사람은 그 의로 살리라 하였거니와 6 믿음으로 말미암는 의는 이같이 말하되 네 마음에 누가 하늘에 올라가겠느냐 하지 말라 하니 올라가겠느냐 함은 그리스도를 모셔 내리려는 것이요 7 혹은 누가 무저갱에 내려가겠느냐 하지 말라 하니 내려가겠느냐함은 그리스도를 죽은 자 가운데서 모셔 올리려는 것이라 8 그러면 무엇을 말하느냐 말씀이 네게 가까워 네 입에 있으며 네 마음에 있다 하였으니 곧 우리가 전파하는 믿음의 말씀이라 9 네가 만일 네 입으로 예수를 주로 시인하며 또 하나님께서 그를 죽은 자 가운데서 살리신 것을 네 마음에 믿으면 구원을 받으리라 10 사람이 마음으로 믿어 의에 이르고 입으로 시인하여 구원에 이르느니라 11 성경에 이르되 누구든지 그를 믿는 자는 부끄러움을 당하지 아니하리라 하니 12 유대인이나 헬라인이나 차별이 없음이라 한 분이신 주께서 모든 사람의 주가 되사 그를 부르는 모든 사람에게 부요하시도다 13 누구든지 주의 이름을 부르는 자는 구원을 받으리라 14 그런즉 그들이 믿지 아니하는 이를 어찌 부르리요 듣지도 못한 이를 어찌 믿으리요 전파하는 자가 없이 어찌 들으리요 15 보내심을 받지 아니하였으면 어찌 전파하리요 기록된바 아름답도다 좋은 소식을 전하는 자들의 발이여 함과 같으니라

신앙은 배우는 것

기독교에서는 성도를 새로운 피조물이라고 합니다. 몸이 새로 나는 것이 아니라 죄의 종에서 하나님의 자녀로, 죄의 소속에서 하나님의 소속으로, 죄의 개념에서 하나님의 개념으로, 죄의 원리에서 하나님의 방법으로, 죄의 속성에서 하나님의 성품으로 변화되는 것입니다. 새로운

피조물이 되는 것은 인간의 수고와 노력으로 되지 않고 오직 하나님의 은혜로, 하나님의 선물로 되는 것입니다. 그래서 저와 여러분은 새로운 피조물, 성도가 되었습니다. 이제 새로운 소속, 새로운 신분, 새로운 존재가 되었기에 내가 속한 하나님이 누구이신지, 내가 따라야할 하나님의 말씀이 무엇인지, 내가 적용해야 할 하나님의 원리가 무엇인지, 하나님의 개념이 무엇인지 배워야 합니다. 기독교는 근본적으로 배우는 종교입니다. 구원은 하나님의 은혜로 받는 것이지만 하나님에 관한 내용은 성경을 통해 배워야 합니다.

가장 쉬운 방법

죄의 사고방식

저와 여러분은 모두 죄인이었습니다. 너나 할 것 없이 죄의 마음을 가졌었고, 죄의 방식과 원리로 살았습니다. 예전에만 그랬었던 것이 아니라 사실 지금도 저와 여러분은 많은 부분을 이전의 죄인처럼, 죄의 기준과 죄의 목적과 죄의 가치와 죄의 원리로 생각하고 행동하며 살아가고 있습니다. 지금도 죄의 방식을 제안하면 금방 이해가 되고, 죄의 원리를 적용하려면 매우 자연스럽습니다. 가끔 하나님의 방식을 이야기하면 알아듣는 것 같은데 못 알아듣고, 또 알아들어도 실제로 적용하려면 엄청난 결단과 각오가 필요합니다. 게다가 우리가 일상에서 만나고 접하는 대부분의 사람이 죄의 원리와 방식으로 살아가고 있고, 심지어는 교회에서 전해지는 설교도 복음적 선포보다는 죄의 원리와 다를 바가 없는 내용이 전달되고 있습니다.

죄의 사고방식은 하나님이 없다는 것이 특징입니다. 하나님이 없다면 남는 것은 인간뿐입니다. 인간 중에서도 나 자신이 남습니다. 그래서 죄인의 방식은 내가 해야 합니다. 아무도 나를 위해주지 않고, 아무도 나를 도와주지 않고, 아무도 나를 대신해 주지 않습니다. 내가 안하면 아무것도 되지 않습니다. 물론 다른 사람의 도움을 받을 수 있습니다. 그러나 내가 다른 사람의 도움을 받으려면 우선 내가 잘나야 하고, 힘이 있어야 하고, 돈이 있어야 하고, 권세가 있어야 합니다. 그렇지 않다면 인간은 혼자 할 수밖에 없습니다. 게다가 만약 내가 힘이 없고, 능력이 없고, 권세가 없다면 내 일만이 아니라, 남의 일까지도 떠맡아야하는 고생스러운 삶을 살아야 합니다. 죄인의 본질, 죄인의 사고방식 밑바닥에는 바로 이와 같은 마음이 자리 잡고 있습니다.

　기독교에는 하나님이 계십니다. 하나님이 계심에도 마치 하나님이 없는 것처럼 생활한다면 그것은 정말로 비극입니다. 그런데 더 큰 비극이 있습니다. 하나님이 계시다는 것에는 동의하는데 하나님의 성품에 대해서 오해하고 있습니다. 하나님을 심판하는 분이라고 알고 있습니다. 인간이 어떻게 하는가를 두고 보시고, 인간의 행동에 맞추어서 상을 줄지 벌을 줄지를 결정하시는 분이라고 생각합니다. 이것은 차라리 하나님이 없다고 하는 것보다 못합니다. 만약 하나님이 없다면, 인간은 수고한 대로 결과를 얻게 된다고 하면 그만입니다. 그런데 하나님에 대해서 잘못알고 있으면, 수고하고 결과를 얻는 게 아니라 거기에다 하나님을 감동시키고, 하나님을 기쁘시게 하려고 더욱 노력해야 합니다. 일을 했는데 만약 하나님의 맘에 들지 못했다면 그 일은 아무 소용이 없게 됩니다. 이것은 차라리 하나님이 없는 것보다 인간의 삶을 더욱 힘들게 만듭니다. 가장 비극적인 사람은 하나님을 모르는 사람이 아니라, 하나님을 잘못 알고 있는 사람입니다.

성도의 본분

　성도는 하나님을 위해 무엇을 할 것인가, 교회를 위해 무엇을 할 것인가, 목사를 위해 무엇을 할 것인가를 고민할 필요가 없습니다. 성도는 하나님이 나를 위해 해주신 것이 무엇인지 궁금해야 합니다. 성도는 하나님이 나를 위해 하신 일이 무엇인지 알고 싶어 합니다. 그것을 알고, 자신의 삶에 마음껏 구현하는 것이 성도의 본분입니다. 하나님 때문에 인간이 사는 것이지, 인간 때문에 하나님이 계시지 않습니다. 교회 때문에 성도가 사는 것이지, 성도 때문에 교회가 살지 않습니다.

신앙은 자기가 좋은 것을 합니다. 복음을 알고, 진리를 알고, 그것이 좋아서 합니다. 지금 내가 좋아서 하고 있는 것을 다른 사람은 좋아하지 않을 수 있습니다. 나도 지금은 그것이 좋지만 다음엔 그것보다 다른 것이 더 좋아서 지금 하고 있는 것을 안 할 수도 있습니다. 내가 지금 한다고 해서 생색내지 말고, 남이 지금 안 한다고 비판하지 마십시오. 내가 지금 하지 않은 것에 대해 죄책감 느끼지 마시고, 남이 지금 하는 것을 불편해 하지 마십시오. 본인이 복음을 알고, 진리를 알아서 자신이 은혜 받은 대로, 자신의 마음속에 하나님이 감동 주시는 대로 기쁨과 즐거움으로 하면 됩니다. 신앙은 즐겁고 자유롭고 신나고 행복한 것입니다.

교회의 힘은 하나님입니다. 감사하지 않는 백 사람으로 망하는 것이 아니라 감사하는 한 사람을 통하여 하나님이 역사하실 것입니다. 교회의 능력은 하나님입니다. 진리를 모르는 무지한 백 사람 때문에 무너지는 것이 아니라 진리를 아는 한 사람을 통하여 하나님이 역사하실 것입니다. 교회의 기둥은 하나님입니다. 헌신하지 않는 백 사람 때문에 쓰러지는 것이 아니라 헌신하는 한 사람을 통하여 하나님이 견고하게 하실 것입니다. 교회의 소망은 하나님입니다. 세상에서 교회를 반대하는 죄인 백 명, 천 명, 만 명 때문에 교회가 어두워지는 것이 아니라 성도 한 사람을 통하여 하나님이 교회를 밝히시고 세상을 밝히실 것입니다. 기독교와 교회는 하나님 때문에 신나고 즐거운 것이지 하나님 때문에 고민과 염려가 생기는 것이 아닙니다. 신앙은 하나님 때문에 평안하고 행복한 것이지 하나님 때문에 부담과 짐이 생기는 것이 아닙니다. 교회는 말씀을 배우며 내가 성숙해 가는 곳이지 교회의 안정을 위해 성도가 희생당하는 곳이 아닙니다.

믿음으로 말미암는 의

하나님이 하신다

우리가 예수를 믿는 이유는, 우리가 당할 결과를 예수께서 대신 당하여 우리는 죄의 결과를 당하지 않고 대신 예수의 부활의 영광에 동참하여 하나님의 은혜와 축복을 누릴 수 있기 때문입니다. 그래서 성경은 하나님의 뜻을 선포하고, 그 뜻에 따라 순종하신 예수 그리스도의 역사하심을 선포합니다. 10장 4절 '그리스도는 모든 믿는 자에게 의를 이루기 위하여 율법의 마침이 되시니라.' 예수 그리스도가 행하셨습니다. 성경은 어떤 인물이 어떤 일을 하였다고 사람의 수고와 애씀을 말하지 않습니다. 오직 그리스도의 역사를 선포합니다. 그리스도의 십자가 사건을 통해 우리가 죄의 소속에서 하나님의 소속이 되었습니다. 우리가 죄의 마음이 아니라 하나님의 마음을 갖게 된 것입니다. 기독교는 하나님이 역사하셨기에 인간은 어느 누구도 자기의 수고와 애씀과 자랑을 드러낼 수 없으며 자신의 행위에 근거하여 교만할 수 없습니다.

율법으로 말미암는 의, 믿음으로 말미암는 의

10장 5절에 '모세가 기록하되 율법으로 말미암는 의를 행하는 사람은 그 의로 살리라 하였거니와' 라는 말씀이 나옵니다. 여기서 말하는 율법으로 말미암는 의는 자신이 율법을 지켜서, 율법이 요구하는 의의 기준을 충족시켜서 의롭다는 선언을 받겠다는 것입니다. 본문은 그렇게 할 사람은 해보라고 합니다. 자신이 율법의 기준을 충족시킬 수 있다고 생각하는 사람은 한번 해보라는 것입니다. 아마도 많은 사람이 노력했었고, 지금도 노력하고 있을 것입니다. 그러나 결과는 너무나 뻔한 것입니다. 그저 자신만 자기 의에 빠져있을 뿐, 아무에게도 인정받지 못하며, 하나님의 의에는 아예 도달도 할 수 없습니다. 율법으로 말미암는 의를 얻으려는 노력은 모두 실패합니다.

이것과 대조되는 것이 10장 6절부터 8절에 나타나는 '믿음으로 말미암는 의'입니다. 여기서 믿음으로 말미암는다는 것은 하나님이 행하신다는 것입니다. 내가 행하지 않았는데 하나님이 주셔서, 하나님의 의롭다고 칭해주셔서 의를 얻는 것을 말합니다. 그 사람은 자신이 무엇을 한 것이 없기에 자신이 했다고 말할 수 없습니다. 그래서 본문에 다음과 같이 소개합니다. 6절부터 8절입니다. '믿음으로 말미암는 의는 이같이 말하되 네 마음에 누가 하늘에 올라가겠느냐 하지 말라 하니 올라가겠느냐 함은 그리스도를 모셔 내리려는 것이요 혹은 누가 무저갱에 내려가겠느냐 하지 말라 하니 내려가겠느냐 함은 그리스도를 죽은 자 가운데서 모셔 올리려는 것이라 그러면 무엇을 말하느냐 말씀이 네게 가까워 네 입에 있으며 네 마음에 있다 하였으니 곧 우리가 전파하는 믿음의 말씀이라.'

인간이 하나님을 모셔 올리거나 모셔 내려올 수 있는 것이 아닙니다. 인간이 하나님을 어떻게 할 수 없습니다. 동화나 신화, 전설에 나오는 이야기와 성경에 기록된 사실과는 관점과 방향이 전혀 다릅니다. 신화나 전설에 나오는 신들은 대부분 인간을 괴롭힙니다. 인간이 신의 저주와 곤고함에 빠져있을 때 어떤 영웅적 인간이 엄청난 용기와 대단한 각오로 신에게 나아갑니다. 그렇게 신을 찾아가면 신은 대체로 졸고 있거나 딴전을 피우고 있습니다. 용맹스러운 영웅이 지혜를 발휘하여 신을 살짝 속여서 신의 저주를 풀 수 있는 열쇠나 중요한 물건을 가지고 나옵니다. 거의 다 나올 때쯤에 꼭 신이 눈치를 채서 영웅을 잡으려하면 영웅은 죽을 뻔했던 위기를 극적으로 탈출하여 신의 보물을 훔쳐 와서 인간을 자유롭게 해주고, 신의 저주에서 풀려나게 해줍니다. 영웅의 이야기입니다.

기독교는 아예 그런 상상과는 거리가 멉니다. 첫째 하나님은 인간을 저주하거나 심판하지 않기에 인간이 하나님과 맞서는 일은 없습니다. 또한 하나님은 인간을 사랑하셔서 언제나 먼저 인간에게 은혜를 베푸시기에 인간이 하나님을 찾으러 가거나 모시러 갈 일이 없습니다. 인간이 하나님을 찾아 나설 필요도 없고, 하나님께 드릴 뇌물을 준비할 필요도 없습니다. 하나님을 속일 묘책을 개발할 필요도 없고, 하나님과 싸워 이길 수 있는 비밀 병기를 만들 필요도 없고, 하나님 앞에서 탈출할 신비한 도구를 구입할 필요도 없습니다. 정확하게 말하면, 죄인은 하나님에 대하여 생각조차도 하지 못합니다. 대신에 하나님이 오십니다. 하나님이 인간을 찾아오십니다. 하나님이 해답을 주십니다. 하나님이 해답을 넘어 아예 해결해 주십니다. 하나님이 완성하십니다. 하나님이 성취하십니다. 그리고 하나님이 보장해 주십니다. 기독교는 하나님의 역사입니다.

말하라

성도는 '누가 하늘에 올라가랴, 누가 음부에 내려가랴' 는 등의 인간이 무엇을 해야 한다는 말을 할 필요가 없습니다. 인간이 해야 말은 10장 9절에 나옵니다. '그러면 무엇을 말하느냐 말씀이 네게 가까워 네 입에 있으며 네 마음에 있다 하였으니 곧 우리가 전파하는 믿음의 말씀이라.' 인간이 할 수 있는 유일한 말은 '말씀이 내게 와 있다' 는 것입니다. 내가 말씀을 갖고 왔다가 아니라 그 말씀이 내게로 와서, 나에게 있고, 내 마음으로 들어와서, 내 안에 말씀이 있다는 것입니다. 어디서 났고, 어떻게 구했냐고 묻는다면 유일한 대답은 하나님이 은혜로 주셨다는 것입니다. 나에게 은혜를 주시고 복을 주시기 원하는 하나님의 자유로, 나에게 진노가 아니라 긍휼의 자비하심을 알게 하시려는 하나님의 권리로 말씀이 내게, 내 마음에, 내 입술에 와 있다고 말합니다. 다 하나님이 행하신 것입니다.

하나님이 행하신 구원

방법은 없다

로마서 10장 9절부터 13절까지가 구원받는 방법으로 많이 오해됩니다. 9절입니다. '네가 만일 네 입으로 예수를 주로 시인하며 또 하나님께서 그를 죽은 자 가운데서 살리신 것을 네 마음에 믿으면 구원을 얻으리라.' 아마도 이 구절에서 구원받는 방법을 찾으시는 분이 계실 것입니다. 구원을 어떻게 얻느냐고 질문하면 '마음으로 믿어야 한다'고 대답을 하실 것입니다. 이 대답은 옳지 않습니다. 로마서 10장 4절부터 8절까지 의를 얻을 수 있는 것은 인간의 행위가 아니라 하나님의 역사라고 설명을 해놓고 갑자기 하나님이 무엇을 하셨든 결국은 인간이 믿는 것에 따라 결과가 달라진다고 말하면, 하나님이 하신 일을 무용한 것으로, 아무 쓸모없는 것으로 돌려버리는 것입니다. 하나님의 일보다 인간이 믿느냐 안 믿느냐가 더욱 중요한 것처럼 여겨지게 됩니다. 만약 그렇게 된다면 성경이 앞뒤가 맞지 않는 것이요, 위아래의 주장조차도 일치되지 않는, 말도 안 되는 책이 되어 버립니다.

기독교에는 조건이 없습니다. 기독교는 인간이 선택할 수 있는 방법론이 없습니다. 인간의 행위로 구원 얻는 방법이 없고, 인간의 행위로 은혜 받을 수 있는 방법이 없고, 인간의 행위로 복 받을 수 있는 방법이 없습니다. 인간의 행위로 하나님께 사랑받을 수 있는 방법이 없습니다. 왜냐하면, 하나님이 먼저 은혜와 복을 주시기 때문입니다. 성경 어디에서도 인간의 자격, 인간의 조건, 인간의 행위가 강조되는 곳이 없습니다. 인간의 행위가 하나님 앞에 설 자리가 없습니다. 언제나 하나님이 먼저 은혜와 복과 긍휼을 주십니다. 하나님 앞에 인간의 행위와 역할과 수고가 나타나는 유일한 내용은 하나님이 주신 결과를 누리는 것입니다. 은혜를 주시는 분은 하나님이시고, 하나님이 주신 은혜를 누리는 존재는 인간입니다. 일을 하시는 분은 하나님이시고, 하나님이 행하신 일의 결과를 즐기는 존재는 인간입니다. 십자가를 지시는 분은 하나님이시고, 십자가를 통해 영광을 얻는 존재는 인간입니다. 기독교는 하나님이 일하셔서 구원과 은혜와 복을 주시면 인간이 그 은혜를 누리며 즐기며 신나고 행복하게 사는 것입니다. 기독교는 하나님의 일하심의 결과라는 것을 기억하셔야 합니다.

9절은 구원 얻는 방법이나 조건이 아닙니다. 9절에 '시인한다, 믿는다'는 표현은 인간의 행위를 강조하는 표현이 아닙니다. 만약 다른 사람은 시인하지 않지만 나는 시인한다고 하고, 다른 사람이 하지 않는 것을 나는 했다고 하면, 그것은 인간의 행위에 대한 강조입니다. 다른 사람은 믿지 않는데 나는 믿었다고 하고, 다른 사람은 강퍅해서 하지 않는 것을 나는 온유해서 했다고 하는 인간에 대한 강조입니다. 본문은 그런 의미가 아닙니다. 왜냐하면, 인간이 하나님을 모셔 내려올 수 없고, 인간이 하나님을 모셔 올려올 수 없고, 인간의 행위로는 하나님에 대하여 아무 것도 할 수 없다고 선언하기 때문입니다.

'시인하고 믿는 것'은 전혀 힘든 일이 아닙니다. 시인하고 믿는 것은 구원을 받기 위해 인간이 해야 하는 일이나 조건으로 제시되는 것이 아니라 구원은 하나님이 주시는 것이기에 인간에게는 얼마나 쉬우며 인간은 아무 할 일도 없다는 것을 설명하는 것입니다. 예수를 하늘에서 내려오게 하거나, 음부에서 올라오게 하려는 인간의 행위와 비교하면, 예수를 시인하는 것, 예수를 믿는 것은 일도 아니라는 것입니다. 예수를 입으로 시인하는 것과 마음으로 믿는 것은 인간이 구원을 받기 위한 조건으로 꼭 해야 하는 행위가 아니라, 구원이 하나님이 주시는 것이기에 너에게는 얼마나 일도 아니라는 뜻입니다. 즉, 너에게는 아무 할일도 없다는 것을 강조하는 역설적 표현입니다.

예를 들어보겠습니다. 집에서 아내가 바쁘게 집안을 정리하고 있습니다. 아침에 밥을 짓고, 아이 등교 준비시키고, 남편 와이셔츠 다리면서 동분서주하고 있습니다. 그때 철없는 남편이 한마디 합니다. "여보, 양말 어디 있어? 나 양말 줘." "거기 서랍 두 번째 있잖아요." "몰라, 양말 갖다 줘." 그때, 아내가 소리를 버럭 지릅니다. "아이고, 내가 얼마나 바쁜데, 손이 10개라도 모자라는데, 그것 좀 찾아 신어요." 남편 생각에는 자신이 양말을 찾아서 신는 것이 일이라고 생각을 하지만, 아내 생각에는 그것은 일도 아니라는 것입니다. 아내의 말에는 이런 속내가 담겨 있습니다. '내가 양말을 빨아서 신으라고 해? 다 빨아놨잖아. 내가 양말을 건조대에서 걷어다 신으라고 해? 다 걷어다 놨잖아. 내가 양말을 여러 켤레 섞여있는 중에 짝을 찾아 신으라고 해? 짝도 다 맞춰놨잖아. 내가 양말을 옷장 깊숙이 숨겨놔서 찾아서 신으라고 해? 서랍에 잘 정리해 놨잖아. 그냥 꺼내서 신으면 되는데. 그것도 일이라고 꼼짝도 안 하려고 해.' 아내가 일을 다 하는 것입니다. 남편이 양말을 꺼내 신는 것은 일이 아닙니다. 만약 남편이 "나 오늘 대단한 일을 했어. 내가 양말을 꺼내서 신었어." 이러면 안 됩니다.

만약 인간이 '내가 믿었다, 내가 시인했다' 고 자랑한다면 그것이 바로 '내가 양말을 꺼내 신었다' 라고 말하는 것과 같다는 것입니다. 하나님은 방금 소개해드린 아내 정도의 역할을 하는 것이 아닙니다. 하나님이 행하시는 일은 아내가 행한 일과는 비교가 안 됩니다. 아내는 양말을 빨아서 말려서 짝 맞추어서 서랍에 정리를 해 놓았습니다. 그래서 남편이 꺼내 신으면 될 수 있도록 해 놓았습니다. 대단합니다. 하지만 하나님은 더 대단하신 분이십니다. 하나님은 게다가 양말을 꺼내서 남편에게 직접 신겨주시는 분이십니다. 그 마지막 서랍에서 꺼내 신는 것까지도 하나님이 다 해주십니다. 하나님이 죄인을 불쌍히 여기셨습니다. 하나님이 인간이 구원받는 방법을 제시하셨습니다. 그리고 그 방법대로 하나님이 십자가에 달려 죽으셨습니다. 하나님이 죄를 이기고 살아나셨습니다. 그리고 하나님이 성도를 구원하셨습니다. 하나님이 성령으로 성도의 구원을 인증하고 보증까지 하셨습니다. 마음에 예수 그리스도가 주로 믿어지게 하셨고, 입술로 그리스도를 주로 시인할 수 있는 감동까지 주셨습니다. 모두 다 하나님이 행하셨습니다.

모든 것을 행하신 하나님이 인간에게 말씀하시는 것이 10절입니다. '사람이 마음으로 믿어 의에 이르고 입으로 시인하여 구원에 이르느니라.' 이것은 구원받는 방법이 아닙니다. 양말을 다 신겨놓고 한마디 물으시는 것입니다. '맘에 들어? 발이 편해?' 그때 남편이 '응 아주 뽀송해' 라고 말합니다. 남편의 말은 시인이 아니라 고백입니다. 이미 이루어진 일, 성취된 일, 완성된 일에 대한 고백입니다. 이제 그것을 말해야 양말이 발에 들어오는 것이 아니라 이미 양말을 신은 자의 고백입니다. 하나님은 인간에게 결단을 요구하는 것, 선택을 요구하는 것, 행위를 요구하는 것이 아니라 하나님이 행하신 일에 대한 고백을 기대하시는 것입니다. 인간의 음성을 듣고 그제야 하나님이 일하시는 것이 아니라 하나님의 역사를 체험하고 인간이 고백하고 시인할 수 있게 됩니다.

11, 12, 13절이 모두 같은 내용입니다. '성경에 이르되 누구든지 그를 믿는 자는 부끄러움을 당하지 아니하리라 하니 유대인이나 헬라인이나 차별이 없음이라 한 분이신 주께서 모든 사람의 주가 되사 그를 부르는 모든 사람에게 부요하시도다. 누구든지 주의 이름을 부르는 자는 구원을 받으리라.' 예수를 믿는다, 예수를 시인한다, 예수를 부른다는 것은 구원 얻는 방법이 아니라 구원 얻은 자의 고백입니다. 주의 이름을 부른다는 것은 구원의 조건이 아니라 예수 그리스도를 하늘에서 모셔 내려

오거나 음부에서 모셔 올라오는 일에 비하면 너무 쉽다는 의미입니다.

아름다운 발

네가 아니다

만약 마음으로 믿는 것이 강조되고, 입으로 시인하는 것이 강조된다면, 믿는 사람, 시인하는 당사자에게 초점이 맞추어집니다. 마음으로 믿는 사람, 입으로 시인한 사람에게 치하와 상급이 주어져야 합니다. 그런데 본문은 전혀 다른 구도입니다.

14~15절을 보면, '그런즉 그들이 믿지 아니하는 이를 어찌 부르리요. 듣지도 못한 이를 어찌 믿으리요. 전파하는 자가 없이 어찌 들으리요. 보내심을 받지 아니하였으면 어찌 전파하리요. 기록된바 아름답도다 좋은 소식을 전하는 자들의 발이여 함과 같으니라.' 사람들은 믿는 사람이나 고백하는 사람을 강조합니다. 그러나 성경은 믿는 사람이나 고백하는 사람은 결과라고 합니다. 믿는 것과 고백은 결과요, 중요한 것은 결과가 오도록 누군가 너에게 복음을 들려주었고, 들려줄 수 있도록 누군가가 보냈고, 그 보냄을 받아 누군가가 복음을 들고 왔다는 것입니다. 보내고 복음을 들고 오고 말하지 않으면, 인간은 들을 수도 없고 알 수도 없고 부를 수도 없고 믿을 수도 없고 시인할 수도 없다는 것입니다. 인간의 행위에 따라 결과가 달라지는 것이 아니라, 보내고 전한 모든 사역의 결과로 인간이 믿을 수 있고 부를 수 있고 고백할 수 있게 되었습니다.

본문은 믿은 자, 고백한 자를 강조하지 않습니다. 인간이 아무리 믿고 고백하려고 해도 듣지 못하면 불가능합니다. 그러니 공로가 복음을 들은 인간에게 있는 것이 아니라 인간에게 복음을 들려준 자에게 있습니다. 또 인간에게 복음을 들려준 자가 참 고마운데 누군가가 그 사람을 보내지 않았다면 인간은 아예 들을 수조차 없습니다. 그러니 복음을 전파한 사람, 복음을 가져 온 사람이 정말로 수고한 것입니다. 그래서 본문이 강조하고 칭찬하는 것은 '아름답도다 좋은 소식을 전하는 자들의 발이여' 입니다.

만약 마음으로 믿는 자, 입으로 시인하는 자, 주의 이름을 부르는 자가 핵심이라면 성경은 '아름답도다 마음으로 믿는 심정이여!' 또는 '아름답도다 주를 고백하는 입술이여!', 또는 '아름답도다 주를 부르는 음성이여!' 라고 그 사람이 믿었고, 그 사람이 시인했고, 그 사람이 불렀다는 것을 강조했을 것입니다. 그런데 성경은 정작 믿은 사람, 입으로 시인한 사람이 아니라 복음을 전파한 사람의 발을 높여줍니다. 너는 믿을 수 있었고, 너는 시인할 수 있었고, 너는 부를 수 있었는데 그것은 너에게 복음을 들고 와서 네게 들을 수 있고 믿을 수 있고 시인할 수 있고 부를 수 있도록 만들어준 아름다운 발이 있었기 때문이라고 강조합니다. '아름답도다. 좋은 소식을 전하는 자들의 발이여!'

하나님의 배려

그러면 좋은 소식을 들고 온 그 사람은 어떻게 올 수 있었습니까? 그 사람이 복음을 들고 온 것이 어떻게 가능했습니까? 자신이 복음을 만들었습니까? 아닙니다. 당연히 하나님이 그 사람을 보내신 것입니다. 더욱 본질적으로 하나님이 그 사람이 들고 온 좋은 소식의 내용도 만들어 주셨습니다. 복음의 내용은 전적으로 하나님이 역사하신 것입니다. 그렇다면 원천적으로, 근원적으로 강조하는 부분은 어디입니까? 결국, '아름답도다 하나님의 인간 사랑이여! 아름답도다 인간의 구원하기 위한 하나님의 긍휼하심이여! 아름답도다 복음을 이루신 하나님이여! 아름답도다 전파자를 보내주신 하나님이여! 아름답도다 듣는 귀를 주신 하나님이여! 아름답도다 믿는 마음을 주신 하나님이여! 아름답도다 고백할 수 있는 입을 주신 하나님이여' 라고 해야 합니다. 그런데 성경은 '아름답도다 좋은 소식을 전하는 자들의 발이여!' 에서 끝이 납니다. 하나님의 공로는 감추시고 인간을 높여주시는 하나님의 자상하신 배려입니다. 하나님의 극진하신 사랑에 눈물이 날 정도입니다. 하나님께서 모든 내용을 계획하시고 역사하시고 그 사람에게 보내시고 듣게 하시고 감동하게 하시고 믿게 하시고 시인하게 하시고 부르게 하셨으면서도 마치 하나님은 아무것도 안 하신 것처럼 감추어져 있습니다. 역사는 하나님이 행하시고 영광과 상급은 인간에게 주시는 하나님 사랑의 절정입니다.

9절부터 15절은 인간의 표현방식대로라면 15절부터 9절의 순서로 읽어야 바르게 이해가 됩니다. '하나님이 역사를 이루셔서 복음의 내용을 만드셨다. 복음을 전파할 사람을 부르셔서 복음을 전할 수 있도록 보내셨다. 그 사람이 와서 복음을 외쳤다. 그 복음이 네 귀에 들려졌다. 그 복음이 네 마음에 믿어졌다. 그래서 내가 구원받았구나. 예수 그리스도가 나를 구원하셨구나' 라고 고백하는 것입니다.

자기 백성

로마서 10:16~11:6

16 그러나 그들이 다 복음을 순종하지 아니하였도다 이사야가 이르되 주여 우리가 전한 것을 누가 믿었나이까 하니 17 그러므로 믿음은 들음에서 나며 들음은 그리스도의 말씀으로 말미암았느니라 18 그러나 내가 말하노니 그들이 듣지 아니하였느냐 그렇지 아니하니 그 소리가 온 땅에 퍼졌고 그 말씀이 땅 끝까지 이르렀도다 하였느니라 19 그러나 내가 말하노니 이스라엘이 알지 못하였느냐 먼저 모세가 이르되 내가 백성 아닌 자로써 너희를 시기하게 하며 미련한 백성으로써 너희를 노엽게 하리라 하였고 20 이사야는 매우 담대하여 내가 나를 찾지 아니한 자들에게 찾은 바 되고 내게 묻지 아니한 자들에게 나타났노라 말하였고 21 이스라엘에 대하여 이르되 순종하지 아니하고 거슬러 말하는 백성에게 내가 종일 내 손을 벌렸노라 하였느니라 1 그러므로 내가 말하노니 하나님이 자기 백성을 버리셨느냐 그럴 수 없느니라 나도 이스라엘인이요 아브라함의 씨에서 난 자요 베냐민 지파라 2 하나님이 그 미리 아신 자기 백성을 버리지 아니하셨나니 너희가 성경이 엘리야를 가리켜 말한 것을 알지 못하느냐 그가 이스라엘을 하나님께 고발하되 3 주여 그들이 주의 선지자들을 죽였으며 주의 제단들을 헐어 버렸고 나만 남았는데 내 목숨도 찾나이다 하니 4 그에게 하신 대답이 무엇이냐 내가 나를 위하여 바알에게 무릎을 꿇지 아니한 사람 칠천 명을 남겨 두었다 하셨으니 5 그런즉 이와 같이 지금도 은혜로 택하심을 따라 남은 자가 있느니라 6 만일 은혜로 된 것이면 행위로 말미암지 않음이니 그렇지 않으면 은혜가 은혜 되지 못하느니라

내가 변하는 것

세상은 변하지 않는 것

젊은이는 열정이 있고 어르신들은 연륜이 있습니다. 인생 살아가기

가 힘이 드는 이유는 이 두 가지를 동시에 가질 수 없기 때문입니다. 젊은이는 열정이 있고, 힘이 있고, 도전의식이 있고, 실패를 두려워하지 않는 마음이 있습니다. 개울이 있으면 돌다리를 두드려보지 않습니다. 어차피 돌다리로 건너지 않고 젊음의 특권인 것처럼 물에 빠져서 온 몸을 적셔가며 시원하다고 소리 지르며 건너가려고 하기 때문입니다. 그런데 젊은이는 실패할 수밖에 없습니다. 왜냐하면, 아는 것이 없기 때문입니다. 돌다리는 반드시 얕은 개울에만 있다고 생각하지만 의외로 수심이 깊은 곳도 있다는 생각을 못합니다. 지혜가 없고, 경험이 없습니다. 반대로 어르신들은 지혜롭습니다. 얄미울 정도로 모든 것을 알고 있고 교활할 정도로 상황 파악을 잘합니다. 그런데 힘이 없습니다. 절대로 모험을 하지 않습니다. 분명하고 확실하지 않은 일은 하려고 하지 않습니다. 노인도 돌다리를 두드려 보지 않습니다. 돌다리로 건널 것이 아니라 물이 빠질 때까지 기다려서 돌다리 자체의 안전을 확인하고 건너려고 하는데 물이 빠지지를 않아서 결국은 못 건너고 숨을 거둡니다. 그래서 어르신들이 돌아가실 때 가장 억울해 하는 것이 그것입니다. 거의 다 됐는데, 이번은 정말로 분명했는데, 성공이 눈앞에 보였는데 세월이 무심하다는 것입니다. 결국은 청년의 삶이나 노인의 삶이나 똑같습니다. 인생은 살면서 배우면 안 됩니다. 인생은 준비하면서 살면 안 됩니다. 인생은 당하면서 배우면 안 됩니다. 인생은 도전과 실패를 경험하면서 배우면 안 됩니다.

하나님을 믿는다는 것은 하나님을 인정하고 하나님의 가르침, 하나님의 가치, 하나님의 개념, 하나님의 원리, 하나님의 방법을 인정하는 것입니다. 하나님을 안다는 것은 하나님이 만드신 세상을 안다는 것이요, 하나님의 성품을 가진 인간을 안다는 것이요, 하나님이 주관하시는 인생을 안다는 것입니다. 성경을 통해 하나님을 배우고, 인간을 배우고, 인생을 배워서 모든 순간을 정말 멋있고, 신나고 자유롭고, 지혜롭고,

열정적으로 행복을 누리며 살아가야 합니다.

하나님은 최상 최고의 세상을 만드셨고, 하나님의 성품을 따라 인간을 창조하셨습니다. 그곳은 행복동산 그 자체였습니다. 그런데 인간이 죄인이 되어 하나님과 단절되고 행복을 상실하였습니다. 인간이 죄인이 된 후에 하나님은 인간을 도우셨습니다. 그런데 세상을 변화시키시지 않았습니다. 구약에 허다한 하나님의 역사가 등장합니다. 하나님께서 이적과 기사와 너무나도 놀라운 일을 많이 행하셨습니다. 그런데 세상은 변하지 않았습니다. 예수님이 육신을 입으시고 친히 인간 세상에 오셨습니다. 예수님도 이적과 기사를 행하시고 죽은 자를 살리시고 너무나도 놀라운 일을 많이 행하셨습니다. 그런데 세상은 변하지 않았습니다. 하나님과 예수님이 좋은 세상 만들기에 실패하신 것이 아닙니다. 살기 좋은 세상 만들기를 포기하신 것이 아닙니다. 하나님은 좋은 나라를 세워주시려고 하신 적이 없습니다. 예수님은 나라를 독립시켜 주시고 번성하게 해 주시려고 하신 적이 없습니다. 하나님에게는 '좋은 나라 만들기 프로젝트,' '좋은 세상 운동본부' 가 없습니다. 세상은 변하지 않습니다. 살맛나는 세상, 신명나는 세상은 만들어지지 않습니다.

인간만 변하는 것

하나님이 지으신 천하 만물 중에 변화된 것은 오직 인간 하나였습니다. 하나님은 세상을 변화시켜주신 것이 아니라 오직 인간을 변화시켜 주셨습니다. 지금도 변해야 하는 것은 오직 인간 하나입니다. 바뀌어야 하는 것은 인간의 마음입니다. 죄인의 마음이었던 것이 하나님의 마음으로, 죄인의 가치가 하나님의 가치로, 죄인의 개념이 하나님의 개념으로, 죄인의 방법이 하나님의 방법으로 변화되어야 합니다. 세상은 이런 모습일 수 있고, 저런 모습일 수 있습니다. 그 세상을 바꾸지 마시고 성도된 저와 여러분의 마음을 하나님의 분량으로 채워야 합니다. 정작 중요한 것은 자신이 변화되고 있는가를 확인하는 것입니다. 물론 저와 여러분은 이미 변화되어 새 사람, 새로운 피조물이 되었습니다. 성도로서 누림의 삶을 구현하고 있는가를 점검해야 합니다.

성경의 구조를 잘 분별해야 합니다. 구약에 하나님의 약속, 이적, 기적, 표적, 능력, 역사가 나타납니다. 하나님께서 구약에서 가르치고 해결방법을 제시하시지만, 인간의 문제는 해결되지 않더라는 것이 증명됩니다. 아무리 보여주고 들려주고 나타내주어도 안되더라는 것입니다. 그래서 예수님이 오셨습니다. 복음서에서 예수님이 십자가를 지심으로 직접 문제를 해결해주십니다. 그리고 사도행전과 서신서로 들어가면 이제 새로운 것이 등장하지 않습니다. 이제 하나님의 역사는 별로 나타나지 않고 인간의 행동이 나옵니다. 왜냐하면, 이제 새 사람이 되었기 때문입니다. 성도는 구약을 넘어, 복음서를 넘어, 사도행전의 시대 또는 서신서 시대에 살고 있다는 것을 이해해야 합니다. 구원받은 성도가 구약시대를 꿈꾸면 그것은 정말로 꿈입니다. 복음서 시대를 바라신다면 그것은 정말로 바람일 뿐입니다. 지금 성도는 꿈꾸는 자들이 아니요 바라고 소망하는 자들이 아닙니다. 성도는 완성된 자로 누리는 자요, 구현하는 자요, 즐기는 자요, 행복하게 사는 자입니다. 구약의 아브라함이 저와 여러분처럼 되기를 원했습니다. 구약의 모세와 여호수아와 다윗이 저와 여러분처럼 되기를 꿈꾸었습니다. 그들의 꿈이 이루어진 것이 바로 성도입니다. 다윗이 그 많은 시로 바라던 현실이 이제 이루어졌습니다. 그것이 바로 성도의 삶입니다.

누가 믿었나이까?

인간의 불가능성

사람들 생각에 자신이 복음을 듣고 이해가 되면 주를 시인할 수 있다고 생각합니다. 들어서 알기만 하면 주를 부를 수 있다고 생각하는 것입니다. 인간에게 구원을 이루어 낼 가능성이 있다고 생각하는 것입니다. 그러나 인간에게 방법이 있었다면 본래 하나님이신 예수님이 육신을 입고 이 땅에 오시지도 않고, 인간에게 방법이 있었다면 본래 하나님이신 분이 십자가에 달려 죽으시지도 않으셨을 것입니다.

　인간에게 있는 여러 방법 중에서 한 가지 방법을 제시하시러 예수님이 오신 것이 아닙니다. 요즘 종교 간의 대화, 종교 간의 화합, 종교 간의 일치가 강조되면서 구원 얻는 방법도 여러 가지라고 주장합니다. 불교에도, 기독교에도, 기타의 종교에도 방법이 있어서 산꼭대기를 올라가는 방법이 다를 뿐이고 산꼭대기에 올라가면 모두 똑같다는 이론이 제시되고 있습니다. 만약 그 주장이 옳다면, 지구상에서 가장 바보 멍청이가 하나님이십니다. 다른 종교는 신이 없어도 되고, 신이 죽지 않아도 되는데 기독교의 하나님은 가장 미련해서 신이 인간이 되고, 신이 죽는 방법을 택했으니 가장 어리석다고 할 수 있을 것입니다. 다른 길이 있었으면 예수는 아예 오지 않았습니다. 인간은 죄에서 해방될 방법도 가능성도 없었습니다. 아무리 진리를 가르쳐 주어도 알 수 없었습니다. 그래서 기독교는 방법이나 조건을 제시하지 않고 하나님이 역사하시고 그 결과를 인간에게 은혜로 주시는 것입니다.

복음을 순종치 아니하였다

　여러분은 본인이 믿어서 이 자리에 오셨다고 생각하십니까? 남들은 마음이 강퍅해서 예수를 시인하지 않는데 여러분은 지혜롭게 예수를 시인해서 구원받았다고 생각하십니까? 절대로 그렇지 않습니다. 로마서 10장 16절을 보면, '그러나 그들이 다 복음을 순종하지 아니하였도다. 이사야가 이르되 주여 우리의 전하는 바를 누가 믿었나이까 하였으니'라고 했습니다. 다 복음을 순종치 아니했다고 선언합니다. 이스라엘 백성 중에 하나님의 말씀을 믿어서 이스라엘 백성이 된 사람은 한 사람도 없습니다. 마찬가지로 성도 중에 스스로 자원하여 예수를 주로 시인하여 성도가 된 사람은 한 사람도 없습니다. 인간 중에는, 죄인 중에는 아무도 믿지 않았습니다. 죄인은 하나님의 말씀을 들을 수 없고, 들어도 믿지 않고, 인정하지 않습니다. 믿음은 인간이 만들어내는 것이 아니라 하나님이 주시는 선물입니다. 하나님의 일하심의 결과가 믿음입니다.

17절을 보시면 '그러므로 믿음은 들음에서 나며 들음은 그리스도의 말씀으로 말미암았느니라.' 이 본문은 어떻게 하면 믿음이 생기느냐는 믿음의 방법론에 관한 설명이 아니라, 믿음의 기원과 출처에 관한 설명입니다. 믿음은 죄인에게서는 나지 않습니다. 인간에게서 믿음이 나오는 것이 아니라, 누군가 즉 하나님이 복음을 들려주실 때 하나님의 복음에서 인간에게 믿음이 생깁니다. 믿음이 없는 자가 복음을 자꾸 들으면 믿음이 생겨난다는 의미가 아닙니다. 들음은 인간이 의도적으로 창의적으로 생산적으로 행하는 행동이 아니라 누군가 들려줄 때 수동적으로 듣는 것입니다. 즉 믿음은 인간이 행하는 것이 아니라 인간에게 들려지는 복음 안에 믿음이 있다는 것입니다. 믿음은 나의 행위가 아니라 하나님의 일하심의 결과라는 것입니다.

이 구절을 오해하여 믿음이 없는 자에게 복음을 자꾸 들려주면 믿음이 생길 것으로 기대하면 안 됩니다. 믿지 않는 자에게 믿음이 생기기를 바라며 말씀을 들려주면 믿음이 생기기는커녕 반발만 커지고 나중에는 아예 들으려고 하지 않습니다. 말씀이 그에게 믿음을 주어야만 그가 믿을 수 있습니다. 들음이 의미하는 것은 인간의 듣는 행위를 강조하는 것이 아니라, 인간이 들을 수 있도록 말씀하시는 하나님을 강조합니다. 결국 믿음은 듣는 인간에게서 나는 것이 아니라 인간에게 들을 수 있도록 말씀하시는 하나님에게서 납니다. 믿음은 들음에서 난다는 것은 믿음이 생기는 방법이 아니라 믿음의 기원에 관한 것으로 하나님에게서 난다는 것입니다.

믿은 자의 오해

18절을 보면 '그러나 내가 말하노니 그들이 듣지 아니하였느냐 그렇지 아니하니 그 소리가 온 땅에 퍼졌고 그 말씀이 땅 끝까지 이르렀도다 하였느니라.' 간혹 말씀을 전하면, 믿을 것처럼 믿을 것처럼 하면서 계속 믿지 않는 사람이 있습니다. 그러면서 꼭 이렇게 말합니다. '조금만 더 자세하게 설명해봐. 조금만 더 내가 이해하기 쉽게 설명해봐.' 그러면, 전하는 사람이 더 큰 기대로 더욱 열심히 체험까지 곁들여서 복음을 전합니다. 그러나 결국에는 믿지 않습니다. 믿음은 절대로 그 사람에게서 나오지 않습니다. 더 잘 설명한다고, 분명한 증거를 대준다고, 그 사람 앞에서 부인할 수 없는 명백한 기적을 보여준다고 해서 믿어지는 것이 아닙니다. 믿음은 하나님의 주시는 선물입니다. 하나님의 은혜 받은 자가 믿을 수 있습니다.

또 간혹 성도님들 중에는 자신에게 복음 전하는 자가 알아듣게 설명을 했으면 본인이 이전부터 더 잘 믿었을 것이라고 생각하고, 그동안 자신에게 설명한 사람이 복잡하고 아리송하게 설명했다고 원망합니다. 그것도 큰 착각입니다. 믿음은 결코 나의 행위가 아니라 하나님의 선물입니다. 내가 이해해서 믿은 것이 아니라 하나님이 믿음을 주셔서 내가 이해하기 시작한 것입니다.

성경이 증거 하는 바가 바로 19절입니다. '그러나 내가 말하노니 이스라엘이 알지 못하였느냐?' 이스라엘이 복음을 안 들었습니까? 성경은 소리가 온 땅에 퍼졌고, 그 말씀이 땅 끝까지 이르렀다고 말합니다. 이스라엘은 하나님이 전한 소식을 들었고 외웠고 알았습니다. 그런데 믿지 않았고 다 순종치 아니하였다는 것입니다. 죄인은 들어도 안 믿고, 알아도 안 믿습니다. 믿음은 인간에게서 나지 않습니다. 믿음은 하나님에게서 나는 것입니다.

21절을 보시면, 하나님의 처절함이 나옵니다. '이스라엘에 대하여 이르되 순종하지 아니하고 거슬러 말하는 백성에게 내가 종일 내 손을 벌렸노라 하셨느니라.' 하나님은 복음을 주시고 인간에게 선택권을 주시면서 믿으면 구원이고 안 믿으면 지옥이고, 입으로 시인하면 구원받고 시인하지 않으면 지옥이고, 주를 부르면 구원받고 부르지 않으면 구원받지 못한다고 말씀하시는 분이 아닙니다. 성경은 하나님이 인간을 구원하시기 위해서, 저와 여러분에게 믿음을 주시기 위해서 얼마나 처절하게, 얼마나 애쓰셨는지를 보여 줍니다. 하나님께 순종치 아니하고, 하나님께 거슬러 말하는 자들에게 하나님이 진노하시고 형벌을 내리신 것이 아니라 종일 내 손을 벌렸다고 하십니다. 인간이 하나님을 부인할 때 하나님은 인간을 계속 찾아오시고, 계속 설득하시고, 계속 도우셨습니다. 그런데도 죄인이 지독하게도, 어지간히도 믿지 않은 것입니다. 인간이 믿지 않는다고 하나님은 인간을 포기하시지 않고 예수를 보내셨습니다. 그러한 하나님의 엄청난 수고의 결과가 저와 여러분이 하나님을 믿는 것입니다.

하나님이 버리셨느냐?

자기 백성

하나님이 인간을 그렇게 사랑하시고 열심히 일하시는 모습을 보시면 11장 1절의 질문에 대답할 수 있습니다. '그러므로 내가 말하노니 하나님이 자기 백성을 버리셨느냐?' 대답은 '그럴 수 없느니라' 입니다. 하나님은 비록 자기 백성이 불순종 할지라도, 하나님에 대하여 거슬러 말할지라도 절대로 자기 백성을 버리지 않는다고 선언합니다. 하나님이 절대로 자기 백성을 버리지 않는다는 선언에 대해 바울이 보여줄 수 있는 가장 강력한 증거가 바로 자기 자신입니다. 그래서 본문에 '나도 이스라엘인이요 아브라함의 씨에서 난 자요 베냐민 지파라'라고 했습니다. 왜냐하면, 하나님에 대하여 불순종하기로는 자기만큼 행한 자가 있으며, 하나님께 거슬려 말하기로는 자신만큼 행한 자가 있겠느냐는 뜻입니다. 바울은 예수를 부인하던 자요, 예수를 핍박하고 예수 믿는 자들을 잡아 죽이는 데에 앞장섰던 장본인이었습니다. 그런 바울이 지금 은혜를 받아 구원을 받았고, 예수를 믿고 있고, 복음을 전하고 있으니 하나님이 자기 백성을 버리지 않는다는 가장 강력한 증거가 되는 것입니다. 하나님은 인간을 버리지 않습니다. 11장 1절을 보면, '그러므로 내가 말하노니 하나님이 자기 백성을 버리셨느냐?' 입니다. 하나님에게 있어서 인간은 제 3자가 아니라 자기 백성, 하나님의 친 백성입니다. 마태복음 1장 21절에 예수라는 이름의 의미도 '자기 백성을 저희 죄에서 구원할 자' 입니다. 예수님도 그냥 어떤 인간을 구원하러 오신 것이 아니라 자기 백성을 구원하러 오셨습니다. 우리가 죄인이었음에도 하나님은 우리를 자기 백성이라고 선언하시고, 자기 백성이기에 버릴 수 없고 기어코 구원하십니다.

나만 남았는데

사람들은 믿음생활, 신앙생활이 하나님의 역사의 결과요, 은혜의 선물이라는 것을 잘 모릅니다. 마치 자기가 믿은 것으로, 자기가 의를 지켜온 것으로, 자기는 다른 사람과 달리 대단한 것으로 착각을 합니다. 옛날이나 지금이나 그런 생각은 똑같습니다. 왜냐하면, 그때도 인간은 죄의 사고방식으로 생각하고, 지금도 인간은 죄의 사고방식으로 생각하기 때문입니다. 로마서 11장 2절과 3절을 보면 확인이 됩니다. '너희가 성경이 엘리야를 가리켜 말한 것을 알지 못하느냐? 그가 이스라엘을 하나님께 고발하되 주여 그들이 주의 선지자들을 죽였으며 주의 제단들을

헐어버렸고 나만 남았는데 내 목숨도 찾나이다 하니.'

지금 엘리야는 이스라엘을 하나님께 고발하고 있습니다. 저놈들 다 나쁜 놈들이라는 것입니다. 먼저는 주의 선지자들을 죽이는 자들이요, 주의 제단을 헐어버리는 자들이라고 했습니다. 그리고 남은 사람들조차 다 그들의 위협과 미혹에 넘어가서 하나님을 부인하고 오직 자신만 남았다고 말합니다.

엘리야가 이런 생각을 하는 이유는, 자신이 믿음을 지켰다고 생각하기 때문입니다. 하나님이 자신을 지켜주고 하나님의 일하신 결과로 믿음을 지탱한 것이 아니라, 자신이 하나님을 위해 필사적으로 믿음을 지키는 노력과 수고와 헌신을 했다고 생각합니다. 그래서 하나님께 감사하기보다는 남들을 송사하고 자신의 의를 드러내고 있습니다. 그때 하나님의 대답이 바로 4절입니다. '그에게 하신 대답이 무엇이냐? 내가 나를 위하여 바알에게 무릎을 꿇지 아니한 사람 칠천 명을 남겨 두었다 하셨으니.' 하나님은 직설적으로 엘리야에게 왜 이렇게 교만하냐는 둥, 자기 의에 빠졌다는 둥 한마디도 안 하시고, 태연스럽게 엘리야 말고도 바알에게 무릎 꿇지 아니한 사람 칠천 명을 남겨두었다고 하셨습니다. 엘리야가 엘리야의 믿음을 지킨 것이 아니라 하나님이 엘리야를 지키셨고, 하나님이 엘리야를 지키신 것처럼 다른 사람 칠천 명도 지키셨다는 것입니다. 너의 너 됨이 너의 수고의 결과가 아니라 하나님의 일하심의 결과라는 선언이십니다.

남은 자

자신이 믿음을 지켜서 살아남은 것이 아니라, 하나님이 믿음을 지켜주시고, 남겨두신 사람들을 '남은자' 5절라고 합니다. 시련과 역경가운데도 자신의 믿음을 잃지 않고 굳건히 신앙을 지킨 우리 믿음의 선진들, 신앙의 거장들, 대단한 믿음의 소유자들이 남아있다고 말하지 않습니다. 단 한마디도 엘리야에 대한 칭찬이 없고, 나머지 칠천 명에 대한 칭찬이 없습니다. 그들에 대한 어떤 상급의 약속도 없습니다. 왜냐하면, 자신들이 믿음을 지킨 것이 아니기 때문입니다. 저들은 스스로 믿음을 지켜서 남은 것이 아닙니다. '하나님이 남게 하신 자'입니다. 하나님이 은혜로 남겨주시지 않았으면 스스로 남아있을 사람이란 아무도 없습니다. 믿음을 가지는 것, 믿음을 지키는 것, 믿음으로 사는 것 모두 인간의 행위가 아니라 전적인 하나님의 일하심, 하나님의 역사하심의 결과입니다. 이스라엘을 그렇게 대해 주셨듯이 오늘날도 그렇게 남은 자가 바로 저와 여러분입니다.

하나님을 믿는 것, 신앙 안에서 사는 것은 인간이 사는 방법 중 가장 행복한 것입니다. 왜냐하면, 신앙 안에서는, 하나님 앞에서는 모든 인간이 전혀 차별이 없고, 어느 누구도 교만할 수 없으며, 당연히 어느 누구도 무시당하지 않기 때문입니다. 인간끼리 으시대고 자랑하고 깔보고 무시하는 것, 서로 비교되고 경쟁되는 것 이것만 없어도 인간은 살만합니다. 하나님 안에서는 어느 누구도 그런 것을 할 수 없습니다. 믿음이 있다고 자랑할 수 없습니다. 하나님이 주신 것이기 때문입니다. 체험을 했다고 체험하지 않은 사람을 무시할 수 없습니다. 내가 체험을 만들어 낸 것이 아니라 하나님이 나에게 체험할 수 있도록 해 주셨기 때문입니다. 오직 하나님만을 자랑할 수 있을 뿐입니다.

은혜

우리가 수고하여 믿음을 지키는 것이 아니라 하나님의 수고로 우리가 남겨졌습니다. 이것을 다시 한 번 확실하게 선언하는 것이 6절입니다. '만일 은혜로 된 것이면 행위로 말미암지 않음이니 그렇지 않으면 은혜가 은혜 되지 못하느니라.' 갈라디아서 2장 21절에도 위대한 선언이 나옵니다. '내가 하나님의 은혜를 폐하지 아니하노니 만일 의롭게 되는 것이 율법으로 말미암으면 그리스도께서 헛되이 죽으셨느니라.' 우리의 행위로 의로워졌다고 자랑하고, 우리의 행위로 믿음을 지켰다고 주장하는 것은 바로 예수를 헛되이 죽이는 것입니다. 지금도 저와 여러분이 믿음을 지키는 것이 아니라 하나님이 믿음을 지켜주십니다. 은혜를 아는 자의 가장 적절한 반응은 기쁨이요 감사입니다. 은혜를 모르는 자의 가장 대표적인 반응은 정죄요 비판입니다. 나의 나됨이 나의 수고의 결과가 아니라 하나님의 일하심의 결과임을 깨닫게 되면 감사가 넘치게 되고, 동시에 믿음을 지키기 위한 처절한 영적전투에서 살아남으려는 부담감이나 염려 대신 친히 인도하시고 이기게 하시는 하나님의 일하심으로 평안과 기쁨으로 살 수 있습니다.

저희의 넘어짐

로마서 11:7-12

7 그런즉 어떠하냐 이스라엘이 구하는 그것을 얻지 못하고 오직 택하심을 입은 자가 얻었고 그 남은 자들은 우둔하여졌느니라 8 기록된바 하나님이 오늘까지 그들에게 혼미한 심령과 보지 못할 눈과 듣지 못할 귀를 주셨다 함과 같으니라 9 또 다윗이 이르되 그들의 밥상이 올무와 덫과 거치는 것과 보응이 되게 하시옵고 10 그들의 눈은 흐려 보지 못하고 그들의 등은 항상 굽게 하옵소서 하였느니라 11 그러므로 내가 말하노니 그들이 넘어지기까지 실족하였느냐 그럴 수 없느니라 그들이 넘어짐으로 구원이 이방인에게 이르러 이스라엘로 시기 나게 함이니라 12 그들의 넘어짐이 세상의 풍성함이 되며 그들의 실패가 이방인의 풍성함이 되거든 하물며 그들의 충만함이리요

뜻밖의 소식

기독교의 낯섦

예수님 당시에 사람들은 메시아를 기다리고 있었습니다. 구원자가 오기만 하면 대대적으로 환영을 하고 전폭적으로 지지함으로 새롭게 살 수 있을 것이라는 소망이 있었습니다. 그들의 기대대로 메시야가 왔습니다. 하나님이 인간을 구원하시기 위해서 인간에게로 오셨습니다. 그러나 아무도 메시야를 알아보지 못했습니다. 혹시 구유에 누워있어서, 어린아이여서, 예수님이 메시야라고 선언하지 않아서일 수 있습니다. 그 메시야가 장년이 되어 사람들 앞에 직접 나타났습니다. 그리고 자신이 메시야임을 선언하였습니다. 하나님나라를 선포했고, 하나님의 말씀

을 가르쳤고, 인간이 행복하게 살 수 있는 하나님의 원리를 안내하였습니다. 그러나 여전히 아무도 메시야를 알아보지 못했습니다. 자신이 메시야임을 증명할 수 있는 모든 방법을 다 동원했습니다. 병도 고치고 귀신도 쫓고 오병이어도 행하고 바다 위를 걷고 죽은 자를 살리기도 하였습니다. 그러나 아무도 그가 메시야임을 깨닫지 못했습니다.

그 이유는 예수가 메시야의 자격이 부족해서가 아니었습니다. 예수가 자신이 메시야임을 입증하지 못했기 때문도 아닙니다. 그들이 예수를 메시야로 인식하지 못한 것은 그들의 메시야에 대한 생각이 잘못 되었기 때문입니다. 예수의 오심을 알렸던 침례요한조차도 혼동해서 사람을 보내어 예수님께 물었습니다. 마태복음 11장에 요한의 질문이 나옵니다. 2절~5절입니다. '요한이 옥에서 그리스도의 하신 일을 듣고 제자들을 보내어 예수께 여짜오되 오실 그이가 당신이오니이까 우리가 다른 이를 기다리오리이까? 예수께서 대답하여 이르시되 너희가 가서 듣고 보는 것을 요한에게 알리되 소경이 보며 못 걷는 사람이 걸으며 나병환자가 깨끗함을 받으며 못 듣는 자가 들으며 죽은 자가 살아나며 가난한 자에게 복음이 전파되다 하라.' 못 보는 자가 보는 것, 못 듣는 자가 듣는다는 소식은 다 들었습니다. 그래도 이해가 가지 않았던 것입니다. 왜냐하면, 기준이 틀렸고, 근거가 틀렸기 때문입니다.

침례요한의 질문에 대한 예수님의 대답을 아무도 이해하지 못했습니다. 그들의 기준이 틀렸기 때문입니다. 메시야라면 호화찬란하게 올 줄 알았고, 의로우신 하나님이면 죄인과는 거리를 둘 줄 알았고, 만왕의 왕이시라면 아주 영광스럽게 위엄과 권위로 올 줄로 알았기 때문입니다. 그 생각이 틀린 것입니다. 인간을 위하시는 하나님은 인간을 도우러 오시기에 인간의 모습으로 오셨고, 죄인 된 모든 인간을 복 주시려고 죄인의 집에 가셨습니다. 예수는 가장 예수답게, 가장 하나님답게, 가장 메시야답게, 가장 인간을 사랑하신 분답게 행동하시고 말씀하시고 가르치셨습니다. 그러나 아무도 알아채지 못했습니다. 예수는 그들의 틀린 생각에 맞추어 증명하지 않았습니다. 그들의 기준을 고쳐주셨습니다.

성숙하라

죄인들이 보기에 기독교는 참으로 희한한 종교입니다. 기존의 죄인의 사고방식으로는 이해되지 않습니다. 그래서 하나님은 세상을 바꾸지 않고, 죄인이었다가 구원받은 하나님의 자녀들의 사고 패러다임을 바꾸십니다. 성도들은 교회에 출석하면서 죄의 생각 대신에 하나님의 생각, 죄의 인식구조 대신에 하나님의 사고방식으로 변화됩니다. 죄의 생각 대신에 하나님의 마음으로 성숙하고 자라나야 합니다. 성경에 대해서 아는 것이 점점 많아져야 하고, 신앙을 삶속에 적용하는 분야가 점점 넓어져야 합니다. 죄를 이기기가 더욱 쉬워지고 하나님의 은혜를 누리는 시간과 장소와 영역이 확장되어가야 합니다.

택하심을 입은 자

누가 얻었는가?

예수는 새로운 제도, 새로운 문화, 새로운 운동을 전개한 적이 없습니다. 죄인들의 사고방식 대신 하나님의 원리로 역사하신 것입니다. 죄인 된 사람들은 예수의 방식을 새로운 시도, 독특한 양식이라고 수용해준 것이 아니라 아예 받아들일 수가 없었습니다. 죄인의 사고방식으로는 하나님의 방식을 이해할 수도 없었고, 이해 못하니까 그냥 두는 것이 아니라 자신들의 틀림과 거짓이 드러나기에 아예 예수를 죽여 없애버릴 수밖에 없었습니다. 신앙은 구하는 것이 아니라 얻은 것입니다. 죄인은 무엇을 구해야 하는지, 어떻게 구해야 하는지를 아예 몰라서 구하지 않습니다. 그런데 하나님이 주셔서 얻은 것입니다. 하나님의 은혜가 주어졌기에 이제 그것이 무엇인가 알아야 합니다. 어떻게 사용하는 것인지, 얼마나 소중한 것인지 이해해야 합니다. 신앙은 알아가는 것입니다. 신앙은 찾는 것이 아니라 하나님께 찾아지는 것입니다. 우리가 진리와 영원한 것을 찾는 것이 아니라 하나님이 우리를 찾으셔서 우리가 하나님께 찾아진 존재들입니다. 그래서 기독교 신앙에서 강조되는 것이 '은혜'라는 말입니다.

본문 11장 7절을 보면 사람들이 혼동하기 쉬운 표현이 나옵니다. '그런즉 어떠하냐? 이스라엘이 구하는 그것을 얻지 못하고 오직 택하심을 입은 자가 얻었고 그 남은 자들은 우둔하여졌느니라.' 혹자는 이렇게 말합니다. 하나님이 이렇게 일을 불공평하게 하실 수 있는가, 구하는 사람이 얻고 구하지 않은 사람이 얻지 못하는 것이 정상이지, 구하는 사람은 못 얻고 아무것도 하지 않았는데 하나님이 일방적으로 택한 사람에게만 주시면 편파적이지 않느냐고 주장하기도 합니다. 하나님이 불공평하고, 불의하고, 자의적이라고 불평을 합니다. 본문을 오해하시면 그렇게 말하는 것이 당연합니다. 하나님께 항변하는 분에게 제가 이렇게 반문을 해봅니다. 죄인인 당신도 그렇게 편파적으로 행동하면 안 된다고 생각하고, 불공평하면 안 된다는 생각을 할 줄 아는데, 하물며 하나님이 편파적으로 행동하고, 불공평하게 행동을 하시겠습니까? 우리가 하나님보다 똑똑하고, 우리가 하나님보다 일을 더 잘 할 수 있다는 일말의 가능성도 기대하시면 안 됩니다. 하나님이 우리보다 지혜로우십니다. 그런 하나님의 일하심이 뭔가 불공평해보이면 하나님이 잘못 행동하시는 것이 아니라 나의 기준이 잘못되어 있고, 나의 이해가 잘못되어 있고, 나의 판단이 잘못되어 있다고 생각해야 합니다. 언제나 하나님이 옳으십니다.

만약 이스라엘이 구해야 할 것을 바르게 구했는데 얻지 못했다면 정말 억울할 것입니다. 그러나 그들은 엉뚱한 것을 구했고 잘못 구했습니다. 당연히 얻지 못합니다. 구한 이스라엘이 받지 못했다는 사실에는 전혀 억울함, 불공평함이란 없습니다. 잘못 구해서 얻지 못한 것은 지극히 정상입니다. 그런데 구하지 않은 자가 하나님의 택하심, 즉 하나님의 결정에 의해 얻었습니다. 그런 것을 은혜라고 합니다. 자신은 구하지도 않았는데, 나에게 정말 필요한 것이었는데, 나는 그것이 필요한 것인지도 몰라서, 그런 것이 있는 지도 몰라서 어디다 구해야 하는 지도 몰라서 그냥 있었는데, 하나님이 나에게 주시기로 결정하셔서 은혜로 선물로 주셨다면, 여러분은 하나님께 왜 그렇게 하셨느냐고 따지시겠습니까? 하나님의 은혜 주심에 대하여 불공평하고 불의하다고 항변하시겠습니까? 달라고 하지도 않았는데 주셨으니 받은 것을 반납하시겠습니까? 받고 보니, 받은 것이 무엇인가를 알고 보니, 정말 필요한 것이었습니다. 내가 알지 못할 때, 하나님이 먼저 알아서 거저, 은혜로 주셨다면 그때 받은 인간이 행할 수 있는 반응은 그저 감사뿐입니다. 기독교는 하나님의 은혜로 시작되고 인간의 감사로 반응합니다. 구하였는데 못 받은 사람이 억울하지 않고, 안 구했는데 받은 사람이 감격하는 것이 기독교입니다. 그래서 손해 본 자는 없고 이익 얻은 자만 있는 것이 기독교입니다.

절대 교만할 수 없다

기독교는 사랑, 연합, 일치, 화합, 단결을 말합니다. 기독교는 이것이 가능합니다. 내가 한 것이 아니라 하나님이 행하셨기에 가능합니다. 세상에서도 사랑, 연합, 일치, 화합, 단결을 말합니다. 그런데 불가능합니다. 왜냐하면, 사람이 행했기 때문입니다. 사람이 행하면, 결과가 안 나타날 때 억울하고, 결과가 나타나면 교만해집니다. 하나님이 행하셨다고 선포하는 일에는 비교, 자랑, 교만이 원천적으로 불가능합니다. 엘리야가 '나만 남았나이다' 라는 표현에는 자신이 수고와 노력을 과시하는 마음이 담겨있습니다. 과연 엘리야가 이렇게 말을 할 수 있을 정도로 믿음을 지키고 모든 역경을 극복했을까요? 어느 누구도 자신의 신앙과 믿음을 자랑할 수 없습니다. 엘리야의 엘리야 됨은 엘리야의 역사가 아니요 하나님의 은혜의 결과이며 칠천 명의 칠천 명 됨은 그들의 신실함이 아니라 하나님의 은혜의 결과입니다.

하나님이 주시는 것

하나님은 치시지 않는다

7절 후반부와 8절을 보면 더욱 기가 막힌 표현이 등장합니다. '그 남은 자들은 우둔하여졌느니라. 기록된바 하나님이 오늘까지 그들에게 혼미한 심령과 보지 못할 눈과 듣지 못할 귀를 주셨다함과 같으니라.' 마치 하나님이 인간의 지혜를 막고, 하나님이 인간의 인식을 방해한 것처럼 표현되어 있습니다. 이런 구절은 그 의미를 잘 이해해야 합니다. 하나님은 교육적 목적을 위해서라도 고난을 주시지 않습니다. 하나님은 좋은 결과를 만드시려고 악한 방법을 사용하시지 않습니다. 하나님은 나중을 좋게 하고자 지금을 어렵게 하시지 않습니다. 그런 방식은 죄인들만 사용하는 방식입니다. 그래서 죄인들의 방식은 언제나 부작용이 있습니다. 그러나 하나님의 방식은 시작부터 과정과 결말까지 언제나 하나님의 선하고 옳으신 방법만을 사용하십니다.

7절 후반부에 남은 자들은 우둔하여졌다고 하였습니다. 7절의 남은 자들은 하나님의 은혜를 입지 않는 사람을 말합니다. 하나님이 택하신 사람에게는 은혜를 주시고, 택하시지 않은 사람에게는 우둔함을 주신 것이 아닙니다. 원래 죄인인 모든 인간은 구할 것을 모르고 다 우둔합니다. 모두가 우둔한 자이기에 아무도 서로를 우둔하다고 생각하지 않고 있습니다. 그런데 택하심을 따라 은혜를 입은 자가 생겨 진리를 아는 자가 나오니, 진리를 아는 자에 비추어 다른 사람의 우둔함과 어리석음이 드러나는 것입니다. 하나님은 인간을 우둔하게 만들지 않으십니다. 창세기 1장에 하나님은 인간을 하나님의 형상과 모양을 따라 만드셨고 그 인간을 보시기에 심히 좋았다고 하셨는데, 그런 하나님이 몇몇 인간을 우둔하게 만드실 리가 절대로 없습니다. 8절에 나오는 혼미한 심령, 보지 못할 눈, 듣지 못할 귀도 하나님이 주신 것이 아닙니다. 그것은 하나님을 떠나 죄인 된 인간의 본래 모습입니다. 원래 하나님은 인간에게 하나님과 교통할 수 있는 신령한 영과 하나님의 천지만물을 보고, 하나님의 영광을 볼 줄 아는 눈을 주셨고, 하나님의 음성을 들을 수 있는 귀를 주셨습니다. 인간이 하나님을 떠나 하나님과 단절되어 죄에게 사로잡혀 자신의 영을 혼미하게 했고, 자신의 눈을 어둡게 했고, 자신의 귀를 어둡게 한 것입니다. 혼미한 영, 보지 못하는 눈, 듣지 못하는 눈은 죄의 결과이지 절대로 하나님이 주신 것이 아닙니다. 하나님은 죄인과 다르십니다.

하나님의 표현양식

성경의 표현양식을 이해해야 합니다. 마치 하나님이 하신 것 같이 표현되어 있어도 실제로는 하나님이 하시지 않은 것이 많이 있습니다. 또는 반대로 하나님은 아무것도 하지 않으신 것처럼 표현되어 있어도 실제로는 하나님이 하신 것도 있습니다. 이러한 표현양식은 사실과 다르게 기록하려는 것이 아니라 강조하려는 초점에 대한 역설적 방식입니다. 죄인의 사고방식을 한번 확인해보겠습니다. 로마서 11장 9절입니다. '또 다윗이 가로되 그들의 밥상이 올무와 덫과 거치는 것과 보응이 되게 하시옵고 그들의 눈은 흐려 보지 못하고 그들의 등은 항상 굽게 하옵소서 하였느니라.' 이것이 다윗의 기도입니다. 시편 69편 23절에 나오는 기도인데, 시편 69편은 다윗이 고통을 당하고 있을 때 하나님께 간구했던 기도입니다. 다윗이 힘드니까 다윗을 힘들게 하는 사람들의 밥상이 올무와 덫과 거치는 것과 보응이 되게 해 달라고 간구하며, 그들의 눈이 흐려 보지 못하게, 등은 항상 굽게 해 달라고 기도합니다. 이것이 죄인 된 인간의 기도입니다. 내가 행복해 질 수 있는 방법이 두 가지 있다는 것입니다. 하나는 내가 잘 되는 것이요, 만약 나를 잘되게 만들어 주시지 않으신다면 다른 사람들을 망가지게 해 달라는 것입니다.

이런 기도에 하나님이 응답하시겠습니까? 이 기도에 응답하셔서 하나님이 사람에게 혼미한 심령, 보지 못하는 눈, 듣지 못하는 귀를 주시겠습니까? 만약 그렇게 응답하셨다면 여러분은 그런 하나님을 기도에 응답하시는 능력의 하나님이라고 믿으시겠습니까? 내가 이런 기도를 했을 때 하나님이 기쁘게 응답하신다면, 다른 사람이 나를 향해 이렇게 기도할 때를 생각해 보면, 아마 소름이 끼칠 것입니다. 하나님은 그런 분이 아니십니다.

이렇듯 성경이 하나님이 오해받으실만한 표현을 하는 이유는, 하나님이 오해를 받지 않으시면, 인간이 부끄러움을 당하기 때문입니다. 하나님이 옳으시고 인간은 틀렸지만, 그것을 명명백백히 드러내지 않으시고, 인간을 사랑하시는 하나님이 인간의 약점을 덮어 주십니다. 그리고 가장 먼저 하시는 일은 그 인간을 구원하여 새 사람을 만들어 주시는 것입니다. 그래서 누명은 하나님이 쓰시고 선한 결과는 인간이 받게 하시는 것이 하나님의 마음이요 하나님의 심정이요 하나님의 원리입니다.

죄인들은 시시비비를 명명백백하게 가리자고 합니다. 일단 시시비비가 분간이 되면, 다음 단계로 밝혀진 사실을 공개하자고 합니다. 그것은 사람을 두 번 죽이는 정도가 아니라 완전히 죽이는 것입니다. 죄인은 남의 더러움을 들추어내는 것으로 나의 정결함을 드러내려 합니다. 그러나 하나님은 인간의 죄를 덮어줌으로 하나님의 거룩함과 의로우심을 나타내십니다. 하나님이 얼마나 인격적이시고, 하나님의 원리로 사는 성도의 삶이 얼마나 평화의 길인가를 이해하실 수 있을 것입니다. 하나님이 이런 분이시기에 인간이 하나님 앞에 살 수 있었고, 성도가 이렇게 행동해야 세상 사람들이 서로 행복하게 살 수 있습니다. 부모하고 자식하고 싸우면 자식이 이깁니다. 자식이 강하고 옳아서가 아니라 부모가 져주기 때문입니다. 부모가 이기면 그 자식은 호적을 파야할지도 모르기에 자식을 잃지 않으려고 부모가 져 줍니다. 성도와 불신자가 싸우면 불신자가 이깁니다. 성도는 하나님의 사람이고, 성령이 함께 하시고, 능력자가 함께 하시지만, 죄인이 이깁니다. 왜냐하면, 성도가 져주기 때문입니다. 성도가 져주어야 죄인이 하나님의 은혜를 입을 수 있고 성도가 져 주어야 죄인이 하나님의 위로를 경험할 수 있기 때문입니다. 하나님의 심정을 이해하면 하나님께 대한 감사가 저절로 나오게 되어 있습니다.

하님은 절대로 인간을 치시지 않습니다. 교육적 목적으로도 인간에게 고난을 주시지 않습니다. 물론 성도임에도 인간은 어려움을 당할 때가 많습니다. 성도가 시험 들고, 넘어지고, 실족하고 고난을 당하는 것은 하나님이 연단시키는 것이 아니라 자신이 어리석기 때문입니다. 로마서 10장 11~12절을 보겠습니다. '그러므로 내가 말하노니 그들이 넘어지기까지 실족하였느냐? 그럴 수 없느니라. 그들이 넘어짐으로 구원이 이방인에게 이르러 이스라엘로 시기 나게 함이니라. 그들의 넘어짐이 세상의 풍성함이 되며 그들의 실패가 이방인의 풍성함이 되거든 하물며 그들의 충만함이리요.' 이스라엘이 넘어졌고 실족했고 실패했습니다. 이스라엘이 넘어진 것은 하나님이 넘어지게 하신 것이 아니라 자기가 넘어진 것입니다. 시험에 드는 것은 하나님이 시험을 주시는 것이 아니라 자신이 시험에 드는 것입니다. 실족하는 것은 하나님이 함정을 파 놓은 것이 아니라 자신이 실족하는 것입니다.

저희가 넘어지기 까지 실족하였느뇨?

저희는 넘어졌고 실패했다

하나님은 인간을 치시지 않습니다. 도리어 하나님은 인간을 구원하셨습니다. 이제 구원받은 성도는 넘어지면 안 되고 실패하면 안 되고 실족하면 안 됩니다. 성도는 제발 하나님을 알고, 말씀을 알고, 죄인을 알고, 세상을 알아서 넘어지지도, 실족하지도, 시험에 들지도 말아야 합니다. 행여 실족하고 시험이 들었다고 해도 절대로 하나님이 나를 치셨다고, 하나님이 나에게 고난을 주셨다고, 하나님이 나를 힘들게 하셨다고 생각하지 않아야 합니다. 대부분의 사람들은 자신이 힘들거나 어려워지면 누군가를 탓하고 싶어집니다. 자신의 잘못임을 알면서도 남의 탓, 하나님의 탓이라고 항변이라도 하고 싶어집니다. 그렇게 남의 탓, 하나님 탓이라도 하면 기분이라도 조금 나아지는 것처럼 보입니다. 그러나 그때 하나님을 탓하기보다, 도리어 하나님의 선용하심을 기대하시기 바랍니다.

하나님의 선용하심

본문에서도 이스라엘은 실패했지만 그들의 실패를 선용하여 하나님은 역사를 이루어 내십니다. 이스라엘의 넘어짐으로 하나님은 이방인을 구원해 내십니다. 성도들뿐만 아니라 모든 인간은 어려움을 당할 때가 있습니다. '새옹지마' 塞翁之馬라는 고사성어가 있습니다. 이와 비슷한 말로 '전화위복' 轉禍爲福이라는 말도 있습니다. 당한 일은 기왕에 일어난 것이고 혹시 그것이 기회가 되어서 좋은 일이 생길지도 모르니 기대해보자는 것입니다. 새옹지마나 전화위복은 혹시 그럴 수 있을지도 모른다고 막연히 기대해 보는 것입니다. 아무것도 보장이 되어있지 않습니다. 세상이 나를 위해, 내 사정을 위해 변화되어 주지 않습니다. 성도는 어려움에 처할 때 새로운 날이 올 것을 기대하는 정도가 아닙니다. 성도는 곤경에 처할 때 혹시 이것이 새로운 기회가 될 수 있지 않을까 소망을 가지는 정도가 아닙니다. 성도는 하나님이 자신을 사랑하신다는 것을 아는 자입니다. 하나님은 나에게 관심이 있으시고, 하나님에겐 나를 행복하게 하고, 즐겁고 신나게 살도록 만들어 주셔야만 하는 책임이 있으시다는 것을 알고 있습니다. 그래서 그분은 반드시 나에게 유익하도록 역사하실 것을 압니다.

성도의 소망은, 내가 비록 실수할지라도, 그것이 하나님의 뜻을 불순종한 결과를 낳을지라도, 하나님은 그곳에서도 나를 도우셔서 기어코 나에게 선한 결과가 이루어지도록 역사하실 것이라는 사실입니다. 가장 좋은 것은 실족하지 않고 하나님의 은혜를 누리는 것입니다. 그러나 혹시 실족할지라도, 하나님이 저와 여러분의 넘어짐과 실족함을 선용하실 것입니다. 하나님을 바로 알고, 하나님의 마음과 심정을 바로 알아, 날마다 하나님의 은혜를 풍성히 구현하며 누리며 사시기를 주님의 이름으로 축원합니다.

시기하게 하여

로마서 11:13~24

13 내가 이방인인 너희에게 말하노라 내가 이방인의 사도인 만큼 내 직분을 영광스럽게 여기노니 14 이는 혹 내 골육을 아무쪼록 시기하게 하여 그들 중에서 얼마를 구원하려 함이라 15 그들을 버리는 것이 세상의 화목이 되거든 그 받아들이는 것이 죽은 자 가운데서 살아나는 것이 아니면 무엇이리요 16 제사하는 처음 익은 곡식 가루가 거룩한즉 떡덩이도 그러하고 뿌리가 거룩한즉 가지도 그러하니라 17 또한 가지 얼마가 꺾이었는데 돌감람나무인 네가 그들 중에 접붙임이 되어 참감람나무 뿌리의 진액을 함께 받는 자가 되었은즉 18 그 가지를 향하여 자랑하지 말라 자랑할지라도 네가 뿌리를 보전하는 것이 아니요 뿌리가 너를 보전하는 것이니라 19 그러면 네 말이 가지들이 꺾인 것은 나로 접붙임을 받게 하려 함이라 하리니 20 옳도다 그들은 믿지 아니하므로 꺾이고 너는 믿으므로 섰느니라 높은 마음을 품지 말고 도리어 두려워하라 21 하나님이 원 가지들도 아끼지 아니하셨은즉 너도 아끼지 아니하시리라 22 그러므로 하나님의 인자하심과 준엄하심을 보라 넘어지는 자들에게는 준엄하심이 있으니 너희가 만일 하나님의 인자하심에 머물러 있으면 그 인자가 너희에게 있으리라 그렇지 않으면 너도 찍히는바 되리라 23 그들도 믿지 아니하는 데 머무르지 아니하면 접붙임을 받으리니 이는 그들을 접붙이실 능력이 하나님께 있음이라 24 네가 원 돌감람나무에서 찍힘을 받고 본성을 거슬러 좋은 감람나무에 접붙임을 받았으니 원 가지인 이 사람들이야 얼마나 더 자기 감람나무에 접붙이심을 받으랴

하나님의 방식

성경적 원리

하나님을 안다는 것은 하나님의 마음, 하나님의 가치, 하나님의 방법을 안다는 것이요, 진리를 안다는 것이요, 바른 기준이 있다는 것입니

다. 이것은 또한 하나님의 마음을 가졌으니 하나님이 인간을 대하시는 것처럼 우리도 다른 사람을 대할 수 있는 존재가 되었다는 것입니다. 하나님은 인간이 죄인임을 아셨기에 인간에게 무엇인가를 기대하신다거나, 인간에게 배반을 당하시거나, 인간에게 서운해 하시거나 실망을 하신 적이 없습니다. 도리어 인간의 연약함을 아시기에 인간을 도와주셨고, 인간을 위하셨습니다.

인간을 위하시는 하나님은, 인간에게 하나님의 기준을 들이 대면서 하나님의 기준에 맞지 않는다고 심판하고 정죄하신 적이 없습니다. 인간을 도우시는 하나님은, 하나님의 뜻을 들이대면서 이 뜻에 불순종했다고 징계하고 형벌을 내리신 적이 없습니다. 도리어 하나님은 하나님의 기준을 제공하면서 안타까워 하셨습니다. 인간에게 말씀하시기를 '하나님이 너희가 누릴 수 있도록 부여한 은총이 이 정도로 풍성하고 충만한 분량인데 왜 전혀 누리지 못하며 살고 있는가? 하고 안타까워 하셨습니다. 하나님은 하나님의 뜻을 알려주시면서 인간을 설득하셨습니다. '인간아, 하나님이 가르쳐준 뜻대로 하면 훨씬 쉽고, 훨씬 정확하고, 훨씬 자유로운데 왜 하나님의 길을 마다하고 더 어렵고, 더 힘들고, 더 고생되는 길을 가고 있니?' 하시는 분이십니다.

하나님의 기준, 하나님의 뜻, 하나님의 방식은 하나님을 좋게 하는 것이 아니라 인간을 위한 것입니다. 인간을 위해 배려하시고, 인간을 위해 수고하시고, 인간을 위해 하나님이 죽어주시기까지 하셨습니다. 지금도 하나님의 사람들이 하나님의 자녀 된 복을 날마다 누리며 살아가도록 기대하며 도우십니다. 예수를 믿는다는 것은, 먼저 내가 하나님의 사랑을 깨달아 감격하고, 그 결과 하나님의 마음을 가진 자로 다른 사람에게도 하나님의 심정으로 대하는 것입니다. 그래서 예수 믿는 사람은 마음이 넉넉합니다. 예수 믿는 사람이 온유한 것은 그저 허허 실실한 것이 아니요 배알도 없고 소신도 없는 것이 아닙니다. 예수 믿는다는 이유로 무조건 져주고 손해를 보아야 한다는 것이 아닙니다. 도리어 예수 믿는 자는 모든 것을 알아서 마음이 넉넉합니다. 나와 상대하는 사람이 죄인이라는 것을 압니다. 저 사람의 사고방식이 죄의 사고방식이라는 것을 압니다. 저렇게 행동하는 이유와 그 과정과 결과까지도 다 알고 있어서 마음이 넉넉해지고 도리어 그 사람을 향하여 빚진 자의 심정을 가질 수 있고, 도리어 축복해주고 기도해 줄 수 있습니다. 성도는 정말 멋진 존재입니다.

성경의 오용

정말 안타까운 것은 성도들이 자신의 성도됨을 바르게 쓸 줄 모른다는 것입니다. 성도는 마음이 가장 넓은 자가 아니라 가장 속 좁은 자의 대명사가 되었습니다. 예수 믿는 사람은 가장 이해심 많은 자가 아니라 가장 옹고집 장이가 되어버렸습니다. 교회 다니는 사람은 가장 넉넉한 자가 아니라 가장 강퍅한 자가 되어버렸습니다. 성도 중에 조금 믿음이 있다고 생각하는 사람들의 특징은 경직되어 있다는 것입니다. 예수 믿는 사람들 중에 조금 성경을 안다고 하는 사람의 특징은 심판하길 좋아하고, 정죄를 잘한다는 것입니다. 교회 다니는 사람 중에 조금 열심이 있는 사람의 특징은 늘 호전적이라는 것입니다. 이것은 정말 신앙의 오해요 왜곡이요 남용이요 오용입니다.

하나님은 의로우십니다. 그 의로움을 인간을 정죄하는 쪽으로 사용하시는 것이 아니라, 죄인이기에 의롭다함을 받을 수 없는 자들에게 하나님의 의로움을 내어 주사 그 죄인이 의로워지도록 만들어 주시는 분이십니다. 하나님의 의가 그렇게 쓰여야 인간이 삽니다. 하나님은 그렇게 하셨습니다. 그런데 성도 중에는 자기만큼 의롭지 않은 자들을 모두 인간취급을 안하는 분들이 있습니다.

예수님은 기도하시는 분이셨습니다. 기도하는 분이셨지만, 기도하지 않는 제자들을 볼 때, 책망하신 것이 아니라 제자들이 하지 못하는 기도까지 대신 해주신 분입니다. 마태복음 26장에 겟세마네 동산에서 제자들에게 깨어 기도하라고 부탁하신 후, 예수님은 따로 기도하러 가셨습니다. 잠시 후에 나와 보니 제자들은 모두 자고 있었습니다. 그때 예수님이 깨워서 기도하라고 부탁하시고 또 나아가서 기도하시고 오셨습니다. 다시 와서 보니 또 잡니다. 성경에 기록되기를 '저희 눈이 피곤함 이러라' 라고 했습니다. 또 나아가서 기도하고 오셨습니다. 돌아오셔서 하시는 말씀이 무엇이지 아십니까? 계속해서 자니까 물을 끼얹어 깨우는 것이 아니라 26장 45절, '이제는 자고 쉬라.' 아예 집에 가서 자라고 하십니다. 제자들이 기도하지 않으니까 대신 제자들을 위해 기도하시는 분입니다. 우리는 내가 기도하면, 기도 안하는 인간은 성도취급을 하지 않습니다. 신앙을 바르게 사용할 줄 모릅니다. 하나님의 은사를 은혜롭게 사용할 줄 모릅니다. 하나님은 모든 것을 덕이 되도록 권면하시는데 우리는 모든 것을 시험들게 하고 있습니다.

하나님의 유연성

하나님의 원리는 하나님의 뜻, 하나님의 방식이라는 명제로 규격화되어, 각인되어 있지 않습니다. 인간을 위하는 본질적 뜻을 위해 정말 유연하게 작용합니다. 영이신 하나님이, 천하 만물보다 크신 하나님이 인간을 위해서 광야에서 천막을 만들게 하시고 그 안에 계십니다. 또 그렇게 천막 안에 계시던 하나님이 다윗이 거창한 성전을 지어준다고 하니까 거부하십니다. 왜냐하면, 인간을 위해 하나님의 임재하심이 도움이 될 때에는 천막에라도 임하시지만, 하나님을 위한다는 명분으로 하나님의 성전을 지으면서 인간이 고난당하는 것을 바라시지 않기 때문입니다. 예수님이 일평생 온유한 표정만 지었다고 생각하시면 안 됩니다. 예수님이 경건한 용어만 사용하셨다고 착각하지 바랍니다. 예수님은

'독사의 자식들아' 라고 독설을 퍼부은 적도 있습니다. 성전에서 채찍을 휘두르신 적도 있습니다. 그렇다고 하나님이 이랬다 저랬다 하시는 것이 아닙니다. 하나님은 기준도 없이 조삼모사하시지 않습니다. 하나님이 행하시는 모든 기준은 '인간을 위하는 것' 입니다. 하나님의 원리와 하나님의 방식의 관계를 잘 이해하셔야 합니다.

시기하게 하여

하나님의 약속

로마서 본문의 흐름을 잘 이해해야 합니다. 8장에서 성도에게 장차 나타날 영광을 설명하였고, 그 성도의 삶은 하나님의 뜻 안에 있기에 아무것도 방해할 수 없다고 선언하였습니다. 그런데 혹시 구약의 이스라엘을 생각할 때, 하나님의 약속이 믿을 만한 것인지 의심하는 분들을 위해 구약 이스라엘과 하나님과의 관계를 설명하고 있습니다. 그래서 중요한 것이 9장 6절, '하나님의 말씀이 폐하여진 것 같지 않도다' 입니다. 그리고 11장 1절 '그러므로 내가 말하노니 하나님이 자기 백성을 버리셨느뇨? 그럴 수 없느니라' 입니다. 하나님은 자기 백성을 버리신 적이 없고, 자기 말씀을 폐하신 적이 없습니다. 그런데 저와 여러분의 경험상으로도 마치 우리가 버림받은 것 같은 느낌이 든 적이 있었고, 하나님의 말씀이 이루어지지 않는 것처럼 생각된 적이 있었을 것입니다. 그럴 때는 하나님의 말씀이 잘못되었는지 아니면 우리의 생각이 잘못되었는지 분별해야 합니다. 하나님은 하나님이십니다. 분명 하나님 잘못이 아니고, 하나님의 실수가 아닙니다. 하나님이 약속을 어겼을 리가 없습니다. 그렇다면 모두 우리의 미련함 때문입니다.

성도 여러분, 시험 들면 안 됩니다. 시험 들면 나만 손해입니다. 실족하면 안 됩니다. 실족하면 나만 손해입니다. 물론 하나님은 선용하십니다. 그러나 실족하지 않을 수 있으면 더욱 좋은 것입니다. 비온 뒤에 땅이 굳어진다고 말합니다. 그러나 비온 뒤에 땅이 굳어지는 것보다 원래 굳어있는 것이 더욱 좋습니다. 상처를 경험하고 나서 의연하게 일어나서 더욱 당당히 서는 것도 좋지만, 상처받지 않고 당당히 서는 것이 더욱 좋습니다. 우리는 우리의 실패와 좌절을 기어코 선용하여 내실 하나님을 압니다. 그 하나님을 알기에 실패와 좌절이 올 때도 포기하지 않을 수 있고, 하나님의 일하심을 기대할 수 있습니다. 그렇지만, 하나님의 선용하심을 안다고 해서 일부러 실패와 좌절을 경험할 이유는 없습니다. 죄인의 특징 중의 하나는, 모든 일을 최상의 방법으로 하는 것이 아니라 최악의 방법으로 한다는 것입니다. 성도가 구원을 받았습니다. 그러면 자신이 받은 구원을 최상으로 사용하는 것은 구원을 만끽하는 것입니다. 이제 하나님의 나라에 왔구나 하고 하나님나라를 풍성히 누리는 것입니다. 그러나 인간은 참으로 미련해서 자신이 구원받아 하나님의 나라에 왔다는 사실을 '이제 지옥은 안 가는 구나' 정도로만 써먹습니다. 이런 신앙은 참으로 미련한 삶입니다.

시기하게 하여

로마서 11장 13절에서 바울은 이방인이었다가 성도가 된 자들에게 말합니다. '내가 이방인의 사도가 되었다는 것이 정말 기쁘다' 는 것입니다. 바울은 자신의 구원을 최상으로 누리고 있습니다. 11~12절에서 바울은 하나님의 선용하심의 역사를 알았습니다. '내가 말하노니 그들이 넘어지기까지 실족하였느냐? 그럴 수 없느니라. 그들이 넘어짐으로 구원이 이방인에게 이르러 이스라엘로 시기하게 함이니라. 그들의 넘어짐이 세상의 풍성함이 되며 그들의 실패가 이방인의 풍성함이 되거든 하물며 저희의 충만함이리요.' 바울이 기뻐할 수 있는 이유는 하나님의 일하심에 대하여 알고 있어서 자신의 사역이 어떤 결과를 가져올지 다 알고 있기 때문입니다.

많은 사람이 인생 살기가 힘들다고 합니다. 그 이유는 첫째 어떻게 살아야 하는지를 모르기 때문이요, 둘째 여하튼 살기는 살아도 앞으로 어떻게 될지 모르기 때문입니다. 모르면서 하는 것은 정말 힘듭니다. 그래서 다들 앞으로 될 일을 알고 싶어 합니다. 기독교는 인간에게 진리를 알려 줍니다. 성도는 구원받았고 이미 복을 받았고 완성되었고 다 이루었습니다. 혹자는 인생을 알고 살면 지루하고 따분하며, 앞일을 모른 채 기대하면서 사는 것이 인생의 묘미라고 말하기도 합니다. 알고 살면, 재미가 없다고 하는데 그 이유는 갖으려고만 하기 때문입니다. 갖지만 말고 가진 것을 누리면서 살면 정말 행복합니다. 하나님의 은혜를 받으려고 노력하는 것은 정말 미련한 행동입니다.

시기하게 하라

로마서 11장 14절은 아주 재미있습니다. '이는 혹 내 골육을 아무쪼록 시기하게 하여 그들 중에서 얼마를 구원하려 함이라.' 11절 말미에도 똑같은 말이 나옵니다. '그들의 넘어짐으로 구원이 이방인에게 이르러 이스라엘로 시기 나게 함이니라.' 지금 바울은 하나님이 이방인을 잘 되게 해서 이스라엘로 시기 나게 하셨다는 것입니다. 하나님이 사용하시는 방법 중에 하나가 '시기 나게 하시는 것' 입니다. 우리는 그냥 온유한 것, 자상한 것, 인자한 것, 그저 무던한 것 이런 것만이 신앙인의 미덕이라고 오해할 때가 많습니다. 서두에서 말씀 드렸듯이 '의도' 와 하나님이 행하시는 '방식' 을 혼돈하면 안 됩니다. 백성들에게 덕이 되게 하고자 하나님이 사용하시는 방법 중의 하나가 바로 '시기 나게 하는 것' 입니다. 물론 하나님이 직접 시기하는 마음을 주시는 것이 아닙니다. 그런 상황이 만들어질 때 그것을 통해 또한 선용하시겠다는 말씀입니다.

예수를 믿으면서 가장 안타까운 것은, 성도들 중에 예수 믿는 멋진 모습이 적다는 것입니다. 예수를 믿으니까 정말 신난다, 신앙이 있으니까 정말 행복하다, 교회를 다니니까 정말 즐겁다는 모습이 보여야 합니다. 전도의 가장 좋은 방식은, 성도가 예수 때문에, 교회 때문에, 신앙 때문에 즐겁고 신나고 행복하게 사는 모습을 보여 주어서, 성도를 바라보는 사람들이 시기가 나고 샘이 나고 질투가 나는 것입니다. 전능하신 하나님을 찬양은 하면서 걱정하는 것은 앞뒤가 맞지 않고, 우리의 삶을 주관하시는 하나님을 찬양하면서 삶의 형편을 바꾸어 달라고 하는 것은 말이 되지 않습니다. 체념하고 살라는 것이 아니라, 이미 이루어진 일과 앞으로 이루어질 일을 알기에 성도의 평안과 자유와 행복한 삶이 나타나야 합니다. 죄에서 구원받았다는 감격으로, 앞으로 삶이 하나님의 약속과 성령의 인증 속에 있다는 사실로 담대하고 평안하고 행복한 모습이어야 합니다. 그래서 성도를 바라보는 자들로 부러워하고 질투 나고, 샘나고, 시기 나게 하는 삶이어야 합니다.

불신자의 생각에 분명히 내가 더 부자인데, 내가 더 많이 배웠는데, 내가 더 잘나가고 있는데, 모든 면에서 내가 더 나은데, 사는 모습을 보면 성도가 더 행복해 보여서 시기가 나도록 살아야 합니다. 이것은 이렇게 살아야만 되는 법칙이 아니라 성도가 신앙을 바로 알면, 자연히 그렇게 됩니다. 하나님은 야곱을 도와 주셨습니다. 그래서 빈손 들고 나갔다가 두 떼를 이루어 왔습니다. 의기양양해서 금의환향할 때 형이 맞으러 나오는데 환영인파만 400명을 데리고 나옵니다. 야곱은 하나님이 도와서 겨우 두 떼를 이루었는데 에서는 하나님 도움 없이 자수성가해서 갑부가 되었습니다. 그때 야곱이 에서와 비교하여 억울해하고 분통해하고, 하나님이 능력도 없는 것처럼 초라하게 느껴서는 안 됩니다. 도리어 야곱의 마음에 '형 에서는 하나님을 모르니 물질이라도 위로를 받으며 살아야지'라는 마음이 들어야 합니다. '나는 하나님이 있고, 영생이 있고, 평안이 있지'라는 넉넉한 마음이 느껴져야 합니다. 성도의 삶을 통해 불신자를 시기 나게 하여 그 시기로 인하여 하나님을 찾게 하는 삶이 되어야 합니다. 저들로 시기 나게 하고, 질투심 나게 해서 나처럼 되고 싶게 만들어야 합니다. 14절의 말씀대로 '아무쪼록 시기 나게 하여 그들 중에서 얼마를 구원하려 함이라' 입니다.

자랑하지 말라

원가지

정말로 조심해야 하는 것은 수단이 의도를 삼켜버리는 것입니다. 고전 9장 20~21절, '유대인들에게 내가 유대인과 같이 된 것은 유대인을 얻고자 함이요 율법 아래에 있는 자들에게는 내가 율법 아래에 있지 아니하나 율법 아래에 있는 자 같이 된 것은 율법 아래에 있는 자들을 얻고자 함이요 율법 없는 자에게 내가 하나님께는 율법 없는 자가 아니요 도리어 그리스도의 율법 아래에 있는 자이나 율법 없는 자와 같이 된 것은 율법 없는 자들을 얻고자 함이라. 약한 자들에게 내가 약한 자와 같이 된 것은 약한 자들을 얻고자 함이요 내가 여러 사람에게 여러 모습이 된 것은 아무쪼록 몇 사람이라도 구원하고자 함이니 내가 복음을 위하여 모든 것을 행함은 복음에 참여하고자 함이라' 라고 되어있습니다. 바울이 이 모양, 저 모양을 갖추고 다양하게 행동하는 데에는 정확한 목적이 있습니다. 그 목적은 '저 사람을 구원하고자 함이라' 입니다.

로마서에서 바울은 하나님이 이스라엘로 하여금 시기 나게 하셨다고 말합니다. 그 목적은 궁극적으로 이스라엘의 구원을 위해서입니다. 이 의도가 바뀌면 안 됩니다. 의도는 상실한 채 잘난 척만 하는 것이면 안 됩니다. 시기가 나게 해야 되는데 아예 꼴 보기가 싫고 아예 상종도 하기 싫은 사람처럼 되면 안 됩니다. 그래서 18절이 나옵니다. '절대로 자랑하지 말라' 는 것입니다. 17, 18절을 보면, '또한 가지 얼마가 꺾이었는데 돌감람나무인 네가 그들 중에 접붙임이 되어 참감람나무 뿌리의 진액을 함께 받는 자가 되었은즉 그 가지들을 향하여 자랑하지 말라. 자랑할지라도 네가 뿌리를 보전하는 것이 아니요 뿌리가 너를 보전하는 것이라' 라고 했습니다. 구약의 이스라엘은 실패하고 넘어졌습니다. 이스라엘의 실패로 우리는 이스라엘이 행한 실패를 겪지 않고도 성도가 되었습니다. 우리가 자랑할 수 없습니다. 그들이 있었기에 오늘의 우리가 있게 되었습니다.

접붙임을 받은 가지가 자랑할 수 없습니다. 물론 원가지도 자기 덕분이라고 큰 소리 칠 수 없습니다. 마치 불난 집 앞에서 거지 아버지가 아들에게 '너는 불날 집이 없으니 걱정할 일도 없다. 이것이 모두 아버지 덕분이다' 라고 말할 수는 없는 것입니다. 분명 이스라엘은 넘어졌고 실족했습니다. 그러나 하나님은 그것을 선용하셨습니다. 하나님의 은혜입니다. 원가지가 큰소리 칠 수 없습니다. 마찬가지로 접붙임 받은 가지가 원망하거나 비난할 수 없습니다. 원가지가 더 잘했더라면 내가 지금보다는 나았을 것이라고 원망해서는 안 됩니다. 원가지든 접붙임 받은 가지든 가질 수 있는 유일한 마음은 감사함입니다. 원가지는 자신의 실패에도 선한 결과를 만들어 내신 하나님께 감사하고, 접붙임 받은 가지는 자신도 그릇될 수밖에 없었는데 새로워졌으니 감사할 뿐입니다.

세상은 모르지만, 우리는 알고 있는 것이 있습니다. 세상은 궁금해 하지만 우리는 확실히 알고 있는 것이 있습니다. 하나님이 저와 여러분을 사랑하시고, 하나님이 우리를 도와주시고 비록 우리가 넘어져도 하나님은 우리의 넘어짐을 통해 반드시 선한 역사를 만들어 내실 것입니다. 하나님을 알기에 여러분의 멋진 성도의 삶이 다른 사람에게 시기 나게 하고, 질투 나게 하고, 부러움 나게 하여, 내 삶을 통해 그들도 하나님을 찾고 만날 수 있도록 하는 거룩한 전도자의 삶, 복음을 전하는 아름다운 발의 역할을 하는 삶을 사시기를 주님의 이름으로 축원합니다.

깊도다

로마서 11:25~36

25 형제들아 너희가 스스로 지혜 있다 하면서 이 신비를 모르기를 내가 원하지 아니하노니 이 신비는 이방인의 충만한 수가 들어오기까지 이스라엘의 더러는 우둔하게 된 것이라 26 그리하여 온 이스라엘이 구원을 받으리라 기록된바 구원자가 시온에서 오사 야곱에게서 경건하지 않은 것을 돌이키시겠고 27 내가 그들의 죄를 없이 할 때에 그들에게 이루어질 내 언약이 이것이라 함과 같으니라 28 복음으로 하면 그들이 너희로 말미암아 원수 된 자요 택하심으로 하면 조상들로 말미암아 사랑을 입은 자라 29 하나님의 은사와 부르심에는 후회하심이 없느니라 30 너희가 전에는 하나님께 순종하지 아니하더니 이스라엘이 순종하지 아니함으로 이제 긍휼을 입었는지라 31 이와 같이 이 사람들이 순종하지 아니하니 이는 너희에게 베푸시는 긍휼로 이제 그들도 긍휼을 얻게 하려 하심이라 32 하나님이 모든 사람을 순종하지 아니하는 가운데 가두어 두심은 모든 사람에게 긍휼을 베풀려 하심이로다 33 깊도다 하나님의 지혜와 지식의 풍성함이여, 그의 판단은 헤아리지 못할 것이며 그의 길은 찾지 못할 것이로다 34 누가 주의 마음을 알았느냐 누가 그의 모사가 되었느냐 35 누가 주께 먼저 드려서 갚으심을 받겠느냐 36 이는 만물이 주에게서 나오고 주로 말미암고 주에게로 돌아감이라 그에게 영광이 세세에 있을지어다 아멘

계시의 종교

감추어진 것

기독교는 사실 오해받은 종교입니다. 가장 손해를 많이 본 종교입니다. 그럼에도, 기독교는 가장 손해를 많이 끼친 종교로 오해되고 있습니다. 중세시대에 기독교가 신의 권세를 빌미로 해서 인간의 삶을 억압했다고 해서 중세를 인간이 말살된 시기라는 의미로 암흑시대라고 표현합

니다. 하지만 그 당시 인간도 피해를 보았지만 최고의 피해자는 하나님 이셨습니다. 하나님이 오해되고 왜곡되었습니다. 기독교가 오해되고 있다는 것은 정말로 아이러니한 것입니다. 왜냐하면, 기독교의 특징은 '계시' 이기 때문입니다. 계시라는 단어의 의미는 '감추인 것을 드러내다,' '덮여있는 것을 들추어내다' 입니다. 즉 기독교는 다 밝히는 종교, 드러내는 종교입니다. 그래서 기독교는 추리해내거나, 상상해 내거나, 유추해 내거나, 오해될 수 없는 종교입니다. 밝히 알려주는 종교가 오해되고 있다는 것이 아이러니입니다.

성경의 창세기 1장은 하나님의 창조로 시작합니다. 하나님이 천하 만물을 창조하시고, 작용하게 하십니다. 창조에는 감추어진 것도 없고, 비밀도 없습니다. 그래서 따로 계시도 없습니다. 하나님이 다 보여주셨습니다. 그리고 직접 말씀하시기를 '보시기에 좋았더라' 라고 하셨습니다. 절대로 '속으로 생각하시기에 좋았더라' 가 아닙니다.

하나님이 세상과 인간을 창조하셨을 때는 아무런 문제가 없었습니다. 보시기에 심히 좋았습니다. 물론 인간이 보기에도 아주 좋았습니다. 하나님은 늘 인간을 위하시는 분이십니다. 인간을 위해 창조하셨습니다. 인간을 위해 공간을 지으시고, 물질을 지으시고, 세상을 운영, 섭리하셨습니다. 그런데 인간의 삶에 문제가 생겼습니다. 인간의 문제를 하나님 탓으로 돌리면 절대로 안 됩니다. 문제를 일으키는 것은 언제나 인간입니다. 인간이 하나님이 주신 복락을 누리지 못한 채 사단의 유혹에 빠졌습니다. 그래서 사단에게 사로잡혀서 이제 죄의 종이 되었습니다. 죄에게 잡힌 것입니다. 마음이 잡혔고, 생각이 잡혔고, 의식이 잡혔고, 사고방식이 잡혔고 온전히 죄에게 잡혀버렸습니다. 그래서 하나님이 창조하실 때에 주셨던 하나님의 생각, 하나님의 마음, 하나님의 기준, 하나님의 가치, 하나님의 관점, 하나님의 안목을 모두 상실하였습니다. 하나님은 하나도 감추신 적이 없는데, 인간이 하나님의 관점을 상실하자 모든 것이 인간에게 감추어져 있는 것처럼 되어버렸습니다. 하나님이 감추신 것이 아니라 인간이 자신의 눈을 감아버린 것입니다.

술래잡기에는 두 가지 방식이 있습니다. 하나는 술래를 돌아서게 하고, 사람이나 물건을 감추는 것입니다. 그러면, 술래가 돌아서서 찾는 것입니다. 이때, 눈을 뜨고 찾습니다. 하나님과 인간의 관계는 절대로 이런 모습이 아닙니다. 또 다른 술래잡기 방식은 술래의 눈을 가립니다. 모든 것이 그대로 있습니다. 그렇지만 술래의 눈이 가려져서 술래는 걸음걸이가 이상하고, 도무지 분별을 못합니다. 이것이 바로 하나님에 대한 인간의 관계입니다. 하나님은 아무것도 감추신 적이 없습니다. 다만 인간이 자신의 눈을 가렸기에 아무것도 볼 수 없습니다. 모든 것이 감추어져 있고 비밀처럼 되어 버렸습니다.

하나님의 계시

기독교는 신비의 종교, 미스터리의 종교, 비밀의 종교가 아닙니다. 기독교의 영향력을 더욱 확대하고자 신앙의 모습을 신비스럽게 포장하는 것은 하나님의 뜻과 반대되는 것입니다. 하나님의 능력을 좀 더 극대화하려고 하나님이 역사하시는 원리를 특별히 영감 받은 몇 사람만이 아는 비밀처럼 설명하는 것도 하나님의 뜻과는 반대되는 것입니다.

술래잡기에서 술래가 눈을 가리면 아무것도 보이지 않습니다. 그래서 술래가 아닌 아이들이 술래에게 손뼉을 쳐 주거나 소리를 내 주어서 자신의 위치를 알려줍니다. 이것을 기독교 의미로 계시라고 합니다. 하나님이 알려주시는 것입니다. 하나님이 말씀하시고 보여주시고 역사하여 주십니다. 그래서 성경에 가장 자주 나타나는 표현이 '이로써 너희가 나를 여호와인줄 알리라' 라고 했습니다. 하나님은 자신을 알리시는 분입니다. 절대로 '너희는 나를 알지 못하리라' 가 아닙니다. '너희가 나를 찾아 보거라' 가 아닙니다. 하나님이 알려주시지 않으면 모릅니다. 그래서 다 알려주셨습니다. 기독교는 구도의 종교가 아니고, 진리를 찾아 떠나는 여행이 아닙니다. 어느 누구도 진리를 찾아 하늘에 올라갈 필요가 없으며, 진리를 찾아 음부에 내려갈 필요가 없습니다. 로마서 10장 6절부터 8절에 기록된 대로 입니다. '믿음으로 말미암는 의는 이같이 말하되 네 마음에 누가 하늘에 올라가겠느냐 하지 말라 하니 올라가겠느냐 함은 그리스도를 모셔 내리려는 것이요 혹은 누가 무저갱에 내려가겠느냐 하지 말라 하니 내려가겠느냐 함은 그리스도를 죽은 자 가운데서 모셔 올리려는 것이라. 그러면 무엇을 말하느냐 말씀이 네게 가까워 네 입에 있으며 네 마음에 있다 하였으니 곧 우리가 전파하는 믿음의 말씀이라.' 우리가 찾은 것이 아니요, 우리가 발견한 것이 아니요, 우리가 구한 것이 아닙니다. 하나님이 말씀을 주셔서, 진리를 주셔서 우리 입에, 우리 마음에 두셨습니다. 이것이 기독교의 진수입니다. 기독교는 계시의 종교입니다. 기독교는 다 밝혀주는 종교입니다. 기독교는 다 알려주는 종교입니다.

교만할 수 없는 이유

사람들은 인생 가운데 일어나는 불행에 대해서 고민을 합니다. 인간은 왜 행복을 누리기에도 짧은 인생인데 서로 갈등하고 다투며 살까요? 인간은 왜 불행할까요? 하나님 때문입니까? 하나님 탓이 아닙니다. 다른 사람 때문입니까? 다른 사람 탓이 아닙니다. 그럼 내 탓입니까? 내 탓이 아닙니다. 죄 탓입니다. 죄의 마음이 인간을 불행하게 만듭니다.

예를 들어, 자녀가 시험에 백점 맞았습니다. 그래서 옆집 엄마한테 사실을 전해 주었습니다. 사실을 말했는데 옆집 엄마는 심술을 부립니다. 그때 주변 분들은 자랑하지 말라고 합니다. 자랑할 것이 있는데 자랑하지 말하는 것은 인간이기를 포기하라는 것입니다. 자세히 분별해보면 인간은 인간을 몰라서 인간에게 불가능한 일을 요구합니다. 그런데 하나님은 인간을 아시기에 인간에게 불가능한 일은 절대로 하라고 하지 않으십니다. 하나님이 인간을 못살게 구는 것이 절대로 아닙니다. 하나님은 인간이 할 수 있는 것을 하라고 하시고, 할 수 없는 것은 하지 말라고 하십니다. 하나님이 가장 상식적입니다. 말이 안 되는 것은 언제나 죄인 된 인간입니다.

십계명에 보면, '너는 나 외에는 다른 신들을 네게 있게 말지니라' 라는 말씀이 있습니다. 그런데 정확하게 말씀을 드리면 '너희는 다른 신을 섬길 수 없다' 라는 의미입니다. 명령문이기보다는 평서문입니다. '다른 신을 섬기지 말라' 가 아니라 '너희는 다른 신을 섬길 수 없다' 입니다. 인간은 다른 신을 섬길 수 없다고 말씀하시는 이유는 다른 신은 없기 때문입니다. 다른 신은 존재하지 않으니까 인간은 다른 신을 섬길 수 없습니다. 그런데 인간이 다른 신을 섬긴다면 그것은 정말 어리석고 정말 미련하고 정말 무익한 짓이라는 말입니다.

'자랑하지 말라' 라는 말씀도 정확하게 말하면 '자랑할 것이 없다는 것을 알라' 는 것입니다. 자랑할 것이 없다는 것을 알면 저절로 자랑하지 않습니다. 지금 저와 여러분의 모습은 하나님의 일하심의 결과입니다. 그러므로 우리는 자랑할 수 없습니다. 하나님이 인간으로 하여금 자랑할 수 없다는 것을 알게 하여 자랑하지 못하게 하십니다. 그 이유는 인간의 행복을 위해서 입니다. 죄의 마음은 서로의 관계를 파괴하고 서로를 불행하게 만듭니다. 하나님은 죄의 원리를 사용하지 않도록 하십니다. 하나님은 언제나 인간을 위해서 일하시고 말씀하시는 분이십니다.

스스로 지혜 있다 함을 면키 위하여

하나님의 일하심

로마서 11장 25절에 바울은 형제들에게 비밀을 말한다고 합니다. '형제들아 너희가 스스로 지혜 있다 하면서 이 신비를 너희가 모르기를 내가 원하지 아니하노니 이 신비는 이방인의 충만한 수가 들어오기까지 이스라엘의 더러는 우둔하게 된 것이라.' 신비는 말하지 않는 것인데, 말하고 있으니까 이것은 신비가 아닙니다. 하나님이 지금 어떤 역사를 하고 계신지, 하나님이 역사하신 결과로 자신들이 어떤 존재가 되어 있는지를 모르면 인간은 교만하게 되어있습니다. 바울은 형제들이 바로 알기를 원했습니다. 사람들이 교만한 이유는 하나님이 하셨다는 것을 모르기 때문입니다. 하나님이 하셨다는 것을 모른다는 말은 다른 말로 자신이 한 줄로 알고 있다는 것입니다.

　이 글은 로마에 있는 성도들 특히 이방인이었다가 지금은 성도가 된 자들에게 보내는 편지입니다. 그들은 혹시 이런 마음을 가질 수 있습니다. '이스라엘은 지독히 하나님을 믿지 않았는데 나는 예수를 금방 잘 믿어서 이렇게 성도가 되었다. 내가 이스라엘보다 백배는 낫다' 라는 생각이나 '이스라엘은 율법도 가졌고, 할례도 가졌고, 약속도 가졌음에도, 하나님께 버림받았는데 나는 율법도 없고, 할례도 없는데도 하나님을 이렇게 잘 믿었으니 앞으로 내가 받을 상급이 얼마나 클까!' 하고 착각할 수 있습니다.

　그래서 바울이 그런 착각을 하지 못하도록, 사실인데도 신비라는 말로 설명합니다. 그 비밀 또는 신비의 내용이 25절과 26절 '이방인의 충만한 수가 들어오기까지 이스라엘의 더러는 우둔하게 된 것이라. 그리하여 온 이스라엘이 구원을 얻으리라. 기록된바 구원자가 시온에서 오사 야곱에게서 경건치 않은 것을 돌이키시겠고 내가 그들의 죄를 없이 할 때에 그들에게 이루어질 내 언약이 이것이라 함과 같으니라' 입니다. 그 내용은 온 이스라엘이 구원을 받는다는 것입니다. 하나님이 야곱의 경건치 않은 자를 경건하게 돌이키겠고, 저들의 죄를 없이 하셔서 다 구원을 받게 하시겠다는 것입니다. 만약 지금 누군가가 '나는 구원받았는데 저놈들은 버림받았구나!' 라고 생각하면 그것은 정말 어리석은 생각이라는 것입니다. 왜냐하면, 하나님이 온 이스라엘을 구원하실 것이기 때문입니다.

기독교는 하나님의 일하심을 선포합니다. 그래서 강조되는 것이 29절입니다. '하나님의 은사와 부르심에는 후회하심이 없느니라.' 다른 표현으로 하나님이 하셨다는 것입니다. 하나님이 은사를 주셨고, 하나님이 부르셨습니다. 인간이 예수를 주로 믿었다면 그것은 하나님이 은혜를 주신 결과입니다. 인간이 하나님을 입으로 시인했다면 그것은 하나님이 부르셔서 단지 대답을 한 것뿐입니다. 모든 것을 하나님이 하셨습니다. 그래서 저와 여러분이 이 자리에 겸손한 모습으로 나와 있는 것입니다.

자랑이 아닌 감사

로마서 11장 30절은 '너희가 전에 하나님께 순종하지 아니하더니 이스라엘이 순종하지 아니함으로 이제 긍휼을 입었는지라. 이와 같이 이 사람들이 순종하지 아니하니 이는 너희에게 베푸시는 긍휼로 이제 그들도 긍휼을 얻게 하려 하심이니라' 입니다. 신앙의 바른 내용을 깨달으면 성도는 자랑이 아니라 감사가 나옵니다. 우리도 순종하지 않았다고 말합니다. 그런 우리를 하나님이 구원하셨습니다. 당연히 하나님께 감사가 나옵니다. 저들은 믿지 않았는데 나는 믿었다가 아니라 저들도 믿지 않았지만 나도 믿지 않았다고 고백합니다. 내가 행동한 대로라면 나는 구원을 받지 못했을 텐데 하나님이 나를 구원하셨으니, 교만은 자리 잡을 곳이 없습니다. 오직 하나님께 대한 감사, 이스라엘에 대한 감사가 나올 뿐입니다.

선용하심

　세상에는 '선용하심'이라는 개념이 없습니다. 왜냐하면, 하나님의 존재를 인정하지 않기 때문입니다. '선용하심'은 하나님께만 있습니다. 선용하심이라는 의미는, 문제는 내가 일으켰는데, 문제에 대한 결과는 예상과 다르게 좋은 결과가 생겼다는 것입니다. 기독교는 이것을 하나님의 선용하심이라고 표현하고, 세상은 이것을 재수가 좋았다고 표현합니다. 간혹 성도들이 이것을 잘못 표현합니다. 마치 원인을 하나님이 만드신 것처럼 생각하시면 안 됩니다. 하나님은 좋으신 분으로 좋은 의도, 좋은 과정으로 좋은 결과를 이루어내십니다. 절대로 악한 방법을 사용하지 않으십니다.

　세상에는 '목적을 위한 어쩔 수 없는 필요 악'이라는 개념이 있습니다. 분명히 악한 것이요 나쁜 것이지만 좋은 의도로 묵인될 수 있고, 좋은 결과를 위해 거쳐야 하는 과정처럼 생각합니다. 흔히 좋은 선수를 육성하고자 혹독한 훈련을 시키는데, 그 과정은 온갖 거친 말과 인격적 모욕과 폭력이 난무합니다. 그래도 훈련시키는 사람과 훈련 받는 사람이 서로 묵인합니다. 좋은 결과를 위한 과정이라고 생각합니다. 강한 군인을 만들려면 더더욱 악조건을 제공하는 것이 훈련의 기본 방침입니다. 하지만 이런 방식을 하나님께 적용해서는 안 됩니다. 하나님도 우리를 그리스도의 강한 군사로 만드시려고 우리를 시험과 역경과 고난과 가시밭길로 인도하신다고 생각하면 안 됩니다. 우리를 연단하시고 정금 같이 만드시려고 우리를 고통과 인내라는 용광로에 넣어서 담금질을 하신다고 생각하시면 안 됩니다. 하나님은 그런 분이 아닙니다. 하나님이 만약 그렇게 행하신다면 '하나님의 선용하심'이라는 단어는 아무런 의미가 없습니다. 하나님께 감사할 것도 고마울 것도 없습니다.

　하나님은 절대로 원인제공을 하지 않으십니다. 선한 목적, 좋은 결과를 만들려고 악한 방법을 사용하지 않으십니다. 절대로 하나님께 원인을 돌려서는 안 되고 절대로 하나님 탓을 하면 안 됩니다. 하나님과 우리의 관계는, 하나님께서 우리를 강하게 하시려고 악한 방법을 쓰실지라도 우리는 그것을 감수해야 하는 그런 관계가 아닙니다. 인간이 당하는 문제는 온전히 인간 탓입니다. 하나님의 원리를 따르지 않은 탓입니다. 또 세상이 하나님의 원리를 순종치 않는 탓입니다. 본문에서 하나님이 이방인을 구원하시려고 이스라엘을 불순종하게 만드신 것으로 오해하시면 안 됩니다. 이스라엘이 불순종한 것은 분명히 이스라엘의 어리석은 선택이었습니다. 이스라엘의 불순종은 그것으로 끝났어야 합니다. 그런데 하나님은 이스라엘의 불순종을 선용하셔서 이방인을 위한 은혜의 기회로 사용하셨습니다. 절대로 하나님이 원인을 제공하지 않습니다. 비록 우리가 잘못해도, 나보다 나를 더 사랑하시는 하나님이 나를 위해 나의 잘못조차도 아름다운 결과를 주시는 기회로 사용하여 주심에 감사할 뿐입니다.

깊도다

기독교는 정답

로마서 11장 33절, '깊도다. 하나님의 지혜와 지식의 풍성함이여, 그의 판단은 헤아리지 못할 것이며 그의 길은 찾지 못할 것이로다.' 하나님은 너무 풍성하신 분입니다. 그의 지혜와 지식이 얼마나 오묘하고 풍성한지요. 그의 판단이 얼마나 예리한지 우리는 헤아리지 못할 정도입니다. 그런데 우리는 하나님의 지혜를 헤아릴 수 있습니다. 그분이 그의 지혜와 지식을 우리에게 나타내 보여주셨기 때문입니다. 그의 길, 그의 방식, 그의 원리는 우리로서는 도무지 상상할 수도 발견할 수도 없습니다. 그런데 우리는 그의 길을 찾았고, 이미 그 길에 들어와 있습니다. 그분이 그 길을 보여주셨고, 알려 주셨고, 아예 우리를 그 길에 들어앉혀 주셨기 때문입니다.

34절 '누가 주의 마음을 알았느냐.' 안 사람이 없습니다. 알 재주가 없었습니다. 죄인이 무슨 재주로 하나님을 알겠습니까? 그런데 지금 저와 여러분은 하나님의 마음을 알고 있습니다. 기적 같지 않습니까? 감격스럽지 않습니까? '누가 그의 모사가 되겠느냐?' 누가 하나님과 하나님의 뜻, 하나님의 원리, 하나님의 기준, 하나님의 가치, 하나님의 개념을 운운하고 대화를 할 수 있겠습니까? 죄인이 죄에 잡혀 생각하는 것이 죄요, 전공이 죄요, 취미가 죄인데 어떻게 가능하겠습니까? 그런데 저와 여러분은 지금 입만 열면 하나님의 뜻, 하나님의 마음, 하나님의 역사를 알고 있다고 고백하고 있습니다. 이게 바로 하나님의 은혜입니다. '누가 주께 먼저 드려서 갚으심을 받겠느냐?' 이런 방법은 없단 말입니다. 하나님을 알아야 하나님을 찾고, 하나님이 무엇을 원하시고 좋아하시고 기뻐하시는 줄 알아야 하나님께 드리고 받고 할 텐데 누가 그러겠느냐는 말입니다. 그런데 지금 저와 여러분은 먼저 드리지도 않았는데 하나님의 갚으심을 은혜로, 선물로 받았습니다. 탄성이 저절로 나오지 않습니까? 하나님의 은혜입니다. 그래서 바울은 고백합니다. "이는 만물이 주에게서 나오고 주로 말미암고 주에게로 돌아감이라." 하나님이 역사하셨습니다. 하나님이 저와 여러분을 죄인에서 하나님의 백성으로 변화시켜주셨습니다. 하나님이 저와 여러분을 죄의 마음만 가진 자에게서 하나님의 마음을 가진 자로 새롭게 하셨습니다. 나의 나됨이 하나님으로 말미암고 나의 지혜가 하나님으로 말미암고 나의 은혜가 하나님으로 말미암고 나의 생명이 하나님으로 말미암은 것입니다. 하나님이 나를 지으시고 하나님이 나를 긍휼히 여기시고 하나님이 나를 구원하시고 하나님이 나와 동행하시고 하나님이 나와 함께 하십니다. "영광이 그에게 세세에 있으리로다. 아멘."

34
하나님의 자비하심으로

로마서 12:1~2

1 그러므로 형제들아 내가 하나님의 모든 자비하심으로 너희를 권하노니 너희 몸을 하나님이 기뻐하시는 거룩한 산 제물로 드리라 이는 너희가 드릴 영적 예배니라 2 너희는 이 세대를 본받지 말고 오직 마음을 새롭게 함으로 변화를 받아 하나님의 선하시고 기뻐하시고 온전하신 뜻이 무엇인지 분별하도록 하라

세상에서 가장 무서운 것

죄

진리가 옳은 것, 진리가 좋다는 것은 압니다. 흔히들 진실이 이긴다고 말합니다. 진실이 모든 것을 말해 준다고도 합니다. 그러나 대부분 그 말을 믿지 않습니다. 정말로 진실이 이긴다고 생각한다면 그런 주장을 할 필요도 없습니다. 진실이 있는 사람이 조금만 기다리면 저절로 승리를 가져다 줄 것이기 때문입니다. 그러나 실제로는 그렇지 않기에 진실이 이긴다고 구호를 외치고, 진실이면서도 억울함을 견디지 못할 때가 많이 있습니다. 세상 사람들은 진리에 대해 오해하고 있습니다. 사람들은 진리로 남을 이기는데 사용하려고 합니다. 진리로 남의 틀린 것을 밝혀내는데 사용하려고 하고, 남보다 내가 낫다는 것을 드러내는데 사용하려고 합니다. 진리에 대한 오해요 왜곡입니다. 진리는 나를 견디게 만들어주고, 나를 남에게 져줄 수 있게 만들고, 나를 오해에서도 버틸 수

있게 만들어줍니다. 진리는 객관적으로 네가 옳다는 것을 인정해주는 것이 아니라 모두를 살려내는 것입니다. 이것이 하나님의 진리요, 하나님의 방법입니다.

　사람들이 진리를 좋아한다면 가장 무서운 것, 가장 두려운 것이 무엇인지도 알아야 하는데 소홀히 여기는 경향이 있습니다. 가장 무서운 것이 죄입니다. 죄라는 존재는 자신의 존재를 교묘하게 속이고 언제나 다른 것에 책임을 전가시킵니다. 사람들은 모두 죄의 계략에 속습니다. 죄가 만들어내는 가장 교활한 방법 중의 하나가 '오해'입니다. 일단 오해가 생기면 해결할 수 있는 방법이 없습니다. 아무리 풀려고 노력해도 계속 꼬이게 되어있습니다. 참 무서운 것입니다. 그 오해의 근원이 죄에서 기인합니다. 오해는 참으로 풀기 힘듭니다. 오해의 당사자가 만나 진실한 대화를 해도 이미 오해한 마음에는 진실이 진실로 들리지 않습니다. 오해를 푸는 방법은 오해를 한 사람이 오해를 푸는 것입니다. 오해를 받고 있는 사람이 진실을 해명하는 것이 아니라 오해한 사람이 오해를 풀면 그냥 풀립니다. 내가 오해를 했으니까 내가 오해를 풀면 모든 것이 해결됩니다. 그러나 오해한 사람이 스스로 오해를 풀지 않기에 오해는 풀리지 않습니다. 인간관계를 힘들게 하는 방법 중 오해는 매우 교활한 방법인 것이 분명합니다. 좀처럼 풀리지 않아서 오해받는 사람이 가장 견디기 힘들다고 합니다. 그런데 오해받는 것이 전문인 분이 계십니다. 평생 동안, 아니 영생 동안 오해만 받아오신 분이 계십니다. 바로 하나님이십니다. 하나님은 태초부터 지금까지 같은 모습으로 행하십니다. 그런데 인간이 죄 지은 이후로 하나님은 지금까지 계속하여 오해 받고 계십니다. 성경은 변명하지 않고, 그저 계속해서 하나님 모습 그 자체를 유지하고 계십니다. 오해한 그 사람이 하나님을 알도록 역사하시면서 하나님의 하나님 되심을 나타내 주십니다.

성경에서 배우는 것

어떤 사람들은 성경을 이해하려면, 세상의 다양한 방면을 아는 것이 유리하다고 생각합니다. 세상에서의 경험이나 체험이 성경을 이해하는 데 도움이 되지 않습니다. 늘 세상의 지혜와 경험에 근거하여 성경을 연구해서 성경이 오해를 받습니다. 세상의 지혜와 경험에 근거하여 성경을 연구하는 것이 아니라 반대로 성경의 가르침과 교훈을 통하여 인생을 바르게 분별하는 것이 옳은 방법입니다. 예를 들어 하나님을 설명하는 비유로 아버지와 아들의 관계를 통해 하나님의 아버지 되심을 설명합니다. 이것은 옳지 않습니다. 인간 중에 아버지 같지 않은 아버지가 얼마나 많습니까. 아버지의 모습으로는 하나님의 인간 사랑을 깨달을 수 없습니다. 정반대로 해야 합니다. 아버지 노릇을 어떻게 하는 것을 하나님의 인간사랑에서 배워야 합니다.

아버지다운 하나님을 발견하는 것이 아니라 어떻게 아버지 역할을 해야 하는가를 하나님을 통해 배워야 합니다. 하나님이 어떻게 인간을 존재하게 하시며, 하나님이 인간을 어떻게 도와주시며, 하나님이 어떻게 인간을 후원하시며, 하나님이 어떻게 인간을 위해 자신의 모든 것을 다 주시는가, 하나님이 인간을 대하시는 모습이 아버지의 바른 모습입니다. 참된 아버지 역할은 성경에서 하나님이 나를 대하시는 것처럼 하는 것입니다. 그래서 성경을 통해 부모노릇, 자녀노릇, 부부의 노릇, 인생 살아가는 원리를 배웁니다.

성경에서 배워 인생을 바로 살아가야 합니다. 성경을 안다는 것은 단지 성경에 기록되어 있는 스토리와 이스라엘 역사에 관한 몇 가지 내용과 하나님에 대한 어떤 특성 몇 가지를 알게 되는 정도가 아닙니다. 성경을 안다는 것은 하나님을 안다는 것이요, 인간을 안다는 것이요, 인생을 안다는 것입니다. 그래서 성경을 안다는 것은 인생을 제대로 산다는 것입니다. 성경에서 하나님을 배워야 합니다. 성경에서 하나님이 인간을 어떻게 대하시는지를 경험해야 합니다. 그리고 하나님의 분량을 가득 채워서 하나님이 하시는 것처럼 따라하는 것이 가장 인생을 잘사는 것입니다.

기독교에 대한 오해

기독교는 하나님의 일하심의 결과

언제나 인간보다 먼저 인간을 위해서 일하시는 분입니다. 하나님의 일하심의 결과로 인간이 은혜를 누리며 살고 있습니다. 하나님은 무조건적으로 인간에게 은혜를 주십니다. 만약 하나님이 조건을 제시하면 가짜 하나님이며, 만약 하나님이 예물을 요구하시면 인간을 약탈하는 신이며, 만약 하나님이 하나님의 뜻을 인간에게 강요하면 인간을 억압하는 존재입니다. 신이라는 존재가 인간의 도움이나 받고, 인간과 거래를 한다면 신이라고 할 수도 없습니다.

로마서 12장부터 성도에게 권면하는 내용이 등장합니다. 이렇게 해라, 저렇게 해라, 이것을 해라, 저것을 해라 등등의 실천에 관한 내용이 나옵니다. 그런데 중요한 것은 바로 이 실천의 내용을 권면하기 위해 1장부터 11장까지가 있었다는 것입니다. 1장부터 11장까지를 통해 인간이 얼마나 죄인이었고, 인간이 얼마나 대책이 없었고, 인간이 얼마나 가능성이 없었는가를 확인시켜 주었고, 그럼에도, 하나님이 얼마나 인간을 사랑하셨고, 하나님이 어떻게 인간에게 은혜를 주셨는가를 설명하였습니다. 만약 1장부터 11장까지의 내용이 없고 갑자기 12장에서 이렇게 행하고 저렇게 행하라고 말한다면 세상의 교훈과 다를 바가 없습니다. 성경은 1장부터 11장을 통해 인간이 부족하고, 하나님과 원수 되었고, 하나님께 대적하고, 하나님께 대하여 죽었음에도, 하나님께서 인간을 위하여 어떻게 행하셨는가를 소개해 주었습니다. 하나님은 인간을 구원하셨고, 죄인을 새로운 피조물로 변화시켜 주셨고, 모든 것이 합력하여 선을 이루도록 확증하셨고, 어느 것도 인간을 향한 하나님의 사랑을 끊을 수 없다고 보장하여 주셨습니다. 하나님이 인간을 위하여 모든 것을 완벽하게 완성하신 후 이제 성도에게 성도답게 살아보라고 요청하며 권면하는 것이 12장부터입니다.

성도가 열매이다

하나님이 일하신 결과, 하나님이 역사하신 열매가 성도입니다. 절대로 하나님은 이제 성도를 구원하여 하나님의 일군, 하나님의 노동자를 만들어, 마침내 이루고자 하는 하나님의 계획을 실행하려고 시도하는 것이 아닙니다. 하나님에게는 성도를 이용할 목표가 없습니다. 하나님에게는 성도를 활용할 아무런 목적이 없습니다. 성도를 동원하여 성취하여야 할 과업이 없습니다. 하나님이 아무렇게나 행동하신다는 뜻이 아니라 이미 모든 것을 완성하셨다는 의미입니다. 성도는 절대로 하나님의 수단으로 전락해서는 안 됩니다. 성도는 절대로 교회의 수단으로 전락해서는 안 됩니다. 성도 자체가 하나님의 목적이지 다른 목적이 존재하지 않습니다. 물론 교회 안에서 행해지는 이런 저런 사역이 있습니다. 그 사역을 위해서 성도가 일하는 것이 아니라 그 사역을 통해서 성도가 성숙되는 것이 목적입니다. 구약성경을 살펴봐도 확인이 됩니다. 하나님은 이스라엘에게 맡긴 일이 없습니다. 이스라엘에게 하나님이 이루어내라고, 반드시 성취하라고 부탁하신 과업이 없습니다. 물론 이스라엘이 성막을 지었습니다. 그런데 하나님이 머무시려고 성막을 만든 것이 아니라 이스라엘을 위해서 성막을 지었습니다. 하나님이 제사 절기를 정하셨습니다. 하나님이 영광 받으시려고 정하신 것이 아니라 이스라엘이 죄사함을 받게 하시려고 절기를 정하셨습니다. 하나님은 사역 자체가 목적이 아니라 사역을 통하여 인간이 왜 하나님을 믿어야 하며,

왜 하나님의 심정이어야 하는가를 알게 하십니다. 하나님의 목적은 성도입니다. 하나님은 사역은 모두 인간을 위해서입니다.

하나님에 대한 오해

하나님의 방법

물론 세상 사람들도 일이 중요한 것이 아니라 사람이 중요하다고 말합니다. 그러나 그 말도 정말 사람을 중요시해서가 아니라 그 기업의 이미지를 위해서 사용하는 슬로건일 뿐입니다. 그런 표어를 내세우는 기업이 가장 인간을 무시할 때가 많습니다. 인간이 인간을 다룰 때 사용하는 방식은 두 가지입니다. 당근과 채찍입니다. 다른 말로 상과 벌이라고도 하고, 조금 교양 있는 표현으로 칭찬과 훈계라고도 하고, 조금 교육적인 표현으로 동기부여와 책임추궁이라고도 하고, 군대식 표현으로 '죽을래 살래' 라고도 합니다. 그 두 가지를 사용하지 않고는 인간은 거의 움직이지 않습니다. 그리고 당연한 결과로서 점점 그 강도가 커지는 것이 정상입니다. 인간이 인격적인 것 같지만 얼마나 비인격적인가를 드러내주는 단면입니다. 당근과 채찍은 죄가 사용하는 방법이지 하나님이 사용하시는 방법이 아닙니다. 그런데 불행스럽게도 죄의 방식인 당근과 채찍이 상급과 심판, 축복과 저주라는 용어로 기독교에, 하나님의 원리에 사용된다는 것이 애석한 일입니다.

하나님은 당근과 채찍의 방법을 사용하지 않으십니다. 하나님이 사용하시는 유일한 방법은 '은혜' 입니다. 처음부터 끝까지 오직 은혜입니다. 은혜가 무엇인지도 모를 때 이미 은혜를 주시고, 받은바 은혜가 무엇이지를 모를 때 또 은혜를 주시고, 은혜를 은혜롭게 누리지 못할 때 또 은혜를 주셔서, 기어코 자신이 은혜 받았다는 것을 알게 하시고, 자신이 받은 은혜가 무엇인지를 알게 하시고, 자신이 받은 은혜를 어떻게 누리는지를 알게 하시고, 결국은 은혜를 누리며 행복하게 살도록 하십니다. 그것도 은혜로.

하나님의 모든 자비하심으로

모든 것을 은혜로 행하시는 하나님이시기에 로마서 12장 1절이 선포될 수 있습니다. '그러므로 형제들아 내가 하나님의 모든 자비하심으로 너희를 권하노니 너희 몸을 하나님이 기뻐하시는 거룩한 산 제물로 드리라 이는 너희가 드릴 영적 예배니라.' 가장 핵심적인 단어가 바로 '하나님의 모든 자비하심으로' 입니다. 하나님은 결코 인간을 협박하지 않습니다. 지금도 하나님을 믿지 않는 사람이 많습니다. 단지 믿지 않는 정도가 아니라 아예 하나님에 대한 안티 마인드로 충만해서 전문적으로 안티 기독교 사이트를 운영하는 사람도 있습니다. 하나님이 그 사람에게 벌을 내리지 않습니다. 하나님을 대적하는 단체를 만들어서 활동하는 그들에게 하나님이 질병을 주셔서 곧 죽게 하지 않으십니다. 그 사람이 건강하여 돈도 많아서 다른 일 안하고 계속 그 사이트 운영에만 집중할 수 있기도 합니다. 하나님은 심판의 하나님, 징계의 하나님이 아니십니다. 그런 사람도 살려두십니다. 그런 사람들이 망하기를 기도하지 마시기 바랍니다.

종교도 마찬가지입니다. 기독교 말고도 다른 종교가 많습니다. 기독교는 부흥하고 다른 종교는 망하거나 수가 줄어들고 있는 것이 아닙니다. 우리나라의 경우 종교 인구는 늘어났는데 줄어든 것은 기독교 신자의 숫자뿐입니다. 세계적으로도 기독교 인구는 줄어들고 있습니다. 도리어 이슬람인구가 폭증하고 있습니다. 하나님은 전능하신 분인데, 유일하신 분인데 우상 숭배하는 다른 종교들이 커지고 있습니다. 하나님은 다른 종교를 해산시키지 않으십니다. 다른 종교가 망하게 해달라고 기도하시면 안 됩니다. 하나님을 믿는다는 것은 다른 것을 막는 것이 아닙니다. 다른 종교가 망하는 것으로 하나님이 살아계시는 것을 확인하려고 하지 말고, 내 삶 속에서 하나님이 역사하시는 것을 내가 체험하며, 하나님의 일하심을 구현하며 사는 것으로 확인해야 합니다. 오직 그것으로만 기독교와 하나님을 증거 할 수 있습니다.

사람들이 하나님에 대해서 자랑하는 것을 보면 그 사람의 신앙정도를 알 수 있습니다. 신앙의 초보 때에는 대부분 하나님의 능력을 자랑합니다. 하나님이 귀신도 이기신다, 하나님이 죽은 자도 살려내신다, 하나님이 병도 고치신다, 하나님이 이적과 기적을 행하신다, 하나님이 모든 것을 다 하실 수 있다고 합니다. 다 맞는 말입니다. 하나님과 다른 신을 비교하면서 누가 더 세고 누가 더 강하냐고 다툼을 벌입니다. 마치 어린 아이들이 장난하는 것 같습니다. 또 어떤 사람들은 하나님의 권세를 자랑합니다. 하나님이 우주를 통치하신다, 하나님이 삼라만상을 주관하신다, 하나님이 너의 은밀한 것까지 다 알고 계신다, 하나님이 지금도 너의 일거수일투족을 다 아셔서 나중에 심판하신다고 말합니다. 맞는 말입니다. 그런데 안타깝게도 하나님이 권세가 대체로 인간을 혼내는 쪽으로 갑니다. 그래서 사람들이 하나님을 알면 알수록 마음이 평안해지는 것이 아니라 두려워집니다. 이것은 하나님에 대한 바른 이해가 아닙니다.

반대로 하나님은 우리를 지켜보십니다. 하나님이 우리를 지켜보신다는 것은 참으로 좋은 것입니다. 하나님이 나를 지켜보고 계시기에 내가 실수할 때 나를 고쳐주실 것입니다. 내가 잘못할 때 구원해 주십니다. 죄에 빠질 때 구출해 내실 것입니다. 그래서 자유와 평안이 있고 담대해집니다. 하나님은 졸지도 않으시고 주무시지도 않으신다고 시편기자는 말합니다. 하나님이 그렇게 하시는 이유는 너를 지키기 위해서입니다. 그래서 성경 본문에 너를 감독하는 자, 너를 미행하는 자, 너를 심판하시는 자가 아니라 너를 지키시는 자라고 말합니다. 성도는 사망의 음침

한 골짜기를 안 가는 것이 아니라 갑니다. 그러나 가면서 염려나 불안이나 두려움이 없습니다. 왜냐하면, 주께서 나를 지키시는 줄 알기 때문입니다.

로마서 1장부터 11장까지 하나님이 인간을 위해서 하신 일을 기록하였습니다. 그렇게 많은 일을, 그렇게 어려운 일을, 그렇게 결정적인 일을 인간을 위해 하셨다면 그 수고를 담보로 하나님이 인간에게 생색을 내실 수도 있습니다. 그래서 어쩌면 로마서12장 1절이 이렇게 나올 수도 있습니다. '인간들아, 내가 너를 위해 아무것도 안 했다면 너에게 아무 말도 안하겠다. 그런데 나는 너를 위해 내 아들을 주었다. 이제 나는 너에게 말할 권리가 있다. 너에게 나의 가장 소중한 것을 투자한 하나님으로 말하노니' 라고 말할 수 있습니다. 그런데 그렇게 표현되어 있지 않습니다. 또는 '내가 하나님이다. 내가 하나님으로, 내가 한 일이 잘못된다면 내 명예에 먹칠이 당하는 것이다. 내가 얼마나 철저하게 완벽하게 한치의 오차도 없이 했는지를 네가 증거 해야 한다. 내가 하나님이라는 명예를 걸고 말하노니' 라고 하실 수도 있습니다. 그런데 성경에는 그렇게 표현되어 있지 않습니다. 또는 '나는 하나님이다. 나에게는 하늘나라의 엄청난 보화가 있다. 만약 내 말대로 하면 이 모든 것이 다 네 것이다. 그리고 나에게는 지옥의 모든 형벌도 있다. 만약 내 말대로 하지 않으면 이 모든 형벌이 다 네 것이다. 이제 내가 너에게 선택의 자유를 주고 말하노니' 라고 표현할 수 있습니다. 그런데 성경에는 그렇게 표현되어 있지 않습니다.

성경에는 단지 한마디로만 등장합니다. '내가 하나님의 모든 자비하심으로' 입니다. 성경이 가장 강조하는 하나님의 성품은 자비하심입니다. 하나님의 궁휼입니다. 하나님의 인애와 인내입니다. 하나님의 헌신과 수고입니다. 하나님의 인간을 향한 사랑입니다. 권세가 아니고 능력이 아니고 힘이 아니고 하나님의 자비하심입니다. 지금까지 하신 모든 일도 하나님의 자비하심에 근거하여 이루어졌습니다. 또 지금부터 하나님이 인간에게 기대하시는 모습도 하나님의 자비자심에 근거하여 말씀하시는 것입니다.

너희를 권하노니

인간에겐 천의 얼굴이 있습니다. 자비한 표정을 지으면서 '살벌한 목소리로 명령을 하는 사람이 있습니다.' 자비한 표정을 지었으면 자비한 내용이 나와야 합니다. 자비한 표정인데 명령이 나오면 그것은 자비한 표정이 가짜이든가, 명령이 가짜이든가 둘 중의 하나가 틀린 것입니다. 바울은 하나님의 모든 자비하심으로 성도들에게 권고합니다. 하나님의 자비하심으로 명령하는 것이 아니고, 하나님의 자비하심으로 협박하는 것이 아닙니다. 절대로 겁먹지 마시기 바랍니다. 성경에는 하나님이 성도에게 명령하거나 협박하지 않습니다. 하나님의 자비하심에 근거하여 말씀하시기에 '권하노니'라고 표현합니다.

분별하도록 하라

하나님의 뜻을 알아라

어느 날 여러분에게 한 통의 초청장이 왔다고 가정해 봅시다. 그러면 여러분은 자세히 읽어보고 생각할 것입니다. 가는 것이 이익인가 안 가는 것이 이익인가 분별해보고, 가는 것이 이익이라고 결정이 나면 기쁜 마음으로 갑니다. 여러분이 받은 초청장과 같이 성경 말씀은 여러분을 행복으로 초청하는 초청장입니다. 성경을 잘 읽어보고 잘 분별해보기 바랍니다. 그래서 하나님의 말씀, 하나님의 권고가 좋으면 순종하시기 바랍니다. 성경에 실제로 그렇게 기록되어 있습니다. 11장 2절, '너희는 이 세대를 본받지 말고 오직 마음을 새롭게 함으로 변화를 받아 하나의 선하시고 기뻐하시고 온전하신 뜻이 무엇인지 분별하도록 하라.' 성경에 기록되기를 분별하라고 강조합니다. 다른 표현으로 이익이 되는지 계산하여 보고 따져보라는 것입니다. 자비하심으로 권하노니 모든 방면으로 비교해보고 분석해보고 좋으면 행하고 싫으면 행하지 말라는 것입니다. 하나님은 하나님의 권세에 근거하여 강압적으로 믿어라, 순종하라, 절대 복종하라고 말씀하지 않습니다. 기독교는 무조건 믿는 것이 아닙니다. 하나님이 말씀하신 내용을 모르고 믿으면 미신이요, 하나님이 행하신 일과 관계없이 무조건 믿으면 맹신입니다. 하나님이 성경을 주신 이유는 읽어보고 따져보고 계산하여 보고 분별하여 보라는 것입니다.

예수님께서 제자들에게 말씀하셨습니다. 제자가 되는 것을 대해서 언급하실 때, 지극히 계산적인 말씀을 하십니다. 누가복음 14장 25절부터 35절에 나오는 '망대의 비유'와 '전쟁의 비유'입니다. 28절에, '너희 중의 누가 망대를 세우고자 할진대 자기의 가진 것이 준공하기까지에 족할는지 먼저 앉아 그 비용을 계산하지 아니하겠느냐.' 30절에, '어떤 임금이 다른 임금과 싸우러 갈 때에 먼저 앉아 일만 명으로 저 이만 명을 거느리고 오는 자를 대적할 수 있을까 헤아리지 아니하겠느냐.' 자신이 가진 것이 망대를 세우기에 충분한 것인지, 자신의 군사가 상대를 대적할 만한 능력이 있는지를 앉아 계산하여 보고 헤아려 보는 것입니다. 충분하고 넉넉할 때 실천에 옮기는 것입니다. 마찬가지로 예수를 따라가는 것이 자신의 삶에 이익이 되는지 앉아 계산하여 보고 헤아려 보라는 말씀입니다. 하나님이 권하시는 말씀을 들어보고 하나님의 말씀을 순종하는 것과 거부하는 것 중에 어느 것이 자신의 삶에 유익이 되는지 앉아 분별하여 보라는 것입니다. 기독교는 대가를 따지지 않는 종교가 아닙니다. 대가를 따지지 말고, 무조건 순종하라는 것은 인간의 가장 기본적인 욕구부터 말살시키는 비인간적 발상입니다. 손해를 감수하더라고 믿으라는 것은 가장 비상식적입니다. 하나님은 그런 분이 아니십니다. 하나님은 매우 인격적인 분이십니다.

35
산 제사, 영적 예배

로마서 12:1~2

1 그러므로 형제들아 내가 하나님의 모든 자비하심으로 너희를 권하노니 너희 몸을 하나님이 기뻐하시는 거룩한 산 제물로 드리라 이는 너희가 드릴 영적 예배니라 2 너희는 이 세대를 본받지 말고 오직 마음을 새롭게 함으로 변화를 받아 하나님의 선하시고 기뻐하시고 온전하신 뜻이 무엇인지 분별하도록 하라

하나님

기독교 중심은 하나님

기독교의 기원에 대하여 혹자들은 예수가 창시하였다고 주장하고 다른 사람은 예수의 제자 중에 바울이 창시하였다고 주장하기도 합니다. 예수는 종교를 창시한 적이 없고 다만 그의 계획대로 삶을 살아갔고 예수의 제자인 바울이 예수의 가르침을 기초로 하여 교리를 세우고 조직을 세워 기독교를 창시하였다는 것입니다. 또 한편에서는 기독교의 중심이 무엇인가에 대한 논쟁도 있습니다. 가장 대표적인 대답이 기독교의 중심은 예수 그리스도라는 것입니다. 구약 성경에 예수님이 예언되어 있고 복음서에 예수님의 사역이 기록되어 있고 서신서에 예수님의 사역의 결과가 나타나 있으니 성경의 중심, 기독교의 중심이 예수라는 것입니다. 물론 맞는 말입니다. 그러나 기독교에 대한 폭이 좁은 이해입니다. 기독교는 하나님의 선재하심에서 시작합니다. 기독교는 하나님의

기원을 묻지 않습니다. 하나님이 언제부터 계셨고, 어디에 계셨고, 어떻게 존재했는가를 묻지 않습니다. 왜냐하면, 하나님이 인간보다 먼저 존재하시기 때문입니다. 그 하나님이 뜻을 세우셨고, 그 하나님이 창조하셨고, 그 하나님이 역사하셔서 하나님의 일하심의 결과로 세상이 존재하고, 인간이 존재하고, 삶을 살아가고 있는 것입니다. 기독교의 중심은 하나님입니다.

다른 표현으로 기독교의 중심은 예수라고 강조하는 것도 옳은 것입니다. 기독교를 언급할 때 성부 하나님, 성자 하나님, 성령 하나님을 분리하여 그 중에 성자 하나님 예수 중심이라고 말하는 것보다 삼위일체로서의 하나님 중심이라고 하는 것이 더욱 옳습니다. 예수를 이 땅에 보내시기로 계획하시고 예언으로 선포하게 하신 분도 하나님이시고, 직접 이 땅에 강림하셔서 사역을 감당하신 분도 하나님이시고, 예수의 사역을 성도 각자에게 인 치게 하신 분도 하나님이시니 기독교의 중심은 하나님이라고 표현하는 것이 더욱 적절할 것입니다. 본문도 모두 하나님을 강조하고 있습니다. 하나님의 자비하심으로 권하노니, 하나님이 기뻐하시는 예배, 하나님의 선하시고 기뻐하시고 온전하신 뜻을 분별하라고 하나님을 강조합니다.

하나님의 중심은 인간입니다

기독교의 중심이 하나님이라고 강조하면 사람들은 기독교가 하나님 중심이라 인간이 소외되고 인간이 하나님 앞에 종속된다고 저항합니다. 이러한 태도는 매우 어리석은 것입니다. 기독교의 중심은 하나님이고, 하나님의 중심은 인간입니다. 하나님이 인간들에게 권고하실 때 하나님의 모든 자비하심으로 권면하십니다. 만약 하나님이 하나님의 목적을 이루기 위한 것이라면 인간을 향한 자비가 필요 없습니다. 권위와 권세와 위엄에 근거하여 강력하게 통치하시면 모든 것은 쉽게 빨리 다 이루어질 것입니다. 하나님의 권세와 위엄을 동원하여 명령하면 아무도 거부하지 못할 것이며, 불순종하지 못할 것이며 아무것도 지체되지 않을 것입니다. 그렇다면 지금의 성경에 나타나는 마치 하나님이 실패하신 듯한 표현이나 하나님이 후회하시는 듯한 표현이 등장하지 않을 것입니다. 사람들이 하나님을 향하여 원망이나 불평을 쏟아놓을 때 그 모든 것을 들으시는 하나님의 모습도 나타나지 않을 것입니다. 또 계속하여 인간을 설득하시고 인간과 대화하시는 하나님의 모습도 필요 없을 것입니다. 그런데 하나님은 하나님 자신을 위한 분이 아니라 인간을 위한 분이시기에 권세와 능력에 기인하지 않고 자비하심으로 권고하시고, 설득하시는 모습이 성경에 나타납니다. 이러한 모습은 하나님이 인간을 위한 분이라는 것을 증명하고 있습니다.

본문에 하나님이 기뻐하는 예배를 드리라는 말씀이 나옵니다. 일반적으로 이런 표현에 대하여 사람들은 오해합니다. 예배하는 사람이 기쁘고 좋아야지 왜 기독교는 하나님이 기뻐하시는 예배를 드리라고 인간에게 강요하느냐고 불만을 표시하곤 하는데 그것은 큰 오해입니다. 하나님이 기뻐하시는 예배와 우리가 기뻐하는 예배 중에 어느 것이 더 쉬울 것이라고 생각하십니까? 성경에서 하나님이 인간에게 요구하시고 기대하신 예배와 타종교의 예배, 즉 인간이 자신이 믿는 신을 향해 인간이 생각하는 방식으로 드리는 예배 중에 어느 것이 쉽다고 생각하십니까? 혹자들은 인간이 생각해서 자신이 기뻐하는 방식이 훨씬 간단하고 편리하고 쉬울 줄로 압니다. 대신 하나님을 기쁘시게, 하나님의 기준에 맞게 예배를 드리는 것은 매우 어려울 것으로 생각합니다. 이런 생각이 인간의 오해입니다. 실제로는 하나님의 방식이 훨씬 쉽고 사람의 방식이 훨씬 어렵습니다.

지구상에 있는 모든 신은 인간의 절을 받습니다. 신을 향하여 정성과 수고를 하지 않으면 아무것도 바랄 수 없습니다. 지구상에 있는 신이라고 여겨지는 존재들 중에 오직 한 분, 하나님만 인간의 절을 받지 않습니다. 이 한 가지 사실만으로 누가 인간을 위하는가가 구별이 됩니다. 기독교에서 가장 강조하는 것은 하나님의 은혜입니다. 하나님이 존재하시고 그 하나님이 인간을 위해 수고와 역사를 하셨습니다. 그래서 하나님이 인간에게 기대하시는 것은 하나님이 주신 은혜를 자유롭게 누리며 행복하게 사는 삶입니다.

하나님의 선하시고 기뻐하시고 온전하신 뜻

본문에 하나님의 선하시고 기뻐하시고 온전하신 뜻이 무엇인지 분별하라고 권고합니다. 사람들은 하나님의 뜻이라고 하면 무조건 하나님의 것이라고 생각합니다. 하나님의 뜻이 하나님의 것인 것은 맞습니다. 그러나 하나님의 뜻이 누구를 위한 것이냐는 것을 알아야 합니다. 그 동안 성경이 강조하려는 것과는 다르게 너무 잘못 배워왔습니다. 내 뜻이 있지만 내 뜻을 꺾고, 내 계획이 있지만 내 계획을 포기하고, 내 소망이 있지만 내 소망을 접고, 오직 하나님이 부르시는 대로, 하나님이 시키시는 대로, 하나님이 맡기시는 대로 하나님의 뜻을 위해 나의 인생을 포기해야 한다고 배웠습니다. 다른 표현으로 자아를 부정하라, 자신을 죽여라, 자기를 이겨라 등의 말을 들어왔습니다. 이러한 인식은 성경의 의도와는 다릅니다. 여러분의 뜻이 있다면 포기하기 전에 여러분의 뜻과 여러분을 향한 하나님의 뜻 중에 어느 것이 더 좋은지 분별하고, 더 좋은 것을 하시면 됩니다. 간혹 스스로 생각해도, 정말로 내 뜻대로 되었다가는 큰 일 날 일들이 한두 가지가 아닙니다. 내 뜻은, 나는 좋지만 내 주변에 있는 사람은 절대로 좋아하지 않을 일이 허다합니다. 내 뜻대로 안 되는 것이 얼마나 다행인지 모릅니다. 하나님의 뜻은 모든 인간을 행복하게 합니다. 하나님의 뜻은 인간을 위하고, 인간의 뜻을 꺾지 않고 포기시키거나 방해하지 않습니다. 하나님의 뜻으로 자신의 뜻을 포기해야한다고 생각한다면 그것은 하나님의 뜻에 대한 오해입니다. 나에게 좋은 내 뜻을 포기하고 나쁜 하나님의 뜻을 따라야 하는 것이 아닙니다. 나에게 더 좋은 하나님의 뜻을 기쁘게, 자원하여 따르는 것입니다. 하나님의 뜻만이 모든 인간을 위해 가장 좋은 것이기 때문입니다. 기독교의 중심은 하나님이시고, 하나님의 중심은 인간이라는 것을 꼭 기억하시기 바랍니다.

언밸런스인가? 밸런스인가?

너희 몸, 거룩한 산 제사, 영적 예배

성경은 매우 쉽습니다. 성도들이 성경을 읽으면서 매우 어려워합니다. 성경이 사용하고 있는 용어와 개념이 자꾸 일반적인 의미와 혼돈되고 있어서 더 어렵다고 생각합니다. 로마서 12장 1절과 2절만 읽어보아도 말이 안 되는 말이 있습니다. 성경을 읽으실 때 기억해야 할 사실은, 성경은 말이 된다는 것입니다. 성경은 말이 되는데, 성경을 읽을 때 말이 안 되면, 그것은 성경이 잘못 말하고 있는 것이 아니라, 내가 성경의 의미를 잘못 파악하고 있는 것입니다.

본문을 보면, '너의 몸을 하나님이 기뻐하시는 거룩한 산 제사로 드리라 이는 너희가 드릴 영적 예배니라'고 했습니다. 몸을 드리면 육체적 예배이고, 영을 드려야 영적예배인데 본문에서는 몸을 드리는데 영적예배라고 말합니다. 이것은 말이 안 됩니다. 성경을 읽을 때 말이 안 되는 것을 그냥 믿어버리시면 안됩니다. 성도는 이미 하나님을 믿는 분입니다. 하나님을 믿지 않는 분에게는 믿음이 필요합니다. 그러나 이미 하나님을 믿는 분에게는 의심이 필요합니다. 믿는 분에게 생기는 의심은 믿지 않기 위한 의심이 아니라, 믿는 바를 분명히 하고, 믿는 바를 자신의 삶속에 적용하기 위한 사모함에서 나오는 의심이기에 아주 바람직합니다. 믿어지지 않는 불신자는 믿음을 구해야 합니다. 그러나 이미 믿는 분들은 맹신적, 무조건적 믿음이 아니라 말씀을 이해하려고 말씀이 그러한가 상고해보는 마음이 필요합니다.

기독교적 인간관

분명히 본문에서는 몸을 드리라고 하고 그것을 영적 예배라고 표현하고 있습니다. 이것을 이해하기 위해서는 먼저 오해를 한 가지 풀어야 합니다. 인간의 구성을 논할 때 육과 영으로 나누는 것은 기독교적인 방식이 아닙니다. 하나님이 인간을 창조하시고 인간을 대하실 때 육적으로, 영적으로 분리해서 대하신 적이 없습니다. 물론 성경에 육체, 육신이라는 개념과 영이라는 개념이 나옵니다. 그것은 인간을 두 부분으로 나누는 것이 아니라 통전적 인간 전체가 어디에 소속되어 있는가에 대한 상태에 관한 것입니다. 바울의 서신에서 육체와 영을 구분하여 말할 때에는 신체 또는 몸을 육체라고 하거나 정신 또는 혼의 영역을 영이라고 언급하는 것이 아닙니다. 바울이 육체라고 표현하는 것은 인간이 죄에 잡힌 상태를 말합니다. 인간을 영 또는 영적이라고 말할 때는 하나님께 속한 상태를 말합니다. 인간의 구성을 분할하는 것이 아니라 통전적 인간이 죄에 속해 있는지 혹은 하나님께 속해있는지를 구분하는 것입니다. 성도는 하나님의 자녀이기에 본질적으로 영적인, 즉 하나님께 속한 자들입니다. 예를 들어 성도를 새로운 피조물이라고 표현하는 것은 피부가 새로워지거나 세포나 피가 새로워지는 것이 아니라 죄에게서 구원받아 하나님의 자녀가 되는 것을 의미하는 것과 같은 원리입니다.

본문에 나오는 표현은 아주 멋있는 의미심장한 표현입니다. '너희 몸을 하나님이 기뻐하시는 거룩한 산제사로 드리라. 이는 너희가 드릴 영적예배니라.' 여기서 '영적 예배' 라는 말은 영으로 드리는 예배 혹은 신령한 예배라는 의미가 아니라 다른 표현으로 하면, '합당한, 이치에 맞는, 말이 되는, 합리적인, 사리에 어울리는 예배'라는 뜻입니다. '너희 몸을 거룩한 산 제사로 드리라'는 표현은 '너희의 삶 전체를 하나님의 원리와 기준에 맞추어 합당하게 사는 것이 합리적이고 이성적이고 이치에 맞고 하나님의 뜻에 적합한 올바른 예배'라는 뜻입니다.

마음을 새롭게 함으로

기독교의 순서

로마서 12장이 등장하려면 반드시 1장부터 11장의 내용이 나와야 합니다. 12장 3절 이하에서 권면하는 구체적 행동의 내용은 성경에 기록된 것이나 세상의 교훈집, 처세술에 기록된 것이나 같습니다. 성경은 원수를 사랑하라고 권면하고 세상의 교훈집은 원수를 죽이라고 권면하지 않습니다. 성경은 화가 나도 저녁에 화를 풀고 자라고 권고하고 세상의 지혜는 화가 나면 화풀이를 하고 자라고 가르치지 않습니다. 성경의 가르침과 세상의 가르침의 기본적, 외형적, 행동적 내용은 같습니다. 이때 성경의 가르침과 세상의 가르침이 어디가 다르고 어떻게 다른가를 분별해야 합니다. 성경의 가르침과 세상의 가르침의 차이는 바로 로마서 1장부터 11장까지의 내용이 나오느냐 나오지 않느냐의 차이입니다. 성경은 로마서 1장부터 11장까지의 내용 즉 하나님의 행하신 일이 앞에 나옵니다. 하나님이 이미 다 이루어 놓으셨기에 이제 12장의 행동이 자연스럽게, 결과적으로, 열매로서 가능하다는 것을 말해주고 있습니다. 그러나 세상의 가르침에는 1장부터 11장이 없습니다. 즉 세상에서도 로마서 12장의 행동을 권면하지만, 12장의 행동을 할 수 있도록 만들어주는 하나님의 일하심이 없다는 것입니다.

로마서는 전반부에 하나님이 하신 일이 등장하고, 후반부에 하나님이 하신 일에 기초한 성도의 삶에 대한 권면이 나옵니다. 그렇게 로마서가 16장으로 구성되어 있습니다. 그런데 세상에는 로마서의 전반부에 해당하는 인간의 바른 행동을 실천할 수 있는 기초로서의 하나님이 하신 일이 없습니다. 대신 로마서에 없는 17장이 있습니다. 너희가 이렇게 하라, 그리하면 너희가 성공하리라, 그렇지 아니하면 너희가 고생하리라입니다. 즉 인간의 행동에 기초한 결과를 암시하고 있습니다. 기독교는 하나님의 일하심, 이미 이루어지고 완성된 결과에 근거한 실천을 권고하고, 세상은 인간의 행동에 따라 달라질 수 있는 불확실한 미래를 암시할 뿐입니다. 이 엄청난 차이점을 분별해야 합니다. 외형적 권고의 내용이 같다고 해서 결코 하나님의 가르침과 세상의 가르침이 같은 것이 아닙니다. 기독교는 하나님의 일하심을 누리는 종교이고, 세상은 자기의 인생을 자기가 만들어가야 합니다.

로마서 전체의 구조가 논리적 체계가 있는 것처럼, 로마서 12장도 합리적 질서가 있습니다. 1절에, '너희 몸을 하나님이 기뻐하시는 거룩한 산 제사로 드리라. 이는 너희가 드릴 영적 예배니라' 라고 권고했습니다. 합당한 예배를 드리라고 권고하면서 다시 한 번 강조해서 등장하는 것이 2절의 '하나님의 선하시고 기뻐하시고 온전하신 뜻이 무엇인지 분별하도록 하라' 입니다. 분별하라, 즉 이해하고 깨달으라는 것입니다. 기독교는 절대로 무지한 종교가 아니며 무조건 믿는 종교가 아닙니다. 엄밀하게 말하면, 기독교는 내가 믿는 종교가 아닙니다. 내가 믿어서 되는 것이 아니라 이미 은혜로 믿어지는 종교입니다. 믿음은 우리가 만들어내지도 못하고, 우리가 유지하지도 못합니다. 그것은 하나님이 주신 것이고, 하나님이 절대로 철회하지 않을 것이기에 우리의 영역이 아니라 우리의 책임이 아닙니다. 믿음을 가진 성도, 믿음의 보장을 받은 성도의 관심은 내가 믿는 하나님이 누구신가를 아는 것, 하나님의 뜻을 분별하는 것입니다.

마음을 새롭게 하는 것

　영적 예배, 합당한 예배를 드리기 위해서는 하나님의 뜻이 무엇인지, 합당한 것이 무엇인지를 알아야 합니다. 알려면 분별해야 합니다. 행동과 실천을 요구하기 전에 다시 한 번 경각심을 불러일으키는 것입니다. 이제부터 네가 하려고 하는 행동에 대해서 알고 있느냐는 것입니다. 할 수 있는 것인지, 어떻게 해야 되는 것인지, 하면 어떤 결과가 있는지에 대해 알라는 것입니다. 일단 행동하고 결과를 기다리라는 권면이 아니라 이미 이루어진 결과와 약속된 보장을 알고 행하라는 것입니다. 로마서 12장 2절에 '너희는 이 세대를 본받지 말고 오직 마음을 새롭게 함으로' 입니다. 행동을 아니라 마음을 바꿉니다. 마음을 바꾼다는 말은, 이 생각에서 저 생각으로 바뀌는 것이 아닙니다. 부정적 인식에서 긍정적 인식으로 바뀌는 것이 아닙니다. 소극적 생각에서 적극적 생각으로 바뀌는 것이 아닙니다. 수동적 사고방식에서 능동적 사고방식으로 바뀌는 것이 아닙니다.

　인간이 이 생각에서 저 생각으로 바꾸는 것은 인간만으로도 가능합니다. 부정적 마음에서 긍정적 마음으로 변하는 것은 각오 한번 다지면 됩니다. 소극적 인식에서 적극적 인식으로 변하는 것은 동기부여만 시켜주면 됩니다. 이것은 인간들도 할 수 있습니다. 하나님은 이런 정도의 수준과 차원에서 마음을 새롭게 하고 변화를 받으라고 말씀하시는 것이 아닙니다. 인간이 할 수 없는 일, 인간으로서는 도무지 감당할 수 없고, 인간 스스로 변화시킬 수 없는 일, 하나님이 하셔야만 하는 일, 하나님이 변화시켜 주신 일을 분별하라는 것입니다. 인간으로서는 할 수 없는 생각, 즉 죄에 잡혀 있어서 죄만 생각했었는데, 이제 죄의 생각 말로 하나님의 생각, 하나님의 가치, 하나님의 기준으로의 생각이 변화된 것을 깨달아 알라는 말씀입니다.

이 세대를 본받지 말고

이 세대를 본받지 않는 것이 곧 마음을 새롭게 하는 것입니다. 이 세대를 본받지 말라는 말은 이 세대의 어떤 행동들을 말하는 것이 아니라 이 세대의 마음, 이 세대가 적용하고 있는 가치, 원리, 개념, 의미를 말하는 것입니다. 이 세대의 사고방식, 이 세대의 인식을 본받지 말라는 것입니다. 왜냐하면, 이 세대의 모든 인식은 구원받은 않은 죄의 사고방식이기 때문입니다. 이 세대에서 통용되고 있는 죄의 사고방식을 본받지 말고 새롭게 된 하나님의 사고방식, 하나님의 가치, 하나님의 관점, 하나님의 기준을 분별하라는 것입니다.

에베소서 4장 13절과 14절에 이런 표현이 등장합니다. '우리가 다 하나님의 아들을 믿는 것과 아는 일에 하나가 되어 온전한 사람을 이루어 그리스도의 장성한 분량이 충만한 데까지 이르리니 이는 우리가 이제부터 어린아이가 되지 아니하여 사람의 궤술과 간사한 유혹에 빠져 모든 교훈의 풍조에 밀려 요동치 않게 하려 함이라.' 일반적인 의미에서 교훈은 옳은 말씀이요, 바른 말씀이요, 삶의 모범적 가르침입니다. 인간들이 오랜 경험을 통해 배우고 축척한 지혜입니다. 이러한 가르침은 배우고 따르는 것이 상식입니다. 사람의 궤술과 간사한 유혹은 조심하고 대신에 교훈은 굳게 잡으라고 권면하는 것이 정상입니다. 그런데 성경은 성도가 교훈의 풍조에 밀려 요동할까 걱정된다고 말합니다. 왜냐하면, 인생의 교훈이 일견으로는 유익한 것 같지만 인간들이 만든 교훈은 근본적으로 죄인이 만든 내용이기에 하나님의 교훈과는 차원이 다르기 때문입니다.

마음의 변화

기독교가 강조하는 변화는 마음의 변화 즉 가치의 변화, 원리의 변화, 기준의 변화, 개념의 변화입니다. 기독교의 변화를 행동의 변화에 초점을 맞추면 안 됩니다. 물론 기독교도 행동의 변화를 강조합니다. 이때 행동은 마음의 변화에 따른 당연한 결과일 뿐입니다. 세상에서 가장 바꾸기 쉬운 것이 행동을 변화시키는 것입니다. 당근과 채찍을 동원하면 행동을 변화시킬 수 있습니다. 마음의 변화가 없는 행동의 변화는 본질적 변화가 아니기에 변화시키기도 쉽지만 곧 돌아와 버립니다. 기독교의 목적은 행동의 변화가 아니라 마음의 변화입니다. 마음의 변화가 있으면 그 사람의 삶 전체에 변화가 옵니다. 살아가는 방식 전체가 바뀝니다. 그래서 성경에 '너희 몸을 거룩한 산제사로 드리라' 고 되어 있습니다. 특정 종교적 활동을 강화하고, 특정 종교적 행위를 열심 내는 것으로가 아닌 삶 전체를 합당한 예배로, 하나님의 이치에 맞는 방식으로 살아가라는 것입니다.

기독교는 하나님의 마음을 지닌 종교입니다. 하나님의 마음으로 하는 행동은 모든 것이 예배입니다. 그리고 하나님의 마음이 아닌 것을 죄라고 합니다. 로마서 14장 23절에 먹는 것에 관한 내용이 나옵니다. '의심하고 먹는 자는 정죄되었나니 이는 믿음으로 좇아하지 아니한 연고라. 믿음으로 좇아 하지 아니하는 모든 것이 죄니라.' 무엇을 하든지 하나님의 심정과 원리로 하지 않으면 죄이고, 하나님의 심정과 원리로 하면 모든 것이 하나님 앞에 거룩한 산 제사가 될 수 있습니다. 특정한 행동을 언급하는 것이 아니라 그 행동의 원리, 그 행동의 기준으로서의 하나님의 마음, 하나님의 심정을 중요시합니다. 마태복음 25장에 천국에서 하나님과 성도의 대화가 등장합니다. 25장 34절로 40절입니다. '그 때에 임금이 그 오른 편에 있는 자들에게 이르시되 내 아버지께 복 받은 자들이여 나아와 창세로부터 너희를 위하여 예비된 나라를 상속하라. 내가 주릴 때에 너희가 먹을 것을 주었고 목마를 때에 마시게 하였고 나그네 되었을 때에 영접하였고 벗었을 때에 옷을 입혔고 병들었을 때에 돌아보았고 옥에 갇혔을 때에 와서 보았느니라. 이에 의인들이 대답하여 가로되 주여 우리가 어느 때에 주의 주리신 것을 보고 공궤하였으며 목마르신 것을 보고 마시게 하였나이까? 어느 때에 나그네 되신 것을 보고 영접하였으며 벗으신 것을 보고 옷 입혔나이까? 어느 때에 병드신 것이나 옥에 갇히신 것을 보고 가서 뵈었나이까 하리니 임금이 대답하여 가라사대 내가 진실로 너희에게 이르노니 너희가 여기 내 형제 중 지극히 작은 자 하나에게 한 것이 곧 내게 한 것이니라.' 이것이 산 제사요 영적 예배요 합당한 예배입니다.

구약에도 마찬가지입니다. 이사야 58장 6절에도 이런 말씀이 등장합니다. '나의 기뻐하는 금식은 흉악의 결박을 풀어주며 멍에의 줄을 끌러주며 압제 당하는 자를 자유케 하며 모든 멍에를 꺾는 것이 아니겠느냐? 또 주린 자에게 네 식물을 나눠주며 유리하는 빈민을 네 집에 들이며 벗은 자를 보면 입히며 또 네 골육을 피하여 스스로 숨지 아니하는 것이 아니겠느냐?' 하나님의 심정과 하나님의 마음과 하나님의 뜻과 기준으로 하는 모든 삶이 거룩한 산 제사요 영적 예배요 합당한 예배입니다.

36 믿음의 척도로

로마서 12:1~3

1. 그러므로 형제들아 내가 하나님의 모든 자비하심으로 너희를 권하노니 너희 몸을 하나님이 기뻐하시는 거룩한 산 제물로 드리라 이는 너희가 드릴 영적 예배니라 2. 너희는 이 세대를 본받지 말고 오직 마음을 새롭게 함으로 변화를 받아 하나님의 선하시고 기뻐하시고 온전하신 뜻이 무엇인지 분별하도록 하라 3. 내게 주신 은혜로 말미암아 너희 각 사람에게 말하노니 마땅히 생각할 그 이상의 생각을 품지 말고 오직 하나님께서 각 사람에게 나누어 주신 믿음의 분량대로 지혜롭게 생각하라

하나님의 말씀

기독교의 중심은 하나님이다

흔히들 인간의 정신문명에는 두 가지 사상이 있다고 합니다. 하나는 헬레니즘이요 또 다른 하나는 헤브라이즘이라고 합니다. 헬레니즘은 고대 그리스를 대표하며 인간 중심, 이성 중심, 현실 중심, 지혜 중심의 사상입니다. 헤브라이즘은 고대 이스라엘을 대표로 한 신 중심, 신앙 중심, 내세 중심, 감성 중심의 사상입니다. 이 말은 일반적인 관점으로 생각하면 기독교에 대한 긍정적인 평가 같지만, 기독교인의 처지에서 살펴보면 아주 치욕적인 사고방식입니다. 왜냐하면, 기독교와 성경을 인간의 산물로 보기 때문입니다. 인간의 철학과 하나님의 계시를 동등한 수준으로 생각하는 것입니다. 기독교에서는 헤브라이즘이라는 용어를

사용하지 않습니다. 헤브라이즘이라는 용어는 히브리인들, 이스라엘 사람들의 신 중심적 사고방식입니다. 그러나 기독교는 구약의 말씀을 이스라엘 사람들의 사고방식이라고 하지 않고 하나님의 계시로 선포합니다.

기독교는 하나님을 믿습니다. 하나님은 선재 하시고, 세상과 인간을 존재하도록 하셨고, 세상과 인간이 살아가는 원리를 주셨습니다. 하나님이 기준이요, 척도요, 표준이요, 원리요, 모든 것의 근원이며 모든 것 자체가 되십니다. 하나님이 다 하셨습니다. 하나님께서는 창조하신 후, "다 이루었다"고 선언하셨습니다. 인간은 하나님께서 행하신 일을 누릴 뿐입니다.

인간이 하나님의 역사에 첨부한 것이란 단 하나도 없습니다. 태초부터 구약과 예수님의 사역과 신약을 거쳐 지금까지 역사가 진행되어온 과정 중에 하나님이 그 역사를 시작하고 운행하시고 섭리하시고, 가르치시고 나타내시고 드러내시고 보여주신 것 말고 새로이 인간이 하나님을 위하여 행한 일이나 하나님의 역사와 달리 인간이 첨부한 것은 없습니다. 만약 인간이 첨부한 것이 있다면 그것은 인간을 도운 것이 아니라 오히려 인간의 삶을 힘들게 하고 어렵게 한 것입니다.

기독교에서 종교개혁의 의미는 첨부된 것을 제거하는 것입니다. 원래 하나님이 보여주시고 나타내시고 가르쳐 주신 것 이외에 인간이 첨부하고 수정하고 바꾸었던 것을 제거하는 것이 종교개혁입니다. 하나님이 보여주시고 나타내주신 것이 가장 온전하고 좋은데 그것 이외에 인간이 새롭게 보태고 첨부한 것 즉 인간의 산물을 다 제거하는 것입니다. 왜냐하면, 하나님이 주신 것이 가장 옳고, 가장 충분하기 때문입니다. 사람들은 나름대로 선한 의도를 가지고 약간씩 첨부하려고 합니다. 물론 좋은 의도입니다. 그러나 그것이 곧 변질의 시작입니다. 하나님이 주신 것을 인간이 더 좋게 할 수 있다는 생각 자체가 잘못된 것입니다.

인간의 첨부는 없다

인간에게 필요한 하나님의 원리, 하나님의 마음, 하나님의 기준은 창조 때에 이미 주셨습니다. 다만, 인간이 죄인이 되고 나서 하나님이 인간에게 친히 주신 것은 율법입니다. 출애굽기를 보면, 모세가 시내산에서 하나님께 율법을 받습니다. 하나님이 말씀하셨고, 하나님이 친히 돌판에 기록하여 주셨습니다. 모세는 단 한 구절도 만들어 내지 않습니다. 하나님만 말씀하신 것입니다. 모세가 추가 조항을 넣거나 부칙을 만든 적이 없습니다. 하나님이 그 내용에 관하여 모세와 상의나 협의를 하신 것이 아닙니다. 하나님이 초안을 쓰시고 모세가 옆에서 교정을 본 것도 아닙니다. 모든 것을 하나님이 하셨습니다. 모세는 단 하나도 첨부하지 않았습니다.

가나안의 정복과 정착에 여호수아가 혁혁한 공로를 세웠습니다. 여호수아가 있지만, 하나님의 말씀을 개정한 적이 없습니다. 이스라엘이 태평성대를 누리던 시대에 사무엘이 있습니다. 성경의 기록에 의하면, 사무엘의 말이 하나도 땅에 떨어지지 아니하였다고 합니다. 그런 사무엘이 시대가 바뀌었다고 하나님의 말씀 중 몇몇 조항을 시대에 맞게 수정하자는 제안을 한 적이 없습니다. 사울과 다윗과 솔로몬의 통치로 이스라엘이 번성하였던 왕정시대가 왔습니다. 단순히 왕만 생긴 것이 아니라 사회 구조 자체가 혁명적으로 변화되었습니다. 율법이 주어진 시대적 상황은 광야에서 유랑하면서 목가적 삶을 살고 있었던 시대입니다. 그런데 이제 가나안에 정착하였고 왕이 다스리는 국가가 되었습니다. 농경사회에 적용하던 하나님의 말씀이 이제 왕정시대와는 맞지 않다고 생각할 수 있습니다. 그러나 하나님은 다윗에게 새로운 율법의 개정을 요구하지도 기대하지도 않았습니다. 도리어 하나님은 왕들에게 말씀하시기를 율법을 날마다 읽고 묵상하라고 하십니다. 지혜의 대가로 소문난 솔로몬이 있습니다. 당시 고대 근동의 모든 지혜를 총동원하여도 솔로몬만 못하다고 평가하고 있습니다. 그런 솔로몬도 단 한 구절도 수정하지 않고 개정하지 않았습니다. 왕정 후반기에 많은 예언자가 나와서 하나님의 말씀을 선포했습니다. 예언자들도 원래 하나님이 주셨던 말씀과 다른 새로운 것은 단 하나도 선포하지 않습니다. 하나님이 주신 그대로를 다시 한 번 선포할 뿐입니다. 왜냐하면, 하나님의 말씀은 진리이기 때문입니다. 하나님의 말씀은 언제나 인간에게 옳기 때문입니다. 진리는 어느 시대, 어느 상황, 어느 민족에게도 절대적인 진리이기 때문입니다. 하나님 말씀으로 충분하기 때문입니다.

예수님의 경우, 바울의 경우

사람들은 예수님이 오셔서 새로운 말씀을 하셨다고 오해합니다. 말 그대로 오해입니다. 물론 예수님이 새 계명을 말하노라고 하신 적이 있습니다. 요한복음 13장 34절에 '새 계명을 너희에게 주노니 서로 사랑하라. 내가 너희를 사랑한 것 같이 너희도 서로 사랑하라' 라고 했습니다. 분명히 새 계명을 주신다고 말씀하십니다. 그런데 그 내용을 보면 전혀 새로운 것이 아닙니다. 예수님이 말씀하신 새 계명은 구약에 하나님이 말씀하신 것과 다른 새로운 것이라는 의미가 아니라, 유대인들이 아는 것과는 다른 유대교의 가르침과는 다른 새로운 것이라는 의미에 가깝습니다. 예수님은 요한복음에서 계속하여 강조하시기를 하나님이 하시는 대로 하신다고 했습니다. 자신의 이름으로 오지 않았고 하나님의 이름으로 왔다고 하셨고, 자신의 목적으로 오지 않았고 하나님의 뜻을 이루려고 오셨다고 말씀하셨습니다. 예수님 자신도 성경을 읽으셨고, 성경을 가르치셨고, 성경을 묵상하셨습니다.

바울도 마찬가지입니다. 바울은 철저하게 성경의 사람입니다. 바울은 절대로 자신의 권위를 내세우지 않습니다. 다른 성도들과 전혀 다를 바가 없다고 강조합니다. 바울이 자기를 소개하는 가장 대표적인 단어가 '예수 그리스도의 종'입니다. 종은 아무런 권위가 없으며 무슨 새로운 것을 말할 자격이 없습니다. 혹시 종이 새로운 내용을 선포할지라도 종의 말에 귀 기울일 사람은 하나도 없습니다. 물론 바울은 자신의 사도직을 인정받으려고 애를 쓸 때가 있습니다. 그것은 자신이 사도라는 독특한 신분과 지위를 얻으려는 노력이 아닙니다. 사도직을 인정받으려고 한 이유는 이제 바울이 설교하고 가르치는 것이 하나님의 것이라는 것을 이해시키려고 한 것입니다. 바울도 새로운 말을 하는 것이 아니라 예수님이 하신 말씀, 구약의 하나님 말씀을 계속하여 반복할 뿐입니다. 말씀에 착념하라, 말씀을 묵상하라고 계속하여 강조합니다. 기독교는 하나님의 말씀이요, 인간은 아무것도 첨부한 것이 없습니다. 하나님이 가장 옳으시고, 하나님의 말씀이면 충분하기 때문입니다.

하나님의 자비하심으로, 내게 주신 은혜로

물론 로마서는 바울이 로마에 있는 성도들에게 쓴 편지입니다. 로마서의 기록자가 바울이고 수신자가 성도들이기에, 마치 로마서가 바울의 사상이나 철학, 혹은 바울 자신의 생각이나 말처럼 인식될 수 있습니다. 바울이 가장 염려했던 부분도 바울의 편지가 바울 개인의 글로 인식되는 것이었습니다. 바울은 자신의 말을 하는 것이 아닙니다. 로마서 12장 1절에서 바울은 '하나님의 모든 자비하심으로' 성도들을 권한다고 했습니다. 명령하는 것이 아닙니다. 하나님도 인간에게 명령하지 않으시는데 바울이 감히 명령할 수가 없습니다. 로마서 12장 3절에 '내게 주신 은혜로 말미암아 너희 각 사람에게 말하노니'라고 했듯이, 하나님이 권위와 바울의 사도됨의 권위에 근거하여 명령하는 것이 아닙니다. 바울은 자신을 소개할 때 자신이 은혜를 받았다고 합니다. 은혜를 받았다는 말은 권위를 가질 수 없습니다. 왜냐하면, 은혜 받았다는 의미는 자기는 아무것도 행한 것이 없이 졸지에 선물로 받았다는 뜻이기 때문입니다.

졸지에 선물로 받은 사람은 어떤 자랑도 할 수 없으며, 어떤 권위도 가질 수 없습니다. 만약 자신의 말을 강조하고 자신들을 드러내려 하고 자랑하고 권위를 가지려면 은혜를 감추어야 합니다. 도리어 자신의 공로를 드러내야 합니다. 자신의 수고를 강조해야 듣는 사람이 존경하고 그 말에 뭔가 있는가 하고 무슨 비법이라고 배우고 싶어 합니다.

바울은 자신의 수고가 아니라 은혜를 강조합니다. 자신의 말이 아니라 하나님의 말씀임을 강조합니다. 이것이 기독교의 방식입니다. 기독교는 인간의 권위가 없습니다. 하나님도 권위를 부리지 않으십니다. 기독교에는 권위에 근거한 명령이 없습니다. 인간의 어떤 권위나 방법도 드러나지 않고 오직 하나님의 말씀과 하나님의 은혜와 하나님의 자비만이 강조됩니다. 사도가 하나님의 말씀을 전할 때, 성도들은 사도들이 전하는 말을 하나님의 말씀으로 받습니다. 이것이 하나님 말씀의 힘입니다. 데살로니가전서 2장 13절에 '이러므로 우리가 하나님께 끊임없이 감사함은 너희가 우리에게 들은 바 하나님의 말씀을 받을 때에 사람의 말로 받지 아니하고 하나님의 말씀으로 받음이니 진실로 그러하도다 이 말씀이 또한 너희 믿는 자 가운데에서 역사하느니라'라고 했습니다. 기독교의 능력은 하나님의 능력이요 말씀의 능력입니다. 바울은 자신이 하나님에게 받은 은혜로 말미암아 하나님의 말씀을 전하고 있습니다.

너희 각 사람에게 말하노니

로마서 12장 3절에 "내게 주신 은혜로 말미암아 너희 각 사람에게 말하노니"라고 되어 있습니다. 지금 바울은 로마에 있는 모든 성도, 각 사람에게 말하고 있습니다. 그 교회에 있는 장로나 감독 등 특정인을 언급하지 않습니다. 교회는 하나님이 세우시고 하나님이 이루어 가십니다. 교회 안에 있는 성도는 모두 하나님의 은혜를 받은 자입니다. 그래서 교회에는 사람 간에 구별과 우열이 존재하지 않습니다. 큰 사람과 작은 사람이 없고, 중직과 평직이 없습니다. 하나님의 말씀은 교회의 모든 성도에게 같이 적용되는 것입니다.

믿음의 분량대로

믿음의 분량

성경은 참으로 오해를 많이 받는 책입니다. 12장 3절 후반부에 보면 "오직 하나님께서 각 사람에게 나누어 주신 믿음의 분량대로 지혜롭게 생각하라"는 말씀이 나옵니다. 이 구절도 오해받는 대표적인 구절입니다. 성경은 하나님이 성도로 하여금 자유롭고 평화롭고 안식하며 쉼을 얻고 행복하고 즐겁게 사는 인간을 위한 원리를 주신 것입니다. 하나님의 말씀을 원래 그대로만 이해하면 정말 꿀송이처럼 달고, 신앙의 삶은 정말 자유롭고 즐겁고 행복합니다. 그래서 성경을 읽었을 때에 마음이 평안하고 자유롭고 안식이 느껴진다면, 성경을 바르게 이해하신 것입니다. 성경을 읽고 부담이 되고 짐이 되고, 뭔가 눌리고, 두렵고 힘들다는 생각이 들면, 성경을 오해한 것입니다.

하나님이 각 사람에게 은혜를 주시고 각 사람에게 믿음을 주실 때, 하나님이 모든 사람에게 주시는 믿음의 양과 질, 은혜의 양과 질은 똑같습니다. 하나님이 바울에게 주신 은혜의 내용과 분량은 로마의 성도들에게 주신 은혜와 똑같습니다. 하나님은 사람을 차별대우하시지 않습니다. 하나님 앞에 모든 인간은 같은 차원이요 같은 수준이기에 하나님께 따로 구별됨을 받을 수 있는 조건이 존재하지 않습니다. 하나님 앞에 모든 인간은 같은 죄인이요 원수 되었던 자요 죽었던 자입니다. 그래서 어떤 사람은 더 많이 받고 어떤 사람은 적게 받는 차이점이 원천적으로 존재할 수 없습니다. 하나님 앞에 모든 인간이 같으며, 하나님이 은혜를 차등적으로 줄 수 있는 근거가 사람에겐 전혀 없기에, 성도들이 하나님께 받는 은혜와 믿음의 양과 질은 같습니다.

물론 하나님께 받은 은혜와 믿음의 드러나는 모양은 다를 수 있습니다. 모양이 다르다는 것은 역할과 기능이 다르다는 것일 뿐 그것에 담겨 있는 본질은 같습니다. 예를 들어 온 가족이 식탁에서 식사하고 있을 때 가족 중에 한 사람이 물을 달라고 하면 주부는 그냥 주는 것이 아니라 각 사람에게 맞게 줍니다. 어린아이가 물을 달라고 하면 물병에 담아 빨대로 먹을 수 있게 주고, 사춘기 아이가 달라고 하면 예쁜 컵에 정성스럽게 주고, 남편이 물 달라고 하면 그냥 먹던 밥그릇에 따라 줍니다. 각 사람에게 제공된 모양이 달라도 주어진 내용은 같습니다. 또 어린아이는 한 모금의 분량만큼, 청소년은 작은 컵의 분량만큼, 어른은 물병의 분량만큼 줄 수 있습니다. 이때 아이와 청소년과 어른에게 주어진 물의 양이 다르다고 생각할 수 있습니다. 그러나 물의 양이 다른 것이 아닙니다. 물의 양이 어느 정도이냐가 중요한 것이 아니라, 각 사람이 갈증을 풀 수 있는 만큼의 양이라는 측면에서 같습니다. 아이는 한 모금을 마시고 갈증을 풀었고, 청소년은 한 컵을 마시고 갈증을 풀었고, 어른은 물 한 병을 마시고 갈증을 풀었습니다. 각 사람에게 필요한 만큼, 즉 각 사람이 갈증을 풀 수 있는 만큼의 물을 준 것입니다.

믿음의 분량을 그 사람의 수준에 따라 하나님이 적절하게 주신다는 의미가 아닙니다. 하나님 앞에 모든 사람의 수준은 같습니다. 어린아이와 청소년과 어른의 차이점은 수준의 차이가 아닙니다. 각 사람이 느끼는 갈증의 정도 차이도 아닙니다. 어린 아이는 조금 갈증을 느끼고, 어른은 갈증을 많이 느끼는 것이 아닙니다. 인간은 외형과 관계없이 하나님 앞에 은혜가 필요한 측면에서 모두 같은 존재입니다. 하나님 앞에 모든 인간은 죽은 자였고, 죄인이었고, 원수 된 자였습니다. 하나님 앞에 모든 죄인은 차별이 없습니다. 어떤 분은 어린이 죄인이고 어떤 분은 어른 죄인이 아닙니다. 어떤 분은 대학 나온 죄인이었고 어떤 분은 중졸 죄인이 아닙니다. 하나님이 각 사람의 분량에 따라 믿음도 분량대로 주시지 않습니다. 하나님은 어떤 사람은 크게 쓰고, 어떤 사람은 작게 쓰지 않습니다.

금 그릇, 은 그릇

물론 성경에 하나님이 다양하게 쓰신다는 표현이 나옵니다. 디모데후서 2장 20절, '큰 집에는 금 그릇과 은그릇뿐 아니라 나무 그릇과 질그릇도 있어 귀하게 쓰는 것도 있고 천하게 쓰는 것도 있나니.' 이것은 용도의 차이지 귀중함의 차이가 아닙니다. 금이나 은을 좋아하는 것은 인간이지, 하나님에게는 똑같습니다. 금 그릇이나 은 그릇은 아무런 차이가 없습니다. 금 그릇에 먹어도 국에 소금 안 넣으면 싱겁습니다. 은 그릇에 먹으면 비빔밥에 고추장 안 넣어도 매운맛이 나는 것이 아닙니다. 금 그릇이냐 은 그릇이냐의 차이가 요리의 맛에 아무런 차이를 만들어 내지 않습니다.

하나님이 각 사람에게 주신 믿음의 양과 질은 똑같습니다. 어떤 사람들은 실제 삶의 경험에 근거하여 하나님이 주신 믿음의 분량이 다르다고 생각합니다. 만약 하나님이 주시는 믿음의 분량이 차이가 난다면, 그것은 하나님이 주신 것이 차이가 나는 것이 아니라, 하나님이 주신 것을 내가 얼마나 아느냐의 차이일 뿐입니다. 하나님이 믿음을 주실 때는 온전하고 완벽한 열매를 주십니다. 그래서 다 받았다고 하는 것입니다. 하나님이 주신 믿음은 변하는 것이 아닙니다. 하나님이 주신 믿음은 자라나는 것도 아닙니다. 다만, 내가 변해가면 내가 자라나는 것이며 내가 성숙할 뿐입니다. 이미 믿음은 충만한 상태로, 온전한 상태로, 완전한 상태로 저와 여러분에게 주어져 있습니다. 성도는 그 받은바 은혜와 믿음을 알아가며 누리는 것입니다.

믿음의 척도로!

분별하라

　로마서 12장 3절, '마땅히 생각할 그 이상의 생각을 품지 말고 오직 하나님께서 각 사람에게 나누어 주신 믿음의 분량대로 지혜롭게 생각하라'을 보면, "지혜롭게 생각하라"는 표현이 나옵니다. 또 2절에서는 "분별하도록 하라" 했습니다. 같은 내용에 대한 반복적 강조입니다. 성도의 실천을 권면하는 서두에 이것이 반복되는 이유를 알아야 합니다. 로마서 1장부터 11장까지는 하나님이 우리를 구원하신 역사를 기록하였습니다. 이제 저와 여러분은 성도가 되었고, 성도가 되었다는 것은 대단한 의미가 있습니다. 고린도후서 5장 17절을 보면, 성도를 "그런즉 누구든지 그리스도 안에 있으면 새로운 피조물이라. 이전 것은 지나갔으니 보라 새것이 되었도다"라고 선언하고 있습니다. 성도는 새것이요, 새로운 피조물입니다.

　성경이 성도를 새로운 피조물로 선포하여도 듣는 자는 별 감동을 하지 못할 때가 있습니다. 왜냐하면, 자신의 모습이나 삶을 보면 전혀 새로워진 것이 없다고 생각하기 때문입니다. 그동안 자신이 가지고 있던 외모, 가정 형편, 건강 상태, 성격, 지적 능력, 경제적 수준 등과 비교하여 볼 때 전혀 새로워진 것을 인식하지 못합니다. 실제로 이러한 측면에서는 아무것도 새로워진 것이 없습니다. 성경이 성도에게 새로운 피조물이라고 선언할 때 무엇이 새로워졌다고 선언하는지 그 기준과 내용을 분별하셔야 합니다. 성도가 새로운 피조물이 되었다, 새로워졌다, 새것이 되었다는 표현은 오직 하나 이제부터 성도가 살아가는 기준, 척도, 원리, 가치가 새로워졌다는 것입니다. 이전에 죄의 원리를 따르던 자에서 하나님의 원리를 따르는 자가 되었다는 것입니다. 성도가 새로워진 것은 죄의 가치에서 하나님의 가치로, 죄의 기준에서 하나님의 기준으로, 죄의 척도에서 하나님의 척도로, 죄의 원리에서 하나님의 원리로, 죄의 방식에서 하나님의 방식으로 새로워진 것입니다. 기독교는 마음의 변화입니다. 죄의 마음에서 하나님의 마음으로의 변화입니다.

12장 2절의 강조점도 분별하라는 것이었습니다. '오직 마음을 새롭게 함으로 변화를 받아 하나님의 선하시고 기뻐하시고 온전하신 뜻이 무엇인지 분별하도록 하라.' 왜냐하면 이전에 모르던 것, 죄인이었을 때는 전혀 몰랐던 것을 새롭게 갖게 되었고 알게 되었기 때문입니다. 죄인이었을 때에는 죄만 알고 있었기에 분별할 수가 없었습니다. 그런데 이제 죄인에서 새 사람, 의인이 되었으니 이전의 것과 새로운 것이 어떻게 다르고, 얼마나 다르고, 어떤 것이 좋고 유익한지를 분별하라는 것입니다. 3절도 마찬가지로 지혜롭게 생각하라는 것입니다. '마땅히 생각할 그 이상의 생각을 품지 말고 오직 하나님께서 각 사람에게 나누어 주신 믿음의 분량대로 지혜롭게 생각하라.' 왜 이런 말을 하냐면 성도가 새로운 피조물이 되었기 때문입니다. 새로워진 존재이기에 새로워진 원리로, 새로워진 기준으로 생각하라는 것입니다.

믿음의 척도로!

무엇을 분별하려고 하면 가장 기본적으로 있어야 할 것이 있습니다. 선한지 악한지, 온전한지 불온전한지, 내 생각이 지혜로운지 미련한지를 분별하려면 가장 본질적으로 있어야 할 것이 있습니다. 그것은 바로 기준입니다. 무엇인가를 분별하려면 반드시 기준이 있어야 합니다. 척도가 있어야 합니다. 정답이 있어야 합니다. 진리가 있어야 합니다. 기준이 있어야 기준에 근거하여 분별할 수 있고 지혜롭게 생각할 수 있습니다.

바울은 지금 성도들에게 이제 새로운 피조물 즉 성도가 되었으니, 다른 표현으로 하나님의 기준, 하나님의 척도, 하나님의 원리를 가졌으니 이제부터는 하나님의 기준으로, 하나님의 척도로 분별하고 생각하라는 것입니다. 이전까지는 죄의 기준으로 생각하였는데 이제부터는 하나님의 기준으로 생각하고 분별하라는 것입니다. 기준이 있어야 논쟁이 생기지 않고, 척도가 있어야 분쟁이 생기지 않고, 정답이 있어야 시비가 생기지 않습니다. 디모데전서에 이런 말씀이 있습니다. '누구든지 다른 교훈을 하며 바른 말 곧 우리 주 예수 그리스도의 말씀과 경건에 관한 교훈을 따르지 아니하면 그는 교만하여 아무 것도 알지 못하고 변론과 언쟁을 좋아하는 자니 이로써 투기와 분쟁과 비방과 악한 생각이 나며 마음이 부패하여지고 진리를 잃어 버려 경건을 이익의 방도로 생각하는 자들의 다툼이 일어나느니라.' 딤전6:3~5 진리를 알지 못하면 변론, 언쟁, 투기, 분쟁, 비방이 납니다. 왜냐하면, 아무도 정답을 모르고 기준이 없고 척도가 없기 때문입니다.

성도란 기준을 가진 자, 정답을 가진 자, 진리를 아는 자, 정답을 아는 자라고 바울은 선포합니다. 성도가 진리를 아는 자가 된 것은 하나님이 성도에게 진리를 주셨기 때문입니다. 이제 성도는 진리를 가졌으니 진리를 근거로, 진리를 기준으로, 진리에 근거해서 분별하고 생각하라는 것입니다. 그것이 바로 본문 3절 끝에 나오는 말씀입니다. '오직 하나님께서 각 사람에게 나누어 주신 믿음의 분량대로 지혜롭게 생각하라' 롬 12:3 본문에서 사용된 '분량'은 '많고 적음'의 양을 말하는 것이 아니라 '기준, 원리, 표준, 규범'이라는 뜻입니다. 결국 "믿음의 분량대로"라는 표현의 의미는 '믿음의 척도로, 믿음의 기준으로'입니다. 이제 성도는 새로운 기준, 즉 하나님의 기준, 하나님이 각 사람에게 주신 믿음의 기준이 있는 자들입니다. 성도가 '마땅히 생각할 그 이상'은 바로 '믿음의 척도로' 생각하는 것입니다. '믿음의 척도, 하나님의 기준'을 넘어서지 마십시오. 하나님의 뜻이 가장 옳고, 가장 선하고, 가장 쉽고, 가장 편리하고, 가장 자유롭습니다. 인간은 자신이 지혜가 있는 줄 알고 하나님의 기준보다 새로운 것을 더 첨부하고, 하나님의 것을 수정하고, 보완하려는 어리석은 행동을 하곤 합니다. 하나님의 것이 가장 완전하고 가장 좋습니다. 결국, 3절을 이러한 의미로 서술하면 '내게 주신 은혜로 말미암아 너희 중 각 사람에게 말하노니 마땅히 생각할 그 이상의 생각을 품지 말고 오직 하나님께서 각 사람에게 주신 믿음의 척도로, 믿음의 기준으로 지혜롭게 생각하라' 입니다.

37
무엇을? 어떻게?

로마서 12:4~9

4. 우리가 한 몸에 많은 지체를 가졌으나 모든 지체가 같은 지능을 가진 것이 아니니 5. 이와 같이 우리 많은 사람이 그리스도 안에서 한 몸이 되어 서로 지체가 되었느니라 6. 우리에게 주신 은혜대로 받은 은사가 각각 다르니 혹 예언이면 믿음의 분수대로, 7. 혹 섬기는 일이면 섬기는 일로, 혹 가르치는 자면 가르치는 일로, 8. 혹 위로하는 자면 위로하는 일로, 구제하는 자는 성실함으로, 다스리는 자는 부지런함으로, 긍휼을 베푸는 자는 즐거움으로 할 것이니라 9. 사랑에는 거짓이 없나니 악을 미워하고 선에 속하라

한 몸과 지체

성경의 독특성

성경은 기독교의 경전으로서 뿐만 아니라 모든 인간이 읽어 보아야 할 인류의 고전으로 추천되기도 합니다. 불신자들 가운데서도 교양서적 차원에서 창세기부터 요한계시록까지 완독하신 분들이 종종 있습니다. 성경을 읽고 실망했다는 사람을 가끔 만나게 됩니다. 기독교인들이 성경은 하나님의 계시가 된 말씀이라고 하도 강조해서 뭔가 특별한 것이 있나 하는 심정으로 성경을 읽어보았더니 전혀 특별하지 않더라는 것입니다. 성경의 첫 부분, 창세기 몇 장을 읽어 보면 새로운 것이 나옵니다. 학교에서는 진화론을 배웠는데 성경에는 하나님이 창조하셨다고 등장합니다. 그러나 몇 장 지나면 인류 최초의 부부간에 싸우는 모습이 나옵

니다. 서로 행동을 비난하며 어떻게든 책임을 벗어나려고만 합니다. 몇 장 더 지나면 이제 형제간의 이야기가 나옵니다. 형이 동생을 시기하고 질투하고 결국은 죽여 버리는 일입니다.

또 몇 장 지나면 인간보다 한 술 더 떠서 하나님이 일방적으로 한쪽 편만 드셔서 한 나라 이스라엘만을 위해 모든 것을 쏟아놓으시더라는 것입니다. 이건 공평도 없고 정의도 없고 오직 엿장수 마음대로 하나님이 미워하는 자는 미워하고 사랑하는 자는 사랑하는 억지 주장만이 나옵니다. 한참을 더 지나면 지루한 왕들의 역사가 반복되고, 복음서에 오면 예수라는 분이 좋은 말씀을 많이 하셨는데 그것이 독특하기보다는 대부분의 훌륭하신 사상가들이 하던 말과 같은 것처럼 생각됩니다. 사도행전에는 바울이라는 사람의 활동이 나옵니다. 바울의 삶을 보면 열정을 가진 사람, 꿈을 가진 사람의 모습과 같고, 바울이 썼다는 편지를 보면 내가 써도 그 정도는 쓴다고 합니다. 왜냐하면, 그 내용이 서로 화목하고, 사랑하고, 미워하지 말라는 것으로 누구나 평상시에 권면하는 말이기 때문입니다.

예수 믿지 않는 어떤 사람이 성경을 읽고 위와 같은 반응을 보였다면, 그 사람은 성경을 아주 잘 본 것입니다. 성경에는 하나님에 관한 엄청나게 신비로운 내용이 등장할 줄 알았는데 평범한 인간의 이야기라고 생각하셨다면 정말 잘 보신 것입니다. 성경은 황당한 무협지가 아니고, 현실 세계에 없는 상상력의 판타지가 아닙니다. 날마다 천상에서 신들이 회의를 열고, 신들이 인간세계를 넘나들고, 인간의 삶을 이렇게 저렇게 간섭하는 부류의 내용이 아닙니다. 성경에는 하나님의 가르침이 등장합니다. 하나님의 가르침 또한 희한하고 애매모호한 것이 아니라 마치 우리가 알아야 할 것은 유치원에서 다 배운 것처럼 평범한 것입니다. 예전에 베스트셀러가 된 책의 제목이 『우리가 알아야 할 것은 유치원에서 다 배웠다』였습니다. 바로 그 책의 제목에서 한 가지 인식해야 할 것이 있습니다. 인간이 배워야 할 것은 유치원에서 다 배우지만 정작 배운 대로 살아지지가 않더라는 것입니다. 유치원생도 다 알 수 있는 그렇게 쉬운 삶의 원리와 방법을, 이삼십 대 젊은이도, 사오십 대 중년도, 육칠십 대 어르신들도 그렇게 살지 못하더라는 것입니다. 유치원에서 배운 삶의 방법이 어려워서가 아닙니다. 유치원에서 가르치는 내용이나 성경이 가르치는 내용이나, 인간이 가르치는 내용이나 하나님이 가르치는 내용이나 방법이 어렵거나 원리가 복잡한 것이 아닙니다. 너무나 쉽고 당연한데도 그렇게 살지 못하더라는 것입니다. 그러면 인간의 문제는 인생사는 방법의 문제도 아니고, 쉬우냐 어려우냐의 문제도 아닙니다.

한 몸, 여러 지체

성경의 내용은 지극히 평범합니다. 로마서 12장에서 흔하게 듣는 말이 나옵니다. '우리가 한 몸에 많은 지체를 가졌으나 모든 지체가 같은 기능을 가진 것이 아니니 이와 같이 우리 많은 사람이 그리스도 안에서 한 몸이 되어 서로 지체가 되었느니라' 롬12:4-5 이것은 성경에만 나오는 독특한 내용이 아닙니다. 특별히 하나님만 말씀하시는 유별난 내용이 아닙니다. 초등학교 교장 선생님께서 입학식에서 하시는 말씀 같고, 분위기 어수선한 날 회식 후의 소장님의 한 말씀 같고, 운동선수들의 단합을 위해 코치의 한마디와도 같습니다. 명색이 하나님이 말씀하신다는 계시의 성경책에도 누구나 말하는 당연한 말이 나옵니다.

성경에 이런 내용이 나오는 것을 이상하게 여기면 안 됩니다. 성경에 이런 내용이 등장하는 이유는 성경이 인간을 위한 책이기 때문입니다. 성경은 인간이 사는 세상의 이야기, 인간이 하는 인간의 일들에 관한 이야기입니다. 성경은 인간으로 하여금 이 세상을 벗어나는 것에 관한 이야기나, 인간이 할 수 없는 신비하고 놀라운 이야기가 아닙니다. 물론 이 세상을 벗어나는 초월적인 이야기도 나옵니다. 그러나 그런 이야기는 인간에게 초월을 요구하는 이야기가 아니라 초월적인 하나님이 인간에게 은혜를 주신 이야기입니다. 인간이 할 수 없는 신비하고 놀라운 일들이 등장합니다. 그러나 그런 일들은 인간더러 해보라는 일이 아니라 인간을 위해 하나님이 하신 일입니다. 인간을 넘어서는 이야기는 인간에게 요구되지 않습니다. 인간을 넘어서는 내용은 하나님이 말씀하시고 하나님이 행하십니다. 정작 인간에게 요구하고 권면하고 기대하는 일들은 지극히 인간적입니다.

성경은 어느 특정한 일에 대한 것이 아니라 평범한 일상에 대한 행동의 원리를 가르칩니다. 지난 본문에 성도는 새로운 피조물이 되었다고 할 때 그 "새로운"의 의미는 기준에 관한 것이었습니다. 이전에는 죄의 소속이었으나 이제는 하나님나라에 속한 자입니다. 이전에는 죄인이었으나 이제는 성도입니다. 이전에는 죄의 원리, 죄의 가치, 죄의 기준이었으나 이제는 믿음의 척도 즉 믿음의 기준, 믿음의 가치, 믿음의 원리, 다른 표현으로 하나님의 기준, 하나님의 가치, 하나님의 원리라고 말씀드렸습니다. 성도나 불신자나 삶의 외형적인 측면은 똑같습니다. 불신자는 땅 위에 살고 성도는 구름 위에 사는 것이 아닙니다. 모두 땅 위에 삽니다. 불신자는 이 땅의 음식을 먹고 살고 성도는 말씀만 먹고 사는 것이 아닙니다. 모두 음식을 먹고 삽니다. 불신자나 성도는 같은 삶이요, 같은 일을 합니다. 같은 삶, 같은 일을 행하지만, 성도에게 새로운 피조물이요, 새 삶이라고 표현하는 것은 그 일을 어떤 원리로 하느냐가 다르고 새롭습니다. 일 자체가 다른 것이 아니라 같은 일일지라도 그 일을 바라보는 기준과 관점과 가치가 다르고, 그 일을 행하는 원리가 다르고, 그 일에 대한 평가가 다릅니다. 성도일지라도 일 자체가 독특한 신앙적 색깔을 가진 일이 아니라, 종교적 모습이 나타나는 일이 아니라 평범한 인간의 일을 합니다. 그 일을 어떤 원리로 하느냐가 다른 것입니다.

받은 은사가 각각 다르니

본문은 무슨 일을 하느냐가 아니라 어떤 일을 하든지 어떻게 하느냐가 중요하다는 것을 우리에게 가르쳐 줍니다. '우리에게 주신 은혜대로 받은 은사가 각각 다르니' 롬12:6 성경은 분명히 은사가 다르다고 합니다. 하나님이 모든 인간에게 주시는 은혜의 양과 질은 똑같습니다. 다만, 은사는 다릅니다. 받은 은혜는 같고, 받은 은혜를 어떤 기능으로 어떤 역할로 나타내느냐는 다릅니다. 다른 것은 그냥 다른 것이지 차별이 있거나 우열이 있는 것이 아닙니다. 다른 것은 그냥 다른 것일 뿐 이것은 소중하고 저것은 사소한 것이라는 의미가 아닙니다. 은사가 다르지만, 무엇이 더 좋거나 더 훌륭한 것이란 없습니다. 다른 것을 인정해야 합니다. 다르다는 것은 정상적이요 당연합니다. 그래서 없는 것을 하려고 하지 말고 있는 것을 하면 됩니다. 못하는 것을 하려고 하지 말고 잘하는 것을 하면 됩니다.

어떻게 하느냐?

본문에 이런 일을 하라, 저런 일을 하라는 것이 등장하지 않습니다. 그냥 여러 가지 일이 나옵니다. 그래서 혹은, 혹은, 혹은 입니다. 또는 가령, 가령입니다. 이런 일일 수도 있고 저런 일일 수도 있습니다. 뭐든지 하시면 됩니다. 각자 받은 은사대로, 원하는 대로, 바라는 대로, 하고 싶은 대로, 할 수 있는 대로, 하시면 됩니다. 하나님께 받은 은사대로 모든 일을 다 할 수 있습니다. 성경은 어떤 특정한 일을 정해주고 그 일을 해내야 하는 과업이나 목표 같은 것이 없습니다.

성경의 가르침은 일 자체가 목적이 아닙니다. 그 일을 어떻게 하느냐는 것입니다. 일의 종류나 내용이 아니라 일하는 원리, 일하는 방법, 일하는 기준에 관한 가르침입니다. 일이 정해지면 어떻게든 그 일을 해내라가 아니라 아무 일이든지 하나님의 원리로 하라는 것입니다. 성전건축의 예를 들어보겠습니다. 목표는 성전건축이 아닙니다. 하나님의 원리로 행하는 것이 중요합니다. 그러나 대부분 일을 중심으로 합니다. 성전건축은 중요한 하나님의 일, 교회의 일이라고 생각을 하기 때문입니다. 온갖 불법과 탈법을 써서 기어코 건축을 끝냅니다. 하나님은 어떻게든 일을 완성하라고 말씀하지 않습니다. 만약 필요해서 성전을 지어야 하면 지으라는 것입니다. 그러나 하나님의 원리를 따르라는 것입니다. 로마서 12장에서 바울이 로마에 있는 성도들에게 새로운 사람이 되었으니 새롭게 살라고 권면하는 내용은 일 자체를 선별하는 것이 아니라, 이 일을 하든 혹은 저 일을 하든 모든 일을 하나님의 원리로 행하라는 것입니다. 내가 이렇게 행함으로 저 성도를 마음 아프게 하지는 않을까, 내가 이렇게 행함으로 누구를 실족하게 하지는 않을까, 내가 이렇게 행함으로 나만 잘난척하는 것은 아닐까, 내가 이렇게 함으로 어떤 성도를 교회에서 떠나게 하지는 않을까를 생각해야 합니다. 내가 어떻게 하여야 성도들이 기뻐하며, 내가 어떻게 하여야 모두가 행복하고 즐거워할 수 있을까를 생각해야 합니다.

하나님의 방법, 원리

섬기는 일이면 섬기는 일로

성경은 섬기는 일은 섬기는 일로 행하라고 가르칩니다. 너무나 평범하고 당연한 원리입니다. 인간은 섬기는 일을 섬기는 일로 하지 않습니다. 인간은 섬기는 일을 조건적으로 행합니다. 섬기는 일을 잠시 하는 일 정도로 생각합니다. 현재 자신의 위치와 신분이 낮기에 어쩔 수 없이 버티는 심정으로 하면서 가능한 한 빨리 지배하고 다스리는 위치로 올라가서 더 이상 섬기는 삶을 살지 않으려는 마음으로 합니다. 다른 한편으로는 섬기는 일을 투자라는 인식으로 하기도 합니다. 섬김의 자세가 아니라 뼈를 깎는 인고의 시간을 보내는 자세로 합니다. 그러나 성경은 섬기는 일은 섬기는 일로 행하라고 권면합니다.

성도가 예배를 드리면 예배는 예배이어야 합니다. 예배가 하나님을 감동시키려는 마음으로 하는 것이면 안 됩니다. 성도가 기도하면 기도가 기도이어야 합니다. 기도가 하나님을 움직이려는 시도를 가지면 안 됩니다. 성도가 찬양하면 찬양은 찬양이어야 합니다. 찬양이 복을 받아 내기 위한 수단이면 안 됩니다.

가르치는 자면 가르치는 일로

가르치는 자는 가르쳐야 합니다. 가르치는 자와 가르침을 받는 자 사이에는 아무것도 다른 관계가 존재하지 않습니다. 가르치는 자는 가르칠 내용을 알고 있다는 것이요, 가르침을 받는 자는 가르침 받을 내용을 잘 모르는 것뿐입니다. 그 이상도 이하도 아닙니다. 그래서 아는 자는 가르치면 되고 모르는 자는 배우면 됩니다. 성경은 가르치는 자는 가르치는 일로 행하라고 권면합니다. 가르치는 자와 가르침을 받는 자 사이에는 가르침만 존재하면 됩니다. 가르침 이외의 내용이 첨가될 이유가 없습니다. 그런데 인간은 성경의 원리대로 행하지 않습니다. 흔히들 가르치는 자를 스승이라고 하고 가르침을 받는 자를 제자라고 합니다. 가르치는 일을 시작하기 전에 일단 관계부터 형성합니다. 그리고 관계에는 질서가 있어야 하고 권위가 있어야 한다고 말합니다. 스승은 지시할 권세가 있고 제자는 들어야 할 의무가 있다고 합니다. 다 틀린 말입니다. 가르침에는 그런 것이 필요 없습니다. 가르침에는 권위, 영향력, 존경, 신뢰가 요구되지 않습니다. 단지 하나, 가르치는 자는 가르칠 내용이 있고 가르침 받는 자는 배울 것이 있다는 것입니다. 그래서 가르치는 자는 가르치면 되고 배우는 자는 배우면 됩니다.

성경의 순서대로, 성경의 원리대로 하는 것이 가장 정확하고 가장 옳은 것입니다. 가르침에 관한 성경의 원리를 풀어 설명해 보겠습니다. 가르치고 배우는 데에는 처음에는 관계가 형성되지 않고 권위도 영향력도 없습니다. 그래서 지배와 장악이 없습니다. 이제 가르침을 시작합니다. 가르칠 때는 정말 잘 가르쳐야 하고, 재밌게 가르쳐야 하고, 열심히 가르쳐야 하고, 쉽게 가르쳐야 합니다. 배우는 자는 잘 배우고 잘 알아들었고 마침내 가르치는 일이 끝이 났습니다. 바로 이때 관계가 형성되는 것입니다. 이분은 나의 선생님이요 열정이 있으신 분이고 정말 배우는 사람을 이해하는 분이라는 관계가 형성됩니다. 그 결과 그 가르치는 자는 그 배우는 자에게 권위를 인정받습니다. 영향력이 있는 분으로 존재하게 됩니다. 관계, 권위와 같은 것들은 모두 결과이지 조건이 아닙니다. 인간은 결과로서 나타나야 하는 것을 모두 조건으로 전제해 달라고 합니다.

하나님은 하나님으로서 성도들에게 권위를 인정해달라고 요청하시지 않습니다. 하나님이 창조주임에도 인간과 동행하시고, 내가 불순종하고 부인하고 배반하지만, 나를 용서하시고 수용하시고 나를 위해 은혜를 주시기에 나에게 그분은 정말 좋으신 분이요, 나에게 하나님은 정말 하나님이 되십니다. 그래서 내가 그분을 좋아하고, 내가 그분을 인정하고, 그분은 나에게 권위가 있고, 위엄이 있고, 존귀가 있으신 분이십니다. 나와 하나님과의 관계는 그분이 나에게 일하심의 결과입니다.

위로하는 자면 위로하는 일로

위로를 해야 한다는 것은 누군가가 위로 받을 일이 생겼다는 것입니다. 누군가가 위로 받을 일이 생겼으면 위로하면 됩니다. 그런데 우리 중에 누구는 위로하지 않고 '고소해' 합니다. 또 위로 받을 일이 생긴 사람을 '깔보고 무시' 합니다. 그래서 위로 받을 일이 생긴 사람이 알리지를 않습니다. 그냥 혼자 버티려고 무진장 애를 씁니다. 왜냐하면, 위로 한답시고 와서는 염장을 지르기 때문입니다. 차라리 혼자 버티는 것이 낫다는 것입니다. 이것을 다른 말로 표현하면 15절이 됩니다. '즐거워하는 자들과 함께 즐거워하고 우는 자들과 함께 울라' 롬12:15성경은 인간에게 어려운 일을 시키지 않습니다. 지극히 평범하고 당연한 것을 시킵니다. 그런데 이것이 절대로 쉽지 않고 무진장 어려운 일입니다. 왜냐하면, 우리가 하나님의 마음이 아니라 주로 죄의 마음의 지배를 받고 있기 때문입니다. 그래서 하나님이 우리를 구원하시고 새로운 피조물, 믿음의 척도를 가진 새 사람으로 변화시켜 주신 것입니다. 그리고 바로 하나님의 마음을 가진 성도들에게 가장 쉬운 것, 가장 간단한 것을 기대하십니다.

구제하는 자는 성실함으로

구제하는 자는 돈으로가 아니라 성실함으로 해야 합니다. 하나님의 원리대로 행해야 모든 인간이 행복합니다. 구제가 얼마나 힘든 것인지를 알아야 합니다. 왜냐하면, 구제하면 돈이 들기 때문이 아니라 성실함으로 해야 하기 때문입니다. 예를 들어 노숙자들에게 밥을 준다고 합시다. 무료 급식 현장에 가면 밥 주는 사람이 위세를 부리는 것이 아니라 밥 타드시는 분들이 위세를 부립니다. 밥 타시려고 줄 서 계시면서 막 큰소리를 치십니다. 시간을 지키지 않는다고, 밥맛이 없다고, 밥 푸는 사람의 표정이 밝지 않다고, 배식하는 사람이 노숙자를 깔보는 표정이라고 얻어 드시는 분들이 불평이 많습니다. 도대체 누가 도움을 주는 것이며 누가 도움을 받는 것인지 혼동이 될 정도입니다. 그래서 성경은 구제하는 자는 성실함으로 하라고 권면합니다. 구제하는 자는 정말로 성실함으로, 한번 하기로 했으면 온갖 험한 꼴을 다 당해도 그저 성실함으로 해야 합니다. 구제하는 자는 생색내면 안 됩니다.

다스리는 자는 부지런함으로

성경은 다스리는 자가 부지런해야 한다고 말합니다. 우리는 다스리는 것을 권위라고 생각합니다. 다스리는 것을 명령하는 것으로 생각합니다. 다스리는 것을 지시만 하고 다른 사람을 부려 먹는 것이라고 합니다. 성경은 그렇게 말하지 않습니다. 다스린다는 것은 책임진다는 것이요, 관리한다는 것이요, 돌본다는 것입니다. 창세기에서 하나님이 세상을 창조하시고 인간에게 말씀하시기를 "생육하고 다스리라"고 하셨습니다. 세상을 돌보고 관리하라는 것입니다. 그래서 다스리는 자에게 기대되는 것이 부지런함입니다. 다스리는 자에게 기대되는 것이 카리스마가 아닙니다. 부지런함입니다.

긍휼을 베푸는 자는 즐거움으로

긍휼을 베푸는 자는 즐거움으로 하라고 합니다. 간혹 사람들은 긍휼을 베풀 때 즐거움으로가 아니라 불쌍한 마음과 안타까운 마음으로 행하고, 속으로는 교만한 마음으로 합니다. 명절이나 연말연시가 되면 장애인 시설, 복지시설을 방문하는 분들이 있습니다. 떡과 음료 등 음식을 준비해서 방문합니다. 시설에 들어갈 때 사람들은 대부분 표정관리를 합니다. 조금은 슬픈 듯한, 가슴 아픈 듯한, 긍휼히 여기는 듯한, 참으로 안타까운 듯한 표정을 짓습니다. 그러나 성경은 긍휼을 베푸는 자는 즐거움으로 행하라고 권면하는 것입니다.

각각의 일들에 대한 각각의 원리를 살펴보았습니다. 그러나 이것은 각각의 원리가 아니라 공통의 원리입니다. 한마디로 표현하면 바로 9절이 됩니다. '사랑에는 거짓이 없나니 악을 미워하고 선에 속하라' 롬12:9

할 수 있거든

로마서 12:9~21

9. 사랑에는 거짓이 없나니 악을 미워하고 선에 속하라 10. 형제를 사랑하여 서로 우애하고 존경하기를 서로 먼저 하며 11. 부지런하여 게으르지 말고 열심을 품고 주를 섬기라 12. 소망 중에 즐거워하며 환난 중에 참으며 기도에 항상 힘쓰며 13. 성도들의 쓸 것을 공급하며 손 대접하기를 힘쓰라 14. 너희를 박해하는 자를 축복하라 축복하고 저주하지 말라 15. 즐거워하는 자들과 함께 즐거워하고 우는 자들과 함께 울라 16. 서로 마음을 같이하며 높은 데 마음을 두지 말고 도리어 낮은 데 처하며 스스로 지혜 있는 체 하지 말라 17. 아무에게도 악을 악으로 갚지 말고 모든 사람 앞에서 선한 일을 도모하라 18. 할 수 있거든 너희로서는 모든 사람과 더불어 화목하라 19. 내 사랑하는 자들아 너희가 친히 원수를 갚지 말고 하나님의 진노하심에 맡기라 기록되었으되 원수 갚는 것이 내게 있으니 내가 갚으리라고 주께서 말씀하시니라 20. 네 원수가 주리거든 먹이고 목마르거든 마시게 하라 그리함으로 네가 숯불을 그 머리에 쌓아 놓으리라 21. 악에게 지지 말고 선으로 악을 이기라

성도의 삶

왜곡 중에 가장 무서운 것이 종교의 왜곡입니다. 종교가 왜곡되면 삶의 한 부분이 아니라 전 영역에 영향을 미치고 단지 이 생애뿐만 아니라 내세, 더 나아가 영생까지 영향을 미칩니다. 불행스럽게 기독교도 매우 많은 부분이 왜곡됐고, 지금도 오해되고 있는 부분이 많습니다. 성도의 삶은 이 땅에 사는 삶입니다. 하나님나라가 이 땅을 초월하는 어느 곳에 있어서 예수님이 우리를 그곳으로 인도하여 가신 것이 아닙니다. 예수님은 "나를 따르라. 저 하나님나라로 가자"고 하신 적이 없습니다. 도리

어 "하나님나라가 임하였다"라고 말씀하셨습니다. 구원받았다는 것은 갑자기 천국으로 장소를 옮기는 것이 아니며, 갑자기 이 세상의 일상적인 일이 아니라 특별한 하나님의 일, 천국의 일을 해야 하는 것도 아닙니다. 구원받아도 이 땅에서 살고, 이 땅의 일을 하며 살아야 합니다.

신앙은 인간이 새로워지는 것입니다. 정확하게 말하면 소속의 변화, 원리의 변화, 가치의 변화, 기준의 변화입니다. 변화된 기준과 가치와 원리로 여전히 이 땅에서, 일상의 일을 하며 사는 것입니다. 구원의 변화를 같은 기준에서 단지 상황적 변화라고 오해하시면 안 됩니다. 예를 들면, 구원받기 전이나 구원받고 나서도 사고방식을 변하지 않습니다. '인생을 살아가는데 정말 소중한 것은 돈이다'라는 생각은 전혀 변하지 않고 오직 '예수 믿기 전에는 돈이 적었는데 예수 믿고 나서는 복을 받아서 돈이 많아졌다'는 것을 변화로 생각합니다. 그러나 그것이 아닙니다. 예수 믿기 전에는 몸이 아팠는데 예수 믿고 나서는 건강해졌다는 사실에만 사로잡히면 안 됩니다. 예수 믿기 전에는 돈이 최고라고 생각했는데 예수 믿고 나서는 '물론 돈은 세상을 살아가는데 소중한 것이다. 그런데 돈은 수단이고 정작 더욱 중요한 것은 하나님의 마음으로 돈을 다룰 줄 알아야 하는 것이다'는 생각이 들어야 합니다.

예수 믿으면 만사가 형통한 것이 아닙니다. 예수 믿으면 모든 일이 다 순적하게 되는 것이 아닙니다. 성경은 그렇게 말한 적이 없습니다. 로마서 8장으로 가보겠습니다. 로마서 8장 31절을 보면 '그런즉 이 일에 대하여 우리가 무슨 말 하리요. 만일 하나님이 우리를 위하시면 누가 우리를 대적하리요?'라고 했습니다. 하나님이 우리를 위하신다고 합니다. 누가 우리를 대적하겠느냐고 합니다. 이 말은 대적해도 당할 수가 없다는 말이지 아예 겁이 나서 대적조차도 안 하기 때문에 아예 적들을 만나지도 않고, 그저 아무런 방해도 없는 탄탄대로를 갈 것이라는 말이 아닙니다. 대적자들을 만날 것입니다. 대적자가 강력하게 대적할 것입니다.

하나님이 우리를 지키셔도 대적들이 성도들에게 접근합니다. '누가 우리를 그리스도의 사랑에서 끊으리요? 환난이나 곤고나 박해나 기근이나 적신이나 위험이나 칼이랴?' 롬8:35 예수 믿으면 하나님이 우리를 지키시기에 아무 일도 없는 것이 아닙니다. 성도임에도, 하나님의 자녀임에도, 하나님이 졸지도 아니하시고 주무시지도 아니하시면서 우리를 지키셔도, 환난, 곤고, 핍박, 기근, 적신, 위험, 칼이 올 수도 있습니다. 다만, 그것들이 우리를 하나님의 사랑에서 끊을 수 없다는 것이지 아예 그런 일이 없다는 것이 아닙니다.

로마서 8장 37절, '그러나 이 모든 일에 우리를 사랑하시는 이로 말미암아 우리가 넉넉히 이기느니라.' 그런 일들이 우리를 대적하지 못하고 우리가 이긴다는 것이지 아예 없는 것이 아닙니다. 예수 믿는데 왜 안 좋은 일이 생기느냐고 의아해하면 안 됩니다. 예수를 아무리 잘 믿어도, 기도생활을 아무리 많이 해도, 헌금을 아무리 많이 내도, 성경을 아무리 많이 읽어도 그런 일은 다 옵니다. 성도가 이 땅에서 살며, 이 땅의 일들을 겪으며 사는 것입니다. 또 '내가 확신하노니 사망이나 생명이나 천사들이나 권세자들이나 현재 일이나 장래 일이나 능력이나 높음이나 깊음이나 다른 어떤 피조물' 롬8:38~39 이런 것들이 우리를 도와주는 역할만 하는 것이 아니라 방해하는 역할도 합니다. 그러나 아무리 방해해도 "이런 것들이 우리를 우리 주 그리스도 예수 안에서 있는 하나님의 사랑에서 끊을 수 없으리라"는 것입니다. 예수 믿으면 아무런 고생 없고, 모든 일이 운수대통이라고 하는 것은 성경에 없습니다. 기독교는 상황이 달라지는 것이 아니라 마음이 달라지는 것이요, 기준, 가치, 개념, 원리가 달라지는 것입니다.

일상생활

로마서 8장의 내용이 12장에서 다른 표현으로 등장합니다. 바울이 로마에 있는 성도들에게, 구원받은 하나님의 자녀들에게 권면하는 내용이 무엇인지 확인해 보겠습니다. 로마서 12장 10절에 '형제를 사랑하여 서로 우애하고 존경하기를 서로 먼저 하며' 라고 했습니다. 성경에 어떤 내용이 나오며 가장 먼저 왜 그런 내용이 나올까를 생각해야 합니다. 형제를 사랑하여 서로 우애하고 존경하기를 서로 먼저 하라고 권면하는 이유는, 실제 생활 가운데에서 그렇게 행하지 않기 때문입니다. 예수 믿는다고 형제간에 우애가 그냥 좋아지는 것이 아닙니다. 예수 믿는 사람이 정말 성숙하지 않으면 예수 믿는 것 때문에 집집마다 종교싸움이 끊이질 않을 것입니다. 예수를 잘 믿어야 합니다. 바르게 믿어야 합니다. 신앙 때문에 형제간 갈라져서 서로 얼굴 안 보고 사는 경우는 바르게 믿는 것이 아닙니다. 하나님은 예수 믿는 자들에게 하나님의 마음을 가졌다면, 이제 형제 사랑하기를 먼저 하고 존경하기를 먼저 하라고 권면합니다. 하나님의 원리와 심정을 가진 자가 먼저 행하라고 합니다.

로마서 12장 11절에 '부지런하여 게으르지 말고 열심을 품고 주를 섬기라' 고 합니다. 대부분 인간은 복 받기를 원합니다. 성도들도 복 받기를 원합니다. 복을 받고 싶은 이유 중의 하나는 게으름을 피우고 싶어서입니다. 현재 삶을 열심히 살고 있습니다. 부지런히, 바쁘게, 힘들게 살고 있습니다. 복 받아서 성공하고 부자가 되면 조금은 여유롭고 넉넉하게, 약간의 게으름을 피울 수 있습니다. 늦잠도 자고, 여행도 가고, 자기 대신 일하는 직원을 둘 수도 있습니다. 그러나 성경은 성도에게 부지런하여 게으르지 말고 열심을 품으라고 권면합니다.

'소망 중에 즐거워하며 환난 중에 참으며 기도에 항상 힘쓰며' 롬12:12 성도에게도 환난이 있습니다. 예수 잘 믿는 성도에게는 환난이 없다고 말하지 않습니다. 세상에서 당하는 일을 성도는 비켜갈 수 있다고 말하지 않습니다. 그런데 차이가 나는 것은 환난이 와도 걱정이 안 된다는 것입니다. 왜냐하면, 성도에게는 하나님의 약속이 있고, 하나님의 능력이 있고, 하나님의 돌보심이 있어서 환난이 성도를 꺾을 수 없다는 것을 알기 때문에 환난이 올지라도 걱정하거나 염려하지 않습니다. 8장에서 이미 완성에 대한 약속이 있었습니다. 환난이나 기근이나 적신이나 칼 등이 없다고 생각하시면 안 됩니다. 혹시 그런 것을 없도록 해주거나, 가볍게 해준다는 곳이 있으면 무조건 틀린 것입니다.

　사람들이 환난을 당할 때 힘들어하는 이유는 환난이 언제 끝날지, 결과가 어떻게 끝날지를 모르기 때문입니다. 그런데 지금 당하는 환난이 언제 끝날지를 알고 있으며 어떻게 끝날지를 알고 있다면 환난은 그렇게 힘든 것만은 아닙니다. 성도는 아무 일이 없기를 바라는 사람이 아니라 무슨 일이 와도 내 삶에 영향을 받지 않을 수 있는 사람입니다. 내가 변화되었다는 사실을 인식해야지, 나는 가만히 있고 세상과 상황이 변하기를 바라면 안 됩니다. 본문에 기도에 항상 힘쓰라고 권면합니다. 기도하는 이유는 자신이 할 수 없기 때문입니다. 자신이 할 수 있는 일은 다른 사람에게 부탁하지 않습니다. 자신이 할 수 있는 일로 기도하지도 않습니다. 자신이 감당할 수 없고 해결할 수 없는 일이 발생하면, 다른 사람에게 부탁하기도 하지만, 다른 사람도 어찌할 수 없는 일이라면, 결국 하나님께 부탁하게 됩니다. 그것이 바로 기도입니다. 성도는 이 땅에서, 일상적인 일을 하며 삽니다. 성경은 특별한 일을 언급하지 않습니다. 일을 구분하지 않습니다. 세상 일과 하나님의 일을 따로 분류하지 않습니다. 성스러운 사역과 자질구레한 내 일이 별도로 존재하는 것이 아닙니다. 무슨 일을 하느냐가 중요한 것이 아니라 무슨 일이든지 하나님의 원리로, 하나님의 기준으로, 하나님의 마음으로 하는 것이 중요한 것입니다.

관계성

인간 분류

저는 어렸을 때 이상한 가르침을 받으면서 자랐습니다. 학교에서 배운 것입니다. 사람 중에는 세 가지 부류가 있다는 가르침이었습니다. '첫째는 꼭 있어야 할 사람, 둘째는 있으나 마나 한 사람, 셋째는 있어서는 안 될 사람'이라고 배웠습니다. 지금 생각하면 참 비인간적이고 비인격적인 가르침입니다. 불행스럽게도 오늘날도 이러한 인간 분류가 여전히 인정되고 있으며, 더욱 안타까운 것은 교회 안에서나 신앙에서도 이러한 기준이 작용한다는 것입니다. 간혹 '하나님이 누구를 쓰시는가? 하나님은 준비된 자를 쓰신다. 하나님께 써달라고 기도하기 전에 네가 너를 하나님이 쓰시기에 좋게 준비하라'는 말을 듣습니다. 너무나 멋있는 말 같지만, 성경에서 말하는 원리와는 전혀 무관하고 실상은 하나님을 모욕하는 표현입니다.

하나님은 인간이 아니십니다. 하나님은 인간을 구분하지 않으십니다. 만약 하나님이 인간을 구분하신다면, 하나님의 인간 구분의 기준은 인간이 인간을 구분하는 기준과는 전혀 다릅니다. 하나님이 어떤 사람에게 큰 은혜를 주십니다. 누구에게 주시냐면 은혜를 받을 만한 일을 행한 사람에게가 아니라 은혜를 받아야 할 사람, 은혜가 필요한 사람에게 주십니다. 하나님이 어떤 사람에게 큰 복을 주십니다. 복 받으려고 하나님께 충성한 사람에게가 아니라 그 복이라도 받아야 살 수 있는 자에게 주십니다. 하나님이 어떤 사람을 크게 쓰십니다. 유능하고 탁월하여 여러 곳에서 채용하려는 사람이 아니라 하나님마저도 써주지 않으면 아무도 채용해 주지 않을 사람입니다.

하나님의 분류

로마서 12장 9절부터 21절에는 인간관계에 대한 하나님의 원리가 등장합니다. 자세히 살펴보면 인간의 관계를 두 종류의 관계유형으로 나누었습니다. 한번 읽어보겠습니다. '형제를 사랑하여 서로 우애하고 존경하기를 서로 먼저 하며 부지런하여 게으르지 말고 열심을 품고 주를 섬기라. 소망 중에 즐거워하며 환난 중에 참으며 기도에 항상 힘쓰며 성도들의 쓸 것을 공급하며 손 대접하기를 힘쓰라' 롬12:10~13 본문에 소개된 관계는 형제관계, 동료관계, 성도관계입니다. 서로 사랑하는 관계, 인정해주는 관계입니다.

본문 14절부터 읽어보겠습니다. '너희를 박해하는 자를 축복하라. 축복하고 저주하지 말라. 즐거워하는 자들과 함께 즐거워하고 우는 자들과 함께 울라. 서로 마음을 같이하며 높은 데 마음을 두지 말고 도리어 낮은 데 처하며 스스로 지혜 있는 체 하지 말라. 아무에게도 악을 악으로 갚지 말고 모든 사람 앞에서 선한 일을 도모하라. 할 수 있거든 너희로서는 모든 사람과 더불어 화목하라. 내 사랑하는 자들아 너희가 친히 원수를 갚지 말고 하나님의 진노하심에 맡기라. 기록되었으되 원수 갚는 것이 내게 있으니 내가 갚으리라고 주께서 말씀하시니라. 네 원수가 주리거든 먹이고 목마르거든 마시게 하라. 그리함으로 네가 숯불을 그 머리에 쌓아 놓으리라. 악에게 지지 말고 선으로 악을 이기라' 롬12:14~21 본문에 소개된 관계는 박해하고 박해받는 관계입니다. 악으로 갚아주고 싶은 관계입니다. 원수관계입니다.

성도들에게 권면하는 인간의 관계가 두 유형이 나오는데, 10절에서 13절은 사랑하는 자와의 관계이고, 14절에서 21절은 원수와의 관계입니다. 그런데 기가 막힌 사실은 사랑하는 사람을 대하는 원리와 원수를 대하는 하나님의 원리가 같다는 것입니다. 사랑하는 사람과 교제하는 원리가 '사랑에는 거짓이 없나니 악을 미워하고 선에 속하라' 롬12:9이며,

원수 같은 사람과 교제하는 원리는 '아무에게도 악을 악으로 갚지 말고 모든 사람 앞에서 선한 일을 행하라' 롬12:17이며 '악에게 지지 말고 선으로 악을 이기라' 롬12:21입니다. 사랑하는 사람의 관계 원리는 '성도들의 쓸 것을 공급하며 손 대접하기를 힘쓰라' 롬12:13인데, 동시에 원수 같은 사람에 대한 관계 원리도 '네 원수가 주리거든 먹이고 목마르거든 마시게 하라' 롬12:20입니다.

사랑하는 사람을 대하여 성도가 가져야 할 하나님의 원리와 원수 같은 사람을 대하여 성도가 가져야 할 하나님의 원리가 같습니다. 전혀 상반된 두 관계 유형임에도 상대방을 대하는 원리가 같은 이유는, 원래 사람에게는 사랑하는 관계도 원수 같은 관계도 없기 때문입니다. 사랑하는 사람, 내 편, 나의 지지 세력이나 원수 같은 사람, 반대 세력의 구분은 하나님 앞에서는 원래 존재하지 않습니다. 사랑하는 사람이나 원수 같은 사람 등등은 모두 죄인들이 만들어내는 편견이요 파당이지 원래 그런 관계란 없습니다. 하나님 안에서는 모두가 하나님의 은혜와 사랑과 축복을 함께 누려나가는 한몸입니다. 그래서 하나님은 모든 사람을 같게 대하시고, 하나님의 마음을 가진 성도도 모든 사람을 같은 하나님의 원리로 대하라고 권고하십니다.

죄인이, 죄의 기준에 따라서 나와 친밀한 관계가 있고 원수 같은 관계가 있다고 생각합니다. 이러한 상반적 인간관계는 죄인들이 만들어 내는 것입니다. 실상 친밀한 관계와 원수 같은 관계는 같은 관계입니다. 특별히 원수 같은 관계에 있는 사람을 생각해 보시면 그 사람은 어제까지 절친했던 사람입니다. 어제까지는 서로 믿을 사람은 당신밖에 없다고 했던 사람들입니다. 그런데 왜 원수가 되었냐면 하나님의 기준을 적용하지 않고 인간적 기준, 죄의 기준을 적용했기 때문에 인간관계가 깨어지는 것입니다. 하나님은 성도가 살아갈 때에 다른 사람과 대하는 원리가 원수에게나 동료에게나 성도에게나 같은 원리이어야 한다고 권면하십니다.

죄의 간악성

죄는 정말로 교활하고, 사악하고, 무서운 것입니다. 인간관계를 이간질하고 파당을 만들어내고 친밀감을 깨는 것 등 모든 것을 조장하고 모든 관계를 망쳐놓는 것은 바로 죄입니다. 죄가 모든 것을 엉망으로 만들어 놓고 그 상황을 인식할 때에 죄는 쏙 빠져 있습니다. 아무도 서로 간에 자신들이 지금 죄에 잡혀 있다고 생각하지 못하게 합니다. 단지 서로 욕하고, 서로 정죄합니다. 이게 모두 죄에 속는 것입니다. 서로 죄의 역할, 죄의 행동을 인식하지 못합니다. 비록 지금은 성도의 모습으로 서 있지만 우리가 모두 이전에 죄인이었다는 사실, 지금도 죄의 성향이 남아 있다는 사실을 잊으시면 안 됩니다.

대부분 사람은 알콜중독, 도박중독, 게임중독이 얼마나 심각한지를 알고 있습니다. 그래서 알콜중독자가 술을 끊었다가 어느 날 다시 술을 마시면 한편으로는 욕하기도 하지만 다른 한편으로는 불쌍하게 생각합니다. 며칠 간 금주를 잘하더니 또 중독 현상이 일어난 것에 대하여 안타까워합니다. 왜냐하면, 알콜중독이 얼마나 심각하고, 알콜 중독에서 벗어나는 것이 얼마나 어려운지 알기 때문입니다. 알콜 중독의 심각성, 게임 중독의 치유가 어려운 것에 대해서는 알면서, 정작 성도들이 가장 인식하지 못하는 것이 바로 죄의 중독입니다. 모든 성도가 이전에 죄인이었다는 사실을 인식하지 못하고, 우리가 모두 죄에 중독되었다는 사실을 잊습니다. 모든 성도는 죄인 출신입니다. 잠시 죄인이었던 것이 아니라 아예 죄에서 났고, 죄에서 자랐고, 죄에서 교육받았습니다. 최우수 죄인들이었습니다. 정말로 은혜로 구원을 받아서 다행이지만 여전히 죄가 나타납니다. 그것을 이해해야 합니다. 성도 중에 누가 죄를 지으면 당연하게 생각하고 불쌍하게 생각해야 합니다. 대신에 일상의 삶에서 가끔이라도 죄를 안 짓는 것 같으면 감격해주고 칭찬해 주고 격려해 주어야 합니다. 서로 죄인이었다는 사실을 꼭 기억해야 합니다.

교회를 비평하는 소리, 자성하는 소리 중의 하나가 교회에서 징계, 치리가 없어졌다고 하는 것입니다. 잘했다고만 하지 잘못했다고 징계하지 않는다는 것입니다. 교회와 성도의 잘못을 덮어주는 것만이 능사가 아니라고 합니다. 잘못한 것을 지적해 주고, 잘못한 것에 대하여 적절한 징계를 해야 한다고 주장합니다. 한편으로는 옳은 주장입니다. 그러나 원래 죄인이었던 사람이 지금 이만큼 하는 것도 정말 대단한 것입니다. 늘 죄만 짓던 사람이 지금은 가끔 죄를 짓는다면 어마어마하게 개선된 것입니다. 징계를 하지 않으면 교회 질서가 엉망이 될 것이라고 염려합니다. 징계를 하지 않으면 교회에 질서가 잡히지 않을 수 있습니다. 그러나 교회는 징계하는 것이 아니라 전혀 다른 차원의 방법을 사용합니다. 하나님의 방법은 죄인을 징계하는 것이 아니라 믿는 사람이 성숙하면 됩니다. 교회 안에서나 신앙 안에서는 잘못한 사람을 잘라내는 것이 아니라 믿는 사람이 성숙하여 죄인을 끌어안으면 됩니다. 하나님이 인간을 그렇게 대하셨고, 지금도 그렇게 대하시고 계시기 때문입니다. 지금도 하나님이 인간을 죄인처럼 다루시면 인간은 절대로 하나님 앞에 설 수 없습니다. 그러나 하나님이 죄인을 징계하는 대신 끌어안아 주시고 은혜를 주셨기에 성도의 자리에 서 있을 수 있는 것입니다. 하나님이 죄인을 버리면 죄인은 갈 곳이 없으며, 교회가 죄인을 내치면 죄인은 살 곳이 없습니다. 교회가 죄인이었던 성도의 부족함을 감싸주지 않으면 인간은 관계를 유지할 수가 없습니다.

죄와의 싸움

성도가 싸워야 하는 대상은 사람이 아니라 죄입니다. 우리 서로는 죄인출신이기에 서로 불쌍히 여겨야 합니다. 사람에 대해서는 불쌍히 여겨야 합니다. 혹시 누가 욕을 하면 욕을 먹을망정 대응하지 않는 것이 좋습니다. 왜냐하면, 대응하면 죄의 원리가 나오기 때문입니다. 혹시 누가 오해하면 오해를 받을망정 변명하지 않는 것이 좋습니다. 왜냐하면, 변명하기 시작하면 죄가 자꾸 커지기 때문입니다. 도리어 욕하는 사람, 오해하는 사람을 서로 간에 불쌍히 여기는 마음을 가져야 합니다. 하나님이 우리를 대하신 것처럼 행해야 합니다. 인간이 하나님 앞에 원수처럼, 대적처럼 할 때에 하나님은 인간을 안타까워하시고 긍휼히 여겨주시며 민망히 여겨주셨던 것처럼 행동해야 합니다.

이때에도 상대방은 죄인이고 나는 의인인 듯한 교만한 마음을 가져서는 안 됩니다. 16절에 "서로 마음을 같이하며"라고 권면 합니다. 서로 마음을 같이하기 매우 쉽습니다. 저 사람도 죄인이었다는 것을 인정하고 나도 죄인이었다는 것을 인정하면 같은 마음입니다. 16절 중반부에 "높은 데 마음을 두지 말고 도리어 낮은 데 처하며 스스로 지혜 있는 체 하지 말라"고 합니다. 너무나 쉽고 당연합니다. 하나님의 원리를 모든 인간에게 같이 적용하는 것이 성도의 삶의 방식입니다. 예수 믿는 성도에게 대하는 방법이 따로 있고, 예수 안 믿는 사람에게 쓰는 원리가 따로 있는 것이 아닙니다. 성도는 모든 사람에게 같은 하나님의 원리로 대하는 것입니다.

하나님의 방법

할 수 있거든 하라

하나님의 원리이어야 인간이 살고, 하나님의 원리이어야 인간관계를 유지할 수 있습니다. 하나님의 말씀은 정말 인간을 철저하게 배려해주시기 때문입니다. 로마서 12장 8절에 '할 수 있거든 너희로서는 모든 사람과 더불어 화목 하라.' 하나님의 말씀이 너무나 인간적이고 너무나 인격적입니다. 18절의 강조점은 '할 수 있거든' 입니다. 하나님은 인간에게 명령하지 않습니다. 하나님은 인간에게 강요하지 않습니다. 하나님은 인간에게 할 수 있는 것을 하라고 하실 뿐 할 수 없는 것을 하라고 하지 않으십니다. 로마서 12장에 '그러므로 형제들아 내가 하나님의 모든 자비하심으로 너희를 권하노니' 롬12:1라고 시작합니다. 하나님의 자비하심으로 권한다는 것입니다. 그러니까 18절 본문도 '할 수 있거든' 입니다. 누군가 죄를 지으면 "아, 저 사람이 할 수 없었구나!"라고 생각하고, 누군가 선을 행하면 "아, 이제 저 사람이 저 정도는 할 수 있게 되었구나!"라고 생각하는 것입니다.

단지 할 수 있으면 하고, 할 수 없으면 어쩔 수 없다고 내버려두는 것이 아닙니다. 로마서 12장 4절부터는 성도에게 권면하는 내용이 나오는데, 할 수 있으면 행하라고 권면하기 전에 로마서 12장 1절부터 3절이 있었다는 것을 기억해야 합니다. 1절과 3절에서 강조한 것은 '분별하라'는 것입니다. 무엇이 선하고 의로운지, 무엇이 쉬운지, 무엇이 믿음의 방법인지를 분별할 수 있도록 가르칩니다. 즉 성도들에게 할 수 있거든 해 보라고 말하고 구경하는 것이 아니라 성도들이 할 수 있다는 것을 분별할 수 있게 해 주고, 할 수 있는 분량을 채워주십니다. 성도가 할 수 있도록 하나님의 일하심과 하나님의 선하심을 가르쳐 주었던 것입니다. 죄인이었던 우리를 하나님이 구원하시어 새 사람으로 만들어 놓으셨고, 죄의 능력밖에 없던 우리 속에 하나님의 능력을 부여하셨고, 죄의 가치밖에 없던 우리 안에 하나님의 계시와 하나님의 소망과 하나님의 힘을 주셔서, 성도는 할 수 있는 자가 되었고, 할 수 있는 능력을 가진 자가 되었다는 사실을 먼저 알게 하셨습니다.

하나님께 맡기라

'내 사랑하는 자들아 너희가 친히 원수를 갚지 말고 하나님의 진노하심에 맡기라. 기록되었으되 원수 갚는 것이 내게 있으니 내가 갚으리라고 주께서 말씀하시니라' 롬12:19 본문은 원수 갚는 것을 하나님께 맡기면 하나님이 그 원수에게 징계와 심판과 형벌을 내리시겠다고 말씀하시는 것이 아닙니다. 14절에서 성도에게 권면하기를 "너희를 박해하는 자를 축복하라. 축복하고 저주하지 말라"고 했습니다. 성도에게 박해하는 자를 축복하라고 말씀하신 하나님이, 인간의 원수를 대신 갚아주시겠다고 말씀하신다면 앞뒤가 맞지 않습니다. 하나님이 성도에게 박해하는 자를 축복하라고 말씀하셨지만, 실제로 박해하는 자를 축복하기는 쉽지 않습니다. 성경은 할 수 있거든 하라고 했지만, 할 수 없을 때가 더 많습니다. 나를 박해하는 자를 축복할 수 없으면, 그때 모든 것을 하나님께 맡기라고 합니다. 성도가 자신을 박해하는 자를 하나님께 맡기면 하나님이 그 박해자에게 징계를 내리시는 것이 아닙니다. 하나님께 맡기면, 우리가 할 수 없는 축복을 하나님이 베풀어 주십니다. 하나님이 그렇게 복을 주셔서 복을 받은 사람이 바로 저와 여러분입니다. 기독교는 조건이 아니라 결과입니다. 하나님이 나를 어떻게 대하셨는가를 알아야 하고, 하나님이 나를 어떤 존재로 변화시켜 놓았는지를 알아야 하고, 하나님이 나에게 어떤 성품과 어떤 능력과 어떤 지혜를 주셨는지 알아야만 합니다. 이것은 성도가 아니면 살 수 없는 삶입니다. 세상의 그 어떤 지혜와 철학도 비슷한 말을 할 수 있습니다. 그러나 죄인에게는 불가능한 것입니다. 좋은 말은 누구나 할 수 있습니다. 그 말을 실천할 수 있도록 하나님이 죄인을 도와주지 않으면 좋은 말은, 그냥 좋은 말에 불과할 뿐입니다.

성경이 성도에게 가르쳐주는 인간관계의 원리는 '악을 미워하고 선에 속하라' 롬12:9 '아무에게도 악을 악으로 갚지 말고 모든 사람 앞에서 선한 일을 도모하라' 롬12:17 '악에게 지지 말고 선으로 악을 이기라' 롬12:21입니다. '무엇을'이 아니라 무엇을 하든지 '어떻게' 즉 하나님의 원리로, '누구에게가' 아니라 누구에게든지 '어떻게' 즉 하나님의 원리로 행하라는 것입니다. 오직 성도만이 하나님의 원리로 행동할 수 있습니다.

39
남을 사랑하는 자

로마서 13:1-14

1. 각 사람은 위에 있는 권세들에게 복종하라 권세는 하나님으로부터 나지 않음이 없나니 모든 권세는 다 하나님께서 정하신 바라 2. 그러므로 권세를 거스르는 자는 하나님의 명을 거스름이니 거스르는 자들은 심판을 자취하리라 3. 다스리는 자들은 선한 일에 대하여 두려움이 되지 않고 악한 일에 대하여 되나니 네가 권세를 두려워하지 아니하려느냐 선을 행하라 그리하면 그에게 칭찬을 받으리라 4. 그는 하나님의 사역자가 되어 네게 선을 베푸는 자니라 그러나 네가 악을 행하거든 두려워하라 그가 공연히 칼을 가지지 아니하였으니 곧 하나님의 사역자가 되어 악을 행하는 자에게 진노하심을 따라 보응하는 자니라 5. 그러므로 복종하지 아니할 수 없으니 진노 때문에 할 것이 아니라 양심을 따라 할 것이라 6. 너희가 조세를 바치는 것도 이로 말미암음이라 그들이 하나님의 일꾼이 되어 바로 이 일에 항상 힘쓰느니라 7. 모든 자에게 줄 것을 주되 조세를 받을 자에게 조세를 바치고 관세를 받을 자에게 관세를 바치고 두려워할 자를 두려워하며 존경할 자를 존경하라 8. 피차 사랑의 빚 외에는 아무에게든지 아무 빚도 지지 말라 남을 사랑하는 자는 율법을 다 이루었느니라 9. 간음하지 말라, 살인하지 말라, 도둑질하지 말라, 탐내지 말라 한 것과 그 외에 다른 계명이 있을지라도 네 이웃을 네 자신과 같이 사랑하라 하신 그 말씀 가운데 다 들었느니라 10. 사랑은 이웃에게 악을 행하지 아니하나니 그러므로 사랑은 율법의 완성이니라 11. 또한 너희가 이 시기를 알거니와 자다가 깰 때가 벌써 되었으니 이는 이제 우리의 구원이 처음 믿을 때보다 가까웠음이라 12. 밤이 깊고 낮이 가까웠으니 그러므로 우리가 어둠의 일을 벗고 빛의 갑옷을 입자 13. 낮에와 같이 단정히 행하고 방탕하거나 술 취하지 말며 음란하거나 호색하지 말며 다투거나 시기하지 말고 14. 오직 주 예수 그리스도로 옷 입고 정욕을 위하여 육신의 일을 도모하지 말라

기독교의 성향

보수적인가? 혁명적인가?

우리나라에 기독교가 처음 들어올 때에는 매우 새로운 것이었습니다. 신학문이었고, 혁신적이었습니다. 많은 반대를 받았고, 심한 핍박도 받았습니다. 기독교를 믿는다는 것은 기존의 삶의 틀을 깨는 것이었고, 익숙해 있던 많은 부분을 새롭게 변화시켜야 하는 것이었습니다. 세월이 흐르고 이제는 기독교라는 것이 새로운 것도 아니고 혁신적인 것도 아니고 도리어 가장 보수적인 것이 되어버렸습니다. 기독교 단체는 극우 보수단체의 대명사가 되어버렸습니다. 개혁을 반대하고, 체제옹호 세력이요, 현실에 안주하려는 집단으로 인식되고 있습니다. 교회는 교회다워야 합니다. 교회에 조금 이롭다고 해서 이리저리 편승해서도 안 되고, 교회에 조금 불리하다고 해서 이리저리 변신해서도 안 됩니다. 교회는 교회답게, 교회의 모습을 유지해야 합니다. 교회의 모습 또는 기독교의 모습을 간직하는 길은 언제나 성경을 배우고 성경을 가르치고 성경대로 사는 것입니다. 특정 시대에 중요시 여기던 것들은 곧 사라집니다. 결국, 남은 것은 언제나 성경뿐입니다.

기독교가 보수단체로 낙인찍히는 데 결정적인 역할을 한 성경 구절이 있습니다. 정작 성경의 뜻은 그렇지 않음에도 교회들이 그 구절을 잘못 이해해서 스스로 모순에 빠진 본문입니다. 바로 오늘 보게 되는 로마서입니다. 특별히 로마서 13장 1절과 2절, '각 사람은 위에 있는 권세들에게 굴복하라. 권세는 하나님께로 나지 않음이 없나니 모든 권세는 다 하나님께서 정하신 바라. 그러므로 권세를 거스르는 자는 하나님의 명을 거스름이니 거스르는 자들은 심판을 자취하리라.' 이 말씀은 개인적으로 목회자들이 위기에 처해있을 때 자신을 반대하는 사람들을 정죄하는 대표구절이었고, 국가적으로 국가 조찬기도회 때 설교자들이 본문으로 삼았던 단골 구절이었습니다. 모든 권세는 하나님에게로 나지 않음이 없다고 말씀하셨으니 하나님이 현재 국가의 위정자를 위대한 영도자로 세워주셨다고 강조하곤 했습니다. 하나님이 위정자로 권세자로 세워주셨으니 거스르지 말고 모두 복종하는 것이 하나님의 뜻이라고 주장하곤 했습니다. 그러나 본문의 강조점은 전혀 그런 것이 아닙니다.

복음서를 살펴보면 예수님은 그 어떤 정치적 행동도 하지 않으셨습니다. 로마라는 지배국가에 대항하여 쿠데타를 시도하지 않았고, 열심당원 및 백성의 세력을 규합하여 정치권이나 종교권에 영향력을 행사하지도 않았습니다. 당시 로마에 항거하지도 않았고, 노예 해방 운동이나 민주화 운동도 하신 적이 없습니다. 얼핏 보면 지독히 보수적인 행동을 한 것처럼 여겨집니다. 그럼에도, 예수님은 혁명적인 삶을 살았습니다. 기독교가 무엇을 개혁하는 것이며, 무엇을 유지하는 것인지를 정확하게 분별해야 합니다.

13장이 등장하는 이유

로마서 13장이 등장하는 이유, 특별히 13장 1절부터 7절은 바울이 지금까지 설명한 내용을 다른 것들과 구별하려고 기록한 것입니다. 성경은 인간의 삶을 분야로 나누어서 분야별 적용원리를 말씀하는 것이 아닙니다. 간혹 분야별로, 영역별로, 관계별로 적용원리가 등장할 때가 있습니다. 그런데 행동원리를 점검해보면 각각 다르게 제시된 듯한 원리가 결국은 같습니다. 바울이 에베소에 있는 성도들에게 보낸 편지로 확인해 보겠습니다. 에베소서 5장 21절로 26절에서 성도의 관계에 따른 삶의 원리가 등장합니다. 가장 결정적인 내용은 '그리스도를 경외함으로 피차 복종하라' 엡5:21인데, 피차라는 표현에 이 모든 인간관계가 다 들어갑니다. 그리고 그다음에 '아내들이여, 남편들이여'가 나옵니다. 아내의 행동원리, 남편의 행동원리는 '피차 복종하라' 입니다. 그다음에

'자녀들아, 아비들아'가 나옵니다. 자녀의 행동원리와 아비들의 행동원리도 '피차 복종하라' 입니다. 그다음에 '종들아, 상전들아'가 나옵니다. 종들의 행동원리와 상전들의 행동원리도 '피차 복종하라' 입니다. 영역이 다르고, 위치가 다르고, 신분이 다르고, 분야가 다를지라도 인간의 행동원리는 언제나 같은 것입니다. 왜냐하면, 하나님 앞에서 모든 인간은 동등하기 때문입니다.

하나님 앞에서 모든 인간은 동등합니다. 그래서 하나님은 인간을 구별하지 않습니다. 사랑하는 자와 미워하는 자란 별도로 존재하지 않습니다. 지난 본문에서 사랑하는 사람에게 대하는 원리와 원수를 대하는 원리가 같다고 했습니다. 사랑하는 사람, 원수 같은 사람이라는 분류 자체가 죄인들의 분류입니다. 처음부터 사랑하는 자와 처음부터 원수 같은 자가 따로 존재하는 것이 아니라, 다 죄인들이 만들어 내는 것입니다. 남들이 나를 원수로 삼아도 내가 원수로 갚아주지 않으면 원수가 아닙니다. 내가 타인을 사랑하는 자로 여기면 사랑하는 자가 존재하고, 내가 타인을 원수로 여기면 원수가 존재하는 것입니다. 다른 사람이 아무리 나를 미워해도 내가 미워하지 않으면 나에게는 미운 사람이 없습니다. 사람들은 누구에게는 잘 보여야 하고, 누구는 피하여야 할 대상인가를 분류하려고 합니다. 13장 17절에 '모든 자에게 줄 것을 주되 조세를 받을 자에게 조세를 바치고 관세를 받을 자에게 관세를 바치고 두려워할 자를 두려워하며 존경할 자를 존경하라.' 사람들은 두려워할 자와 존경할 자를 분별하려고 합니다. 그런데 성경의 가르침은 별도로 두려워할 자나 존경할 자가 각각 존재하는 것이 아닙니다. 그런 관계, 그런 사람이란 따로 존재하는 것이 아니라 바로 내가 결정한다는 것입니다. 내가 악을 행하면 갑자기 멀쩡하던 사람이 두려운 존재가 되어버리고, 내가 선을 행하면 갑자기 멀쩡하던 사람이 존경할 사람이 된다는 것입니다. 상대는 따로 존재하는 것이 아니라 내가 만들어 낸다는 뜻입니다.

하나님에게 인간의 분류가 없기에 하나님은 모든 인간에게 같은 행동원리를 주십니다.

로마서 12장에서 인간관계에 대하여 로마 성도에게 권면한 말씀과 에베소에 있는 성도에게 권면하는 말씀이 같습니다. 에베소의 성도에게 제시하는 행동원리는 '피차 사랑하라' 입니다. 사랑하는 사람과의 관계법도 피차 복종이고, 원수 같은 사람과의 관계법도 피차 복종입니다. 로마서의 기록자가 사도 바울이요, 에베소서의 기록자도 같은 인물인 사도 바울이라면, 에베소 성도들에게 권면한 행동의 원리와 로마의 성도들에게 권면한 행동의 원리는 같아야 합니다. 에베소 성도들에게 권면한 피차 복종하라는 행동원리를 로마서의 표현법으로 하면 '선으로 악을 이기라' 입니다. 같은 내용을 다양한 표현방식으로 나타낸 것입니다. 실제의 삶에서 선으로 악을 이기기 쉽지 않습니다. 선으로 악을 이기는 삶은 아무나 할 수 있는 것이 아닙니다. 모든 사람에게 무조건 선으로 악을 이기라고 강요하는 것이 아니라, 할 수 있거든 선으로 악을 이기라고 권면하는 것입니다. 그러나 바울이 "할 수 있거든"이라고 말할 때 바울은 "성도들은 할 수 있는 자"라고 선언하는 것입니다. 성도, 하나님의 백성, 하나님의 마음을 가진 자, 하나님의 약속을 가진 자만이 할 수 있다고 선언합니다.

'모든 자에게 줄 것을 주되 조세를 받을 자에게 조세를 바치고 관세를 받을 자에게 관세를 바치고 두려워할 자를 두려워하며 존경할 자를 존경하라' 롬13:17 지독히 평범하고 당연한 말입니다. 그런데 7절처럼 말을 하면 12장 14절부터 21절에서 바울이 말한 내용과는 전혀 맞지 않는 말이 되어버립니다. 12장 14절에서는 "너희를 박해하는 자를 축복하고 저주하지 말라"고 했고 17절에 "아무에게도 악을 악으로 갚지 말고 모든 사람 앞에서 선한 일을 도모하라"고 했습니다. "악에게 지지 말고 선으로 선을 이기라"롬12:21라는 가르침을 주었습니다. 그런데 13장 7절에서는 '모든 사람에게 줄 것을 주라. 해당한 자에게 해당한 것을 주라'고 말합니다. 해당한 자에게 해당한 것을 주어야 한다면, 사랑하는 자에게는 사랑을 주면 되고, 원수에게는 미움을 주면 됩니다. 그러나 분명히 12장에서는 해당하는 자에게 해당한 것을 주라는 권고가 아니라 '박해하는 자를 축복하라'고 했습니다. 12장 14절부터 21절까지의 가르침과 13장 1절부터 7절까지의 가르침은 서로 맥락이 일치하지 않습니다.

즉 13장 1절부터 7절까지에 나오는 내용은, 성도가 아닌 일반인들이, 구원받지 않는 사람들이 행하는 행동원리를 소개하는 것입니다. 일반적인 사람도 이런 정도의 삶을 사는데 성도는 다른 존재요 새로운 피조물이니 일반인보다 훨씬 다른 차원의 행동을 보여주어야 한다는 것이 12장과 13장 8절부터 연결이 됩니다. 그러면 성도가 행하는 행동원리는 어느 정도 수준이고 일반인의 행동원리는 어느 정도의 수준인가를 구분해보고 성도는 어떻게 일반인들과 다르게 행동할 수 있으며, 성도가 일반인과 다르게 사는 방법과 능력이 어디에 있는지를 확인해 봅시다.

하나님과 권세

권세에 굴복하라

모든 것의 기준을 잡는 것이 가장 중요합니다. 기준, 개념, 의미, 뜻을 잘못 이해하면 이후의 모든 것이 다 잘못됩니다. 13장 1절로 2절에 나오는 권세 있는 자가 누구냐에 대하여 많은 연구가 있었습니다. 혹자들은 천사나 기타 공중 권세 잡은 자라고도 하고, 혹자들은 국가지도자, 공권력이라도 합니다. 현재는 대체로 국가 또는 위정자를 언급한다고 생각하고 있습니다. 그러나 성경은 특별한 국가와 교회, 특별한 개인과 개인 등의 공적인 관계를 언급하지 않습니다. 13장 1절에 보면 "각 사람은 위에 있는 권세들에게"라고 되어 있습니다. 위에 있는 권세는 누구의 위이며, 얼마나 위를 언급하는 것이냐가 이해의 초점입니다.

객관적으로 위정자는 위에 있는 사람들이기에 그들에게 복종하라는 의미가 아닙니다. 위에 있는 권세는 객관적으로 권세 있는 자라고 인정되는 자를 말하는 것이 아니라 당신의 위에 있는 자 모두를 말하는 것입니다. 위에 있는 권세는 권력자나 사회 지도층이나 누가 보아도 권세자로 인정받는 위치를 언급하는 것이 아닙니다. 나와의 관계에서 내 위에 있는 자를 언급하는 것입니다. 특정한 인물이나 특정한 직분을 의미하지 않고 일반적으로 질서상 위에 있는 것을 의미합니다. 본문에서 언급하는 위는 성도 개개인의 위를 의미합니다. 권세는 아래에 있는 것이 아니라, 다 위에 있습니다. 나의 부모는 내 위에 있지만, 남의 부모는 직접적으로 내 위에 계신 분이 아닙니다. 나의 과장님은 내 위에 있지만, 남의 사장님은 내 위에 계신 분이 아닙니다. 권세 있는 자라고 해서 모두 나에게 권세를 부릴 수 있는 것이 아닙니다. 내 위에 있는 사람만이 나에게 권세를 부릴 수 있습니다.

하나님에게로 남, 하나님의 정하심

권세 있는 자는 객관적인 권세가 아니라 자신과의 관계에서 위에 있는 자를 의미합니다. 나보다 위에 있는 자는 나에게 영향력이 있고 권세가 있고 힘이 있습니다. 그런 의미에서 내 위에 있는 자에게, 나보다 위에 있기 때문에 나에게 권세가 있다는 것이요, 이것은 하나님에게서 나온 기본적인 질서상의 관계입니다. 하나님과 저와의 관계에서 하나님이 저보다 먼저 계신 자요 크신 분이기 때문에 저에게 권세가 있습니다. 권세는 다른 표현으로 하면 질서입니다. 위에 있는 자, 아래 있는 자의 질서입니다. 그 질서에서 위에 있는 자가 권세, 영향력이 있습니다. 그런 의미에서 권세가 하나님에게서 나온다고 하는 것입니다. 그것이 하나님의 질서입니다. 아비가 있고 자녀가 있습니다. 아비와 자녀의 관계에서 아비가 권세가 있고, 그 권세는 하나님에게서 난 것이라는 의미입니다. 왜냐하면, 아비는 자녀보다 먼저 난 자로 먼저 난 자가 권세가 있고, 책임이 있고, 역할이 있습니다. 스승과 제자의 관계에서는 스승이 권세가 있습니다. 그런 의미에서 권세가 하나님에게서 났다는 것입니다. 질서나 역할에 따라 언급하는 것이지 신분이나 권력, 지위에 따라 언급하는 것이 아닙니다.

이와 같은 관점에서 권세들에게 굴복하라는 것은 지극히 당연합니다. 권세는 자기보다 위에 있는 것입니다. 나는 그 권세보다 밑에 있습니다. 그러면 밑에 있는 사람이 해야 할 일은 당연히 복종입니다. 밑에 있는 자가 복종하는 것은 겸손한 것이 아니고, 낮아짐이 아니고, 섬김이 아니요, 당연한 일입니다. 만약 권세 아래 있는 자가 복종하지 않으면, 당하게 되는 결과가 2절 끝에 나옵니다. '거스르는 자들은 심판을 자취하리라' 롬13:2 2절에 나타난 심판은 하나님 징계의 심판, 저주의 심판 등을 의미하는 것이 아니라 복종하지 않은 대가를 받는다는 것입니다. 아랫사람이 윗사람의 말을 안 들으면 당연히 말 안들은 대가를 치른다는 말입니다. 위에 있는 권세에 복종해야 합니다. 복종하지 않으면 그 값을 치러야 한다는 것입니다.

1절부터 7절은 성도가 아닌 일반인들의 일반적인 관계 행동을 설명하고 있습니다. '다스리는 자들은 선한 일에 대하여 두려움이 되지 않고 악한 일에 대하여 되나니 네가 권세를 두려워하지 아니하려느냐? 선을 행하라. 그리하면 그에게 칭찬을 받으리라' 롬13:3 다스리는 사람, 권세 있는 사람, 힘 있는 자가 나와 연관이 되는 것은 내가 잘할 때나 혹은 잘못할 때입니다. 그 사람에 대한 다른 사람의 평가는 나와 아무런 관계가 없습니다. 내가 그 사람이나 다른 사람에게 선한 일을 하면, 그 사람에 대하여 전혀 걱정할 일이 없습니다. 내가 선한 일을 할 때는 다스리는 자, 권세 있는 자는 그 자체로서 무서운 것이 아닙니다. 내가 선한 일을 하면 그 사람이 나를 알아주길 바라고, 내가 악한 일을 하면 그 사람이 나를 몰라주길 바랍니다.

권세 있는 자란 힘이 있는 자로서 자기 마음대로 하는 자라는 뜻이 아닙니다. 그것은 죄인들의 생각입니다. 권세 있는 자란, 먼저 난자, 위에 있는 자, 책임과 역할이 있는 자라는 의미입니다. 위에 있는 사람은 당연히 아래에 있는 사람에게 해야 할 역할이 있습니다. 그와 같은 역할이 있기에 하나님의 사자, 하나님의 일군이라고 표현하는 것입니다. 권세 있는 자에게 복종하는 것은 좋은 일입니다. 위에 있는 자로서, 먼저 있는 자로서, 다스리는 자로서 나에게 좋은 역할을 하는 존재들이기에 복종하는 것이 좋은 것입니다. 어른의 말, 권세자의 말을 들어야 하는 이유는 듣지 않으면 혼나기 때문이 아니라 그만큼 좋은 말이기 때문입니다. 이것을 성경적으로 표현하면, '그러므로 복종하지 아니할 수 없으니 진노 때문에 할 것이 아니라 양심을 따라 할 것이라'.롬13:5

그런데 일반적인 세상의 권세 있는 자와 권세 아래 있는 자, 가르치는 자와 가르침을 받는 자, 다스리는 자와 다스림을 받는 자의 관계에는 한 가지 결정적인 약점이 있습니다. 스승과 제자, 위의 사람과 아래 사람, 다스리는 자와 다스림 받는 자, 권세 있는 자와 권세 아래 있는 자와의 사이에는 아름다운 교제가 없습니다. 스승은 모든 것을 다 알기에 어떤 일이 벌어질지, 어떤 결과가 올지를 다 알면서도 일부러 표독스럽고 냉정합니다. 제자들은 아무것도 모른 채 당합니다. 스승은 알고만 있을 뿐 정작 아무것도 하지 않습니다. 실제로는 제자들이 다 당합니다. 상호 간에 아름다운 교제가 없습니다. 서로의 진심을 아는 것은 최후입니다. 나도 그 위치가 되었을 때에야 비로소 스승의 마음을 깨닫고 이해하기 때문에 과정 중에 아름다운 인격적 교제가 없습니다. 세상에서는 이 정도만 해도 아주 훌륭한 것입니다. 기독교는 이것을 훨씬 넘어섭니다.

남을 사랑하는 자

기독교는 하나님이 죽는 종교입니다. 하나님이 인간을 위해 죽어주신 종교입니다. 그래서 인간이 하나님 때문에 새로운 존재가 된 것입니다. 하나님은 인간을 성도로 만들려고 인간이 겪는 모든 고통을 다 알면서도 모른 체하는 분이 아닙니다. 성도가 되게 하려고 인간에게 여러 가지 역경을 만들어 놓고, 모든 역경을 겪어야만 하도록 하는 분도 아닙니다. 하나님은 다 알면서도 아무 말씀 안 하시고, 인간은 당하고 살다가, 인생을 다 살고 나서야 자신이 성도가 되었다는 사실을 알고, 인생 막바지에 하나님이 자신을 이렇게 만들어 주시려고 애쓰신 것을 깨닫는 것이 아닙니다. 자신도 당할 때는 그렇게 서럽게 당해놓고, 또 자기의 후배에게 똑같은 짓을 하는 그런 관계가 아닙니다. 정작 자신의 진실을 도무지 말하지 못하고 죽을 때 돼서야 서로 진실을 말하고 그저 눈물만 흘리는 그런 관계가 아닙니다. 기독교는 전혀 다릅니다. 세상이 흉내 낼 수 없는 멋진 것입니다.

본문 7절과 8절은 전적으로 상반되는 이야기입니다. 7절에서는 두려워할 자를 두려워하며 존경할 자를 존경하라고 하였고, 8절에서는 사랑의 빚 외에는 아무에게든지 빚을 지지 말라고 하며 남을 사랑하는 자는 율법을 다 이루었다고 강조합니다. 9절 후반부에는 다른 계명이 있을지라도 네 이웃을 네 자신과 같이 사랑하라고 권면합니다. 13장 1절부터 7절까지에 소개된 세상의 관계는 해당자에게 해당하는 것을 주어야 하고, 두려워할 자를 두려워하고 존경할 자를 존경하는 정도입니다. 8절부터는 성도에 관한 것입니다. 성도는 남을 사랑하고 네 이웃을 사랑하고, 원수를 축복하고, 원수가 주리거든 먹이고 목마르거든 마시는 존재입니다. 1절로 7절에 나타난 기준을 훨씬 넘어서는 성도만이 행할 수 있는 삶을 보여주는 것입니다. 세상은 아직도 자신의 문제, 즉 죄의 문제를 해결하지 못한 자들입니다. 세상의 말은 '자존감이 있어야 한다. 자기에 대하여 긍정적으로 생각하라, 자신을 사랑하라, 너 자신을 알라, 너는 소중하다' 등 자신에게 집중되어 있습니다. 왜냐하면, 아직도 자신의 문제를 해결하지 못했기 때문입니다.

그러나 성도는 자기 문제를 해결한 자입니다. 로마서 1장부터 11장까지 설명한 것이 성도가 죄인이었을 때 하나님이 성도를 구원하시어, 죄인에서 의인으로 변화시켜 주시어 하나님 밖에 있던 상태에서 하나님 안으로 들어와 새로운 존재가 되었다는 것입니다. 성도는 하나님의 자녀요 죄를 벗어난 자요 새로운 피조물이라고 선언했습니다. 성도는 자기 문제가 죄라는 것을 알았고, 하나님의 은혜로 구원받아 하나님의 마음을 소유하였고 아무도 그리스도의 사랑에서 끊을 수 없다는 하나님의 약속을 가졌고, 하나님의 심정, 하나님의 성품, 하나님의 가치를 자진 자들입니다. 8절 이하에서 성도를 묘사하는 표현이 '남을 사랑하는 자' 롬13:8입니다. 그래서 이제 성도는 남을 돌아볼 수 있는 자입니다. 남을 사랑할 수 있는 자입니다. 이웃을 나 자신과 같이 사랑할 수 있는 자입니다.

8절에서 "피차 사랑의 빚 외에는 아무에게든지 아무 빚도 지지 말라"고 권면합니다. 누군가에게 무엇을 받는 사람은 받는 것으로 자신이 나아질 수 있다고 생각하기 때문에 받습니다. 누군가에게 무엇을 주지 않는 사람은 손해 날까봐 주지 못합니다. 그런데 성도는 다르게 생각할 수 있고, 다르게 행동할 수 있습니다. 성도는 문제를 해결한 자요, 하나님의 복을 받은 자요, 완성된 자요, 다 가진 자이기에 누군가에게 더 받는다고 나아질 것이 없다는 사실을 아는 자요, 나의 것을 남에게 주어도 잃어버리거나 손해날 것이 없다는 사실을 아는 자입니다. 성도는 이미 하나님에게서 충만한 은혜와 복을 받은 자이기에 빚을 지지 않을 수 있습니다.

이어서 11절에 "또한 너희가 이 시기를 알거니와 자다가 깰 때가 벌써 되었으니 이는 이제 우리의 구원이 처음 믿을 때보다 가까웠음이라"는 말씀이 나옵니다. 이 말씀이 등장하는 이유는 "이 시기를 알았다"는 것을 강조하기 위함이며, 이 시기를 앎으로 말미암아 인간의 행동, 성도의 행동이 변화될 수 있었다는 것을 설명하려는 것입니다. 예를 들어 어느 강직한 사람이 늘 남을 비판하였다가 어느 날 자신의 약점을 발견하면 겸손해 집니다. 또는 어떤 완고한 사람이 늘 고집만 피우다가 질병으로 임종이 가까워지면 온유해지고 넉넉해집니다. 인간이 자신의 힘과 능력으로 더는 어찌할 수 없다는 것을 알게 되면 변화가 됩니다. 자신이 부여잡고 있던 것을 내려놓게 됩니다. 무엇인가를 얻음으로 나아질 수 있다고 생각하거나 무엇인가를 빼앗김으로 나빠질 수 있다고 생각하는 사람은 남을 사랑할 수 없습니다. 그러나 무엇을 얻음으로써 더 나아질 것이 없고, 무엇을 줌으로 손해 볼 것이 없다고 생각하는 사람은 무엇이든 행할 수 있는 것입니다. 바로 성도가 모든 것을 다 얻은 자요, 다 이룬 자요, 완성된 자입니다. 성도는 성도의 본분을 알기에 원수를 사랑할 수 있고, 남에게 져줄 수 있습니다. 이러한 성도의 변화됨을 인식한 것에 대한 표현이 '너희가 이 시기를 알거니와' 롬13:11라는 표현입니다. 성도는 어느 시기, 어느 위치, 어느 신분, 어느 상태에 와 있는가를 아는 자라는 것입니다. 성도의 성도됨을 모르면 성도다운 삶을 살 수 없습니다. 로마서 1장부터 11장에서 설명된 성도의 성도됨을 깨달아 알 때에 12장 이하의 행동원리를 실천할 수 있습니다. 성도가 성도됨을 알 때 이미 변화된 자의 결과요, 열매로서 12장 이하의 삶을 구현할 수 있습니다.

13장 12절부터 14절 "밤이 깊고 낮이 가까웠으니 그러므로 우리가 어둠의 일을 벗고 빛의 갑옷을 입자. 낮에와 같이 단정히 행하고 방탕하거나 술 취하지 말며 음란하거나 호색하지 말며 다투거나 시기하지 말고 오직 주 예수 그리스도로 옷 입고 정욕을 위하여 육신의 일을 도모하지 말라"는 여러 가지 행동을 권면하는 것이 아니라, 두 가지를 대조적으로 비교하고 있습니다. 죄의 원리, 육신의 원리, 어둠의 원리를 따르지 말고 이제 성도는 새 사람으로 새로운 가치와 새로운 기준, 새로운 척도, 새로운 원리를 가진 새로운 피조물로서 빛의 원리, 낮의 원리, 하나님의 원리로 하나님의 백성답게 살라는 것입니다. 이러한 성도의 삶이 원수를 사랑하는 삶이요, 남을 사랑하는 삶이요, 네 이웃을 네 몸같이 사랑하는 삶입니다.

40 우리가 주의 것이로다

로마서 14:1-12

1. 믿음이 연약한 자를 너희가 받되 그의 의견을 비판하지 말라 2. 어떤 사람은 모든 것을 먹을 만한 믿음이 있고 믿음이 연약한 자는 채소만 먹느니라 3. 먹는 자는 먹지 않는 자를 업신여기지 말고 먹지 않는 자는 먹는 자를 비판하지 말라. 이는 하나님이 그를 받으셨음이라 4. 남의 하인을 비판하는 너는 누구냐 그가 서 있는 것이나 넘어지는 것이 자기 주인에게 있으매 그가 세움을 받으리니 이는 그를 세우시는 권능이 주께 있음이라 5. 어떤 사람은 이 날을 저 날보다 낫게 여기고 어떤 사람은 모든 날을 같게 여기나니 각각 자기 마음으로 확정할지니라 6. 날을 중히 여기는 자도 주를 위하여 중히 여기고 먹는 자도 주를 위하여 먹으니 이는 하나님께 감사함이요 먹지 않는 자도 주를 위하여 먹지 아니하며 하나님께 감사하느니라 7. 우리 중에 누구든지 자기를 위하여 사는 자가 없고 자기를 위하여 죽는 자도 없도다 8. 우리가 살아도 주를 위하여 살고 죽어도 주를 위하여 죽나니 그러므로 사나 죽으나 우리가 주의 것이로다 9. 이를 위하여 그리스도께서 죽었다가 다시 살아나셨으니 곧 죽은 자와 산 자의 주가 되려 하심이라 10. 네가 어찌하여 네 형제를 비판하느냐 어찌하여 네 형제를 업신여기느냐 우리가 다 하나님의 심판대 앞에 서리라 11. 기록되었으되 주께서 이르시되 내가 살았노니 모든 무릎이 내게 꿇을 것이요 모든 혀가 하나님께 자백하리라 하였느니라 12. 이르므로 우리 각 사람이 자기 일을 하나님께 직고하리라

너희가 받으라

믿음이 연약한 자

성경에 나타나는 표현들은 하나님의 표현이며, 인간을 존중하는 표현들이며, 죄의 관점이 아닌 하나님의 관점과 원리들을 아주 정확하게 실천하는 표현방식들입니다. 바울은 로마에 있는 성도에게 잘한 것은

칭찬하고 격려하고 잘못되고 그릇된 것을 바로잡고 수정하기 위하여 편지의 양식으로 신앙의 내용을 기록하였습니다. 진리를 알고 진리를 가르치는 바울의 처지에서 볼 때, '틀린 자, 잘못하는 자, 오류를 범하는 자'들이 매우 안타깝게 여겨질 것입니다. 그런데 바울은 1절에서 "믿음이 연약한 자"라고 말합니다. 절대로 로마에 있는 성도들을 향해 '틀린 자', '잘못된 자', '오류를 범하는 자'라고 말하는 것이 아닙니다. 기독교에는 '틀린 자'란 없습니다. 물론 성경이 인간을 죄인이라고 선언합니다. 기독교가 인간을 죄인이라고 선언할 때는 구원받기 전입니다. 세상에 속하였을 때, 사탄에 속하였을 때는 죄인입니다. 그러나 구원받아 하나님의 백성이 되고 난 후에는 의롭다 인침을 받은 자요 하나님의 자녀입니다. 그래서 '틀린 자'가 아니라 '연약한 자'요 '잘못된 자'가 아니라 '잘 모르는 자'입니다. 사람의 행동이 아무리 인간 같지 않아 보여도 동물이라고 하지 않습니다. 미성숙한 사람이요, 어리석은 사람이요, 어린아이 같은 사람입니다. 성도가 아무리 틀리고 잘못 행동하고 오류를 범해도 연약한 자이지, 틀린 자나 잘못된 자라고 부르지 않습니다.

그를 받으라

바울은 성도 상호 간을 연약한 자로 부르면서 먼저 그를 받으라고 말합니다. 그들을 받고 그 연약한 자의 의견을 비판하지 말라고 합니다. 그 연약한 자의 생각과 판단, 의견에 대하여 시시비비 하지 말라는 것입니다. "받으라"라는 단어의 의미는 수용하다, 용납하다, 이해하다, 친절하게 지내다, 함께 음식을 먹다 등의 의미가 있습니다. 3절에 나오는 "하나님이 그를 받으셨음이라"와 같은 단어입니다. 성경의 말씀은 내용만 정답인 것이 아니라 말씀하는 순서도 정답입니다. 먼저 그 사람을 받아주면 그의 모든 행동은 다 받아 줄 수 있습니다. 이미 그를 받아 주기로 하였다면 그의 잘못이나 연약함이 아무 문제가 되지 않으며 그의 의견과 생각에 어떤 시빗거리가 없다는 것입니다. 그 사람을 용납하고 수용하고 인정하면 그 사람의 사고, 행동을 포함한 모든 것을 받아 주는 것입니다. 더욱 본질적으로 우리가 그를 받을 것인가를 논하기 이전에 하나님이 이미 그를 받으셨다는 것을 알아야 합니다. 하나님이 받으셨다면 우리는 그에 대하여 시시비비 논할 이유가 없습니다. 어떤 사람은 모든 것을 먹어도 된다는 믿음이 있습니다. 그러나 어떤 사람은 풀만 먹어야지 고기는 먹어서는 안 된다는 의견이 있는 사람이 있습니다. 그의 생각을 판단하지 말라는 것입니다. 그 생각을 그대로 받아 주는 것입니다.

무관심인가 믿음인가

바울이 상대방의 의견에 대해 비판하지 말라고 하는 것은 방관하는 것이나 그냥 될 대로 되라는 식으로 내버려두는 것이 아닙니다. 바울이 이렇게 말하는 이유와 근거가 4절입니다. '남의 하인을 비판하는 너는 누구냐? 그가 서 있는 것이나 넘어지는 것이 자기 주인에게 있으매 그가 세움을 받으리니 이는 그를 세우시는 권능이 주께 있음이라.' 1절에서는 믿음이 연약한 자로 표현한 사람을 이번에는 남의 하인이라고 말합니다. 그 사람이 하인이면 그 사람에게는 주인이 있습니다. 그는 주인에 의해서 세워지기도 하고 넘어지기도 합니다. 주인에 의해 높아지기도 하고 낮아지기도 합니다. 그가 어떤 역할을 할지, 어디에 서 있을지, 언제까지 할지 모든 것이 그의 주인에 의해서 결정됩니다. 바울은 그의 주인이 그를 소홀히 하지 않는다는 것을 압니다. 그의 주인이 그를 책임지고 돌보고 있다는 것을 압니다. '그가 세움을 받으리니 이는 그를 세우시는 권능이 주께 있음이라' 롬14:4 이 구절에서 '주'는 그 사람의 주인을 의미합니다. 주인은 자신의 소유된 자를 매우 소중히 여길 것이고 결국은 그를 세울 것입니다.

본문은 로마에 있는 성도들에게 쓴 편지입니다. 남의 하인은 단지 남이 아니라 바로 성도입니다. 1절의 연약한 자, 4절의 남의 하인이 10절에 가보면 "너희 형제"라고 표현되어 있습니다. 남의 하인은 성도요, 그 주인은 하나님이십니다. 바울이 지금 연약한 성도, 자신이 생각하기에 잘못하는 자, 틀린 자일지라도 그대로 받아주자고 권고하는 이유는 그가 홀로 있는 것이 아니라, 그가 버림받은 존재가 아니라, 그의 주인 되신 하나님이 계시고, 하나님이 그를 얼마나 사랑하시고 얼마나 철저하게 양육하고 계신가를 알고 있기에 가능한 말입니다. 만약 아무런 대책이 없이 그냥 내버려두면 그것은 '무관심' 입니다. 그러나 내가 그를 돌보아 주는 것보다 하나님이 더욱 철저히 그를 돌보시고 계시다는 것을 알고 있기에 그에 대하여 간섭하지 않는다면 그것은 '무관심' 이 아니라 '하나님의 일하심에 대한 무한한 믿음' 이라고 설명할 수 있습니다. 바울이 연약한 자를 그대로 수용하는 것은 방치나 방관이 아니라 자신보다 더욱 잘 행하시는 하나님을 알고, 하나님을 믿는 것입니다.

너는 누구냐?

자신이 죄인이었던 자

14장 4절에서 "남의 하인을 비판하는 너는 누구냐?"라고 묻습니다. "너는 누구냐?"라고 묻는 이유는 두 가지입니다. 첫째는 남을 비판하는 너도 그런 자였다는 사실을 알라는 것입니다. 바울도 자기 자신을 알고 있습니다. 자신이 얼마나 잘못 했었는지, 얼마나 어리석었는지를 압니다. 그랬던 바울을 하나님이 받아 주셨고 교회가 받아 주었습니다. 바울이 개종했을 때 모든 사람이 놀랐습니다. 주변 사람들은 그냥 놀라기만 했지만, 그 당시 교회에 속한 성도들은 바울을 대하기가 아주 난감했을 것입니다. 바울의 개종이 사실인지, 더 많은 그리스도인을 잡기 위한 속임수는 아닌지 진심을 알리고 많이 고민했을 것입니다. 그런 바울을 교회가 받아 주지 않았다면 지금의 바울은 존재할 수 없었습니다. 그런 자신을 교회가 수용해 주었습니다.

많은 사람이 바울을 칭찬하고 존경하고 대단한 사람이라고 생각하는데, 그것은 오해입니다. 바울이 마음이 넓어서, 인격이 고상해서 관대한 말을 하는 것이 아니라 자신이 그런 대접을 받았기 때문입니다. 바울은 교만하지 않은 것이 아니라 교만할 수 없습니다. 바울은 연약한 자를 배척하지 않는 것이 아니라 배척할 수 없습니다. 바울이 연약한 자를 배척하는 순간 가장 먼저 배척당할 사람이 바로 바울 자신이기 때문입니다.

자신은 아무것도 할 수 없는 자

"너는 누구냐?"라고 묻는 두 번째 이유는 네가 그 사람을 판단하고 비판하지만 정작 너는 그를 위하여 아무것도 할 수 없다는 것입니다. 사람들이 할 수 있는 일은 '판단하는 일' 뿐입니다. 판단하는 것, 지적하는 말은 누구라도 할 수 있습니다. 틀린 사람의 입장, 연약한 사람의 처지에서는 자신이 틀렸다는 것을 자신도 압니다. 그 사람에게는 지금 틀렸다는 것을 지적해 주는 사람이 필요한 것이 아니라 틀린 부분, 그가 잘하지 못하는 부분을 감당해 줄 존재가 필요합니다. 그런데 아무도 그것을 해주지 않고 단지 틀렸다고만 합니다. 자신을 비판하는 사람이 싫은 이유는 단지 비판만 하기 때문입니다. 내가 지적하고 비판한 부분을 보완해주고 감당해 주는 역할을 우리는 못합니다. 사람은 다른 사람에게 영향을 끼칠 수 없고, 다른 사람을 변화시킬 수 없습니다. 다른 사람에게 영향을 주려고 하는 것 자체가 엄청난 교만이요, 상대방을 굴욕 시키는 것입니다.

바울의 역할은

'어떤 사람은 이 날을 저 날보다 낫게 여기고 어떤 사람은 모든 날을 같게 여기나니 각각 자기 마음으로 확정할지니라' 롬14:5 모든 결정은 본인의 마음으로 하는 것입니다. 6절을 보시면 재미있습니다. '날을 중히 여기는 자도 주를 위하여 중히 여기고 먹는 자도 위하여 먹으니 이는 하나님께 감사함이요 먹지 않는 자도 주를 위하여 먹지 아니하며 하나님께 감사하느니라' 롬14:6 본문에 등장하는 "주를 위하여"라는 말은, 목적격이 아니라 탈격으로 기원에 관한 의미입니다. 즉, '주에 의하여, 주로 말미암아'라는 뜻입니다. 각 사람이 생각하는 그 각각의 기준이 바로 하나님이어서, 서로 의견을 가지고 하나님께 감사하더라는 말입니다. 한 사람은 하나님의 기준이라고 하고, 한 사람은 죄의 기준이라고 한다면 판단할 수 있습니다. 신자와 불신자의 문제라면 기준을 제공할 수도 있습니다. 그런데 지금 서로 하나님으로 말미암았다고 말하고, 서로 하나님께 감사한다고 말합니다. 그렇다면, 판단하지 말고 그대로 받아주라는 것입니다.

비판하지 말고 받아주라는 의미가 그냥 내버려둔다는 뜻이라면, 그러한 의미와 지금 가장 달리 행동하는 사람은 바로 바울 자신일 것입니다. 바울이 내버려두는 방식으로 행동한다면, 지금 편지를 쓸 이유도 없습니다. 로마서 1장부터 11장까지 구원에 관해 그렇게 자세히 말할 것도 없습니다. 각각 자기의 마음으로 확증하고, 그렇게 확증된 것에 대해 아무 말도 하지 않아야 한다면 바울의 역할이나 옆에 있는 성도의 역할은 아무것도 없을 것입니다. 바울은 연약한자의 상태를 용납하며 동시에 하나님의 일하심을 믿으며 또한 바울 자신의 역할을 알고 있습니다. 바울의 역할은 간섭하는 것이 아니요, 잘못되었다고 정죄하는 것도 아니요, 그렇다고 자신이 그들을 바로 잡을 수 있다는 듯 책임지려는 듯 행동하는 것도 아닙니다. 바울의 역할은 진리를 말하는 것이라고 스스로 강조합니다. 틀린 것을 비판하는 것이 아니라 계속해서 진리를 말하고, 바른 것을 말하는 것입니다. 그래서 진리를 듣는 사람이 자꾸 진리대로 생각하게 하는 것입니다. 각 사람이 각각 자기의 마음으로 확증할 때에, 자신의 판단과 결정을 더욱 바른 지식에 근거하여 확증할 수 있도록 하는 것입니다.

주에 의해 사는 자

주인과 종

평상시 신앙에 대한 표현이 너무 강한 사람이 있습니다. '주님을 위하여 불철주야 헌신하시는, 오직 하나님의 영광을 위하여 이 한목숨 기꺼이 바쳐, 오직 주님이 원하시는 대로…' 이렇게 말한다고 실제로 그렇다는 의미가 아닙니다. 아마도 신앙 표현의 절정은 14장 7절과 8절일 것입니다. '우리 중에 누구든지 자기를 위하여 사는 자가 없고 자기를 위하여 죽는 자도 없도다. 우리가 살아도 주를 위하여 살고 죽어도 주를 위하여 죽나니 그러므로 사나 죽으나 우리가 주의 것이로다.' 신앙의 대화중에 이 구절이 나오면 이제 대화가 끝입니다. 그 뒤에 토를 달면 그는 신앙도 믿음도 없는 사람이 되어 버립니다. 본문은 신앙의 강도를 표현하는 구절이 아닙니다.

'인간이 하나님을 위하여 산다' 는 말은 참으로 오해가 되는 표현입니다. 인간은 하나님을 위할 수 없습니다. 모든 관계에서 큰 자가 작은 자를 위하고, 많은 자가 적은 자를 위하는 것이지 그 반대는 없습니다. 아비와 자식의 관계에서 아비가 자식을 위해 줄 수 있을 뿐 자식이 아비를 위해 줄 수 없습니다. 스승과 제자의 관계에서 스승이 제자를 가르치는 것이지 제자가 스승을 가르칠 수 없습니다. 하나님과 인간의 관계에서 하나님이 인간을 위하시지 인간이 하나님을 위할 수 없습니다. 4절에 하나님이 주인이고 하나님께 하인이 있다고 했습니다. 주인과 종의 관계에서 주인이 종을 위해 주는 것입니다. 이 말의 의미는 이제 종은 주인에게 철저하게 복종하라는 뜻이 아니라 주인은 종을 책임져야 한다는 말입니다. 주인인 네가 책임지지 않으면 종은 죽을 수밖에 없으니 한순간도 소홀히 하지 말고 종을 돌보고 보살피라는 의미입니다. 주인에 의해서 종이 사는 것입니다. 하나님과 인간의 관계가 그것입니다. 하나님이 없이는 인간이 살 수 없기에 하나님은 언제나 인간을 돌보시고 살피시는 것입니다. 그 결과 하나님에 의해서 인간이 사는 것입니다.

'우리 중에 누구든지 자기에 의하여자기 자신의 힘으로 사는 자가 없고, 자기에 의하여자기 스스로 죽는 자도 없도다. 우리가 살아도 주에 의하여 살고 죽어도 주에 의하여 죽나니 왜냐하면 살아있는 것이나 죽는 것이나 우리는 주님께 속해있기 때문이다' 롬14:7-8 을 의역 우리의 주인은 하나님입니다. 하나님이 주인이라는 의미는 하나님이 인간의 생과 사를 다 휘어잡고 하나님 마음대로 하신다는 뜻이 아닙니다. 성도는 하나님께 소속되어 있기에 하나님이 성도의 주인이요 소유자요 책임자요 보호자요 관리자라는 것입니다. 그래서 누군가 성도를 해하려면 성도의 주인 된 하나님을 이겨야 하는데 누구도 하나님을 이길 수 없으니 이제 성도는 절대로 해함을 받지 않는다는 성도의 보장에 관한 것입니다.

지금까지 본문에서 강조해온 것이 다른 사람을 시비 삼지 말라는 것이었습니다. 왜냐하면, 하나님이 그를 돌보시고 계시기 때문입니다. 각 사람은 다 자기가 정한다고 했습니다. 그런데 그것도 지금 하나님 안에 있다는 것입니다. 하나님이 그 사람을 보고 계시며, 용납하고 계시며, 기다리고 계시며, 또한 그 사람을 지금 선용하고 계십니다. 마치 각 사람이 자신의 결정대로 사는 것 같지만, 결국 사람은 하나님에 의해서 사는 것입니다.

예수님의 주인 되심

예수님은 우리의 주인이 되시며 우리는 주의 것입니다. 하나님은 단지 권세로, 권위로만 주인과 종의 관계를 맺으신 것이 아닙니다. 원래 하나님은 인간의 창조자로서 인간의 주인이십니다. 인간이 하나님을 떠난 적이 있습니다. 스스로 떠난 사람을 버려두셔도 됩니다. 그런데 하나님은 주인이시니까 책임지려고 떠난 자를 찾아오십니다. 찾아오셔서 죄인 된 인간을 해방하시려고 예수님이 죽었다가 살아나셨습니다. 하나님은 인간의 주인임을 포기하신 적이 없습니다. 비록 죄인일지라도 하나님께 속한 자이기에 거룩한 자가 되도록, 성도가 되게 하여 주십니다. 주인으로서의 책임과 역할을 다 하시는 것입니다. 우리를 하나님의 자녀답게 죄인에게서 놓이게 하려고 친히 죽으셨다가 살아나신 분이 절대로 우리를 방관하거나 내버려두지 않으십니다. 9절 후반부에 '곧 죽은 자와 산 자의 주가 되려 하심이라' 롬14:9 하나님은 언제나 인간의 주인이시며 그 책임을 감당하십니다. 우리가 하나님께 대하여 죽었을 때에도 우리의 주인이시며, 우리를 살려내시어 성도 되게 하시고 여전히 우리의 주인으로서 돌보심과 책임을 감당하십니다.

하나님 앞에서

형제

14장 1절에 '믿음이 연약한 자', 4절에 '남의 하인'이 이제는 10절에 '형제'로 등장합니다. '네가 어찌하여 네 형제를 비판하느냐? 어찌하여 네 형제를 업신여기느냐? 롬14:10 간섭하지 말라는 것이 아니라 하나님의 역할, 하나님의 일 하심을 기대하라는 것입니다. 간혹 성도 중에 옆에 있는 성도의 어리석음을 답답해하는 심정을 넘어서 그 사람을 그냥 두고 계시는 하나님을 답답해할 수 있습니다. 마치 하나님이 옆 사람의 사정을 모르고 계시다고 생각해서 중보기도를 통해 자세하게 보고하기도 합니다. 하나님이 그 사람을 내버려두는 것이 아닙니다. 그 사람에게 행하실 하나님의 일하심을 기대하시면 됩니다. 이어지는 표현이 10절 후반부에 '우리가 다 하나님의 심판대 앞에 서리라.' 이 말씀도 각 사람이 행하는 대로 내버려두면 하나님께서 각 사람이 행한 대로 갚아주실 것이라는 의미가 아닙니다.

10절의 말씀대로 우리는 다 하나님 앞에 설 것입니다. 그때 모든 사람의 상황이 어떨 것인지를 미리 설명해 주는 구절이 11절입니다. 그때 가봐야 아는 것이 아니라 벌써 다 결과가 나와 있습니다. '주께서 이르시되 내가 살았노니 모든 무릎이 내게 꿇을 것이요 모든 혀가 하나님께 자백하리라' 롬14:11 하나님의 말씀이 '내가 살았노니' 입니다. 하나님은 살아계시고, 단지 살아계시기만 한 것이 아니라 일하십니다. 하나님은 성도를 보고 계시고, 성도의 수준과 상태도 알고 계십니다. 이미 조치를 취하고 있고, 진행하고 있습니다. 결과는 하나님께 자백하리라 즉 하나님께 찬미하리라는 것입니다. 모든 사람이 결국은 하나님의 심판대 앞에 서는데 그때 하나님을 찬미한다는 것입니다. 지금 엉뚱한 짓을 하는 것 같은 그 사람도 결국은 하나님 앞에서 하나님을 찬미할 것입니다. 지금 교회를 버리는 것 같은 그 사람도 결국은 하나님 앞에서 하나님을 찬미할 것입니다. 하나님이 각 사람을 하나님을 찬미하는 사람으로 만드시겠다는 것입니다. 지금 그렇게 역사하고 계시는 중입니다. 결국 '이러므로 우리 각 사람이 자기 일을 하나님께 직고하리라' 롬14:12 각 사람이 하나님 앞에서 자기 일에 대하여 나의 나됨이 모두 하나님의 은혜라고 말할 것입니다.

41
하나님의 사업을 무너지게 말라

로마서 14:13~23

13 그런즉 우리가 다시는 서로 비판하지 말고 도리어 부딪칠 것이나 거칠 것을 형제 앞에 두지 아니하도록 주의하라 14 내가 주 예수 안에서 알고 확신하노니 무엇이든지 스스로 속된 것이 없으되 다만 속되게 여기는 그 사람에게는 속되니라 15 만일 음식으로 말미암아 네 형제가 근심하게 되면 이는 네가 사랑으로 행하지 아니함이라 그리스도께서 대신하여 죽으신 형제를 네 음식으로 망하게 하지 말라 16 그러므로 너희의 선한 것이 비방을 받지 않게 하라 17 하나님의 나라는 먹는 것과 마시는 것이 아니요 오직 성령 안에 있는 의와 평강과 희락이라 18 이로써 그리스도를 섬기는 자는 하나님을 기쁘시게 하며 사람에게도 칭찬을 받느니라 19 그러므로 우리가 화평의 일과 서로 덕을 세우는 일을 힘쓰나니 20 음식으로 말미암아 하나님의 사업을 무너지게 하지 말라 만물이 다 깨끗하되 거리낌으로 먹는 사람에게는 악한 것이라 21 고기도 먹지 아니하고 포도주도 마시지 아니하고 무엇이든지 네 형제로 거리끼게 하는 일을 아니함이 아름다우니라 22 네게 있는 믿음을 하나님 앞에서 스스로 가지고 있으라 자기가 옳다 하는 바로 자기를 정죄하지 아니하는 자는 복이 있도다 23 의심하고 먹는 자는 정죄되었나니 이는 믿음을 따라 하지 아니하였기 때문이라 믿음을 따라 하지 아니하는 것은 다 죄니라

성도의 존재

성경의 특징

2000년 전에 당시 최고학부를 졸업하고 최고 정치적 권력의 중심에 있던 사람이 그 모든 자리를 내어놓고 전도자의 삶을 살았습니다. 그 사람도 책을 썼고 여러분은 지금 그 책을 읽고 있습니다. 바로 바울이라는

사람이 쓴 로마서입니다. 이 로마서에서 바울은 자신의 이야기, 자신이 한 일을 말하는 것이 아니라 자신을 변화시킨 하나님을 말하고 있습니다. 자신은 아무것도 말할 것이 없다는 것입니다. 세상의 책들에는, 그 책의 주인공이나 그 책의 저자가 나를 위해 해 준 것을 소개하는 책은 하나도 없습니다. 모두 나에게 이제부터 이렇게 해봐라, 저렇게 해봐라 전부 시키는 것뿐입니다. 성경은 전혀 다른 차원의 책입니다. 성경은 온통 하나님이 나를 위해 무엇을 하셨는가를 소개하는 책입니다. 그 하나님의 일하심의 결과로 내가 어떻게 달라졌는가, 이제 내가 얼마나 멋있게 살 수 있는가를 소개하는 책입니다. 그래서 다른 책을 읽으면 할 일이 많아지고, 성경을 읽으면 기대가 많아집니다. 다른 책을 읽으면 불안해 집니다. 내가 할 일을 안 하고 있는가, 내가 안주하고 있는가, 내가 뒤처지고 있는 것은 아닌가, 내가 할 일이 얼마나 많은가를 느끼게 합니다. 그러나 성경을 읽으면 평안해 집니다. 하나님이 이루셨다고 하고, 하나님이 약속하셨다고 하고, 하나님이 보증하셨다고 하고 아무도 방해할 수 없다고 하기 때문입니다. 성경을 읽고 배우시기 바랍니다.

성도의 특징

성경은 여러분을 성도라고 선언하고 성도라고 보장하고 있습니다. 아무리 연약해도 성도요, 실수해도 성도요, 미련해도 성도요, 교회를 가끔 나와도 성도요, 성경을 몰라도 성도요, 기도를 안 해도 성도요, 성도 같지 않은 사람도 성도입니다. 성경은 단 한 번도 성도의 존재를 부인하지 않으며, 성도의 성도됨을 의심하지 않습니다. 그렇게 믿어서 성도라고 할 수 있겠냐고 반문하지 않습니다. 왜냐하면, 성도의 성도됨은 인간의 행위에 의하지 않고 하나님의 은혜로 되는 것이고, 성도의 성도됨은 성도의 노력에 의해 유지되는 것이 아니라 하나님의 도우심으로 구현되는 것이기 때문입니다. 로마서 1장부터 14장까지 읽어오는 동안 성경에서 성도의 성도됨을 의심하는 구절은 단 한 구절도 찾을 수 없습니다. 성도를 향한 여러 가지 요청과 권고가 있었습니다. 아마도 기대한 대로 살지 않고 있으니 성도답게 살라고 권면하는 내용일 것입니다. 비록 성도답게 살지 않아도 성도임을 의심하지는 않습니다.

대부분의 성도들은 자신이 믿음이 없다고 생각합니다. 믿음 있는 분 손들어 보라고 하면 아무도 손을 들지 않습니다. 그것은 겸손한 것이 아니라 미련한 것입니다. 우리는 모두 인간입니다. 가끔 인간 같지 않은 생각과 행동을 해도 인간임에는 틀림이 없습니다. 자신이 가끔 실수한다고 해서 인간도 아니라고 하면 그는 정말 미련한 자입니다. 이와 마찬가지로 성도가 가끔 성도답지 못한 행동을 하고 때때로 불신자보다 못한 행동을 할지라도 성도는 성도요, 믿음이 있는 자요, 신실한 자입니다. 로마서 14장 16절에 '너희의 선한 것이 비방을 받지 않게 하라'고 합니다. 우리에게 '선한 것이 있다'고 말하고 있습니다. 22절에 '네게 있는 믿음을 하나님 앞에서 스스로 가지고 있으라'고 합니다. 우리에게 믿음이 있다고 말하고 있습니다. 성도는 하나님의 자녀요, 하나님의 기준, 하나님의 원리, 하나님의 가치, 하나님의 방법, 하나님의 능력을 가진 자들입니다.

성경의 말과 일반 교양서적에 나오는 말이 표현은 비슷해도 실제 내용은 전혀 다릅니다. 성도 아닌 자들도 성경을 읽고 감동을 받을 수 있습니다. 그러나 그들은 성경이 기대하는 삶을 살 수 없습니다. 그러나 성도는 아무리 할 수 없는 것 같을지라도 성경의 삶을 살 수 있습니다. 성도에게는 요구되는 수준이 있습니다. 그런 수준을 기대하는 이유는 성도이기 때문입니다. 일정 수준에 도달하면 성도가 되는 것이 아니라 이미 성도이어서 성도다운 수준의 삶을 살도록 권고 받습니다.

성경은 성도에게 '네 원수가 주리거든 먹이고 목마르거든 마시게 하라'고 합니다. 성도이기 때문입니다. 성도 아닌 자들에게는 이런 행동을 기대하지 않습니다. 성경이 성도에게 권면하는 것은 대단한 것을 요구하는 것이 아니라 지독히 평범한 것입니다. 할 수 없는 것을 하라고 하는 것이 아니라 할 수 있는 것을, 할 수 있으니까 당연히 하라는 것입니다.

하나님의 것

쉬운 일

일반인들은 하나님이 인간에게 하나님의 일을 명령하시는 줄로 착각합니다. 성도들도 하나님이 인간에게 하나님을 위하여 살라는 줄로 오해합니다. 그것은 모두 오해요 착각입니다. 사실 하나님은 인간에게 아무것도 하라는 것이 없습니다. 로마서 14장 1절에 '믿음이 연약한 자를 너희가 받되 그의 의견을 비판하지 말라'의 의미는 그 사람을 그냥 두라는 것입니다. 그의 연약함을 이해하고 수용하고 받아들이는 것입니다. 사람들은 다른 사람을 수용하는 대신 영향력을 끼치려고 하고 변화시키려고 합니다. 13절에 '그런즉 우리가 다시는 서로 비판하지 말고 도리어 부딪칠 것이나 거칠 것을 형제 앞에 두지 아니하도록 주의하라.' 성도가 할 일은 그 사람을 위해서 무엇을 하려고 하지 말고, 도리어 그 사람 앞에 부딪칠 것이나 거칠 것을 두지 않아야 합니다. 사람들이 신앙을 어렵게 생각하는 이유는 무엇인가를 하려고 하기 때문입니다. 무엇인가를 하려는 의도가 과도한 부담으로 느껴지고, 상대방에게 억압과 방해가 됩니다. 상대를 판단하여 비판하고 상대를 개선시키기 위한 노력들이 상대를 힘들게 합니다. 상대의 부족함을 책망하지 말고, 상대가 부담을 느낄 만한 일, 힘들어 할 일, 시험에 들 만한 일을 두지 않는 것이 진정으로 상대방을 도와주는 일입니다.

스스로 속된 것이 없다

'내가 주 예수 안에서 알고 확신하노니 무엇이든지 스스로 속된 것이 없으니 다만 속되게 여기는 그 사람에게는 속되니라. 만일 음식으로 말미암아 네 형제가 근심하게 되면 이는 네가 사랑으로 행하지 아니함이라. 그리스도께서 대신하여 죽으신 형제를 네 음식으로 망하게 하지 말라' 롬14:14~15 하나님이 세상을 창조하셨습니다. 존재하는 모든 것은 하나님이 만드셨습니다. 하나님이 만드신 것은 온전하고 완전합니다. 그러므로 원래부터 악한 것, 원래부터 부정한 것이란 존재하지 않습니다. 하나님이 선하신 분이기에 하나님이 만드신 모든 것이 선합니다. 그래서 세상에 속된 것은 없습니다. 부정한 식물, 부정한 동물, 부정한 일이란 존재하지 않습니다. 그 자체로 원래부터 속된 것으로 정해져 있는 것은 없습니다.

그런데 어떤 사람이 '이것은 더럽다, 불결하다, 부정하다'고 생각한다면 그 사람에게는 그것이 부정한 것으로 여겨지는 것입니다. 하나님이 만드신 것은 모두가 선하기에 부정한 것이란 없지만 어떤 사람이 부정하다고 여기면 그 사람에게는 부정합니다. 물론 그 사람이 잘 모르는 것이요 오해하고 있는 것이요 착가하고 있는 것입니다. 비록 오해와 착각으로 그렇게 생각하고 있다면 그 사람의 그 생각을 받아주라는 것입니다. 그 사람의 생각이 옳다는 것이 아니라 아직 그 정도만 아니까 그대로를 받아주라는 것입니다. 그 사람에게 '네 생각은 틀렸어, 잘못 됐어' 라고 말하지 말라는 것입니다. 그 사람은 그렇게 그 음식을 부정하다고 생각하면서 안 먹고 있습니다. 그 사람은 그 음식이 부정하다고 생각하기에 안 먹은 것뿐이요 그 음식 때문에 근심하지 않습니다. 그의 행동은 다른 한편으로 내가 어떤 음식을 먹기 싫어서 안 먹는 것이나 마찬가지입니다. 아무런 문제가 없습니다.

로마서 14장 15절을 보면, '만일 음식으로 말미암아 네 형제가 근심하게 되면…' 형제가 근심하는 이유는 바로 옆에 있는 사람이 '네 생각은 틀렸다'고 비판하고 정죄하기 때문입니다. 형제가 음식을 먹지 않았을 경우에는 음식을 안 먹었을 뿐 근심은 없습니다. 그런데 어떤 사람이 '네 생각이 틀렸어, 너는 성경과는 맞지 않아, 너는 지금 죄의 사고방식이야'라고 정죄하고 비판하면 그 사람은 근심하기 시작합니다. 그 사람이 근심하는 원인은 음식이 아니라 바로 우리의 비판 때문입니다. 그래서 15절 후반부에 '이는 네가 사랑으로 행하지 아니함이라. 그리스도께서 대신하여 죽으신 형제를 네 음식으로 망하게 하지 말라'고 말합니다. 이것은 비단 음식에 관한 것만이 아닙니다. 모든 행동원리를 말합니다. 무슨 일을 할 때, 어떤 사람은 이것을 중요하게 여길 수 있고 어떤 사람은 저것을 중요하게 여길 수 있습니다. 그때 그냥 두라는 것입니다. 그 사람이 그렇게 생각하면 그냥 두라는 것입니다. 구원과 영생에 관한 것이 아니면 그 사람의 생각을 받아 주는 것이 가장 좋습니다.

너희의 선한 것이 비방을 받지 않게 하라

성도들이 가장 실수하는 부분이 바로 여기입니다. 내가 옳다는 것을 막 드러내고 하고, 다른 사람이 틀렸다고 정확하게 지적하려 하고, 내가 옳다고 다른 사람을 변화시키려고 합니다. 나하고 다른 생각을 가진 사람을 받아 주어야 합니다. 잘못을 지적하거나 강요해서는 안 됩니다. 비록 내가 옳아도 나의 옳은 것이 상대에게 책망하는 수단으로 작용한다면 상대방은 나의 옳음을 인정하는 대신 불편해하고 싫어합니다. 그래서 16절 '너희의 선한 것이 비방을 받지 않게 하라'는 권면이 등장합니다. 너희가 옳고, 선하고, 정당할지라도 그것이 비방을 받을 수 있습니다. 왜냐하면, 자신의 옳음만 강조하고 전혀 상대방을 생각하지 않기 때문입니다. 옳은 자는 옳다는 명분이 있습니다. 그래서 정정당당하고 힘이 있습니다. 옳다고 밀어붙이고 이기려고 합니다. 그래서 옳은 사람이 이기면 아직 연약한 사람이 지는 것입니다. 성도의 목적은 성도가 옳다는 것을 인정받는 것이 아니라 연약한 사람을 바로 세우고 견고하게 하며 강건하게 만드는 것입니다.

하나님 나라

무엇에 의해 이루어지는 것이 아니다

하나님은 성도에게 일을 하라고 하지 않습니다. 왜냐하면, 더 할 일이 없기 때문입니다. 하나님은 우리에게 옆 사람을 행복하게 만들라고 명령하지 않습니다. 하나님은 우리에게 주변 사람을 평안하게 만들라고 하시지도 않습니다. 하나님은 우리에게 동료들을 자유롭게 만들어 주라고 하지 않습니다. 우리는 그런 것을 할 필요가 없습니다. 왜냐하면, 그것은 이미 하나님이 다 행하시고 이루셨기 때문입니다. 그래서 성도에게 부탁하는 것은 오직 한 가지 하나님을 알고, 하나님의 은혜를 누리라는 것입니다. 그리고 옆에 있는 사람을 방해하지 말라는 것입니다. 더더욱 많은 은혜를 누리고 옆에 있는 사람에게 제발 거치는 것이나 부딪칠 것을 두어선 안 됩니다. 그것이면 족하고 충분합니다. 하나님나라는 우리가 만드는 것이 아니라 하나님이 만드십니다. 사람을 변화시키는 것은 우리가 아니라 하나님이십니다. 우리는 모두 하나님 앞에서 성숙되어져야 할 사람들이지 다른 사람들 앞에서 다른 사람에게 영향력을 끼치거나 다른 사람을 변화시키는 사람이 아닙니다. 우리가 이렇게 하거나 저렇게 하거나 하는 것으로 달라지지 않습니다. 우리의 역할은 무엇을 이루어 내는 것이 아니라 하나님의 은혜를 누리는 것입니다.

하나님나라

17절에 '하나님나라는 먹는 것과 마시는 것이 아니요 오직 성령 안에 있는 의와 평강과 희락이라' 고 되어 있습니다. 이미 하나님나라는 임하였고, 우리는 하나님나라에 살고 있습니다. 이것은 먹으면 되고 저것은 먹으면 안 된다는 식으로 하나님나라가 세워지는 것이 아닙니다. 우리는 하나님나라를 만드는 자가 아니라, 이미 우리에게 임한 하나님나라, 즉 우리에게 성취된 의와 평강과 희락을 구현하는 것입니다. '이로써 그리스도를 섬기는 자는 하나님을 기쁘시게 하며 사람에게도 칭찬을 받느니라' 롬14:18 이로써, 이런 방식으로, 성령 안에서 하나님이 하시는 원리대로 행하면 하나님도 기쁘시게 하고, 사람에게도 칭찬받는 것입니다. 이 본문은 16절과 대조가 됩니다. 너희의 선한 것이 비방을 받지 않게 하고 도리어 하나님께 기쁘고 사람들에게 칭찬을 듣게 하라는 것입니다.

하나님의 뜻, 하나님의 목적, 하나님의 역사를 바로 알지 못하면 부작용이 생깁니다. 하나님이 완성하셨다는 사실, 내가 이미 하나님나라에 들어와 있다는 사실, 하나님이 나를 책임지시듯 저 성도도 책임지신다는 사실을 알지 못해서 생기는 어리석은 행동입니다. 우리가 할 일은 다른 사람을 판단하지 말고 다른 사람을 불편하게 하지 않는 일입니다. 성경은 하나님의 사업을 이루어 내라고 명령하는 것이 아니고, 하나님의 사업을 무너지게 하지 말라고 권면합니다.

화평의 일, 서로 덕을 세우는 일

성도가 할 일은 화평의 일이요 덕을 세우는 일입니다. 19절에 '그러므로 우리가 화평의 일과 서로 덕을 세우는 일에 힘쓰나니' 라고 했습니다. 화평이 이루어지려면 두 사람 중에 한 사람은 이기고 한 사람은 져야 합니다. 이때 져야 하는 사람은 바로 아는 사람, 강한 사람, 옳은 사람입니다. 왜냐하면, 아는 사람이 져야 분하지 않고, 강한 사람이 져야 화나지 않기 때문입니다. 알면서 져 주어야 덕을 세우고, 강하면서 져 주어야 연약한 자가 설 수 있습니다. 연약한 자가 하면 일을 망칠 것입니다. 틀린 자가 행하면 일이 바르게 되지 않을 것입니다. 그래서 성숙한 자, 강한 자, 아는 자가 할 일이란, 연약한 자가 망쳐놓은 것을 바로 잡아 주고, 어리석은 자가 틀리게 행한 것을 옳게 만들어 주는 것입니다. '믿음이 강한 우리는 믿음이 약한 사람들의 약점을 담당하라' 롬15:1는 것입니다. 기독교는 이기기 위한 싸움이 아니라 지기 위한 싸움입니다. 누군가 져야 싸움이 끝나고 화평이 이루어집니다. 인간의 싸움은 언제나 누가 옳으냐는 것입니다. 성경은 너희 중에 누가 옳으냐를 묻지 않습니다. 성경은 언제나 하나님이 옳다고 하십니다. 하나님 앞에서 모든 인간은 다 틀렸었습니다. 다 틀린 인간을 하나님이 받아 주셨습니다. 이제는 서로를 위해 거리끼는 것을 두지 말고 화평의 일, 덕을 세우는 일을 하라는 것입니다.

상대를 위하는 방식

원래부터 화평의 일, 덕을 세우는 일이란 존재하지 않습니다. 12에서 14장까지 특별한 일, 특별한 관계를 언급하는 것은 한 번도 없습니다. 무엇이든지 하라, 단 하나님의 원리로 하라, 누구하고든 교제하라, 단 하나님의 원리로 하라는 것입니다. 먹든지 마시든지 하라, 단 하나님의 원리로 하라. 너는 네 마음대로 해도 된다. 너의 기준을 다른 사람에게 들이대지 마라. 반대로 다른 사람의 기준을 너에게 적용해서 행동하라는 것입니다. 21절 '고기도 먹지 아니하고 포도주도 마시지 아니하고 무엇이든지 네 형제로 거리끼게 하는 일을 아니함이 아름다우니라.' 본문에서 가장 중요한 것은 형제나 자매를 걸려 넘어지게 하는 일입니다. 그 일로 예를 드는 것이 고기 먹는 것, 술을 먹는 것 등입니다. 나는 다 할 수 있습니다. 그런데 내가 하는 것 때문에 형제나 자매가 마음에 걸린다면 하지 말라는 것입니다. 나 때문에가 아니라 그 사람 때문입니다. 너의 기준을 그에게 적용해서 다 먹어도 된다고 말하지 말고, 그의 기준을 나에게 적용해서 그가 마음이 꺼림이 있으면 내가 먹지 말라는 것입니다. 나는 마음에 걸리지 않지만 그 사람이 걸리기 때문입니다. 기독교의 기준은 상대방의 관점에서 시작합니다. 왜냐하면, 하나님이 인간을 그와 같은 방식으로 대하셨기 때문입니다. 인간이 죄를 지었습니다. 만약 하나님이 하나님의 기준으로 생각하시면 죄인은 괘씸하니까 그냥 고난 받게 두어야 합니다. 그러나 인간의 기준으로는 누군가 와서 도와주어야 하기에 하나님은 인간을 위해, 인간의 필요를 위해, 죄인을 위해, 하나님이 죽어서 인간을 행복하고 자유롭게 만들어 주신 것입니다. 왜냐하면, 하나님은 이미 평안과 자유이시기 때문입니다. 이와 같이 성도는 상대방의 필요와 관점을 가져야 합니다. 성도는 이미 평안과 자유와 행복을 누리고 있기 때문입니다.

'네게 있는 믿음을 하나님 앞에서 스스로 가지고 있으라'(22절) 성도는 믿음이 있습니다. 그 믿음은 하나님 앞에 있는 것입니다. 자신의 믿음을 사람 앞에 자꾸 드러내면 후반부가 됩니다. '자기가 옳다 하는 바로 자기를 정죄하지 아니하는 자는 복이 있도다.' 자신이 옳다하는 것을 나와 같이 아니한 사람에게 자꾸 드러내고 강조하고 다른 사람을 정죄하면 듣는 소리가 비판과 야유와 조롱입니다. 그래서 그런 소리 안 듣는 사람이 복을 누리고 있는 것입니다.

하나님의 방식

성도는 하나님의 사람입니다. 성도는 하나님의 마음, 하나님의 심정을 가진 사람입니다. 성도는 다른 사람을 위해 줄줄 아는 자입니다. 나는 이미 다 되어 있다는 것을 압니다. 이제 하나님처럼, 하나님의 마음으로 행동하는 것입니다. '의심하고 먹는 자는 정죄되었나니 이는 믿음을 따라 하지 아니하였기 때문이라. 믿음을 따라 하지 아니하는 것은 다 죄니라' 23절 의심하고 먹는 다는 것은 하나님의 기준이 아니라 자신의 기준이라는 것입니다. 이미 그 사람은 의심을 하고 있습니다. 의심을 했으면 안 먹으면 되는데 의심하고 먹는 다는 것은 아직 하나님의 기준을 적용할 줄 모른다는 것입니다. 하나님의 기준이 아니니까 죄의 원리라는 의미입니다. 하나님의 마음으로 상대방을 대하셔서 만나는 모든 사람과 화평을 이루시기를 바랍니다.

우리 강한 자가

로마서 15:1~13

1 믿음이 강한 우리는 마땅히 믿음이 약한 자의 약점을 담당하고 자기를 기쁘게 하지 아니할 것이라 2 우리 각 사람이 이웃을 기쁘게 하되 선을 이루고 덕을 세우도록 할지니라 3 그리스도께서도 자기를 기쁘게 하지 아니하셨나니 기록된 바 주를 비방하는 자들의 비방이 내게 미쳤나이다 함과 같으니라 4 무엇이든지 전에 기록된 바는 우리의 교훈을 위하여 기록된 것이니 우리로 하여금 인내로 또는 성경의 위로로 소망을 가지게 함이니라 5 이제 인내와 위로의 하나님이 너희로 그리스도 예수를 본받아 서로 뜻이 같게 하여 주사 6 한 마음과 한 입으로 하나님 곧 우리 주 예수 그리스도의 아버지께 영광을 돌리게 하려 하노라 7 그러므로 그리스도께서 우리를 받아 하나님께 영광을 돌리심과 같이 너희도 서로 받으라 8 내가 말하노니 그리스도께서 하나님의 진실하심을 위하여 할례의 추종자가 되셨으니 이는 조상들에게 주신 약속들을 견고하게 하시고 9 이방인들도 그 긍휼하심으로 말미암아 하나님께 영광을 돌리게 하려 하심이라 기록된 바 그러므로 내가 열방 중에서 주께 감사하고 주의 이름을 찬송하리로다 함과 같으니라 10 또 이르되 열방들아 주의 백성과 함께 즐거워하라 하였으며 11 또 모든 열방들아 주를 찬양하며 모든 백성들아 그를 찬송하라 하였으며 12 또 이사야가 이르되 이새의 뿌리 곧 열방을 다스리기 위하여 일어나시는 이가 있으리니 열방이 그에게 소망을 두리라 하였느니라 13 소망의 하나님이 모든 기쁨과 평강을 믿음 안에서 너희에게 충만하게 하사 성령의 능력으로 소망이 넘치게 하시기를 원하노라

누가 강한 자인가?

우리 강한 자

요한복음 7장에 보면 예수님의 행동에 대해 사람들이 의아해해서 질

문한 적이 있습니다. 7장 2절로 4절을 봅시다. '유대인의 명절인 초막절이 가까운지라. 그 형제들이 예수께 이르되 당신의 행하는 일을 제자들도 보게 여기를 떠나 유대로 가소서. 스스로 나타나기를 구하면서 묻혀서 일하는 사람이 없나니 이 일을 행하려 하거든 자신을 세상에 나타내소서.' 그들의 생각에 세상에 자신의 모습을 나타내지 않는 예수의 행동 방식이 이상합니다. 그들은 예수의 목적을 오해하고 있어서 그런 제안을 하는 것이고, 예수는 자신의 목적을 정확히 알고 있기에 사람들의 제안하고는 전혀 다르게 일하시는 것입니다. 목적이 다르면 방법이 다릅니다. 존재가 다르면 방식이 다릅니다.

인간 중에 자신을 강자라고 대답하는 사람은 많지 않습니다. 성도 중에 자신이 믿음이 큰 자라고 대답하는 사람도 많지 않습니다. 성도들은 대개 감히 누가 믿음이 있다고 말할 수 있으며, 누가 강한 자라고 말할 수 있겠느냐고 겸손을 표현합니다. 이것은 겸손이 아니라 성경의 가르침에 대한 무지이며, 성도의 정체성에 대한 심각한 오해입니다. 15장 1절에 '우리 강한 자가 마땅히 연약한 자의 약점을 담당하고 자기를 기쁘게 하지 아니할 것이라'고 되어 있습니다. 본문에서 '강한 자'는 누구입니까? 성경을 읽는 분들 중에 이 구절에서 자신을 강한 자라고 고백하시는 분이 없습니다. 자신을 강한 자라고 하면 자신이 누군가의 약점을 담당해주어야 하기 때문입니다. 갑자기 모두 자신이 약한 자라고 말을 합니다. 이 구절을 읽으면서 모두들 다른 사람을 떠 올립니다. 그리고 그들을 탓합니다. 연약한 자를 감싸 주지 않았다고, 부족한 나를 받아 주지 않았다고, 믿음이 적은 자신을 이해해 주지 않았다고. 다른 이야기할 때는 잘났다고들 자랑하다가 이런 구절만 등장하면 갑자기 과도하게 겸손해집니다. 그것은 왜곡입니다.

기독교는 분명히 선포합니다. 당신은 성도요, 당신이 바로 강한 자라고 선언합니다. 로마서 15장 14절을 보면 '내 형제들아 너희가 스스로 선함이 가득하고 모든 지식이 차서 능히 서로 권하는 자임을 나도 확신하노라.'고 말하고 있습니다. 바울은 로마에 있는 성도들을 어린애 취급하지 않았고 연약자로 말하지 않습니다. 고린도 교회도 마찬가지입니다. 고린도 교회는 매우 많은 문제가 있었습니다. 그럼에도, 바울은 그들에 대해 매우 담대하게 선포하고 있는 것을 볼 수 있습니다. 고린도전서 1장 5-6절에 '이는 너희가 그의 안에서 모든 일 곧 모든 구변과 모든 지식에 풍족하므로 그리스도의 증거가 너희 중에 견고케 되어 너희가 모든 은사에 부족함이 없이'라고 말하는 것입니다.

기독교는 하나님이 역사하셔서 죄인을 성도로 변화시킨 종교입니다. 이제 성도는 모든 문제의 근원인 죄에게서 해방되어 모든 해결이신 하나님께 속한 자입니다. 그래서 새로운 피조물이라고 합니다. 성도라고 합니다. 다 이룬 자라고 합니다. 성취한 자라고 합니다. 완성한 자라고 합니다. 아무도 대적할 수 없는 강한 자라고 합니다. 기독교의 목표는 인간의 행복입니다. 행복은 저 사람을 이겨서 생기지 않고, 교회가 커져서 생기지 않고, 성도가 늘어서 생기지 않습니다. 행복은 하나님께 속하는 데서 오는 것이고, 죄를 이기는 데서 오는 것입니다. 그런데 성도는 이미 죄를 이긴 자입니다. 한 번만 이긴 것이 아니라 아예 죄에게서 해방되어 하나님께 옮겨진 자입니다. 죄에게 절대로 질 수 없는 분들입니다. 성도는 강한 자입니다.

연약한 자의 약점을 담당하고

대부분의 성도님들이 하나님의 은혜를 누리기를 소망하면서도 자신이 강한 자임을 인정하지 않으려고 합니다. 그런데 자신이 성도임을 자각하지 않으면 성도의 삶을 누릴 수 없습니다. 자신이 강한 자가 되어 약한 자의 짐을 감당할까봐 자신이 강한 자임을 자각하지 않으면 짐을 지지 않아도 되지만 강한 자의 강점들을 누리지 못한 다는 것을 아셔야 합니다. 동시에 본인이 누리지 못하면 남도 누리게 할 수 없습니다. 강해지는 것은 전적으로 약한 자를 위해서입니다. 그런데 강해지려고 하기 전에 이미 여러분은 강한 자라는 사실을 인식하시기 바랍니다. 약한 자의 약점을 감당하는 것을 부담스러워하지 마시고, 그렇게 할 수 있는 자가 되었다는 사실을 기뻐하십시오.

누구를 기쁘게 하는가?

나는 기쁜 자이다

사람들이 교회에서 강한 자가 되기 싫어하는 이유가 약한 자의 약점을 감당해야 하는 것과 또 하나 오늘 본문대로 자기를 기쁘게 하지 말고 이웃을 기쁘게 해야 한다는 것 때문입니다. 나를 위해서도 못사는데 남을 위해 살라는 것이 너무 힘들어 보이기 때문입니다. 그러나 하나님은 인간에게 불가능한 것을 하라고 하지 않으십니다.

성도는 이미 행복을 다 소유한 자라는 것입니다. 성도는 이미 기쁜 자입니다. 자신을 기쁘게 하지 않는 것이 아니라 이미 기쁨을 소유하고 있고, 기쁨 그 자체입니다. 더 이상 나를 기쁘게 할 수 없습니다. 성경은 우리에게 어려운 일을 시키지 않습니다. 할 수 없는 일을 시키지 않습니다. 성경이 우리에게 무슨 권면을 하면 이미 우리는 그것을 할 수 있는 존재가 되어있고, 할 수 있는 능력을 소유한 자라는 것을 전제하고 있다는 것을 분별하셔야 합니다. 그래서 성경의 권면을 하기 힘들다고 말하기 전에 내가 과연 어떤 존재인가를 먼저 아셔야 합니다. 성도가 어떤 존재인지를 아셔야 성도다운 삶을 살 수 있는 것입니다.

이웃을 기쁘게

먼저 나는 이미 기쁨을 소유한 자라는 것을 인식하셔야 합니다. 두 번째, 그 기쁨을 직접 누리고 구현하는 것을 아셔야 합니다. 나 혼자 기뻐하면 사람들은 그런 사람을 정신병자라고 합니다. 기쁨을 소유할 수 있지만 그것을 구현하는 것은 사람과 사람의 관계에서, 사람과 하나님과의 관계에서 누리는 것입니다. 그것을 아는 사람은 상대방을 위하게 되어 있습니다. 나에겐 이미 기쁨이 있는데 저 사람이 기쁨을 드러내지 못하면 나와 저 사람이 기쁨을 누릴 수 없기에, 내가 저 사람이 기뻐할 수 있도록 해야 하는 것입니다. 저 사람이 기뻐야 나와 기쁨을 나누게 되기 때문입니다. 내가 기쁘고 상대방과 더불어 기쁨을 누리는 방법으로 15장 2절에 '선을 이루고 덕을 세우도록 할지니라' 라고 권면합니다. 선한 일이 별도로 존재하지 않고, 덕을 세우는 일이 구별 되이 존재하지 않습니다. 하나님의 원리로, 하나님의 마음으로, 하나님의 심정으로 하는 모든 일이 선한 일이요 덕을 세우는 것입니다.

강한 자의 역할, 믿음이 있는 자의 모범으로 예를 보여주는 것이 예수 그리스도의 사역입니다. 15장 3절 이하에 '그리스도께서도 자기를 기쁘게 하지 아니하셨나니 기록된 바 주를 비방하는 자들의 비방이 내게 미쳤나이다 함과 같으니라. 무엇이든지 전에 기록된 바는 우리의 교훈을 위하여 기록된 것이니 우리로 하여금 인내로 또는 성경의 위로로 소망을 가지게 함이니라. 이제 인내와 위로의 하나님이 너희로 그리스도 예수를 본받아 서로 뜻이 같게 하여 주사 한 마음과 한 입으로 하나님 곧 우리 주 예수 그리스도의 아버지께 영광을 돌리게 하려 하노라. 그러므로 그리스도께서 우리를 받아 하나님께 영광을 돌리심과 같이 너희도 서로 받으라.' 입니다.

예수님께서 자기를 기쁘게 하지 않으셨다는 표현을 잘 이해하셔야 합니다. 예수님께서는 이 땅에 사명을 가지고 오셨습니다. 그리고 그 사명과 목적을 충분히 달성하신 분입니다. 예수님의 목적, 예수님의 사명이 우리의 구원입니다. 예수의 십자가 사역은 자신은 전혀 기쁘지 않은

데 오직 죄인들을 위해 억지로 짊어지신 것이 아닙니다. 예수는 십자가 위에서 기쁨 가운데 자신의 사명, 목표, 과업을 다 이루었다고 선언하셨습니다. 예수님이 우리와 기쁨을 향유하시려면 우리가 기쁨을 누릴 수 있는 자가 되도록 변화시켜 주셔야 합니다.

예수님은 인간과 누가 옳은지 싸움을 하신 적이 없습니다. 틀린 자를 책망하고 꾸짖은 적이 없습니다. 예수님은 죄인들을 위해서 오셨고, 죄인들을 위해 십자가를 지셨습니다. 예수님 사역의 가장 위대한 핵심은 죄인들을 받아 주신 것입니다. 예수께서 진리로 오셔서 죄인들을 멸시하고, 틀린 자를 조롱하고, 부정한 자를 모두 멸하셨다면, 예수는 참되지만 살아난 자는 아무도 없을 것입니다. 예수는 훌륭하지만 예수의 은혜를 받은 자는 하나도 없을 것입니다. 예수는 전능하지만 혜택을 받은 자는 없을 것입니다. 그런데 예수님의 가장 위대한 사역은, 죄인 된 우리를 받아 주시고, 죄인을 대신하여 죽으셔서 예수로 말미암아 우리가 살아났다는 것입니다. 이러한 예수의 사역을 통해 구원받은 성도, 예수의 본을 배운 성도, 믿음이 있는 강한 자의 역할은 연약한 자, 부족한 자를 받아주는 것입니다. 성도 때문에 연약한 자가 위로받고, 성도 때문에 부족한 자가 치유 받고, 성도 때문에 죄인이 회복되는 것입니다.

인내, 소망

성경에 기록된 내용들은 성도를 위한 교훈입니다. '무엇이든지 전에 기록된 바는 우리의 교훈을 위하여 기록된 것이니 우리로 하여금 인내로 또는 성경의 위로로 소망을 가지게 함이니라' 롬15:4 성경은 하나님의 역사를 기록한 것입니다. 그리고 성도는 하나님의 일하심의 결과를 누리는 것입니다. 다른 성도의 약점을 감당하라고 권면하면서 동시에 소망이 등장합니다. 본문에 등장하는 소망은 세상의 소망과는 전혀 다릅니다. 기독교와 세상이 같은 용어를 사용하지만 의미는 전적으로 다릅니다. 세상의 소망은 꿈, 바라는 것, 기대하는 것입니다. 그러나 성도가 갖는 소망은 희망이나 기대가 아닙니다. 없는 것을 있게 하는 것이 아니라 있는 것이 드러나는 것입니다. 소망을 말하면서 인내가 필요한 이유는, 있는 것이 드러날 때까지 기다리는 것이 필요하기 때문입니다. 인내는 참고 견디는 것이 아니라 기다림입니다. 기독교는 바랄 것을 바랍니다. 하나님이 주신 것, 하나님이 허락하신 것을 드러나게 합니다. 이미 하나님이 주신 것을 소유하고 있기에 내가 소유하고 있는 것이 드러나고 열매 맺어질 것을 다 알고 있는 것이요, 이루어질 결과를 다 알고 기다리기에 지치지 않고 실망하지 않을 수 있는 것이 기독교의 소망이요 인내입니다.

한 마음과 한 뜻

15장 5절 이하에 '이제 인내와 위로의 하나님이 너희로 그리스도 예수를 본받아 서로 뜻이 같게 하여 주사 한 마음과 한 입으로 하나님 곧 우리 주 예수 그리스도의 아버지께 영광을 돌리게 하려 하노라'고 말합니다. 한 마음과 한 뜻은 의견일치를 권면하는 것이 아닙니다. 우리가 의견의 일치를 보았다고 한 마음이 아닙니다. 기독교는 인간의 마음이 얼마나 모아졌느냐를 묻지 않습니다. 기독교는 서로 마음을 합치자거나 서로 합의를 하는 것이 아닙니다. 기독교가 말하는 마음은 하나님의 마음입니다. 이제 인간 상호간에 마음을 합치는 것이 아니라 내가 얼마나 하나님의 마음을 가지냐는 것입니다. 나는 나대로 하나님의 마음으로, 저 사람은 저 사람대로 하나님의 마음을 가집니다. 그러면 우리는 서로 마음을 합친 적이 없어도 한마음입니다. 성경을 읽고, 성경을 배우고, 성경을 쓰고, 각 사람의 마음에 하나님의 마음을 품는 것이 한마음입니다.

예수의 마음, 나의 마음, 성도의 마음 모두가 하나님의 마음으로 한마음이 되어야 예수가 사역했던 것처럼 성도도 사역할 수 있고, 예수가 죄인들을 받아 주었던 것처럼 성도도 연약한 자를 받아주고, 예수가 우리를 살려내신 것처럼 성도도 다른 사람을 살려낼 수 있는, 성도다운 삶을 살 수 있습니다. 로마서 12장부터 15장까지 계속하여 바울이 강조하는 것은 하나님의 마음, 하나님의 심정, 하나님의 원리를 가지며, 하나님의 뜻으로 행하며, 하나님의 방식으로 행하라는 것입니다. 무슨 관계이든, 무슨 일이든, 무슨 상황이든 하나님의 마음으로 행하라는 것입니다.

13절, '소망의 하나님이 모든 기쁨과 평강을 믿음 안에서 너희에게 충만하게 하사 성령의 능력으로 소망이 넘치게 하시기를 원하노라' 입니다. 바울이 1장부터 지금까지 가르치고 권면한 후 마지막에 하나님께 기도합니다. 최선을 다해 가르쳤지만, 이 일은 바울의 가르침으로 이루어질 일이 아니라, 하나님만이 이루실 수 있음을 고백하고 하나님께 의뢰하는 것입니다. 예수님도 자신의 사역을 다 감당하시면서 동시에 요한복음 15장 이하에서 하나님께 중보기도 하셨습니다. 바울도 로마의 교인들에게 아무 일도 하지 않은 채 기도만 한 것이 아니며, 반대로 자신이 하겠다고, 자신 있게 가르치지만 한 것이 아닙니다. 자신이 할 수 있는 역할을 하면서 동시에 모든 것을 하나님께 의지하며 기도하는 것입니다.

43

하나님의 복음의 제사장

로마서 15:14~33

14 내 형제들아 너희가 스스로 선함이 가득하고 모든 지식이 차서 능히 서로 권하는 자임을 나도 확신하노라 15 그러나 내가 너희로 다시 생각나게 하려고 하나님께서 내게 주신 은혜로 말미암아 더욱 담대히 대략 너희에게 썼노니 16 이 은혜는 곧 나로 이방인을 위하여 그리스도 예수의 일꾼이 되어 하나님의 복음의 제사장 직분을 하게 하사 이방인을 제물로 드리는 것이 성령 안에서 거룩하게 되어 받으실 만하게 하려 하심이라 17 그러므로 내가 그리스도 예수 안에서 하나님의 일에 대하여 자랑하는 것이 있거니와 18 그리스도께서 이방인들을 순종하게 하기 위하여 나를 통하여 역사하신 것 외에는 내가 감히 말하지 아니하노라 그 일은 말과 행위로 19 표적과 기사의 능력으로 성령의 능력으로 이루어졌으며 그리하여 내가 예루살렘으로부터 두루 행하여 일루리곤까지 그리스도의 복음을 편만하게 전하였노라 20 또 내가 그리스도의 이름을 부르는 곳에는 복음을 전하지 않기를 힘썼노니 이는 남의 터 위에 건축하지 아니하려 함이라 21 기록된 바 주의 소식을 받지 못한 자들이 볼 것이요 듣지 못한 자들이 깨달으리라 함과 같으니라 22 그러므로 또한 내가 너희에게 가려 하던 것이 여러 번 막혔더니 23 이제는 이 지방에 일할 곳이 없고 또 여러 해 전부터 언제든지 서바나로 갈 때에 너희에게 가기를 바라고 있었느니 24 이는 지나가는 길에 너희를 보고 먼저 너희와 사귐으로 얼마간 기쁨을 가진 후에 너희가 그리고 보내 주기를 바람이라 25 그러나 이제는 내가 성도를 섬기는 일로 예루살렘에 가노니 26 이는 마게도냐와 아가야 사람들이 예루살렘 성도 중 가난한 자들을 위하여 기쁘게 얼마를 연보하였음이라 27 저희가 기뻐서 하였거니와 또한 저희는 그들에게 빚진 자니 만일 이방인들이 그들의 영적인 것을 나눠 가졌으면 육적인 것으로 그들을 섬기는 것이 마땅하니라 28 그러므로 내가 이 일을 마치고 이 열매를 그들에게 확증한 후에 너희에게 들렀다가 서바나로 가리라 29 내가 너희에게 나아갈 때에 그리스도의 충만한 복을 가지고 갈 줄을 아노라 30 형제들아 내가 우리 주 예수 그리스도와 성령의 사랑으로 말미암아 너희를 권하노니 너희 기도에 나와 힘을 같이하여 나를 위하여 하나님께 빌어 31 나로 유대에서 순종하지 아니하는 자들로부터 건짐을 받게 하고 또 예루살렘에 대하여 내가 섬기는 일을 성도들이 받을 만하게 하고 32 나로 하나님의 뜻을 따라 기쁨으로 너희에게 나아가 너희와 함께 편히 쉬게 하라 33 평강의 하나님께서 너희 모든 사람과 함께 계실지어다 아멘

나도 확신하노라

은혜로 된 자

    기독교는 인간이 행한 수고의 결과가 아니라 하나님의 일하심의 결과입니다. 내가 무엇인가를 행함으로 새로운 결과를 만들어 내는 것이 아닙니다. 그것은 세상의 법칙입니다. 성도의 수고와 헌신과 봉사가 새로운 더 큰 복을 가져오지 않습니다. 성도는 이미 은혜를 받은 자요, 복을 받은 자입니다. 하나님은 성도를 통해 새로운 일을 하시려는 것이 아니라 성도 자체가 하나님의 목적이요 하나님의 결과요 하나님의 열매입니다. 기독교는 내가 일한 것이 없기에 자랑할 수 없고, 교만할 수 없습니다. 동시에 또 하나, 기독교는 나를 다른 사람과 비교할 수 없습니다. 왜냐하면, 동일하기 때문입니다. 하나님이 나를 위해 행하신 만큼 저 성도를 위해서도 행하셨습니다. 하나님이 나를 이루어 놓으신 만큼 성도도 이루어 놓으셨습니다. 나의 성도됨과 저 성도의 성도됨에는 전혀 차별이 없고 우열이 없습니다. 세상은 어떻게든 다른 사람과 달라지려고 애씁니다. 그냥 다르다고만 하면 괜찮습니다. 어차피 하나님의 허락하신 생김새와 기질과 재능이 다르니까 다르다는 것을 확인하는 것은 좋은 것입니다. 그런데 문제는 다르다는 것을 꼭 우열을 따지고 차별화 시키려고 한다는 것입니다. 사람들이 다른 사람과 차별화를 만들어 내려고 애쓸 때에 성경이 강조하는 것은 일치입니다. 하나님 앞에서는 모든 인간이 같다는 것입니다.

    15장 14절에 '내 형제들아 너희가 스스로 선함이 가득하고 모든 지식이 차서 능히 서로 권하는 자임을 나도 확신하노라'라고 말하고 있습니다. 바울은 지금 로마에 있는 성도들에게 편지를 쓰고 있습니다. 바울은 로마 성도들이 저급한 수준에 머물러 있다고 경멸하지 않습니다. 바울은 자신이 사도라고 주장한 적이 여러 번 있긴 하지만, 자신은 사도이고 성도들은 단지 성도일 뿐이라고 차별화하지 않았습니다. 자신은 직접 하나님의 계시를 받은 신령한 사람이고, 로마 성도들은 그저 자신의 종이라고 분리하지도 않았습니다. 바울은 자신은 하나님의 비밀을 알고 있고 성도들은 그렇지 않다고 차별하지 않았습니다.

물론 로마서에서 바울이 사람을 구별할 때가 있습니다. 바울은 성도를 죄인들과 구별합니다. 바울은 죄인과 의인을 나누어 성도들이 의인임을 강조합니다. 차별이 아니라 구별하는 것입니다. 이전에 하나님을 떠나있던 상태와 다르고, 죄에 사로잡혀 있었을 때와 다르다는 것입니다. 이제는 성도요 하나님의 자녀라는 것입니다. 죄인과 의인을 대조시키는 것이 아니라 성도의 이전모습과 지금의 모습을 대조시킵니다. 이제는 달라졌고, 의인이 되었기에 해야할 일이 있다고 강조하고 권면했습니다. 그러나 바울은 교회 안에서 성도들을 나누지는 않습니다. 자신과 성도들이 같은 존재요, 성도와 성도들도 같은 존재로 고백합니다. 바울은 강한 자요, 성도들은 약한 자로 차별하는 것이 아니라, 15장 1절에 나오는 대로 '믿음이 강한 우리는 마땅히 믿음이 약한 자의 약점을 담당하고' 라며 우리라고 표현합니다. 이러한 표현은 바울의 겸손이 아니라 바울에겐 지극히 당연한 것입니다.

다시 생각나게 하려고

성도에 대하여 이렇게 온전하고 충분하다고 확신하고 있는 바울에게는 또 다른 상급이나 축복을 운운할 수 없습니다. 대학교 입시 설명회는 고등학생을 대상으로 하는 것이지 대학교 신입생을 대상으로 하는 것이 아닙니다. 그런데 교회에서는 아직도 이런 일이 벌어지고 있습니다. 교회에서 집회마다 은혜 받는 방법, 복 받는 비결 등이 외쳐지고 상급, 면류관 등이 옵션으로 제시되고 있습니다. 자신들의 존재조차도 알지 못하고 있는 아주 어이없는 행동들입니다. 대신 신입생들에게는 오리엔테

이선이 있습니다. 오리엔테이션은 새로운 것을 주는 것이 아닙니다. 이미 신입생이 된 자들이 그 학교생활을 가장 잘 누릴 수 있도록 안내하는 것입니다. 이미 그가 가진 자격이나 특권, 권한을 잘 활용하도록 설명해 주는 것입니다.

교회는 성도들을 향하여 입학설명회를 하는 것인지 오리엔테이션을 하는 지를 분별해야 합니다. 성경에 회개하라, 주 예수를 믿으라, 하나님을 믿으라는 권면들은 주로 복음서에 기록된 말씀으로 아직 성도가 되지 않은 죄인들을 향하여 선포한 말씀입니다. 사도행전에서도 바울은 교회들에게가 아니라 광장이나 감옥에서 믿지 않는 자들에게 예수를 믿으라고 설교합니다. 바울이 성도가 된 교회들에게 보내는 편지에는 '회개하라, 예수를 믿으라' 는 권면이 등장하지 않습니다. 대신 언제나 견고하라, 하나님의 말씀을 알아가라, 믿음에서 자라가라고 권면합니다. 성도는 이미 교회 안에 들어온 자요 하나님의 은혜 받은 자요 복 받은 자입니다. 어떤 목사도 성도에게 예수님이 복 주신 것보다 더 복을 받게 해 주지 못합니다. 어떤 사역자도 다른 성도에게 성령님이 보증하신 것보다 더 확실하게 인증해주지 못합니다. 교회나 사역자나 목사나 누군가가 성도에게 하나님이 주신 것 말고 새로운 것을 줄 수 있다는 생각은 하나님이 하신 일을 능멸하는 것이요, 하나님이 하신 역사를 도둑질 하는 것이요, 하나님이 부여하신 축복을 모두 무시하는 말입니다. 하나님이 하신 일 이외에 새로운 것이란 없습니다.

하나님이 성도에게 이미 모든 것을 다 베풀어주셨다고 하면 바울이 할 수 있는 것이란 무엇이겠습니까? 혹시 잊은 것이 있다면 기억나게 하는 것뿐입니다. 그것이 15절입니다. '그러나 내가 너희로 다시 생각나게 하려고 하나님께서 내게 주신 은혜로 말미암아 더욱 담대히 대강 너희에게 썼노니.' 바울은 새로운 것을 말하지 않습니다. 새로운 것을 주겠다고도 하지 않습니다. 새로운 비법을 제안하지도 않습니다. 다른 사람은 모르고 자신만 알고 있는 노하우가 있다고 말하지도 않습니다. 바울이 할 수 있는 유일한 일은 성도가 이미 받은 것, 가진 것을 다시 생각나게 하는 것입니다.

로마서 1장에 가면 바울이 편지를 쓰는 이유가 나와 있습니다. '어떻게 하든지 이제 하나님의 뜻 안에서 너희에게로 나아갈 좋은 길 얻기를 구하노라. 내가 너희 보기를 간절히 원하는 것은 어떤 신령한 은사를 나누어 주어 너희를 견고하게 하려 함이니' (롬1:10~11). 이 때 말하는 어떤 신령한 은사는 바로 복음에 대한 설명입니다. 이어서 15절에 '그러므로 나는 할 수 있는 대로 로마에 있는 너희에게도 복음 전하기를 원하노라.' 바울이 할 수 있는 최고의 일은 하나님이 행하신 일, 복음을 알게 하는 것입니다. 사역자가 할 수 있는 최고의 일 또한 하나님이 주신 복, 성도에게 이루어진 일, 성도가 받은 은혜를 알게 하는 일입니다. 그 내용은 전부 성경에만 기록되어 있습니다. 그래서 성경공부를 하는 것입니다. 성경공부는 성경을 배우는 것이 아니라 성경에 하나님이 나를 위해 행하신 일이 무엇인가를 알아가는 것입니다.

내가 받은 은혜

성경의 가르침이 세상의 가르침과 다른 이유는, 세상은 목적이 있지만, 성경은 결과가 있기 때문입니다. 비교하면, 세상은 자기 홍보 시대라고 말하면서 어떻게든 자신을 어필하려고 합니다. 그러나 성경은 왼손이 하는 일을 오른 손이 모르게 하라고 합니다. 세상은 알려서 무엇인가를 얻어야 하지만, 성도는 이미 얻었기에 알려진다고 더 얻을 것이 없습니다. 세상은 이겨야 한다고 말을 하고 성경은 져주라고 말합니다. 세상은 이겨야 얻을 수 있지만, 성도는 이미 다 가진 자입니다. 세상은 언제나 상급과 면류관을 말합니다. 상급이 없으면 일할 이유가 없습니다. 그러나 성경은 섬김과 돌봄을 말합니다. 성도는 이미 섬길 수 있는 존재이기 때문입니다. 세상은 승리자의 외로움과 고독을 말합니다. 그러나 성도는 연합된 마음, 한마음, 한뜻을 말합니다. 세상은 온통 생색을 냅니다. 그러나 성도는 그저 말없이 행합니다.

바울이 지금 로마에 있는 성도들에게 편지를 쓰면서 이 글을 쓰는 수고를 말하는 것이 아니라 이 글을 쓸 수 있게 된 은혜를 말하고 있습니다. 자신의 수고를 강조하면 그에 대한 대가를 기대합니다. 그러나 은혜를 말하면 감사를 고백합니다. 15장 15절 후반부에 '하나님께서 내게 주신 은혜로 말미암아 더욱 담대히 대략 너희에게 썼다'라고 합니다. 지금 나의 모든 행위는 나의 수고가 아니라 나를 향하신 하나님의 은혜의 결과라는 것입니다. 지금부터 나의 수고로 인하여 어떤 결과가 나타나는가가 아니라 이미 하나님이 일하셔서 그 결과가 바로 자신의 모습이라는 것입니다. 하나님의 일하심의 내용이 16절입니다. '이 은혜는 곧 나로 이방인을 위하여 그리스도 예수의 일군이 되어 하나님의 복음의 제사장 직분을 하게 하사 이방인을 제물로 드리는 것이 성령 안에서 거룩하게 되어 받으실 만하게 하려 하심이라.' 내가 수고하니까 하나님이 이런 저런 축복을 주실 것이라는 것이 아니라 내가 은혜를 받아서 그리스도의 일군이 되었다는 사실에 감격하고 있으며, 하나님의 복음의 제사장이 되었다는 사실에 감사하고 있습니다. 내가 은혜를 받아서 그런 일에 지금 동참하고 있다는 사실 자체를 기뻐하고 있습니다. 17절, '그러므로 내가 그리스도 예수 안에서 하나님의 일에 대하여 자랑하는 것이 있거니와.' 다르게 표현하면 표준 새번역 성경에 '그러므로 나는 하나님을 섬기는 일을 그리스도 예수 안에서 자랑스럽게 생각합니다'라고 나옵니다. 바울은 자신이 성도가 되었다는 사실, 자신이 사도가 되었다는 사실, 지금 자신이 로마에 있는 성도들을 향해 편지를 쓰고 있다는 사실 자체를 자랑스러워하며 즐거워합니다. 자신의 수고, 노고, 헌신을 말하지 않습니다.

내가 말하는 것

하나님의 일

성경은 한 절 한 절이 다 연결되어 자연스럽게 말이 됩니다. 바울은 자신이 그리스도의 일군이 되었고, 하나님의 복음의 제사장이 되었다는 사실 자체가 하나님의 은혜의 결과요 하나님의 일하심의 결과라고 했는데, 바울이 뒤이어 자신이 행한 일을 말하면 안 됩니다. 대신에 자신을 그렇게 만들어 주시고, 지금도 역사하시는 하나님을 말해야 합니다. 바울은 자신이 이전에 어떤 사람이었고 현재 어떤 사람이 되었는지를 알고 있습니다. 어떻게 그렇게 변화될 수 있었는지도 압니다. 그래서 자기 자신에 대해서는 할 말이 없습니다. 자신이 한 것이 아니라 하나님이 하셨기에 당연히 바울은 자신의 행위가 아니라 하나님의 역사하신 행위를 말하는 것입니다. 18절 '그리스도께서 이방인들을 순종하게 하기 위하여 나를 통하여 역사하신 것 외에는 내가 감히 말하지 아니하노라.' 교회는 하나님이 행하신 일을 선포하는 곳입니다. 또 성경적으로 보면 성도가 교회를 위해 무엇인가를 하였다면 그것으로 인해 또 다른 상급을 받는 것이 아니라 하나님이 그 성도를 위해 역사하신 결과입니다. 그가 은혜를 받았기에 그 열매로 섬기는 것입니다. 교회는 하나님의 행하신 일을 선포하는 것이고, 하나님이 나에게 이루어진 일이 무엇인가를 알아가는 곳이고, 내가 받은 은혜로 인하여 하나님을 예배하고 찬양하고 감사하는 곳입니다.

하나님의 복음의 제사장

하나님께서는 하나님의 일을 하실 때 사람을 세워서 사람과 함께 일하십니다. 분명히 사람의 수고도 있습니다. 이스라엘이 출애굽 할 때 하나님이 하셨지만 모세가 있었고, 가나안에 입성할 때 하나님이 하셨지만 여호수아도 있었습니다. 이방인들이 복음이 전파되는 것 하나님이 하셨지만 바울이 직접 전도여행을 다니고 여러 차례 역경과 고난을 겪는 수고가 있었습니다. 분명히 누가 했느냐면 바울이 했습니다. 그런데 정작 바울은 모두 하나님이 하셨다고 합니다. 18절 후반부에 보시면 '그 일은 말과 행위로 표적과 기사의 능력으로 성령의 능력으로 이루어졌으며 내가 예루살렘으로부터 두루 행하여 일루리곤까지 그리스도의 복음을 편만하게 전하였노라'라고 했습니다. 자신이 직접 몸으로 뛰고 달렸는데 그 모든 것을 하나님의 일이라고 말합니다. 왜냐하면, 자신이 행하는 모든 일은 이미 자신이 하나님께 부름을 받아, 은혜를 입었고, 하나님께 복을 받은 결과뿐이기 때문입니다.

바울은 이러한 자신의 존재와 자신의 역할을 16절에서 '그리스도의 일군, 하나님의 복음의 제사장'이라고 표현합니다. 어떤 청년 실업자가 택배회사에 취직을 했습니다. 차에 배달할 물건을 하나 가득 싣고 가가호호 방문을 합니다. 물건을 전달하면서 어깨에 한껏 거드름을 피우고 마치 자신이 주고 있는 것처럼 행동을 한다면 정말 어이없는 일입니다. 분명히 자신이 운전해서 물건을 가져왔고, 자신이 물건을 어깨에 메고 계단을 올라 전달하고 있지만 결코 자신이 주는 것이 아니기에 생색내지 않는 것입니다. 바울이 자신을 하나님의 복음의 제사장이라고 표현하는 말이 바로 하나님의 복음의 택배라는 뜻입니다. 하나님이 예수를 통해 우리를 구원하신 복음의 내용을 바울은 전달하는 것입니다.

바울의 사역

22절부터는 로마의 성도들을 향한 편지를 마무리하면서 자신의 사역 계획을 말하는 내용입니다. 로마서를 기록할 때에 바울은 고린도 교회에 있는 것으로 보입니다. 지금 당장은 예루살렘으로 갈 예정입니다. 예루살렘에 가난한 성도들이 있었고, 그 성도들을 위해 마게도냐와 아가야 지방의 성도들이 구제 헌금을 해서 그것을 전달해주러 가려고 합니다. 그 일을 잘 마치고 나서 바울이 궁극적으로 가고자 하는 곳은 서바나 즉 스페인입니다. 스페인을 가는 길에 로마에 들러서 로마에 있는 성도들을 만나 서로 교제하며 위로와 안위를 얻고 로마로 가기를 원하고 있습니다. 바울의 계획이 예정대로 진행되기를 바라면서 성도들에게 기도를 요청하는 내용이 15장 30절부터 32절입니다. '형제들아 내가 우리 주 예수 그리스도와 성령의 사랑으로 말미암아 너희를 권하노니 너희 기도에 나와 힘을 같이하여 나를 위하여 하나님께 빌어 나로 유대에서 순종하지 아니하는 자들로부터 건짐을 받게 하고 또 예루살렘에 대하여 내가 섬기는 일을 성도들이 받을 만하게 하고 나로 하나님의 뜻을 따라 기쁨으로 너희에게 나아가 너희와 함께 편히 쉬게 하라.'

바울이 로마에 있는 성도들에게 가고자 하는 심정이 29절에 나타나 있습니다. '내가 너희에게 나아갈 때에 그리스도의 충만한 복을 가지고 갈 줄을 아노라.' 바울이 자신의 앞 길 조차도 감당이 안 되고, 로마의 교회들에게서 편히 쉬기를 원한다고 기도를 요청하면서 충만한 복을 가지고 간다고 선언합니다. 바울은 자신이 로마에 갈 수 있을지의 여부도 모릅니다. 그런데도 바울이 로마에 갈 때 그리스도의 충만한 복을 가지고 갈 줄로 안다고 말합니다. 실제적으로 바울이 가지고 가는 축복이란 없습니다. 바울은 자신이 그들에게 나누어줄 축복을 말하는 것이 아니라 그곳에 가는 자신의 상태를 말합니다. 자신이 그곳에 갈 때는 그리스도의 축복이 충만한 상태에서 갈 것이라는 말입니다. 즉 자신이 그곳에 가는 것이 자신에게는 최고의 축복이라는 뜻입니다. 바울이 아는 것은 로마 또는 서바나에 갈 수 있는 지의 여부가 아니라 만약 가게 된다면 그때의 자신의 상태, 존재, 역할을 안다는 것입니다. 바울은 상황과 처지와 여건이 어떠하든지 바울에게 있는 하나님의 은혜와 하나님의 복을 상실시키거나 변화시킬 수 없다는 것을 알고 있습니다. 하나님이 바울에게 은혜를 주셨고, 성령으로 보증해 주셨고, 지금도 하나님이 역사하고 계시기에 환란이나 기근이나 적신이나 칼 등 어떤 것이라도 바울의 성도됨, 바울의 복 받음은 변함이 없고 바울 자신은 그리스도의 복으로 충만한 상태라고 자신 있게 선언하는 것입니다.

44
나의 동역자들

로마서 16:1~27

1 내가 겐그리아 교회의 일꾼으로 있는 우리 자매 뵈뵈를 너희에게 추천하노니 2 너희는 주 안에서 성도들의 합당한 예절로 그를 영접하고 무엇이든지 그에게 소용되는 바를 도와 줄지니 이는 그가 여러 사람과 나의 보호자가 되었음이라 3 너희는 그리스도 예수 안에서 나의 동역자들인 브리스가와 아굴라에게 문안하라 4 그들은 내 목숨을 위하여 자기들의 목까지도 내놓았나니 나뿐 아니라 이방인의 모든 교회도 그들에게 감사하느니라 5 또 저의 집에 있는 교회에도 문안하라 내가 사랑하는 에베네도에게 문안하라 그는 아시아에서 그리스도께 처음 맺은 열매니라 6 너희를 위하여 많이 수고한 마리아에게 문안하라 7 내 친척이요 나와 함께 갇혔던 안드로니고와 유니아에게 문안하라 그들은 사도들에게 존중히 여겨지고 또한 나보다 먼저 그리스도 안에 있는 자라 8 또 주 안에서 내 사랑하는 암블리아에게 문안하라 9 그리스도 안에서 우리의 동역자인 우르바노와 나의 사랑하는 수다구에게 문안하라 10 그리스도 안에서 인정함을 받은 아벨레에게 문안하라 아리스도불로의 권속에게 문안하라 11 내 친척 헤로디온에게 문안하라 나깃수의 가족 중 주 안에 있는 자들에게 문안하라 12 주 안에서 수고한 드루배나와 드루보사에게 문안하라 주 안에서 많이 수고하고 사랑하는 버시에게 문안하라 13 주 안에서 택하심을 입은 루포와 그의 어머니에게 문안하라 그의 어머니는 곧 내 어머니니라 14 아순그리도와 블레곤과 허메와 바드로바와 허마와 및 그들과 함께 있는 형제들에게 문안하라 15 빌롤로고와 율리아와 또 네레오와 그의 자매와 올름바와 그들과 함께 있는 모든 성도에게 문안하라 16 너희가 거룩하게 입맞춤으로 서로 문안하라 그리스도의 모든 교회가 다 너희에게 문안하느니라 17 형제들아 내가 너희를 권하노니 너희가 배운 교훈을 거슬러 분쟁을 일으키거나 거치게 하는 자들을 살피고 그들에게서 떠나라 18 이같은 자들은 우리 주 그리스도를 섬기지 아니하고 다만 자기들의 배만 섬기나니 교활한 말과 아첨하는 말로 순진한 자들의 마음을 미혹하느니라 19 너희의 순종함이 모든 사람에게 들리는지라 그러므로 내가 너희로 말미암아 기뻐하노니 너희가 선한 데 지혜롭고 악한 데 미련하기를 원하노라 20 평강의 하나님께서 속히 사탄을 너희 발 아래에서 상하게 하시리라 우리 주 예수의 은혜가 너희에게 있을지어다 21 나의 동역자 디모데와 나의 친척 누기오와 야손과 소시바더가 너희에게 문안하느니라 22 이 편지를 기록하는 나 더디오도 주 안에서 너희에게 문안하노라 23 나와 온 교회

를 돌보아 주는 가이오도 너희에게 문안하고 이 성의 재무관 에라스도와 형제 구아도도 너희에게 문안하느니라 25 나의 복음과 예수 그리스도를 전파함은 영세 전부터 감추어졌다가 26 이제는 나타내신 바 되었으며 영원하신 하나님의 명을 따라 선지자들의 글로 말미암아 모든 민족이 믿어 순종하게 하시려고 알게 하신 바 그 신비의 계시를 따라 된 것이니 이 복음으로 너희를 능히 견고하게 하실 27 지혜로우신 하나님께 예수 그리스도로 말미암아 영광이 세세무궁하도록 있을지어다 아멘

바울의 감사

동역자들

인간끼리 서로 인정하며 살면 가장 행복한데 인간끼리 서로 경쟁하며 살기에 가장 불행합니다. 성경은 어려운 일, 복잡한 이야기를 말하는 것이 아닙니다. 성경은 인간의 행복을 말하고 있습니다. 인간의 행복은 하나님이 처음에 인간에게 부여하셨던 마음으로 사는 것입니다. 죄의 마음이 아닌 하나님의 마음으로 사는 것입니다. 그것은 하나님의 세상에서 하나님의 사람들과 하나님의 은혜와 복을 누리며 사는 것입니다. 바울도 로마서 전체를 통해 그것을 강조하고 있습니다. 이제 성도는 죄의 가치와 기준을 벗고 하나님의 마음을 가진 한 몸이요 한 지체가 되었으니 이제 서로 하나 됨을 누리라는 것입니다.

바울은 자신과 성도들을 동일하게 생각하였습니다. 자신이 성도이듯 로마의 성도들도 성도라고 여겼고 차별과 우열을 만들지 않았습니다. 바울은 모든 사람을 같은 사역자로 보았습니다. 이러한 바울의 신앙은 16장에서 여러 성도들을 소개하는 표현에도 담겨있습니다. '너희가 그리스도 예수 안에서 나의 동역자들' 16:3, '그리스도 안에서 우리의 동역자인' 16:9, '그리스도 안에서 인정함을 받은' 16:10, '주 안에서 수고한' 16:12, '주 안에서 택하심을 입은' 16:13에서 볼 수 있습니다.

간혹 성도들 중에도 자신의 역할을 강조하며 자신의 일이 특별히 소

중하다는 것을 부각시키려고 노력하는 사람들이 있습니다. 그러나 누가 더 소중하며, 무엇이 더 무엇이 더 중요하냐는 논쟁은 아무 소용이 없습니다. 하나님이 허락하신 것은 각각의 소중한 기능이 있습니다. 바울은 자신이 하나님의 부르심에 의하여 사도가 되었고 성도들 또한 하나님의 부르심에 의하여 성도가 되었고 각자가 하나님께로 받은 사명과 은사를 감당하고 있기에 동일하다는 것을 늘 인정하였습니다. 죄의 마음은 자꾸 구분을 지으려고 합니다. 얼핏 보면 정말 소중한 일이 있고, 그저 그런 사소한 일이 있는 것 같습니다. 내가 하는 소중한 일과 저 사람이 하는 사소한 일을 동일하다고 여기기가 쉽지 않을 때가 있습니다. 이러한 사람의 판단이 하나님의 기준이 아니고는 그 우열을 가리지 않기가 쉽지 않습니다. 하나님의 부르심과 사명이라는 기준이어야 같은 은혜를 누리는 것이라고 고백할 수 있습니다.

예수 안에, 주 안에

바울 자신과 로마 성도는 분명히 일이 다르고, 지역이 다르고, 은사가 다르고, 역할이 다르지만, 바울은 동등하다는 사실을 '주 안에서'라는 표현으로 강조합니다. 우리가 서로 예수 안에 있다는 것입니다. 동역자들을 소개하는 본문에 모두 '그리스도 안'에서, '주 안에서'라고 표현합니다. 이것은 그 일의 가치를 인간이 정하는 것이 아니라 하나님이 정하신다는 뜻입니다. 각각의 사명을 인간이 선택하는 것이 아니라 하나님이 부여하신다는 것입니다. 하나님은 각 사람을 가장 정확히 아시기에 각 사람의 달란트에 맞게 가장 적절하게 부여하시기에 하나님 안에서는 일의 모양과 기능과 역할이 다를지라도 같은 일군이요 동역자요 일치와 연합과 하나 됨을 유지할 수 있습니다.

로마서 16장에는 26명의 성도 이름이 등장합니다. 당시의 입장에서 그 이름들을 읽어보면 아주 대단한 것을 발견할 수 있습니다. 거기에는 로마식 이름이 있고 유대식 이름이 있습니다. 즉 로마 교회 내에 이방인과 유대인이 있다는 사실을 알려줍니다. 또한 유력자가 있고 노예 이름이 있습니다. 남자의 이름이 있고 여자의 이름도 약 육 칠 명이 있습니다. 자신과 같은 사도가 있고 성도가 있습니다. 성도 중에 바울 자신보다 먼저 주 안에 들어온 자가 있고 나중에 들어온 자도 있습니다. 바울이 로마서 전체에서 하나님 안에서 하나님과 인간이 화해하고 인간과 인간이 화해하고 하나님이 하나 되게 하신 것을 지키며 누리라는 가르침을 직접 구현하고 있다는 것이 그 이름들에서 증거가 되는 것입니다.

바울의 부탁

알라

바울은 16장 1절로 16절까지 성도들에게 문안하고, 17절부터 마지막 권면을 합니다. 물론 로마서 전체가 로마에 있는 성도들을 향한 바울의 가르침이요 부탁입니다. 그 부탁의 내용은 바로 로마서 전체를 통해 바울이 강조한 구원을 알라는 것이었습니다. 바울은 구원을 설명할 때 자주 대조적인 표현을 사용합니다. '이전에는 너희가 이러저러 했었다. 그런데 이제는 너희가 이렇다'라고 대조합니다. 로마서 5장에서는 '우리가 아직 연약할 때에, 우리가 아직 죄인 되었을 때에, 우리가 원수 되었을 때에'라고 했다가 '이제는 하나님과 화목 되었다'고 선포합니다. 6장에서도 20절부터 보면 '너희가 죄의 종이 되었을 때에는 의에 대하여 자유하였느니라. 너희가 그 때에 무슨 열매를 얻었느뇨? 이제는 너희가 그 일을 부끄러워하나니 이는 그 마지막이 사망임이니라. 그러나 이제는 너희가 죄에게서 해방되고 하나님께 종이 되어 거룩함에 이르는 열매를 얻었으니 이 마지막은 영생이라'고 대조하여 선포합니다. 7장 5절에서도 '우리가 육신에 있을 때에는 율법으로 말미암는 죄의 정욕이 우리 지체 중에 역사하여 우리로 사망을 위하여 열매를 맺게 하였더니 이제는 우리가 얽매였던 것에 대하여 죽었으므로 율법에서 벗어났으니 이러므로 우리가 영의 새로운 것으로 섬길 것이요'라고 합니다. 또 '전에 법을 깨닫기 못할 때에는'이라고 했다가 8장에서 '그러므로 이제 그리스도 예수 안에 있는 자에게는 결코 정죄함이 없나니'라고 대조합니다.

바울이 에베소의 성도들에게 쓴 편지에도 같은 설명이 나옵니다. 에베소서 2장을 읽어보겠습니다. '그는 허물과 죄로 죽었던 너희를 살리셨도다. 그 때에 너희가 그 가운데서 행하여 이 세상 풍속을 좇고 공중의 권세 잡은 자를 따랐으니 곧 지금 불순종의 아들들 가운데서 역사하는 영이라. 전에는 우리도 다 그 가운데서 우리 육체의 욕심을 따라 지내며 육체와 마음의 원하는 것을 하여 다른 이들과 같이 본질상 진노의 자녀이었더니' 엡2:1~3, '그러므로 생각하라. 너희는 그 때에 육체로 이방인이요 손으로 육체에 행한 할례당이라 칭하는 자들에게 무할례당이라 칭함을 받는 자들이라. 그 때에 너희는 그리스도 밖에 있었고 이스라엘 나라 밖의 사람이라. 약속의 언약들에 대하여 외인이요 세상에서 소망이 없고 하나님도 없는 자이더니 이제는 전에 멀리 있던 너희가 그리스도 예수 안에서 그리스도의 피로 가까워졌느니라' 엡2:11~13 '그러므로 이제부터 너희가 외인도 아니요 손도 아니요 오직 성도들과 동일한 시민이요 하나님의 권속이라' 엡2:19라고 선포합니다. 구원받기 이전의 상태와 구원받은 이후의 상태를 대조하여 설명합니다.

구약과 복음서는 성도들의 구원받기 이전 모습입니다. 그러나 성도는 서신서를 살고 있습니다. 구약에서 하나님이 하시겠다는 일을 서신서 시대에 성도가 하겠다고 나서면 안 되고, 복음서에서 예수님이 행하시는 일을 서신서 시대에 성도가 하겠다고 나서면 안 됩니다. 또한 구약에서 하나님이 행하셔서 이루어 놓으신 일을 성도가 마치 못 받은 것처럼 해서도 안 되고, 복음서에서 예수님이 이루어 놓으신 일을 성도가 모르는 척 해서도 안 됩니다. 구약에 하나님이 복 주신다고 말씀 하셨습니다. 성도는 그 약속을 소망으로 부여잡고 있는 것이 아니라 그 복을 받으신 분들이십니다. 복음서에 예수님이 우리에게 평안을 주시겠다고 하셨습니다. 성도는 그것을 기다리는 자들이 아니라 그 평안을 가진 자들입니다. 구약과 복음서가 미래의 약속을 선포했다면 성도는 그 모든 것을 성취한 장본인들입니다.

바울은 16장에서 성도들의 수고와 충성에 대하여 말합니다. 그런데 어디에도 그들의 충성으로 인한 또 다른 축복을 언급하지 않고, 저들이 받을 상급을 말하지 않습니다. 바울 자신도 바울이 소개하는 동역자들 못지않게 하나님께 충성했습니다. 그러나 로마서 전체에서 바울은 자신의 수고와 노력이나 업적에 관해선 말하지 않습니다. 왜냐하면, 바울은 과업을 이루어내기 위해서가 아니라 단지 성도됨을 누리며 살았는데 자신의 삶을 통해 하나님이 역사를 이루셨다고 고백하기 때문입니다. 바울은 사역을 하고 있는 자체로 행복했습니다.

떠나라

바울은 편지를 정리하면서 마지막에서 신중하게 부탁을 합니다. 17절 '형제들아 내가 너희를 권하노니 너희가 배운 교훈을 거슬러 분쟁을 일으키거나 거치게 하는 자들을 살피고 그들에게서 떠나라.' 그들에게서 떠나라는 말은 그들과 혼합되지 말고 자신의 자리를 지키라는 것입니다. 분쟁일 일으키는 사람들을 떠나라는 권고는 얼핏 생각하면 지금까지의 바울의 가르침과는 조금 다른 것 같습니다. 지금까지는 연약한 자의 짐을 감당하라, 그를 받아주어라, 비판하지 말라, 인정하고 돌보아라, 너에게는 자격과 권리가 있을지라도 상대방의 관점에서 그 앞에 거칠 것을 두지 말라고 했습니다. 그런데 지금은 떠나라고 합니다.

어떤 조직에서 분쟁이 발생하면 일반적으로 자신이 아닌 다른 사람을 바꾸려고 합니다. 다른 사람을 변화시키면, 문제가 해결될 것으로 생각합니다. 그러나 누군가 다른 교훈을 하고, 틀린 교훈을 하면, 그 사람을 바로 잡으려고 하지 말고 네가 그들에게서 떠나라는 것입니다. 즉 그들과 섞이지 말라고 그들의 생각이나 기준에서, 그들의 계획과 행동에서 떠나라는 것입니다. 자리를 떠나고 소속을 떠나라는 말이 아닙니다. 다른 표현으로 하면 자신의 자리를 지키라는 것입니다. 너희가 배운 교훈과 다른 교훈을 하면 진리를 가르치겠다고 논쟁을 하는 것이 아니라 그 그릇된 교훈을 피하라는 것입니다. 도망가는 것이 아니라 다른 교훈을 하지 말고 바른 교훈을 간직하고 있으라는 것입니다. 거슬러 분쟁을 일으키는 무리가 있으면 분쟁을 재우겠다고 또 다른 모임을 만드는 것이 아니라 그 분쟁에 끼어들지 말라는 것입니다. 분쟁을 일으키지 않고 자신의 자리를 지키고 있는 것이 바로 하나 됨, 연합 함, 일치됨을 지키고 있는 것입니다. 거치게 하는 사람이 있으면 그 사람 손봐주겠다고 더 거칠게 하지 말고 그 사람 앞에서 피하라는 것입니다. 그 사람의 방식으로 하지 말고 자신의 방식, 성도의 방식, 하나님의 방식을 가지라는 뜻입니다.

바로 잡는 일을 하지 않고 자신의 방식만을 갖고 자리만 지키고 있으면 무슨 일이 이루어 질 수 있겠느냐고 반문할 수 있습니다. 물론 자기의 자리만 지키고 있으면 아무것도 이루어지지 않습니다. 그러나 성도는 이미 다 이룬 자입니다. 이제부터 열심을 내고 충성을 하고 서로 경쟁하고 다투어서 얻어낼 것이 없습니다. 수동적, 피동적이 아니라 아예 다르다는 것을 인식해야 합니다. 또 다른 목적을 위해 무엇을 하지 말고, 너의 온전함을, 너의 성도됨을 간직하고 있는 것이 가장 중요하다는 것입니다. 성도의 성도됨을 알아야 하고, 하나님의 방식이 죄의 방식과 어떻게 다른가를 알아야 합니다.

바울이 권면하는 삶은 성도가 성도의 존재를 알지 못하면 절대로 불가능합니다. '이같은 자들은 우리 주 그리스도를 섬기지 아니하고 다만 자기들의 배만 섬기나니 교활한 말과 아첨하는 말로 순진한 자들의 마음을 미혹하느니라' 롬16:18 그들에게서 떠나라는 말은 자신의 자리를 지키라는 것이요, 자신의 자리를 지키라는 것은 미혹당하지 말라는 것입니다. 잘 알아야 미혹당하지 않습니다. 성도됨과 하나님의 방식을 안다면, 저들의 행위가 미혹인지 압니다. 거짓이라는 것도, 미련하다는 것도 압니다.

하나님의 진리

교회의 정체성, 성도의 정체성을 잘 알아야 합니다. 교회는 목적과 성취가 아니라 관계를 중요시 합니다. 교회는 일을 중요시하지 않고 삶을 중요시 합니다. 목적은 달성했는데 관계가 깨지는 경우가 너무 많습니다. 그래서 '선한 데 지혜롭고 악한 데 미련하기를 원하노라' 롬16:19라고 합니다. 선한 것 그 자체는 중요합니다. 그런데 그 선한 것 때문에 관계가 깨지고 사람이 다쳐서는 안 됩니다. 악한 것 중요합니다. 그런데 악한 것 때문에 관계가 깨지고 사람이 다쳐서는 안 됩니다. 중요한 것은 사람이고 관계이고 삶입니다. 진리가 무엇이냐는 질문에 어느 철학자는 대답하기를, 그것을 위해 목숨을 바칠 수 있는 것이라고 했습니다. 그런데 예수님은 진리를 말할 때 반드시 생명을 말씀하십니다. 진리는 그것을 위해 죽을 수 있는 것이 아니라 그것 때문에 사는 것을 말하는 것이어야 합니다. 진리의 칼로 거짓된 자를 죽이는 방식이 아니라 진리로 거짓된 자를 살려내는 것이 진리를 진리답게 사용하는 것입니다. 성경은 인간에게 무엇을 이루어 내라고 명령하지 않습니다. 이미 성도는 되어진 존재들입니다. 성도는 일어서야 하는 존재가 아니라 일어서 있으니까 넘어지지 않아야 합니다. 성도는 하나가 되어야 하는 것이 아니라 하나 됨을 유지해야 합니다.

바울의 찬송

로마서 16장 25절부터 27절에서 바울은 찬양으로 편지를 마칩니다. 나의 나됨과 너의 너됨과 우리의 우리됨이 하나님의 계획하심 안에서 이루어졌습니다. 그리고 그 계획을 이루어 가시는 하나님의 역사하심을 따라 완성되었습니다. 또한 우리는 하나님께서 말씀으로 성도를 능히 견고하게 하실 것임을 분명히 알고 있습니다. 바울의 마지막 찬송으로 로마서를 마치겠습니다. '나의 복음과 예수 그리스도를 전파함은 영세 전부터 감추어졌다가 이제는 나타내신 바 되었으며 영원하신 하나님의 명을 따라 선지자들의 글로 말미암아 모든 민족이 믿어 순종하게 하시려고 알게하신 바 그 신비의 계시를 따라 된 것이니 이 복음으로 너희를 능히 견고하게 하실 지혜로우신 하나님께 예수 그리스도로 말미암아 영광이 세세무궁하도록 있을지어다. 아멘.' 롬16:25~27